WERELD
REISGIDS

Verenigde Staten

zuidoost

anwb

Inhoud

Land, volk en cultuur

Reisinformatie

Onderweg

Hoofdstuk 1 – Washington D.C. en Virginia

Hoofdstuk 2 – North Carolina en South Carolina

Hoofdstuk 3 – Georgia en Noord-Florida

Hoofdstuk 4 – Louisiana, Mississippi en Alabama

Hoofdstuk 5 – Tennessee en Arkansas

Thema's

Alle kaarten in een oogopslag

Altijd in voor een praatje:
Bourbon Street in New Orleans

Waar begint Dixieland?

De vraag waar het zuidoosten van de VS begint, is al niet gemakkelijk te beantwoorden, laat staan wat typerend is voor dit gebied. Het zuidoosten wordt in ieder geval geassocieerd met mooi aan de boomtakken hangend Spaans mos, gospelmuziek uit openstaande kerkdeuren en katoenvelden zo ver het oog reikt.

Het begon allemaal met een onschuldige opdracht, waarvoor de landmeters Charles Mason en Jeremy Dixon in de vier jaar tussen 1763 tot 1767 de grens tussen de landerijen van lord Baltimore in het zuiden en die van William Penn in het noorden vastlegden. Deze nog altijd officiële grens, de Mason-Dixon Line tussen de staten Maryland en Pennsylvania, werd de scheidslijn tussen de Yankees in het noorden en Dixieland in het zuiden. Daarna maakte het zuidoosten een eigen ontwikkeling door, waarvan men overigens weinig terugvindt in de mythische verhalen uit romans als *De hut van oom Tom* van Harriet Beecher Stowe en *Gejaagd door de wind* van Margaret Mitchell.

Je kunt alleen maar raden wat er gebeurd zou zijn als de Confederatie na de Amerikaanse Burgeroorlog onafhankelijk was geworden. Tot de oorlog tussen de noordelijke en zuidelijke staten (1861-1865) was het zuidoosten een op slavenarbeid gebaseerde plantage-economie. De eerste twintig Afrikaanse slaven werden in 1619 door een Hollands schip in Jamestown in Virginia uitgeladen. Het aantal slaven liep op tot meer dan 3 miljoen.

De nivellerende werking van de nationale televisiestations, fastfoodrestaurants en hotelketens heeft het zuidoosten gelukkig niet zijn karakter ontnomen. De regio bracht bijzondere en eigenzinnige mensen voort, zoals de verlichte denker en vader van de natie Thomas Jefferson (Virginia), politici als de conservatieve gouverneur George Wallace (Alabama), de zwarte politicus Andrew Young (Georgia) en president Bill Clinton (Arkansas). Ook uit het zuiden kwamen vakbondsvrouwen als 'tante' Molly Jackson (Pistol Packin' Mama genoemd), ondernemers als Bob Woodruff van Coca-Cola, burgerrechtenvoorvechters als Frederick Douglass, Martin Luther King jr. en Rosa Parks, schrijvers als Edgar Allan Poe, William Faulkner, Eudora Welty en de indiaan Sequoya, die voor zijn *nation* een geschreven taal ontwikkelde. En niet te vergeten een eindeloze reeks blues-, jazz-, country- en rockartiesten – met grote sterren als Louis Armstrong, Elvis Presley, Johnny Cash en Mahalia Jackson – en ook de collegefootballtrainer Paul 'Bear' Bryant uit Alabama, wiens begrafenis in 1983 werd bijgewoond door een half miljoen ontroostbare fans. Zij waren allemaal zuiderlingen.

Velen voelen zich pas bij de eerste hap *grits* in het zuidoosten. Deze stevige maispap is een culinaire erfenis van de oorspronkelijke indiaanse bewoners en door heel Noord-Amerika bekend. In het zuidoosten wordt de pap de hele dag door gegeten, met stroop, met uitgebakken spek en worstjes, met garnalen of zelfs met *gravy*, dikke, voedzame vleesjus, alsof na het eten de katoen nog moet worden binnengehaald van het veld.

Ook de confederale vlag is een icoon van het zuidoosten. Hij wordt de *Rebel Flag* of *Stars and Bars* genoemd. De militaire driekleur van de Confederatie was overigens nooit een officieel zuidelijk symbool. Pas zo'n honderd jaar na de Burgeroorlog bliezen rechtsextremistische groeperingen als de Ku Klux Klan het in onbruik geraakte vaandel nieuw leven in. Deze door veel mensen als onschuldig symbool voor het zuiden beschouwde vlag is voor grote delen van de zwarte bevolking nog altijd het symbool van rechteloosheid en slavernij.

De zuidoostelijke staten worden ook gekarakteriseerd door de bittere strijd om de burgerrechten. Talloze monumenten en musea voor zwarten, vooral in Georgia, Alabama, Tennessee en Mississippi, zijn kenmerkend voor het Nieuwe Zuiden, zoals de onderdrukking van de Afro-Amerikanen dat was voor het Oude Zuiden.

De zuidoostelijke staten omvatten indrukwekkende landschappen als dat van de machtige Mississippi River. Aan de oevers liggen katoenvelden, tarwe- en sojaboerderijen en niet ver van de monding in de Golf van Mexico, in het Diepe Zuiden, ligt de fantastische stad New Orleans, die door een zware overstroming bijna verloren ging. Ook de kust aan de Golf van Mexico, met zijn brede zandstranden en zijn eilandjes, wordt geregeld geteisterd door natuurrampen. Het dichtbeboste middelgebergte van de Appalachen ligt 900 km westelijker. Aan de Atlantische Oceaan in het oosten vind je van de Eastern Shore in Virginia tot de stad St. Augustine in Florida een gevarieerde kust van met riet begroeide draslanden en moerassen en prachtige stranden op zandbankeilandjes.

Tegenwoordig bieden de zuidoostelijke Verenigde Staten een mengeling van tradities en toekomstdromen, van Dixieland en 'Sun Belt Power'. De van zelfvertrouwen blakende, bemiddelde nazaten van de burgerrechtenbeweging horen net zo goed bij het beeld van de zuidoostelijke staten als de armoede die in veel streken nog altijd bestaat, de 'southern redneck', de conservatieve witte boer, de chic geklede nieuwslezeres in Atlanta (Georgia) en de ruimtevaarttechnicus in Huntsville (Alabama).

De schrijver

Axel Pinck
anwbmedia@anwb.nl

Axel Pinck werkt als journalist en schrijver voor uitgevers, tijdschriften en kranten, maar ook voor radio en televisie. Hij heeft ruim veertig boeken gepubliceerd, waarvan een deel werd vertaald. Ook ontving hij prijzen voor zijn reportages. Hij bezoekt het zuidoosten van de Verenigde Staten al meer dan twintig jaar: hij legde de Appalachian Trail af, speelde golf in Myrtle Beach en verdiepte zich in Mississippi in de blues. Ook ontmoette hij diverse burgerrechtenactivisten en luierde op de stranden van Cape Hatteras. Daarnaast schreef Axel Pinck een aantal reisgidsen over Noord-Amerika, het Caribisch gebied en Europa.

Bestemming USA

Er zijn vele redenen om je vakantie door te brengen in de zuidoostelijke staten. De meeste toeristen maken een rondreis om niets van de fascinerende streek te hoeven missen. Maar kijk uit, het gebied is zeer groot en het zou jammer zijn als je het grootste deel van de tijd op de Interstate Highways zou doorbrengen. Je kunt beter een selectie maken van de attracties die je echt wilt zien en je rondreis combineren met een paar ontspannende dagen aan de kust of in de bergen.

Muziek, historisch erfgoed, levendige grote steden

De muziek – gospel, country-and-western, jazz en blues – is een belangrijke aanleiding om de zuidoostelijke staten te bezoeken. Concerten, festivals en muziekclubs zijn overal te vinden, niet alleen in **Nashville**, maar ook in **Athens**, Georgia, en in de federale hoofdstad **Washington**. Befaamd zijn de snelle dansmuziek van de **Cajun**, in het zuiden van Louisiana, en zijn zwarte tegenhanger, de zydeco. Op festivals als in de Appalachen, in het laagland van Louisiana en de Mississippidelta kunnen reizigers genieten van bijzondere muzikale ervaringen.

De zuidoostelijke staten kennen ook hun eigen geschiedenis met plantershuizen, zoals in **Charleston** in South Carolina, en historische locaties uit de Burgeroorlog als **Richmond**, Virginia. Ook de Amerikaanse Onafhankelijkheidsoorlog tegen Groot-Brittannië speelde zich goeddeels af in het zuidoosten van de VS. Vooral in Virginia stuit je telkens weer op getuigenissen van het koloniale tijdperk, zoals in **Alexandria** of **Williamsburg**. Ook de beroemde *Southern hospitality*, de spreekwoordelijke gastvrijheid, draagt bij aan de bijzondere sfeer.

Citytrips (oftewel een langer verblijf in een of meer steden) worden steeds populairder. Washington D.C., **Charleston** in South Carolina, maar ook **Savannah** en **Atlanta** in Georgia, en **New Orleans**, **Nashville** en **Memphis** verdienen stuk voor stuk meer dan een kort bezoekje.

Natuur- en outdooractiviteiten

De natuur is ronduit fascinerend. Zie bijvoorbeeld de bossen en bergen van de Appalachen met het **Shenandoah National Park** en het **Great Smoky Mountains National Park**, de brede strook van de **Mississippi** tussen Memphis en New Orleans en de kust van de Golf van Mexico met de stranden langs de **Gulf Islands National Seashore.** Verder zijn er nog de lange Atlantische Oceaankust met fantastische stranden, zoals op de **Outer Banks** van North Carolina en op **Hilton Head Island** in South Carolina. De indrukwekkende draslanden aan de kust van Virginia tot Florida en de uitgestrekte moerasgebieden in Virginia, in het zuiden van Georgia en in de delta van de Mississippi maken het beeld compleet.

Er is geen gebrek aan mogelijkheden voor activiteiten in de natuur. Niet alleen in de middelgebergten ligt een dicht netwerk van wandelpaden. Veel vroegere spoortrajecten zijn in paden voor fietsers en inlineskaters veranderd. Langs de kust worden alle vormen van watersport beoefend. Er wordt gezeild, gesurft en geroeid. In een zeekajak kun je de kustmoerassen vanaf het water verkennen. De wilde delen in de beken van de Appalachen zijn heel geschikt om in te kajakken of kanoën of voor groepstochten met een stabiele rubberboot. Tennis behoort samen met golf – er zijn honderden golfbanen – tot de populairste sporten. Iedereen kan ze beoefenen of les nemen. Het is daarvoor niet nodig om lid te zijn van een club.

Reizen op eigen gelegenheid

Het zuidoosten van de Verenigde Staten kun je gemakkelijk zelfstandig verkennen. Betaalbare huurauto's, verhuur van campers, een goed ontwikkeld wegennet en accommodaties in elke prijsklasse vergemakkelijken het plannen van de reis. Hotels, B&B's, appartementen of kampeerterreinen kun je zelf boeken op een boekingssite, via agenten of rechtstreeks bij de aanbieders van accommodaties. Het is de moeite waard om hotelvergelijkingssites te raadplegen.

Reizen met het openbaar vervoer is niet gemakkelijk en zeker niet efficiënt. Met Greyhoundbussen, de treinen van spoorwegmaatschappij Amtrak en vliegtuigen kun je weliswaar ook middelgrote steden bereiken, maar deze bijzondere manier van reizen kan veel tijd kosten en soms duur uitpakken. Bovendien is het lokale openbaar vervoer over het algemeen bijzonder slecht ontwikkeld.

Het alternatief: all-inclusive-reizen

Het aanbod aan touropators is zeer gevarieerd en loopt uiteen van verhuurders van auto's, campers en motoren tot organisatoren van volledige luxe busreizen met gids en grote touroperators met all-inarrangementen, die ook het zuidoosten van de Verenigde Staten op het programma hebben staan. Door verschillende onderdelen uit de catalogi te combineren, kun je vaak zelf je droomreis door de zuidoostelijke staten samenstellen.

Reisorganisatie Jan Doets America Tours is een specialist in de Verenigde Staten en Canada en heeft diverse autoreizen in de zuidoostelijke staten op het programma staan (www.jandoets.nl/vakantie/deep-south). Voor autoreizen door het zuidoosten kun je daarnaast ook terecht bij ondere andere TiogaTours (www. tiogatours.nl/auto-reizen/usa-deep-south/index.htm).

BELANGRIJKE VRAGEN OVER DE REIS

Welke **documenten** heb je nodig om de Verenigde Staten binnen te komen? Zie blz. 74.

Hoe betaalt men in de Verenigde Staten? Heb ik een **creditcard** nodig? Zie blz. 94.

Welke **vaccinaties** worden aangeraden, welke **medicijnen** moet je beslist meenemen? Zie blz. 95.

Wat voor **kleding** moet je inpakken? Zie blz. 96.

Kun je een **huurauto** beter al thuis boeken of is het beter wachten tot je in de Verenigde Staten bent? Zie blz. 76.

Kun je in het zuidoosten van de Verenigde Staten ook vertrouwen op het **openbaar vervoer**? Zie blz. 75.

Waar vind je informatie over de actuele **weerssituatie**? In welk jaargetijde kun je het prettigst reizen? Zie blz. 96.

Kun je je **mobiele telefoon** in de Verenigde Staten gebruiken? Zie blz. 104.

Waarmee moet je rekening houden als je **alcoholische dranken** drinkt? Zie blz. 92.

Hoe zit het met de **veiligheid** in het zuidoosten van de Verenigde Staten? Zie blz. 106.

Hulp bij het plannen van je reis

Planning van je reis

Bij de volgende reisplanningen is rekening gehouden met reizigers die over een beperkte hoeveelheid tijd beschikken.

1. Washington D.C. en Virginia

Washington D.C. is op zich al een reis waard vanwege zijn musea van internationale topklasse op het gebied van kunst, wetenschap, techniek en de geschiedenis van de VS, en daarnaast het Witte Huis, het Capitool en een aantal National Memorials. Niet ver van de hoofdstad lokt de natuur van Virginia: de Appalachen met het Shenandoah National Park en de panoramaweg Blue Ridge Parkway.

Cultuurtip *Natuurtip*

Tussen Washington D.C. en Richmond liggen de meeste National Battlefields, waarop vele tienduizenden soldaten van de Unie en van

De hoofdstukken in deze gids

de Confederatie in het midden van de 19e eeuw het leven lieten. Daarnaast herinnert in de Historic Triangle, de historische driehoek van de steden Williamsburg, Jamestown en Yorktown, nog heel veel aan de oude Britse koloniale tijd. In het oosten ligt het fascinerende Tidewater Virginia met zijn draslanden langs de naar de Atlantische Oceaan stromende rivieren.

- *Washington D.C.*
- *Historic Triangle*

Shenandoah National Park

Goed om te weten: vanwege de bijzondere attracties in de hoofdstad van de Verenigde Staten beginnen veel vakantiegangers hun reis door de zuidelijke staten met een kort verblijf in Washington D.C. In de hoofdstad kun je je het best met het openbaar vervoer of te voet verplaatsen, omdat een huurauto wegens de schaarste aan parkeervoorzieningen enkel hinder oplevert. Voor de reis door de staat Virginia is het wel zo handig een auto te huren.

Tijdschema

Washington D.C.	3-4 dagen
Virginia	7 dagen

Aanvullende uitstapjes: in het westen van de staat Virginia liggen enkele wijngaarden waar je wijn kunt proeven.

2. North Carolina en South Carolina

Het westen wordt gekarakteriseerd door de beboste bergen van de Appalachen met het natuurparadijs Great Smoky Mountains National Park. Draslanden met een keten van voor de kust gelegen eilanden, spectaculaire planterswoningen en indrukwekkende steden, zoals Charleston en Beaufort, karakteriseren het oosten. Daartussen ligt het golvende heuvelland van Piedmont met een aantal zeer bezienswaardige steden als Charlotte, Winston-Salem en Greensboro. In het grootste indianenreservaat ten oosten van de Mississippi kom je in het Oconaluftee Indian Village meer te weten over de geschiedenis en de cultuur van de Cherokee.

- *Oconaluftee Indian Village*
- *Charleston*

- *Great Smoky Mountains N. P.*
- *Outer Banks*

Goed om te weten: de Outer Banks, de Atlantische Oceaankust van South Carolina met het brede strand van Myrtle Beach en daarvoor gelegen eilanden, zijn vooral in de zomer in trek bij strandgangers vanwege het veelzijdige sportaanbod. Indrukwekkende planterswoningen en boeiende oude zuidelijke steden als Charleston en Beaufort nodigen daarnaast uit tot een langer verblijf aan de kust. De uitlopers van de Appalachen in het westen vormen een heerlijk wandelgebied en op de rivieren en beken kun je varen in kano's, kajaks en rubberboten.

Tijdschema

Appalachen	7 dagen
Stranden en kustplaatsen	7-10 dagen

3. Georgia en Noord-Florida

De powerstad en miljoenenmetropool Atlanta maakt indruk door zijn geschiedenis, topmusea en monumenten voor de vermoorde burgerrechtenstrijder Martin Luther King. De nostalgische beeldschone stad Savannah trekt veel bezoekers aan met de grootste onder monumentenzorg vallende binnenstad van de Verenigde Staten. Planterswoningen als Stone Mountain Park laten zien hoe men hier voor de Burgeroorlog leefde. Wie niet bang is voor een confrontatie met alligators kan een bezoek brengen aan het Okefenokeemoeras op de grens tussen Georgia en Florida. Dit moeras kan ook per boot worden verkend. De stranden van Jekyll Island en Cumberland Island voor de Atlantische Oceaankust van Georgia zijn een bezoek waard. In het noorden van Florida vind je in St. Augustine aan de Atlantische Oceaan en Pensacola aan de Golf van Mexico nog overblijfselen uit de Spaanse koloniale tijd. Daartussen liggen langs de Gulf Islands National Seashore mooie witte kwartsstranden, die grotendeels bij het nationaal park horen. Dieper in het binnenland liggen katoenvelden en pinda-akkers.

- *Atlanta*
- *Savannah*
- *St. Augustine*

Goed om te weten: tijdens de dans- en muziekfestivals in het heuvelige noorden van Georgia kun je goed kennismaken met onvervalste countrymuziek. Zowel de Atlantische kust als de Golfkust in het noorden van Florida zijn goed te verkennen in de zomer. De stranden langs beide kusten zijn zeer in trek.

Tijdschema

Georgia	7 dagen
Noord-Florida	7 dagen

Aanvullende uitstapjes: van St. Augustine bereik je in een uur Daytona Beach met zijn motorracebaan en in twee uur ben je bij de lanceerbasis Cape Canaveral.

4. Louisiana, Mississippi, Alabama

Stroomopwaarts van New Orleans, de prachtige stad aan de Mississippi, volgen grootse villa's elkaar links en rechts van de rivier op. Direct ten westen van de levendige metropool van Louisiana begint Cajun Country, waar de afstammelingen van Franse kolonisten een landelijk dialect uit Bretagne spreken en de Creoolse keuken bloeit. Bovendien heeft men hier in de dance halls rond Lafayette met de cajun- en zydecomuziek een vrolijke muziek- en danstraditie ontwikkeld. De romans van de winnaar van de Nobelprijs voor de Literatuur William Faulkner spelen zich af in het noorden van Mississippi. Zijn landgoed Rowan Oak in Oxford, Mississippi, kan worden bezichtigd. De Natchez Trace Parkway doorkruist de staat Mississippi van het zuidwesten naar het noordoosten en passeert oude heilige plaatsen van de indianen. De Blues Trail, waar veel bezienswaardigheden en muziekclubs langs liggen, herinnert eraan dat de blues zich hier in het landelijke Mississippi van de 19e en de 20e eeuw ontwikkelde. In Selma, Montgomery en andere steden van Alabama schreef de burgerrechtenbeweging in de jaren 60 van de 20e eeuw geschiedenis in de strijd tegen de segregatie. In het noorden van Alabama bij Huntsville geeft het US Space & Rocket Center een beeld van de militaire en civiele raketprogramma's van de Verenigde Staten en de verkenning van het heelal.

- *New Orleans*
- *Blues Trail*
- *US Space & Rocket Center*

Goed om te weten: het toeristische centrum van New Orleans is inmiddels hersteld van de ravage die het gevolg was van de door orkaan Katrina veroorzaakte overstromingen. In Alabama liggen gerenommeerde golfbanen, zoals de beroemde Robert Trent Jones Golf Trail.

Tijdschema

Louisiana	8 dagen
Mississippi	4 dagen
Alabama	2 dagen

Aanvullende uitstapjes: tijdens boottochten in de delta van de Mississippi geniet je volop van de indrukwekkende natuur rond de monding van deze rivier.

5. Tennessee en Arkansas

De staat Tennessee lokt met twee muziekmetropolen. Precies in het midden van deze langgerekte staat ligt de hoofdstad Nashville, beroemd als het absolute centrum van de country-and-westernmuziek. In het oosten

Selma, Alabama, in de avond

grenst Tennessee aan de Appalachen en het Great Smoky Mountains National Park. In het bijzondere (openlucht)museum Appalachia bij Knoxville krijgt men een indruk van het leven van de witte pioniers en kolonisten en hun muziekstijl, de zogenoemde Mountain music, de volksmuziek uit de bergen. De Mississippi vormt de westgrens van de stad. Aan zijn oever ligt Memphis, dat een grote aantrekkingskracht uitoefent op muziekliefhebbers met zijn talrijke gelegenheden in de Beale Street en met Graceland, het landgoed van Elvis Presley. Het Lorraine Hotel uit Memphis, waar Martin Luther King in 1968 werd vermoord, is het centrum van een indrukwekkende expositie over de burgerrechtenbeweging. In de hoofdstad van Arkansas, Little Rock, begon gouverneur Bill Clinton zijn verkiezingsstrijd om het Witte Huis. Het Bill Clinton Presidential Center is tegenwoordig de grootste attractie van de stad. In het historische Fort Smith in het westen van Arkansas kun je zien dat dit gebied nog tot in de 20e eeuw een soort wilde westen was.

Goed om te weten: je kunt heerlijk wandelen in de middelgebergten van Arkansas, de Ozarks en de Ouachita Mountains, en je kunt fantastisch kanoën op de ruige Buffalo National River of de Arkansas River. Verder naar het zuiden ligt in Hot Springs een kuuroord met warme bronnen die in vroeger tijden al door de indiaanse krijgers werden bezocht. Het is een bijzonder goede locatie voor een ontspannen tussenstop.

Tijdschema

Tennessee	8 dagen
Arkansas	3 dagen

Aanvullende excursies: Tulsa ligt een autorit van twee uur verwijderd van Fort Smith. Interessant is hier het Gilcrease Museum met kunst uit het westen van de VS. In Claremore vind je het Will Rogers Memorial Museum over die grote cowboy en acteur.

Suggesties voor rondreizen

Een grote rondreis langs alle bezienswaardigheden uit de streek zal zeker een kwart jaar in beslag nemen. Omdat slechts weinig mensen hier genoeg tijd voor kunnen of willen nemen, kun je het best een keuze maken met als doel om een bepaald gebied of attracties met een bepaald thema te leren kennen. Als je genoeg tijd hebt, kun je kortere rondreizen gemakkelijk combineren.

Washington D.C. en Virginia (14 dagen)

Lengte: 800 km

1e-4e dag: bezoek aan de stad Washington D.C. met bezichtiging van de vele bezienswaardigheden.

5e-7e dag: rit in het Shenandoah National Park, met wandelen en wilde dieren kijken.

8e dag: rit naar Charlottesville, de stad waar Thomas Jefferson woonde. Bezichtiging van Monticello.

9e-10e dag: rit naar Richmond, hoofdstad van Virginia, bezichtiging van het Capitool en aan de Burgeroorlog gewijde monumenten.

11e-12e dag: rit naar Williamsburg, ooit de koloniale metropool van Virginia, en een bezoek aan de koloniale plaatsen Jamestown en Yorktown.

13e dag: rit naar Alexandria met tussenstop in Fredericksburg.

14e dag: bezichtiging van de stad Alexandria en Mount Vernon, en vervolgens verder naar Washington D.C. (700 km).

Georgia-Florida-Alabama (15 dagen)

Lengte: 1920 km

1e-3e dag: het startpunt is Atlanta, de grootste stad in het zuidoosten van de VS, met een rijk cultuuraanbod, talrijke musea en het Martin-Luther-King-monument.

4e-6e dag: rit naar Savannah aan de kust, met zijn door eiken omzoomde straten en historische stadsvilla's.

7e-8e dag: rit naar het zuiden via de brug naar Jekyll Island. Het mooiste strandeiland in het zuiden was ooit particulier eigendom van een miljonairsclub.

9e-11e dag: rit naar het noorden van Florida naar St. Augustine, de door een Spaanse vesting bewaakte voormalige hoofdstad van Spaans Florida.

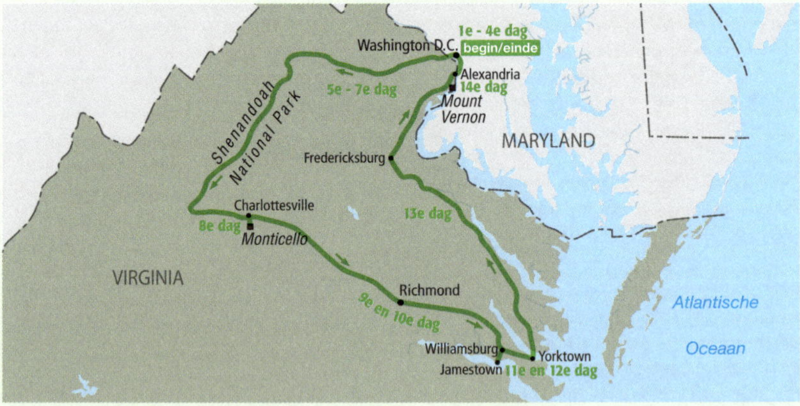

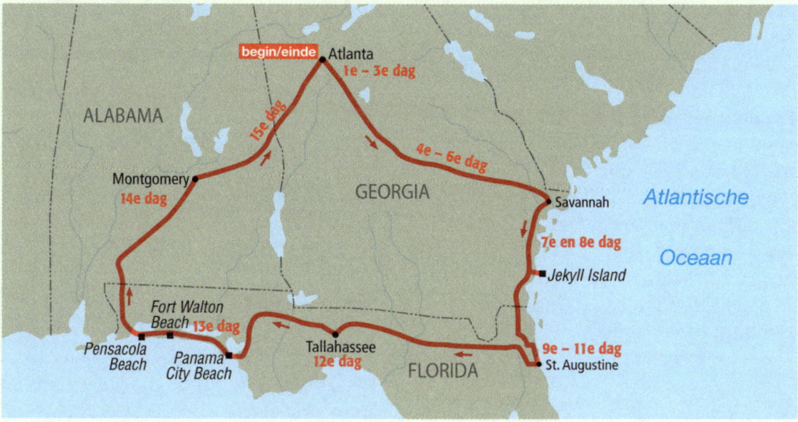

12e dag: rit naar Tallahassee, verkenning van de hoofdstad van Florida.

13e dag: rit via Panama City Beach, Fort Walton Beach en Pensacola langs de stranden van de Gulf Islands National Seashore.

14e dag: rit naar het noorden en Montgomery, de hoofdstad van Alabama. Bezoek aan het Capitool, waar Jefferson Davis op de trap de eed aflegde als president van de Confederatie, en het Civil Rights Memorial, dat is gewijd aan de slachtoffers van de strijd om burgerrechten.

15e dag: terugrit naar Atlanta.

Jazz, blues en country music (19 dagen)

Lengte: 2240 km

1e-4e dag: New Orleans, de schone dame aan de MIssissippi, is het beginpunt. In het French Quarter vind je de beste restaurants en vele jazz- en andere muziekclubs.

5e-6e dag: de River Road langs de Mississippi voert voorbij aan kasteelachtige plantagevilla's, via Baton Rouge en St. Francisville naar Natchez, voor de Burgeroorlog de rijkste stad van het land.

7e-8e dag: de route volgt kort de Natchez Trace Parkway en gaat vervolgens in westelijke richting verder, waarna je al snel arriveert in Vicksburg aan de Mississippi, een stad die 150 jaar geleden aan een van de ergste belegeringen van de Burgeroorlog blootstond.

9e-10e dag: via de US 61, de Blues Highway, rijd je door de delta van de Mississippi via Indianola, Cleveland en Merigold tot Clarksdale, waar de blues werd geboren.

11e-12e dag: al snel bereik je Memphis, waar rockabilly het tijdperk van de rock-'n'-roll inluidde en Elvis Presley in Graceland zijn laatste rustplaats vond. Het Lorraine Hotel, waar Martin Luther King in 1968 werd neergeschoten, is tegenwoordig een nationale gedenkplaats.

13e-14e dag: Nashville, de hoofdstad van Tennessee, vormt met de Grand Ole Opry en tientallen muziekclubs het mekka van de country-and-western.

15e dag: de Natchez Trace Parkway loopt van Nashville naar het zuiden. In Tupelo heeft men het geboortehuis van Elvis Presley omgebouwd tot museum. Kort bezoekje aan Jackson, de hoofdstad van de staat Mississippi.

16e-18e dag: daarna gaat de route verder langs de Golfkust en zijn brede stranden en de grote casino's tussen Gulfport en Biloxi.

19e dag: na een autorit van anderhalf uur in westelijke richting keer je terug in New Orleans.

Van Washington naar Atlanta (28 dagen)

Lengte: 1780 km

1e-4e dag: de tocht begint met een verblijf van enkele dagen in Washington D.C., omdat hier zoveel te zien is.

5e-6e dag: rijd zuidwaarts naar Williamsburg, Yorktown en Jamestown, drie plaatsen met veel historische sfeer uit de Britse koloniale tijd.

7e-9e dag: rijd verder via Norfolk naar de Outer Banks van North Carolina. Het Wright-Brothers Memorial herinnert aan de eerste gemotoriseerde vlucht in de geschiedenis. Het mooie strand nodigt uit tot het nemen van een pauze.

10e-11e dag: het dynamische Wilmington, met zijn oude huizen, drukke nachtleven en het mooie strand bij Wrightsville Beach ligt niet ver van de grens van South Carolina.

12e-13e dag: nu loopt de route langs de zee tot aan het drukke Myrtle Beach met zijn lange brede strand, vele hotels en diverse golfbanen.

14e-16e dag: Myrtle Beach ligt vlak bij 'southern belle' Charleston met zijn historische gebouwen en fantastische restaurants.

17e-20e dag: het is de moeite waard om op weg naar Hilton Head Island een kijkje te nemen in Beaufort met zijn bezienswaardige oude centrum. Op Hilton Head Island kun je je ontspannen met zwemmen, fietsen, tennis of golf.

21e-23e dag: Savannah ligt vlak over de grens van Georgia en bezit een oud centrum met fantastische historische huizen.

24e dag: onderweg naar Atlanta kun je in Macon de oude gebedsplaatsen en nederzettingen van de indianen bekijken.

25e-28e dag: in Atlanta wachten de bezoeker vele musea en een wijk rond Auburn Avenue die aan Martin Luther King is gewijd. Hier kun je enkele aangename dagen doorbrengen.

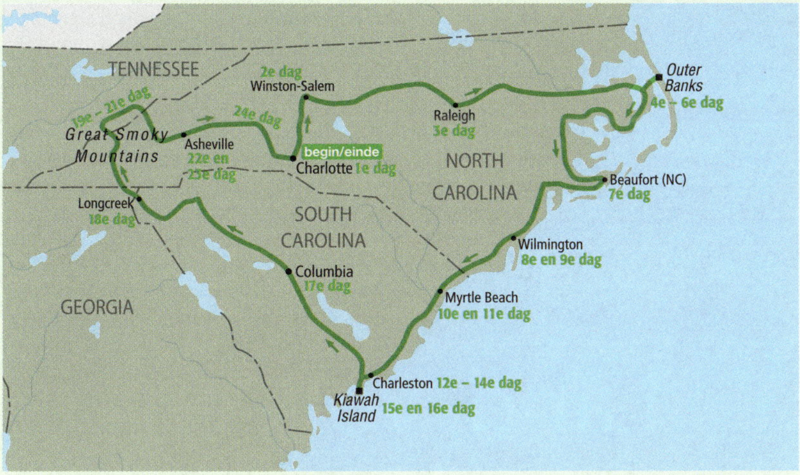

North en South Carolina (24 dagen)

Lengte: 2400 km

1e dag: begin in Charlotte, de moderne metropool van North Carolina.

2e dag: het verder naar het noorden gelegen Winston-Salem bezit veel traditionele koloniale elementen en is het centrum van de inmiddels sterk ingekrompen tabaksindustrie van Noord-Amerika.

3e dag: ten westen hiervan ligt Raleigh, de hoofdstad van de staat en met Durham en Chapel Hill een modern onderwijs- en technologiecentrum.

4e-6e dag: de ervoor gelegen eilandengroep van de Outer Banks biedt veel bezienswaardigheden, zoals het Wrights Brothers Memorial, de vergane eerste Engelse nederzetting in de Nieuwe Wereld en bovendien heerlijke stranden.

7e dag: in het kustplaatsje Beaufort (NC) met smalle straten en historische houten huizen uit de 18e en de 19e eeuw werd de romantische Hollywoodfilm 'Message in a Bottle' opgenomen.

8e-9e dag: de volgende halte langs de kust is het jeugdige Wilmington met zijn historische charme en zandstranden bij Wrightsville Beach.

10e-11e dag: door naar Myrtle Beach aan het 'Grand Strand' met zijn rijke aanbod aan amusement en recreatie, variërend van muziekclubs tot golfterreinen.

12e-14e dag: zuivere Gejaagd-door-de-windsfeer in Charleston en de prachtige planterswoningen in de omgeving.

15e-16e dag: je bereikt nu in een oogwenk het exclusieve vakantie-eiland Kiawah.

17e dag: van de kust loopt de route verder landinwaarts, naar de moderne hoofdstad van South Carolina, Columbia, met zijn Capitool en bezienswaardige huizen.

18e dag: je trekt verder de uitlopers van de Appalachen in om een boottocht te maken op de Chattooga River, niet ver van Longcreek.

19e-21e dag: op weg naar het Great Smoky Mountains National Park, dat eindeloze mogelijkheden biedt om te wandelen en te vissen, is het de moeite waard om halt te houden in de Qualla Boundary, het reservaat van de Cherokee.

22e-23e dag: Asheville bezit een centrum met een prachtige verzameling art-decogebouwen en het op een kasteel gelijkende Biltmore Estate.

24e dag: na een laatste etappe van ongeveer twee uur keer je terug in Charlotte, het beginpunt van de rondrit.

Land, volk en cultuur

'Je kunt in een groot land iets kweken wat
belangrijker is dan katoen – tolerantie!'
Tennessee Williams, *Cat on a hot tin roof*

Plantersvilla in Beaufort, South Carolina

De zuidoostelijke VS in het kort

Feiten en cijfers

Naam: Southeastern States; bijgenaamd Dixieland

Oppervlakte: 1,36 miljoen km^2; de zuidoostelijke VS is even groot als Nederland, België, Luxemburg, Duitsland, Frankrijk, Oostenrijk en Italië bij elkaar.

Nationale hoofdstad: Washington D.C.
Officiële taal: Engels
Inwoners: ca. 87 miljoen (alleen VS Zuidoost)
Bevolkingsgroei: -1,34 %
Levensverwachting: mannen 73,9 jaar, vrouwen 79,6 jaar

Munteenheid: Amerikaanse dollar ($)
Tijdzones: Eastern Standard Time in Oost-Tennessee en de oostkust (Midden-Europese Tijd -6 uur); Central Standard Time (Midden-Europese Tijd -7 uur). Zomertijd van de 2e zo. in maart tot de 1e zo. in november, waarbij de klok een uur vooruit wordt gezet.

Landnummer: 001
Internetextensie: com, us, gov, mil, edu

Vlag: in de nationale vlag van de VS (Star-Spangled Banner) symboliseren de rode en witte strepen de dertien oprichtingsstaten. De vijftig witte sterren op een blauw vlak in de linkerbovenhoek symboliseren de vijftig federale staten van nu. Wit staat voor zuiverheid en onschuld, rood voor moed en doorzettingsvermogen, blauw voor waakzaamheid, standvastigheid en gerechtigheid (zie ook Thema blz. 38).

Geografie

Het in deze gids beschreven gebied omvat Virginia, Washington D.C. en Tennessee in het noorden, strekt zich in het westen uit tot Arkansas en Louisiana, in het zuiden tot de Golf van Mexico en langs een denkbeeldige lijn door Noord-Florida ter hoogte van de stad St. Augustine. In het oosten grenst het aan de Atlantische Oceaan. De grootste afstand van noord naar zuid bedraagt ruim 1200 km en van oost naar west bijna 1800 km. De belangrijkste landschapstypen zijn van oost naar west de Atlantische kust met de uit zandbanken gevormde eilanden, gevolgd door uitgestrekte draslanden met aangeslibde eilanden die door watertjes worden omringd, en enkele moerassen in South Carolina en Georgia, de vruchtbare, glooiende heuvels van het Piedmont Plateau en ten slotte het zuiden van de Appalachen, een middelgebergte met tot 2000 m hoge bergtoppen en schier eindeloze wouden. Het Cumberland Plateau, waar de Tennessee River doorheen slingert, eindigt bij de Mississippidelta. Aan de overzijde van de Mississippi in Arkansas steken de toppen van de middelgebergtes Ozark Mountains en Ouachita Mountains boven alles uit. Grote delen van het zuidoosten van de Verenigde Staten kennen een subtropisch klimaat: warme zomers met een hoge luchtvochtigheidsgraad en milde winters. Alleen in de bergen en in het noorden van de zuidoostelijke VS komt in de winter sneeuw voor.

Geschiedenis

Omstreeks 11.000 v.Chr., in de steentijd, bewoonden de eerste groepjes paleo-indianen het zuidoosten van de huidige Verenigde Staten. De Spaanse veroveraar Hernando de Soto trof bij zijn omzwervingen door het gebied tussen 1539 en 1542 nederzettingen van duizenden bewoners aan. De Engelse kolonisatie begon in 1607 in Jamestown, Virginia, en strekte zich daarna in zuidelijke richting uit langs de Atlantische kust. De Fransen veroverden 'binnendoor' vanuit het noorden het dal van de Mississippi en stichtten vlak bij de monding van de rivier in 1718 New Orleans. In 1776 maakten de dertien Engelse kolonies zich met de Onafhankelijkheidsverklaring los van de koloniale macht in Groot-Brittannië en vormden een unie. De bloedige Burgeroorlog (1861-1865) tussen de Unie en de zuidelijke staten die onafhankelijkheid nastreefden en de slavernij in stand wilden houden, werd beslecht in het voordeel van het geïndustrialiseerde noorden. De slavernij werd afgeschaft.

In de jaren 30 van de 20e eeuw maakte het zuidoosten een krachtige economische groei door. Zo'n dertig jaar later boekte de burgerrechtenbeweging belangrijke vooruitgang op weg naar gelijke rechten voor zwarten. De economische crisis van de jaren 80 werd gevolgd door een achterblijvende economische groei in de jaren erna. In 1996 vonden in Atlanta voor het eerst in de zuidoostelijke geschiedenis de Olympische Spelen plaats.

De onroerendgoed- en financiële crisis in 2008 trof ook in het zuidoosten veel mensen, de werkloosheid steeg en tallozen konden hun hypotheek niet meer betalen. Deze crisis bleek moeilijk te overwinnen.

Staat en politiek

De Amerikaanse grondwet schrijft een presidentiële democratie voor met een scheiding tussen wetgevende, uitvoerende en rechterlijke macht. In januari 2017 volgde Donald Trump als president Barack Obama op. Het parlement, het *American Congress*, bestaat uit twee kamers, het Huis van Afgevaardigden en de Senaat. De staten, vijftig in totaal, zijn georganiseerd volgens hetzelfde principe, maar staan onder leiding van een gouverneur. De senatoren en afgevaardigden in elke staat worden rechtstreeks gekozen in kieskringen. De senatoren worden voor zes, de afgevaardigden voor twee jaar gekozen. De gouverneur wordt rechtstreeks gekozen voor vier jaar; meestal kan hij eenmaal herkozen worden. Ook veel posten op gemeente- en districtsniveau, zoals die van sheriff (hoofd van politie), rechter en hoge ambtenaren, worden rechtstreeks door de kiezers bepaald.

Economie en toerisme

De traditionele teelt van katoen, vooral in Mississippi, Alabama en Tennessee, tabak, vooral in North Carolina en Virginia, en van pinda's in Georgia wordt tegenwoordig ook aangevuld met de verbouw van soja- en mungbonen (voor taugé) en het houden van koeien, varkens en pluimvee. De industrie en dienstverlening, met naast houtverwerking, textiel en petrochemie, in de laatste jaren ook elektronica, communicatie, gezondheidszorg, onderwijs en toerisme, worden steeds belangrijker.

Bevolking en religie

De bevolking bestaat uit nakomelingen van mensen uit Europa en West-Afrika. In de 'Deep South' vormen de Afro-Amerikanen met 20-40 % de grootste groep. De christelijke geloofsovertuiging speelt van oudsher een belangrijke rol in de zuidoostelijke VS – niet voor niets heet de brede gordel van de Atlantische kust tot aan Oklahoma in het westen de Amerikaanse 'Bible Belt'. Vooral doopsgezinden van orthodoxe herrijzeniskerken en gemeentecentra met praktische hulp voor dagelijkse problemen maken hier deel van uit. Alleen in het door de Fransen beïnvloede Louisiana wordt het geloofsleven beheerst door de katholieke kerk.

Natuur en milieu

Van Fort Smith bij de grens van Arkansas en Oklahoma tot de Outer Banks in North Carolina is het ongeveer 1800 km, van Leesburg in Noord-Virginia tot St. Augustine in Florida 1200 km. De belangrijkste landschapstypen van de zuidoostelijke Verenigde Staten rijgen zich in brede zones van oost naar west aaneen.

Landschappen van de oceaan tot de Mississippi

Toen Hernando de Soto en zijn expeditieleger 450 jaar geleden als eerste Europeanen door het zuidoosten van de huidige VS trokken, was het land nog grotendeels met dichte wouden bedekt. Maar door de intensieve kolonisering van het gebied, de enorme behoefte aan bouw- en brandhout en de grootschalige verbouw van gewassen als tabak, katoen, pinda's, mais en sojabonen zijn het landschap en de dierenwereld in het zuidoosten diepgaand veranderd.

De Atlantische Oceaankust

In het oosten eindigt het gebied bij de Atlantische Oceaan. Smalle zandbankeilandjes beschermen de kust 's winters tegen de ruwe zee, maar zelf staan deze 'barrier islands' bloot aan stormen en hoogwater. De stranden en duinen aan de oceaan trekken 's zomers veel badgasten. Bosjes hier en daar en uitgestrekte draslanden op het vasteland bieden een broed- en foerageerplaats aan diverse watervogels. Het moerasgebied, dat door de vele waterlopen en riviertjes bij zee uitkomt, bedekt ook de oeverzone van het vasteland en gaat over in een vruchtbare, groene laagvlakte die zich hier en daar meer dan 100 km uitstrekt. Beschermd door de eilanden en lagunes aan de Atlantische Oceaan en de kust van de Golf van Mexico loopt de Intracoastal Waterway (ICW), een gedeeltelijk door mensenhanden aangelegde vaarroute die vooral wordt gebruikt door pleziervaartuigen.

Strand- en kustfauna

Boven de kust en in de Chesapeake Bay zweven **visarenden** *(osprey)* en soms **Amerikaanse zeearenden** *(bald eagle)* die met hun scherpe ogen hoog uit de lucht naar voedsel speuren. Langs de Atlantische kust en de Golf van Mexico zijn **bruine pelikanen** op zoek naar voedsel – ze vliegen in een lange rij achter elkaar boven het water tot er één zich plotseling in het water stort en met een vis in de opgebolde keelzak weer opduikt. Deze behendige vissers, die in jachthavens vaak op meerpalen zitten en een mooi foto-onderwerp vormen, zijn opgenomen in het wapen van Louisiana.

Aan de Atlantische kust van Noord-Florida en Georgia worden bepaalde stukken strand in de buurt van hotelcomplexen 's avonds niet meer verlicht om de tot 1 m lange **zeeschildpadden** – tussen mei en augustus – niet te storen bij het leggen van eieren. In deze tijd en na het uitkomen van de eieren door de warme zon, organiseren vogelbeschermingsorganisaties vaak strandwandelingen om de nesten of het uitkomen van de schildpadjes te bekijken, uiteraard op enige afstand. De langgerekte Atlantische kustlijn en het blauwe lint van de Mississippi worden door trekvogels ter oriëntatie gebruikt als ze de koude winter in het noorden verruilen voor Florida of het Caribisch gebied. In het voorjaar vliegen tienduizenden Canadese ganzen, ooievaars, eenden en zwanen naar het noorden om te broeden; in de herfst vliegen ze terug naar het zuiden om te overwinteren. Onderweg rusten ze uit in de Chesapeake Bay, de Pamlico Sound (een lagune in North Carolina) en op de vele meertjes langs de Mississippi.

Moerassen en draslanden

In de Okefenokee Swamp en andere moerasgebieden, zoals de Great Dismal Swamp op de grens tussen Virginia en North Carolina, de draslanden en moerasgebieden ten zuiden van Myrtle Beach of vlak bij de Golfkust, zoals in het brongebied van Wakulla Springs ten zuiden van Tallahassee, maar ook in de mondingsdelta van de Mississippi vindt men verschillende grassen, paardenstaarten, wilde orchideeën, grote en kleine **palmettopalmen** (sabal), cipressen, **dogwood**-bomen (kornoelje) en **moerascipressen**. In en langs het water leven waterschildpadden, alligators en talloze, voor een deel bloedzuigende insecten.

Alligators, die soms wel 5 m lang kunnen worden, zijn enorm in aantal toegenomen sinds de jacht op deze dieren aan banden is gelegd. Inmiddels zwemmen er in de wateren van de zuidoostelijke Verenigde Staten (Florida meegerekend) naar schatting zo'n vier miljoen van deze reptielen rond, waarvan het buikvel ooit werd verwerkt tot handtassen en schoenen. Houd je handen tijdens boottochtjes daarom liever binnenboord!

De rijkdom van kust- en binnenwateren aan vissen, krabben en schelpdieren is af te lezen aan de menukaarten van restaurants langs de kust. Samen met de Apalachicola Bay aan de Panhandle van Florida is de Chesapeake Bay de belangrijkste bron van oesters voor heel Amerika. In jachthavens aan de Atlantische kust, zoals bij de Oregon Inlet in North Carolina, Hilton Head Island in South Carolina, de Golden Isles in Georgia, Fernandina Beach op Amelia Island en aan de Floridase Golfkust in Panama City kiezen motorboten met vissers het ruime sop om **marlijn**, **haai** of **snapper** te vangen.

Ook alligators beginnen klein

Andere dieren zul je eerder voelen dan zien. Muskieten, zandvlooien en teken hebben de rollen omgekeerd en beschouwen de mens als een welkome voedselbron. Wie 's zomers met blote armen en benen het moeras Okefenokee Swamp bij de grens van Georgia en Florida bezoekt, heeft minder te vrezen van de alligators dan van de miljoenen **muskieten**. Voor de steekgrage wijfjes is iedere druppel bloed welkom om aan te sterken voordat ze hun eitjes in de stilstaande wateren van Okefenokee leggen.

Het Piedmont Plateau

De weidse vlakte aan de Atlantische Oceaan wordt in het westen afgewisseld door een glooiend, heuvelachtig, tot 400 m hoog gebied: het Piedmont Plateau met zijn *rolling hills*. Rivieren die in de Appalachen ontspringen, monden even later alweer uit in de oceaan. In het noorden, in Virginia, monden sommige rivieren uit in grillige baaien en grote stukken, zoals de James River, zijn bevaarbaar. De Piedmont is vruchtbaar, hier telen nazaten van de eerste kolonisten al sinds mensenheugenis tabaksplanten en katoen, en sinds enige tijd ook steeds meer mungbonen, waar taugé van wordt gemaakt.

Kudzu, overal kudzu

Op reis door de zuidoostelijke Verenigde Staten ontkom je niet aan het weelderig woekerende, bonenstaakachtige gewas van de kudzuwingerd *(Pueraria lobata),* die zo'n 140 jaar geleden werd ingevoerd en op veel plaatsen niet meer is weg te denken, om over uitroeien nog maar niet te spreken.

De klimplant werd door de Japanners meegebracht op de Wereldtentoonstelling van 1876 in Philadelphia ter ere van het honderdjarige bestaan van de Verenigde Staten van Amerika. De Amerikanen gebruikten hem aanvankelijk graag als groenvoorziening voor veranda's en als middel om bodemerosie een halt toe te roepen. Het zetmeelhoudende poeder van de gemalen plant wordt nog altijd gebruikt om sauzen mee te binden en fijngehakt vormt de eiwitrijke kudzu een prima veevoer. Maar het razendsnel groeiende onkruid, dat in het zuidoosten blijkbaar ideale levensomstandigheden heeft gevonden, is niet onder controle te houden en kan noch met vuur noch met bestrijdingsmiddelen worden uitgeroeid, waardoor de kudzu vooral heel veel overlast veroorzaakt. De plant zal dus waarschijnlijk nog veel langer deel uitmaken van het landschapsbeeld dan de Amerikanen lief is.

De Appalachen

Het Piedmont Plateau is een uitloper van de Appalachen, de 2400 km lange bergketen die zich van Canada en de Amerikaanse staat Maine op een paar honderd kilometer van de kust uitstrekt tot aan Alabama en Georgia. Het in bergruggen en dalen verdeelde middelgebergte is gevormd uit miljoenen jaren oud sedimentgesteente en doorspekt met graniet en gneis. In het zuiden zijn de dichtbeboste bergen en kammen ongeveer 1500 tot 2000 m hoog. Met 2037 m is Mount Mitchell in North Carolina de hoogste top van de Appalachen en zelfs van het hele Amerikaanse grondgebied ten oosten van de Mississippi.

Middelgebergtebossen met een rijke fauna

Grote delen van de Amerikaanse oerbossen zijn gekapt, zelfs in de bergachtige Appalachen, maar dankzij de zorgvuldige herbebossing kun je tegenwoordig gelukkig de blik weer over eindeloos lijkende groene bergketens laten glijden. De nationale parken zijn uitgebreid met enorme aangelegde staats- en nationale bossen. In de Appalachen in Virginia, North Carolina en Tennessee groeien wouden met een enorme soortenrijkdom: eiken, suikeresdoorns, populieren, berken en beuken worden afgewisseld door *Carya*-bomen, lid van de familie der okkernootbomen, breedbladige lepelbomen, zilversparren en cipressen. Ertussen staan bloeiende rododendrons, inheemse magnolia's en bontgekleurde wilde bloemen, waar-

Kleurrijk landschap: Indian summer in de Appalachen

onder de guldenroede, de zwarte zilverkaars en verschillende soorten asters. In de herfst, tijdens de Indian summer, verkleuren de bladeren en ogen de beboste heuvels als een symfonie van bruine, gele en rode tinten.

Tijdens een wandeling in het bos in Shenandoah National Park vallen behalve de kleurige vlinders ook de motten op, die in grote zwermen rond de kruinen van de enorme eiken vliegen. ***Gipsy moths***, plakkers *(Lymantria dispar)*, berokkenen met hun vraatzucht zoveel schade aan de oude woudreuzen dat sommige al bezweken zijn, te meer daar hun rupsen zich aan hun bladeren tegoed doen. Ze zijn in de 20e eeuw uit Europa overgekomen. Na lange discussies over de voors en tegens gebruiken de parkopzichters vooralsnog alleen in heel warme zomers chemische bestrijdingsmiddelen om het voor de bomen gevaarlijk toenemende aantal motten en rupsen te verminderen, die anders hele bomen en zelfs bossen kaalvreten.

Dieren van het bos

Als je goed luistert, is in de wouden in het zuidoosten van de Verenigde Staten geregeld het gehamer van **spechten** en de roep van **steenuilen** en andere uilen te horen. Bij de Skyland Lodge in Shenandoah National Park verzorgen parkopzichters arenden, haviken en andere gewonde roofvogels, totdat deze sterk genoeg zijn om weer in de natuur te worden vrijgelaten. Met een **zwarte beer** zul je niet gauw oog in oog komen te staan, bij uitzondering misschien in de Smoky Mountains in North Carolina of Tennessee, waar nog een paar honderd van deze schuwe pelsdieren voorkomen. Maar wie in het bos kampeert en etensresten niet goed opbergt, moet zeker rekening houden met een bezoekje van een hongerige beer. Ook **wasberen** *(raccoons)*, die in het hele zuidoosten van de Verenigde Staten voorkomen, scharrelen vaak rond op zoek naar lekkere hapjes.

Het drassige landschap van de Mississippidelta in Louisiana

In de uitgestrekte bergwouden van de Appalachen tussen Shenandoah National Park en het Great Smoky Mountains National Park willen wandelaars nog wel eens reeën en herten zien. In nationale parken wordt niet gejaagd en daarom zijn de dieren er niet mensenschuw en houden zich vaak op bij wegen in het park, op wandelpaden of bij lodges. **Witstaartherten** *(Odocoileus virginianis)*, die in geheel Noord-Amerika voorkomen en in het zuidoosten Virginiaherten worden genoemd, kunnen met enig geluk tot op een tiental meters worden benaderd. **Forellen**, met **snoeken** en **baarzen** de geliefdste consumptievissen, worden in de rivieren van de Appalachen en in de meren op het Cumberland Plateau en het Piedmont Plateau geregeld aan de haak geslagen.

Het Cumberlandplateau

Ten westen van de Appalachen daalt de bergketen af naar het Cumberland Plateau, dat in cuesta's afloopt naar de vallei van de Mississippi. De Cumberland River, die met de Tennessee River het hoogland doorsnijdt en ten slotte bij Paducah in de Ohio River uitmondt, was in de jaren 30 nog ongetemd en veroorzaakte langs de oevers talloze overstromingen. Door het waterschap van de Tennessee Valley Authority worden de twee rivieren tegenwoordig met tientallen stuwdammen gereguleerd en wordt de kracht van het water omgezet in vele megawatturen groene elektriciteit (blz. 429).

Bizons *(buffaloes)* zwierven ooit in grote kuddes over de prairies van het Amerikaanse westen: ook in enkele gebieden ten oosten van de rivier de Mississippi evenals in Kentucky en Tennessee roffelden de hoeven van de indrukwekkende, wollige oerrunderen over de eindeloze vlaktes. Op het terrein van het 'Land between the Lakes' bij de grens van Kentucky en Tennessee wordt door de Tennessee Valley Authority een honderden dieren tellende kudde bizons beheerd.

Ook **gordeldieren** *(armadillo's)*, die grappig overkomen en zich waggelend voortbewegen, zijn inheems op het Cumberland Plateau, maar ook op veel andere plaatsen tussen South Carolina en Arkansas komen deze dieren voor. De door een dik rugpantser beschermde zoogdieren zijn niet heel erg wendbaar en nogal bijziend, waardoor veel *armadillos* de dood vinden in botsingen met auto's en eindigen als *roadkill* (aangereden wild).

Mississippi River en de Golfkust

De Mississippidelta is het ongeveer 40 tot 100 km brede dal van de machtige stroom tussen Memphis, Tennessee en Vicksburg in de staat Mississippi. In het oosten vormt de Yazoo River een natuurlijke grens. In het vruchtbare aanslibbingsgebied van het dal verbouwden indiaanse bewoners duizenden jaren geleden al bonen, pompoenen en mais. De *bluffs*, de hoge natuurlijke rivieroevers, zoals bij Vicksburg en Natchez, werden door de indianen lang voor de komst van de Europeanen bewoond in grote nederzettingen. Katoen wordt hier al zo'n tweehonderd jaar verbouwd. Er zijn rijst- en sojavelden aangelegd voor zowel menselijke consumptie als voor de productie van biobrandstof (ethanol). De rivier met een stroomgebied van bijna 4 miljoen km^2, heeft zijn loop door de eeuwen heen steeds gewijzigd en zet de oevers geregeld onder water bij zware regenval of grote smeltwatertoevoer.

De delta en de Bayous

Door de enorme hoeveelheden modder en andere sedimenten in de Mississippi verschuift de mondingsdelta met zijn vele kronkelende zijarmen, de *bayous*, in het zuiden van Louisiana steeds dieper de Golf van Mexico in. In zoete en brakke moerassen staan hoge cipressen met hun voeten in het water en er groeien waterhyacinten, die oorspronkelijk uit Zuid-Amerika stammen, moerascipressen en **tupelo's**, waarvan de bloemen bekendstaan om hun zoete geur en de tupelohoning. De oever is overwoekerd met subtropisch struikgewas, op de vochtige bodem groeien klimplanten, mossen en varens.

Wie het cultuurlandschap in Europa gewend is, zal versteld staan van de gevarieerde fauna in en om de rivier. In de mondingsdelta van de Mississippi en in de zuidoostelijke moerassen leven net als in de draslanden van de kustmoerassen en in de Chesapeake Bay in het oosten **zilverreigers**, **ibissen**, **kraanvogels**, **kaalkopooievaars** en nog veel meer watervogels die afkomen op de talloze vissen, kikkers en slangen. De zwarte **slangenhalsvogel** of anhinga duikt naar vis en als hij er een te pakken heeft, spietst hij die aan zijn scherpe snavel, gooit hem in de lucht en vangt hem in zijn geopende bek weer op om hem te kunnen oppeuzelen. Het verenpak van deze vogel is niet vettig, daarom gaat hij na het vissen, net als een aalscholver – waar hij veel op lijkt – met gespreide vleugels op een tak zitten om de veren in de zon te laten drogen. De **alligator**, het officiële 'staatsreptiel' van Louisiana, is ook thuis in de rivieren en moerassen van buurstaat Mississippi.

Flora van de zuidoostelijke VS

In het gebied langs de Golf van Mexico zijn de altijdgroene eiken oftewel *live oaks* algemeen. Deze eik is het symbool van de staat Georgia. Over de breed uitwaaierende takken van de **live oaks** hangen vaak mooie plukken groengrijs **Spanish moss** *(Tillandsia usneoides)*, geen parasiet, maar een epifyt, die zich voedt met vocht in de lucht en regenwater dat van de takken van zijn gastheerboom naar beneden sijpelt. Dit verre neefje van de ananas is geen mos en komt ook niet uit Spanje, maar misschien hebben de 15de-eeuwse veroveraars uit het Iberisch schiereiland met hun spitse baardjes wel tot de naam geïnspireerd.

De aan elkaar grenzende staten Mississippi en Louisiana hebben beide als officiële staatsbloem de inheemse **magnolia** gekozen, die er samen met ingevoerde sierplanten als azalea's, camelia's en jasmijn in veel tuinen en parken van de zuidoostelijke Verenigde Staten prachtig bijstaat.

Alles groen? Milieubescherming en duurzaamheid in het zuidoosten

Op reis door het zuidoosten van de VS zie je op veel plaatsen een dubbele moraal over milieu en grondstoffen – krachtige milieu-initiatieven, van hotels, restaurants en ook overheidsorganen, staan in schril contrast met het nonchalante gebruik van benzineslurpende auto's en bergen verpakkingsmateriaal.

Ruim veertig jaar zet de EPA, het federale *Enviromental Protection Agency*, zich al in voor een schoon en gezond milieu voor de Amerikaanse bevolking. Deze overheidsdienst opereert vanuit het hoofdkwartier in Washington D.C. en tien regionale kantoren. Hoewel de dienst slechts geringe invloed heeft, weet men toch wisselende successen te boeken. Bij de *Oilspill* in 2010 raakte de Golf van Mexico vervuild met ruwe olie die na een explosie met miljoenen liters uit het boorplatform Deepwater Horizon (eigendom van BP) wegstroomde. De EPA organiseerde met de getroffen staten en regio's de schoonmaak. Onder de regering-Obama, die vooral nadruk op de vermindering van broeikasgassen legde, had de EPA echter te kampen met tegenwerking in de federale Senaat en het Huis van Afgevaardigden, waar een sterke aan de industrie gelieerde lobby probeerde de invloed van de EPA op de beperking en afschaffing van milieu-onvriendelijke schoonmaakmiddelen te stuiten. De industrie lijkt onder de regering-Trump weer de overhand te krijgen.

De initiatieven van de EPA waren de betreffende industrieën en lobbyisten een doorn in het oog, bijvoorbeeld vanwege belastingverhogingen voor benzineslurpende auto's en het verbod op de voor het landschap verwoestende *mountain top removal*, waarbij hele bergen worden opgeblazen voor de steenkoolwinning. De maatregelen om bedrijven te belonen die zich inspannen om zuinig om te gaan met grondstoffen hadden echter succes. Deze verantwoord opererende bedrijven ontvangen bijvoorbeeld subsidies uit een speciaal fonds en krijgen daarnaast een *green label* toegekend.

Organic farming van groente, fruit, graan en vlees wordt door steeds meer boeren uitgeoefend: het areaal voor biologische productie is in een paar jaar tijd verdubbeld. De vraag naar biologische producten groeit, zowel in supermarkten als in restaurants. Bovendien valt met de bijbehorende logo's, van *natural raised* (biologisch gekweekt) tot *100 % organic* (100 % biologisch) op de verpakking simpelweg meer winst te maken.

Inmiddels hebben ook grote agrarische coöperaties als *Southern States* een begin gemaakt met duurzaamheid bij de productie van fruit en groente en in de veeteelt. In Louisiana, Mississippi en Alabama hebben boeren, marketingmanagers en wetenschappers een netwerk opgezet om ervaringen met duurzaam 'boeren' uit te wisselen en nieuwe onderzoeksresultaten sneller bekendheid te geven. Nutsbedrijf *National Sustainable Agriculture Coalition* (NSAC), dat streeft naar 'gezondere en smakelijke producten en een bijpassend landbouwsysteem', verenigt diverse boerenorganisaties en initiatieven uit de zuidoostelijke VS, zoals *Delta Land and Community* uit Arkansas en de *Virginia Association for Biological Farming.* Restaurants als Cha-Bella in Savannah oogsten succes met hun principe de weg van de kweker tot het bord zo kort mogelijk te houden. Dit houdt in dat ze ernaar streven zoveel mogelijk biologisch geproduceerde groente, fruit en vlees te gebruiken en die zoveel mogelijk uit de onmiddellijke

Modeltuin voor biologisch boeren in het historische Williamsburg, Virginia

omgeving te betrekken – en dat maakt de cirkel naar de consument rond. In het zuidoosten volgen steeds meer restaurants het *farm-to-table*-principe, dat onder verschillende namen inmiddels tot een wereldwijde trend is uitgegroeid.

Het verbruik van petrochemische producten, vooral benzine voor auto's, is een van de zorgenkindjes op milieugebied. Wie in de zuidoostelijke VS (en niet alleen daar) in een 'gewone' auto rijdt, lijkt hopeloos ouderwets, want overal ben je omgeven door krachtpatsers als SUV's *(sports utility vans)* en *family vans*. En vaak zit daarin niet eens een groot gezin, maar een enkele bestuurder – een kostbare luxe. En wie op reis door woonwijken komt, ziet in garages en op opritten voor huizen niet één auto, maar een compleet wagenpark staan. Het is niet zo dat er op het gebied van de autoproductie niets gebeurt, ook daar worden sinds enige tijd zuiniger auto's, hybrides en biobrandstof gepromoot – het blijft alleen de vraag of het genoeg is. Er staan ook controversiële wetsvoorstellen op stapel om alleen voertuigen met een maximaal *miles-per-gallon*-verbruik toe te staan, omgerekend 8,62 l per 100 km. Van voordeeltjes in de vorm van belastingverlichting voor mensen die overstappen op een zuinigere auto of een hogere accijns op brandstof is echter nog geen sprake.

Ook zijn er regels die werden ingevoerd door de regering-Obama door de regering-Trump weer afgeschaft. Duurzame energie wint in het zuidoosten van de VS slechts geleidelijk aan betekenis. Talrijke stuwdammen langs de Tennessee River produceren elektriciteit. Energieproductie uit aardwarmte, zonnecellen en windenergie zijn sterker verbreid in de westelijke staten. In North Carolina wordt intussen bijna vierhonderd megawatt meer elektriciteit uit zonne-energie geproduceerd dan in alle andere staten in het zuidoosten tezamen. Elders, zoals in Alabama, en afnemend in Tennessee en Georgia, is steenkool nog altijd de belangrijkste grondstof voor energieproductie. Florida is recentelijk begonnen met de aanleg van zonnepanelen om zijn zonnige klimaat te benutten voor de productie van energie. Zodoende opereren milieubescherming en verantwoorde ondernemingen ook in de zuidelijke straten in het spanningsveld van politiek, economie en particuliere initiatieven.

Economie, maatschappij en politiek

Voorvechters van de New South promoten economische groei, investeringen, ontwikkeling van toekomstbestendige technologieën en communicatie. Ze hopen alsnog op een late overwinning op de industriële noordelijke staten. Zelfs countryartiesten gaan mee in de hype en zingen over de kinderen en kleinkinderen van voormalige dagloners die vandaag de dag mee kunnen komen in de grote zakenwereld.

Zuidoost-mythes

Aan de mythes van 'the Old South' (het Oude Zuiden) is enkele jaren geleden een nieuwe toegevoegd. Hierin worden niet het heerlijke plantageleven, de welgemanierde aristocratische gentlemen, de mooie *southern belles* of de goeiige zwarte mamma's opgehemeld, maar het economische succes. Alleen deze constatering is al indrukwekkend. De sprongsgewijze economische opleving van de zuidoostelijke VS begon vijftig jaar na de Burgeroorlog. De New Deal, het beleid van president Franklin Delano Roosevelt om de economie uit het slop te trekken, bracht in de jaren 30 de eerste groeispurt teweeg. Het enorme project om de Tennessee River te kanaliseren en met behulp van stuwdammen elektriciteit uit het water op te wekken, bracht grote delen van Tennessee en Alabama in één klap van het pre-industriële tijdperk in de moderne tijd.

Tijdens de Tweede Wereldoorlog werd door de regering alleen al op militair gebied $ 10 miljard in de oude zuidoostelijke staten geïnvesteerd. De tienduizenden in de regio gestationeerde soldaten deden de koopkracht flink toenemen en opdrachten voor de vervaardiging van militair materieel in lokale fabrieken gaven de economie een verdere impuls – in de oorlogsjaren nam de industriële slagkracht van de zuidoostelijke staten met ongeveer 40 % toe.

Economische situatie

Ook al is de voorsprong recentelijk iets kleiner geworden, het zonnige zuiden is nog altijd een van de productiefste regio's van de VS. Er zijn sectoren met veel groeipotentieel aanwezig – communicatie- en luchtvaarttechniek, petrochemische industrie en micro-elektronica. Ongeveer een kwart van de Amerikaanse industriële productie komt inmiddels uit het zuidoosten. In de grootstedelijke regio's – voornamelijk Atlanta, maar ook New Orleans, Memphis en Richmond – zijn veel hoofdkantoren van bedrijven te vinden. De middelen waarmee de futuristisch ogende binnensteden en andere projecten gefinancierd worden, komen slechts ten dele uit het zuidoosten zelf. Behalve Amerikaanse investeerders zijn vooral Japanse en Zuid-Koreaanse financiers actief in de elektronische en auto-industrie. In de afgelopen jaren haalden BMW en Mercedes-Benz de krantenkoppen met hun nieuwe productiefaciliteiten in South Carolina en Alabama. Arabisch kapitaal is vooral naar recreatie en toerisme gestroomd.

Atlanta, de hoofdstad van Georgia, bekend geworden door de Olympische Spelen van 1996, is een van de grootste steden van de VS en een echte *boom town*. Coca-Cola, dat vanuit de achterkamer van een apotheek uitgroeide tot een mondiaal frisdrankenconcern, wordt al vanaf het allereerste begin vanuit Atlanta bestuurd. Ook nieuwszender CNN begon zijn succescarrière in Atlanta.

Toerisme

Het toerisme speelt een steeds belangrijker rol in het zuidoosten van de Verenigde Staten. Door de koepelorganisatie Travel South worden het toeristische verkeer en de nationale en internationale activiteiten van de federale staten op dit gebied gecoördineerd. De lange stranden aan de Atlantische Oceaan en de prachtige kust aan de Golf van Mexico zijn van voorjaar tot herfst in trek bij zonaanbidders, zwemmers en watersporters. Romantische steden als Charleston, Savannah en Natchez worden vooral in het voorjaar en de herfst aangedaan voor nostalgische bezoekjes aan plantershuizen en landgoederen uit de tijd voor de Burgeroorlog. New Orleans, Atlanta en Washington D.C. zijn populaire bestemmingen voor een citytrip en behoren tot de belangrijkste organisatoren van beurzen en congressen. Liefhebbers van countrymuziek, jazz of blues ondernemen vaak speciaal een reis naar Nashville, New Orleans of Memphis om in deze muzieksteden te genieten van hun favoriete muziek. De Appalachen zijn het hele jaar door in trek, maar nog het meest 's zomers en tijdens de Indian summer (het kleuren van de herfstbossen). Sinds het kansspelverbod in Mississippi is afgeschaft, ligt er langs de machtige rivier en de kust in het zuiden een hele reeks casino's en hotels en heeft de economische hekkensluiter van het

VERANTWOORD REIZEN

Het milieu beschermen, de lokale economie stimuleren, intensieve contacten mogelijk maken, van elkaar leren – wie verantwoord reist, voelt zich verantwoordelijk voor het milieu en de maatschappij. De volgende websites geven tips hoe je op verantwoorde wijze kunt reizen in het zuidoosten van de Verenigde Staten.

Accommodatie: talrijke accommodaties hebben zich aangesloten bij verschillende milieuorganisaties die zich bezighouden met het promoten van een duurzame economie. Op de websites www.ecogreenhotel.com/green_hotels.php en www.itsagreengreenworld.com/public/countryUS.html staan er vele gerangschikt op staat. Andere organisaties die duurzaamheidscertificaten verlenen, vind je op de website www.greenkeyglobal.com of www.greenseal.org.

Outdooractiviteiten: Nature Conservancy voert in alle staten ecologische projecten uit. Wie zich in de praktijk wil bezighouden met milieubescherming kan met behulp van de website naar projecten zoeken en contact leggen: www.nature.org/howwe-work/get-involved-with-tnc.xml?intc=nature.tnav.getinvolved.

www.fairtourism.nl: de naam zegt het al, Fair Tourism streeft naar eerlijker toerisme, waarbij de natuur ontzien wordt en de lokale bevolking actief betrokken is. De website is interactief, met veel verhalen over ervaringen met duurzaam toerisme in de hele wereld.

www.mvonederland.nl/mvo-netwerk-toerisme: landelijk netwerk voor duurzame ontwikkeling van uitgaand toerisme. In het netwerk hebben zitting: bedrijfsleven, maatschappelijke organisaties, onderwijs en overheid. Met een hele lijst van deelnemers om op door te klikken.

www.duurzaam-toerisme.com: website met informatie over duurzaam toerisme en rondreizen.

zuiden zijn bbp (bruto binnenlands product) en gemiddeld inkomen flink opgekrikt.

Landbouw

Ondanks de opmars van de industrie is de landbouw in het zuidoosten nog altijd belangrijk. De grote **tabaksplantages** en sigarettenfabrieken in Virginia, North en South Carolina, Georgia en Tennessee raakten door antirookcampagnes en miljarden dollars aan schadeclaims van consumenten in een crisis, wat duizenden kleine tabaksboeren op de rand van een faillissement heeft gebracht. Tabak was ooit het eerste winstgevende exportproduct van de Engelse kolonie Virginia. De plant wordt nog altijd verbouwd, het meest op moderne, grote plantages, en grotendeels tot sigaretten verwerkt.

Na de instorting van het slavernijsysteem bleven de plantage-eigenaars hun katoenplantages nog steeds bewerken met behulp van slecht betaalde dagloners. Door de toenemende mechanisering en de introductie van kunstmatige irrigatiesystemen werd de katoenteelt ook in westelijker, warme streken als Texas en Californië rendabel. Vandaag de dag komt al meer dan de helft van de Amerikaanse katoen van akkers ten westen van de Mississippi, maar in het noorden van Florida, in Georgia, Midden-Alabama, Tennessee aan weerszijden van de Mississippi, Arkansas, Mississippi en Louisiana glijden eindeloze katoenvelden nog altijd aan het oog voorbij. **Sojabonen**, die hoofdzakelijk tot veevoer en recent ook tot biobrandstof worden verwerkt, hebben inmiddels de plaats van katoen als voornaamste agrarisch product van het zuidoosten overgenomen.

Wouden in Noord-Florida en in de Appalachen vormen de basis van een omvangrijke **bosbouw- en houtindustrie**. In het grensgebied tussen Florida en Georgia worden pinda's en pecannoten geteeld. De monocultuur is geheel uit beeld verdwenen. Wat je ziet, is een bonte mix van groente- en maisvelden en de teelt van melk- en vleeskoeien, varkens en pluimvee. Dankzij de teelt van rijst en **suikerriet** speelt **Louisiana** een bijzondere rol.

Maatschappelijke situatie

Migranten van het noorden naar het zuiden

De trek van bedrijven uit het noorden en de Midwest naar het zuidoosten begon al in de jaren 60. Om te ontkomen aan stijgende loonkosten en de hoge mate van organisatie in vakbonden, de belastingdruk en de hoge criminaliteit verruilde men het noorden voor het 'industrievriendelijke' en ook in meteorologisch opzicht prettigere zuiden. De industriële productie per hoofd van de bevolking nam in de periode 1955-1975 dan ook met het vijfvoudige toe, tegelijkertijd is de bevolkingsgroei hoger dan gemiddeld.

In de periode 1970-1976 groeide de bevolking in de zuidoostelijke VS met 3 miljoen mensen. Jongeren volgden de bedrijven op zoek naar arbeidsplaatsen, gepensioneerden uit de bemiddelde middenklasse trokken van de *Frostbelt* (het koude noorden) naar de *Sunbelt* (het zonnige zuiden) om hun oude dag in een prettiger klimaat door te brengen. De meegekomen spaartegoeden en bijbehorende koopkracht liepen in de miljarden, tot groot genoegen van de gemeenten en de lokale middenstand.

De migratietrend wordt nog verder versterkt door naar het zuiden verhuizende Afro-Amerikanen. Dit zijn nazaten van kleurlingen die ruim een eeuw geleden op zoek naar werk en bevrijding uit het traditionele sociale keurslijf in de Midwest noordwaarts trokken naar Chicago, Detroit, naar het in het noordoosten gelegen New York of zelfs naar Washington D.C. Nu keren ze terug naar de geboortegrond van hun voorouders.

De oorzaken van de nieuwe migratiegolf lopen uiteen. Ten eerste is de werkloosheid in het noorden sinds de economische en financiële crisis in 2008 sterk gestegen en worden Afro-Amerikanen sterk getroffen. Ten tweede willen ook leden van de zwarte middenklasse tegenwoordig graag in het geëmancipeerde

Tabak – medicinale plant en duivelskruid

De Cherokee noemden de plant Tsao Lagayen Li, de Europese kolonisten maakten later pas kennis met deze nachtschadesoort. De gecultiveerde vorm van het zeldzame kruid ***(Nicotania tabacum)*** zou later als genotsmiddel de wereld veroveren.

Voor de indianen was tabak een van de belangrijkste gewassen – de plant werd gerookt, gesnoven, als een sigaret in maisbladeren gewikkeld, met slangenvet vermengd voor medicinale omslagen en verwerkt in versuffende nicotinepillen. De indianen beschouwden ziekten als een teken van geestelijke onbalans en tabak tegelijk als een medicijn en een spiritueel middel. Het roken van tabak had ook een rituele betekenis, daarmee werden verdragen en afspraken bekrachtigd. Een vredesverdrag tussen twee partijen trad pas in werking als in een ceremonie een pijp was gerookt. De Europese kolonisten in Noord-Amerika gebruikten tabak eerst als medicijn. De bladeren hielpen tegen astma, kramp, wormen, hoest, hoofdpijn, jicht en vrouwelijk ongemak. Nadat de bittere smaak van de plant was verzacht door Caribische tabakssoorten bij te mengen en suiker, cacao of zoethout toe te voegen, werd tabak het eerste serieuze exportproduct van Virginia.

In het begin werd vooral pijptabak verbouwd. Er zijn fraaie doosjes bewaard gebleven die tonen dat midden 17e eeuw snuiftabak in de mode kwam. In de eerste helft van de 19e eeuw werd pruimen de trend – kwispedoors, waarin de tabak kon worden uitgespuugd, waren in restaurants, hotellobby's en barbierszaken lang niet weg te denken. Vanaf omstreeks 1850 begon men tabak meer te roken in plaats van te kauwen. Nadat minder zware tabak was ontwikkeld, plus een machine die met papier sigaretten produceerde, begon de tabak vanaf 1880 aan een opmars.

Zo'n 60 % van alle Amerikaanse sigaretten wordt geproduceerd in het zuidoosten (met inbegrip van Kentucky). Lichte tabakssoorten voor sigaretten groeien voornamelijk in Virginia, North en South Carolina en Georgia. De oogst uit de beginjaren, circa 9000 kg in 1618, is anno 2008 uitgegroeid tot ongeveer 360 miljoen kg. De campagnes van antirookorganisaties en succesvolle rechtszaken hebben de afgelopen decennia tot een enorme daling in de verkoop geleid. Van 2013 tot 2014 daalde de productie van sigaretten in de VS met 200 miljoen naar 265 miljard.

Al in de 17e eeuw bestonden er tegenstanders van tabak. Koning Jacobus I van Engeland schreef in 1604 zelfs een pamflet tegen roken, waarin hij de zwarte, onwelriekende lucht aan de kaak stelde als een gevaar voor longen en hersens. In de 19e eeuw werd door de Amerikaanse antitabaksliga strijd gevoerd tegen de 'duivelse nicotine', met als argument dat de consumptie ervan een misdaad tegen de gezondheid en tegen God was. Tegelijkertijd gaf de katholieke kerk, die door de tabakshandel zijn inkomen aanzienlijk zag toenemen, zijn zegen. Na het invoeren van de rookverboden beleeft pruimen van tabak sinds een paar jaar een wedergeboorte. Tot enkele jaren terug namen in Raleigh, Mississippi, en in Calico, Californië, de beste tabaksspuwers van het land het tegen elkaar op – al sinds 1994 is Jeff Barber met een afstand van 15,07 m recordhouder.

Stars and Stripes forever – de Amerikaanse vlag

Stars and stripes, en de Cajunvlag

De vlag is overal: hij wappert in voortuintjes, bij het Capitool van de staat, op parkeerterreinen van tweedehandsautohandelaars. Vlaggenceremonies horen bij feestelijkheden, scholieren wordt geleerd de vlag te hijsen en trots te zijn op hun nationale symbool. En op de maan geeft een Amerikaanse vlag de plek aan waar de astronauten van het Apolloprogramma over de maanbodem hebben rondgewandeld.

In de volksmond heet de nationale vlag *The Star-Spangled Banner* (de met sterren bezaaide banier) of *Stars and Stripes*, maar eigenlijk zou hij *Bars and Mullets* (balken en sporen) moeten heten. Als voorbeeld voor de vlag van de federale hoofdstad en de nationale vlag werd namelijk het Engelse wapen van de familie Washington gebruikt. Op een gedenksteen voor dominee Godfrey Washington, een oudoom van de vader der natie, in St. Mary's Church in het Britse Cambridge, staat het wapenschild van de familie duidelijk afgebeeld: twee rode dwarsbalken op een wit veld met daarboven drie rode sterren,

Het blauw, wit en rood op de Amerikaanse vlag, een kleurencombinatie die ook al voorkomt op de 17e- en 18e-eeuwse Britse Union Jack, symboliseerde op de eerste koloniale vlaggen nog de verbondenheid met het moederland. Op latere vlaggen van de in opstand gekomen kolonies stonden kronkelende ratelslangen en waarschuwende motto's als *Don't tread on me* (Trap niet op mij).

Uiteindelijk werd door het Continentale Congres van de kolonies in 1775 een comité benoemd dat samen met George Washington en andere revolutionairen een vlag moest ontwerpen die bij alle dertien kolonies in de smaak viel. Het resultaat was een vlag met dertien rode en witte strepen en de Union Jack in de linkerbovenhoek, later ook *Grand Union* of *Continental Colors* genoemd. Dit ontwerp symboliseerde zowel de belangen van de Amerikaanse kolonies als de nog altijd gewenste unie met Groot-Brittannië. Pas twee jaar later, na de breuk met de koloniale macht, besloot de volksvertegenwoordiging de Britse Union Jack te vervangen door de sterren van de lidstaten. Kort daarna vroegen de nieuw toegetreden federale staten om ook op de vlag te worden vertegenwoordigd, en in 1795 werd het aantal sterren op de vag verhoogd tot 15.

In 1818 besloot het Congres voor elke nieuw tot de Unie toegetreden staat een ster toe te voegen. Zo heeft de nationale Amerikaanse vlag de expansie van de Verenigde Staten op de voet gevolgd. Vóór de oorlog tegen Mexico (1846-1848) stonden er nog maar 29 sterren in het blauwe veld, in 1861 waren het er al 34. De laatste sterren werden toegevoegd in 1959, nadat Alaska en Hawaii als 49e en 50e Amerikaanse staat tot de federatie waren toegetreden.

zuiden wonen, ditmaal in de betere wijken. In Washington D.C. is nog maar iets meer dan de helft van de inwoners Afro-Amerikaans, na de geleidelijke uittocht van 40.000 zwarten en de gelijktijdige instroom van zo'n 50.000 witten. Met name Atlanta heeft een grote aantrekkingskracht op gekleurde Amerikanen. Het Afro-Amerikaanse deel van de bevolking in de staten van het Diepe Zuiden ligt nu in Florida op 16 % en in Mississippi op 37 %.

Dynamische Sunbelt en verborgen armoede

Door beleidsmakers en marketingmensen wordt tegenwoordig graag het beeld van de 'dynamische *Sunbelt*' geschetst, waarin een bloeiende toeristische sector is verenigd met topprestaties leverende communicatiebedrijven en andere op de toekomst gerichte bedrijfstakken. Dit dynamische toekomstbeeld moet de door zware industrie getekende *Rustbelt* (roestgordel) in het noorden overtreffen. Maar de economische centra rond New York en Chicago en de voormalige staalsteden in het noordoosten en de Midwest als Pittsburgh en Cleveland worden niet geteisterd door lege fabrieken en een hoge werkloosheid. Sterker nog, sommige van deze steden hebben zelfs hun skyline opgeschoond en een gunstig economisch klimaat geschapen (met onder andere belastingvoordelen) om zich aantrekkelijk te maken als vestigingsplaats voor bedrijven. Daarnaast hebben ze nieuwe inwoners weten aan te trekken met gerestaureerde binnensteden en een breed geschakeerd cultureel aanbod.

Met name in de landelijke delen van het zuidoosten, aan de rand van kleine steden van South Carolina tot Mississippi, wonen doorgaans gekleurde mensen in eigenhandig in elkaar geflanste hutjes, levend van de sociale voorzieningen. In deze sloppenwijken, op een steenworp afstand van de glimmende wolkenkrabbers met bedrijfshoofdkantoren, heeft de Amerikaanse droom, van vredig samenleven en welvaart, een heel ander karakter gekregen.

Politieke trends

Volkstribunen en demagogen

Het zuidoosten is nu ook politiek geëmancipeerd. Waren onmiddellijk na de Onafhankelijkheidsoorlog tegen de Britten veel van de hoogste politieke bestuurders uit het zuidoosten afkomstig, onder wie een aantal presidenten uit Virginia, van George Washington tot James Monroe, na de Burgeroorlog waren zuidoostelijke politici lange tijd ongewenst op het federale, politieke toneel. Dat is nu wel anders – met Jimmy Carter uit Georgia en Bill Clinton uit Arkansas komen twee van de laatste zes Amerikaanse presidenten uit het zuidoosten van de Verenigde Staten.

Krachtige, duidelijke taal gebruikend, gevat, religieus en conservatief – zo staan veel populistische politici uit het zuidoosten bekend. De regio kende succesvolle demagogen als Huey P. Long, in de jaren 30 lang de gouverneur van de kleine man, en George Wallace, de gouverneur uit de staat Alabama die in de jaren 60 werd gekozen met een door segregatie gekenmerkt programma, genaamd 'Rassenscheiding vandaag, morgen en voor altijd'. Politici van de oude stempel zijn nog altijd niet uitgestorven, maar in de moderne tijd overheersen bestuurders die ook de verworvenheden van de burgerrechtenbeweging in aanmerking nemen. Daarnaast zijn er veel technocraten voor wie bedrijfsmacht en een afgeslankt openbaar bestuur naar eigen zeggen het hoogste doel in het politieke bestaan zijn.

Burgerrechtenstrijders als politici

Dan zijn er nog de erfgenamen van de burgerrechtenbeweging, zoals Andrew Young uit Georgia, die alweer worden afgelost door de nieuwe generatie. Deze predikant en medestander van de vermoorde Martin Luther King kreeg in 1972 als een van de eerste zwarte zuidoostelijke politici een zetel in het nationale Congres. Onder de democratische president Jimmy Carter werd Andrew Young de Amerikaanse ambassadeur bij de Verenigde Naties. In 1981 werd hem de burgemeestersketting van Atlanta omgehangen en bovendien was hij de drijvende kracht achter de Olympische Spelen die in 1996 in die stad werden gehouden.

De burgerrechtenbeweging heeft met zijn massademonstraties en andere inspanningen veel zwarten wel politiek bewuster gemaakt en in ieder geval de stembusgang van de zwarte Amerikanen gestimuleerd. Hierdoor heeft de beweging eraan bijgedragen dat met Barack Obama in 2009 voor het eerst een zwarte president in het Witte Huis werd geïnstalleerd, ook al kwam hij uit Chicago, ofwel de Midwest. In South Carolina is bij tussentijdse verkiezingen in 2014 de allereerste zwarte senator namens deze staat gekozen, en in 2016 herkozen.

In 1960 zaten er slechts honderd zwarte vertegenwoordigers in de lokale parlementen en in de overheid van de Amerikaanse staten, dertig jaar later waren dat er al ruim 10.000. In de staat Mississippi, die ooit hét symbool van de onderdrukking van zwarte burgers was, worden tegenwoordig meer Afro-Amerikanen op posten in het bestuur gekozen dan in welke staat dan ook. De ontwikkelingen voltrekken zich tegenwoordig razendsnel, maar met een kleine 2 % van de verkiesbare functies in de politiek en de overheid zijn zwarten in het zuidoosten toch nog altijd sterk ondervertegenwoordigd. Er is dus nog veel werk aan de winkel en eigenlijk is de emancipatie statistisch gezien nog maar net begonnen.

Een museum in Little Rock (Arkansas) herinnert aan de onlusten in 1957 toen de overheid moest ingrijpen om scholen in het zuiden toegankelijk te maken voor zwarten

Gezondheids- en ouderenzorg

Het socialezekerheidsstelsel zorgt voor problemen in de VS. *Social security* is om te beginnen alleen een ouderdomsverzekering, een uitkering na afloop van het werkende bestaan. De eerste president die, in 1935, een wet invoerde om de financiële positie van oudere werknemers en hun nabestaanden van staatswege te verzekeren, was Franklin D. Roosevelt. Hij deed dat in het kader van de New Deal ter bestrijding van de economische malaise. Tot de Burgeroorlog werd in de zuidoostelijke VS een paternalistisch systeem gehanteerd, waarbij de planter en werkgever voor zijn arbeiders zorgde. Die waren daardoor wel dubbel zo afhankelijk van hem. Die afhankelijkheid, waarbij er bovendien geen enkele vorm van sociale voorziening was, werd door het slavernijsysteem verder op de spits gedreven.

Gebrekkige sociale voorzieningen

Het huidige systeem werkt als volgt: inhoudingen op het loon van werknemers en werkgeversbijdragen stromen in een pensioenfonds. Overschotten tussen de werkelijke premies en de betalingen aan gepensioneerden worden als appeltje voor de dorst belegd in obligaties. In crisistijden dalen de inkomsten in dit fonds, de uitgaven stijgen bij een toenemende vergrijzing steeds meer. Tegelijkertijd wordt een groeiend aantal Amerikanen op latere leeftijd getroffen door armoede, omdat ze door een onregelmatig arbeidsverleden of langdurige werkloosheid te weinig aan het fonds hebben bijgedragen. Aangezien de werkloosheid onder kleurlingen met ruim 11 % aanmerkelijk hoger is dan het Amerikaanse gemiddelde, hebben de zuidoostelijke staten met hun hoge aandeel Afro-Amerikaanse bewoners meer last van dit probleem dan andere regio's.

Tegelijkertijd doet er zich een ontwikkeling voor in de gezondheidszorg die risico's met zich meebrengt. Met name wat de ouderenzorg betreft, worden steeds meer behandelingen niet vergoed en veel ouderen kunnen zich geen particuliere verzekering veroorloven. Een op de tien Amerikanen heeft geen ziektekostenverzekering; van de mensen die jonger zijn, hebben ruim 28 miljoen geen ziektekostenverzekering.

Ziektekostenverzekering 'Obamacare'

Het door de staat vergoede pakket medische voorzieningen voor ouderen heet *Medicare*, dat voor armen *Medicaid*. De beheersing van de snel stijgende kosten is al jaren het belangrijkste discussiepunt. Als die onder controle worden gehouden, dan kunnen ook de kosten van de allerarmsten worden vergoed en kan er een basisverzekering voor iedereen worden opgezet. Met een in 2009 onder president Barack Obama aangenomen wet, die bij voor- en tegenstanders bekend is als *Obamacare*, kunnen nu alle Amerikanen voor hun ziektekosten aanspraak maken op een basisverzekering. Mensen voor wie de premies van een particuliere verzekering te hoog zijn, kunnen een aanvraag voor financiële steun indienen. De regering-Trump wil deze verzekering per se weer afschaffen, maar een krappe meerderheid in het Congres heeft dat tot nu toe voorkomen.

Onderwijs

Terwijl in de noordelijke staten van de jonge natie het openbaar onderwijs algauw van de grond kwam, domineerde in het zuiden nog lang de particuliere school. Tot aan de Burgeroorlog was het zwarten daar zelfs verboden om te leren lezen en schrijven. Pas na de Burgeroorlog werden ook in de zuidelijke staten openbare scholen opgezet. Maar door zwarte en witte kinderen gezamenlijk bezochte scholen waren eerder uitzondering dan regel. Aan het begin van de 20e eeuw ging in het zuidoosten ongeveer 40 % van de kinderen regelmatig naar school, vier van de vijf Afro-Amerikaanse kinderen waren analfabeet.

Opleving in de Tweede Wereldoorlog

De Tweede Wereldoorlog bracht het zuidoosten niet alleen een economische opleving, ook het onderwijs werd gemoderniseerd. De industrie zat te springen om geschoolde arbeiders en meer zwarten dan ooit gingen het leger in. De grote rellen vanaf de jaren 50 om het doorvoeren van de burgerrechten vonden ook plaats op scholen en universiteiten. In Little Rock, Arkansas, moest de toegang van zwarte studenten tot de onderwijsinstituten zelfs met militair geweld worden afgedwongen (blz. 458). *Busing*, het vervoer van scholieren door de staat om de scholen een etnisch evenwichtige samenstelling te geven, was vooral in de jaren 70 een omstreden maatregel. Ook over de schoolbudgetten, die afhankelijk zijn van lokale belastingopbrengsten, is het maatschappelijke debat verdeeld; scholen in rijke gemeenten worden in dit systeem bevoordeeld ten opzichte van die in arme gemeenten. Bovendien zijn particuliere scholen en hogescholen nagenoeg onbereikbaar voor kinderen uit minder kapitaalkrachtige gezinnen.

Vooruitgang met vallen en opstaan

De mythe van de *New South*, een maatschappij waarin mensen van verschillende huidskleur harmonieus samenleven, een dynamische economische regio met toekomstgerichte technologieën, een duurzame energieproductie, volop recreatiemogelijkheden en uitstekende communicatienetten, wordt sinds enkele jaren door de media uitgedragen, en met succes.

Met de toekenning van de Olympische Spelen 1996 aan Atlanta, metropool en icoon van het Nieuwe Zuiden, leek het even alsof er buiten de Amerikaanse landsgrenzen eveneens in deze droom werd geloofd.

Nieuwe geweldsdaden tegen kleurlingen

Politiegeweld tegen zwarten heeft ook buiten het zuidoosten van de Verenigde Staten in steeds meer steden en kleinere plaatsen tot maatschappelijke onrust geleid. De ervaring leert dat positieve economische ontwikkelingen worden onderbroken door cyclische crises. Bedrijven die zich in het zuidoosten vestigden vanwege de lage lonen en beschikbare arbeidskrachten, kunnen bij veranderende omstandigheden ook weer snel hun biezen pakken.

De ontwikkeling in de afgelopen decennia heeft de economie en maatschappij van de zuidoostelijke staten ingrijpend veranderd. Maar serieuze beschouwers hebben het met gevoel voor realiteit niet over de *Sunbelt* ('het zonnige zuiden'), maar over een regio waar net als elders zonnige en bewolkte perioden elkaar afwisselen.

Geschiedenis

Voor de meeste Amerikanen begint de geschiedenis met de aankomst van Columbus op het nieuwe continent en de landing van Engelse kolonisten op de kust van New England. Over de indiaanse samenlevingen voor de komst van de Europeanen is bij het grote publiek maar weinig bekend.

Indianen in het zuidoosten

Men neemt tegenwoordig aan dat de indiaanse oerinwoners ruim 10.000 jaar geleden uit Azië kwamen. Tweemaal in de jongste geschiedenis van de aarde viel de Beringstraat tussen Alaska en Siberië droog en werd hij passeerbaar. Dat gebeurde 50.000-40.000 jaar geleden voor het eerst, de tweede maal was tussen 28.000 en 10.000 jaar geleden, waarna de temperatuur weer begon te stijgen en de enorme gletsjers uit de ijstijd wegsmolten. Op basis van vondsten valt te concluderen dat in ieder geval tegen het einde van de 'tweede landbrug' Aziatische nomaden het Noord-Amerikaanse continent bereikten. Vondsten van werktuigen en wapens suggereren dat Noord-Amerika ongeveer 11.000 jaar geleden werd bewoond door groepjes mensen. Ze jaagden op tegenwoordig ongebruikelijke prooidieren – mammoeten, kamelen en paarden – door ze op te wachten bij waterplaatsen en met houten speren te vellen of de kudde over kliffen te jagen, waarna de gewonde dieren van dichtbij de genadeslag kregen.

Het einde van de ijstijd, zo'n 10.000 jaar geleden, greep diep in op het leven van de mensen. De gletsjers smolten weg en het ijs trok zich terug naar het noorden, de zeespiegel steeg en overstroomde hele kustgebieden. Binnenzeeën en meren droogden op, moerassen veranderden in steppen of bossen, er ontstond een netwerk van rivieren. Veel diersoorten, zoals de reuzenantilope en de reuzenluiaard, stierven uit. De mensen verbeterden hun jachttechnieken en bouwden vaste steunpunten die tussen hun omzwervingen door werden opgezocht.

Herten en vossen, die in de zuidoostelijke wouden volop aanwezig waren, werden de belangrijkste prooi. De indianen ontwikkelden een soort speer, de *atlatl*, waarvan de schacht als knots kon worden gebruikt. Vondsten van plantaardige resten tonen dat er bessen, noten en wortels werden verzameld en dat voedsel werd bewerkt met stenen werktuigen. Vissperen, haakjes en enorme aantallen schelpen, die ook als bouwmateriaal werden gebruikt, getuigen van kennis over de voedzaamheid van vis en schelpdieren en misschien ook van een voorkeur voor deze voedselbron. Uit de periode rond 2000 v.Chr. dateren gepolijste gebruiksvoorwerpen, kettingen van steentjes, bewerkte schelpen en gebakken en versierde potten. Er zijn grafgiften gevonden, wat aangeeft dat in deze maatschappij in een leven na de dood werd geloofd.

Invloeden uit Midden-Amerika

De Woodlandperiode

In de laatste duizend jaar voor het begin van de jaartelling veranderde het leven van de zuidoostelijke indianen zo ingrijpend dat er van de periode van de *woodland indians* wordt gesproken. Ze waren seminomadisch en volgden het wild niet meer het hele jaar door, maar bouwden permanente hutten, die van tijd tot tijd werden bewoond. Ze legden ondergrondse voorraadkamers aan, produceerden aardewerk, kweekten zonnebloemen en teelden wilde rijst en grassen voor de vervaardiging van kleding en vloermatten. Pompoenen waren niet alleen smakelijk, maar zorgden ook voor constante voedselvoorraden. Uit koperen sieraden uit het Grote Merengebied, kettingen van haaientanden van de Atlantische kust en obsidiaan uit de Rocky Mountains valt af te leiden dat er interregionale handelscontacten bestonden. Tegelijkertijd werd een soort panfluit uitgevonden, het eerste muziekinstrument, kregen potten steeds gevarieerdere vormen en begon men op panelen, kruiken en pijpen allerlei verhalen en diersymbolen te schilderen. Belangrijke doden werden zorgvuldig gekleed en bijgezet in grafheuvels *(mounds)*. Andere kunstmatige heuvels, die de vorm van enorme slangen en vogels kregen, werden voor ceremoniële doeleinden gebruikt. Nederzettingen als Poverty Point in het noordoosten van Louisiana, waren bijna steden, die door duizenden mensen tegelijk werden bewoond.

Mississippi-indianen

Aan de benedenloop van de Mississippi kwam vanaf 700 n.Chr. een andere cultuur tot bloei. De Mississippi-indianen woonden met soms duizenden mensen tegelijk in nederzettingen rond vernuftige tempelcomplexen. De architectuur van de houten gebouwen, die op enorme kunstmatige aardhopen stonden, de kunstuitingen en overeenkomsten in stamorganisatie duiden

Het Museum of the American Indian in Washington D.C. toont de kunst en de manier van leven van de oorspronkelijke bewoners van Amerika

op banden met de meest ontwikkelde indianenculturen in Midden-Amerika.

Hun grootste bekende stad, Cahokia nabij het tegenwoordige St. Louis, telde in de bloeitijd rond 1100 n.Chr. bijna 40.000 inwoners en was de grootste indiaanse nederzetting in Noord-Amerika. In omvang kon Cahokia zich meten met veel andere steden in die tijd, zoals Londen. Door de verbetering van jachttechnieken met pijl en boog en vooral de ontwikkeling van de landbouw op het vruchtbare aanslibbingsgebied bij de rivier, met bonen, pompoenen en mais, konden de indianen hun nomadische, zwervende bestaan opgeven en sedentair worden.

De stam was strikt hiërarchisch georganiseerd, met priester-hoofdmannen aan de top. Een deel van de stam was opgeleid tot krijger en nederzettingen werden omheind om indringers te weren. Met parels, schelpen en parelmoer werden sieraden gemaakt en mensen en mythologische symbolen waren tot in de details afgebeeld. Er was een culturele ontwikkeling met een verfijnde geneeskunst, zang en dans en sportwedstrijden. Uit hun voorstelling van de ontstaansgeschiedenis, met mensen en goden, komt een maatschappij naar voren die in niets op de goddeloze wilden uit de beschrijvingen door Europese veroveraars leek.

Het expeditieleger van de Spanjaard Hernando de Soto, dat van 1539 tot 1543 grote delen van het zuidoosten verkende, trof verschillende indianenculturen aan. De Mississippi-indianen waren al over hun bloeitijd heen en hadden zich uit de gebieden in het huidige Georgia, North Carolina en Florida teruggetrokken naar het gebied ten westen van de Appalachen. Aan de Atlantische kust en in het heuvelachtige achterland leefden vooral indianen in de *woodland*-traditie.

De verdere maatschappelijke ontwikkeling werd door de invasie uit Europa en de verwoesting van de toenmalige structuren op een kritisch moment onderbroken. Er was tot de confrontatie met de Europese kolonisten niet voldoende tijd geweest om dieren te domesticeren voor transport of de geschreven taal verder te ontwikkelen.

Verdrijving en uitroeiing van de indianen

De indianen kwamen in aanraking met de ideeën van de Europese kolonisten, die op basis van een vermeende morele superioriteit de inheemse bevolking al hun bezittingen afnamen en tot slavernij dwongen. Algauw bezweken veel indianen aan door de kolonisten uit de Oude Wereld meegebrachte ziekten, waartegen hun immuunsysteem niet was opgewassen. Gele koorts, mazelen, pokken, malaria, roodvonk en andere infectieziekten roeiden 50 tot 90 % van de inheemse bevolking uit. Door de massale sterfte werden de verhoudingen binnen stammen zwaar op de proef gesteld en de indianen organiseerden hierna hun gemeenschappen geheel opnieuw naar etnische groep en taalfamilie.

De Algonquin, waaruit de stammen van de Powhatan, Roanoke en Pamlico voortkwamen, bewoonden een strook langs de Atlantische kust van Canada tot aan North Carolina. Het woongebied van de Muskogee en de stammen van de Creek Confederation, de Seminolen, Timuca, Choctaw en Chickasaw strekte zich uit van Georgia tot aan de Mississippi in het westen. Aan de andere kant van de rivier, in Louisiana, Arkansas en het oosten van Texas, woonden de Caddo, met de Natchitoches en de Adai. De Irokezen, waaruit de Cherokee voortkwamen, leefden in de zuidelijke Appalachen en in Tennessee, Georgia, North en South Carolina. De Siouan en Ofu woonden aan de rand van zuidelijk en noordelijk Mississippi. Aan de Golf van Mexico en onderaan de Mississippi zaten de Biloxi. De Catawba waren gevestigd in South Carolina.

De indianen werden steeds verder naar het westen gedreven. Opstanden en de poging van groepjes Chickasaw, Choctaw, Creek en Cherokee om door aanpassing aan de Europese cultuur en het opgeven van eigen tradities te worden geaccepteerd, mislukten nadat Andrew Jackson (1767-1845) tot president van de Verenigde Staten was gekozen. Deze boerenzoon was opgeklommen tot generaal en had grote overwinningen behaald in de Oorlog van 1812 tegen de Britten en de indianen. Jackson, een indianenhater, liet alle oorspronkelijke bewoners ten oosten van de Mississippi verhuizen naar een waardeloos geacht stuk grond waar later de staat Oklahoma zou worden gevestigd. Bij de uittocht van de Cherokee in 1838, de zogenaamde Trail of Tears (pad van de tranen), kwamen vierduizend mensen om het leven. Groepjes indianen die tijdens de deportatie de bergen in vluchtten of in het ruige Florida ontkwamen, vormden later nieuwe nederzettingen en reservaten.

Folklore en nieuwe kansen

De indianen vormen in het zuidoosten tegenwoordig een kleine minderheid. De grootste groepen vormen de Cherokee in de bergen van North Carolina met achtduizend leden en vierduizend Choctaw in Mississippi. Daarnaast zijn er ook nog kleinere dorpen en reservaten, uitgesmeerd over een gebied van Virginia tot Louisiana. Van de Lumbee, een groep die zich nooit als stam heeft laten registreren, wordt gezegd dat overlevenden van de eerste Engelse kolonie in de groep zijn opgenomen. De Lumbee bleef deportatie bespaard en zo'n 40.000 mensen in North Carolina stammen nog van hen af. Hoge werkloosheid en andere maatschappelijke problemen, zoals de druk van de *American way of life* op de tradities, hebben bij veel indiaanse jongeren tot een identiteitscrisis geleid. De toeristische uitbuiting van het culturele erfgoed en de mogelijkheid om bingohallen of casino's te openen hebben de economische situatie wel verbeterd. Of daarmee de kans op behoud van de cultuur is vergroot, zal de toekomst pas leren.

Europese verovering

De Spanjaarden

Toen de Spanjaarden en de Portugezen beseften dat Christoffel Columbus in 1492 niet een voorpost van de Aziatische vorstendommen, maar een onbekend werelddeel had ontdekt, werden in hoog tempo de Caribische eilanden, Midden-Amerika en het noorden van Zuid-Amerika veroverd.

Juan Ponce de León, de op leeftijd gekomen Spaanse gouverneur van Cuba, was op zoek naar goud en de legendarische bron van de jeugd van Bimini. Na eerst te zijn verdwaald tussen de vele eilandjes van de Bahama's bereikte hij in de lente van 1513 het vasteland bij het huidige St. Augustine in Florida. Naar het aanstaande paasfeest doopte Ponce de León het gebied Pasqua Florida ('bloeiend Pasen'). In 1521 keerde hij terug om Florida eindelijk te veroveren, maar in een schermutseling met de lokale Calusa-indianen werd hij getroffen door een dodelijke pijl. Andere pogingen van de Spanjaarden om zich in Florida, aan de oostelijke Golf van

Mexico en de zuidelijke Atlantische kust te vestigen, mislukten eveneens.

Hernando de Soto doorkruiste met zijn expeditieleger vanaf 1539 vier jaar lang het zuidoosten van de VS in de hoop op goud en een doorgang naar Azië. De tocht eindigde in een fiasco, waarna de Spaanse interesse in het zuidoosten van de huidige VS verslapte. Pas door de kolonie Franse hugenoten in Fort Caroline bij het huidige Jacksonville, die een gevaar konden vormen voor de met schatten beladen, uit de Midden-Amerikaanse kolonies terugkerende Spaanse schepen, verschenen de Spanjaarden weer op het toneel. In 1565 liet admiraal Menéndez alle mannelijke hugenoten in Florida doden. St. Augustine werd uitgeroepen tot de eerste hoofdstad van Spaans Florida, niet zozeer om het gebied te koloniseren, wat economisch minder interessant was, als wel om de zeeroute tussen Spanje en de Zuid-Amerikaanse kolonies veilig te stellen.

De Fransen

Frankrijk keerde pas honderd jaar na de hugenotenslachting terug op het zuidoostelijke toneel. Robert Cavelier, Sieur de la Salle, zakte vanuit het Canadese Québec de Mississippi af en claimde in 1682 het gebied langs de rivier voor zijn koning, Lodewijk XIV. Pierre le Moyne, Sieur d'Iberville, en na diens dood zijn broer Jean-Baptiste le Moyne, Sieur de Bienville, werden tot gouverneurs van Louisiana benoemd. Jean-Baptiste stichtte in 1718 bij de monding van de Mississippi, Nouvelle Orléans, later New Orleans. Het Franse koloniale beleid richtte zich vooral op de handel in dierenhuiden, terwijl de vestiging in het enorme gebied tussen de Saint Lawrence en de Mississippi maar langzaam vorderde. Er kwam weinig ondersteuning uit het moederland, dat voortdurend overhoop lag met zijn Europese buren.

Halverwege de 18e eeuw barstte in Europa de Zevenjarige Oorlog (1756-1763) los tussen enerzijds Pruisen en Engeland en anderzijds Frankrijk, Rusland, Oostenrijk en enige tijd Spanje, maar in de Amerikaanse kolonies was er in 1754 al een opmaat met gevechten tussen Frankrijk en Engeland. De overwinning te land en ter zee in de zogeheten Franse en Indiaanse Oorlogen werd behaald door de Britten, de Franse kolonies vielen aan hen toe en werden deels met Spanje geruild. Zevenendertig jaar later kreeg Frankrijk dankzij een verdrag met Spanje Louisiana weer terug. Even zag het ernaaruit alsof Frankrijk de touwtjes weer in handen had op het Noord-Amerikaanse continent, maar Napoleons droom van een nieuw koloniaal rijk in het Caribisch gebied spatte al bij voorbaat uiteen. In 1803 verkocht hij Louisiana in de welbekende Louisiana Purchase aan de jonge Amerikaanse republiek, waarmee hij meteen ook aartsrivaal Engeland wilde schaden. Hiermee kwam een eind aan de Franse aanwezigheid in de zuidoostelijke VS.

De Engelsen

De eerste Engelse pogingen om kolonies te stichten in de Nieuwe Wereld werden ondernomen in de regeerperiode van koningin Elizabeth I. Tijdens haar bijna 45 jaar lange bewind (1558-1603) maakte Engeland zich geleidelijk los uit de invloedssfeer van Spanje en de katholieke kerk en eigende zich een zelfstandige rol in Europa toe. Kapiteins als John Hawkins en Francis Drake gingen als *sea dogs* met een vrijbrief van de koningin op kaapvaart. De pogingen van Spanje om Engeland weer onder zijn heerschappij en in het gareel te krijgen, liepen na de nederlaag van de Spaanse Armada in 1588 op niets uit.

Na de mislukte poging van sir Walter Raleigh in het huidige North Carolina een nederzetting te stichten, vestigden de Engelsen in 1607 met Jamestown in Virginia hun eerste kolonie. Het Engelse koloniale beleid ging niet alleen uit van de adel, maar liet ook burgers via financieringsmaatschappijen deelnemen aan de activiteiten in de Nieuwe Wereld. De kolonies steunden niet alleen op de uitbuiting van indianen, met landbouwactiviteiten moesten de kolonisten zichzelf bedruipen en kunnen exporteren. In 1660 telden de gebieden bij de rivieren de York, James en Rappahannock al zo'n 30.000 bewoners.

In hoog tempo werden ten zuiden van Virginia meer Engelse kolonies gesticht. Carolina, genoemd naar koning Karel I, splitste algauw in een noordelijk en een zuidelijk deel, ten zuiden daarvan werd Georgia in 1732 Engels gebied. In 1750, ruim honderd jaar later, woonden in de dertien Engelse kolonies aan de oostkust al 1,5 miljoen mensen.

De onafhankelijkheid

Groeiend zelfbewustzijn in de koloniën

Mettertijd was er onder de Engelse kolonisten een nieuw bewustzijn ontstaan, waarmee ze lijnrecht tegenover de autoriteiten in het moederland kwamen te staan. Anders dan in Engeland waren inkomen en rijkdom minder afhankelijk van geboorte, rang of stand. Hier, in dit woeste, onontgonnen werelddeel, kon je ook iets bereiken met keihard werken. In de zuidelijke Amerikaanse kolonies bezat iedereen ondanks de grote plantages wel een stukje grond en zelfs voor een straatarme nieuwkomer was het mogelijk een zekere welstand te bereiken. Bovendien heerste in de nederzettingen aan de westrand van de kolonies een bepaalde vorm van democratie, waardoor het bijna absurd leek dat een ver weg regerende koning bij de gratie Gods je lot

Overleg voor de (nagespeelde) burgeroorloggevechten in Manassas

bepaalde. Om meer greep te hebben op de ontwikkelingen, riep de regering in Londen de Appalachen uit tot de westelijke grens van de kolonisering. Het leger werd met 10.000 soldaten uitgebreid, aan de kosten waarvan de kolonisten voor een derde moesten bijdragen, en voor de financiering werd een aantal nieuwe accijnzen ingevoerd, zoals een belasting op stempels, de zogenaamde *stamp act*.

De kolonisten verzetten zich fel tegen de nieuwe wetten. Ze wilden geen belasting betalen als ze niet ook in het parlement vertegenwoordigd waren *(no taxation without representation)*. Ook de politieke kopstukken van Virginia, de machtigste en dichtstbevolkte kolonie van Amerika, kwamen op voor de algemene zaak, die vanaf 1776 onafhankelijkheid werd genoemd. In opdracht van het pas opgerichte Nationale Congres stelde Thomas Jefferson de Onafhankelijkheidsverklaring op, een pamflet in het teken van de Verlichting en het zelfbeschikkingsrecht van de mens.

De onafhankelijkheidsstrijd

De strafexpeditie van het Engelse leger om de orde te herstellen, groeide uit tot een ernstig militair conflict, waarin de haastig opgetrommelde troepen van de Amerikaanse militie onder generaal George Washington diverse malen bijna het onderspit dolven. Avonturiers en vrijheidsstrijders uit andere Europese landen, zoals Friedrich Wilhelm von Steuben uit Pruisen, Thaddeusz Kosciuszko uit Polen en de markies De Lafayette uit Frankrijk, sloten zich bij de opstandelingen aan en boden steun. Uiteindelijk kregen Amerikaanse gezanten als Benjamin Franklin de Fransen zover dat ze zich aan de kant van de opstandelingen schaarden en te land en ter zee bijdroegen aan de strijd.

Bij Yorktown, in de buurt van Williamsburg, de hoofdstad van Virginia, werd in 1781 aan de hoofdgroep van het Engelse leger onder generaal Cornwallis de beslissende klap toegebracht. Dit leidde tot een vredesovereenkomst en de erkenning van de dertien opstandige kolonies door de voormalige koloniale machthebber Engeland. De onafhankelijkheid was een feit. Met de in 1787 aangenomen, nog altijd geldige Grondwet en de later aangenomen grondrechten *(Bill of Rights)* hadden de Verenigde Staten al twee jaar voor de Franse Revolutie de eerste democratische staatsinrichting ter wereld, met een strikte scheiding tussen wetgevende, uitvoerende en rechterlijke macht.

De Amerikaanse Burgeroorlog

Al enkele decennia na de geboorte van de jonge republiek ontstond een conflict dat de eenheid van de Unie bedreigde. In 1619 had een Hollands schip twintig Afrikaanse slaven naar Jamestown gebracht, dat toen de hoofdstad van Virginia was. In 1860 was dit groepje door de voortdurende import van zwarte dwangarbeiders uit West-Afrika uitgegroeid tot 4 miljoen slaven. Dezen werkten voornamelijk op de katoen-, rijst-, suikerriet- en indigoplantages in het zuidoosten. Het conflict met de industrieel georiënteerde staten in het noordoosten en de Midwest, waar slavernij verboden was, liep uit op een regelrechte breuk toen Abraham Lincoln uit Illinois, een voorstander van afschaffing van de slavernij, in 1860 tot president werd gekozen. In december van dat jaar stapte South Carolina uit de Unie, en in de periode tot juni 1861 volgden Mississippi, Alabama, Louisiana, Georgia, Florida, North Carolina, Arkansas, Virginia, Tennessee en Texas. Deze elf staten bundelden hun krachten in de Geconfedereerde Staten van Amerika (1861-1865). Richmond in Virginia werd uitgeroepen tot hoofdstad en Jefferson Davis werd de zuidelijke president. De Unietroepen weigerden Fort Sumter bij Charleston te verlaten, waarop plaatselijke militairen het fort onder vuur namen. Dit was de lont in het kruitvat en het begin van het militaire conflict tussen het noorden van de Yankees en het zuiden van Dixieland.

Die eerste schermutselingen groeiden uit tot een regelrechte oorlog, die in totaal

George Washington, vader van de natie

Herenboer, liefhebbende echtgenoot, generaal, staatsman en vader van de natie – de eerste president van de VS lijkt in de officiële versie een model van rechtschapenheid – op het fresco van Brumidi in de koepel van het Capitool ziet George Washington er dan ook bijna uit als een god.

George Washington was niet altijd de ontzagwekkende figuur die hij volgens vriend en vijand, abolitionist en slavenhouder, noorder- en zuiderling, republikein en democraat was. George werd geboren op 22 februari 1732 in een plantersfamilie die vijf generaties eerder uit Engeland naar de Nieuwe Wereld was geëmigreerd. Na de vroege dood van zijn vader nam zijn rijke, oudere broer Clarence hem onder zijn hoede. Na diens dood in 1752 erfde George Mount Vernon en de andere landgoederen. Zeven jaar later huwde hij Martha Custis, een rijke weduwe. Nu behoorde George tot de aristocratie van Virginia. Algauw deed hij militaire ervaring op in het Britse koloniale leger, waar hij als bedachtzaam gold.

Na 1763 wilde Engeland de kolonies met hardere hand besturen en de Amerikaanse autonomie beperken. George Washington verzette zich uit alle macht tegen de Engelse plannen. Op het eerste Koloniale Congres van Philadelphia in september 1774 verscheen hij in vol militair ornaat. Na de eerste vijandelijkheden in het volgende jaar werd Washington tot bevelhebber van de Amerikaanse strijdkrachten gekozen. In de volgende veldslagen werden successen gevolgd door nederlagen, waardoor de oorlog tegen de Britse militaire macht bijna op een mislukking dreigde uit te lopen. Het door George Washington in 1777 opgeslagen winterkamp van het Amerikaanse Continentale Leger in Valley Forge, Pennsylvania, dat werd getekend door uitputting en sterfgevallen, was een dieptepunt in de strijd om de onafhankelijkheid.

Met zijn vastberadenheid won Washington in die maanden ieders bewondering, van het leger en de bevolking. Dankzij een alliantie met de Fransen en hun militaire steun bij een goed gecoördineerde aanval dwong hij op 19 oktober 1781 de Engelse generaal Cornwallis en achtduizend van zijn beste troepen tot overgave. Op 23 december 1783 legde Washington voor het bijeengekomen Congres in het Capitool van Annapolis zijn militaire ambt officieel neer. Op 4 februari 1789 werd Washington door een college van kiesmannen uit alle federale staten tot president van de Verenigde Staten gekozen. In zijn eerste regering heerste al een conflict tussen de federalisten, die een versterking van de federale regering nastreefden, en de democratische republikeinen rond Jefferson, die een confederatie met krachtige afzonderlijke staten wensten. Washington probeerde het ambt van president te bekleden met republikeinse waardigheid, die door enkelen als stijf werd ervaren. In 1797 trok hij zich vrijwillig uit de regering terug met de woorden: 'Geen man was het openbare leven ooit zo beu.' Op een koude decemberavond in 1799 werd de 67-jarige staatsman, die te paard terugkeerde naar Mount Vernon, overvallen door een ijzige bui. 's Nachts kwam er een hevige koorts op. De volgende dag blies hij zijn laatste adem uit, naar verluidt met de woorden "t Is well', het is volbracht.

700.000 doden en gewonden zou eisen. Het noorden won, niet alleen door zijn sterkere industrie en geavanceerde wapentechnologie, maar ook simpelweg omdat het militair en demografisch in de meerderheid was. Op enkele uitzonderingen na voltrokken alle gevechten zich in het gebied van de zuidelijke staten. De in 1865 overwonnen zuidelijke staten werden onder een militair bestuur geplaatst. De slavernij werd officieel afgeschaft. De uit grootschalige plantages bestaande economische structuur van het zuidoosten was verwoest. Het noorden had zijn voornaamste doel, namelijk de eenheid van de Unie bewaren, duur betaald. Maar de vereniging van de staten van Amerika in een groter verband zou daarna niet meer serieus worden betwijfeld.

Het verlies van de Burgeroorlog betekende voor het zuiden niet alleen een militaire en politieke nederlaag. De economische basis was op zijn kop gezet: de slaven waren bevrijd en op de plantages konden alleen nog betaalde landarbeiders worden ingezet. Bovendien stonden de zuidelijke staten onder militair toezicht, de overheden werden ontbonden en vervangen door militaire bestuurders uit het noorden. Politieke kopstukken uit het zuiden moesten eerst trouw zweren aan de Unie als ze opnieuw tot het bestuurlijke leven wilden worden toegelaten. Pas jaren later (1866-1870) werden de afzonderlijke staten weer als gelijkwaardige partners opgenomen in de Unie.

Op weg naar de tegenwoordige tijd

De tijd na de Burgeroorlog

De in deze gids beschreven tien zuidoostelijke staten hebben samen tegenwoordig inclusief het regeringsdistrict Washington D.C. en heel Florida zo'n 87 miljoen inwoners. In de jaren na de Burgeroorlog, toen de zuidelijke plantage-economie was ingestort, trokken honderdduizenden voormalige slaven over de 'Blues Highway' naar het noorden, de vrijheid tegemoet. In Chicago, Detroit, Cleveland en New York zochten ze werk in de industrie om te ontkomen aan de op het platteland heersende armoede. Pas na de grote economische crisis aan het eind van de jaren 20 van de vorige eeuw ontwikkelden industrie en infrastructuur zich snel als gevolg van de New Deal van Roosevelt en de uitbreiding van het elektriciteitsnet naar afgelegen gebieden.

Nog in de jaren 70 van de 20e eeuw golden de zuidoostelijke staten als een weinig aantrekkelijk woongebied en als gevolg van verschillende migratiegolven woonden er steeds minder zwarten. Raciale conflicten en aanhoudende economische malaise hadden het zuidoosten in de rest van de VS een slechte naam bezorgd, de regio gold als achtergebleven en de bewoners werden als bekrompen beschouwd.

Het zuidoosten is aantrekkelijk geworden

Inmiddels is die trend gekeerd en staat het toekomstperspectief weer voorop. Veel zwarte gezinnen zijn in hun zoektocht naar werk uit het economisch kwakkelende noorden teruggekeerd naar het zuidoosten. Ook gepensioneerde Amerikanen laten de noordelijke winter graag voor wat hij is en verhuizen voor een relaxed leventje naar het zuidoosten: North Carolina, Georgia, Florida en recentelijk ook het zuiden van Mississippi behoren tot de gebieden waar veel moderne pensionado's het liefst naartoe trekken voor een zonnige oude dag.

Gewelddadige rassenrellen als in de jaren 60 lijken in Alabama en Mississippi tegenwoordig niet meer denkbaar. Dat wil niet zeggen dat het racisme geheel verdwenen is. De Ku-Klux-Klan, de in 1865 door witte boeren gestichte terreurorganisatie, is nog altijd actief. De laatste jaren werden tientallen kerken van landelijke zwarte gemeenten geteisterd door brandstichtingen. Bovendien komen relatief veel zwarten om als gevolg van buitensporig politiegeweld tegen een niet als gelijkwaardig beschouwde bevolkingsgroep.

Jaartallen

ca. 30.000-10.000 v.Chr.	In de laatste ijstijd trekken mensen vanuit Azië in diverse immigratiegolven over de drooggevallen landbrug van de Beringstraat naar Amerika en koloniseren het continent in de loop van een paar duizend jaar.
ca. 1000 v.Chr.	De cultuur van de woodlandindianen verspreidt zich vanuit het Ohiodal naar het zuiden.
ca. 200 v.Chr.	De woodlandindianen beginnen mais te verbouwen. Het meel verrijkt hun voedselaanbod. Ze leiden een seminomadisch bestaan. Ontstaan van landbouw en kunstnijverheid. Op kunstmatige heuvels *(mounds)* worden ceremoniële gebouwen opgericht.
ca. 700 n.Chr.	Ten noorden van de monding van de Ohio River in de Mississippi ontstaat de cultuur van de Mississippi-indianen.
rond 1100	Bloeitijd van de Mississippi-cultuur. De stad Cahoika nabij het moderne St. Louis telt bijna 40.000 inwoners – het is de grootste bekende indianennederzetting in Noord-Amerika.
ca. 1500	Vlak voor de Europese verovering begint het verval, besmettelijke ziekten die uit Europa worden meegebracht, betekenen de ondergang van de indianen. De nieuwe, naar taalfamilie ingedeelde stammen van de Algonkin, Muskogee en Irokezen ontstaan.
1513	Juan Ponce de León bereikt als eerste Europeaan het zuidoosten van Amerika en gaat bij het huidige St. Augustine aan land.
1539-1542	Hernando de Soto trekt met een leger van 1200 man door het zuidoosten op zoek naar goud en een passage naar Azië. Hij steekt als eerste Europeaan de Mississippi over en na zijn dood in 1542 geven zijn soldaten hem in de rivier zijn laatste rustplaats.
1565	De Spaanse admiraal Menéndez verwoest Fort Caroline, een nederzetting van Franse hugenoten bij het huidige Jacksonville in Noord-Florida. In het zuiden sticht hij St. Augustine, de nieuwe hoofdstad van Spaans Florida, waarvan hijzelf de gouverneur wordt.
1585	Walter Raleigh sticht op Roanoke Island in het huidige North Carolina een kolonie die hij Virginia noemt, naar de ongetrouwde Engelse koningin Elizabeth I.
1607	Met Jamestown doen de Engelsen een tweede poging tot het stichten van een kolonie in de Nieuwe Wereld, ditmaal hebben ze meer succes.

Robert Cavelier, Sieur de la Salle, bereikt vanuit Québec de benedenloop van de Mississippi en claimt het gebied in naam van de Franse koning. **1682**

Williamsburg wordt de hoofdstad van de Britse kolonie Virginia. Bij de monding van de Mississippi stichten Franse kolonisten Nouvelle Orléans, het huidige New Orleans. **1718**

Na North en South Carolina stichten de Engelsen met Georgia een derde kolonie ten zuiden van Virginia. **1732**

Na de oorlog tegen de Engelsen moet Frankrijk alle gebieden ten oosten van de Mississippi afstaan. **1763**

Op 4 juli neemt het Amerikaanse Congres de door Thomas Jefferson opgestelde Onafhankelijkheidsverklaring aan. Engeland herstelt de koloniale orde met de inzet van troepen. **1776**

Generaal Cornwallis, opperbevelhebber van het Britse leger, geeft zich bij Yorktown over aan generaal Washington. **1781**

Eli Whitney vindt de *cotton gin* uit, een machine die de katoenvezels scheidt van het zaad. Hiermee wordt de grootschalige teelt van katoen mogelijk en ontstaan er grotere plantages dan het zuidoosten ooit heeft gekend. **1793**

De Verenigde Staten kopen Louisiana van Frankrijk. Het nieuwe grondgebied, veel groter dan de huidige staat, strekt zich uit van de Golf van Mexico tot de Canadese grens. **1803**

Tijdens de Brits-Amerikaanse oorlog van 1812 lukt het de Amerikanen niet om in Canada een revolutionaire beweging te ontketenen. De Britten veroveren zelfs Washington, maar weten de stad slechts korte tijd vast te houden. **1812**

Spanje staat Florida voor een bedrag van $ 5 miljoen af aan de Verenigde Staten. **1819**

Met de *Removal Act* worden alle in het zuidoosten levende indianen verdreven naar een gebied ten westen van de Mississippi, de huidige staat Oklahoma. **1830**

Na het vertrek uit de Unie van elf zuidelijke staten begint de oorlog om nationale eenheid en later ook om afschaffing van de slavernij. Na de overwinning van het noorden is de zuidelijke **1861-1865**

	economie verwoest, er zijn 400.000 doden gevallen en 300.000 gewonden liggen in hospitalen.
1866-1870	De regeringen van de zuidelijke staten worden afgezet. In hun plaats komen militair gouverneurs, die tijdelijk het bestuur overnemen.
1881	Booker T. Washington sticht in Alabama het Tuskegee Institute, voor onderwijs aan zwarte kinderen.
1903	De luchtvaartpioniers Orville en Wilbur Wright voeren op de Outer Banks van North Carolina de eerste vlucht uit met een gemotoriseerd vliegtuig.
1933	In het kader van de *New Deal* van president Franklin Roosevelt, een project om de economische crisis te bestrijden, wordt de Tennessee Valley Authority opgericht. Dit bedrijf moet de rivieren de Tennessee en Cumberland reguleren en grote delen van het zuidoosten van elektriciteit voorzien.
1936	Margaret Mitchell publiceert haar roman *Gone with the wind*. Drie jaar later draait de verfilming in de bioscoop.
1950	William Faulkner uit Mississippi krijgt de Nobelprijs voor de Literatuur.
1955	Busboycot door zwarte inwoners van Montgomery, Alabama, tegen discriminatie.
1957	Militairen ingezet om zwarte scholieren toegang te bieden tot de middelbare school in Little Rock, Arkansas.
1963	Demonstratie van honderdduizenden zwarten in Washington D.C.; Martin Luther King houdt zijn beroemde *I have a dream*-speech.
1964/65	Dankzij de *Civil Rights Act* en *Voting Rights Act* boeken zwarte Amerikanen enorme vooruitgang op het gebied van de burgerrechten, zoals het stemrecht.
1968	Moord op Martin Luther King jr. bij het Lorraine Motel in Memphis, Tennessee.
1976	James Earl Carter, voormalig gouverneur van Georgia, wordt tot president gekozen. Alex Haley uit Tennessee publiceert de roman *Roots*, die wordt bekroond met de Pulitzerprijs.

Bill Clinton, gouverneur van Arkansas, wordt president. Al Gore, een senator uit Tennessee, wordt vicepresident. **1992**

Olympische Zomerspelen in Atlanta, Georgia. **1996**

Al Gore verliest nipt en na een debacle bij het stemmen tellen in Florida de strijd om het presidentschap van de Texaanse kandidaat George W. Bush. Op 11 september 2011 verwoesten terroristen van al-Qaida het World Trade Center in New York en delen van het Pentagon in Washington D.C. De 'war on terror' begint met de oprichting van een ministerie voor Binnenlandse Veiligheid en de oorlog in Afghanistan. **2001**

De orkaan Katrina verwoest het kustgebied aan de Golf van Mexico. Door hoogwater in New Orleans komen meer dan 1800 mensen om het leven; het inwonertal van de stad daalt met een derde naar 340.000. **2005**

Barack Obama wordt de eerste president van de VS met Afro-Amerikaanse wortels. In 2012 wordt hij herkozen. **2008**

Het boorplatform Deepwater Horizon van British Petroleum in de Golf van Mexico explodeert. Een enorme hoeveelheid olie stroomt in zee, omdat het lek pas maanden later kan worden gedicht. Met name de visserij en het toerisme hebben ernstig te lijden onder de olieramp. **2010**

De centrale oostkust van de VS wordt opgeschrikt door een zeldzame aardbeving van 5,8 op de schaal van Richter, met het epicentrum bij Virginia; de schade blijft beperkt. **2011**

Herdenking van de Brits-Amerikaanse Oorlog (1812-1814) van tweehonderd jaar eerder, vooral in de regio rond Washington D.C. **2012**

Na een bloedbad onder een zwarte geloofsgemeenschap in Charleston wordt de confederale vlag op het plein voor het Capitool in Columbia definitief weggehaald. **2015**

Sinds januari regeert president Trump in Washington. HIj probeert op nationaal en internationaal vlak diverse wetten en overeenkomsten uit de tijd van de regering-Obama ongedaan te maken. **2017**

Bij de vijftigste sterfdag van de in Menphis vermoorde dr. Martin Luther King jr. wordt de Civil Rights Trail geopend, die verschillende gedenkplaatsen van de burgerrechtenbeweging verbindt. **2018**

Maatschappij en dagelijks leven

In geromantiseerde verhalen wordt het Amerikaanse zuidoosten geportretteerd als een sprookjeswereld. Maar die tijden zijn voorbij. Een bijzonder levensritme, dat mede wordt bepaald door muziek – blues, jazz en country – is er echter nog wel. En ook de geschiedenis laat zijn sporen na.

Bevolking en manier van leven

Wie het cliché bevestigd wil zien, zal nog altijd kokette *southern belles* en perfecte gentlemen kunnen ontdekken, maar dan vooral als acteurs die in de tot museum omgetoverde planterswoningen bezoekers rondleiden. Ook de goeiige zwarte mamma, die de kinderen van 'haar' witte familie opvoedde, is een van de zorgvuldig in stand gehouden legendes die hoofdzakelijk voortleven in romantische films en boeken. Maar de zuidoostelijke VS zijn te veelzijdig om ze tot zulke stereotypes te reduceren.

Een andere zienswijze – de 'southern state of mind'

Er zijn nog veel mensen die behalve over *the lost cause*, de nederlaag van de in hun optiek nobele Confederale zaak, ook treuren over het verlies van de zuidoostelijke mentaliteit en idealen, die verschillen van de zakelijke mentaliteit in het noorden. Ook in deze tijd van economische opleving en *Sunbelt power* is in het zuidoosten bij veel mensen van uiteenlopende huidskleur nog altijd een relaxtere levensstijl te vinden, zoals die in Chicago of Boston maar zelden voorkomt. De slogan 'Southern hospitality with damn' Yankee efficiency' (zuidelijke gastvrijheid met die verdomde noordelijke efficiëntie) zou niet alleen een goede reclame zijn voor een restaurant in Atlanta, maar ook voor grote delen van de zuidoostelijke VS.

Het zijn maar kleinigheden, die de country-and-western-muzikant Darius Rucker, lid van de band Hootie and the Blowfish uit Charleston, bezingt in zijn song 'Southern State of Mind': een zekere hoffelijkheid in de omgang met anderen, de in het zuidoosten alomtegenwoordige zoete *ice tea* of het begroeten of vriendelijk toeknikken van vreemdelingen in kleinere plaatsen. Deze details geven veel bewoners van de zuidelijke staten meteen een gevoel van geborgenheid als zij uit Californië of New York weer thuis komen.

Hier wordt Frans gesproken

Mensen van Europese komaf, in de Amerikaanse statistieken *caucasians* genoemd, vormen de grote meerderheid van de ongeveer 87 miljoen inwoners van de zuidoostelijke staten. Bijna de helft van hen had Engelse, Schotse of Ierse voorouders. In de draslanden van Viriginia overheersen mensen met Engelse voorouders. In de Appalachen en Piedmont wonen veel mensen met Schotse wortels, verder naar het zuiden zijn er meer Ierse invloeden. Meer dan een zevende stamt af van Duitse immigranten. Zij leven vooral in de noordelijke gebieden die grenzen aan de Midwest-staten. In het zuiden van Louisiana hebben bijna een half miljoen inwoners het Frans als moedertaal. Na de creolen, de nakomelingen van Franse kolonisten, kwamen halverwege de 18e eeuw duizenden Acadiërs hierheen. Deze bevolkingsgroep werd door de Britten Canada uitgejaagd en woont nu als Cajuns aan de rivierarmen in de mondingsdelta van de Mississippi. De creolen en Cajuns vormen samen een enclave van Franse cultuur die uniek is in de VS.

De aanduiding van mensen met Afrikaanse voorouders is geregeld veranderd, tegenwoordig worden ze kleurlingen, Afro-Amerikanen of zwarten genoemd en vormen de op een na grootste bevolkingsgroep in het zuidoosten. Landelijk is 12,4 % van de bevolking Afro-Amerikaans. Mississippi heeft met 37 % het grootste zwarte bevolkingsaandeel, Arkansas met 15,5 % het kleinste. Ook emigranten uit Italië, Griekenland, Arabische landen, Latijns-Amerika en Azië, zoals de populatie Vietnamese vissers in Biloxi, hebben in het zuidoosten een nieuw thuis gevonden, maar ze zijn met te weinig om statistisch gezien een belangrijke rol te spelen.

Slimme burgerrechtenstrijders

Een slim beleid van de burgerrechtenbeweging, dat bij sommige witte politici ook weerklank vond, maakte het mogelijk om mensen van verschillende huidskleuren samen te laten leven, iets waar ze in de grote voorsteden van het noorden jaloers op zijn. Het schadelijke effect van raciale conflicten op handel en economie werd al vroeg onderkend. William Hartsfield, voormalig burgemeester van Atlanta, vond zijn stad *too busy to hate*, te druk voor haat. Ambtenaren die proberen nieuwe bedrijven aan te trekken, werven inmiddels zelfs in landen als Japan met het beeld van een regio die integratie en een vreedzame samenleving bevordert en stelling neemt tegen spanning en haat.

Bovendien hebben colleges en universiteiten in Atlanta in de afgelopen jaren duizenden zwarte studenten opgeleid, die nu overwegend tot een brede gekleurde middenklasse behoren. Een zwarte bevolking die meer dan gemiddeld een baan heeft en een redelijk inkomen verdient, legt ook economisch en politiek meer gewicht in de schaal. Niet dat de armoede in het zuidoosten verleden tijd is. Wie door landelijke streken rijdt, ziet hoeveel mensen – onder wie ook witten – nog altijd in *shacks*, bouwvallige hutten, wonen of in schimmige *trailer parks*. Over het algemeen kan worden gezegd dat in de stedelijke centra, zoals Atlanta, Charlotte, Raleigh-Durham en Richmond, minder bewaard is gebleven van de oude zuidelijke levensstijl dan op het platteland. De afwijkende levensstijl in de steden is met name het gevolg van de vele migranten uit andere delen van de VS en een toenemend aantal immigranten uit de Spaanstalige landen van Latijns-Amerika.

De taal

Geïnspireerd op de leus van president Theodore Roosevelt uit 1900, 'Eén land, één taal', was het Cajuns en creolen lang verboden om Frans te spreken. Maar dit is al minstens veertig jaar voorbij. In 1968 werd door Louisiana de organisatie Codofil opgericht, de *Council for the Development of French in Louisiana*. Uit naam van deze Raad voor de Ontwikkeling van het Frans in het zuiden verzorgen docenten uit Canada, Frankrijk en België Franse les op scholen, muziek- en andere culturele festivals, waar muziek en de stevige, pittige keuken tot de hoogtepunten op het programma behoren.

Vooral in moerasgebieden en op eilandjes voor de kust in Georgia en South Carolina (zoals op St. Helena bij Beaufort en Sapelo, ten noorden van Brunswick) zijn er nog plaatsen waar de *gullah*-cultuur voortleeft. Na de bevrijding door de Burgeroorlog woonden de slaven hier tamelijk afgezonderd, waardoor hun als *geechee* aangeduide dialect met rollende klanken en hun levenswijze en cultuur, die is doorspekt met talloze Afrikaanse elementen, bewaard zijn gebleven.

De zuiderlingen zijn in de rest van Amerika bekend om hun *southern drawl*, de rollende, zangerige uitspraak van het Engels. Echte experts kunnen hun tafelgenoot zelfs identificeren als een geboren Tennessean of als een inwoner van South Carolina. Enkele taalwetenschappers zijn van mening dat het feit dat de kolonisten lange tijd geïsoleerd zaten in de Appalachen, ertoe leidde dat elementen van de Engelse taal uit de elizabethaanse tijd meer dan vierhonderd jaar bewaard zijn gebleven.

Maar ook met een beetje school-Engels zul je op reis door de zuidoostelijke Verenigde Staten goed uit de voeten kunnen. Je zult merken dat je vrij snel gewend raakt aan het zuidelijke dialect.

Dagelijks leven

De spreekwoordelijke gastvrijheid van de zuiderlingen, de beroemde *southern hospitality*, kent een lange traditie. Het ontvangen van gasten gold op het dunbevolkte platteland vroeger als een hele gebeurtenis. Gasten brachten nieuws over politieke ontwikkelingen en nieuwtjes over de laatste mode mee naar de afgelegen landgoederen van de planters. In het verlengde hiervan was het belangrijk dat bepaalde regels en hoffelijke omgangsvormen werden

Voodoomuseum in New Orleans: in contact met fascinerende en geheimzinnige rituelen

nageleefd. Openheid, beleefdheid en interesse tonen tegenover vreemden zijn nog altijd de regel. Een ontspannen praatje op de camping of een gesprek in de schommelstoel op de veranda van een bed-and-breakfast zijn heel natuurlijk en ontstaan vanzelf. Ook veel restaurants en hotels voeren het begrip *southern hospitality* – hét begrip voor de bijzonder hartelijke en warme bejegening waarmee de gasten in het etablissement worden ontvangen.

Religie en kerk

Religie maakt deel uit van het dagelijks leven van de zuiderlingen. In het zuiden van Louisiana is de katholieke kerk door de vele Franse immigranten de belangrijkste kerk, maar verder domineren protestantse geloofsovertuigingen van uiteenlopende pluimage. Toch beleefde de rooms-katholieke kerk in de afgelopen jaren met name in Groot-Atlanta een aanzienlijke toename van het aantal leden.

Het godsdienstige zuiden

Talloze kerken – alleen in Nashville zijn er al ruim duizend godshuizen in alle soorten en maten – leven niet van een door de staat geheven belasting, maar uitsluitend van giften van particulieren. De *Bible Belt,* die zich uitstrekt van North Carolina tot Arkansas, is het gebied tussen de Atlantische Oceaan en Oklahoma, waar vooral doopsgezinden met een fundamentalistische geloofsopvatting de toon aangeven. De gemeente is de hoogste autoriteit, niet een predikant of een ouderling. De Bijbeltekst vormt bij deze protestanten de sleutel tot het geloof, de kerkdienst wordt niet geregeld door een strakke liturgie. Daarnaast vindt men in het zuidoosten methodisten, episcopalen en presbyterianen.

Protestants-christelijk fundamentalisme

In de zuidelijke geloofsgemeenschappen doen zich vandaag de dag ogenschijnlijk tegenstrijdige ontwikkelingen voor. In de grote steden neemt de kerkelijkheid af, een groeiend aantal mensen heeft een wereldsere kijk op het leven. Aan de andere kant wordt door conservatieve televisiepredikanten een nieuw fundamentalisme gepromoot. Als leiders van een *moral majority* (morele meerderheid) verbonden ze zich met conservatieve politici. Maar na tal van schandalen is de donatiestroom bij de religieus-politieke groepen opgedroogd. Ze hebben niet meer de financiële slagkracht van de jaren 80, in de tijd van Ronald Reagans verkiezing tot Amerikaans president, toen met behulp van hun netwerken en adressenboekjes met miljoenen namen hele campagnes gefinancierd werden.

Witte en zwarte kerken

De geloofsgemeenschappen behoren tot de weinige zuidelijke instituten waar de segregatie van wit en zwart nog altijd in stand wordt gehouden. Kerken in zwarte woonwijken, die zich in 1957 onder invloed van Martin Luther King verenigden in de Southern Christian Leadership Conference, organiseren via hun netwerken een stevig tegengeluid voor de mediamachine van de witte meerderheid.

In de kerken van zwarte gemeenschappen zijn de swingende gezangen tijdens de diensten tot op straat hoorbaar, droevige en opgewekte gospels verhalen van slechte en goede gebeurtenissen. Geestelijke liederen, de zogenaamde *spirituals*, drukken de gevoelens van de gelovigen zeer direct uit en ontwikkelen zich vaak tot een dialoog tussen het koor, de predikant en de kerkgangers.

Voodoomagie

De voodoocultuur in New Orleans toont, ondanks de commercialisering tot een toeristische attractie, de invloed van Afrikaanse rituelen die onder slaven bleven voortbestaan en waarvan de tradities in afgezwakte vorm ook in het Caribisch gebied gangbaar waren. Maar in het moderne religieuze leven van de zuidoostelijke staten heeft de voodoocultuur nog maar weinig betekenis.

Mardi Gras – carnaval aan de Golf van Mexico

Eenzaam en ver van huis openden enkele Franse soldaten op 3 maart 1699 aan de rand van een bayou een paar flessen wijn, dronken op de koning en doopten het water weemoedig Bayou de Mardi Gras, naar de 'Vette Dinsdag' van carnaval, dat op dat moment in Frankrijk werd gevierd.

Nadat jaren later de Franse nederzettingen tussen Mobile en New Orleans gebouwd waren, begonnen de bewoners ook hier carnaval, Mardi Gras, te vieren. 'Vette Dinsdag' ontleent zijn naam aan de *bœuf gras*, de vetgemeste os met vergulde hoorns die in de feestelijke optocht werd meegevoerd, om uiteindelijk aan het braadspit te eindigen als feestmaal.

In 1830 werd in Mobile een vereniging opgericht, Cowbellions, die aan de basis zou liggen van het plaatselijke carnaval. In 1837 werd door de *Mistick Krewe (crew) of Comus* in New Orleans de eerste optocht georganiseerd, met als duiveltjes en goden verklede deelnemers. In Mobile, Biloxi, New Orleans en Lafayette, is de carnavalstijd met tal van bals en optochten het sociale hoogtepunt van het jaar, van het frivole bal van damesvereniging *Maidens in pink stilettos* in Orange Beach, Alabama, tot de Krewe of Barkus Parade in Lake Charles in westelijk Louisiana, waarin mooi opgedofte honden in het middelpunt van de viering staan.

Alleen al in New Orleans zijn er in deze periode ruim zestig optochten. Bij de populaire parades van de carnavalsvereniging Endymion, met ruim 2500 leden, trekken vijfenzeventig praalwagens en zestig *marching bands* door de straten van de stad aan de Mississippi, die worden bekeken door vele duizenden toeschouwers. Mardi Gras-feesten kunnen flink uit de hand lopen, met uitzinnige kostuums en iets te veel kettingen met kleurige glazen kralen om de nek, met heel veel eten en drinken en uitgelaten feestjes.

New Orleans is het zenuwcentrum van Mardi Gras. De spectaculairste optochten zijn die van de Krewe of Endymion, Krewe of Bacchus, Krewe of Zulu, Krewe of Orpheus, Super Krewe, Krewe of Rex en Krewe of Proteus. In Mobile, Alabama, zijn er bals van drie mysterieuze carnavalsverenigingen die (bijna) in het geheim en alleen met nauwkeurig geselecteerde leden feestvieren. Aan de 'Peoples Parade' kan iedereen deelnemen, ook al probeert damescarnavalsvereniging *Mistresses of Joe Cain* zich de optocht ieder jaar toe te eigenen.

In de Cajunregio wordt met de Courir du Mardi Gras-race een oude traditie in ere gehouden. Gemaskerde ruiters galopperen langs de huizen en vragen de bewoners om ingrediënten voor de grote gemeenschappelijke *gumbo*. Deze voedzame stoofpot wordt 's avonds in reusachtige ijzeren ketels gezamenlijk klaargemaakt om bij een *fais do do* – een vrolijke dansavond – te worden opgegeten. Maar ook hier is de regel: op Aswoensdag is het uit met de pret.

Muziek, literatuur en kunst

Het is de zuidoostelijke staten misschien niet gelukt een eigen natie te stichten, maar er is hier dankzij de muziek en belangrijke schrijvers als Tennessee Williams en William Faulkner iets ontstaan dat het zuidoosten van de rest van het land onderscheidt. Cinefielen kunnen genieten van een groot aantal films met een eigen thematiek.

Muziek, de hele dag door

In het zuidoosten zijn, en dat is in geen enkele andere regio het geval, unieke bijdragen aan de muziek ontstaan die de hele wereld zijn overgegaan. Diverse muziekgenres hebben hun wortels in het gebied ten zuiden van de Ohio River en ten oosten van de Mississippi. **Gospels** komen uit de kerkdiensten van de zwarte bevolking. De **blues** werd voor het eerst gezongen door landarbeiders op de katoenvelden in de Mississippidelta. **Jazz** komt uit New Orleans (blz. 344), **country** en **bluegrass** uit de landelijke streken in Alabama, Tennessee en West Virginia (blz. 418). Verschillende muziekgenres ontstonden ten zuiden van Ohio en ten oosten van de Mississippi.

Aan het eind van de jaren 50 ontstond eerst in de zaaltjes en opnamestudio's van Memphis uit rockabilly en rhythm & blues een nieuwe sound, die zich uitdagend **rock-'n'-roll** noemde (naar de als onfatsoenlijk beschouwde heupbewegingen) en met artiesten als Elvis Presley, Buddy Holly en Jerry Lee Lewis bij jongeren wereldwijd in de smaak viel. Ook de **soul**, die verbonden is met de opkomst van de burgerrechtenbeweging en een nieuw zwart bewustzijn, klonk voor het eerst in Memphis en Alabama.

Deze muziekstromingen hebben elkaar wederzijds beïnvloed en zijn nog altijd springlevend, omdat ze voortdurend veranderen en vernieuwen. In de volgende jaren kwam er een nieuwe stijlvariant bij, de Southern rock. Met bands als de Marshall Tucker Band uit Spartanburg in South Carolina, de Allman Brothers uit Savannah in Georgia, Lynyrd Skynyrd uit Jacksonville in noordoostelijk Florida, Deerhunter uit Alaska en R.E.M. (Rapid Eye Movement) uit Athens in Georgia staat deze rockstijl al jaar en dag in de internationale hitlijsten.

Bal de maison en fais do do – cajunmuziek

Meeslepende **cajun**klanken en zijn zwarte tegenhanger, de **zydeco**muziek (blz. 62), met duidelijke invloeden uit de Franse traditie, zijn specialiteiten uit Louisiana. Ze geven enorme zin om te dansen en bijna niemand kan hierbij stil blijven zitten (cajunmuziekfestivals blz. 89).

De teksten gaan over het leven aan de rietoevers van de bayous, over rivierkreeften, het zware werk in het suikerrietveld, het oude vaderland in Canada en het nog veel oudere in Frankrijk. Ze bezingen de liefde en klagen over de eenzaamheid, ze vieren het samenzijn met vrienden en verwanten.

Een Cajun geeft zijn ziel voor een goede dansvloer. Cajuns grijpen elke kans om samen te dansen. De kinderen worden dan uit logeren gestuurd bij kennissen. Vandaar dat de uitdrukking *fais do do,* slapen gaan, wordt gebruikt als naam voor deze dansevenementen, waar livemuziek wordt gespeeld en een sfeer heerst die zelfs de doden levensenergie zouden geven.

De cajunmuziek is een combinatie van elementen uit de hilbillymuziek naar de traditie van Schotse en Ierse immigranten en de square dance met wijsjes uit de volksmuziek van de oorspronkelijk uit Bretagne en Normandië stammende Acadiërs. Accordeon, triangel en viool zijn de instrumenten die in bijna alle composities overheersen. Ook al bezat de cajunmuziek oorspronkelijk Franse wortels, hij is veranderd onder invloed van andere muziektradities.

Blues, West-Afrikaanse klanken, country-and-western met elektrische gitaren en slagwerk beïnvloedden de klassieke cajunmuziek, die uit de jaren 20 is overgeleverd via familietradities en oude plaatopnames. De klassieker *Allons à Lafayette* van de accordeonist Joe Falcon uit 1928 behoort nog altijd tot de meest gespeelde melodieen. De briljante accordeonvirtuoos Clifton Chenier maakte met optredens van zijn Red Hot Louisiana Band de cajun- en zydecomuziek ook in Europa populair. Musici als de zwarte accordeonist Geno Delafose behoren met een vrolijke, meeslepende muziekstijl tot de sterren van het jaarlijkse Jazz & Heritage Festival in New Orleans (zie blz. 90, 338 en 348).

De cajunmuziek wordt niet alleen door professionele musici vertolkt tijdens grote evenementen, maar ook bij *bals des maison,* dansevenementen die in de privésfeer worden gehouden in woonkamers, verzakte danszalen, kerken, in countrybars of restaurants. Op de klanken van de muzikanten dansen de gasten vol overgave de two-step en walsen. Bij deze evenementen is de hele familie welkom: bezoekers van buiten kunnen in muziekrestaurants zoals 'D.I.'s' in Basile (blz. 358) vurige cajundansers bezig zien.

Zydecomuziek

Bij zydeco, de Afro-Amerikaanse variant van de cajunmuziek, wordt het ritme geslagen op een wasbord oftewel *frottoir.* Daarnaast gebruiken zydecobands ook saxofoons, elektrische gitaren, basgitaren en drums. De legendarische Clifton Chenier en hits als *My Toot Toot* van Rockin' Sidney hebben zydeco

Uitbundige dansmuziek: zydecoband in Breaux Bridge, Louisiana

heel populair gemaakt, ook bij jonge muzikanten. 'If you want to have fun you got to go way out in the country to the zydeco,' zei de muzikant Clarence 'Bon Ton' Garlow al in 1950. In danszalen op het platteland, waarbij ook de planken van de toegangsdeur meetrillen met het ritme, wordt soms een *big boucherie* georganiseerd waarbij speenvarken wordt gegeten.

Het woord zydeco is mogelijk afgeleid van het Franse woord voor de bonen, *les haricots,* die een rol speelden in liedjes van de onvergetelijke Clifton Chenier, waaronder bijvoorbeeld 'Les haricots sont pas salés' (de bonen zijn niet gezouten), over armoede die zo groot is dat er geen geld is voor vlees bij de maaltijd.

Literatuur van het zuidoosten

De zuidoostelijke Verenigde Staten hebben niet alleen belangrijke musici voortgebracht. Uit de mondelinge overlevering van verhalen, de knappe politieke retoriek en de zondagse preek heeft zich een literaire traditie van grote vertellers ontwikkeld. Hun voorlopers waren de *storytellers*, die stad en land afreisden om mensen te vermaken met spannende en ontroerende verhalen. Ook vandaag, in het tijdperk van televisie en grote Hollywoodproducties, is de kunst van het vertellen nog niet uitgestorven. In het zuidoosten worden her en der zelfs nog *storyteller*-wedstrijden georganiseerd. 's Zomers vinden de verhalen van 'Uncle Remus' in de tuin van Wrens Nest, de voormalige woning van auteur Joel Chandler Harris (1845-1908) in Atlanta, bij zowel kinderen als volwassenen een gretig gehoor.

Historische literatuur uit de koloniale begintijd

De literaire traditie van het zuidoosten biedt een kijkje in de belevingswereld van een regio die zich bewust onderscheidt van het noorden en de Midwest. De zuidelijke kolonies kenden al een rijk literair leven. De *Generall Historie of Virginia* (1624), door de koloniestichter kapitein John Smith, bevat ook het vaak literair opgepakte en in een sentimentele Disneyfilm verwerkte verhaal van Pocahontas. Deze dochter van het indianenopperhoofd Powhatan redde John Smith van de dood. In de geschriften van William Byrd III vallen de *Dividing-line histories* op, over de landmeters die de grens tussen Virginia en North Carolina bepaalden. Naast de officiële verhalen is er ook een pas in 1929 gepubliceerde *Secret history*, waarin Byrd zich spottend en respectloos uitlaat over het zuidoosten. In de revolutionaire koloniale tijd balde het intellectuele leven zich samen rond Thomas Jefferson, die met zijn creatieve energie alle politiek-sociale gebieden omvatte. Zowel zijn in 1785 gepubliceerde boek *Notes on the State of Virginia* als de Onafhankelijkheidsverklaring fascineren nog altijd het hedendaagse publiek, zowel politiek als literair.

Voor de Burgeroorlog

De opvallendste auteur van het zuidoosten is Edgar Allan Poe (1809-1849, zie Thema blz. 64). Anderen hadden talent, maar hij was geniaal. Hoewel Poe in Boston geboren was, beschouwde hij zichzelf als een kind van Virginia, waar hij opgroeide. Het lijkt een bizar toeval dat de auteur, die de door Thomas Jefferson in de geest van de Verlichting opgerichte universiteit van Charlottesville bezocht, in zijn werk het verlies van de rede en de kracht van het destructieve irrationele tot belangrijkste thema maakte.

Anders dan Poe, die tijdens zijn leven geen groot succes kende en geen typisch zuidelijke thema's behandelde, schreven exponenten van de romantische 'plantageliteratuur' als William Gilmore Simms en William Alexander Caruther over beleefde *gentlemen*, zuidelijke schoonheden, *moonlight and magnolia* en documenteerden tegelijk de groeiende tegenstelling tussen het landelijke zuiden en het industriële noorden. Het slavernijvraagstuk en de mogelijke afscheiding van het noorden werden literaire thema's. De Afro-Amerikaanse literatuur begon

Griezelverhalen en poëzie – Edgar Allan Poe

Op 7 oktober 1849 stierf in een ziekenhuis in Baltimore een man die vlak daarvoor in de goot was aangetroffen. Was hij het slachtoffer van een misdrijf, van een ongebreideld drinkgelag of was hij bezweken aan de gevolgen van suikerziekte?

De dood van Edgar Allan Poe is nog altijd een mysterie – net als die van de figuren uit zijn horrorverhalen. Deze getalenteerde verteller, en als literair criticus gevreesd om zijn scherpe pen, werd geboren in Boston op 19 januari 1809. Na de vroege dood van zijn moeder kwam hij onder de hoede van zijn peetoom uit Richmond, Virginia, bij wie de jonge Poe opgroeide. In 1826 studeerde hij een semester aan de universiteit van Virginia in Charlottesville, maar vanwege zijn excessieve gokgedrag en hoge schulden werd hij daar weggestuurd. Gedwongen door geldgebrek ging hij het leger in. Hij begon aan een opleiding tot officier aan de militaire academie van Westpoint, maar zijn weigering deel te nemen aan zware exercities maakte hier al snel een eind aan.

In 1835 verving Poe de literair criticus van de *Southern Literary Messenger* in Richmond. Zijn scherpe recensies en kritieken waren al snel berucht. Een jaar later trouwde Poe met zijn dertienjarige nichtje Virginia Clemm. Zijn alcoholische uitspattingen beëindigden zijn journalistieke loopbaan in Richmond. Na een verhuizing naar New York schreef hij *De fantastische reis van Arthur Gordon Pym* (1838), de enige roman in zijn oeuvre. Poe werkte ook enige tijd als redacteur in Philadelphia. In deze tijd ontstonden het huiveringwekkende verhaal *De ondergang van het huis Usher* (1839), meesterwerken als *Het verraderlijke hart* (1843) en de moeder van alle misdaadliteratuur, *De moorden in de Rue Morgue* (1841).

Poe keerde terug naar New York, waar hij met het in 1845 gepubliceerde gedicht *De raaf* literair doorbrak. Poe was de meester van het schrikbeeld, die de gebieden van dag, droom en dood in een geheimzinnig licht hulde en mensen aan de rand van de afgrond beschreef. Poe was een scherpzinnig criticus, wiens recensies en kritieken meestal doorspekt waren met ironie. Poe was een gevoelige dichter, die door de schoonheid en gratie van jonge vrouwen tot lyrische eerbetonen werd geïnspireerd en die als een ware 'technicus' de gedichten en verhalen formeel perfect opbouwde.

Het in *De raaf* bezworen verlies van geliefden werd bij Poe zelf realiteit. Net als zijn moeder en pleegmoeder stierf ook zijn vrouw Virginia aan de gevolgen van tuberculose, in 1847. Na enkele korte romances trad hij in 1849 in het huwelijk met zijn jeugdliefde Elmira Royster, inmiddels een rijke weduwe. Maar een verjaardagsfeest in Baltimore, eigenlijk een tussenstop op weg van Richmond naar Philadelphia, luidde het begin in van Poes hernieuwde alcoholische excessen. 'Nevermore' krast de raaf in het beroemde gedicht, het gaat 'niet meer' en daarmee geeft de vogel meteen ook een veelzeggende titel voor de laatste roes van de geniale schrijver Edgar Allan Poe, een enkele reis naar de dood.

met slavenverhalen, *slave narratives*, waarvan het bekendste, *The narrative of the life of Frederick Douglass, an American slave, written by himself* (1845) zelfs vertalingen kreeg (zie ook Thema blz. 134). In Washington D.C. is de woning van Douglass (blz. 135) als museum te bezichtigen.

Mark Twain (1835-1910), in het gewone leven Samuel Langhorne Clemens, groeide op in Hannibal, Missouri, een stadje aan de Mississippi. Hij leerde voor drukker en werkte later als loods op de grote vaart. Vier jaar lang ontcijferde hij het 'gezicht van de rivier', toen maakte de Burgeroorlog een eind aan het leven op de 'bruine god'. Twain reisde door het Westen en deed Hawaii, Europa en Palestina aan. In 1871 vestigde hij zich in Hartford, Connecticut. Met *De Lotgevallen van Tom Sawyer, Life on the Mississippi* en vooral *De Lotgevallen van Huckleberry Finn* keerde hij in literaire zin terug naar het zuidoosten. De ervaringen van Huck Finn en de weggelopen slaaf Jim op een zelfgemaakt vlot op de Mississippi botsen met de immorele hiërarchische wereld op de oevers – planters met een arrogante houding, eenvoudige landeigenaars, arme witten en, op de onderste sport van de ladder, slaven. Deze roman, die vaak door kindvriendelijk gemaakte versies en televisieseries is misvormd, behoort tot de grote werken uit de wereldliteratuur.

Van de Burgeroorlog tot de tegenwoordige tijd

Na de Burgeroorlog ontwikkelde de zuidoostelijke literatuur zich verder met deels levensechte en deels romantiserende beschrijvingen van regionale thema's en de natuur, tot deze eind jaren 20 een bijna explosieve ontwikkeling doormaakte. Met **William Faulkner**, **Robert Penn Warren**, **Thomas Wolfe** en **Eudora Welty** verschenen schrijvers op het toneel die nog altijd tot de toonaangevende Amerikaanse literatuur behoren (zie Thema blz. 390). Allemaal verwerkten ze in hun romans, verhalen of gedichten de geschiedenis van het zuidoosten, die in Faulkners *Requiem voor een non* wordt beschreven met de gevleugelde zin: *'The past is never dead. It's not even past.'* (Het verleden is niet dood. Het is nog niet eens voorbij.)

Tennessee Williams geldt terecht als de belangrijkste toneelschrijver van het zuidoosten. In stukken als *Tramlijn Begeerte* en *Kat op een heet zinken dak* worden de beklemmende tegenstellingen tussen benauwende conventies en de invloeden van de moderne tijd indringend weergegeven.

Na auteurs als **Walker Percy** *(The last gentleman)*, **Flannery O'Connor** *(Een hart van vuur)*, **Truman Capote** *(In koelen bloede)* en **Harper Lee** *(Spaar de spotvogels)* wordt de traditie van grote vertellers voortgezet. **Alex Haley** verwerkt in de roman *Roots* (1976) zijn familieverhaal tot aan de uit Afrika geroofde voorouders. **Alice Walker** schetst een beeld van het leven van zwarte vrouwen. **John Grisham**, die met spannende boeken over het juristenmilieu wereldwijd miljoenen tellende oplages behaalt, komt net als William Faulkner uit Oxford, in het noorden van Mississippi. In deze streek heerst kennelijk een gunstig klimaat voor de ontwikkeling van literair talent.

Beeldende kunst

Schilders als de chroniqueurs van de koloniale tijd en de Burgeroorlog

De eerste tekeningen en schilderijen van bewoners en landschappen in het zuidoosten werden gemaakt door **Jacques Le Moyne de Morgues**, die halverwege de 16e eeuw deelnam aan de mislukte poging van Franse hugenoten om aan de noordkust van Florida een kolonie te stichten. Van **John White**, die twintig jaar later deelnam aan de expeditie van Walter Raleigh naar North Carolina, zijn eveneens krachtige illustraties bewaard gebleven van de Roanoke Colony, die slechts korte tijd bestond.

In de 17e en de 18e eeuw schilderden kunstenaars als de Duitser **Justus Engelhardt Kühn** in Virginia, **John Wollaston** in Virginia en South Carolina, en **Henrietta Johnston** uit Charleston landschappen, mensen en dieren uit het zuidoosten op vakkundige wijze, maar de zuidelijke staten ontwikkelden nauwelijks een eigen schilderkunst.

Portretten van belangrijke personen behoorden in de begintijd van de Amerikaanse republiek tot de populairste onderwerpen van schilders. Naast **Gilbert Stuart** was **Thomas Sully** een van de schilders die fraaie portretten maakten van George Washington.

John James Audubon (1785-1851), de bekendste natuurschilder toentertijd, verbleef voor zijn epische *Birds of America* lange tijd in de zuidelijke staten.

In de Burgeroorlog begeleidden schilderende chroniqueurs de troepen en maakten schetsen van soldaten, veldslagen en verwoestingen. **Winslow Homer**, die later ook het landleven en de kustlandschappen van New England en zijn bewoners op foto's vastlegde, was de bekendste onder hen.

De 20e eeuw: realisme, modernisme, popart

Enkele kunstenaars werden in de jaren 20 en 30 van de vorige eeuw beroemd dankzij opdrachten in het kader van Roosevelts Public Works Program ter bestrijding van de economische depressie. Hiertoe behoren **Robert Gwathmey** uit Richmond in Virginia, die met versimpelde vormen en symbolen het plattelandsleven portretteerde en als een vertegenwoordiger gold van het sociaal-realisme, en de excentrieke schilder **Walter Inglis Anderson** uit Ocean Springs in Mississippi. Deze laatste schiep een eigen kunstkosmos met duizenden aquarellen met onderwerpen uit met name de lokale flora en fauna.

Op het moment dat het in 1933 gestichte Black Mountain College nabij Asheville in North Carolina pas 23 jaar bestond en nooit meer dan 75 studenten had geteld, had deze school zijn artistieke sporen reeds verdiend. Naast de later belangrijke muzikanten en schrijvers behoorde onder anderen ook **Robert Rauschenberg**, die voor zijn beeldcomposities foto's, afval en krantenknipsels gebruikte, tot de studenten van het opleidingsinstituut, dat in tegenstelling tot veel andere instituten in de zuidoostelijke staten witte en zwarte studenten toeliet. Toch is een karakteristieke, uit het zuidoosten afkomstige kunststijl nauwelijks van de grond gekomen, ook niet bij andere 20e-eeuwse schilders als **Kenneth Noland**, een van de belangrijkste protagonisten van de colorfieldpainting, de Duitser **Josef Albers**, een voorloper van het modernisme, en **Jasper Johns** uit Augusta in Georgia, een van de eerste popartkunstenaars.

Beeldhouwers en keramisten

Een van de belangrijkste beeldhouwers en keramiekkunstenaars uit de zuidelijke staten is de in Mississippi geboren Afro-Amerikaanse beeldhouwer **Richmond Barthé**, die met een grote expositie van zijn beeldhouwwerken in het O'Keefe Museum of Art in Biloxi wordt geëerd. Hier vind je ook de vaak wonderlijke werken van leem en klei van de uit Duitsland afkomstige 'Mad Potter' **George Ohr** (1857-1918). Verder noordwaarts, in Seagrove, North Carolina, leeft **Ben Owen III**, de laatste kunstenaar van een dynastie van keramisten. Hij slaagt er in zijn werk in om traditionele onderwerpen op bijzondere wijze te combineren met diverse Aziatische invloeden.

Het zuidoosten in de film

Al sinds de uitvinding van het bewegende beeld bestaan films over de zuidoostelijke staten. Speelfilms over typisch zuidoostelijke onderwerpen, drama's die grote conflicten aan de orde stellen, historische rolprenten en documentaires. Alleen al Washington D.C. en het reilen en zeilen in het centrum van de politieke macht zijn talloze malen verfilmd, van Stanley Kubricks geniale satire over de Koude Oorlog *Dr. Strangelove or: How I learned to stop worrying and love the bomb* (1964) en *All the president's men* (1976) met Robert Redford en Dustin Hoffman als verslaggevers van de *Washington Post* die het Watergateschandaal van de regering-Nixon onthulden, tot de succesvolle televisieserie *The West Wing* met Martin Sheen als de fictieve president Josiah Bartlet.

Zuidoostelijke thema's

Discriminatie en raciale conflicten op het witte doek

Een van de bekendste films over het zuidoosten van de Verenigde Staten is de succesvolle stomme film *Birth of a nation* (1915), die de ideologische voedingsbodem voor de terroristische activiteiten van de Ku Klux Klan leverde. In diverse rolprenten wordt het rassenconflict behandeld. Een van de beste is *To kill a mockingbird* uit 1962 naar een roman van Harper Lee met Gregory Peck in de hoofdrol, die als advocaat in het landelijke Alabama van de jaren 30 een wegens verkrachting aangeklaagde zwarte landarbeider verdedigt. *In the heat of the night* (1967), met Sidney Poitier en Rod Steiger in de hoofdrollen, speelt in een kleine zuidelijke stad waar een zwarte politieagent uit het noorden, geholpen door de witte sheriff, een moord moet oplossen. *Mississippi burning* (1988), naar een waargebeurd verhaal, behandelt de opheldering van de moord op drie burgerrechtenactivisten. De documentaire *4 little girls* (1997) van Spike Lee verhaalt van de in 1963 gepleegde bomaanslag op een zwarte kerk in Alabama, waarbij vier kleine meisjes omkwamen.

Een aantal van de verfilmde romans van John Grisham speelt zich tenminste gedeeltelijk af in de zuidelijke staten. Zo draait zijn thriller *De jury* (1996) met Matthew McConaughey, Sandra Bullock en Samuel L. Jackson in de hoofdrollen om de rechtszaak tegen een zwarte vader wiens tienjarige dochter is gedood door een witte verkrachter. *The color purple* is een emotioneel drama van Steven Spielberg uit 1985 met Danny Glover over rassen- en vrouwendiscriminatie, gebaseerd op een roman van Alice Walker uit Georgia.

Sidney Poitier en Rod Steiger in 'In the heat of the night' uit 1967

Historisch

Niet alleen Margaret Mitchells roman *Gejaagd door de wind*, ook de hierop gebaseerde Hollywoodfilm uit 1939 met de acteurs Vivien Leigh, Clark Gable en Olivia de Havilland was een wereldwijd succes. In de rolprent wordt een turbulente liefdesrelatie ten tijde van de Burgeroorlog en de wederopbouw geportretteerd. Ook in *Cold mountain* (2003), met Jude Law, Nicole Kidman en Renée Zellweger in de belangrijkste rollen, zien we een liefdesrelatie tijdens de Burgeroorlog, maar de belevenissen van dit stel komen wel iets realistischer over, zeker niet 'gejaagd door de wind' en sentimenteel.

Met *The patriot* (2000) maakte de Duitse regisseur Roland Emmerich naar het historische personage Francis Marion een omstreden drama rond de Onafhankelijkheidsoorlog tegen Engeland (deze film draaide ook in de bioscopen in South Carolina).

Spannend, helder, muzikaal

De film *Deliverance*, met Burt Reynolds, John Voight en Ned Beatty uit 1972, waarin een boottochtje op de Cahulawassee River uitmondt in een helse trip door de landelijke, provinciale Appalachen met zijn achterlopende bevolking, werd opgenomen in South Carolina. Vrolijker zijn de rolprenten *Steel magnolias* (1989), met Shirley MacLaine en Julia Roberts, en *Fried green tomatoes* met Kathy Bates en Jessica Tandy, waarin sterke vrouwen in Louisiana en Georgia worden geportretteerd. In deze staat speelt ook Clint Eastwoods film uit 1997 naar de bestseller *Midnight in the garden of good and evil* – met de oplossing van een moord in Savannah wordt meteen een aantal andere plaatselijke mysteries opgehelderd. *Walk the line* (2005) over het leven van zanger Johnny Cash is samen met *Nashville lady* (1980), waarin Sissy Spacek het leven van Loretta Lynn vertolkt, een van de succesvolste films over countrymuziek.

Televisieseries

Er zijn ook diverse televisieseries met een zuidoostelijk thema en/of locatie. De populairste waren met afstand *North and South*, een epische televisieserie over de Burgeroorlog en de onmogelijke vriendschap en liefde tussen noorder- en zuiderlingen naar de gelijknamige roman van John Jakes (1932), *Roots*, over de slavernij en haar gevolgen naar de bestseller van de Afro-Amerikaanse auteur Alex Haley (1921-1992), en *Treme*, een televisieserie over de bewoners van New Orleans die drie maanden na de overstroming door orkaan Katrina in 2005 hun leven weer proberen op te pakken. Het populaire vampierenverhaal *True blood*, dat als serie is verfilmd en sinds 2008 op de Amerikaanse televisie wordt uitgezonden, is gebaseerd op de *Southern Vampire Mysteries* van de schrijfster Charlaine Harris (1951), met Sookie Stackhouse als hoofdpersoon.

Architectuur

Koloniale stijl en vooroorlogse architectuur

In het dal van de Mississippi, met name in New Orleans, staan veel voorbeelden van late koloniale bouwkunst van Franse en Spaanse origine met schaduwrijke binnenplaatsen, smeedijzeren balkons en versierde veranda's.

Plantersvilla's aan de Mississippi

Tussen New Orleans en Natchez concentreerde zich in de tijd vóór de Burgeroorlog, een tijdperk dat ook wel antebellum (Latijn: *ante bellum,* voor de oorlog) wordt genoemd, meer rijkdom dan in de hele Verenigde Staten tezamen. Vele van de mooiste planterswoningen uit de tijd dat 'koning Katoen' in het zuiden regeerde, zijn bewaard gebleven, doordat ze de Burgeroorlog onbeschadigd doorstonden en bovendien het vochtige warme klimaat en tientallen jaren achterstallig onderhoud overleefden.

Bij de deftige villa's langs de benedenloop van de Missisippi en in het gehele zuidoosten van de Verenigde Staten wer-

De Nottoway Plantation: een mengeling van Greek revival- en speelse geïtalianiseerde stijl

den twee bouwstijlen gecombineerd. De **gothic revival**-stijl herinnert met zijn spits toelopende venster- en deurbogen, kleurige glas in de ramen, kantelen en spitse gevels aan de gotische bouwstijl. De meeste plantagehouders zagen zich evenwel als leden van een verlichte democratische maatschappelijke orde. En er bestaan maar enkele particuliere huizen en openbare gebouwen in de *gothic revival*-stijl. Het voormalige, in 1847 gebouwde State Capitol van Louisiana in Baton Rouge, het Hospital of the Insane in Nashville, Tennessee, en de Trinity Episcopal Church van Mobile in Alabama zijn typische voorbeelden van de gothic revival.

Greek revival geldt als de karakteristieke architectuurstijl van het zuidoosten. Thomas Jefferson raakte tijdens zijn verblijf in Europa in de ban van Romeinse monumenten, waardoor de Britse koloniale stijl al snel het veld ruimde voor de **federal style**. Later strekten de Griekse tempels en de palladiovilla's in Italië tot voorbeeld van particuliere huizen en openbare gebouwen. De Amerikanen waren niet alleen gecharmeerd van de architectuur van de *Greek revival,* maar hun bewondering ging evenzeer uit naar de Griekse democratie, een traditie waar ze zich bij wilden aansluiten.

Het is overigens helemaal niet tegenstrijdig dat juist de plantagehouders in het zuidoosten grote voorkeur hadden voor de *Greek revival*-stijl, aangezien ook de democratie van Attica voor bijvoorbeeld de bouw van het Parthenon gebruikmaakte van slavenarbeid. Bovendien waren de vaders van de Amerikaanse democratie, zoals George Washington en Thomas Jefferson, zelf slavenhouders geweest en de slavernij van zwarten was ook volgens de Kerk in moreel opzicht geheel en al in orde.

De *Greek revival*-bouwstijl bood de plantage-eigenaars niet alleen de mogelijkheid om hun rijkdom te tonen, maar was daarnaast ook bijzonder praktisch. De omlopende, door zuilen gesteunde veranda's en galerijen zorgden dat de kamers de hele dag in de schaduw bleven. Verder boden jaloezieën nog extra bescherming tegen de zon. Tegenover elkaar openende deuren en vensters en de tot wel 5 m hoge kamers op de begane grond met het trappenhuis naast de toegangshal zorgden voor maximale luchtcirculatie. Oak Alley, Evergreen en Houmas House tussen New Orleans en Baton Rouge, evenals Stanton Hall, Dunleith en Melrose in Natchez, die in de meeste gevallen voor de Burgeroorlog werden opgetrokken, gelden als typische voorbeelden van de *Greek revival*-stijl langs de benedenloop van de Mississippi.

Na de Burgeroorlog

Representatieve gebouwen in de Greek revival-stijl

Bijna alle Capitools, niet alleen die in de zuidelijke staten, zijn gebaseerd op het door Thomas Jefferson ontworpen voorbeeld in Richmond. Deze bouwwerken en talrijke kerken laten zien dat de *Greek revival*-stijl zeer geschikt was om de kracht van de wereldlijke en kerkelijke macht te tonen.

In het zuidoosten van de Verenigde Staten trad enkele jaren voor het uitbreken van de Burgeroorlog en het einde van het plantagehouderstijdperk een verandering op in de architectonische smaak. De villa's Montaigne (1855) en Longwood (1861), beide in Natchez, werden gebouwd in een zogenoemde 'Italiaanse stijl' met rijkversierde draagbalken, ronde bogen boven de deuren en de vensters. Longwood bleef als gevolg van het uitbreken van de Burgeroorlog onvoltooid, waardoor men de 'Italiaanse' stijl nooit heeft kunnen ontvouwen.

Hierdoor blijft vooral de *Greek revival*-stijl verbonden met de levensstijl en cultuur van de slavenhouders in het zuidoosten. Omdat het visioen van een eigen confederatie door de nederlaag in de Burgeroorlog teniet was gedaan, was de Greek revival-stijl slechts van regionale betekenis. In de fraaie paleizen met de witte zuilen ervoor leefde alleen het verdwijnende, piepkleine, rijkste deel van de bevolking.

De droom van rijkdom en geluk, het beeld van de elegante plantagehoudersfamilie in hun prachtige huis schijnt veel Amerikanen hedentendage nog altijd te fascineren. Tijdens de Pilgrimage Tours in de lente, waarbij ook veel particuliere villa's in het zuidoosten voor bezichtiging zijn geopend, laten tienduizenden zich gedurende een bezoek aan de fraaie residenties graag in vervoering brengen door de geurende magnolia's en azalea's in de tuinen en de nostalgisch geladen sfeer (zie bijvoorbeeld Natchez Pilgrimage Tours, blz. 381).

De ontwikkeling tot in de huidige tijd

In de periode tot de tegenwoordige tijd volgt de architectuur in de zuidoostelijke staten, op een enkele regionale uitzondering hier en daar na, de algemene Amerikaanse trends. In Buckhead, de chique voorstad van Atlanta, staan bijvoorbeeld particuliere huizen in **tudor-revival**-stijl (omstreeks 1930-1945). De stad Asheville in North Carolina bezit een zeldzaam ensemble van **art-deco**gebouwen uit vooral de jaren 20 van de vorige eeuw. In de binnensteden van de zuidoostelijke staten zijn verder vooral futuristische kantoorgebouwen te zien. Aan de andere kant heeft de architect John Portman uit Atlanta met zijn torenhoge atriums niet alleen zijn stempel gedrukt op het Marriott Marquis Hotel (1985) in zijn eigen stad, maar ook op een hele generatie hotel- en kantoorgebouwen, niet alleen in de Verenigde Staten, maar ook in Europa en Azië.

Onder de koepel van het Capitool van Jackson, de hoofdstad van Mississippi

Info

Reisinformatie

Kenmerkende drive-indiner aan de Golfkust van Florida

Tijdens het Cajunmuziekfestival in Vermilionville bij Lafayette

Panama City Beach in het noordwesten van Florida

Reis en vervoer

Douanebepalingen

Paspoort en documenten

Voor een verblijf van maximaal drie maanden in de Verenigde Staten hebben Nederlanders en Belgen een paspoort nodig dat nog minimaal negentig dagen geldig is. Kinderen van elke leeftijd moeten in het bezit zijn van een eigen paspoort. Voor een verblijf van negentig dagen is voor bezoekers uit de EU geen visum vereist. De douaneformaliteiten worden afgehandeld op de eerste Amerikaanse luchthaven waar vliegtuigen uit Europa landen.

Bij aankomst worden de biometrische gegevens (elektronische vingerafdrukken en een irisscan) verzameld. Sinds 2009 hebben alle reizigers daarnaast een reistoestemming of ESTA (Electronic System for Travel Authorization) nodig, omdat je anders door de luchtvaartmaatschappijen zult worden geweigerd. Deze dien je tijdig voor je vertrek aan te vragen via internet (https://esta.cbp.dhs.gov). De vergunning is twee jaar geldig voor een onbeperkt aantal reizen. Op het online in te vullen formulier moet je feitelijk dezelfde vragen beantwoorden die vroeger op het groene formulier in het vliegtuig stonden vermeld. Bewaar je reistoestemmingen tot aan je terugreis in je paspoort. Wie in de VS wil werken, studeren of langer dan negentig dagen verblijven, moet bij het Amerikaanse consulaat een visum aanvragen.

Invoerbepalingen

De **invoer** van planten, dieren en levensmiddelen is maar ten dele toegestaan en aan specifieke regels gebonden. Kijk voor informatie op https://www.anwb.nl/vakantie/verenigde-staten/informatie/douane. Verdovende middelen, wapens en explosieven zijn uiteraard uit den boze. De honden van de Beagle Brigade sporen bij de douane feilloos alles op wat niet in de VS mag worden ingevoerd. Reizigers van ten minste 21 jaar mogen 50 sigaren of 200 sigaretten en 1 l sterkedrank invoeren plus geschenken met een maximale waarde van $ 100.

Uitvoer: op de terugreis mag voor maximaal € 430 aan goederen worden meegenomen, voor reizigers van jonger dan 15 jaar geldt een maximaal bedrag van slechts € 175.

Heenreis

... met het vliegtuig

Dagelijks vliegen talrijke luchtvaartmaatschappijen van Schiphol en Zaventem rechtstreeks of met een tussenlanding naar Washington D.C. (IAD), Chicago (ORD) en New York (JFK/ EWR). Zonder overstappen duurt de reis afhankelijk van de bestemming 9-11 uur, en met overstap 2-3 uur langer. Al naar gelang het seizoen kost een Trans-Atlantische vlucht € 500-1000. Sommige luchtvaartmaatschappijen bieden in het kader van een fly-drivepakket voordelige aansluitende vluchten en huurauto's aan.

Veel hotels en autoverhuurders halen hun klanten per shuttlebus op bij de luchthaven om ze naar het overnachtingsadres of autoverhuurbedrijf te brengen. Ga je met de taxi, let dan op dat je een officiële neemt en geen particuliere.

Grote Amerikaanse luchtvaartmaatschappijen bereiken met een aansluitende binnenlandse vlucht vrijwel alle steden in de zuidoostelijke staten. Losse vliegtickets zijn te boeken via je reisbureau of op internet, bijvoorbeeld op de websites van de luchtvaartmaatschappijen of via prijsvergelijkers, zoals www.expedia.nl en www.vliegwinkel.nl:

www.aa.com: American Airlines/American Eagle.
www.airfrance.nl: Air France
www.austrian.com: Austrian Airlines
www.britishairways.com: British Airways
www.delta.com: Delta Airlines
www.jetblue.com: JetBlue
www.klm.com: KLM

www.lufthansa.com: Lufthansa
www.southwest.com: Southwest Airlines
www.swiss.com: Swiss International Airlines
www.unitedairlines.com: United Airlines

Binnenlands vervoer

Vliegtuig

Vliegen in de VS is niet goedkoper dan in Europa. Sommige *low cost-* of *no frill-*maatschappijen proberen ook in Noord-Amerika de markt open te breken. Via www.airninja.com kun je zoeken in de database van diverse prijsvechters: erg handig voor het vinden van een goedkope binnenlandse verbinding.

Luchthavens

www.flybirmingham.com: Birmingham-Shuttlesworth International Airport (BHM), Alabama
www.bluegrassairport.com: Blue Grass Airport (LEX), Kentucky, aan de grens met Tennessee
www.chs-airport.com: Charleston International Airport (CHS), South Carolina
www.charlotteairport.com: Charlotte Douglas International Airport (CLT), North Carolina
www.columbiaairport.com: Columbia Metropolitan Airport (CAE), South Carolina
www.atl.com: Hartsfield-Jackson Atlanta International Airport (ATL), Georgia
www.jmaa.com: Jackson-Evers International Airport (JAN), Mississippi
www.flyjax.com: Jacksonville International Airport (JAX), Florida
www.flymsy.com: Louis Armstrong New Orleans International Airport (MSY), Louisiana
www.mscaa.com: Memphis International Airport (MEM), Tennessee
www.flynashville.com: Nashville International Airport (BNA), Tennessee
www.rdu.com: Raleigh-Durham International Airport (RDU), North Carolina
www.flyrichmond.com: Richmond International Airport (RIC), Virginia
www.metwashairports.com: Dulles International Airport (IAD) en Reagan National Airport (DCA), Washington D.C.

Trein

De grote steden zijn onderling goed bereikbaar per trein. In het zuidoosten kun je gebruikmaken van de volgende verbindingen van nationale spoorwegmaatschappij Amtrak:
Carolinian/Piedmont: New York – Raleigh – Charlotte
City of New Orleans: Chicago – Memphis – New Orleans
Crescent: New York – Atlanta – New Orleans
Northeast Regional: Boston – New York – Washington, D.C. – Richmond – Lynchburg – Newport News – Virginia Beach
Silver Service/Palmetto: New York – Washington D.C. – Charleston – Savannah – Jacksonville – Orlando – Miami
Sunset Limited: New Orleans – San Antonio – Los Angeles (de treinverbinding Jacksonville – New Orleans is na orkaan Katrina niet meer in bedrijf genomen)

Met een **Amtrak USA Rail Pass**, die je al in Europa moet aanschaffen, kun je tegen het voordelige tarief van $ 459/229,50, $ 689/344,50 of $ 899/449,50 volwassenen/kinderen 2-12 jaar 15, 30 of 45 dagen onbeperkt met de trein binnen de VS reizen op een bepaald aantal trajecten. Voor het reserveren van zitplaatsen wordt een toeslag berekend; kijk voor informatie op www.amtrak.com. Voor een overzicht van trajecten, soorten tickets en reserveringen kun je terecht bij de Treinreiswinkel, Breestraat 57, 2311 CJ Leiden en Singel 393, 1012 WN Amsterdam, tel. 071-513 70 08, info@treinreiswinkel.nl www.treinreiswinkel.nl.

Bus

Greyhoundbussen zorgen voor voordelig vervoer tussen veel steden. Kinderen tot 16 jaar mogen alleen mee onder begeleiding van een volwassene. Voor jongeren die nog geen auto mogen huren zijn Greyhoundbussen ideaal. Op langere routes raak je onderweg snel in gesprek en hoor je ongefilterde informatie over het land en de mensen, de positieve en de negatieve kanten. Het valt echter niet te ontkennen dat het gebrek aan comfort, de lange zit en de niet altijd even punctuele bussen in het voordeel spreken van andere vervoermiddelen. Zo is de bus van Washington naar New Orleans zo'n 26 uur onderweg en die van Atlanta naar New Orleans doet er 10 uur over.

Regionaal openbaar vervoer

Het regionale openbaar vervoer is niet alleen in het zuidoosten van de VS maar matig ontwikkeld. De metrosystemen in Washington en Atlanta en de trams in Memphis en New Orleans zijn overzichtelijk voor toeristen en handig in het gebruik. In verscheidene steden, zoals Washington D.C., Savannah en Charleston, rijden trolleybussen, nostalgisch ogende voertuigen die rondritten maken langs de belangrijkste attracties. Je kunt bij elke willekeurige halte uitstappen als je iets wilt bezichtigen, waarna je met een van de volgende bussen kunt verder rijden.

Met de eigen auto

Camper

Een campervakantie is erg populair in het zuidoosten van de Verenigde Staten, zowel in de Appalachen als aan de stranden langs de Atlantische Oceaan en de Golf van Mexico. Ook liggen er veel staats- en particuliere campings in fraaie natuurgebieden. Als je met kinderen reist, zul je al snel ontdekken dat de tocht een stuk relaxter wordt als hun 'vertrouwde omgeving' gewoon met hen meereist. Ook kun je met een camper gemakkelijk overdag even ergens stoppen. Door zelf te koken beperk je de reiskosten, maar je bent wel meer geld kwijt aan brandstof dan met een personenauto. Reken daarnaast op zo'n $ 35-60 per nacht voor een staanplaats.

Er zijn verscheidene grotere camperverhuurbedrijven in de VS actief. Vanwege de voordelige all-inaanbiedingen, vaak met een laag eigen risico, is het raadzaam om deze voertuigen al in eigen land te reserveren (bijvoorbeeld via www.camper.nl). El Monte verhuurt goed onderhouden campers in Atlanta en Washington, en ook in Miami en Orlando; Cruise America, de marktleider in Canada en de Verenigde Staten, heeft kantoren in onder andere Atlanta, Washington D.C. en Florida.

De tarieven hangen af van het seizoen en de grootte van de camper. Als je een aantal weken op pad bent, kan een kleine camper door het gebrek aan ruimte voor ergernis zorgen. Met een grote is het daarentegen lastiger manoeuvreren in steden en ben je duurder uit qua brandstofverbruik. Bij bijna alle modellen volstaat het Nederlandse/Belgische rijbewijs B (voor personenauto's). Ook hier geldt: hoe groter de auto, hoe hoger de verbruikskosten. Een kleinere *van-conversion* verbruikt ongeveer 21 l per 100 km, een meer dan 10 m lange Class A Motorhome gebruikt voor dezelfde afstand ongeveer 35 liter.

Huurauto

Als je van plan bent om in het zuidoosten van de VS vooral buiten de grote steden en in meer dan twee staten te reizen, dan kun je het best een auto huren. Bij een bezoek aan de nationale parken is dit niet alleen comfortabel, maar zelfs noodzakelijk, omdat er – op enkele uitzonderingen na – geen openbaar vervoer rijdt.

Atlanta, Charleston, Memphis, New Orleans, Washington D.C. en Nashville zijn ook te voet en met het openbaar vervoer goed te verkennen. Toch zijn veel parken, musea, hotels en restaurants het handigst per auto bereikbaar. Huurauto's kun je al voor je vertrek naar de VS reserveren, bijvoorbeeld op de websites van touroperators, grote verhuurbedrijven of autoverhuurbemiddelaars als Alamo (www.alamo.nl en .be), Holiday Autos (www.holidayautos.com), Sunny Cars (www.sunnycars.nl en .be) en National Car Rental (www.nationalcar.com).

Om een auto te kunnen huren, moet de bestuurder in de regel minimaal 21 jaar zijn en dienen huurders tot 25 jaar een aanvullende verzekering af te sluiten. De tarieven beginnen inclusief verzekering en belastingen bij zo'n € 220 per week bij een onbeperkt aantal gereden kilometers. Vanwege de gebruikelijke extra voorwaarden, zoals een afgekocht eigen risico, ben je voordeliger uit als je je huurauto al voor vertrek reserveert in plaats van ter plaatse. Ook hier geldt weer: hoe groter de auto, des te hoger de bijkomende kosten.

Liften is (niet alleen) in de Verenigde Staten tegenwoordig niet erg gebruikelijk meer, vanwege de risico's die het met zich kan meebrengen. Online prikborden (www.craigslist.org) bieden onder het trefwoord *rideshare* of *travel* echter ook geregeld mogelijkheden aan om met iemand mee te rijden.

Motorfiets

Wie als een *easy rider* het zuidoosten van de VS wil doorkruisen, heeft voldoende aan een gewoon Europees motorrijbewijs. Het motorverhuurbedrijf EagleRider biedt keuze uit Harley-Davidsons, BMW's en Honda's en beschikt over verscheidene verhuurstations in het zuidoosten van de VS en in Washington D.C., New Orleans, St. Augustine en Daytona. Afhankelijk van het type motor en het seizoen betaal je ongeveer € 70-200 per dag. Voor inlichtingen en reservering kun je onder andere kijken op www.eaglerider.com/motor verhuur, www.americanvacations.nl/motor huur en op www.arvy.nl/motor-huren-in-amerika.

Verkeersregels

De afstanden die met de auto worden afgelegd zijn aanzienlijk groter dan die in Nederland en België. De maximumsnelheden op de Highways en Interstates variëren per staat en liggen tussen de 55 mijl (88 km) en 70 mijl (112 km) per uur en binnen de bebouwde kom tussen de 25 mijl (40 km) en 35 mijl (56 km) per uur.

Houd je altijd strikt aan de snelheidslimieten, want de *Highway Patrol* flitst geregeld vanuit een verborgen positie op de meest onverwachte plekken en deelt hoge boetes uit voor te hard rijden. Wie door de politie wordt aangehouden, dient rustig in de auto te blijven zitten, het portierraam omlaag te draaien en zijn handen goed zichtbaar op het stuur te leggen.

Let extra goed op bij schoolbussen. Als een schoolbus vertrekt, wordt dit met een rood bord aangekondigd. Schoolbussen die wegrijden of bij een halte stilstaan, mag je nooit ofte nimmer inhalen.

Brede boulevard in Augusta

Op highways met meer dan één rijstrook mag links en rechts worden ingehaald. Bij een aantal snelwegen nabij grote steden worden met een ruitsymbool *car pool lanes* aangegeven. Deze rijstroken mogen alleen worden gebruikt door automobilisten met minimaal één passagier. In de steden staan vaak parkeermeters *(pay & display)*. Auto's waarbij de parkeertijd is overschreden, worden weggesleept. Hetzelfde geldt voor auto's die naast een brandkraan of langs een rode stoeprand geparkeerd staan. Bij een aantal snelwegen en bruggen *(causeways* en *toll bridges)* moet tol worden betaald. Op borden met het opschrift *Toll* staan tarieven aangegeven. Om de doorgang te bespoedigen, kun je het best gepast geld bij de hand houden of met een creditcard betalen (de meeste worden geaccepteerd).

Tanken

De benzineprijzen schommelen afhankelijk van de actuele wereldprijzen. De prijs bedraagt gemiddeld ongeveer € 2,40 per gallon (3,785 l), wat neerkomt op zo'n $ 0,64 per liter. Bij de meeste tankstations kun je met een creditcard afrekenen. Bij sommige wordt een toeslag berekend als er niet contant wordt betaald.

Accommodatie

De zuidoostelijke staten bieden een zeer breed scala aan accommodatie – van sobere hostels met slaapzalen tot exclusieve villa's met privébutler. Ook luxehotels verlenen soms kortingen in bepaalde seizoenen, terwijl eenvoudige hotelletjes vaak schitterende landelijke uitzichten en de beste lokale gerechten te bieden hebben. In het hoogseizoen doe je er verstandig aan om te reserveren, vooral aan de populaire stranden en in de omgeving van drukbezochte nationale parken. Als je rechtstreeks bij het hotel boekt (per telefoon, fax, e-mail of via een boekingssite), moet je een creditcardnummer opgeven als borg. Bij annuleringen (informeer naar de voorwaarden) op het laatste moment of als een gast niet komt opdagen *(no show)* kan zo in elk geval minimaal één nacht worden verhaald.

Alle gangbare hotelketens zijn goed vertegenwoordigd in het zuidoosten. Het aantal onafhankelijke boetiekhotels neemt daarentegen steeds meer af. De hotelprijzen in het zuidoosten, met uitzondering van onder andere Atlanta, Charleston, New Orleans en Washington, zijn doorgaans iets lager dan in andere delen van de VS. In de warme zomermaanden worden er vaak kortingen gegeven.

Hotels

Luxehotels en resorts zijn voorzien van een lobby, een of meer restaurants, een bar, een zwembad, fitnessapparaten en wellnessvoorzieningen. De recepties zijn 24 uur per dag bemand. Kamers in hotels van grote internationale ketens zijn te boeken via hun centrale telefoonnummers in Nederland/België en online. Je kunt ze ook via een reisbureau reserveren. Hier kan men bovendien voordelig kamers in strand- of stadshotels (uit alle categorieën) voor je reserveren uit de catalogi van de touroperators.

Wat de kamers betreft, ben je het goedkoopst uit bij de motels aan de Interstate Highways, die vooral worden gebruikt door vrachtwagenschauffeurs en andere automobilisten die lang onderweg zijn. Hierna volgen enkele middenklassehotel- en motelketens ($ 60-100) en luxehotels (vanaf $ 100): Best Western Hotels, tel. 0800-022 1455 (NL) en 0800-16776 (B) www. bestwestern.nl en .be; Holiday Inn, tel. 0800-022 1155 (NL) en 0800-19977 (B), www.holidayinn.com; Hyatt Hotels, tel. 0800-022 2929 (NL) en 0800-13229 (B), www.hyatt. com; Radisson Hotels, tel. 0800-022 7064 (NL) en 0800-198 98 (B), www.radisson.com. Alternatieven zijn voordelige motels ($ 30-60) aan de uitvalswegen, die acceptabele kamers aanbieden. Ook hier is de rol van ketens echter sterk toegenomen. Voorbeelden zijn: Super 8, www.super8.com; Days Inn, www.daysinn.com; Choice Hotels, www.choicehotels.com, met de merken Comfort Inn, Sleep Inn, Quality Inn, EconoLodge of Rodeway Inn; Motel 6, www.motel6.com.

Resorts

De in mooie parken en aan de schilderachtige stranden gevestigde hotelcomplexen beschikken over een groot aantal uitstekende faciliteiten op het gebied van sport, ontspanning en gastronomie. Vaak moet je er minimaal drie tot zeven dagen verblijven. De prijzen voor een overnachting beginnen bij $ 170. Resortketens als Ritz Carlton (www.ritzcarlton.com), Sheraton (www.starwoodhotels.com/sheraton) en W-Hotels (www.starwoodhotels.com/whotels) horen in deze categorie.

Bed & breakfast

Gezellige kamers in kleine particuliere pensions, vaak gevestigd in historische stadsvilla's en landhuizen, worden in de VS tegenwoordig ook veel als vakantieadres aangeboden. B&B's

Een schitterende plek om een tent op te zetten: Cape Lookout op de Outer Banks, North Carolina

in villa's en landhuizen zijn vaak ingericht met antiek en staan in populaire toeristische regio's of steden. Ze zijn daarom meestal duurder dan accommodatie in moderne hotels. Een pluspunt is wel dat je er bijna altijd kunt rekenen op een vers klaargemaakt ontbijt en 's middags op een *social hour* met wijn, vruchtensap, kaas of gebak, plus natuurlijk een heel persoonlijke sfeer. Je kunt vooraf informatie inwinnen op websites als www.bbonline.com en www.bedandbreakfast.com (ook voor reserveringen).

Vakantieappartementen en -huizen

Voor gezinnen of groepen kan het soms voordeliger zijn om in plaats van een hotel of pension een appartement of zelfs een heel vakantiehuis met verscheidene slaapkamers, badkamers en een eigen keuken te reserveren. Je kunt een keuze maken uit de brochures van touroperators, maar het is ook zeker de moeite waard om in de grote dag- en weekbladen op zoek te gaan naar advertenties van aanbieders. Verder kunnen de aanbiedingen via www.interhome.nl, www.villasintl.com en www.wyndhamvacationrentals.com interessant zijn. Particuliere aanbieders vind je op platforms als www.airbnb.com.

Hostels en jeugdherbergen

Jongeren vinden in het zuidoosten van de VS slechts een handvol jeugdherbergen. American Youth Hostels, www.hiusa.org, verschaft inlichtingen over de locatie en de voorzieningen van de hostels en jeugdherbergen. Goede bronnen van accommodatie voor jongeren zijn bijvoorbeeld www.hostelz.com of www.hostels. com.

Campings

Campings (*campgrounds*) zijn in de regel een stuk goedkoper dan hotels en motels. Veel campings liggen te midden van het indrukwekkende natuurschoon van de Appalachen en aan de stranden. De terreinen zijn doorgaans voorzien van aansluitpunten voor elektriciteit en sanitair, ook voor campers. Je treft honderden staats- en particuliere campings aan in de brochures en overzichten van de verkeersbureaus in de afzonderlijke staten (blz. 105) en daarnaast op websites als www.reserveamerica.com.

De bij KOA (Kampgrounds of America) aangesloten campings geven een handige 'Road Atlas & Camping Guide' uit, die boordevol informatie staat. De gids kan bij gespecialiseerde reisbureaus worden aangeschaft (kijk voor meer informatie op www.koa.com). Veel particuliere kampeerterreinen presenteren zich op de website www.gocampingamerica.com.

Camping in State Parks en National Parks

Veel van de campings in de betreffende State Parks zijn niet vooraf te reserveren, maar hanteren het motto: wie het eerst komt, het eerst maalt – *first come, first served.*

Informatie is te vinden op de bladzijden van de State Parks en National Parks onder trefwoorden als 'Camp(ing)', 'Campgrounds' of 'Places to Stay'.

Alabama State Parks: www.alapark.com
Arkansas State Parks: www.arkansasstateparks.com
Florida State Parks: www.floridastate parks.org
Georgia State Parks: www.gastateparks.org
Great Smoky Mountains National Park: www.nps.gov/grsm
Gulf Islands National Seashore: www.nps.gov/guis/planyourvisit
Mississippi State Parks: www.mississippistateparks.reserveamerica.com
North Carolina State Parks: www.ncparks.gov
South Carolina State Parks: www.southcarolinaparks.com
Tennessee State Parks: www.tnstateparks.com
Virginia Department of Conservation and Recreation: www.dcr.virginia.gov/stateparks

Eten en drinken

Wie door het zuidoosten van de VS reist, zal snel kunnen vaststellen dat ondanks de alomtegenwoordige fastfoodketens het eten hier op kunstzinnige wijze wordt bereid. In de zuidoostelijke staten zijn tradities uit uiteenlopende culturen samengekomen.

Kooktradities van vele culturen

In het zuidoosten van de VS komen veel culinaire tradities bij elkaar, zoals de overgeleverde recepten met kruiden en planten van indiaanse vrouwen – alleen de Natchezindianen kenden al 42 verschillende manieren om mais te bereiden – en de stevige pot van de zwarte kokkinnen die in de tijd van de slavernij met veel vindingrijkheid en talent van eenvoudige ingrediënten al heerlijk, voedzaam *soul food* wisten te maken. Met de recepten van de kolonisten als basis en okra's, maniok en andere uit Afrika meegebrachte groenten worden nog altijd uit schenkel getrokken bouillon, okrasoepen en machtige desserts van zoete aardappels, suiker, kaneel en citroen gemaakt.

De cajun- en creoolse keuken

Van de Europese invloeden hebben de twee Frans-geïnspireerde kooktradities – van de Cajuns en de creolen – het grootste stempel op de zuidoostelijke keuken gedrukt. De cajungerechten, van Franse kolonisten die zich in de moerassen ten westen van New Orleans hadden gevestigd, zijn landelijk en ongepolijst. Een jambalaya, een stoofpotje met rijst, is een mix van wat marktkraampjes en de zee maar te bieden hebben. Gerookte worst, kip en langoest combineren uitstekend met selderij, bosuitjes en pepers, die bij veel cajunschotels wel dorstig maken en algauw een biertje meer doen bestellen (tip: eet iets vets of een stukje brood, dat blust de smaakpapillen het best). De creoolse keuken, verrijkt met Caribische kruiden en ingrediënten, is minder scherp. Oesters 'Rockefeller' worden gebakken op een bedje van bosui, selderij, spinazie en pernod en een pikant scheutje tabasco. *Crawfish étouffée*, een culinaire klassieker van zowel creolen als Cajuns, is een stoofpot met een flinke hoeveelheid verse rivierkreeftjes uit de Mississippidelta die verrukkelijk smaken in combinatie met bleekselderij, sjalotjes en pittig gekruide tomaten. Geen wonder dat de lijfspreuk van Louisiana, waar deze Franse culinaire tradities zich fantastisch mengen, 'We are really cooking!' (Wij koken echt) luidt.

Ouderwetse zuidelijke ontvangst

Het in 1824 gepubliceerde kookboek *Virginia Housewife* van Mary Randolph gold in de 19e eeuw als hét boek voor iedere huisvrouw. In dit standaardwerk worden behalve bereidings- en kooktechnieken ook onder andere Italiaanse, indiaanse en Afrikaanse culinaire invloeden belicht. Randolph gaf bovendien een groot aantal recepten en uitgebreide instructies om de gasten in de watten te leggen. In de tijd voor de Burgeroorlog waren bezoekjes van familieleden of buren op de ver van elkaar gelegen plantershuizen in het zuidoosten vaak hele gebeurtenissen, waarin de huisvrouw zich van haar beste kant liet zien en alles deed om het de gasten naar de zin te maken. De spreekwoordelijke zuidelijke gastvrijheid, de beroemde *southern hospitality*, is daar ontstaan. In een paar traditionele *boarding houses* als Miss Mary Bobo in Lynchburg, Tennessee, en in Mrs. Selma Wilkes' Dining Room in Savannah, Georgia, wordt het eten nog altijd opgediend in mooie dampende schalen aan lange tafels met de meest uiteenlopende gasten. Echte klassiekers in de zuidoostelijke restaurants zijn honingham uit Virginia en Tennessee, wild uit de Appalachen, kip op zuidelijke wijze – *Southern fried chicken* – verse bonen, okra's, mais en zoete aardappels. Ook barbecueën, grillen op gloeiende kooltjes, is typisch voor het zuidoosten. Elk zichzelf respecterend BBQ-restaurant prijst zijn eigen bekroonde, maar natuurlijk strikt geheim gehouden barbecuesaus aan.

Specialiteiten

Southern fried chicken

Sinds Christoffel Columbus in 1493 kippen in de Nieuwe Wereld introduceerde, staan ze in allerlei vormen op het menu van de bevolking – in de zuidoostelijke VS is kip niet meer weg te denken. Het vlees van de *chickens* wordt in de pan gebakken, gefrituurd, door de bloem gewenteld of bestreken met eigeel of een pikante kruidenpasta, al dan niet met zout en peper erop en gekruid met knoflook, citroensap en honing. De manier van eten is bij allemaal hetzelfde: met de handen natuurlijk. *Finger lickin' good* (om je vingers bij af te likken) is dan ook de slogan van een nationale fastfoodketen met gefrituurde kip – vrij rondscharrelende hoenders worden hier echter allang niet meer gebruikt. Veel gastronomische restaurants grijpen inmiddels terug op beproefde recepten in combinatie met de trend van lichter, gezonder eten en gebruiken de meest verse producten uit de streek. In de culinaire walhalla's Washington D.C., Charleston, Savannah, Atlanta en New Orleans verwerkt een groeiend aantal restaurants biodynamisch verbouwde groenten en vlees uit de duurzame teelt. Het *farm-to-table*-concept – 'van de boerderij op het bord' – is ook hier aangeslagen. Dit concept gaat uit van korte vervoersroutes en het gebruik van zoveel mogelijk seizoensgebonden producten uit de eigen omgeving.

Vis en schaaldieren

Met een ruim 4000 km lange kustlijn en talloze binnenwateren is het geen wonder dat vis en schaaldieren in veel heerlijke variaties op het bord belanden. Alleen al over de bereiding van de met name in Alabama, Mississippi en Louisiana geliefde *catfish* (meerval) zijn diverse kookboeken geschreven. Wie ooit in zijn leven op de veranda van een restaurant in Natchez-under-the-Hill in de pan gebakken *blackened catfish* heeft geproefd en met een biertje van een plaatselijke microbrouwerij een toost heeft uitgebracht op de traag voorbijstromende Mississippi, snapt dit. De zijarmen van de Mississippi gelden als een uitmuntende kraamkamer voor rivierkreeft. Geen wonder dat dit eiwitrijke schaaldier – dat na een tijdje in kokend water knalrood kleurt – in de jambalaya, *crawfish étouffée* en nog veel meer gerechten belandt. Ook aan de lange oceaankust, van Virginia tot Florida, hebben veel eetgelegenheden schotels met vis, schelpdieren, kreeft en krab op het menu staan. In de grote steden, van Washington en Richmond tot Atlanta en New Orleans, vind je inmiddels veel *raw bars*, waar de gasten met rauw op ijs bewaarde zeevruchten zelf een gerecht kunnen componeren.

In het 2100 inwoners tellende plaatsje Calabash bij de grens tussen North en South Carolina, 56 km ten zuiden van Wilmington, serveren bijna dertig restaurants en cafetaria's aan een eindeloze stroom gasten jaarlijks ruim 300 ton heilbot, 170 ton garnalen, goudmakreel, krab, kreeft, oesters en andere schelpdieren. Fijn dat er uitstekende verse producten worden gebruikt en dat bovendien een groeiend aantal restaurants iets anders doet met zeebanket dan alleen paneren of frituren.

Oesters van de rijke banken in de Golf van Mexico in Louisiana (die daar worden bedreigd door oliewinning in zee), Noord-Florida en Virginia voorzien in de behoefte van bijna het hele land en worden bovendien over de hele wereld geëxporteerd. Gestoomd, gegratineerd, gerookt, in een hamburger of in de soep, maar het liefst nog *raw on the half shell* met citroensap of een pikante saus worden deze schelpdieren ook op veel plaatsen buiten de zuidoostelijke staten als een delicatesse beschouwd.

Mais als volksvoedsel

Mais heeft een bijzondere plaats in de keuken van het zuidoosten: gekookt en geroosterd in hele maiskolven, gepoft als popcorn, gebakken balletjes als bijgerecht en natuurlijk gemalen en dan gekookt als *grits*, de beroemde maispap. Deze eten de zuiderlingen soms zoet, bijvoorbeeld bij het ontbijt met boter en stroop, dan weer hartig, met spek en worstjes. Een portie

Bont en creatief: zoete aardappels, rivierkreeftjes en mais

De Montgomery Brewing Company en andere microbrouwerijen zorgen voor een grote verscheidenheid aan keus op het gebied van bier

grits met garnalen of *gravy*, dikke vleesjus, gaat er op elk moment van de dag wel in en lijkt nog uit de tijd van de zware handarbeid te stammen, toen bomen nog met de bijl werden omgehakt en men nog achter een trekpaard het land omploegde.

Tegen de dorst

Whiskey

De goudgele mais is al even populair in vloeibare toestand, als whiskey. In het zuidoosten werd de eerste whiskey waarschijnlijk in de 17e eeuw gestookt door een zekere Captain George Thorpe in Virginia, met rogge en water uit de James River. Algauw kreeg Amerikaanse mais de overhand, die in de duizenden huisstokerijen voor eigen consumptie en voor de verkoop tot alcohol werd gedestilleerd. Het was een ideale manier om overtollig graan op te slaan zonder dat er veel ruimte nodig was en zonder het risico dat de oogst zou bederven.

'Zelfgestookte whiskey heeft een monopolie gekregen op de Amerikaanse dronkenschap,' schreef Thomas Jefferson in 1823. Ook nu nog, met het alcoholverbod uit de jaren 30 van de 20e eeuw allang achter de rug, wordt whiskey op het platteland vaak nog thuis gestookt in de zogenaamde *moonshine distilleries*. Deze *white lightning, tiger's sweat* of *panter's breath,* een scherp goedje met een hoog alcoholpercentage, vindt gretig aftrek. Bekende commerciële merken zijn Jack Daniel's en Dickel's uit Tennessee, die wereldwijd geëxporteerd worden, net als bourbon uit het naburige Kentucky. In het zuidoosten drinkt men whiskey het liefst puur, *on the rocks* (met ijs) of in een longdrink.

Verfrissing zonder alcohol

In het warme klimaat van het zuidoosten zijn dorstlessers natuurlijk populair. Behalve ijswater, dat in bijna elk restaurant ongevraagd en gratis op tafel komt, is *ice tea* (ijsthee), gezoet of met citroen, de geliefdste alcoholvrije drank die bij iedere gelegenheid wordt geserveerd. Coca-Cola, misschien wel de bekendste non-alcoholische drank ter wereld, werd uitgevonden in de achterkamer van een apotheker in Atlanta, Pepsi-Cola in een huislaboratorium in New Bern (North Carolina). Gatorade, een frisdrank die vooral bij sportievelingen in trek is, komt uit Gainesville in Noord-Florida.

Bier en wijn

Ook in de zuidoostelijke VS wordt door *microbreweries* (microbrouwerijen) bier gebrouwen voor de liefhebber, vaak volgens het Duitse reinheidsgebod en voor de lokale markt, waardoor grote fabrikanten als Miller, Papst, Busch en Coors hier marktaandeel inleveren. Op de *dry counties* na, waar de Prohibition (Drooglegging) nog steeds invloed heeft en alcohol alleen medicinaal in apotheken mag worden verkocht (bijvoorbeeld in zo'n dertig *counties* in Arkansas, en tien in Georgia), kun je in restaurants met de sticker *fully licensed* sterkedrank en wijn bestellen. Wijn en bier worden verkocht in de supermarkt, borrels in de *liquor store*. Er wordt geen alcohol geschonken aan personen onder de 21 jaar (neem je identiteitsbewijs mee). Drinken in de openbare ruimte is verboden, net als drinken achter het stuur.

Wijnliefhebbers kunnen uitstekend druivennat drinken, van de Amerikaanse Westkust, uit de staat Washington, uit Oregon en Californië, maar weinig mensen weten dat in het zuidoosten ook goede wijnen worden gemaakt. Zelfs in Arkansas en South Carolina hebben boeren, vaak beïnvloed door het erfgoed van Europese kolonisten, de wijnbouw gestimuleerd. In Virginia werd door Thomas Jefferson rond zijn landgoed Monticello succesvol wijn verbouwd. Tussen 1920 en 1933 gold in de VS een verbod op de productie, de verkoop en de consumptie van alcohol – de zogenaamde Drooglegging. Deze wet betekende het einde van de wijnbouw in Virginia. De Jefferson Vineyards in Charlottesville hebben de erfenis van Thomas Jefferson nieuw leven ingeblazen. Dankzij hun bekroonde chardonnay is Monticello nu weer een van de beste wijngoederen van de Oostkust. Ook andere wijnboeren, met name in Noord-Virginia, kunnen voor de dag komen met hun riesling, chardonnay, cabernet sauvignon en pinot noir, inmiddels vaak uit duurzame productie.

Sport en activiteiten

Duiken en snorkelen

Duiken en/of snorkelen kan in de zuidoostelijke staten langs de Atlantische kust van Virginia tot Florida, aan de Golf van Mexico en in verschillende rivieren, meren en ongebruikte steengroeven. Op www.scubadiving.com vind je veel informatie voor duik- en snorkelliefhebbers.

Fietsen en skaten

Rails to trails, de in de VS populaire trend om buiten gebruik gestelde spoortrajecten om te vormen tot interessante fietsroutes, heeft in de zuidoostelijke staten talrijke aantrekkelijke Bike Trails opgeleverd. Bij de betreffende toeristenbureaus is informatie over de routes verkrijgbaar (blz. 105). Op veel fietsroutes worden ook skaters toegelaten. USA Cycling is het overkoepelend orgaan voor de wielersport in de VS. Hierbij zijn ook Mountainbike Cyclocross en BMX aangesloten. Het vertegenwoordigt zowel amateurs als professionals. USA Cycling National Headquarters, 210 USA Cycling Point, Ste. 100 Colorado Springs, CO 80919, tel. 719 434 4200, www.usacycling.org.

Golf

Florida alleen al telt meer dan duizend golfbanen en in de zuidoostelijke staten liggen er minstens zoveel. Enkele daarvan behoren tot de mooiste *courts* in de VS. Om alle banen in dit mekka voor golfers stuk voor stuk uit te testen, zou je wel een paar jaar nodig hebben. Zo telt Myrtle Beach alleen al zo'n honderd golfbanen en op Hilton Head Island liggen er al zesendertig. Voor de meeste banen hoef je geen lid te zijn. Veel resorthotels hebben eigen faciliteiten of een vast contract met een nabijgelegen baan. De meeste golfbanen bieden meerdaagse beginnerscursussen aan tot een niveau waarmee je na een korte introductie op Nederlandse/Belgische banen wordt toegelaten. Op enkele uitzonderingen na zijn de greenfees in de VS voordeliger dan die in ons deel van Europa.

Paardrijden

Eigenlijk is het westen van de Verenigde Staten de regio bij uitstek voor ruitervakanties, of het nu gaat om lange tochten, ritten door de woestijn, meehelpen met veedrijven of een vakantie op een ranch. Maar ook in zuidoostelijke staten – Alabama, Florida, Georgia, Louisiana, Mississippi, North en South Carolina en Tennessee – vind je maneges die paarden verhuren. Ook in het Great Smoky Mountains National Park en het Shenandoah National Park biedt men ritten in de natuur aan. De site www.riding-vacations.info geeft een overzicht van paardrijvakanties over de hele wereld.

Skiën

In de hogere regionen van de Appalachen, van Wintergreen in Virginia tot aan Helen in het zuiden van Atlanta, zijn in de winter doorgaans goede tot redelijke langlaufpistes te vinden. Meestal zijn er ook liften aanwezig, die korte afdalingen mogelijk maken voor skiërs, snowboarders en snowtubers (die in een opgeblazen rubberband de hellingen af razen). Op www.ski-usa-accommodations.com vind je onder andere een overzicht van skiresorts in Virginia, North Carolina, Alabama, Tennessee en Georgia.

Sportklimmen

In enkele bergachtige regio's in het zuiden, vooral in de Appalachen, vinden klimmers

De stroom-versnellingen in de Ocoee River bieden liefhebbers van wildwatervaren volop avontuur

Een uitdaging voor sportklimmers: steile wand bij Mount Pisgah

uitstekende rotsen en steile wanden. Ook in de bergen ten noorden van de Arkansas River vind je de nodige uitdagingen. Informatie op de website van de betreffende staat.

Vissen

Om in de meren en rivieren te mogen vissen, heb je een visvergunning nodig. Geïnteresseerden in tonijn- of marlijntochten kunnen deelnemen aan georganiseerde hengelexcursies op open zee, waarbij de visvergunning al is inbegrepen. Vanaf pieren en bruggen mag overigens gratis worden gevist. De Verenigde Staten tellen naar schatting 47 miljoen actieve sportvissers, waarmee vissen de meest wijdverbreide volkssport is. De belangen van vissers worden behartigd door de American Sportfishing Association, 1001 N. Fairfax St., Alexandria VA 22314, tel. 703 519 9691, www.asafishing.org. Voor informatie over vissen en jagen in beschermde natuurgebieden (National Wildlife Refuges) kun je je wenden tot het Southeast Regional Office van de US Fish & Wildlife Service, 1875 Century Boulevard, Suite 400, Atlanta, GA, tel. 404 679 7319, www.southeast.fws.gov.

Wandelen

Meer dan 135 wandelverenigingen en particuliere initiatieven houden zich bezig met de aanleg en het onderhoud van wandelpaden en verstrekking van plattegronden. Vaak organiseren ze ook wandelingen met gids. De adressen zijn meestal te vinden via de plaatselijke kamers van koophandel en toeristenbureaus (blz. 105). Daarnaast kun je voor informatie terecht bij de American Hiking Society, 8605 Second Ave., Silver Spring, MD 20910, tel. 301-565-6704 of 1-800-972-8608, www.americanhiking.org.

Twee langeafstandspaden in het zuidoosten trekken elk jaar vele honderden wandelaars aan: de **Cumberland Trail** tussen Chattanooga in het zuiden en de Cumberland Gap aan de grens met Kentucky en Virginia (www.cumberlandtrail.org, zie Actief blz. 426) en de **Appalachian Trail** (www.appalachiantrail.org, met tevens informatie over de shuttleservices naar verschillende punten onderweg; zie ook Actief blz. 196 en Thema blz. 195).

Wildwatervaren, kanoën en kajakken

U kunt in de zuidoostelijke staten fantastisch per kajak, kano of robuuste rubberboot over de stroomversnellingen razen, maar ook heel relaxed de loop van de rivieren volgen. Dit kan niet alleen in Ocoee in het oosten van Tennessee, waar tijdens de Olympische Zomerspelen in 1996 de kajakwedstrijden werden gehouden, maar ook op veel wildwaterrivieren, die in de Appalachen ontspringen. Op de kustwateren kun je per zeekajak uitstekend vogels kijken. Voor informatie kun je terecht bij de American Canoe Association, 503 Sophia Street, Ste 100, Fredricksburg, VA 22401, tel. 540 907 4460, www.americancanoe.org.

Zeilen, surfen en windsurfen

In de jachthavens langs de kust van de Atlantische Oceaan en de Golf van Mexico liggen naast krachtige motorboten ook honderden zeilboten. Ook de talrijke (stuw)meren in het binnenland bieden fantastische recreatiemogelijkheden te midden van natuurschoon. Op alle wateren wordt ook veel gewindsurft.

Informatie over de diverse **zeilgebieden** is verkrijgbaar bij de United States Sailing Association, 1 Roger Williams University Way, Bristol, RI 02809, tel. 1-800-877-2451, www.ussailing.org. Informatie over **windsurfen** vind je op www. uswindsurfing.org.

Op sommige plekken langs de Atlantische kust zijn de golven zo hoog en lang dat ook **(golf)surfers** er aan hun trekken komen. Op www.surfing-waves.com vind je een overzicht van de beste surfspots ter wereld, waaronder meer dan 250 aan de Atlantische kust van Virginia tot Noord-Florida.

Kijksporten

American football

American football, een variant van rugby, is de populairste sport in de VS. In de grote steden strijden 32 profclubs van begin september tot eind december om deelname aan het eindduel om de Super Bowl in januari. Teams uit de in deze gids beschreven regio zijn de Jacksonville Jaguars, de Tennessee Titans uit Nashville, de Atlanta Falcons, de Carolina Panthers uit Charlotte, de New Orleans Saints en de Washington Redskins.

De National Football League organiseert de competitie en coördineert de teams (www.nfl.com).

Daarnaast spelen de ploegen van enkele honderden universiteiten en colleges tegen elkaar. Ook deze wedstrijden trekken vaak volle stadions met soms wel 100.000 toeschouwers.

Basketbal

Basketbal is als zaalsport vooral in de wintermaanden erg populair. Naast honderden school- en collegeteams trekken vooral de profteams van de National Basketball Association (NBA, www.nba.com) veel publiek. De strijd om het kampioenschap speelt zich af in de periode tussen oktober en juni. In de zuidoostelijke staten wordt gestreden tussen de Atlanta Hawks, de Charlotte Bobcats, de Memphis Grizzlies, de New Orleans Pelicans en de Washington Wizards.

Daarnaast bestaat er sinds 1997 een eigen profdivisie voor vrouwen, de WNBA, waarbinnen de teams van de Atlanta Dream en de Washington Mystics voor het zuidoosten uitkomen.

Honkbal

Honkbalfans kunnen van de lente tot de herfst wedstrijden bijwonen die 's middags worden gespeeld en vaak enkele uren duren. De 30 profteams spelen in deze periode circa 160 wedstrijden. De leidende teams treden aan het eind van de herfst tegen elkaar aan in de World Series, een soort kampioenschaptoernooi van de Major League (www.mlb.com).

In het zuidoosten behoren de Atlanta Braves en de Washington Nationals tot de topteams. Enkele honderden teams uit de vele middelgrote steden komen in de Minor League tegen elkaar uit.

IJshockey

Ook in enkele van de zuidoostelijke staten wordt professioneel ijshockey (www.nhl.com) gespeeld. Enkele succesrijke teams zijn de Nashville Predators, de Carolina Hurricanes uit Raleigh en de Washington Capitals. De teams spelen tussen oktober en mei zo'n tachtig wedstrijden om de felbegeerde kampioenschapsbeker, de Stanley Cup.

NASCAR-autorace

In de Verenigde Staten worden jaarlijks circa 35 autoraces gehouden met de opgevoerde bolides van de National Association for Stock Car Auto Racing (NASCAR). Het aantal races wordt met het jaar groter en hetzelfde geldt voor de toeschouwerscijfers. Tot de racetracks in de zuidoostelijke staten behoren de grote ovale speedways van Atlanta met 124.000 toeschouwersplaatsen, van Bristol in Tennessee met 160.000, van Charlotte in North Carolina met 140.000, van Darlington in South Carolina met 63.000, van Martinsville in Virginia met 65.000, van Nashville in Tennessee met 50.000 en het circuit van Richmond in Virginia met 112.000 zitplaatsen. Een overzicht van alle grote en kleine races die worden verreden is te vinden op www.nascar.com.

Voetbal (soccer)

Voetbal wordt in de Verenigde Staten soccer genoemd en is een van de populairste sporten op scholen. Zowel de nationale heren- als damesteams hebben de laatste jaren diverse internationale successen behaald. De United States Soccer Federation organiseert de wedstrijden van de nationale teams (www.ussoccer.com). In de zuidelijke staten spelen DC United uit Washington en sinds 2017 Atlanta United in de Major League. Bij de vrouwen van de National Women's Soccer League speelt het team van Washington Spirit in de hoogste divisie.

Feesten en evenementen

Het wemelt van de culturele evenementen, feesten van de vele immigrantengroepen en sportevenementen. Ook als je in het zuidoosten alleen wilt deelnemen aan de belangrijkste evenementen heb je volop keus.

Feestagenda en feestdagen

Januari

Liberty Bowl/Sugar Bowl: begin jan. de beste *college football*-teams komen tegen elkaar uit bij de Liberty Bowl (www.libertybowl.org) in Memphis en bij de Sugar Bowl in New Orleans (www.allstatesugarbowl.org).

Martin Luther King jr. Week: 3e ma. van jan. is het Martin-Luther-King-jr. In Atlanta wordt ter nagedachtenis van de in 1968 vermoorde burgerrechtenactivist aansluitend een hele week van evenementen, congressen, lezingen, exposities en concerten gehouden.

Februari

Carneval/Mardi Gras: begin feb.-begin mrt. Het carnaval is vooral een sterke traditie langs de kust van de Golf van Mexico. De Mardi Gras-optochten en -bals van de carnavalsverenigingen in New Orleans zijn legendarisch.

Chinees nieuwjaarsfeest: in Washington D.C. is de Friendship Archway het middelpunt van vuurwerkshows, parades en andere evenementen voor het Chinees Nieuwjaar. Veel Chinese restaurants bieden speciale feestmenu's.

Maart

St. Patrick's Day: 17 mrt. De Ierse nationale heilige wordt in het zuiden niet alleen door de nazaten van Ierse immigranten geëerd. In Savannah trekt het op een na grootste St.-Patricksfeest van Amerika bijna een half miljoen toeschouwers.

Spring Pilgrimages: mrt. Veel eigenaars van antebellumhuizen en -tuinen openen hun deuren voor de traditionele Spring Pilgrimages, zoals in Natchez en Vicksburg in Mississippi, in de regio rond St. Francisville ten noorden van Baton Rouge in Louisiana, en in Beaufort en Charleston in South Carolina.

Maart-april

National Cherry Blossom Festival: eind mrt.-begin apr. In Washington wordt het veertien dagen durende National Cherry Blossom Festival gehouden. Met dit feest viert men de

MUZIEKFESTIVALS IN CAJUN COUNTRY

Grote en kleine culturele festivals trekken zowel bezoekers als bewoners van Cajun Country aan. Het **Festival Acadiens** in de tweede week van oktober in Lafayette (blz. 358) behoort met zo'n 150.000 deelnemers tot de belangrijkste evenementen van het jaar. Tijdens de **Zydeco Extravaganza** in Lafayette (blz. 358) eind mei swingen de toeschouwers twaalf uur aan en stuk op het ritme van de beste bands van Zuid-Louisana. Bij het **Noel Acadien au Village** in december draait het in de eerste plaats om het kerstfeest, maar ook om muziek en goed gekruid eten (blz. 357). Tijdens het **Cajun Music and Food Festival** half juli in Lake Charles (blz. 360) krijgen tientallen bands de voetjes van de vloer en worden in wedstrijden de beste violisten, accordeonisten en dansparen aangewezen. Ook bezoekers van buiten de streek en uit het buitenland zijn altijd welkom bij de diverse festivals en dansevenementen. Wie de muzikanten zijn enthousiasme wil tonen, kan dat het best in Cajunstijl doen. Dat wil zeggen op de dansvloer!

bloei van de 3700 Japanse kersenbomen rond het Tidal Basin en het Washington Monument, en van de 18.000 bomen in het nationaal park. Op de National Mall in Washington laten dan honderden vliegeraars hun kleurige, soms flamboyante constructies op. Behalve om vuurwerk, concerten, *marching bands* (fanfares) en een grote optocht gaat het bij dit feest ook om bevestiging van de vriendschappelijke betrekkingen met Japan.

April

Jazz & Heritage Festival en French Quarter Festival: jazzvrienden zouden een kruisje in hun agenda moeten zetten bij de maand april. In New Orleans wordt dan door alle artiesten van naam opgetreden bij het Jazz & Heritage Festival en kort daarna bij het French Quarter Festival.

Juke Joint Festival: 2e weekend van apr. Bij het vier dagen durende Juke Joint Festival in Clarksdale, Mississippi, staat de blues centraal. Bij openluchtconcerten en in bars geven tientallen voortreffelijke bluesmuzikanten een staaltje van hun kunnen ten beste. Bovendien zijn er eetkraampjes, terwijl een kortebaanwedstrijd van racevarkens natuurlijk ook veel toeschouwers trekt (www. jukejointfestival.com).

Mississippi Coast Coliseum Crawfish Festival: op verschillende wijzen bereide rivierkreeftjes spelen de hoofdrol in het Mississippi Coast Coliseum Crawfish Festival, eind april in Biloxi.

Mei

Memphis in May Festival: in mei wordt bij het Memphis tijdens het May Festival een van de grootste barbecuewedstrijden van het zuidoosten gehouden – een walhalla voor carnivoren. Op de podia aan Beale Street, de beroemde bluesstraat in Memphis (www.memphisinmay.org).

Spoleto Festival: eind mei begint dit veertien dagen durende festival in Charleston (https://spoletousa.org) in samenwerking met het gelijknamige stadje in het Italiaanse Umbrië. Er is een cultureel programma met theatervoorstellingen en concerten op podia in de stad. Parallel hiermee is er het **Piccolo Spoleto** dat vooral regionaal talent bevordert (gratis, www.piccolospoleto.com).

Memorial Day: op deze herdenkingsdag in Washington is de 'Rolling Thunder', een knetterende en knallende optocht van honderdduizenden motorrijders, uitgegroeid tot een spectaculair evenement ter ere van de in de Tweede

De kersenbloesem in Washington D.C., hier bij het Tidal Basin, is reden voor een feest

Wereldoorlog gedode, gewond geraakte en vermiste soldaten.

Juni

American Dance Festival: in juni begint dit dansfestival in Durham, North Carolina, dat met vierhonderd evenementen op het gebied van moderne dans zes weken doorgaat (www.americandancefestival.org).

CMA Music Festival: 2e week van juni. In Nashville kun je tijdens de concerten van het CMA Music Festival countrysterren van dichtbij bewonderen en tijdens signeersessies mogelijkerwijs een handtekening bemachtigen.

Juli

De **nationale feestdag** (Independence Day) op 4 juli wordt overal gevierd met vuurwerk, dans en parades. Het reusachtige vuurwerk op de National Mall in Washington D.C. is een van de mooiste. Ook de parade langs Constitution Avenue en het openluchtconcert door het National Symphony Orchestra op de trap van het Capitool trekt tienduizenden mensen.

Essence Music Festival: 4 juli. In New Orleans laat men geen kans voor een feestje voorbijgaan. Het Essence Music Festival op Onafhankelijkheidsdag is gewijd aan muziek met Afro-Amerikaanse wortels – kwaliteit en een goede sfeer zijn hier gegarandeerd (www.essence.com/festival).

Deep-Sea Fishing Rodeos: er wordt gestart op 4 juli in Gulfport in Mississippi en in de tweede helft van juli op Dauphin Island, Alabama, waar boten uitvaren op zoek naar de echte joekels – wie de grootste vis vangt, is de winnaar.

Augustus

Wine & Food Festival: wijnfans opgelet – in Virginia is augustus de **Wine Month**. Bottelaars en telers organiseren proeverijen en in Leesburg wordt het startschot gegeven voor het grootste wijnfeest van de staat.

Elvis Week: begin aug. Voor fans is de Elvis Week in Memphis verplichte kost. Talloze tribute-concerten en een wake bij kaarslicht zijn vaste onderdelen.

Mountain Dance and Folk Festival: 1e weekend van aug. Doorgewinterde countryfans trekken dan naar het Mountain Dance and Folk Festival in Asheville, North Carolina, waar volop wordt gefiddeld, gestept en gedanst.

September

Festival Acadiens et Créoles: zie Tip blz. 89.

Oktober

New Orleans Film Festival: filmfans komen in oktober in New Orleans aan hun trekken. Er worden ook onafhankelijke en kleine producties getoond. Het festival geldt bij veel filmmakers als een generale repetitie voor de Oscaruitreikingen.

The Georgia National Fair: 1e helft van okt. Tien dagen lang wordt in Perry een groot familiefeest gehouden met runderdrijvererijen en paardenshows. Verder tonen straatkunstenaars wat ze in hun mars hebben en wordt op talloze podia countrymuziek ten gehore gebracht. De dag wordt afgesloten met een groot vuurwerk in de avond (www.gnfa.com).

November-december

Virginia Film Festival: vanaf 1e weekend van nov. Tijdens dit vierdaagse filmfestival in Charlottesville worden op de universiteit en elders meer dan zeventig films van gevestigde en aankomende filmmakers vertoond.

Kerstmis: bomen, huizen en soms hele heuvels worden vaak al vanaf november feestelijk verlicht, heel mooi bijvoorbeeld op Stone Mountain Christmas bij Atlanta of het Winter Magic-feest in Gatlinburg in de schaduw van de Appalachen, bij het Charleston Festival of Lights en de Celebration in the Oaks in New Orleans. Voor de **Holiday Flotilla** in Wrightsville Beach, North Carolina, worden boten versierd met kerstverlichting. In Washington D.C. draait de president persoonlijk de schakelaar om voor de 'Official Lighting of the Christmas Tree', aan de noordkant van de 'Ellipse', het openbare park ten zuiden van het Witte Huis, die dan de hele maand december aan blijft.

Praktische informatie van A tot en met Z

Alarmnummer

Het centrale alarmnummer voor noodgevallen is **911**. Je wordt direct gratis doorverbonden met ambulance, brandweer of politie.

Alcohol

De verkoop van alcohol is aan regels gebonden, die van staat tot staat en per county verschillen. Wel geldt er overal in de VS een strikt verbod op de verkoop van alcoholica aan jongeren onder de 21 jaar. Zij worden ook niet toegelaten in bars waar alcohol wordt geschonken. Ook de voorschriften over alcoholconsumptie in het openbaar zijn niet overal gelijk. In sommige county's is een algemeen verbod van kracht, terwijl het elders soms is toegestaan om een glas wijn op het terras van een restaurant te drinken. Veel Amerikanen stoppen hun blik bier of fles daarom in een papieren zak. Automobilisten mogen uiteraard geen alcohol nuttigen achter het stuur, maar ook geen drank bij zich hebben, hooguit in de kofferbak.

Apotheekachtige *liquor stores* zijn vaak 24 uur per dag geopend, behalve op zondagmorgen tijdens kerkdiensten, waarna ze pas weer om 13 uur hun deur openen. Bij restaurants zonder drankvergunning tref je soms de afkorting BYOB *(bring your own bottle)* aan. Dit betekent dat de gasten hun eigen wijn of bier mogen meenemen voor bij het eten.

Diplomatieke vertegenwoordigingen

... in Nederland

Ambassade van de VS
John Adams Park 1
2244 BZ Wassenaar
tel. 070 310 22 09
https://nl.usembassy.gov

Consulaat-generaal van de VS
Museumplein 19, 1071 DJ Amsterdam
tel. 020 575 53 09

... in België

Ambassade van de VS
Regentlaan 27
1000 Brussel
tel. 02 811 40 00
https://be.usembassy.gov

... in de Verenigde Staten

Ambassade van Nederland
4200 Linnean Avenue, NW
Washington D.C., 20008
tel. 202 244 5300
www.nederlandwereldwijd.nl/landen/verenigde-staten-van-amerika

Consulaten van Nederland
Honorair consulaat in Atlanta
atlanta@nlconsulate.com

Honorair consulaat in Houston
houston@nlconsulate.com

Honorair consulaat in Jacksonville
jacksonville@nlconsulate. com

Honorair consulaat in New Orleans
neworleans@nlconsulate.com

Honorair consulaat in Raleigh
raleigh@nlconsulate.com

Ambassade van België
3330 Garfield Street, NW
Washington D.C., 20008
tel. 202 333 6900
www.belgiumintheusa.be

Consulaten van België
Consulaat-generaal in Atlanta
230 Peachtree Street NW, Suite 2710,
GA 30303 Atlanta
tel. 404 271 96 69
atlanta@diplobel.fed.be

Ereconsulaat in Houston
consubelhou@crispinco.com

Ereconsulaat in Jacksonville
michael.j.spector@gmail.com

Ereconsulaat in New Orleans
roland.vandenweghe@arlaw.com

Ereconsulaat in Norfolk
greg@phredds.com

Do's and don'ts

Keurig in de rij je beurt afwachten is in de Verenigde Staten een vanzelfsprekendheid. Daar komen gehaaste Europeanen al direct achter bij de eerste paspoortcontrole. Hier zal al snel iemand een praatje met je aanknopen over waar je vandaan komt en de bestemming van de reis. Verwar deze vriendelijke interesse echter niet met het begin van een fantastische vriendschap, want veel Amerikanen voelen zich uiterst relaxed bij *small talk*, maar daar blijft het ook bij. Ook uitnodigingen om een 'keertje langs te komen' moet je niet altijd even serieus nemen.

'Losbandigheid' op het strand, topless zonnen en kleine kinderen in hun blootje worden niet op prijs gesteld. Ook het woord 'toilet' komt bij de meesten niet over de lippen; men vraagt naar *rest room*, *ladies* of *mens room*.

Drugs

Drugs zijn niet alleen slecht voor de gezondheid, maar bovendien is het kopen of consumeren ervan strafbaar in de Verenigde Staten. Naast de lokale politie zijn verdekt opgestelde agenten van de veiligheidsdiensten of de anti-drugspolitie DEA (Drug Enforcement Agency) vaak sneller ter plaatse dan je lief is. Kortom: houd je verre van drugs, omdat je vakantie anders volledig in het honderd kan lopen. Sinds enige jaren begint men in de Verenigde Staten overigens anders aan te kijken tegen het gebruik van softdrugs. Het gebruik van marihuana is toegestaan in Washington D.C. en tien staten. Bovendien is het gebruik van marihuana voor medische doeleinden toegestaan in ook andere staten, waaronder Arkansas en Florida.

Elektriciteit

In de Verenigde Staten heeft de stroom uit het stopcontact een spanning van 110 of 120 volt in plaats van de bij ons gebruikelijke 220 volt. Elektrische apparaten dienen daar op te zijn afgestemd. Om een Amerikaans stopcontact met twee platte contacten te gebruiken, heb je een adapter nodig.

Feestdagen

Op officiële feestdagen sluiten bedrijven en veel winkels; vaak vallen deze dagen op een maandag, waardoor een lang weekend mogelijk wordt.
1 januari: New Year's Day (Nieuwjaar)
3e maandag in januari: Marin Luther King Day
12 februari: geboortedag Abraham Lincoln
3e maandag in februari: President's Day (ter ere van alle presidenten)
Laatste maandag in mei: Memorial Day (herdenking van de oorlogsdoden)
4 juli: Independence Day (Onafhankelijkheidsdag)
1e maandag in september: Labor Day/Dag van de Arbeid
2e maandag in oktober: Columbus Day
11 november: Veterans Day (dag van de oorlogsveteranen)
4e donderdag in november: Thanksgiving (Oogstdankfeest)
25 december: Christmas Day (Kerstmis)

Fooien

Voor bedienend personeel is de fooi een belangrijk deel van hun inkomen – hun basisloon is vaak schamel. Een fooi *(tip)* van ongeveer 15 % is gebruikelijk. Garderobepersoneel rekent op $ 1 fooi per kledingstuk, de parkeerservice op $ 1-2 bij het wegzetten en terugbrengen van de auto. Hotelbedienden en kruiers krijgen meestal $ 1 per stuk bagage; voor kamerservice staat zo'n $ 3 per dag.

Geld

Een dollar is gelijk aan 100 cent. Er zijn munten van 25 *(quarter)*, 10 *(dime)*, 5 *(nickel)* en 1 cent. De biljetten van 1, 2, 5, 10, 20, 50 en 100 dollar verschillen tegenwoordig in kleur en grootte en zijn goed uit elkaar te houden.

BANKPAS OF CREDITCARD BLOKKEREN

Bij verlies of diefstal kun je vanuit de VS 24 uur per dag en 7 dagen per week de onderstaande nummers in Nederland bellen. Geef de vermissing van je pas ook aan bij de politie!

Bankpassen

ABN Amro: 0031 102 41 17 20
ING: 0031 202 28 88 00
Rabobank: 0031 887 22 67 67
Overige banken: 0031 883 85 53 72
(Bankpassen Meldcentrale)

Creditcards

American Express: 0031 250 48 00 00
MasterCard: 0031 20 660 06 11
VISA: 0800 022 31 10

Houd bij het bellen het nummer van je pas en rekening bij de hand!

Wisselkoers: $ 1 = € 0,88 en € 1 = $ 1,14 (najaar 2018). Kijk voor de actuele koers bijvoorbeeld op www.wisselkoersen.nl.

U kunt met een creditcard **contant geld** opnemen bij ATM-geldautomaten *(Automated Teller Machine)* en binnen in banken (tegen een toeslag). Uit veiligheidsredenen kan er met Europese bankpassen buiten Europa vaak niet automatisch worden gepind. Informeer bij je bank hoe dit kan worden aangepast. Handig zijn travellercheques in dollars, die door veel bedrijven en restaurants worden geaccepteerd als bankbiljetten. Eurobiljetten kun je alleen wisselen in grotere bankfilialen of wisselkantoren. Bijna onmisbaar is een creditcard van Mastercard, Visa of American Express, waarbij de kaartgegevens als borg kunnen dienen bij het huren van een auto of het boeken van een hotelkamer.

Gezondheid

Inentingen en risico's

Voor reizigers uit Europa die de Verenigde Staten bezoeken, zijn geen speciale inentingen vereist.

Vooral kinderen moeten in de zomer oppassen voor langdurige blootstelling aan krachtig zonlicht. Je kunt zich en je kinderen tegen de zon beschermen met de juiste kleding en zonnebrandcrème met een hoge factor. In moerassen langs de kust en bij water moet je je beschermen tegen muskieten. Draag beschermende kleding en gebruik insectenwerende en huidvriendelijke olie.

Medische zorg

De medische zorg in de VS is uitstekend, maar over het algemeen aanmerkelijk duurder dan in Nederland en België. Dokters- en ziekenhuisrekeningen moeten altijd direct worden voldaan. Een creditcard komt goed van pas als je in een ziekenhuis voor hoge kosten komt te staan. In de *yellow pages* (gouden gids) vind je een opsomming van artsen en ziekenhuizen in de omgeving. Ook bij de hotelreceptie en de plaatselijke *Chamber of Commerce* (kamer van koophandel) kun je terecht voor adressen en telefoonnummers van dokters en ziekenhuizen. Bij noodgevallen kun je de politie, brandweer en ambulance bereiken via tel. 911, het algemene alarmnummer in de VS. Om niet voor onverwacht hoge kosten komen te staan, is het dringend aan te raden om een ziektekostenverzekering voor de duur van de vakantie af te sluiten waarbij het transport naar eigen land wordt gedekt.

Medicijnen

Pijnstillers, antigriep- en andere middelen die zonder recept verkrijgbaar zijn, kun je in de supermarkt aanschaffen. De meeste *drugstores* beschikken ook over een speciale afdeling met medicijnen *(prescriptions)* waarvoor je een recept nodig hebt. In grotere steden vind je apotheken *(pharmacies)*. Vestigingen van ketens als CVS en Walgreen zijn soms tot laat of zelfs doorlopend geopend. Toeristen met een chronische ziekte doen er goed aan voldoende medicijnen voor de hele reis mee te nemen. Het is in dat geval aan te raden om een in het Engels gesteld doktersattest bij je te hebben. Je kunt ook vragen of je huisarts een lijst met de noodzakelijke bestanddelen opstelt, zodat je indien nodig een vergelijkbaar middel kunt laten maken.

Homo's en lesbiennes

Anders dan in bijvoorbeeld New York, Florida en Californië is het in sommige landelijke gebieden in het zuidoosten niet zo vanzelfsprekend om als homo erg openlijk blijk te geven van je geaardheid. Toch is het zeker niet zo dat toeristen er per definitie op een uitgesproken homo-onvriendelijk klimaat stuiten. Enkele tijdschriften en kranten met handige en actuele informatie over accommodatie, uitgaansgelegenheden en evenementen voor homoseksuelen en lesbiennes zijn *Ambush* (www.ambushmag.com) in New Orleans, *Washington Blade* in Washington D.C. (www.washingtonblade.com) en *David* in Atlanta (www.peachatl.com).

BESPARINGSTIPS

Huurauto: wie zijn huurauto of camper vooraf boekt, voldoet de verzekeringstarieven en belastingen al die bij reservering ter plaatse nog bij de huurprijs worden opgeteld.
Automobielclub: de ANWB heeft een overeenkomst met de zusterclub American Automobile Association. ANWB-leden krijgen vaak dezelfde korting als AAA-leden. Een 'discount card' levert bij veel attracties en hotels kortingen op tot zo'n 15 %.
Hotelkamer: vaak maakt het qua prijs nauwelijks verschil of je met een of vier personen in een geboekte kamer overnacht. Ze zijn vaak voorzien van twee 140-200 cm brede bedden!
Ontbijt: ontbijten is vaak duur in hotels. Je kunt besparen met een ontbijt in een koffiehuis om de hoek.
CityPASS: met deze pas kun je kortingen van wel 50 % krijgen op toegangsprijzen. Als je van plan bent om veel bezienswaardigheden in een stad te bezoeken, is het de moeite waard om hem aan te schaffen. In het zuidoosten van de VS biedt Atlanta een dergelijke kaart (www.citypass.com).
Seniorenkorting: diverse attracties en musea geven kortingen aan senioren van 60 jaar of ouder. Het kan lonend zijn om hiernaar te informeren.

Internet

De meeste internet- of cybercafés bieden voor weinig geld internettoegang. Bovendien bieden veel filialen van het FedEx Office internettoegang met lange openingstijden (www.fedex.com/us/office).

Veel hotels, cafés, bibliotheken, luchthavens en *malls* beschikken over een wifihotspot, waarmee je met je laptop of tablet draadloos toegang tot internet hebt. Soms worden hiervoor kosten in rekening gebracht. Enkele hotels rekenen ongeveer $ 10 per dag, maar bij de meeste kun je gratis internetten.

Met je smartphone internetten in het buitenland kan flink aan de prijs zijn. Informeer daarom bij de betreffende provider waar je aan toe bent.

Kaarten

Voor wie thuis een route wil uitstippelen, is de *Wegenkaart USA* van Michelin aan te bevelen. Ook handig is de Road Atlas USA van Rand McNally, in Nederland en België verkrijgbaar bij de betere boek- en kaartenwinkel. Leden van de ANWB (of TCB in België) krijgen op vertoon van hun lidmaatschapskaart in de filialen van de *American Automobile Association* (AAA) gratis wegenkaarten en *Tourbooks* over de verschillende staten met veel informatie en kortingen. In elk Tourbook vind je adressen van AAA-kantoren. Een alternatief voor papieren kaarten zijn plattegronden voor de laptop of smartphone, zoals OviMaps van Nokia, TomTom, GoogleMaps en Garmin, die via GPS exact kunnen aangeven waar je je bevindt. Huurauto's kunnen tegen een toeslag met een navigatiesysteem worden uitgerust.

Kleding en uitrusting

In de zomermaanden kan het – met uitzondering van de Appalachen – in het zuidoosten van de Verenigde Staten zeer warm worden en nabij de kust kan de luchtvochtigheid hoog oplopen. Het is daarom raadzaam om lichtgekleurde, dunne kleding en een hoofddeksel tegen de felle zon te dragen. In de hogere delen van de Appalachen kan het ook op zomeravonden fris zijn; dan is het fijn om een dun jasje of een zomerpullover bij de hand te hebben. Warme kleding komt ook zeker van pas in supermarkten en andere ruimten waar de airconditioning naar Amerikaans gebruik op volle toeren draait. Tijdens wandelingen in de Appalachen is het aan te bevelen om stevige wandelschoenen te gebruiken.

Klimaat en reistijd

De kust van de Golf van Mexico en de zuidelijke Atlantische kust kennen een subtropisch

Het klimaat in Washington D.C.

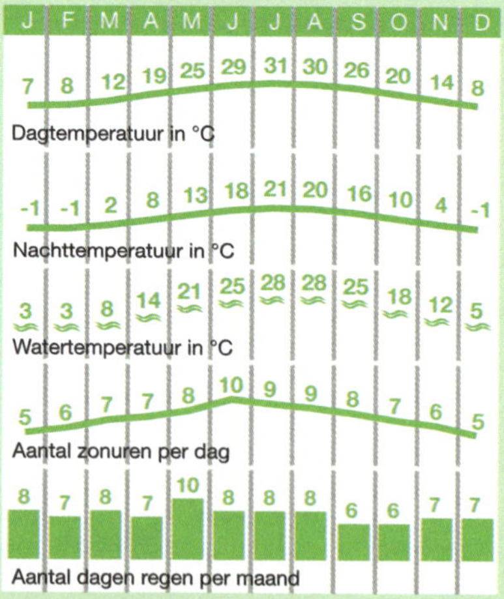

Het klimaat in New Orleans

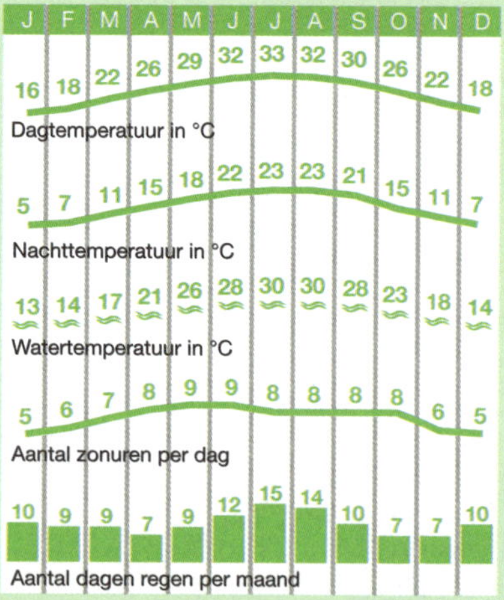

Als in de film 'Gejaagd door de wind' – planterswoning Drayton Hall bij Charleston, South Carolina

klimaat met zachte winters en warme tot hete, vochtige zomers. De periode maart-juni wordt hier vaak gekenmerkt door vriendelijk zomerweer. In het binnenland ten westen van de Appalachen kunnen zich soms tornado's voordoen. In de late zomer en vroege herfst loop je het meeste risico om een orkaan mee te maken. Toeristen en bewoners worden tijdig gewaarschuwd.

In de Appalachen met hun heuvelachtige uitlopers in het oosten en het westen verschillen de vier seizoenen sterk van elkaar, met in hoge en noordelijke delen 's winters ook sneeuw.

De zomer is bijzonder mooi, maar ook de herfst, als de bladeren van de loofbomen alle tinten geel, bruin en rood aannemen, is absoluut prachtig.

De zomer is in veel gebieden het toeristische hoogseizoen. Uitzonderingen zijn het carnaval aan de kust van de Golf van Mexico van Louisiana tot Alabama, waar het hectisch is tijdens Mardi Gras. Verder trekken de bossen van de Appalachen in de herfst talloze bezoekers wanneer de bladeren beginnen te vallen *(fall foliage)*.

Lees- en kijktips

Romans en fictie

Beecher Stowe, Harriet: *De hut van oom Tom*, Van Goor, 1995 (oorspronkelijke titel: *Uncle Tom's cabin)*. De hartverscheurende wijze waarop de onmenselijke leefomstandigheden van de ontheemde, tot slaaf gemaakte zwarte Afrikanen in dit boek uit 1852 worden beschreven, is van grote invloed geweest op de opvattingen over de slavernij in de VS.

Berendt, John: *Middernacht in de tuin van goed en kwaad*, Uitgeverij Maarten Muntinga, 1999 (oorspronkelijke titel: *Midnight in the garden of good and evil)*. De autobiografische opheldering van een moordzaak binnen een provinciaal snobistisch milieu in verval voerde jarenlang de bestsellerlijst van de *New York Times* aan en werd schitterend verfilmd door Clint Eastwood, met Kevin Spacey in de hoofdrol.

Chopin, Kate: *De ontnuchtering,* Contact, 2004 (oorspronkelijke titel: *The Awakening,* 1899). Onverbloemd verhaal over de emancipatie van een vrouw in het 19e-eeuwse creoolse Louisiana, die moet vechten voor haar individuele vrijheid en zelfbeschikking om het haar opgelegde rolmodel af te schudden.

Faulkner, William H.: *Het licht in augustus,* Atlas-Contact, 2005 (oorspronkelijke titel: *Light in August).* Deze meesterlijke beschrijving van met elkaar verweven gebeurtenissen in een stad in de fictieve zuidelijke Yoknapatawpha County laat een in fanatiek racisme verstarde samenleving zien. Andere romans van deze winnaar van de Nobelprijs voor Literatuur zijn *Ongenode gast (Intruder in the dust)* en *De familie Sartoris (Sartoris).*

Green, Julien: *Verre landen,* De Geus, 1996 (oorspronkelijke titel: *Les pays lointains/The distant lands).* Deze zeer uitvoerig op 827 pagina's beschreven familiesaga speelt zich af in het 19e-eeuwse Virginia en Georgia. De 16-jarige Elisabeth uit Engeland is naar haar welvarende familie in de Nieuwe Wereld gereisd, ontmoet hier haar eerste liefde, moet tal van teleurstellingen overwinnen en ervaart de tegenstrijdigheden van de in weelde levende upper class.

Jakes, John: *Noord & Zuid,* Het Spectrum, 1987 (oorspronkelijke titel: *North and South).* In deze romantrilogie, die ook is verfilmd, schetst de auteur een beeld van het (militaire) conflict tussen de noordelijke en de zuidelijke staten aan de hand van twee families uit Pennsylvania en South Carolina.

Mitchell, Margaret: *Gejaagd door de wind,* Boekerij, 2007 (oorspronkelijke titel: *Gone with the wind,* 1936). Het beroemdste epos over de Burgeroorlog, de klassieker onder de romans over de zuidoostelijke staten. De dramatische liefdesgeschiedenis over het leven van de mooie, trotse Scarlett O'Hara en haar passie voor de vrijgevochten buitenstaander Rhett Butler tegen de achtergrond van de Burgeroorlog in Georgia en Atlanta.

Russel, Karen: *Swamplandia!,* Atlas-Contact, 2012 (oorspronkelijke titel: idem). Opmerkelijke roman in de traditie van de grote vertellers uit de zuidoostelijke staten. Het pretpark Swamplandia van de familie Bigtree maakt een crisis door. Het meisje Ava moet na de dood van haar moeder en de verdwijning van haar vader en broer de grote verantwoordelijkheid voor zeventig alligators en aanvankelijk ook haar oudere zus Osceola op zich nemen.

Twain, Mark: *De avonturen van Tom Sawyer,* Athenaeum-Polak & Van Gennep, 2007, en *De avonturen van Huckleberry Finn,* Veen, 2004 (oorspronkelijke titels: *The adventures of Tom Sawyer* en *The adventures of Huckleberry Finn).* Onovertroffen beschrijvingen van het leven aan de grote rivier in een tijd dat gekleurde mensen nog slaven waren. Over charlatans en schatzoekers, ruwe omgangsvormen, ware vriendschap en de eerste liefde.

Williams, Tennessee: *Tramlijn Begeerte,* Toneeluitgeverij Vink, 2005 (oorspronkelijke titel: *A streetcar named Desire,* 1947). In dit toneelstuk botsen twee culturen, die van de ten onder gaande zuidelijke aristocratie en die van de industriële samenleving, op een verwoestende manier met elkaar. Blanche Dubois, een lerares in de zuidoostelijke staten, ervaart hoe haar familie steeds meer aan lager wal raakt, tot zelfs het herenhuis moet worden geveild. Ze neemt haar intrek bij haar zus Stella, die in New Orleans woont met een in Blanches ogen sociaal lager geplaatste man, maar dit loopt uit op een drama.

Idem: *Kat op een heet zinken dak,* De Nieuwe Toneelbibliotheek, 2012 (oorspronkelijke titel: *Cat on a hot tin roof,* 1955). Hebzucht, afgunst en zelfbedrog rond een stervende pater familias, 'Big Daddy' genoemd in de zuidoostelijke staten. De familieleden, onder wie de met veel sexappeal gezegende Maggie, komen samen in het huis. In dit toneelstuk komen alle familiegeschillen weer boven, haat en liefde, hypocrisie en vooroordelen laaien op, de strijd om de erfenis barst los.

Wolfe, Tom: *In alles een man,* Ooievaar, 2002 (oorspronkelijk titel: *A man in full)*. Op 1080 bladzijden schetst de bon vivant onder de Amerikaanse schrijvers de opkomst en ondergang van het witte establishment met zijn traditionele waarden en normen aan de hand van een vastgoedmagnaat in boomtown Atlanta.

Thrillers

Ball, John: *In het heetst van de nacht,* Beckers, 1976 (oorspronkelijke titel: *In the heat of the night)*. In het zuidelijke plaatsje Wells wordt een dirigent vermoord. Politieinspecteur Gillespie staat onder grote druk om de dader te vinden en pakt op het station een zwarte man op als verdachte. Die blijkt echter een rechercheur uit Californië te zijn. Gillespie stemt er met tegenzin mee in dat de man hem helpt bij het onderzoek. Het boek is momenteel alleen tweedehands verkrijgbaar. De verfilming met in de hoofdrol Sidney Portier en Rod Steiger sleepte in 1968 vijf Oscars in de wacht.

Burke, James Lee: *Engel der wrake,* BZZTôH, 1997 (oorspronkelijke titel: *Burning angel)*. Sfeervolle thriller, waarvan het spannende scenario zich afspeelt in het zuiden van Louisiana.

Connolly, John: *Het witte pad,* Luiting-Sijthoff, 2009 (oorspronkelijke titel: *The white road)*. Keiharde thriller over een zaak in South Carolina, waar een zwarte man ter dood gebracht moet worden voor de verkrachting van en moord op de dochter van een van de rijkste mannen in de staat. Eigenlijk is dit bij uitstek een zaak voor privédetective Charlie Parker, die echter verstrikt raakt in een web van connecties, bedreigingen en mythen die hem tot het uiterste drijven (momenteel alleen tweedehands verkrijgbaar).

Grisham, John: *Advocaat van de duivel* en *De jury*, Bruna 2009 en 2013 (oorspronkelijke titels: *The Firm* en *A time to kill)*. Beide boeken spelen zich af in de wereld van de maffia en de rechterlijke macht, het ene in Memphis, het andere in het landelijke Mississippi.

Idem: *De wettelozen – verhalen*, Bruna 2010 (oorspronkelijke titel: *Ford county – stories)*. Verhalen over de zuidoostelijke staten – niet alleen uit de juridische wereld – verteld met een knipoog.

Non-fictie

Anquetil, Pascal: *De grootste jazzlegendes*. Deltas Centrale uitgeverij, 2012. Een eerbetoon aan de jazz, van de vroegste vertolkers tot hedendaagse grootheden.

Scheers, Rob van: *De jazzparade – Een verborgen geschiedenis van New Orleans,* Meulenhoff, 2010. In 150 korte stukjes over jazzmuzikanten en andere beroemdheden, maar ook over onderwerpen als voodoo en de orkaan Katrina, wordt een veelzijdig beeld van New Orleans geschetst.

Voor jonge lezers

Green, John: *Het grote misschien*, Lemniscaat 2005 (oorspronkelijke titel: *Looking for Alaska)*. Deze zeer sfeervolle, pakkende jeugdroman over de eerste liefde en het volwassen worden speelt zich grotendeels in Alabama af.

Hoffman, Beth: *De redding van CeeCee Honeycutt*, Bruna 2014 (oorspronkelijke titel: *Saving CeeCee Honeycutt)*. Een moderne, levendige roman die zich afspeelt in het zuiden van de VS. Het twaalfjarige meisje CeeCee moet na het tragische verlies van haar moeder Camille haar vertrouwde omgeving van Ohio achter zich laten en haar intrek nemen bij een tante in Savannah.

Films

Gejaagd door de wind (1939): niet alleen Margaret Mitchells beroemde roman *Gejaagd door de wind*, maar ook de op deze roman gebaseerde Hollywoodfilm uit 1939 met acteurs Vivien Leigh, Clark Gable en Olivia de Havilland was een wereldwijd succes. In de rolprent wordt een turbulente liefdesrelatie ten tijde van de Burgeroorlog en de wederopbouw geportretteerd.

Deliverance (1972): klassieker met Burt Reynolds, John Voight en Ned Beatty in de hoofdrollen. Een boottochtje op de Cahulawassee River mondt uit in een helse trip door de landelijke, provinciale Appalachen met zijn achterlopende bevolking.

Fried Green Tomatoes (1991): de verfilming van de roman van Fannie Flagg speelt in Alabama. Het verhaal gaat over vriendschap, de verhouding tussen wit en zwart, zelfbewustzijn en sterke vrouwen. In de hoofdrollen: onder anderen Kathy Bates en Jessica Tandy.

The Jury (1996): deze film, met in de hoofdrollen Matthew McConaughey, Sandra Bullock en Samuel L. Jackson, is de spannende verfilming van het boek van John Grisham over een rechtszaak in de Amerikaanse staat Mississippi tegen een zwarte vader, die de witte verkrachters van zijn tienjarige dochter heeft gedood.

4 Little Girls (1997): deze documentaire van Spike Lee verhaalt van de in 1963 gepleegde bomaanslag op een zwarte kerk in Alabama, waarbij vier kleine meisjes omkwamen.

Der Patriot (2000): met deze film maakte de Duitse regisseur Roland Emmerich naar het historische personage Francis Marion een omstreden drama rond de Onafhankelijkheidsoorlog tegen Engeland (ook in de bioscopen in South Carolina draaide deze film).

Cold Mountain (2003): in deze film met Jude Law, Nicole Kidman en Renée Zellweger in de belangrijkste rollen zie je een liefdesrelatie tijdens de Burgeroorlog, maar de belevenissen van dit stel komen wel realistischer over dan in 'Gejaagd door de wind' en zijn zeker niet sentimenteel.

Walk the Line (2005): deze filmbiografie over het leven van zanger Johnny Cash is een van de succesvolste films over countrymuziek. Tot de hoofdrolspelers in deze muziekfilm behoren onder anderen Joaquin Phoenix en Reese Witherspoon.

True Grit (2010): deze western van de beroemde gebroeders Coen speelt zich voor een deel af in de staat Arkansas. De veertienjarige Mattie Ross neemt de drankzuchtige Marshal Cogburn in de arm om de moordenaar van haar vader voor het gerecht te brengen. Met in de hoofdrollen: Jeff Bridges, Hailee Steinfeld en Matt Damon. In de oorspronkelijke versie (1969) van deze film speelt John Wayne de hoofdrol.

Django Unchained (2012): de remake van de spaghettiwestern 'Django' (1966) door de bekende regisseur Quentin Tarantino speelt zich af in het zuidoosten van de VS. De slaaf Django wordt bevrijd door de premiejager Dr. King Schlutz, zodat deze hem kan helpen bij de jacht op een bende misdadigers. Leonardo DiCaprio is een van de hoofdrolspelers in deze film.

Links en apps

Links

Naast de op blz. 92 en 106 vermelde adressen van diplomatieke vertegenwoordigingen en toeristenbureaus kunnen de onderstaande sites van pas komen:

www.seeamerica.nl
Handige Nederlandstalige site met onder andere reistips, informatie over alle staten en diverse steden.

https://www.visumdienst.com
Website van de Amerikaanse ambassade met tal van links naar onderwerpen als visumaanvragen, douanebepalingen en meer.

www.blueridgeparkway.org
De website van Blue Ridge Parkway Association geeft gedetailleerde informatie over een van de mooiste wegen van de Verenigde Staten, die over de rug van de Appalachen van Virginia via North naar South Carolina voert.

www.appalachiantrail.org
Website van de Appalachian Trail Conservancy, gewijd aan beheer en onderhoud van de langste wandelroute in Amerika tussen Georgia en Maine (zie blz. 87 en blz. 195). In de zuidoostelijke staten zijn wandelaars onderweg in Virginia, Tennessee, North Carolina en Georgia.

www.nps.gov/natr
De Natchez Trace Parkway volgt een voormalige indiaanse handelsroute en voert langs schitterende uitzichten door de staten Tennessee, Alabama en Mississippi.

www.southernliving.com
De online-editie van het tijdschrift *Southern Living* staat boordevol informatie over attracties, parken, evenementen en festivals voor toeristen.

www.civilwartraveler.com
Deze site geeft informatie over de Burgeroorlog in de staten van de Confederatie, maar ook over de strijd en gedenkplaatsen in andere staten.
www.docsouth.unc.edu
Deze website, die door de universiteit van North Carolina in Chapel Hill wordt beheerd, vormt een zich almaar uitbreidend digitaal archief over het leven en de cultuur van de zuidoostelijke staten, met historische documenten en literatuurverwijzingen.
www.travelsouthusa.org
Marketingorganisatie van de zuidoostelijke staten (met uitzondering van Washington D.C., en Florida) met gedetailleerde informatie voor toeristen (klik op: About us).
www.nps.gov
Site van de National Park Service met informatie over alle National Parks, National Monuments en Seashores.
www.gocampingamerica.com
Hier vind je informatie over kamperen in de Verenigde Staten, met een zoekmachine voor campings en beoordelingen.
www.koa.com
Homepage van de campingketen KOA, die in de hele VS vertegenwoordigd is.

Apps

Het aantal apps is groot en groeiende. De meeste woorden aangeboden voor Apple en Android:
Visit Florida: reisinformatie van de toeristeninformatie, video's en tips, gratis.
Roadside America: ongewone attracties langs de route, groot archief met zevenduizend attracties, $ 3 voor een of $ 6 voor alle regio's van de Verenigde Staten.
Gas Buddy: vergelijk de benzineprijzen, gratis.
Chimani: goede gids voor de nationale parken, gratis.
National Park Service: officiële app voor de nationale parken, gratis.
Accuweather: weerapp, ook voor het zuidoosten van de VS, met buienradar, gratis.
Smithsonian Mobile: alles over musea van het Smithsonian Institution, gratis.
White House mobile app: wat is er te zien in het Witte Huis en bezoekersinformatie, gratis.
GoNOLA: officiële app van New Orleans, gratis.
Virginia is for Lovers: duizenden attracties, evenementen en meer, gratis.
De **officiële apps van de federale staten** zijn gratis: North Carolina Travel Guide, Discover South Carolina, Alabama Road Trip, GoMississippi, Louisiana Inspiration Guide, Arkansas Parks & Tourism, Tennessee Vacation.

Maten, gewichten en temperaturen

De meest gangbare maten

Lengtematen
1 *inch* (in) – 2,54 cm
1 *foot* (ft – 12 in) – 30,48 cm
1 *yard* (yd – 3 ft) – 91 cm
1 *mile* (mi) – 1,609 km
1 *square foot* (sq.ft) – 0,093 m²
1 *acre* (ac) – 0,405 ha
1 *square mile* (sq.mi.) – 640 ac – 2,59 km²

Gewichten
1 *ounce* (oz) – 28,35 g
1 *pound* (lb) – 453 g
1 *ton* – 907 kg

Vloeistoffen
1 *pint* (pt) – 0,473 l
1 *quart* (qt) – 0,946 l
1 *gallon* (gal) – 3,785 l

Temperaturen

U kunt temperaturen omrekenen met de volgende formule: Fahrenheit min 32 gedeeld door 1,8 is Celsius (of met een app):
32 °F – 0 °C
50 °F – 10 °C
68 °F – 20 °C
86 °F – 30 °C
104 °F – 40 °C

Media

Radio en televisie

Een groot aanbod van radiozenders richt zich op lokale doelgroepen met een specifieke muzieksmaak. De uitzendingen worden regelmatig onderbroken door lange reclameblokken. Alleen bij de publieke zender PBS (Public Broadcasting Service) kun je luisteren naar actuele informatie over politiek, economie en cultuur.

De grote nationale televisiezenders, zoals ABC en CNBC, zijn overal te ontvangen. Verder zijn er diverse regionale en shoppingzenders en ook Spaanstalige programma's. Hotelgasten kunnen vaak gratis kijken naar kabelzenders als HBO (speelfilms), ESPN (sport), Comedy Central en CNN (nieuws).

Kranten en tijdschriften

Op internationale luchthavens en in grote steden als Atlanta en Washington D.C. zijn buitenlandse kranten en tijdschriften te koop (vaak van de vorige dag), maar het aanbod is meestal bescheiden. Er bestaat geen grote krant speciaal voor het hele zuidoosten van de VS. De *Washington Post* (www.washingtonpost.com) en de *Times-Picayune* uit New Orleans (www.nola.com/t-p/), de *Virginia Pilot* uit Norfolk (www.pilotonline.com) en in Atlanta de *Atlanta Journal-Constitution* (www.ajc.com) worden ook buiten de regio gelezen. De landelijke krant *USA Today* (www.usatoday.com) met een oplage van 1,8 miljoen per dag verschijnt ook dagelijks in het zuidoosten van de VS. Verder beschikken vrijwel alle grote en middelgrote steden over een lokaal dagblad, dat vaak in hotellobby's ter inzage ligt.

Naast landelijke magazines worden er ook enkele regionale tijdschriften uitgebracht, zoals *Southern Living* (www.southernliving.com), die zich richten op de cultuur en levensstijl van het zuidoosten van de VS. In (veelal) grotere steden zijn gratis tijdschriften verkrijgbaar die met advertenties worden gefinancierd en boordevol informatie staan over de evenementen en het restaurantaanbod in de regio.

Openingstijden

In het zuidoosten van de Verenigde Staten zijn de openingstijden van de winkels en bedrijven niet wettelijk geregeld. Supermarkten zijn vaak tussen 8 en 22 uur geopend, maar in sommige grotere ondernemingen kun je 24 uur per dag terecht. Grote *shopping malls* aan de uitvalswegen zijn meestal ma-za. 10-22 en zo. 10-18 uur geopend. In de grotere steden of universiteitssteden zul je vaak ook enkele fastfoodrestaurants vinden die dag en nacht geopend zijn. Hetzelfde geldt voor diverse nachtbars, in ieder geval in Atlanta en New Orleans. Postkantoren zijn doorgaans ma-vr. 8-17 uur en op zaterdagochtend open (zie ook hierna). Veel musea zijn op maandag gesloten, banken zijn meestal ma-vr. 9-15 uur geopend en sommige ook zaterdagochtend.

Post

De meeste postkantoren zijn geopend van maandag tot vrijdag van 8-17 uur, maar hebben vaak van 13-14 uur een lunchpauze. Op zaterdag kun je er meestal terecht van 10-13 uur.

Brievenbussen zijn donkerblauw en voorzien van het opschrift *US Postal Service*. Een standaardbrief of een ansichtkaart (tot 1 *ounce* = 31 g) van de VS naar Europa frankeer je met $ 1,15. Beide zijn vijf tot zeven dagen onderweg. Postzegels zijn verkrijgbaar op het postkantoor en tegen een toeslag bij automaten en kiosken. Op de website www.usps.com van de *United States Postal Service* vind je informatie over de posttarieven en andere kosten plus adressen en openingstijden van de postkantoren. Voor diverse diensten, zoals track and trace, kan men terecht bij het virtuele postkantoor op het internet, als er tenminste een computer met printer voorhanden is.

Een fax kun je eventueel versturen bij hotels en bij bedrijven als FedEx, Office en RCA (niet gratis). Voor expreszendingen kun je gebruikmaken van koeriersdiensten als UPS, www.ups.com, en Federal Express, www.fedex.com.

Het Vicksburg Casino is een van de grootste trekpleisters van de regio

Vrolijk uitgaan in de bars van Washington en de grote steden in het zuiden

Reiskosten

Vanaf een wisselkoers van $ 1 = € 0,80 wordt de Verenigde Staten een voordelig vakantieland. Ondanks prijsstijgingen zijn huurauto's en benzineprijzen duidelijk voordeliger dan in Europa; hetzelfde geldt voor sportartikelen en kleding. De toegangsprijs tot een nationaal park kan tussen de $ 0 en $ 10 liggen, voor een sandwich betaal je $ 6-10 en een frisdrank erbij kost $ $ 3-6. De prijzen van een hotelkamer kunnen uiteenlopen van $ 30 tot $ 1000 per nacht, maar voor $ 80-120 krijg je een heel behoorlijke kamer in een middenklassehotel. Een rit in de metro in Washington D.C. kost $ 2,25-6 of $ 2-3,85 afhankelijk van het moment van de dag.

Ruw berekend liggen de kosten voor een rondreis door de Verenigde Staten rond de $ 130-250 per dag, afhankelijk van of je met zijn tweeën reist, de kamers en de auto deelt en natuurlijk welke hotels en restaurants je uitkiest.

Factory outlet malls bieden je de mogelijkheid om voor een prikje goede kleding te kopen – als je tenminste geen stapels tegelijk inslaat. De ANWB heeft een overeenkomst met de zusterclub *American Automobile Association*. Met een ANWB-lidmaatschapskaart kun je dezelfde korting krijgen als leden van de American Automobile Association (AAA), onder meer bij bepaalde hotels en restaurants.

Reizen met een beperking

Evenals de rest van de Verenigde Staten is het zuidoosten in vergelijking met veel andere vakantiebestemmingen goed ingesteld op mensen met een lichamelijke beperking. Bij kruisingen zijn de trottoirranden verlaagd, hotels beschikken over rolstoelhellingen en veel bezienswaardigheden, nationale en regionale parken zijn toegankelijk voor rolstoelgebruikers. De wet schrijft voor dat bij vrijwel alle openbare gebouwen en instellingen geschikte ingangen moeten worden gecreëerd voor mensen in een rolstoel of met andere beperkingen. In veel attractieparken staan bij de ingang gratis rolstoelen ter beschikking. Diverse autoverhuurbedrijven kunnen aan specifieke handicaps aangepaste auto's leveren (hiervoor dien je tijdig te reserveren).

Reizen met kinderen

Of je nu vakantie doorbrengt op de stranden van de Atlantische kust of aan de Golf van Mexico: gezinnen met kinderen hebben overal een streepje voor en krijgen volop aandacht. Kinderen reizen gratis of voor half geld in bussen en treinen (informeer naar de leeftijdsgrenzen). In hotels zijn kinderbedjes *(cribs)* beschikbaar. Veel hotels vragen ook niets extra's voor oudere kinderen als ze bij hun ouders op de kamer slapen. Sommige brengen niets of slechts een klein bedrag in rekening voor kindermenu's. Veel hotels bieden naast speciale kinderactiviteiten ook een babysitservice, om ouders in de gelegenheid te stellen om ook eens getweeën op pad te gaan.

Als een hotelkamer je te klein is, kun je er in veel plaatsen ook voor kiezen om een appartement of rijtjeshuis te boeken. Deze zijn vaak niet alleen ruim, maar beschikken bovendien over een eigen kookgelegenheid. De bed and breakfasts die je her en der in de zuidoostelijke staten aantreft, zijn echter meestal minder geschikt voor een verblijf met kleinere kinderen. Het gaat vaak om oude huizen, veelal ingericht met antiek. Sommige B&B's hanteren zelfs een minimumleeftijd voor kinderen. In restaurants worden vaak uit eigener beweging *booster chairs* (kinderstoelen) bijgeschoven en krijgen kinderen een eigen menukaart. In *family restaurants* tref je vaak aparte speelplekken voor kinderen aan. Omdat de zuidoostelijke staten heel erg zuidelijk liggen, is het sterk aan te raden om uzelf en je kinderen tegen de felle zon te beschermen. Je kunt je peuters beter niet zonder badkleding laten zwemmen, vooral ook niet omdat dit in de Verenigde Staten als onzedelijk wordt beschouwd. In bijna alle staten bieden kleine en grote pretparken attracties voor verschillende leeftijdscategorieën.

In auto's dienen kinderen jonger dan 3 jaar een veilige plek te krijgen in een kinderzitje *(child safety seat)*. Gezinnen die met een huurauto of camper reizen, moeten zich er voor hun vertrek van verzekeren dat de benodigde kinderzitjes aanwezig zijn.

Roken

In alle openbare gebouwen, vliegtuigen en in de restaurants en bars in het zuidoosten van de Verenigde Staten geldt een rookverbod. Dit geldt ook voor de meeste parken en stranden. Roken is wel toegestaan in de sigarenclubs die in veel steden werden opgericht. Er gelden verder uitzonderingen – informeer altijd vooraf – bij vrijstaande bars en kraampjes met voldoende afstand tot de tafels. Op straat of in de auto is roken normaliter geoorloofd. Bij de aanschaf van tabakswaren geldt een minimumleeftijd van 18 jaar. Er zijn sigarettenautomaten. In supermarkten worden rookartikelen meestal bij speciale balies verkocht. In geval van twijfel moet je hier een identiteitsbewijs kunnen tonen om te bewijzen hoe oud je bent. Omdat bepaalde belastingen niet worden geheven in indianenreservaten zijn rookwaren daar meestal aanzienlijk goedkoper dan in de winkels elders in het land.

Telefoneren

Vaste lijn

Het telefoonnet in de Verenigde Staten is in handen van particuliere bedrijven. Voor lokale telefoongesprekken toets je het zevencijferige nummer in. Bij interlokale gesprekken gaan hier een 1 en de driecijferige *area code* aan vooraf. De meeste gesprekken komen rechtstreeks tot stand. Het is echter ook mogelijk om tegen een toeslag via een *operator* (tel. 0) of een *overseas operator* (tel. 00) te bellen. Telefoonnummers die met 800 of 888 beginnen, zijn gratis. Zeer veel hotels en autoverhuurbedrijven hebben zulke gratis nummers. Aan het bellen van nummers beginnend met 700 en 900 zijn daarentegen extra kosten verbonden, die flink kunnen oplopen.

In veel winkels, bij tankstations en in postkantoren worden *prepaid phone cards* verkocht die ook voor internationale gesprekken te gebruiken zijn. Als je vanuit de telefooncel naar Europa belt, ben je hiermee – afgezien van skype of whatsapp – het voordeligst uit.

Om naar huis te bellen, toets je eerst de internationale toegangscode 011, dan het landnummer (31 voor Nederland en 32 voor België), daarna het netnummer zonder de eerste o en ten slotte het abonneenummer. Voor een gesprek van Atlanta naar bijvoorbeeld Amsterdam toets je 011 31 20 plus het abonneenummer (met een mobiele telefoon voldoet +31 20).

Inlichtingen

In de 'witte telefoonboeken' *(white pages)* vind je de adressen en telefoonnummers van particulieren en bedrijven. De gouden gids *(yellow pages)* vermeldt adressen van bedrijven naar categorieën.

Wie via Inlichtingen een lokaal nummer wil opvragen, moet eerst 411 toetsen. Als je een telefoonnummer met een ander netnummer zoekt, toets je eerst een 1 en dan het driecijferige netnummer, gevolgd door 555 1212. Voor deze service worden dezelfde kosten in rekening gebracht als een overeenkomstig interlokaal gesprek.

U kunt de regionale adressen en telefoonnummers ook gratis opzoeken op www.whitepages.com of www.yellowpages.com.

Mobiele telefoon

U kunt je eigen mobiele telefoon ook in de Verenigde Staten gebruiken als je een tri-band- of quad-bandtoestel hebt. Als je van plan bent om langere tijd in de VS te verblijven, kun je overwegen om een prepaidtelefoon aan te schaffen, die bijvoorbeeld bij Best Buy, Radio Shack en Verizon verkrijgbaar is. Een mobiele telefoon wordt in de VS *cell phone* of *mobile phone* genoemd. Naar de Verenigde Staten meegenomen mobiele telefoons schakelen automatisch over op de lokale roamingpartner, zoals

Verizon, T-Mobile of Nextel. Kijk uit: ook voor binnenkomende gesprekken uit Europa worden (vaak flinke) extra kosten in rekening gebracht. Voor een duidelijk inzicht in de tarieven voor mobiel bellen in de VS kun je het best contact opnemen met je provider. Voor wie echt goedkoop wil bellen, is skypen de beste oplossing.

Tijd

In de staten aan de Oostkust en ten oosten van Tennessee geldt de **Eastern Standard Time** (EST), die 6 uur achterloopt op de Midden-Europese Tijd (MET). West-Tennessee, Alabama, Mississippi, Louisiana en Arkansas liggen in de **Central Standard Time Zone** (CST), evenals de westpunt van de *Panhandle* (westelijke uitloper) van Florida. Het verschil met de MET is hier 7 uur. Als het in Atlanta 12 uur 's middags is, is het in Nederland/België al 19 uur.

Tussen middernacht en 12 uur 's middags staat er a.m. (voor de middag) achter de tijd, tussen 12 uur 's middags en middernacht p.m. (na de middag). Van de tweede zondag in maart tot de eerste zondag in november geldt de zomertijd, daarna wordt de klok weer een uur teruggezet.

Let ook op het verschil bij het noteren van de datum. In Noord-Amerika vermeldt men eerst de maand, daarna de dag en als laatste het jaar: 01/15/1948 is dus de schrijfwijze voor 15 januari 1948.

Toeristeninformatie

... in Nederland en België

De Amerikaanse ambassades in Nederland en België beantwoorden schriftelijke vragen of kunnen je doorverwijzen naar instellingen die beschikken over de relevante informatie.

... in de Verenigde Staten

Langs de Interstate Highways aan weerszijden van de staatsgrenzen vind je Visitor Centers, waar je terecht kunt voor een ruim aanbod aan actueel informatiemateriaal. Andere goede informatiebronnen zijn de toeristenbureaus van de afzonderlijke zuidoostelijke staten, met wetenswaardigheden over steden, attracties, hotels, restaurants en meer. Soms kun je bij deze toeristeninformatiebureaus ook een hotelkamer boeken.

Travel South USA
3500 Piedmont Rd NE 210
Atlanta, GA 30326, tel. 404 231 1790
www.travelsouthusa.com

Alabama Tourism Department
401 Adams Avenue, Suite 126
P.O. Box 4927, Montgomery, AL 36104
tel. 334 242 4169, www.alabama.travel

Arkansas Department of Parks & Tourism
One Capitol Mall, Little Rock, AR 72201
tel. 501 682 7777, www.arkansas.com

Destination D.C.
901 7th St. NW., 4th Floor
Washington, D.C. 20001-3719
tel. 202 789 7000, www.washington.org

Georgia Department of Economic Development, Tourism Division
75 5th St NW., Suite 1200, Atlanta, GA 30308
tel. 404 962 4000, www.exploregeorgia.org

Louisiana Welcome Center
300 N 3rd Street, Baton Rouge, LA 70802
tel. 225-342-7317, www.crt.state.la.us

Mississippi Division of Tourism
P.O. Box 849, Jackson, MS 39201
tel. 601 359 3297, www.visitmississippi.org

North Carolina Division of Tourism, Film and Sports Development
301 North Wilmington St.
Raleigh, NC 27601-2825
tel. 919 733 4171, www.visitnc.com

South Carolina Department of Parks, Recreation, and Tourism
1205 Pendleton St., Columbia, SC 29201
tel. 803 734 0130
www.discoversouthcarolina.com

Tennessee Department of Tourist Development
312 Rosa L. Parks Ave., Nashville, TN 37243
tel. 615 741 2159, www.tnvacation.com

Natuurparadijs Assateague Island

Great Falls Park

Rododendrons langs de Blue Ridge Parkway

Virginia Tourism Corporation
901 E. Byrd St., Richmond, VA 23219
tel. 804 545 5500, www.virginia.org

Uitgaan

In de grote steden en vakantiecentra vind je discotheken, bars en muziekclubs. New Orleans is in de Verenigde Staten even beroemd als berucht om zijn uitgaansleven. Ook in Atlanta, Memphis, Nashville, Wilmington, Charleston, Savannah, Richmond en Washington D.C. en in verscheidene universiteitssteden komt het uitgaanspubliek 's avonds uitgebreid aan zijn trekken. Je vindt er discotheken en danceclubs met livemuziek, sportbars met grote beeldschermen waarop diverse live-profwedstrijden tegelijk worden uitgezonden, kleine jazzcafés en bluesjoints op het platteland in Mississippi of Alabama, waar getalenteerde amateurmusici schitteren voor een kleine ingewijde schare toeschouwers.

In verscheidene indianenreservaten, zoals in Cherokee, North Carolina, in New Orleans, langs de Golf van Mexico en de Mississippikust van de gelijknamige staat, trekken casino's bezoekers die uit zijn op spanning en sensatie en snel geld. Meestal krijgt het aanbod aan eenarmige bandieten en speltafels extra dimensie met een podiumshow en een reeks restaurants.

Op het platteland valt er 's avonds voor toeristen niet zo veel te beleven, tenzij je weet waar je zijn moet.

Multiplexbioscopen vind je vaak in de grote *malls* aan de rand van de stad. Hier worden meestal uitsluitend de laatste Hollywoodproducties gedraaid. Verscheidene grote bioscopen uit de jaren 20 en 30, bijvoorbeeld in Jacksonville en Pensacola in Florida, zijn behouden gebleven in de moderne stadscentra en bieden tegenwoordig een gevarieerd evenementenprogramma met interessante films, concerten en rondreizende voorstellingen. Jongeren onder de 17 jaar mogen volgens wetten in de betreffende staat na 23 of 24 uur alleen uitgaan in het gezelschap van een volwassene.

Veiligheid

Trek er niet op uit bij gevaarlijke weersomstandigheden en mijd probleemregio's en -wijken. Wie denkt 'op veilige afstand' een tornado te kunnen aanschouwen, kan voor onaangename verrassingen komen te staan. Hetzelfde geldt voor mensen die uit louter nieuwsgierigheid gevaarlijke wijken of gebieden bezoeken. Het is altijd raadzaam om grotere geldbedragen en waardevolle spullen in de hotelsafe *(safety deposit box)* op te bergen.

In geval van bedreiging doe je er verstandig aan het gevraagde zonder aarzelen af te geven. Zorg daarom altijd dat je een los klein bedragje bij de hand hebt om aan je belager 'aan te bieden'. Het kan riskant zijn om lifters mee te nemen. Maak alleen gebruik van openbare taxi's met vergunning.

Leg je kostbaarheden en je portemonnee nooit op de passagiersstoel naast je, en stop ze ook niet in de achterzak van je broek. Neem bij verlies of diefstal van je paspoort onmiddellijk contact op met het Nederlandse/Belgische consulaat, zodat men voor een vervangend document kan zorgen (blz. 92).

Wellness

Lichamelijk en geestelijk welbevinden speelt een grote rol in het vakantieaanbod in de zuidoostelijke staten van de VS. Zelfs veel luchthavens bezitten een spa, vele ook een yogastudio of fitnessvoorzieningen. Niet zelden biedt men rug- en nekmassages in de gangen naar de gates. In verschillende yogastudio's mogen gasten tegen betaling deelnemen aan sessies. Diverse hotels bieden massages, een zwembad en minstens enkele fitnessvoorzieningen. Kuurhotels bieden het complete arsenaal aan beauty, wellness en fitnessvoorzieningen. Het Sanctuary Hotel in Kiawah Island Golf Resort (www.kiawahresort.com), Williamsburg Lodge met de Spa of Colonial Williamsburg (www.colonialwilliamsburg.com), The Lodge en The Cloister op Sea Island (www.seaisland.com) behoren tot de beste kuurhotels van de VS.

Winkelen

De VS staat bekend als een voordelig winkel- en consumptieparadijs (vooral bij een gunstige wisselkoers). Voor veel vakantiegangers staat winkelen hoog op de agenda. In de zuidelijke staten komen shoppers ruimschoots aan hun trekken dankzij de vele winkelpassages, *malls* en *factory outlets*. Aantrekkelijke kortingen en verleidelijke aanbiedingen doen je al snel naar de creditcard grijpen. Houd echter altijd één ding in de gaten: alles moet wel straks mee naar huis en op alle artikelen wordt ook nog btw (*sales tax*, 4-7 %) berekend. Omdat de hoogte hiervan per staat verschilt, kun je de btw op je souvenirs bij je terugreis niet terugvragen. Wel kun je in Louisiana voor de daar gekochte goederen de btw terugvorderen (www.louisianataxfree.com). Ook bij hotelboekingen ter plaatse moet je tot 10 % hotelbelasting betalen, waardoor de (aantrekkelijke) prijs dus iets minder gunstig uitpakt. Bij de reis naar huis mag je maximaal € 430 aan goederen belastingvrij meenemen, voor reizigers tot 15 jaar geldt een limiet van € 175. Wordt dit bedrag overschreden, dan moet je daar belasting over betalen (de hoogte verschilt per staat).

Factory Outlet Malls

Factory outlet malls, met verkooppunten van diverse merkartikelen, zijn populair en liggen meestal handig aan uitvalswegen of afritten van Interstate Highways. Producten met kleine gebreken of uit het vorige seizoen worden vaak aangeboden tegen zeer vriendelijke prijzen. Aangezien veel *outlet centers* bij een keten behoren, kun je op internet gemakkelijk op zoek gaan naar malls in je vakantiegebied. *Outlets* met merkartikelen van hoge kwaliteit zijn te vinden op www.premiumoutlets.com en bij *Tanger Outlets* op www.tangeroutlet.com. Koopjesjagers kunnen in de *outlet malls* vaak nog extra korting krijgen. Op internet of bij het kantoor *(Management/Office)* van de betreffende mall zijn bij bijzondere verkoopacties couponboekjes verkrijgbaar waarmee je op nog meer voordeel kunt rekenen.

Souvenirs

Reproducties, kunstnijverheid, cowboylaarzen of spotgoedkope jeans: de keuze aan souvenirs is schier onuitputtelijk. Smulpapen raken in vervoering van speciale honingsoorten en liefhebbers van goede parfums bij de ontdekking van geuren die in Europa niet meer verkrijgbaar zijn. Let bij de aanschaf van dvd's op de regiocode, zodat je zeker weet dat je ze thuis op je apparatuur kunt afspelen (code 0 of 2). Bij blu-raydiscs laten veel filmproductiebedrijven de regiocode weg. Huiden of botten van verscheidene exotische dieren mogen niet zomaar worden verhandeld als het soorten betreft die beschermd zijn volgens het CITES-verdrag over de internationale handel in bedreigde dier- en plantensoorten.

Zwemmen

Aan de lange kust van de zuidoostelijke staten strekken zich enkele van de mooiste stranden van Noord-Amerika uit. Het zand- en duinlandschap van de **Outer Banks** van North Carolina, de stranden op andere voor de kust gelegen eilanden, zoals **Hunting Island** en **Hilton Head Island** in South Carolina, de **Golden Isles** van Georgia en **Amelia Island** aan de Atlantische kust van Florida, zijn zelfs in de zomer niet overvol. Prachtige stranden met fijn zand biedt ook de kust van de Golf van Mexico, vooral rond **Fort Walton Beach** en langs de **Gulf Islands National Seashores**. Sommige stranden, zoals **Virginia Beach**, het bijna 100 km (62 mijl) lange Grand Strand van **Myrtle Beach** in South Carolina, de Miracle Strip bij **Panama Beach** in Florida en Holly Beach in Louisiana, zijn in de zomer zeer populair bij vakantiegasten die in hotelcomplexen of op camperterreinen verblijven.

Er kan doorgaans probleemloos worden gezwommen, omdat de stranden geleidelijk in zee aflopen en er maar op enkele plaatsen sterke onderstromingen voorkomen. Naakt of topless aan het strand liggen is in de Verenigde Staten verboden.

Onderweg in het zuidoosten van de VS

'Vertel eens over het zuiden. Hoe het daar is. Wat de mensen er doen.
Waarom ze daar leven. Waarvoor ze leven.'
William Faulkner (Absalom, Absalom!)

Bourbon Street, New Orleans

Washington
D.C.
Roanoke
Norfolk
Atlantische
Oceaan
Golf
van Mexico

Hoofdstuk 1

Washington D.C. en Virginia

In de Capital Region, zoals het gebied rond het hoofdstedelijke district Washington D.C. wordt genoemd, werd door kolonisten ruim vierhonderd jaar geleden de eerste permanente Engelse nederzetting op Amerikaanse bodem gesticht: Jamestown is gebouwd in 1607. Nazaten van deze kolonisten keerden zich later tegen de heerschappij van de overzeese Engelse koning en legden nog vóór de Franse Revolutie hun burgerrechten vast in de eerste moderne grondwet.

Washington, de hoofdstad van de nog jonge republiek, is vernoemd naar de eerste Amerikaanse president, George Washington (1732-1799). De kaarsrecht uitgetekende stad, die bijna net zoveel marmeren monumenten telt als het oude Rome, is in de vorige eeuw uitgegroeid tot het machtscentrum van het Westen en wordt bewonderd en verguisd.

Deze metropool met een bruisend cultureel leven wordt in combinatie met de nabijgelegen Chesapeake Bay bezocht als zelfstandige vakantiebestemming en daarnaast ook gebruikt als startpunt voor een reis door de zuidoostelijke Verenigde Staten.

In Virginia vind je brede oceaanstranden bij Virginia Beach en de nagebouwde koloniale hoofdstad Williamsburg, met een levende geschiedenis. De plantershuizen ademen nog de charme van de Old South en de bergen van de Appalachen zijn er bedekt met groene bossen, zoals in het mooie Shenandoah National Park.

De wijnfeesten die in de herfst worden gevierd in het hoogland van de Piedmont, aan de voet van de bergen, trekken veel bezoekers uit de nabije omgeving. In de Appalachen zelf tooien de bomen zich dan in een bonte kleurenpracht en niet veel later kan op grotere hoogte al geskied worden.

Het Capitool in Washington

In een oogopslag: Washington D.C. en Virginia

Hoogtepunten

Washington D.C.: de stad hoort niet bij het noorden en niet bij het zuiden – Washington is een verhaal apart. Met iconische gebouwen als het Witte Huis en het Capitool, monumenten en musea aan de National Mall, een bruisend cultureel leven en voortreffelijke restaurants is Washington D.C. op zich al een reis waard (zie blz. 119).

Shenandoah National Park: de bossen in dit betoverende natuurpark dreigden ooit te worden gekapt. Nu kun je de blik over dichtbeboste bergen laten glijden (zie blz. 150).

Historic Triangle: in Jamestown landden de eerste Britse kolonisten, het gerestaureerde Williamsburg was de koloniale hoofdstad van Virginia, in Yorktown werd de Onafhankelijkheidsoorlog beslist in het voordeel van de opstandelingen ten koste van het Britse leger (zie blz. 177).

Fraaie routes

Rondrit Washington D.C.-Richmond en terug: de bijna 500 km (300 mijl) lange autoroute van Washington via Manassas naar Charlottesville, Richmond en Fredericksburg en terug vormt een spannende reis door de koloniale geschiedenis van de VS en langs de strijdtonelen van de Burgeroorlog (zie blz. 162).

Blue Ridge Parkway: de mooie weg over de kam van de Appalachen, van de zuidkant van Shenandoah National Park naar het Great Smoky Mountains National Park, bereikt bij het Blue Ridge Music Center de staat North Carolina (zie blz. 192).

Tips

National Museum of the American Indian, Washington: de cultuur van de vroege bewoners wordt hier gepresenteerd zonder kitsch of valse romantiek (zie blz. 124).

Natural Bridge: deze rotsbrug werd opgemeten door landmeter George Washington en later gekocht door Thomas Jefferson (zie blz. 157).

Monticello: in de villa op de plantage van Thomas Jefferson aan de rand van Charlottesville krijg je informatie over deze buitengewone politicus, geleerde en mens (zie blz. 163).

Actief

Peddelen op de Potomac: de rivier ontspringt in West Virginia en mondt uit in de Chesapeake Bay. In Washington kun je de hoofdstad ook vanaf het water bekijken (zie blz. 127).

Kanaaltocht – op de fiets naar de Great Falls: de oude jaagpaden op de oever van het Chesapeake & Ohio Canal lenen zich goed voor fietstochten (zie blz. 131).

Wandelen in het National Arboretum: de botanische tuin van Washington is een meer dan 200 ha groot bos met honderden inheemse planten uit het oosten van de VS (zie blz. 138).

Klimmen en wandelen in het Shenandoah National Park: fraai wandelgebied met onder andere routes naar uitkijkpunten op de kam van de Appalachen (zie blz. 151).

Washington D.C. en omgeving

▶ 1, F/G 1/2

De hoofdstad van de Verenigde Staten biedt mooie boulevards met overheidsgebouwen en op antieke tempels lijkende bouwwerken, parken, gezellige, levendige buurten, winkels, restaurants en clubs. Aan het kilometerslange gazon van de National Mall, die het Witte Huis van het Capitool scheidt, liggen een aantal wereldberoemde kunst- en wetenschapsmusea vlak bij elkaar.

Het grotere gebied rond Washington D.C. telt 5,7 miljoen inwoners, in de stad zelf leven zo'n 645.000 mensen. Twee derde van de bevolking is zwart, alleen de westelijke wijken als Foggy Bottom, Georgetown en Embassy Row worden bewoond door een witte meerderheid. De Potomac River, overspannen door verscheidene bruggen, vormt de grens tussen de hoofdstad en de staat Virginia. Washington lijkt op het eerste gezicht een en al grandeur, maar aan de rand van het centrum vind je armoede en daarmee samenhangende problemen. Ook de problematische financiële situatie behoort tot de schaduwkanten van de stad aan de Potomac. Het voorjaar, wanneer de azalea's en kornoeljes en duizenden Japanse kersenbomen rond het Tidal Basin in bloei staan, geldt als de beste tijd voor een bezoek aan Washington.

Politiek en economie

In de regeringszetel van de wereldmacht VS wordt om ieder stukje invloed gevochten. Meer dan 17.000 professionele lobbyisten en 80.000 juristen doen er alles aan om de belangengroepen waarvoor ze werken een gehoor te geven bij de politiek. De invloed van de zogeheten *power brokers* ('handelaars in macht') op de volksvertegenwoordigers is groot, zeker als er donaties voor de verkiezingskas in het vooruitzicht worden gesteld. Veel Amerikaanse burgers vinden de invloed van de federale regering bovendien te groot. Het wantrouwen tegen de anonieme 'politieke machine' – met zo'n 300.000 ambtenaren bij overheidsinstanties en ministeries, 20.000 vaste medewerkers in besturen en comités voor slechts 535 senatoren en even zoveel afgevaardigden – is diepgeworteld en kent een lange traditie die veel verder teruggaat dan de huidige tegenstellingen.

Als federaal district heeft Washington D.C. al sinds het begin een bijzondere juridische status. Het maakt geen deel uit van een andere staat, maar is zelf ook geen staat. De in het District of Columbia voor het Congres gekozen afgevaardigden kunnen in hun woonplaats niet stemmen. Er is een gekozen gemeenteraad met een burgemeester (sinds 1973), maar over de financiën heeft het nationale Congres het laatste woord. De Amerikaanse overheid is de voornaamste werkgever van de regio, samen met de organisaties en bedrijven die zich in het centrum van de macht hebben gevestigd. Restaurants, hotels en veel andere dienstverlenende bedrijven vormen de op een na belangrijkste branche in de stad, die jaarlijks wordt aangedaan door ruim 20 miljoen bezoekers. Uitgebreide industriegebieden en wolkenkrabbers zul je in Washington niet tegenkomen. Volgens een ongeschreven regel mag geen gebouw hoger zijn dan het Capitool. Pas in Arlington in Virginia, tegenover het Watergate Complex, verheffen zich enkele kantoortorens boven de Potomac River.

Geschiedenis van Washington

George Washington zette in 1791 als gewezen landmeter in hoogsteigen persoon bij de Potomac River, op de grens van Virginia en Maryland, het 10 bij 10 mijl metende perceel af waar de hoofdstad van de jonge natie zou komen. De Fransman Pierre-Charles L'Enfant (1754-1825), een medestander in de strijd tegen de Engelsen, werd in 1791 gevraagd het beoogde District of Columbia te ontwerpen. L'Enfant was als kind van een hofschilder van Lodewijk XVI opgegroeid in Versailles en had daar veel grootse architectuur gezien. Hij voorzag een stad met 1 miljoen inwoners, het imposante centrum van een uitdijende natie, met pleinen verbonden door diagonale boulevards, en een parlementsgebouw aan een groots geproportioneerde, groene Mall. Van de groenstrook zou een tweede as naar de presidentiële zetel in het noorden en de Potomac River in het westen lopen. Talloze malen werd het ontwerp van L'Enfant aangepast – in de dertien staten van de VS woonden in die tijd nog geen 3 miljoen mensen – en uiteindelijk werd de vaak koppige en weinig coöperatieve bouwmeester ontslagen. In 1825 stierf L'Enfant, berooid, vereenzaamd en vergeten. Rond de eeuwwisseling werd hij in ere hersteld en sinds 1909 heeft L'Enfant een graf op de erebegraafplaats van Arlington, op een steenworp afstand van president John F. Kennedy en zijn broer Robert. En op Freedom Plaza aan Pennsylvania Avenue kun je langs een kopie van L'Enfants plattegrond wandelen, die met zijn ontwerpen zijn tijd in feite vooruit was (zie ook blz. 128).

Pennsylvania Avenue: bruisende slagader van de hoofdstad

Cultuur en wetenschap: het Smithsonian Institution

Het testament van James Lewis Smithson was glashelder: mocht zijn neef kinderloos sterven, dan zou Smithsons vermogen naar de Verenigde Staten gaan. Met het geld moest 'in Washington een instituut voor de voortgang en de verspreiding van kennis worden opgericht'.

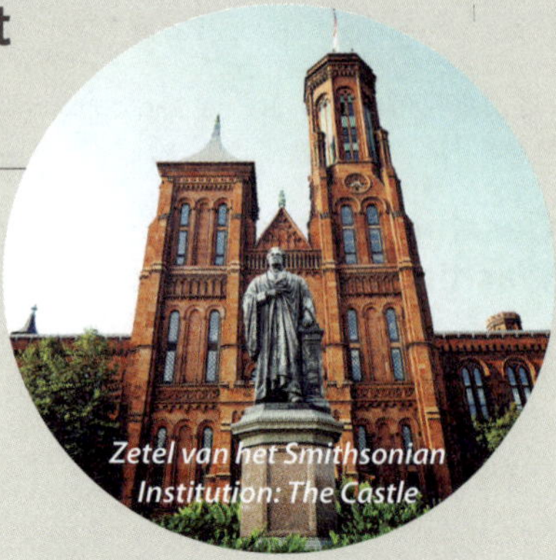

Zetel van het Smithsonian Institution: The Castle

In 1836, zeven jaar na James Smithson, overleed ook zijn neef, zonder wettige erfgenamen. De Amerikaanse president Andrew Jackson stuurde een gezant naar Londen, die binnen enkele maanden met kisten vol gouden munten terugkeerde. Nog voor de komst van het geld had de politiek het al in diverse staatsleningen belegd. John Quincy Adams, Congreslid en oud-president, ontpopte zich tot de voogd van Smithsons laatste wens. Enkele jaren later nam het Congres een wet aan ter oprichting van de stichting.

Niemand weet waarom James Smithson zo'n onorthodox testament had, maar volgens sommigen lag het aan zijn aversie tegen de Britse klassenmaatschappij. Smithson was, vermoedelijk omstreeks 1765 in Parijs geboren, de buitenechtelijke zoon van Hugh Smithson Percy, hertog van Northumberland, en Elisabeth Keate Macie. Hij was Brits staatsburger, maar met beperkte burgerrechten, en zijn adellijke afkomst werd niet erkend. De in Oxford opgeleide mineraloog en scheikundige werd op 22-jarige leeftijd lid van de Royal Society of London.

De kleine stichting in Washington, die zich bezighield met de verspreiding van wetenschappelijke kennis en de praktische toepassing ervan, is uitgegroeid tot een instituut dat geestes- en natuurwetenschappelijk onderzoek en kunst subsidieert en eersteklas musea beheert, die bovendien gratis toegankelijk zijn, de wens van de stichter indachtig. De 140 miljoen tentoongestelde objecten lopen uiteen van de oudste fossielen ter wereld tot moderne meesterwerken, van de 45 karaats Hope Diamond tot het kompas dat Lewis en Clark in 1804 gebruikten tijdens hun legendarische expeditie naar het nieuwe Amerikaanse grondgebied in de huidige Midwest. Het grootste deel van het budget wordt betaald door het Congres, de rest komt van particuliere sponsors, opbrengsten uit beleggingen, de opbrengst van de museumshops en de inspanningen van duizenden vrijwilligers. Onder de paraplu van het Smithsonian Institution staan twintig musea; achttien (waaronder de National Zoo) in Washington, twee in New York. De onderzoekstak wordt gevormd door de meest uiteenlopende organisaties, van het Tropical Research Institute in Panama, voor tropisch onderzoek, tot het Astrophysical Observatory in Cambridge, een sterrenwacht.

In de raad van toezicht, de *board of regents*, zetelt de Amerikaanse vicepresident. Het bestuur van het Smithsonian Institution is gehuisvest in The Castle, een fraai bakstenen gebouw aan de National Mall. In dit neogotische 'kasteel' staat sinds 1904 een sarcofaag met het stoffelijk overschot van Smithson, die bij leven nooit in Amerika was geweest. Vijfenzeventig jaar na zijn dood werd het lichaam van Genua overgebracht naar Washington.

De zetel van de nationale regering was lange tijd niet meer dan een flink dorp met een paar duizend inwoners. Op de drassige Mall werden alleen wat varkens, koeien en ganzen geweid. Al in 1846 eiste Virginia het gebied ten zuiden van de Potomac River terug, omdat de beoogde groei van de hoofdstad niet erg vorderde. De Engelse schrijver Charles Dickens klaagde bij zijn bezoek aan de Verenigde Staten kort na 1840 over brede boulevards vol braakliggende, onbebouwde percelen en de ontoegankelijkheid van openbare gebouwen. Washington noemde hij nonchalant de 'stad die overloopt van mooie plannen'.

Tijdens de Burgeroorlog leek Washington wel een legerkamp, in het Capitool waren zo'n drieduizend soldaten ingekwartierd. Na de capitulatie van het Zuiden in 1865 stroomden duizenden bevrijde slaven naar de hoofdstad. In de volgende decennia werden de hoofdstraten geplaveid, legde men een riolering aan en voorzag de pleinen van groen. Begin 20e eeuw werden de Arlington Memorial Bridge, het Lincoln Memorial, het Tidal Basin met duizenden door Japan geschonken kersenbomen en de op de waterwerken in Versailles geïnspireerde *Reflecting Pool* (spiegelbassin) langs de National Mall toegevoegd. Voor de bouw van monumenten en fraaie regeringsgebouwen werd bijna net zoveel marmer gebruikt als eens in het oude Rome.

Washington D.C.

Kaart: blz. 122

Capitol Hill

Om je in Washington te oriënteren, richt je je op het boven alles uit stekende parlementsgebouw, het Capitool. Dit is niet alleen de zetel van de Senaat en het Huis van Afgevaardigden, maar kan ook dienen als middelpunt van een denkbeeldig kruis dat de stad in vier kwadranten verdeelt – noordoost (NE), zuidoost (SE), noordwest (NW), zuidwest (SW) – deze afkortingen staan vaak vermeld bij de straatnamen.

Capitool 1

Capitol Hill, tel. 202 226 8000, www.visitthe capitol.gov, ma.-za. 8.30-16.30 uur, gratis

Het op een heuvel gebouwde Capitool, met een koepel als de Sint-Pieter te Rome, is een van de belangrijkste bezienswaardigheden van de stad. Het symbool van Washington D.C. diende als voorbeeld voor een hele reeks parlementsgebouwen in de Amerikaanse staten. George Washington, de eerste president, legde in 1793 de eerste steen op Jenkins Hill. In de Oorlog van 1812 probeerden Britse soldaten het symbool van verzet tegen de koloniale macht plat te branden, wat door een plotselinge hoosbui net niet helemaal lukte. Het Capitool is vaak verbouwd en uitgebreid en herbergt tegenwoordig vergaderzalen en kantoren van zowel de Eerste als de Tweede Kamer (Senaat en het Huis van Afgevaardigden). Sinds de beëdiging van Andrew Jackson in 1829 worden alle Amerikaanse presidenten in een feestelijke ceremonie ingezworen voor het oostportaal.

De rotonde, het cirkelvormige hoofdgebouw, wordt bekroond door een iconische, 54 m hoge, gietijzeren koepel. De acht monumentale olieverfschilderijen aan de muren tonen gebeurtenissen uit de Amerikaanse geschiedenis. De allegorische voorstelling op het gewelf, van George Washington omgeven door Romeinse goden, werd gemaakt door Constantino Brumidi. In zijzalen als de Statuary Hall brengen schilderijen en beelden een eerbetoon aan de mannen en vrouwen die veel voor het land hebben betekend.

Library of Congress 2

Independence Ave. SE, tel. 202 707 8000, www. loc.gov, verschillende openingstijden voor de diverse instellingen, de Library of Congres en het mediacentrum, gratis

De **Library of Congress** werd in 1800 ingericht als bibliotheek voor de afgevaardigden. Na een grootscheepse restauratie herbergt de nationale bibliotheek tegenwoordig ruim 150 miljoen boeken, manuscripten, brieven en films, die voor het publiek toegankelijk zijn. Tijdens een rondleiding door het gebouw kun je een blik werpen in de fraaie, achthoekige leeszaal. De top is bekroond door een bijna 40 m hoge koepel die steunt op marmeren zuilen.

Supreme Court en Folger Shakespeare Library

Supreme Court: 1 First St. NE, www.supremecourt.gov; Folger Shakespeare Library: 201 E. Capitol St. SE, www.folger.edu

Het **US Supreme Court**, het Hooggerechtshof van de VS, dat jaarlijks zo'n honderd zaken uit het hele land in laatste instantie beoordeelt, staat aan de noordkant naast de Library of Congress. De **Folger Shakespeare Library**, ten oosten, biedt onderdak aan een omvangrijke collectie boeken over de belangrijkste Engelstalige toneelschrijver en een stijlvol elizabethaans theater.

National Mall – Musea

De open National Mall strekt zich uit tussen Capitol Hill in het oosten en het Lincoln Memorial in het westen. Langs de 1,5 km lange groenstrook vind je een hele reeks unieke musea. Tien hiervan behoren tot het **Smithsonian Institution**, een wetenschappelijk onderzoekscentrum dat in 1935 is opgericht met een erfenis van de Britse mineraloog James Lewis Smithson (zie blz. 118). Het SI beheert in Washington nog zeven musea en de mooie Zoo, net als twee collecties in New York. De jongste loot aan de stam is het in september 2016 geopende **National Museum of African American History and Culture** *(nmaahc.si.edu)*, dat het Amerikaanse verleden en heden belicht door de lens van de Afrikaans-Amerikaanse ervaring.

National Gallery of Art 3

Smithsonian Institution, Constitution Ave., hoek 6th St. NW, tel. 202 737 4215, www.nga.gov, ma.-za. 10-17, zo 11-18 uur, gratis

De **National Gallery of Art** is een van de belangrijkste kunstmusea ter wereld. In het neo-classicistische West Building, met schilderijen en tekeningen van de middeleeuwen tot heden, worden werken gepresenteerd van Rafaël, Velázquez, Dürer, Rembrandt en het portret *Ginevra de' Benci* van Leonardo da Vinci, het enige schilderij van de renaissancekunstenaar dat buiten Europa te zien is. De door de Chinees-Amerikaanse architect I.M. Pei in elkaar geschoven driehoeken van het East Building herbergen 20e-eeuwse kunst, zoals werken van Henry Moore, Alexander Calder, Pablo Picasso en Joan Miró. De cafeteria in de tunnel die de twee vleugels van het gebouw met elkaar verbindt, is een van de geliefdste lunchplekken in de stad.

Museum of Natural History 4

10th St./Constitution Ave., tel. 202 633 1000, www.mnh.si.edu, dag. 10-17.30 uur, gratis

Naast de kunstgalerie staat het **Museum of Natural History**, een ware schatkamer van de natuurwetenschappen, met opgezette mammoeten, dinosauriërs en walvissen, maar ook een spinnentuin. De voortreffelijke mineralen- en edelstenencollectie wordt bekroond door de 45 karaats Hope Diamond.

National Museum of American History 5

Constitution Ave., tussen 12th St. en 14th St., tel. 202 633 1000, www.americanhistory.si.edu, dag. 10-17.30 uur, gratis

Het **National Museum of American History** toont de recente Amerikaanse geschiedenis aan de hand van uiteenlopende objecten – onder andere met een winkel uit omstreeks 1900, een slinger van Foucault en garderobes van de presidentsvrouwen, de First Ladies, en de oudste, 9,12 x 12,77 m metende Amerikaanse vlag uit 1814.

Botanische tuin 6

100 Maryland Ave. SW, tel. 202 225 8333, www.usbg.gov, dag. 10-17 uur, gratis

Aan de zuidkant van de Mall ligt de in 1850 aangelegde **United States Botanic**

Garden, met tropisch oerwoud en andere thematuinen in een enorme oranjerie en een deel in de openlucht. De belangrijkste thema's zijn het belang van planten voor de mens, natuurbescherming en de evolutie van plantaardige levensvormen.

Washington D.C.

(Kaart blz. 122)

Bezienswaardig

1 Capitool
2 Library of Congress
3 National Gallery of Art
4 Museum of Natural History
5 National Museum of American History
6 Botanische tuin
7 National Museum of the American Indian
8 Museum of the Bible
9 National Air and Space Museum
10 Hirshhorn Museum
11 National Museum of African Art
12 Freer/Sackler Gallery
13 US Holocaust Memorial Museum
14 Washington Monument
15 Jefferson Memorial
16 Franklin Delano Roosevelt Memorial
17 Martin Luther King National Memorial
18 Korean War Veterans Memorial
19 World War II Memorial
20 Lincoln Memorial
21 Vietnam Veterans Memorial
22 Albert Einstein Memorial
23 Theodore Roosevelt Island National Memorial
24 John F. Kennedy Center for the Performing Arts
25 Witte Huis
26 Lafayette Park
27 Edgar Hoover Building
28 Ford's Theatre
29 Madame Tussaud's
30 International Spy Museum
31 American Art Museum en Portrait Gallery
32 Newseum
33 Union Station
34 National Cathedral
35 Phillips Collection
36 National Zoo
37 National Arboretum
38 Frederick Douglass National Historic Site

Accommodatie

1 Park Hyatt Washington DC
2 The Jefferson
3 RL Washington
4 Fairfield Inn & Suites
5 The Georgetown Inn
6 Hotel Lombardy
7 Kimpton Glover Park Hotel
8 The Normandy Hotel
9 Windsor Park Hotel
10 Phoenix Park Hotel
11 The Westin Georgetown
12 Washington International Youth Hostel
13 Cherry Hill Park

Eten en drinken

1 Blue Duck Tavern
2 Dabney
3 Bistro Bis
4 Old Ebbitt Grill
5 Ababa
6 Pizzeria Paradiso
7 Pesce
8 District Chop House
9 Busboys & Poets
10 Ben's Chili Bowl

Winkelen

1 Proper Topper
2 Kramerbooks & Afterword Café
3 Indian Craft Shop
4 Shops at Georgetown Park
5 Georgetown Flea Market
6 Potomac Mills

Uitgaan

1 Arena Stage
2 National Theater
3 Sidney Harman Hall
4 Lansburgh Theatre
5 Woolly Mammoth Theatre Company
6 Madam's Organ
7 DC Improv Comedy Club
8 9:30 Club
9 Blues Alley
10 Ozio
11 Marvin

Actief

1 DC Circulator Bus
2 Old Town Trolley Tours
3 Gray Lines
4 DC by Foot
5 Capital Segway
6 Bike the Sights
7 Big Wheel Bikes
8 Canal Clipper Tours
9 Boat House at Fletcher's Cove
10 Thompson's Boat Center
11 National Gallery Sculpture Garden Ice Rink

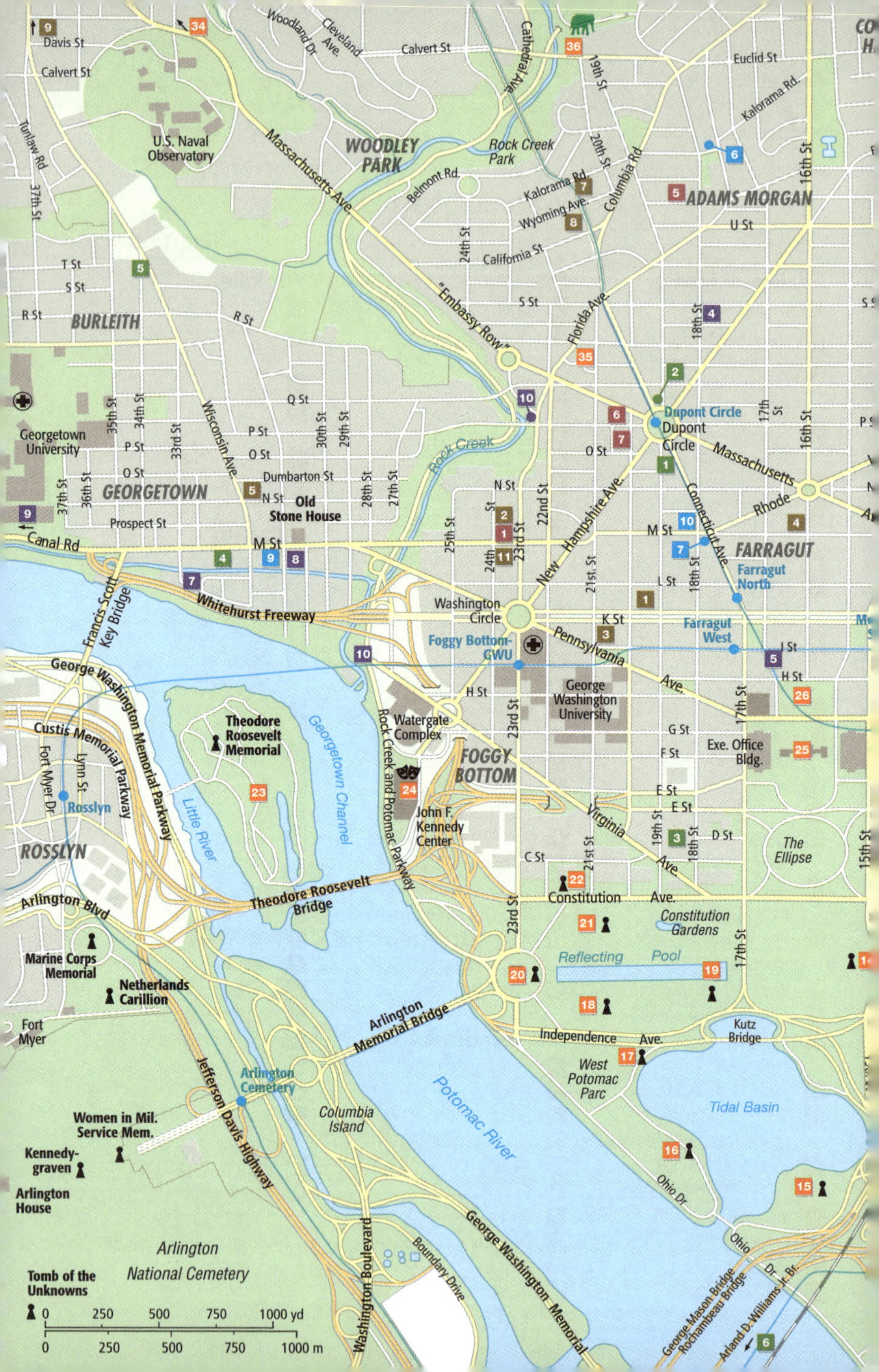

Davis St
Calvert St
Woodland Dr.
Cleveland Ave.
Calvert St
Cathedral Ave.
19th St
Euclid St
Kalorama Rd.
U.S. Naval Observatory
Tunlaw Rd
37th St
Massachusetts Ave.
WOODLEY PARK
Rock Creek Park
20th St
Columbia Rd
16th St
Belmont Rd.
Kalorama Rd.
Wyoming Ave.
ADAMS MORGAN
U St
24th St
California St
T St
S St
R St
BURLEITH
R St
"Embassy Row"
S St
Florida Ave.
18th St
Q St
35th St
34th St
33rd St
Wisconsin Ave.
P St
30th St
29th St
Dupont Circle
Dupont Circle
17th St
16th St
Georgetown University
P St
O St
O St
Rock Creek
O St
Massachusetts
37th St
36th St
GEORGETOWN
Dumbarton St
N St
Old Stone House
28th St
27th St
N St
22nd St
New Hampshire Ave.
Connecticut Ave.
Rhode
Prospect St
Canal Rd
M St
25th St
24th St
23rd St
M St
FARRAGUT
Farragut North
Francis Scott Key Bridge
Whitehurst Freeway
Washington Circle
21st. St
L St
18th St
K St
Farragut West
Foggy Bottom-GWU
Pennsylvania Ave.
I St
H St
George Washington Memorial Parkway
H St
George Washington University
Custis Memorial Parkway
Theodore Roosevelt Memorial
Georgetown Channel
Watergate Complex
23rd St
G St
17th St
Exe. Office Bldg.
F St
Fort Myer Dr
Lynn St
Rock Creek and Potomac Parkway
FOGGY BOTTOM
Rosslyn
Little River
John F. Kennedy Center
Virginia Ave.
E St
E St
19th St
18th St
D St
The Ellipse
15th St
ROSSLYN
C St
21st St
Constitution Ave.
Arlington Blvd
Theodore Roosevelt Bridge
23rd St
Constitution Gardens
Reflecting Pool
Marine Corps Memorial
Netherlands Carillion
Fort Myer
Arlington Memorial Bridge
Independence Ave.
Kutz Bridge
West Potomac Parc
Arlington Cemetery
Columbia Island
Potomac River
Tidal Basin
Women in Mil. Service Mem.
Kennedy-graven
Arlington House
Jefferson Davis Highway
Ohio Dr
Ohio Dr
Arlington National Cemetery
Washington Boulevard
Boundary Drive
George Washington Memorial
George Mason Bridge
Rochambeau Bridge
Arland D. Williams Jr. Br.
Tomb of the Unknowns
0 250 500 750 1000 yd
0 250 500 750 1000 m

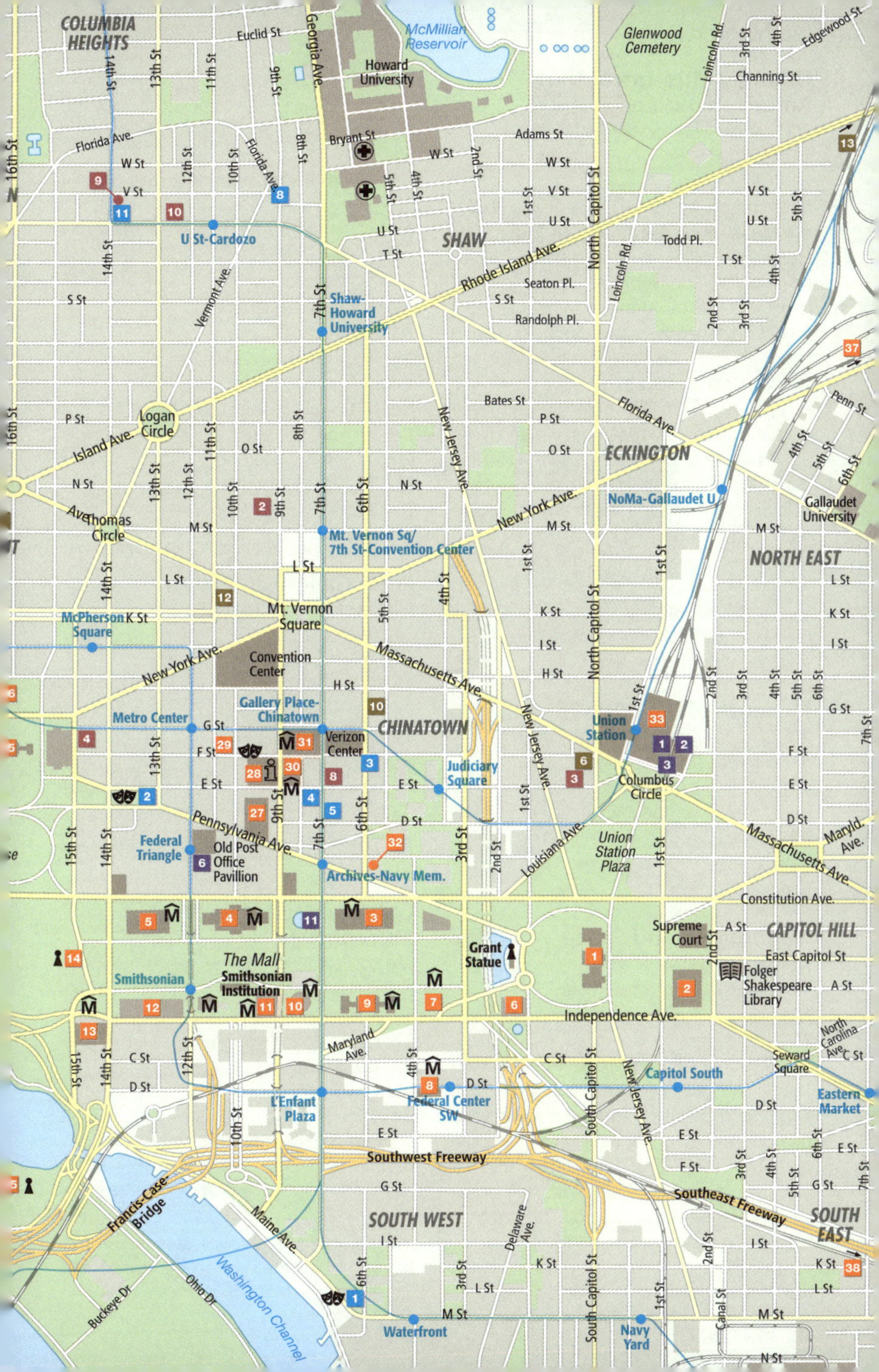

COLUMBIA HEIGHTS
Euclid St
Georgia Ave.
McMillian Reservoir
Glenwood Cemetery
Howard University
Lincoln Rd.
3rd St
4th St
Edgewood St
Channing St
14th St
13th St
11th St
9th St
16th St
Florida Ave.
W St
V St
12th St
10th St
Florida Ave.
8th St
Bryant St
W St
5th St
4th St
2nd St
Adams St
W St
1st St
V St
North Capitol St
U St
U St-Cardozo
U St
T St
SHAW
Rhode Island Ave.
Seaton Pl.
S St
Randolph Pl.
Lincoln Rd.
Todd Pl.
T St
V St
U St
5th St
4th St
2nd St
3rd St
S St
Vermont Ave.
7th St
Shaw-Howard University
Bates St
P St
Florida Ave.
Penn St
P St
Logan Circle
Island Ave.
O St
O St
ECKINGTON
N St
N St
New Jersey Ave.
New York Ave.
NoMa-Gallaudet U
Gallaudet University
Thomas Circle
M St
M St
M St
Mt. Vernon Sq/7th St-Convention Center
NORTH EAST
L St
L St
K St
McPherson Square
K St
Mt. Vernon Square
K St
I St
H St
Convention Center
New York Ave.
Massachusetts Ave.
H St
Gallery Place-Chinatown
Metro Center
G St
CHINATOWN
Verizon Center
Union Station
Columbus Circle
F St
E St
D St
Judiciary Square
E St
D St
Federal Triangle
Pennsylvania Ave.
Old Post Office Pavillion
Archives-Navy Mem.
Louisiana Ave.
Union Station Plaza
Massachusetts Ave.
Maryld. Ave.
Constitution Ave.
Supreme Court
A St
CAPITOL HILL
East Capitol St
The Mall
Smithsonian Institution
Smithsonian
Grant Statue
Folger Shakespeare Library
A St
Independence Ave.
Maryland Ave.
C St
D St
C St
North Carolina Ave.
Seward Square
C St
Capitol South
Eastern Market
L'Enfant Plaza
Federal Center SW
D St
D St
E St
E St
E St
F St
Southwest Freeway
G St
G St
Southeast Freeway
Francis-Case Bridge
Maine Ave.
SOUTH WEST
SOUTH EAST
I St
Delaware Ave.
K St
I St
K St
Washington Channel
Ohio Dr
Buckeye Dr
L St
L St
M St
M St
Waterfront
Navy Yard
South Capitol St
New Jersey Ave.
Canal St
N St

National Museum of the American Indian 7

4th St./Independence Ave. SW, tel. 202 633 1000, www.nmai.si.edu, dag. 10-17.30 uur, gratis

Naast de botanische tuin biedt het **National Museum of the American Indian** een fascinerend kijkje in geschiedenis, cultuur en geloof van de Noord-Amerikaanse indianen. De gewelfde vormen van het okerkleurige, zandstenen gebouw, dat in 2004 werd geopend, zijn een nabootsing van de verweerde rotsformaties in het zuidwesten. Van de ongeveer 1 miljoen objecten omvattende collectie kan maar een deel in de enkele etages omvattende expositieruimte worden getoond. De maskers, kleding, kano's, totempalen, replica's van woningen en oude documenten over de verdrijving van de indianen uit hun leefgebied geven een goed beeld van hun hoogontwikkelde cultuur, die door Europese kolonisten grotendeels teloorging. In historische filmopnamen wordt door indianen verteld over hun leven.

Museum of the Bible 8

400 4th St SW, Tel. 866-430-6682, www.museumofthebible.org, dag. 10-18 uur, volwassene $ 15, tot 12 jaar $ 10

Het luxueus vormgegeven **Museum of the Bible** omvat veel voorwerpen uit de particuliere collectie van de evangelistische ondernemer Steve Green.

National Air and Space Museum 9

4th St./Independence Ave. SW, tel. 202 633 2214, https://airandspace.si.edu, dag. 10-17.30, gratis

Het **National Air and Space Museum** trekt jaarlijks 1 miljoen bezoekers. Hier worden de hoogtepunten uit de lucht- en ruimtevaart getoond, van de eerste vliegmachines van de gebroeders Wright tot de X-Wing Starfighter van Luke Skywalker uit de film Star Wars. In de IMAX-bioscoop worden op een reusachtig scherm adembenemende films over de luchtvaart en de menselijke verkenning van het heelal vertoond (zie ook Tip blz. 142).

Hirshhorn Museum 10

Smithsonian Institute, Independence Ave./7th St. SW, tel. 202 633 1000, www.hirshhorn.si.edu, dag. 10-17.30 uur, gratis

Het **Hirshhorn Museum** biedt veel moderne kunst en een prachtige beeldentuin met werk van Yves Klein, Ai Weiwei, Willem de Kooning en Ed Ruscha.

National Museum of African Art 11

950 Independence Ave. SW, https://africa.si.edu, dag. 10-17.30 uur, gratis

Het **National Museum of African Art** richt zich op kunstschatten uit Afrika ten zuiden van de Sahara, waaronder traditionele maskers maar ook eigentijdse kunst. Daarnaast zijn er maar liefst 300 duizend foto's te bewonderen.

Freer Gallery en Arthur M. Sackler Gallery 12

1050 Independence Ave. SW, www.asia.si.edu, dag. 10-17.30 uur, gratis

De collecties Aziatische kunst van het National Museum of Asian Art, dat onderdeel is van het Smithsonian Institution, bevinden zich in twee naast elkaar gelegen gebouwen, de **Freer Gallery** en de **Arthur M. Sackler Gallery**. Hier worden eminente voorbeelden van Oost-Aziatische, Indiase en islamitische kunst gepresenteerd.

US Holocaust Memorial Museum 13

100 Raoul Wallenberg Plaza, tel. 202 488 0400, www.ushmm.org, dag. 10-17.20, mrt.-juni ma.-vr. 10-18.30, za.-zo. tot 17.30 uur, mrt.-aug. alleen met reservering van kaartjes wegens grote toeloop, gratis

In het **US Holocaust Memorial Museum** wordt de moord op 6 miljoen Joden en andere door het nationaalsocialisme vervolgde groepen scherp in beeld gebracht. De rondleiding is zo opgezet dat de ruimtes steeds krapper worden, wat een beklemmende indruk geeft voor de bezoekers en het gevoel van afschuw op indringende wijze versterkt.

Het Jefferson Memorial doet denken aan een oud-Romeinse tempel

Gedenktekens en monumenten aan de Mall

Washington Monument 14

15th St., tussen Constitution Ave. en Independence Ave., tel. 202 426 6841, www.nps.gov/wamo, 's zomers 9-22, 's winters 9-17 uur, gratis, reservering op www.recreation.gov, $ 1,50, tot voorjaar 2019 wegens renovatie gesl.

Het **Washington Monument**, een 169 m hoge obelisk, staat op het kruispunt van de assen tussen het Capitool in het westen en het Lincoln Memorial in het oosten, en het Witte Huis in het noorden en het Jefferson Memorial in het zuiden. Het hoogste gebouw van de hoofdstad wordt omringd door vijftig vlaggen. Het uitkijkplatform op de top, bereikbaar met een lift binnenin, biedt een grandioos uitzicht. De obelisk is gewijd aan de eerste president van de VS, die lange tijd de grootmeester van de vrijmetselarij in Alexandria was. Bij de bouw werden geheel in de traditie van de loge dan ook geen stalen balken gebruikt.

Jefferson Memorial 15

Ohio Dr., www.nps.gov/thje, 24 uur per dag geopend, gratis

Het **Jefferson Memorial** (1943) is gebouwd zonder inbreuk te maken op de evenwichtige plattegrond van de hoofdstad van bouwmeester L'Enfant. Dit gedenkteken voor de opsteller van de Onafhankelijkheidsverklaring aan het Tidal Basin staat op een lijn met het Witte Huis en het Washington Monument. Binnen staat een standbeeld van Thomas Jefferson, uitgevoerd in brons, 6 m hoog, op een voetstuk van zwart graniet. Hij stelde niet alleen de Onafhankelijkheidsverklaring op, maar was ook minister van Buitenlandse Zaken onder George Washington, vicepresident onder John Adams en de derde president van de VS (1801-1809). Aan de muren zie je fragmenten uit de Onafhankelijkheidsverklaring en andere teksten van Jefferson. In het voorjaar is het een populaire plek als bij het bassin duizenden kersenbomen bloeien.

Franklin Delano Roosevelt Memorial 16

West Potomac Park, 400 W. Basin Dr., tel. 202 426 6841, www.nps.gov/frde, 24 uur per dag geopend, gratis

Een paar honderd meter ten noorden hiervan, tussen de Potomac River en het Tidal

Basin, werd in 1997 het **Franklin Delano Roosevelt Memorial** onthuld, het vierde presidentiële gedenkteken van de hoofdstad. Roosevelt was tussen 1933-1945 regerend staatshoofd. Je wandelt door een parkachtig complex dat in vier compartimenten is onderverdeeld – elk symboliseert een van Roosevelts ambtstermijnen. Beroemde Amerikaanse beeldhouwers als Leonard Baskin, Neil Estern en George Segal leverden een bijdrage aan deze gedenkplaats en vervaardigden aangrijpende beeldengroepen, zoals een rij wachtenden voor een gaarkeuken tijdens de Depressie van de jaren 30. Het monument is nadrukkelijk toegankelijk voor rolstoelgebruikers; Roosevelt, die in zijn kinderjaren aan polio leed, was ook aan een rolstoel gekluisterd.

Martin Luther King National Memorial 17

1964 Independence Ave. SW, tel. 202 426 6841, www.nps.gov/mlkm, 24 uur per dag geopend, bezoekerscentrum alleen overdag, gratis

In oktober 2011 werd deze nationale gedenkplaats vlak bij het Roosevelt Memorial geopend door president Obama als eerste monument aan de Mall ter ere van een Afro-Amerikaanse persoonlijkheid. Rond een circa 10 m hoog, uit ruw graniet gehouwen, oversized beeld van dr. Martin Luther King herinneren ingebeitelde citaten uit zijn toespraken en preken aan zijn nalatenschap: de geweldloze strijd voor gelijke rechten voor alle burgers van de Verenigde Staten (zie ook blz. 272).

Korean War Veterans Memorial 18

10 Daniel French Dr. SW, www.nps.gov/kowa, 24 uur per dag geopend, gratis

In het West Potomac Park ten zuiden van de *Reflecting Pool* kregen de veteranen uit de Koreaoorlog in 1995, pas 42 jaar na het eind van het gewapende conflict, een gedenkplaats, het **Korean War Veterans Memorial**. Op een gepolijste granieten wand zijn met lasertechniek taferelen uit de oorlog gegraveerd. Een stalen beeldengroep van negentien soldaten, alle met een starre uitdrukking op het gezicht, staat in patrouilleopstelling op een driehoekig 'veld'.

World War II Memorial 19

1750 Independence Ave. SW, www.nps.gov/wwii, 24 uur per dag geopend, gratis

Het nationale **World War II Memorial** aan de Mall werd pas in 2004 onthuld. Een conventioneel vormgegeven ovaal complex met fonteinen en zuilen herinnert aan de 16 miljoen Amerikaanse soldaten die in de Tweede Wereldoorlog vochten in Europa en in het gebied van de Grote Oceaan en aan de meer dan 400 duizend soldaten die op de diverse slagvelden vielen.

Lincoln Memorial 20

Potomac Park, hoek 23rd St. NW, www.nps.gov/linc, 24 uur per dag geopend, gratis

Het monumentale **Lincoln Memorial** staat tussen het westeinde van de National Mall en de oever van de Potomac. Het 6,5 m hoge marmeren beeld van de president kijkt peinzend naar het Capitool in het oosten. Het gebouw is omgeven door 36 Dorische zuilen, een voor elke staat in de Unie ten tijde van Lincolns dood. In het interieur, dat is gebaseerd op een Griekse tempel, staan passages uit de rede voor zijn tweede ambtstermijn en de toespraak na de zege van de noordelijke troepen in Gettysburg. Op de trap voor dit monument hield Martin Luther King in 1963 voor duizenden toegestroomde mensen zijn beroemde 'I have a dream'-speech.

Vietnam Veterans Memorial 21

5 Henry Bacon Dr. NW (hoek 22nd St. / Constitution Ave. NW.), thewall-usa.com, www.nps.gov/vive, 24 uur per dag geopend, gratis

Ten noorden van de Reflecting Pool, die bijna helemaal tot aan het Lincoln Memorial doorloopt, staat het sobere, maar indrukwekkende **Vietnam Veterans Memorial**. Op zwarte granieten muren, die onder een hoek van 125 graden op elkaar aansluiten, staan de namen van 60 duizend slachtoffers en vermisten uit de Vietnamoorlog. De gedenkplaats werd in 1982 ontworpen door de 21-jarige

Actief

PEDDELEN OP DE POTOMAC

Informatie

Begin: Thompson's Boat Center 10 (blz. 143)
Lengte: variabel, naar het Lincoln Memorial en terug is het bijvoorbeeld 5 km (3 mijl)
Duur: 2-3 uur

Belangrijk: boten zijn onder andere te huur bij Thompson's Boat Center, dag. 8-18 uur, kano, www.boating.indc.com, $ 25 per uur, $ 35 per dag of tweepersoonskajak $ 22 per uur, $ 88 per dag.

De Potomac River maakt bij Georgetown een bocht naar het zuiden en voert dan in een brede stroom naar de Chesapeake Bay – ideaal voor een boottochtje. Bekijk Washington, de skyline van Arlington en Roosevelt Island eens vanaf het water. In Washington Harbor en Georgetown verhuren bedrijfjes roeiboten, kano's of kajaks. Van de steiger naar het Lincoln Memorial en terug is het ongeveer 5 km (3 mijl).
Van de steiger van Thompson's Boat Center gaat het eerst stroomafwaarts. Links trekt het complex van het **Watergate Center** aan je voorbij. De beruchte inbraak in het hier gelegen verkiezingsbolwerk van de Democratische Partij in 1972 leidde twee jaar later tot een groot schandaal en het aftreden van de republikeinse president Nixon. Iets verder zie je op de linkeroever het kloeke **John F. Kennedy Center for the Performing Arts** 24 met theaters en concertzalen. Vlak achter de Theodore Roosevelt Memorial Bridge verheft zich links, ten westen van de National Mall, het rechthoekige, omzuilde **Lincoln Memorial** 20. Op de terugweg naar Thompson's Boat Center passeer je onder andere het midden in de rivier gelegen, dichtbeboste **Roosevelt Island**, dat is opgedragen aan Theodore Roosevelt (1858-1919). Gedurende zijn ambtstijd als president maakte Roosevelt zich sterk voor de Amerikaanse nationale parken.

studente Maya Ying Lin, die daarmee een landelijke ontwerpwedstrijd won. Hier lijkt niet patriottisme voorop te staan, maar het stille gedenken van dode vrienden en familieleden. Later werden er op aandringen van veteranenorganisaties een beeld van drie jonge soldaten in gevechtstenue en een beeld van drie vrouwelijke militairen aan toegevoegd.

Albert Einstein Memorial 22

2101 Constitution Ave. NW, tel. 202 334 2000
In een plantsoen aan Constitution Avenue staat het **Albert Einstein Memorial**, vlak bij de **National Academy of Science**. Het bronzen beeld toont de natuurkundige in een zithouding, schalks lachend en met in zijn hand een boek met de beroemde formule $E = mc^2$.

Ten noorden van de Mall

Theodore Roosevelt Island National Memorial 23

Toegang via de voetgangersbrug van Rosslyn in Arlington, tel. 703 289 2500, www.nps.gov/this, dag. 6-22 uur
Het 36 ha grote, ruige eiland in de Potomac River wordt doorkruist door een 5 km (3 mijl) lang netwerk aan paden. Met het **Theodore**

Pierre-Charles L'Enfants geplande hoofdstad

In het drassige gebied bij de samenvloeiing van de Anacostia River en de Potomac River moest de nieuwe hoofdstad voor 1 miljoen inwoners komen van de bijna failliete, jonge natie. Er was een flinke dosis voorstellingsvermogen nodig om die te ontwerpen en te plannen.

In 1790 besloot het Congres definitief een permanente hoofdstad te laten bouwen, maar een jaar eerder had de jonge Franse ingenieur Pierre-Charles L'Enfant al aangeboden een stad te ontwerpen 'die mooi genoeg was voor een grote natie'. President George Washington had een zwak voor de gewezen majoor van zijn verkenningstroepen, die naam gemaakt had als architect en ontwerper. L'Enfant was tot kunstenaar opgeleid aan de Koninklijke Academie voor Schone Kunsten in Parijs, waarna hij zich in 1776 vol revolutionair enthousiasme had aangemeld voor het Continental Army (Continentale Leger) van George Washington. Zes maanden na het besluit was het concept voor de toekomstige hoofdstad klaar.

Het ambitieuze plan omvatte een 130 m brede en ruim 1,5 km lange Grand Avenue (de huidige National Mall) waaraan buitenlandse ambassades, culturele instellingen en marmeren regerings- en parlementsgebouwen zouden liggen. Anders dan het bescheiden nieuwe Jeruzalem waarvan de puriteinse Pilgrim Fathers uit Massachusetts droomden, echode dit plan de grootsheid van het republikeinse Rome, het ideaal van de tabaksplanters uit Virgina.

L'Enfants gedurfde plan kampte van meet af aan met problemen en weerstand. Het werk werd bemoeilijkt door gebrekkige financiering en overschrijding van het budget. De architect gold bovendien als koppig, hij kreeg het meteen en continu aan de stok met politici, ambtenaren en landeigenaars, die zich niet serieus genomen voelden en hem algauw spottend *'l'enfant terrible'* noemden. In 1792 zag George Washington zich gedwongen zijn bouwmeester te ontslaan en het bouwplan over te dragen aan diens assistenten. L'Enfant stierf in 1825, verbitterd en arm in het naburige Maryland. Na zijn ontslag was hem een afkoopsom van $ 2500 aangeboden, maar die had hij geweigerd. Pas rond 1900 werd de architect van Washington gerehabiliteerd, en in 1909 werd L'Enfants lichaam overgebracht naar de erebegraafplaats Arlington National Cemetery. Tegenwoordig waakt zelfs een commissie erover dat er niet wordt ingegaan tegen de hoofdlijnen van L'Enfants ontwerp en dat geen enkel gebouw de in 1910 aangenomen wet overtreedt die gebouwen van 45 m en hoger verbiedt, want die zouden het architectonische beeld van de binnenstad aantasten. L'Enfant Plaza, dat ligt ingeklemd tussen D Street en Southwest Freeway met eromheen grote gebouwen, is een belediging van de legendarische bouwmeester, Freedom Plaza is een veel beter eerbetoon. Dit plein op een steenworp afstand van het Witte Huis wordt omcirkeld door Pennsylvania Avenue en ligt rond een verhoging waarin de topografie van het stadscentrum is ingelegd in donkergrijs en wit steen. Dit is een bruisende plek, waar voetgangers over de door L'Enfant ontworpen blauwdruk kunnen lopen en met bewondering de historische plattegrond van Washington D.C. herkennen.

Roosevelt Island National Memorial is het eiland opgedragen aan de 25e Amerikaanse president, die begin 20e eeuw veel gebieden liet aanwijzen als nationale parken.

John F. Kennedy Center for the Performing Arts 24

2700 F St., tel. 202 467 4600, www.kennedy-center.org, gratis rondleiding ma.-vr. 10-17, za.-zo. tot 13 uur

Aan de Potomac River tegenover Roosevelt Island rijst het imposante **John F. Kennedy Center for the Performing Arts** op. Voor de bekleding van de muren schonk Italië 3700 ton van zijn beste carraramarmer. Iedere avond kun je in dit theatercomplex voortreffelijke theater- en balletuitvoeringen, concerten en films bijwonen.

Watergate Complex

Achter de cultuurtempel van het John F. Kennedy Center doemt het **Watergate Complex** op, waarin behalve kantoren ook appartementen en winkels zijn ondergebracht. Het Watergateschandaal, de inbraak in het hoofdkwartier van de Democratische Partij tijdens de verkiezingen in 1972, bracht twee jaar later de republikeinse president Nixon ten val.

Witte Huis 25

1600 Pennsylvania Ave. NW, tel. 202 456 2121, www.whitehouse.gov. Buitenlandse bezoekers moeten een rondleiding tussen 6 maanden en 3 weken van tevoren aanvragen bij de ambassade van hun land in Washington, di.-do. 7.30-11.30, vr.-za. 7.30-13.30 uur, gratis

Het Witte Huis, de woon- en werkplaats van alle Amerikaanse presidenten na George Washington, is net als de andere regeringsgebouwen in Washington D.C. voor het publiek toegankelijk.

Lafayette Park 26

In het kleine park achter het Witte Huis, **Lafayette Park**, staan rond het ruiterbeeld van generaal en president Andrew Jackson de beelden van de buitenlanders die meevochten in de Amerikaanse Onafhankelijkheidsoorlog – de Franse markies De Lafayette, de Franse graaf De Rochambeau, de Poolse vrijheidsstrijder Tadeusz Kościuszko en de Pruisische baron Von Steuben.

Het in 19e-eeuwse stijl ingerichte, minder monumentale **Decatur House**, vlak bij het **Steuben Statue**, herinnert aan de zeeheld Stephen Decatur (1779-1820). Hij hielp in 1814 de Engelsen te verdrijven.

Langs Pennsylvania Avenue

De weg van het Witte Huis naar het Capitool, de ruim 1,5 km lange, fraaie Pennsylvania Avenue, voert eerst langs het **Old Post Office**. Dit in 1892 gebouwde historische bouwwerk beschikt over een ruim 82 m hoge klokkentoren en is daarmee een van de hoogste gebouwen van de stad. Tot 1914 diende het als postkantoor; inmiddels is het verbouwd tot een luxehotel.

Edgar Hoover Building 27

935 Pennsylvania Ave. NW, www.fbi.gov

Even voorbij het Old Post Office passeert Pennsylvania Avenue het ministerie van Justitie en het bunkerachtige **Edgar Hoover Building**, hoofdkwartier van de FBI (Federal Bureau of Investigation), dat als een van de weinige overheidsgebouwen in de hoofdstad sinds de terreuraanslagen van september 2001 in New York en Washington niet meer te bezichtigen is.

Ford's Theatre 28

511 10th St. NW, tel. 202 347 4833, www.nps.gov/foth, dag. 9-17 uur, op voorstellingsdagen wordt de gratis rondleiding vaak ingekort, verplichte reservering via www.fords.org

In het **Ford's Theatre**, dat in de straat achter de FBI-centrale staat, voert men pas sinds 1968 weer toneelstukken op, ruim honderd jaar nadat de acteur John Wilkes Booth de Amerikaanse president Abraham Lincoln hier tijdens een voorstelling neerschoot. In het tot National Historic Site uitgeroepen gebouw herinnert een expositie aan deze moordaanslag.

Madame Tussaud's 29

1001 F St. NW, tel. 202 942 7300, www.madametussauds.com/Washington, wisselende openingstijden, zie website, volwassene vanaf $ 22, 3-12 jaar vanaf $ 17,50

Wie alle 44 presidenten van de VS bij elkaar wil zien, en bovendien sterren als Beyoncé en Rihanna, Brad Pitt en George Clooney en vooraanstaande persoonlijkheden als Martin Luther King en Benjamin Franklin, kan terecht bij dit filiaal van Madame Tussaud's. Hier zijn goed gelijkende wassen beelden van veel hedendaagse en historische *celebreties* te bewonderen.

International Spy Museum 30

800 F St. NW, tel. 202 393 7798, www.spymuseum.org, dag. vanaf 9/10 uur, wisselende sluitingstijden, volwassene $ 23, 7-11 jaar $ 15

Aan de overkant van F Street toont het **International Spy Museum** in een gepopulariseerde opstelling het aloude handwerk van de politieke en militaire spionage en beroemde gevallen uit de recente geschiedenis. Met een interactief spel kun je je eigen vaardigheden als geheimagent testen.

Smithsonian American Art Museum en National Portrait Gallery 31

Ingang hoek 8th St./F St. NW, tel. 202 633 1000, americanart.si.edu, dag. 11.30-19 uur; National Portrait Gallery, tel. 202 633 8300, www.npg.si.edu, dag. 11.30-19 uur, beide gratis

Beide musea zijn in de geheel gerenoveerde tempelachtige gebouwen van het vroegere patentbureau ondergebracht, dat tegenwoordig het Donald W. Reynolds Center for American Art and Portraiture wordt genoemd. Het **Smithsonian American Art Museum** biedt een unieke collectie moderne kunst, met werken van onder anderen Christo, David Hockney, Dennis Hopper, Roy Lichtenstein, Georgia O'Keeffe en Robert Rauschenberg. De **National Portrait Gallery**, ook een museum van het Smithsonian Institution, is gehuisvest in hetzelfde, schitterend gerestaureerde pand. Op de portretten, beelden en plastieken van de prekoloniale tijd tot heden komen indianen, pelsjagers, kunstenaars, soldaten, boeven en alle Amerikaanse presidenten tot leven.

Verizon Center

601 F St. NW

In de sportarena **Verizon Center** worden de hoofdstedelijke basketbal- en ijshockeywedstrijden gespeeld. Het hele jaar door worden hier naast sportieve ook culturele evenementen gehouden. In de galerie van het Verizon Center zijn foto's en sportaandenkens te zien.

Chinatown

Ten noordwesten van de sporttempel ligt de kleine **Chinatown** van Washington, uit omstreeks 1930, waarvan je de enorme **Friendship Arch** over H Street heen niet kunt missen. Sommige zaken, zoals Starbucks, hebben uithangborden met Chinese karakters. Na de opening van het Verizon Center zijn diverse Chinese restaurants eigenlijk het enige wat nog rest van de oude Chinese wijk.

Newseum 32

555 Pennsylvania Ave. NW, tel. 202 292 6100, www.newseum.org, ma.-za. 9-17, zo. 10-17 uur, volwassene $ 25, 7-18 jaar $ 15

In het **Newseum**, het nieuws- en mediamuseum, illustreert een spannende expositie de geschiedenis van de informatieoverdracht van trommel tot internet. Beeld-, tekst- en geluidsdocumenten tonen hoe nieuws de maatschappelijke ontwikkelingen kan weergeven of vertekenen. Bekroonde foto's, televisiestudio's, waaronder een voor kinderen, en het bronnenmateriaal bij beroemde nieuwsreportages maken een bezoek aan het Newseum tot een boeiende belevenis.

Union Station 33

Columbus Circle

Boven Louisiana Avenue doemt het in 1907 geopende **Union Station** op, waarvoor architect Daniel H. Burnham de Thermen van Diocletianus in het oude Rome als voorbeeld nam. Dit was ooit het grootste

Actief

KANAALTOCHT – OP DE FIETS NAAR DE GREAT FALLS

Informatie

Begin: Big Wheel Bikes 7 , 1034 33rd St. NW naast het Chesapeake & Ohio Canal ten zuiden van M St.
Lengte: 40 km (25 mijl). **Duur:** 3-4 uur
Moeilijkheidsgraad: matig
Belangrijk: huur een fiets, bijvoorbeeld bij Big Wheel Bikes (zie blz. 142).

De tocht begint in Georgetown (zie blz. 132). bij de kop van de **Capital Crescent Trail** ten westen van de Key Bridge naar Arlington. De eerste 4 km (2,5 mijl) is de route geasfalteerd, tussen de Potomac River en het Chesapeake & Ohio Canal rijd je tot het **Boat House at Fletcher's Cove** in een lekker tempo – het valt eigenlijk niet eens op dat de route stroomopwaarts en dus ook licht omhoog gaat.

Vanaf het Boat House is de weg niet meer verhard, maar gaat hij de volgende 18 km (11 mijl) over in een oud jaagpad waarop 150 jaar geleden de schuiten stroomopwaarts werden getrokken – dit is een gemakkelijk, door bomen omzoomd stuk, met steeds weer mooi uitzicht op het groene dal van de Potomac River.

Na ruim 14 km (9 mijl) bereik je een hindernis. Bij **Widewater** is het pad 400 m lang zo ruig en hobbelig dat de fiets aan de hand moet worden genomen en soms een stukje gedragen. Wie wil, kan hier een korte omweg maken. Even later ben je al bij de grens van het **Great Falls Park**, met de bruisende stroomversnellingen in de Potomac River. Het smalste stuk van de Potomac River, waar het water op de rotsen klatert, wordt Mather Gorge genoemd. Om de watervallen in volle glorie te bewonderen, laat je de fiets achter (zet hem op slot). De **Overlook Walkway** biedt het mooiste uitzicht op het bruisende water.

U keert via dezelfde weg terug naar Georgetown. Een andere mogelijke route loopt vanaf het **Great Falls Tavern Museum** over het fietspad langs de MacArthur Boulevard in een grote boog naar het **Dalecarlia Reservoir**. Wie onderweg trek krijgt, kan terecht in de **Old Angler's Inn** (10801 MacArthur Blvd.), met voortreffelijke hamburgers en steaks. Via de korte Little Falls Trail ben je snel weer terug op de vertrouwde **Capital Crescent Trail**, die zonder obstakels terugvoert naar Georgetown.

spoorwegstation ter wereld. Na binnenkomst via de 15 m hoge 'Boog van Constantijn' kun je de fraaie neoclassicistische fresco's, cassetteplafonds, kunst en smaakvolle kitsch bewonderen, honderd verschillende restaurants en originele winkels bezoeken, maar natuurlijk ook gewoon een treinkaartje naar New York of Miami kopen.

Foggy Bottom, Georgetown en het westen

Georgetown, ooit een koloniale tabakshaven aan de Potomac in Maryland, is tegenwoordig een van de geliefdste woonadressen van Washington. Aan weerszijden van Wisconsin Avenue en M Street, met boetieks, boek- en cd-winkels, restaurants, cafés en bars, liggen lommerrijke, met kinderkopjes bestrate zijwegen waar je heerlijk langs fraai gerestaureerde 18e- en 19e-eeuwse huizen slentert. Het oudste gebouw van Georgetown, het **Old Stone House**, gelegen op 3051 M Street, dateert van 1764 en is gebouwd van ruwe steen. Het werd ooit bewoond door een meubelmaker en is tegenwoordig ingericht met 18e-eeuws meubilair.

Washington Harbor, een modern complex aan de Potomac River met appartementen, kantoren, restaurants en winkels, biedt een prachtig uitzicht op het water, Theodore Roosevelt Island, het Watergate Complex en het John F. Kennedy Center for the Performing Arts.

Het woongebied tussen Glover Archibold Park en Rock Creek Park met zijn uitgestrekte gazons wordt hoofdzakelijk bewoond door de studenten van de universiteit van Georgetown en de American University.

National Cathedral 34

3101 Wisconsin Ave. NW, tel. 202 537 6200, www.nationalcathedral.org, ma.-vr. 10-17.30, za. 10-16.30, zo. 8-17 uur, zo. vanaf 12.45 uur elk halfuur rondleiding van 30 min., volwassene $ 12, tot 17 jaar $ 8, zo. gratis

Op Saint Alban Hill, ten noorden van de kruising van Wisconsin en Massachusetts Avenue, staat de imposante, pas in 1990 voltooide neogotische **Washington National Cathedral**. Dit interconfessionele godshuis torent uit boven stadsdelen Glover Park en Embassy Row en is zelfs vanuit het centrum nog te zien.

Adams Morgan en Dupont Circle

De meeste bezienswaardigheden liggen op een steenworp afstand van de National Mall. Het is echter de moeite waard om af te dwalen van de stenen grandeur in het centrum en een bezoek te brengen aan enkele karakteristieke *neighborhoods*.

Adams Morgan wordt in het westen begrensd door het groene dal van de Rock Creek, die zich kronkelend een weg baant naar de rivier. In de bruisende wijk wonen Libanese, hispanic en Jamaicaanse bevolkingsgroepen. De laatste jaren hebben zich hier veel aantrekkelijke restaurants en

Tip

SFEERVOLLE PADEN

In Georgetown, inmiddels een wijk van Washington, begint ook het **Chesapeake & Ohio Canal**, dat zich ooit uitstrekte tot het ruim 300 km (185 mijl) verderop gelegen Cumberland (zie blz. 133). Midden 19e eeuw voeren hier door muildieren getrokken vrachtschuiten, tot bleek dat de spoorwegen sneller en goedkoper waren. Inmiddels bieden de sfeervolle paden langs het kanaal veel plezier aan wandelaars, fietsers en ruiters. In het zomerseizoen worden leuke tochtjes over het kanaal verzorgd door nostalgisch ogende Canal Clipper-boten (www.nps.gov/choh).

Chesapeake & Ohio Canal

Muildieren trekken de schuiten voort. Loof boven het kanaal vormt hier en daar een groene tunnel. Waar ooit steenkool werd verladen, genieten tegenwoordig dagjesmensen van een tocht met een kanaalboot door het idyllische landschap.

In de 18e en het begin van de 19e eeuw was de Potomac een van de belangrijkste verkeersaders naar het westen, het agrarische gebied en de kolenmijnen rond Pittsburgh. Maar door de vele ondiepten en stroomversnellingen was de 300 km lange rivier maar deels bevaarbaar voor vrachtschepen. George Washington besefte al het belang van een betrouwbare vaarroute voor het goederentransport. In 1802 opende een mede door hem opgerichte maatschappij het Patowmack Canal op een stuk van de oever van de Potomac in Virginia.

President John Quincy Adams stak op 4 juli 1828 de eerste spade in de grond voor een kanaal parallel aan de rivier. Honderden arbeiders moesten een 300 km lange bedding langs de Potomac graven met jaagpaden erlangs. Er werd uiteindelijk om en nabij $ 22 miljoen in de waterweg gepompt. Tussen Georgetown en Cumberland tilden 74 sluizen de vrachtschepen naar 184 m boven zeeniveau.

Het kanaal gold als een technisch hoogstandje, maar was bij de opening al achterhaald. Het traject van de Baltimore & Ohio Railroad had acht jaar eerder Cumberland bereikt en vervoerde goederen sneller dan de vrachtschuiten over het kanaal. Cumberland bleef het westelijke eindpunt van het Chesapeake & Ohio Canal, een mogelijke verlenging werd niet meer serieus overwogen. De 28 m lange schuiten op het kanaal vervoerden desondanks nog altijd jaarlijks 1 miljoen ton goederen naar de kust, vooral steenkool, graan en hout.

In 1894 nam de spoormaatschappij Baltimore & Ohio Railroad het kwakkelende kanaalbedrijf over. Zo'n dertig jaar later zou de laatste vrachtschuit het kanaal afzakken. Bewoners van dorpen langs de waterweg verzetten zich in de jaren 50 van de vorige eeuw met succes tegen plannen om het kanaal te dempen en er een snelweg op aan te leggen. Sinds 1971 zijn het kanaal en zijn oevers beschermd National Historical Park. Wandelaars, joggers, fietsers, vogelspotters en plezierkapiteins uit Washington en andere nabije steden maken nu gebruik van de jaagpaden en genieten van de omringende natuur.

In Georgetown, ten westen van Washington D.C., zijn de eerste gerestaureerde hefwerken en sluizen te bezichtigen. Bij het circa 20 km stroomopwaarts gelegen Great Falls Park vind je nog meer sluizen, een bezoekerscentrum en heb je een prachtig uitzicht op de woest kolkende Potomac. In de buurt van Harpers Ferry, bij de uitmonding van de Shenandoah River, klimt het kanaal via zes speciale hefsluizen bergop. Tot aan Cumberland, het westelijke eindpunt van het kanaal, wordt in verschillende *visitor centers* (bezoekerscentra) uitleg gegeven over het idee en de achtergronden van de bouw van het Chesapeake & Ohio Canal.

Frederick Douglass: van slaaf tot staatsman

Frederick Douglass – dit is het levensverhaal van een slaaf die zorgde dat hij leerde lezen en schrijven, die weigerde zich te onderwerpen en zich erdoorheen sloeg als ongeschoold arbeider, die uitgroeide tot een begenadigd spreker en politicus en opklom tot adviseur van de president.

Frederick Douglass werd geboren in 1817 op een plantage in Maryland. De zoon van een slavin en (waarschijnlijk) haar witte eigenaar werd op achtjarige leeftijd verkocht aan een plantage in Baltimore, waar zijn nieuwe meesteres hem clandestien leerde lezen en hij meer kennis verwierf door stiekem kranten en boeken te bestuderen. Algauw sloot Douglass zich aan bij de antislavernijbeweging in Massachusetts. Met zijn lange gestalte en zijn melodieuze, indringende stem wist hij ook veel witten te overtuigen dat de slavernij in de VS afgeschaft diende te worden. Twijfels of een zo erudiete en welsprekende zwarte man wel echt een slaaf kon zijn geweest, beantwoordde hij met een beschrijving van zijn jeugd: *Narrative of the Life of Frederick Douglass, an American Slave* (1845). Het was een informatief pamflet tegen het slavernijsysteem en de publieke motivering van zijn politieke werk.

De American Anti-Slavery Society maakte gebruik van Douglass' sprekerstalent en vaardigde hem af naar manifestaties in de noordelijke staten en naar Engeland en Ierland. In Rochester aan Lake Ontario gaf Douglass verschillende maandbladen uit die van grote betekenis waren voor de burgerrechtenbeweging. Hij ligt sinds 1895 begraven op Mount Hope Cemetery in deze stad.

In 1861 juichte hij het uitbreken van de Burgeroorlog toe, omdat hij eerder dan anderen in de staatsrechtelijke eenwording een mogelijkheid zag tot afschaffing van de slavernij. In de oorlogsjaren maakte hij deel uit van de adviesgroep rond president Abraham Lincoln en steunde hij de rekrutering van twee zwarte regimenten aan de kant van de noordelijke staten. Vanaf 1872 leefde Douglass in Washington D.C. Hij bekleedde verschillende functies in het gemeentebestuur, was vanaf 1877 vier jaar lang marshall van het District of Columbia, gaf het tijdschrift *The New National Era* uit en werkte vanaf 1889 twee jaar lang als ambassadeur van de VS in de republiek Haïti.

Toen Douglass op 63-jarige leeftijd besloot te trouwen met zijn al jaren voor hem werkende witte secretaresse Helen Pitts, leidde dat zowel bij witten als bij zwarten tot verhitte discussies. Maar de voorvechter voor gelijke politieke rechten trok zich niets aan van alle ophef en zag in zijn huwelijk een nieuw symbool voor zijn strijd tegen elke vorm van discriminatie. Cedar Hill, het victoriaanse huis in het Washingtonse stadsdeel Anacostia, waar de zwarte politicus en journalist van 1877 tot zijn dood in 1895 woonde, is voor het publiek toegankelijk. Met tal van aandenkens en persoonlijke bezittingen krijg je hier een goede indruk van het bijzondere leven van een grote politieke persoonlijkheid.

muziekclubs gevestigd, waardoor de multiculturele wijk vooral in het weekend wordt aangedaan door mensen op zoek naar entertainment. **U Street** gold lang als een 'Black Broadway', met kelderkroegen waar wereldberoemde jazzartiesten als Duke Ellington, Ella Fitzgerald, Miles Davis en Nat King Cole acte de présence gaven.

Massachusetts, New Hampshire en Connecticut Avenue verdelen **DuPont Circle**, ten zuiden van Adams-Morgan, als een taart in overzichtelijke punten. De omringende straten, met galeries, boekhandels, gezellige cafés en goede restaurants, zijn ook bijzonder in trek bij de *gay community* van Washington.

Tussen de winkeltjes, vegetarische restaurants en antiekzaken aan **Connecticut Avenue** zijn tal van organisaties uit de alternatieve en linksgeoriënteerde politieke scene te vinden. Vlak bij het verbindingskantoor van de Europese Groene Partij coördineren Amnesty International en het Peace Center, de Amerikaanse vredesbeweging, hun activiteiten.

De wijk **Le Droit Park**, ten oosten van DuPont Circle, strekt zich in noordoostelijke richting uit langs Rhode Island Avenue. De **Metropolitan A.M.E. Church** en het **Bethune Council House**, een klein stukje van Logan Circle, behoren tot de vergaderplaatsen van de zwarte meerderheidsbevolking van Washington waar verschillende keren *black history* werd geschreven.

Phillips Collection 35

1600 21st St. NW, tel. 202 387 2151, www.phillipscollection.org, di.-za. 10-17, do. tot 20.30, zo. 12-18.30 uur, volwassene $ 12, weekend $ 10, tot 18 jaar gratis

In dit kunstmuseum ten noordoosten van DuPont Circle zijn tentoonstellingen te zien van moderne Amerikaanse en Europese kunst, waaronder het schilderij 'Le déjeuner des canotiers' van Renoir en ander werk van impressionisten. Verder vind je hier kunst van Paul Klee, Henri Matisse en van Amerikaanse kunstenaars als Georgia O'Keeffe en Mark Rothko.

National Zoo 36

3001 Connecticut Ave. NW, tel. 202 633 4888, https://nationalzoo.si.edu, dag. vanaf 8 uur, wisselende sluitingstijden, gratis

De verreweg populairste van de 1800 dieren in de bij het Smithsonian Institution behorende dierentuin zijn Tian Tian en Mei Xiang. Het bezoek aan deze twee reuzenpanda's met hun jong Bao Bao en de in september 2015 geboren Bei Bei is gratis, net als de rest van de dierentuin. De dieren zijn ondergebracht in natuurgetrouw ingerichte verblijven.

Ten noorden en ten oosten van Capitol Hill

National Arboretum 37

zie Actief blz. 138, www.usna.usda.gov, dag. 8-17 uur, gratis

Verder naar het oosten, aan de Anacostia River, ligt het **National Arboretum**, dat ruim 200 ha groot is. Langs het 15 km (9 mijl) lange netwerk van paden door dit groene paradijs zijn thematuinen en parken met inheemse en Aziatische planten aangelegd. De door het Arboretum zelf gekweekte Japanse bonsais zijn beroemd; elk jaar is er een verkoop van miniatuurbomen en -planten.

Frederick Douglass National Historic Site 38

Cedar Hill, 1411 W St. SE, tel. 202 426 5961, www.nps.gov/frdo, april-okt., dag. 9-17, nov.-mrt. 9-16.30 uur, gratis; huisbezichtiging alleen met rondleiding, apr.-okt. om 9, 12.15, 13.15, 15, 15.30, 16 uur, $ 1,50; zie ook blz. 134

Ten zuiden van de Anacostia River ligt de interessante **Frederick Douglass National Historic Site**, de vroegere woning van de voormalige slaaf en latere adviseur van president Lincoln. De expositie biedt informatie over de verbluffende carrière van de zwarte politicus en burgerrechtenactivist. Douglass was ook auteur en journalist.

Informatie

Washington D.C. Convention Visitors Association: 901 7th St. NW, 4e etage, tel. 202 789 7000, www.washington.org.

Tip

BED AND BREAKFAST

Wie wat langer in Washington wil blijven en liever niet in een hotel logeert, wendt zich het best tot **Accommodations Ltd.** Deze organisatie bemiddelt in kamers met ontbijt en compleet ingerichte appartementen (1339 14th St. NW, tel. 877 893 3233 en 202 328 3510, www.bedandbreakfastdc.com).

Contact Destination DC: 901 7th Street NW, 4th Floor, tel. 202-789-7000, https://washington.org, ma.-vr. 9-16.30uur. Ook informatiebalies in het Air and Space Museum, in de National Airport, bij het Washington Monument, op Pennsylvania Ave., bij het Lafayette Park en bij het Lincoln Memorial.

Accommodatie

Modern en stijlvol – **Park Hyatt Washington DC 1 :** 1201 24th St. NW, tel. 202 789 1234, www.parkwashington.hyatt.com. Centraal gelegen en zeer modern hotel met spa en fitness. 2 pk vanaf $ 340 (met ochtendkrant).

Klassieke elegantie – **The Jefferson 2 :** 1200 16th St. NW, tel. 202 448 2300, www.jeffersondc.com. Exclusief luxehotel met een topservice op een steenworp afstand van het Witte Huis en de musea langs de National Mall. 2 pk vanaf $ 270.

Centraal en comfortabel – **RL Washington 3 :** 1823 L St. NW, tel. 202 223 4320, www.redlion.com/washington-dc. Modern hotel in hartje centrum met uitstekend uitgeruste kamers, enkele zelfs met kookhoek. 2 pk vanaf $ 210.

Prima ligging – **Fairfield Inn & Suites 4 :** 500 H St. NW, tel. 202 289 5959, www.marriott.com. In Chinatown aan de noordrand van het centrum. Elegant ingerichte kamers en gratis ontbijt (ook om mee te nemen!). 2 pk vanaf $ 190.

Toffe locatie – **The Georgetown Inn 5 :** 1310 Wisconsin Ave. NW, tel. 202 333 8900, www.georgetowninn.com. Moderne, gezellige kamers, met gratis internet, klein fitnesscenter, midden in Georgetown. 2 pk vanaf $ 160.

In twenties-stijl – **Hotel Lombardy 6 :** 2019 Pennsylvania Ave., tel. 202 828 2600, www.hotellombardy.com. Historisch hotel met alle moderne gemakken en een centrale ligging. In het weekend voordelige aanbiedingen. 2 pk vanaf $ 1 60.

Fantastisch uitzicht – **Kimpton Glover Park Hotel 7 :** 2505 Wisconsin Ave. NW, Glover Park, tel. 202 337 9700, www.ihg.com. Rustige buurt en toch heel centraal. Studio's, de meeste met keukenblok. 2 pk vanaf $ 160.

In de ambassadewijk – **The Normandy Hotel 8 :** 2118 Wyoming Ave. NW, tel. 202 483 1350, www.thenormandydc.com. Elegant, romantisch hotel midden in de wijk Embassy Row. 2 pk vanaf $ 155.

Niet te duur – **Windsor Park Hotel 9 :** 2116 Kalorama Rd. NW, tel. 202 483 7700, www.windsorparkhotel.com. Ouderwets en toch prima onderhouden hotel met schone kamers en attent personeel. Rustige omgeving, op loopafstand van Dupont Circle. 2 pk vanaf $ 140.

Ierse charme – **Phoenix Park Hotel 10 :** 520 N. Capitol St. NW, tel. 202 638 6900, www.phoenixparkhotel.com. Elegant en authentiek, vlak bij het Capitool. Met een populair restaurant en pub met een groot bierassortiment. 2 pk $ 140.

Centraal – **The Westin Georgetown 11 :** 2350 M St NW, tel. 202-429-0100, www.westingeorgetown.com. Modern hotel met binnenzwembad, op een gunstige locatie tussen Georgetown en Foggy Bottom. 2 pk vanaf $ 114.

Jong publiek – **Washington International Youth Hostel 12 :** 1009 11th St. NW, tel. 202 737 2333, www.hiwashingtondc.org. Jeugdherberg in een veilige wijk op de hoek van

Bijzonder uitje: stadsverkenning en sightseeing op de fiets

K-Street. Bed op een slaapzaal vanaf $ 35, 1 pk/2 pk tegen meerprijs.

... in College Park (zo'n 6,5 km/4 mijl ten noordoosten van de stad, in Maryland):

Kamperen – **Cherry Hill Park 13:** 9800 Cherry Hill Rd., tel. 301 937 7116, www.cherryhillpark.com. Met plaats voor 400 tenten en campers, wasmachines, zwembaden en meer. Camper vanaf $ 70, tent $ 55.

Eten en drinken

Open keuken – **Blue Duck Tavern 1:** 1201 24th St. NW, in het Park Hyatt Washington D.C., tel. 202 419 6755, www.blueduck tavern.com. Gasten genieten van de kleine tapasachtige gerechten van verse seizoensproducten. Hoofdgerecht $ 14-45.

Gezond en lekker – **Dabney 2:** 122 Blagden Alley NW, Tel. 202-450-1015, https://the dabney.com, di.-do., zo. 17-22, vr.-za. 17-23 uur. Ultstekende verskeuken op de achterplaats. De kruiderijen worden geteeld op het dakterras, de bijzondere creaties die op tafel komen smaken fantastisch. Gerecht $ 13-45.

Veramerikaniseerde bistro – **Bistro Bis 3:** 15 E. St. NW, in Hotel George, tel. 202 661 2700, bistrobis.com. Trendy Franse bistro met Amerikaanse accenten, je kunt hier terecht voor ontbijt, lunch en diner. Gerecht $ 14-38.

Lokale favoriet – **Old Ebbitt Grill 4:** 675 15th St. NW, tel. 202 347 4800, www.ebbitt.com, ma.-vr. 7.30-24, za.-zo. 8.30-24 uur, bar zo.-do. tot 2, vr.-za. tot 3 uur. In deze in 1856 geopende, met hout beklede ruimte heeft president Ulysses S. Grant nog gedineerd. Geliefde oesterbar. Gerecht $ 13-42.

Exotische traktaties – **Ababa 5:** 2106 18th St NW., Tel. 202-518-6191, https://ababa restaurantdc.wordpress.com, ma.-do. 16.45-23, vr.-za. 11.45-1, zo. 11.45–24 uur, bar vr.-za. langer geopend. Origineel restaurant met authentieke Ethiopische gerechten, zoals *bozena shiro*, een stoofpot van gemarineerd rundvlees in kikkererwtensaus of vegetarisch. Hoofdgerecht vanaf $ 12.

Pizza uit de steenoven – **Pizzeria Paradiso 6:** 2003 P St. NW, tel. 202 223 1245, www.eatyourpizza.com, ma.-do. 11.30-23, vr.-za. 11.30-24, zo. 12-23 uur. Deze aloude, vertrouwde Italiaan is bekend om zijn steenovenpizza's en heerlijke panini; filialen in Georgetown en Alexandria. Pizza $ 13-21.

Bistrosfeer – **Pesce 7:** 2002 P St. NW, tel. 202 466 3474, www.pescedc.com, ma.-vr.11.30-14.30, ma.-do. 17.30-22, vr.-za. 17.30-

Actief

WANDELEN IN HET NATIONAL ARBORETUM

Informatie

Begin: parkingang aan R St. NE
Lengte: 12 km (7,5 mijl)
Duur: 4-5 uur
Moeilijkheidsgraad: matig
Belangrijk: het Arboretum is dagelijks geopend van 8-17 uur, de toegang is gratis.
Reis per auto: via New York Avenue NE, ga bij de Bladensburg Road NE rechtsaf, na 600 m links op R St. NE; na 500 m bereik je de ingang van het park. **Met openbaar vervoer:** neem de Orange Line of Blue Line van de metro, stap uit bij station Stadium Armory, reis verder per Metrobus B 2 naar de hoek van Bladensburg Rd. en R St. Daarna is het nog 500 m lopen naar de ingang.

Een 12 km/7,5 mijl lang wandelpad in een botanische tuin? Geen punt, als het pad maar voldoende zigzagt. En dat is, met een hoogteverschil van in totaal circa 700 m, ook geen punt in het **National Arboretum** 36. Van het gebouw bij de ingang voert **Hickey Lane** in noordoostelijke

richting, hij kruist de **Valley Road** en maakt dan als **Conifer Road** een mooie bocht naar rechts, dwars door een bosje met dwergconiferen met de klinkende naam Gotelli Collection.
Parallel aan **Hickey Hill Road** voert een natuurpad over een terrein met watercipressen, camelia's en Japanse esdoorns. De smalle uitgraving, waardoor een beek stroomt, vormt hier tegelijkertijd de grens van het National Arboretum en wordt bewaakt door een kleine pagode. Iets verder ga je linksaf op **Crabtree Road**. De allereerste onverharde weg rechts komt uit in de Fern Valley, een dal met een dichte begroeiing van varens. Keer terug naar Crabtree Road. De volgende afslag naar links brengt je bij een bos met inheemse boomsoorten uit alle delen van Amerika.
Loop nu verder naar het noorden over **Eagle Nest Road**. Je bereikt algauw **Azalea Road**, die na circa 200 m omhoog kronkelt over de 61 m hoge Mount Hamilton en aan de andere kant omlaag kronkelt naar Azalea Road. Van de top van de 'berg' is in de verte de koepel van het Capitool te zien. In het voorjaar bloeien hier wel 15.000 azalea's. Je vervolgt de route over Eagle Nest Road naar het noorden, maar op het weiland ga je nu rechtsaf, naar de zuilen van het Capitool die al zo'n 130 jaar de oostelijke porticus van het parlement dragen.
Beechwood Road kruist **Ellipse Road** en voert naar **Valley Road**. Volg Valley Road langs de **Beech Spring Pond**, ga linksaf en loop over **Holly Spring Road** weer in noordelijke richting. De aanblik van abrikozenbomen langs de weg is met name tijdens de bloeiperiode, in de winter, een feest voor het oog. Links op de naar het westen voerende **Meadow Road** is een uitstapje naar links de moeite waard naar de imposante, tweehonderd jaar oude wilgbladige eik *(willow oak)*. Iets verder in het arboretum zou je ook een bezoek moeten brengen aan de Chinees-Japanse collectie bonsais en penjings – in drie paviljoens worden inmiddels 150 van deze dwergbomen vertroeteld. De botanische 'wereldreis' in het National Arboretum wordt besloten met een kort bezoek aan de kruidentuin. Een versterking is nu precies wat er nodig is (3501 New York Ave. NE, tel. 202 245 2726, www.usna.usda.gov). In de warme tijd van het jaar voorziet een mobiele snackkraam bij het terras van het parkkantoor bezoekers van broodjes, salades en drankjes.

22.30, zo. 17-21.30 uur. Voortreffelijk adres voor liefhebbers van zeebanket; er is ook een moderne bar. Gerecht $ 10-38.
Echt Amerikaans – **District Chop House & Brewery 8 :** 509 7th St. NW, vlak bij het Verizon Center, tel. 202 347 3434, www.districtchophouse.com. Amerikaanse klassiekers, zoals steak, hamburgers, sandwiches, salades. Ook vers getapt bier uit de eigen microbrouwerij. Gerecht vanaf $ 11.
Onderhoudend – **Busboys and Poets 9 :** 2021 14th St. NW, tel. 202 387 7638, www.busboysandpoets.com, ontbijt tot 11 uur, gevolgd door lunch en diner. Dit concept van een goede, eenvoudige keuken, met vegetarische gerechten, diverse evenementen en een geanimeerde sfeer is inmiddels op zes locaties in Washington en omgeving een succes. Hoofdgerecht vanaf $ 12.
Beste chilidog in de stad – **Ben's Chili Bowl 10 :** 1213 U St. NW, tel. 202 667 0058, www.benschilibowl.com, ma.-do. 6-14, vr tot 16, za. 7-16, zo. 11-24 uur. Van de beroemde *half smokes*, chili con carne en de heerlijke hamburgers is al gesmuld door bekende filmsterren en oud-president Barack Obama. Gerecht vanaf $ 4,50.

Winkelen

Souvenirs en designeraccessoires – **museumshops:** giftshops zijn vaak uitstekende adressen voor souvenirs. De winkels in de vele Smithsonian musea in Washington staan bekend om hun originele assortiment. Mooie kunstposters, boeken en spelletjes zijn bijvoorbeeld te koop in de giftshop van de National Gallery of Art 3 , Constitution Ave., tussen 3rd en 7th St. NW, tel. 202 842 6002, www.nga.gov, ma.-za. 10-17, zo. 11-18 uur.
Shoppen in historische sfeer – **Union Station 32 :** 2nd St. W./40 Massachusetts Ave. NE,

tel. 202 289 1908, www.unionstationdc.com. Met ruim 25 miljoen bezoekers is Union Station de populairste attractie van Washington. In dit historische gebouw vinden ook evenementen plaats, maar je kunt hier vooral goed shoppen in de talloze winkels en lekker eten.

Hoeden – **Proper Topper** 1 **:** 1350 Connecticut Ave. NW, tel. 202 842 3055, proper topper.com. Hier vind je hoeden en andere kledingaccessoires en veel smaakvolle souvenirs.

Boeken – **Kramerbooks & Afterword Café** 2 **:** 1517 Connecticut Ave. NW, tel. 202 387 1400, kramers.com. Een bijzondere mix van boekhandel en café-bistro (klein gerecht vanaf $ 12). Hier kun je heerlijk zitten lezen. Populaire plek om af te spreken, want deze zaak is dagelijks tot 1 uur en vr.-za. tot 3 uur 's nachts geopend.

Historische souvenirs – **Library of Congress Gift Shop** 2 **:** 101 Independence Ave. SE, tel. 202 707 3895, www.loc.gov, ma.-za. 9.30-17 uur. Een interessante souvenirshop. Je vindt er boeken over geschiedenis en veel replica's en andere aandenkens.

Kunstnijverheid – **Indian Craft Shop** 3 **:** 1849 C St. NW, Room 1023, in het ministerie van Binnenlandse Zaken, tel. 202 208 4056, ma.-vr. 8.30-16.30 uur. Indiaanse kunstnijverheid van de laatste zeventig jaar.

Chique mall – **The Shops at Georgetown Park** 4 **:** 3222 M St. NW, tel. 202 265 1280, www.georgetownpark.com. Ma.-za. 10-20 uur. Winkelparadijs op drie verdiepingen met ruim honderd speciaalzaken, boetieks en restaurants. Hier vind je alles, van designerzonnebrillen en koffers tot speelgoed voor de kinderen.

Vlooienmarkt – **Georgetown Flea Market** 5 **:** Wisconsin Ave./1819 35th St. Al 40 jaar een begrip van mrt.-dec. zo. 8-16 uur.

... in Woodbridge 48 km (30 mijl) zuidelijk:

Aan het westelijke eind van de National Mall: de marmeren obelisk van het Washington Monument

Outlet mall – **Potomac Mills** 6 **:** 2700 Potomac Mills Circle, tel. 703 496 9301, aan de I-95, www.potomacmills.com. Groot *factory outlet*-centrum met ruim tweehonderd winkels en een flinke korting op merkproducten.

Uitgaan

Informatie en aanbiedingen: in de vrijdagbijlage van de *Washington Post* staat een overzicht van theaterprogramma's, concerten en evenementen. Ook het gratis blad *The City Paper*, dat in hotels, restaurants en boekhandels verkrijgbaar is, biedt een goed overzicht. Kaartjes voor sportevenementen, concerten, theatervoorstellingen en nog veel meer – ook goedkope lastminuteaanbiedingen – zijn verkrijgbaar via www.goldstar.com/washington-dc.

Concerten, opera, ballet, theater – **John F. Kennedy Center for the Performing Arts** 23 **:** 2700 F St. NW, aan de Rock Creek Pkwy., rondleiding tel. 202 416 8340, tickets tel. 202 467 4600, www.kennedy-center.org. In het **Opera House** zijn opera's en ballet te zien, op het podium in de **Concert Hall** musiceert het **National Symphony Orchestra**, in het **Terrace Theater** worden kleinschalige stukken opgevoerd en geven solisten concerten, het **Eisenhower Theater** brengt uiteenlopende producties, van serieuze toneelstukken en concerten tot opera- en balletvoorstellingen, in het **Theatre Lab**, 733 8th St. NW, tel. 202 824 0449, www.theatrelab.org, krijgen overdag jonge toeschouwers kindertheater te zien, en lachen 's avonds volwassenen om komisch theater, clowns en cabaretiers.

Theater – **Arena Stage** 1 **:** 1101 6th St. SW, tel. 202 554 9066, www.arenastage.org. Het vaste gezelschap brengt toneel- en muziekstukken, organiseert voorleesavonden en brengt op drie podia met 1300 zitplaatsen experimenteel theater. **National Theater** 2 **:** 1321 Pennsylvania Ave. NW, tel. 202 628 6161, thenationaldc.org. In deze zaal worden actuele Broadwaymusicals opgevoerd. De Shakespearestukken van het **Shakespeare Theatre** (tel. 202 547 1122, www.shakespearetheatre.com) met de twee theaters **Sidney Harman Hall** 3 (610 F St. NW) en het een blok zuidelijker gelegen **Lansburgh Theatre** 4 (450 7th St. NW) genieten een internationale reputatie. **Woolly Mammoth Theatre Company** 5 **:** 641 D St. NW, tel. 202 393 3939, www.woollymammoth.net. Modern en avant-gardistisch theater.

Bluesbar – **Madam's Organ** 6 **:** 2461 18th St. NW, in Adams Morgan, tel. 202 667 5370, www.madamsorgan.com, zo.-do. 17-2, vr.-za. 17-3 uur. Bekende bar met livemuziek en een dansvloer, waar vooral blues, jazz en rhythm & blues klinkt. Er wordt ook *soul food* geserveerd en er is een poolruimte.

Comedyclub – **DC Improv Comedy Club** 7 **:** 1140 Connecticut Ave. NW, tel. 202 296 7008, www.dcimprov.com, show om 19/19.30 en vanaf 21 uur, zie website voor actuele informatie. In deze club treden 's avonds de beste comedians van het land op; enkele van de beroemdste begonnen hier hun carrière. Met bar en restaurant (tijdens voorstellingen).

Livemuziek – **9:30 Club** 8 **:** 815 V St. NW, tel. 202 265 0930, www.930.com, wisselende openingstijden naar gelang het concert. Een

Tip

TOEGANGSPRIJZEN

Wie de **Go Washington Explorer Pass** koopt, betaalt voor de inbegrepen drie tot vijf topattracties ongeveer een derde minder dan aan de kassa. Als je de **Go City Card** kiest, betaal je een bedrag vooruit voor een aantal gekozen evenementen. Je krijgt dan een code op je smartphone, die tot wel 55 % korting op de betreffende toegangsprijzen (www.smartdestinations.com) oplevert.

van de drukstbezochte clubs van de stad. Naast rocksterren treden hier ook *indiebands* en muzikanten uit andere genres op.
Jazz en blues – **Blues Alley** 9 **:** 1073 Wisconsin Ave. NW, tel. 202 337 4141, www.bluesalley.com, meestal twee shows, 20 en 22 uur. Jazz- en bluesclub met een lange traditie in Georgetown. $ 25-50.
Sigaren- en cocktaillounge – **Ozio** 10 **:** 1813 M St. NW, tel. 202 822 6000, www.oziodc.com, di.-do. 17-2, vr. 17-3, za. 18-3, zo. 12-2 uur. Loungebar in art-decostijl verspreid over vier verdiepingen. Op een sofa of in een fauteuil kun je in deze bar genieten van sigaren, cocktails en martini's. Er kan ook eten worden besteld en er is bovendien een niet-rokersruimte.
Lounge met dakterras – **Marvin** 11 **:** 2007 14th St., NW, tel. 202 797 7171, www.marvindc.com, ma., wo.-za. 17-2, zo.16-2 uur. Lounge in de wijk Shaw, met beneden een restaurant en boven een lounge met terras ('s winters verwarmd). De muziek is een mix van nieuwe en oude soul.

Actief

Stadsrondritten – **Circulator Bus** 1 **:** tel. 202 671 2020, www.dccirculator.com. De rode bussen rijden inmiddels om de tien minuten op zes verschillende routes door de stad en verbinden attracties met elkaar, deels tot middernacht, voor $ 1 per rit. **Old Town Trolley Tours** 2 **:** tel. 844 356 2603, www.trolleytours.com. Met de hop-on-hop-offdienst van deze nostalgische bussen kun je zelfs naar Georgetown. Volwassene $ 39, tot 12 jaar $ 30. **Gray Lines** 3 **:** tel. 202 289 1995, www.graylinedc.com. Dit bedrijf biedt een twaalftal rondritten aan, van twee uur durende dubbeldekkerstours langs de highlights van de stad tot de Combo Tour, die ook naar Mount Vernon en Arlington voert. Volwassene vanaf $ 45. **Free Tours by Foot** 4 **:** tel. 202 370 1830, www.freetoursbyfoot.com. Gratis en te voet over een zestal verschillende routes de stad verkennen. Een fooi wordt gewaardeerd.
Segwaytours – **Capital Segway** 5 **:** 818 Connecticut Ave. NW., tel. 202 682 1980, www.capitalsegway.com. Begeleide tochten per Segway door de hoofdstad. Tocht van twee uur $ 60.
Sightseeing per fiets – **Bike the Sights** 6 **:** 1100 Pennsylvania Ave., Old Post Office, tel. 202 842 2453, www.bike androlldc.com. Begeleide rondrit van drie uur op de fiets, ook fietsverhuur. Vanaf $ 44.
Fietsverhuur – **Big Wheel Bikes** 7 **:** 1034 33rd St. NW, vlak naast het C & O Canal ten zuiden van M St., tel. 202 337 0254, www.bigwheelbikes.com. Diverse soorten fietsen, van $ 7 per uur (bij minimaal drie uur) en $ 35 per dag tot $ 100 per dag, kind $ 5 per uur (bij minimaal drie uur) en $ 25 per dag.
Boottochten – **Canal Clipper Tours** 8 **:** informatie bij het C & O Canal National Historical Park, tel. 202 653 5190 of 301 767 3714, www.nps.gov/choh, wisselende tijden. De National Park Service biedt tussen april en oktober nostalgische boottochten aan in oude vrachtschuiten die door muildieren worden voortgetrokken. Vanaf $ 8 per persoon.
Boot- en fietsverhuur – **Boat House at Fletcher's Cove** 9 **:** 4940 Canal Rd. NW, ten noordwesten van Georgetown, tel. 202 337 9642, www.fletcherscove.com. Verhuur van

Tip

ALS HET MAAR VLIEGT

In het **Steven F. Udvar-Hazy Center** niet ver van Dulles International Airport zijn in de vroegere hangars van het National Air & Space Museum honderden vliegtuigen uit allerlei landen en periodes te zien (14390 Air & Space Museum Pkwy., Chantilly, Virginia 20151, tel. 703 572 4118, dag. 10-17.30 uur, gratis, parkeren $ 15).

roeiboten, kano's en kajaks, ook verkoop van hengelbenodigdheden en visvergunningen. Roeiboot $ 16 per uur, $ 30 per dag, kano $ 25 per uur. Ook fietsverhuur $ 11 per uur, $ 35 per dag. **Thompson's Boat Center 10 :** 2900 Virginia Ave. aan Rock Creek Pkwy. NW, tel. 202 337 9642, www.boatingindc.com, kano zo'n $ 16 per uur, $ 35 per dag, tweepersoonskajak $ 24 per uur, $ 60 per dag, zie ook Actief blz. 127.

Wandelen – **National Arboretum 36 :** 3501 New York Ave. NE, tel. 202 245 2726, www.usna.usda.gov, zie ook Actief blz. 138.

Schaatsen – **National Gallery Sculpture Garden Ice Rink 11 :** National Mall/Constitution Ave. NW./7th St., tel. 202 216 9397, alleen in de wintermaanden. Lekkere snacks in het Pavilioncafé. Toegang voor twee uur $ 9, tot 12 jaar $ 8, er worden schaatsen verhuurd voor $ 3,50 (identiteitsbewijs als onderpand vereist).

Evenementen

National Cherry Blossom Festival: eind mrt.-begin apr. Kersenbloesemfeest rond de drieduizend in 1912 aan de stad geschonken kersenbomen, met optochten en concerten, www.nationalcherryblossomfestival.org. Tegelijkertijd vindt het **Blossom Kite Festival** plaats, waarbij kinderen en jong gebleven volwassenen honderden vliegers oplaten rond het Washington Memorial.

Smithsonian Folklife Festival: eind juni/begin juli, www.folklife.si.edu. Volkscultuur uit de hele wereld met muziek, zang, dans, verhalen, kookkunst en nog veel meer op dit festival voor hedendaagse volkskunst, georganiseerd door het Smithsonian Institution.

Onafhankelijkheidsdag/Independence Day: 4 juli. Met een grote parade, veel concerten en een gigantische vuurwerkshow bij de Potomac River.

The Taste of DC: 2e weekend van okt. Chefkoks van plaatselijke restaurants koken op Pennsylvania Avenue. Groot culinair festijn met meer dan tachtig eetkramen, wijn- en bierpaviljoen en livemuziek, www.thetasteofdc.org, tel. 202 618 3663. Vanaf $ 25.

Vervoer

Luchthavens

Washington Dulles International Airport (IAD): Aviation Dr. & Autopilot Dr., Sterling, VA, tel. 703 572 2700, www.metwashairports.com. Deze enorme luchthaven wordt aangedaan door de meeste Europese en Amerikaanse maatschappijen. Transfer met Metrobus A 5 naar L'Enfant Plaza in het centrum. Minibussen van Washington Flyer Super Shuttle rijden voor zo'n $ 30 van de aankomsthal naar elk gewenst adres in het centrum, www.supershuttle.com.

Ronald Reagan Airport (DCA): 1 Aviation Circle, Arlington, VA, tel. 703 417 8000, www.metwashairports.com. Vluchten van Washington D.C. naar veel andere luchthavens in de VS, slechts 5-7 km/3-4 mijl van het centrum. Aansluiting op de metro via de Blue Line en de Yellow Line.

Baltimore International Airport (BWI): 7062 Elm Rd., Baltimore, MD, tel. 410 508 7100, www.bwiairport.com. Internationale en nationale verbindingen. Deze luchthaven ten zuiden van Baltimore ligt 45 minuten met Metrobus B 30 van Washington D.C. De rit met een minibus van Supershuttle naar het centrum van Washington kost zo'n $ 40.

Trein: Amtrak, Union Station, 50 Massachusetts Ave. NE, tel. 1 800 872 7245, www.amtrak.com. Amtraktreinen rijden dagelijks van Washington naar New York, Chicago, Atlanta, Miami en de Westkust.

Bus: Greyhound, Union Station, 50 Massachusetts Ave. NE, tel. 202 289 5141, www.greyhound.com. De terminal van de bekende zilveren bussen ligt recht achter Union Station.

Huurauto: alle belangrijke autoverhuurbedrijven hebben een kantoor op de luchthaven en in Washington D.C.

Vervoer in de stad

Metro: de metro met 91 stations en een totale lengte van bijna 190 km stopt in de buurt van de meeste bezienswaardigheden. Er zijn zes lijnen: Red, Yellow, Green, Blue, Silver en Orange. Kaartjes koop je bij automaten in de stations, $ 2-4,25 (tel. 202 637 7000, www.wmata.com).

Bus: ook het zeer uitgebreide netwerk met 1500 bussen en 325 lijnen wordt beheerd door het bedrijf Metro. De rood-grijze bussen van DC Circulator rijden op zes routes door de binnenstad, vanaf $ 1 (tel. 202 671 2020, www.dccirculator.com).

Taxi: voor de taxi's van bijvoorbeeld Yellow Cab (tel. 202 544 1212) en Diamond Cab (tel. 202 387 6200) betaal je een basistarief, een kilometer- en tijdstarief en eventueel bijkomende kosten, zoals telefonische bestelling, aantal passagiers en weekendtoeslag. Veel taxichauffeurs accepteren alleen contant geld. Overigens zijn in het centrum en de National Mall veel bezienswaardigheden te voet te bereiken.

Omgeving van Washington

Arlington en omgeving

▶ 1, F 1

Arlington National Cemetery

Arlington, VA 22211, tel. 877 907 8585, www.arlingtoncemetery.mil, apr.-sept. dag. 8-19, okt.-mrt. tot 17 uur

De erebegraafplaats van Arlington, aan de overzijde van de Potomac River, is bereikbaar via de Arlington Memorial Bridge. Het **Arlington National Cemetery** werd aangelegd op het terrein van Arlington House, het landgoed van generaal Robert E. Lee (1807-1870). De bevelhebber van het zuidelijke leger van Virginia werd na zijn terugkeer onteigend omdat hij tijdens de Burgeroorlog zijn belastingen niet zelf was komen betalen.

Ruim 260 duizend soldaten liggen hier begraven onder eindeloze rijen witte stenen en houten kruisen. Naast het met een marmeren plaat afgedekte graf van de in 1963 vermoorde president John F. Kennedy ligt dat van zijn in 1994 overleden weduwe Jacqueline Kennedy Onassis. Ook Robert Kennedy ligt hier begraven. Elke dag komen duizenden mensen kijken. Ook de **Tomb of the Unknown Soldier (Graf van de Onbekende Soldaat)**, in het bijzonder tijdens de wisseling van de wacht, het **Iwo Jima Memorial** van de marine-infanterie en het in 1997 onthulde **Women's Memorial** trekken veel bekijks. Dit laatste gedenkteken is opgedragen aan de 1,8 miljoen vrouwen die sinds de Onafhankelijkheidsoorlog in het Amerikaanse leger hebben gediend.

Pentagon

Boundary Channel Dr., tel. 703 571 3343, ma.-do. 10-16, vr. 12-16 uur, gratis, rondleiding na aanmelding minstens twee weken van tevoren via https://pentagontours.osd.mil

Het gebouw van het ministerie van Defensie, het Pentagon, ligt ten oosten van de erebegraafplaats langs S. Washington Boulevard. Met in totaal 60 km gangen, duizenden werkvertrekken en 284 toiletten is dit het grootste kantoorgebouw ter wereld. Een rondleiding belicht de geschiedenis van het ministerie en het militaire beleid.

National Airport

1 Aviation Circle, Washington D. C. 20001-6000, www.metwashairports.com

De ten zuidoosten van het Pentagon aan de Potomac River gelegen National Airport staat meestal niet als bezienswaardigheid in reisgidsen vermeld. Maar wie op de naar Ronald Reagan vernoemde luchthaven landt of vertrekt, zou eens een blik moeten werpen op de kunstige mozaïeken in de vloer van de oude vertrekhal. Deze werden in de crisisjaren 30 door kunstenaars in het kader van werkverschaffing aangebracht.

Informatie

Arlington Convention and Visitors Service (ACVS): tel. 800 677 6267, www.stayarlington.com.

Accommodatie

Stijlvol – **Le Méridien:** 1121 19th St., North, tel. 703 351 9170, www.starwoodhotels.com. Boetiekhotel met individueel vormgegeven kamers, een fitnessruimte, het voortreffelijke restaurant Amuse en uitzicht op de Potomac

Het George Washington Masonic National Memorial is geïnspireerd op de vuurtoren in het oude Alexandrië in Egypte

River. Dit *eco-friendly* hotel illustreert bovendien dat stijl, comfort en milieuvriendelijkheid elkaar bepaald niet hoeven uit te sluiten. 2 pk vanaf $ 130.

Gunstig gelegen, fantastisch uitzicht – **Key Bridge Mariott:** 1401 Lee Hwy., tel. 703 524 6400, www.mariott.com, dag. 17-22 uur. Ter hoogte van de Key Bridge aan de Potomac River gelegen hotel, een ideale uitvalsbasis naar Georgetown. Schone, gezellige kamers, waarvan vele met een prachtig uitzicht op het centrum van Washington D.C. of Georgetown; je vindt er ook een zwembad en een fitnessruimte. 2 pk vanaf $ 110.

Eten en drinken

Chic en smakelijk – **Carlyle:** 4000 Campbell Ave., tel. 703 931 0777, www.greatamericanrestaurants.com/Carlyle. Moderne Amerikaanse bistrogerechten, seizoensgebonden kaart, prima wijnkeus en originele cocktails, 's zomers ook op het terras. Gerecht $ 13-28.

Peruaans – **El Pollo Rico:** 932 North Kenmore St., Arlington, tel. 703 522 3220. Onopvallend grillrestaurant met sappig gemarineerde, gegrilde kip op het menu. Ook verkrijgbaar: Inka Cola.

Koffie en gebak – **Livin The Pie Life:** 2166 N Glebe Rd Arlington, tel. 571 431 7727, www.livinthepielife.com, di.-vr. 7-19, za. 9-16 uur. Koffie in tal van variaties met daarbij een grote keus uit heerlijke stukken taart. Als je liever iets hartigs dan iets zoets hebt: er zijn ook lekkere sandwiches.

Uitgaan

Wijn en brunch – **Carlyle:** 4000 Campbell Ave., Arlington, tl. 703 931 0777, www.greatamericanrestaurants.com/carlyle, ma.-vr. 11.30-22.30, vr. 11.30-23.30, za. 10.30-23.30, zo. 9.30-22.30 uur. Goede bistrokeuken met heerlijke salades, happy hour en elke zondag een populaire brunch. In de warme tijd van het jaar ook een terras.

Oriëntaalse sfeer – **Lebanese Taverna:** 1101 S Joyce St., Arlington, tel. 703-415-8681, www.lebanesetaverna.com. Mezze en andere oost-mediterrane heerlijkheden, mezze vanaf $ 8, hoofdgerecht vanaf $ 21.

Alexandria en omgeving

▶ 1, F 1

Washington D.C. is eigenlijk een voorstad van Alexandria. Al in de 17e eeuw, lang voordat de hoofdstad werd gesticht, woonden er Schotse en Engelse kolonisten op de oever van de Potomac River. Deze overslagplaats voor tabak, die is vernoemd naar landeigenaar John Alexander (1711-1763), zou uitgroeien tot de tweede koloniale haven aan de Oostkust, na Boston.

Toen het parlement van de jonge natie besloot om bij de samenvloeiing van de Anacostia en de Potomac een regeringszetel te bouwen, werden de bewoners van het havenstadje onverhoeds opgezadeld met het hoofdstedelijke district. Pas in 1846, toen Virginia de ter beschikking gestelde grond ten zuiden van de Potomac terugeiste omdat Washington D.C. zich veel te langzaam ontwikkelde, bloeide Alexandria weer op als zelfstandige stad.

Met een stadsplattegrond van het Visitor Center van Alexandria kun je deze dromerige stad prima verkennen. Wie vermoeide voeten krijgt, neemt op King Street een gratis trolleybus. Met boten van de Potomac Riverboat Co. kun je excursies maken op de rivier; ze varen zelfs naar Mount Vernon, de voormalige plantage van George Washington.

Old Town District

In het Old Town District (oude stad) zijn veel 18e- en 19e- eeuwse bedrijfspanden behouden gebleven. Twee stadsvilla's van de familie Lee, in **Oronoco Street**, staan tegenwoordig open voor bezichtiging. In **Gadsby's Tavern**, de populairste kroeg van Alexandria, was de eigenaar van Mount Vernon, George Washington, een van de stamgasten. De taveerne (zie blz. 147) onthaalt zijn gasten als vanouds. De balzaal op de eerste etage ziet er nog precies zo uit als in de tijd van Washington.

Stabler-Leadbeater Apothecary Museum

105 S. Fairfax St., tel. 703 746 3852, 's zomers di.-za. 10-17, zo.-ma. 13-17, 's winters wo.-za. 11-16, zo 13-16 uur, volwassene $ 5, tot 12 jaar $ 3

Het **Stabler-Leadbeater Apothecary Museum** is gevestigd in een beroemde apotheek. Van het interieur zijn de vele, met namen van kruiden beschreven houten laden bewaard gebleven. George Washington, James Monroe en Robert E. Lee waren hier klant. Van 1796 tot 1939 werd de zaak door dezelfde apothekersfamilie gerund.

Christ Church

118 N. Washington St., tel. 703 549 1450, www.historicchristchurch.org, ma.-vr. 9-16, za. 9-13, zo. 14-16.30 uur

In de uit 1773 stammende **Christ Church** ging George Washington naar de kerk. Robert E. Lee, een telg uit een vanouds in deze streken gevestigde familie, kreeg hier in 1853 het vormsel. Later werd hij de opperbevelhebber van het zuidelijke leger.

George Washington Masonic National Memorial

110 Callahan Dr., tel. 703 683 2007, gwmemorial.org. dag. 9-17, rondleiding om 9.30, 11, 13, 14.30, 16 uur, hoofgebouw gratis, exposities volwassene $ 15, tot 12 jaar gratis

Het **George Washington Masonic National Memorial** op Shooters Hill houdt met zijn 100 m hoge, op de vuurtoren van het oude Alexandrië (Egypte) geïnspireerde gebouw en een uitgebreide verzameling aandenkens de herinnering levend aan de eerste president van de Verenigde Staten, die jarenlang grootmeester was van de plaatselijke vrijmetselarij.

Waterfront

Behalve zeil- en motorboten van particulieren liggen verschillende excursieboten, zoals de Admiral Tilp, tussen het Waterfront Park aan de voet van Prince Street en het Founders Park iets verder naar het noorden. In het fabrieksgebouw tussen de twee parken werden tijdens de Tweede Wereldoorlog torpedo-onderdelen gemaakt.

Torpedo Factory Art Center

105 N. Union St., tel. 703 683 2323, www.torpedofactory.org, dag. 10-18 uur, gratis
De oude torpedofabriek aan de Potomac River herbergt nu ateliers en studio's van zo'n tachtig kunstenaars, Bij wie je over de schouder mag meekijken bij het werk, en ook een voortreffelijk centrum voor stadsarcheologie.

Mount Vernon ► 1, F 2

George Washington Pkwy., 13 km/8 mijl ten zuiden van Alexandria, tel. 703 780 2000, www.mountvernon.org, apr.-okt. dag. 9-17,nov.-mrt. dag. 9-16 uur, volwassene $ 20, tot 11 jaar $ 12
Van de heuvel van Mount Vernon, het landgoed van George Washington, heb je een geweldig uitzicht op het beboste dal van de Potomac River. De tabaksplantage was opgezet door Washingtons vader Augustine en diens broer Lawrence en werd daarna door George Washington uitgebouwd tot een oppervlakte van 3200 ha.

Met zijn heldere belijning en exquise interieur getuigt de **Villa Mount Vernon** van de rijkdom en smaak van zijn bezitters. Nog indrukwekkender dan de vele kostbare meubels en schilderijen is een aan de wand hangende sleutel van de Parijse Bastille, die markies De Lafayette na de Bestorming aan George Washington cadeau had gedaan.

Niet ver van het graf van Martha en George Washington ligt **het kerkhof voor de slaven**. Hier wordt duidelijk gemaakt dat het vermogen van menig plantage-eigenaar werd vergaard met slavenarbeid.

Informatie

Alexandria Visitors Center at Ramsay House: 221 King St., tel. 703 746 3301, www.visitalexandriava.com, dag. 10-17 uur.

Accommodatie

Oude stad – **Hampton Inn Old Town:** 1616 King St., tel. 703 299 9900, www.hamptoninn.com. Gunstig gelegen om de oude stad te verkennen. Goede wegverbinding en fraai uitzicht over de stad. 's Zomers is het buitenzwembad geopend. 2 pk vanaf $ 190.
Tot rust komen – **Morrison House:** 116 S. Alfred St., tel. 703 838 8000, www.morrisonhouse.com. Elegant hotel in een mooi bakstenen gebouw in een historische buurt. In de chic ingerichte kamers kun je masseurs en schoonheidsspecialisten bestellen en je op en top laten verwennen. In Morrison House worden 's avonds wijnrecepties georganiseerd, er zijn oppasarrangementen voor kinderen en in restaurant The Grille eet je voortreffelijk. 2 pk vanaf $ 165.
Comfortabel en niet duur – **Quality Inn Mt. Vernon:** 7212 Richmond Hwy., tel. 703 765 9000, www.qualityinn.com. Eenvoudig onderkomen met schone kamers, een gezellige lobby en ontbijtzaal, en een kleine fitnessruimte. De Woodland Plantation ligt op wandelafstand, naar Mount Vernon en Old Town Alexandria is het een klein stukje rijden. 2 pk vanaf $ 70.

Eten en drinken

Oud en vertrouwd – **Gadsby's Tavern:** 138 N. Royal St., tel. 703 548 1288, www.gadsbystavernrestaurant.com, ma-za 11.30-15, 17.30-22, zo 11-22 uur. Historische herberg in het centrum, waar George Washington al gast was. Bijzonder lekker zijn de diverse vleesspecialiteiten en de gegrilde eendenborst met maispudding en port-sinaasappelglacé. Gerecht $ 22-30.
Zeebanket – **Fish Market:** 105 King St., tel. 703 836 5676, www.fishmarketva.com, dag. 11.30-16, 16-23 uur. Drukbezocht, levendig etablissement met alles wat in zee leeft op de kaart. De vis, garnalen, schelpdieren, krab en kreeft kun je bestellen als gerecht, op een sandwich, als hamburger, in pasta, soepen en salades. Gerecht $ 12-35.
Volop charme – **The Majestic:** 911 King St., tel. 703 837 9117, www.themajesticva.com, ma.-do. 11.30-24, vr.-za. 11.30-1, zo. 10-24 uur. Deze fraai gerenoveerde, historische *diner* biedt smakelijk bereide, typisch Amerikaanse gerechten voor elke smaak, van New

York-stripsteaks en *clam showder* tot groenteschotels voor vegetariërs. Gerecht $ 11-26.
Aan het water – **Vola's Dockside Grill and Hi-Tide Lounge:** 101 N Union St., Alexandria, tel. 703-935-8890, www.visitalexandriava.com, ma.-vr. 11.30-1, za. 10-2, zo. 10-24 uur. Lekkere en goedkope mosselen, oesters en kreeften. Met een goede bar en uitzicht over de Potomac River. Hoofdgerecht $ 17-29, ander gerecht $ 12-26.

Winkelen

Kunst en kunstnijverheid – **Torpedo Factory Art Center:** 105 N. Union St., tel. 703 746 7570, www.torpedofactory.org. Verkoop van werk van hier werkzame kunstenaars.

Uitgaan

Jazz-Bar – **Two-Nineteen:** 219 King St., tel. 703 549 1141, www.219restaurant.com. De Basin Street Lounge is gevestigd in een ruim honderd jaar oud, mooi gerestaureerd gebouw en biedt bijna dagelijks jazz- en bluesconcerten; sigarenlounge op de 1e etage.
Country en folk – **Birchmere:** 3701 Mount Vernon Ave., tel. 703 549 7500. www.birchmere.com. Hier treden grote sterren op.

Vervoer

Bus: de stedelijke DASH-bus AT3-4 rijdt rondjes tussen de metrostations in King Street en die in Braddock Road met verschillende haltes in de oude stad (ticket $ 1,60).
Metro: moderne ondergrondse, die Alexandria via vijf stations met Washington D.C. verbindt, tel. 202 637 7000, www.wmata.com.
Watertaxi: Potomac Riverboat Co., 210 N Lee St., tel. 877 511 2628, www.potomacriverboatco.com. De hele dag door op de rivier tussen Alexandria en National Harbor. Boottochten *one-way* volwassene vanaf $ 16, tot 11 jaar vanaf $ 9.

Great Falls Park ▶ 1, F 1

Het ruim 300 ha grote **Great Falls Park** ligt 25 km/16 mijl ten noordwesten van het centrum van de hoofdstad. Vanaf de uitkijkpunten is te zien hoe de Potomac River

zich in donderende stroomversnellingen door de Mather Gorge perst en langs steile rotsformaties naar de Atlantische Oceaan stroomt. Daarbij daalt hij over een afstand van 1,5 km ineens 25 m. Langs de oever van het voormalige Patowmack Canal, waarover schepen vroeger het donderende water konden omzeilen, loopt een mooi wandelpad.

Great Falls Tavern Museum

9200 Old Dominion Dr., tel. 703 757 3101, www.nps.gov/grfa, dag. 7 uur tot zonsondergang, $ 10 per auto of $ 5 per persoon
Het **Great Falls Tavern Museum**, op de andere oever in Maryland, is alleen via een

De donderende stroomversnellingen van de Potomac River in het Great Falls Park

omweg te bereiken (zie Actief blz. 131). In dit museum en in het Visitor Center in het park belichten exposities de geologie van Virginia en de geschiedenis van het Chesapeake & Ohio Canal, waarover ooit vrachtschepen van Washington D.C. naar Cumberland in Ohio voeren.

Wolf Trap National Park for the Performing Arts

1551 Trap Rd., Vienna, tel. 703 255 1000, kaartjes tel. 1 877 965 3872, www.wolftrap.org, www.nps.gov/wotr, park gratis

Het **Wolf Trap National Park for the Performing Arts** bij Vienna, zo'n 20 km/12 mijl ten westen van het centrum van Washington D.C. is de enige faciliteit voor podiumkunsten in het beheer van de National Park Service.

Het openluchttheater telt 6800 zitplaatsen, verder zijn er twee toneelschuren, een operagezelschap voor getalenteerde jonge zangers, kinderprogramma's, muziekcursussen, workshops en exposities. De voorstellingen in dit cultuurcentrum in een uitgestrekt park trekken van mei tot september zo'n 100 duizend bezoekers. Parkrangers geven in deze tijd van het jaar gratis rondleidingen, ook achter de schermen. Het park met ruim 30 ha aan bossen en draslanden kan het hele jaar door worden verkend.

Virginia

Verlaten stranden, levendige badplaatsen, moeraslandschappen, de vruchtbare 'rolling hills' van de Piedmont met bloeiende wijngaarden, de dichtbeboste bergen in de Appalachen, bruisende stadjes – Virginia toont zich een ideaal vakantiegebied. De regio kent bovendien een rijke geschiedenis, waarvan de bewoners zich sterk bewust zijn.

Shenandoah National Park

▶ 1, D/E 1/2

Als je de bergen en bossen in het **Shenandoah National Park** ziet, wordt de verleiding groot: even in het gras gaan liggen en de gedachten laten stromen als een kabbelend beekje. Een kleine kever de weg zien oversteken en de bontgekleurde vlinders bekijken die 's middags op open plekken rond de wilde bloemen fladderen. 's Ochtends trekken witstaartherten *(Oidocoleus virginianis)* grazend langs de Skyland Lodge (zie Accommodatie blz. 152). In de loop van de dag kun je met een verrekijker soms enorme roodkopgieren, valken, haviken en spechten spotten. Op de grond scharrelt de koperkleurige patrijs. Teruggetrokken vossen en leden van de zeshonderd exemplaren tellende populatie zwarte beren laten zich echter zelden zien. Eerder nog zul je een wasbeer tegenkomen, die op zoek naar eetbare zaken in de afvalbakken snuffelt.

Het Shenandoah National Park lijkt compleet ongerept, maar het is eigenlijk een staaltje van meesterlijke herbebossing. Door de oorspronkelijke indiaanse bewoners werd de streek Shenandoah genoemd, 'dochter van de sterren'. Zij gebruikten de wouden als jachtterrein. De indianen werden gevolgd door witte pioniers, die de bossen naar behoefte kapten; wat volgde was een drastische afname van het bomenbestand. Dankzij staatsingrijpen, particuliere donaties en de inzet van arbeiders in het kader van de werkprojecten van de New Deal in de jaren 30 werden de bomen in dit gebied teruggeplant en konden in de nieuwe bossen wegen, paden en schuilhutten worden aangelegd.

De **Skyline Drive**, die het park van noord naar zuid 160 km/100 mijl op een bergkam doorkruist, is in principe voor auto's en campers. Wandelaars kunnen het park op ruim 800 km/500 mijl aan bewegwijzerde paden verkennen. De mogelijkheden lopen uiteen van de paar honderd meter lange weg bij de **Pass Mountain Overlook** tot de 24 km/15 mijl lange rondwandeling **Browns Gap - Rockytop - Big Run Portal**, die ongeveer twaalf uur in beslag neemt. De ruim twintig routes naar de vele watervallen zijn het populairst; samen met de ruiterpaden *(horse trails)* staan ze beschreven in de brochures die je bij lodges en bezoekerscentra kunt vinden.

Informatie

Shenandoah National Park: Headquarter, 3655 Hwy. 211 E, Luray, Shenandoah Valley, VA 22835, tel. 540 999 3500, www.nps.gov/shen, dag. 8.30-17 uur, 's zomers $ 25 per auto, $ 10 per persoon. Verdere informatie: Dickey Ridge Visitor Center, MP 4,6, Harry F. Byrd Sr. Visitor Center, MP 51, Loft Mountain Information Center, MP 79,5 Skyline Drive.

Shenandoah National Park Association: 3655 US 211 E, Luray, tel. 540 999 3582, www.snpbooks.org, dag. 8.30-17 uur. Hier worden

Actief

KLIMMEN EN LOPEN IN SHENANDOAH NATIONAL PARK

Informatie

Start: parkeerterrein Old Rag Parking Area aan de SR 600/Nethers Rd.
Lengte: circa 14 km/8,8 mijl; **Duur:** 5-7 uur
Belangrijk: toegang tot het nationaal park $ 20 per auto met passagiers. **Reis:** rijd van Sperryville in het oosten op de US 522 zo'n 1,6 km/1 mijl naar het zuiden, ga rechtsaf op Rte. 231 en rijd zo'n 13 km/8 mijl, weer rechtsaf op Rte. 602, die overgaat in de 707 en de 600; na 5 km/3 mijl bereik je het parkeerterrein Old Rag. Stevig schoeisel voor deze tocht is onontbeerlijk, voldoende water, eten, zonnebrandmiddel en insectenspray ook. Het parkeerterrein bij het beginpunt is voor tweehonderd auto's, op mooie weekends wordt het soms krap.

In het bos achter de **Old Rag Parking Area** gaat het via haarspeldbochten bergopwaarts. Na 1,6 km/1 mijl liggen rechts van het pad grote rotsplaten – een goede plek voor een korte pauze. Op wandelingen aan het begin van de zomer kun je de roze bloesems van de lepelboom *(Kalmia latifolia)*, die langs het pad welig tiert, niet missen.

Vervolg de tocht met behulp van de **blauwe merktekens** op de rotsen. Een korte klimpartij over een kam wordt afgewisseld met nauwe spleten, waar niet meer dan één persoon in kan. Uitgehouwen traptreden vergemakkelijken de klim door de smalle **Lava Dike Passage**. Het gaat naar beneden en dan weer bergop, nog eenmaal door een *lava dike*, met aan het eind een machtige overhangende rots.

Makkelijker wordt het niet. Bestijg de ongeveer 1,5 m hoge rots met behulp van een reisgenoot. Het volgende stuk voert zonder nieuwe uitdagingen door een bosje, maar vlak daarna dienen zich opnieuw rotskammen aan.

Na zo'n 5 km/3 mijl klimmen en dalen met een hoogteverschil van 700 m bereik je de top. Het weidse uitzicht van de 1000 m hoge rots reikt over de valleien en de ronde toppen van het nationaal park. Altijd nog 100.000 bezoekers per jaar willen dit uitzicht niet missen.

Kijk nu uit naar de blauwe merktekens voor de afdaling over de **Saddle Trail**. Hier kijken bezoekers in het seizoen weer hun ogen uit bij de bloesems van de lepelboom. De weg naar de schuilhut **Bird's Nest Shelter No. 1** (geen slaapplekken) wordt vereenvoudigd door een in

steen uitgehouwen trap en een aantal bochten. Bij de hut kun je even op adem komen. Op de splitsing van het pad ga je rechtsaf het bos in, tot de volgende schuilhut in beeld komt: **Old Rag Shelter**.
Bij de volgende splitsing gaat het rechtsaf op **Old Rag Fire Road** en op de geel gemarkeerde **Weakly Hollow Fire Road** opnieuw. Dit lange stuk zonder grote hoogteverschillen kun je in een keer uitlopen. Wie rechts omhoog kijkt, ziet steeds weer mooie plaatjes van de **Old Rag Mountain** in het licht van de ondergaande zon. Na ruim 3 km/2 mijl komt het parkeerterrein in zicht en daarmee ook het einde van deze wandeling door Shenandoah National Park.

brochures en handboeken met alle bewegwijzerde wandelpaden verkocht.

Accommodatie, eten

In het park – **Skyland Lodge:** MP 41,7, tel. 877 847 1919. **Big Meadows Lodge:** MP 51,2, tel. 877 847 1919. **Lewis Mountain Cabins:** MP 57,5, tel. 877 847 1919, www.goshenandoah.com. Rustieke accommodatie van eenvoudige hutten tot comfortabele suites. 2 pk vanaf $ 160. Skyland en Big Meadows serveren stevige regionale kost, geopend apr./mei-nov. Gerecht $ 9-25.
Camping – **National Park Campgrounds:** Mathews Arm, MP 22,1, eind mei-okt., Big Meadows, MP 51,2, eind apr.-half nov., Lewis Mountain, MP 57,5, begin mei-begin nov., Loft Mountain, MP 79,5, eind mei-eind okt., reservering tel. 877 847 1919, www.goshenandoah.com. Staanplaats $ 15-20.

Actief

Outdooractiviteiten – Op www.nps.gov/shen/planyourvisit/permitted-business-services.htm staat een lijst met erkende touroperators. Je kunt ongeveer 500 mijl aan bewegwijzerde **paden** op eigen gelegenheid of onder begeleiding van een parkranger verkennen. **Fietsen** mag op de Skyline Drive en andere verharde wegen, maar niet op wandelpaden of *cross country*. **Vissen** mag in vele van de zeventig beken, vooral op forellen. Meer informatie vind je in het Visitor Center en sportviswinkels. **Sportklimmen:** een paar touroperators bieden klimtrips op de rotsen in het park (zie lijst met gelicenseerde operators op de website, trefwoord 'rock climbing').

Paardrijden – Skyland Stables: tel. 877 847 1919, www.nps.gov/shen/planyourvisit/horseback_riding.htm, rit van 1 uur $ 50, 2,5 uur $ 95. Bijna 190 mijl aan ruiterpaden in het park.

Shenandoah Valley

▶ 1, D/E 1/2

De Shenandoah River stroomt door een breed, gelijknamig dal naar het noordoosten en bereikt na zo'n 200 km/125 mijl de Potomac, die Washington passeert en uitmondt in de grillige Chesapeake Bay. Ten oosten van de Shenandoah Valley liggen de Blue Ridge Mountains en de Massanutten Mountains, ten westen ligt de bergketen Shenandoah Mountains. Deze bosrijke bergen werden door de indianen als jachtterrein gebruikt, in de koloniale tijd doorkruisten witte pelsjagers en avonturiers de wouden. Tot eind 19e eeuw leidden boeren in de bergen en de zijdalen een moeizaam, geïsoleerd bestaan en dulden geen vreemden, in dialect *furinners* genoemd. De Shenandoah Valley is nog altijd agrarisch. De fruittelers bij Winchester en noordelijk van Roanoke vieren de bloei van de appelbomen uitbundig. Bij wijnboeren kun je proeven. Rond Lexington worden volbloeden gefokt op door bossen begrensde weilanden en bedrijft men schapen- en melkveeteelt.

Battlefield Park

8895 George Collins Pkwy., New Market, tel. 866 515 1864, www.vmi.edu/vmcw, dag. 9-17 uur, volwassene $ 10, tot 12 jaar $ 6

Battlefield State Historical Park, aan de noordrand van New Market, herinnert aan de afgeslagen aanval in 1864 van Uniegeneraal Franz Sigel, die met zijn leger de Shenandoah Valley wilde innemen. De zuiderlingen weerstonden de aanval met de hulp van 250 jonge kadetten van het Virginia Military Institute. De Hall of Fame brengt een eerbetoon aan de dappere 'kindsoldaten'. Half mei wordt de slag uit de Burgeroorlog door vrijwilligers in historische kostuums nagespeeld.

Blue Ridge Parkway

▶ 1, D 3–A 5

Kaart: blz. 154
De Blue Ridge Parkway kronkelt als een groen lint ruim 750 km/470 mijl over de kam van de Appalachen, van Shenandoah National Park in Virginia in het noorden tot het Great Smoky Mountains National Park in het zuiden, bij de grens van North Carolina en Tennessee. De zogenaamde 'parkweg' met een snelheidslimiet van 45 mijl/72 km per uur wordt beheerd door de National Park Service. De uitgestrekte bossen aan weerszijden van de weg gaan, vooral in de schemering, bijna ongemerkt over in blauwgroen getinte bergketens.

De Blue Ridge Parkway doet geen plaatsen aan, hij loopt er op enige afstand langs. Zoals in alle nationale parken zijn reclameborden en vrachtwagens hier niet toegestaan. Voor een optimale oriëntatie is de weg voorzien van *mile posts* (MP's). De eerste, MP 0, staat aan de zuidkant van Shenandoah National Park bij Rockfish Gap, de laatste, MP 469, staat in het zuiden, bij de grens van de Cherokee Reservation. Attracties en interessante plaatsen bereik je via afslagen aan weerszijden van de fraaie route. Het bezoekerscentrum **Humpback Rocks** ligt bijna aan het noordeinde van de Blue Ridge Parkway.

Informatie

Humpback Rocks Visitor Center: MP 5,8, tel. 540 943 4716, half apr.-half nov. dag. 10-17 uur.

Tip

LURAY CAVERNS

In het kalksteen van Shenandoah Valley zijn in de loop van duizenden jaren talrijke druipsteengrotten uitgesleten. Verschillende grottenstelsels zijn toegankelijk voor het publiek. De ten oosten van New Market gelegen Luray Caverns, de grootste van Virginia, trekken met hun kalksteenzuilen, 'kristallen' en ondergrondse meertjes de meeste bezoekers. Soms wordt het 'orgel' van stalactieten bespeeld (970 US 211 Bypass, tel. 540 743 6551, www.luraycaverns.com, dag. vanaf 9 uur, sluiting tussen 17 en 19 uur, volwassene $ 28, met korting $ 23, 6-12 jaar $ 15).

Het bezoekerscentrum ligt bij het noordelijke einde van de Blue Ridge Parkway.
Informatie over de Blue Ridge Parkway: National Park Service en Blue Ridge Parkway Association, Asheville, North Carolina, zie blz. 192.

Staunton 1

Dit stadje (24.500 inwoners) ligt 22 km/14 mijl ten westen van de Blue Ridge Parkway.

Woodrow Wilson Museum

20 N Coalter St., tel. 540 885 0897, www. woodrowwilson.org, mrt.-dec. ma.-za. 9-17, zo. 12-17, anders do.-za., ma. 9-17, zo. 12-17 uur, volwassene $ 14, tot 12 jaar $ 5
Woodrow Wilson, de achtste president, en de laatste uit Virginia, vervulde zijn ambt van 1913 tot 1921 en werd in 1856 in Staunton geboren. In zijn ouderlijk huis, een statige presbyteriaanse pastorie, is nu het **Woodrow Wilson Museum** ingericht.

Frontier Culture Museum

1290 Richmond Ave., tel. 540 332 7850, www.frontiermuseum.org, half mrt.-nov. dag. 9-17, anders 10-16 uur, volwassene $ 12, tot 12 jaar $ 7

Aan de zuidoostrand van Staunton belicht het **Frontier Culture Museum** het leven van de vroege pioniers. Op het terrein staan gereconstrueerde boerderijen van onder andere Engelse, Ierse en Duitse pioniers.

Natural Chimneys Regional Park

94 Natural Chimneys Ln., Mt. Solon, 36 km/ 20 mijl noordoostelijk, tel. 540 350 2510, mei-okt. dag. zonsopkomst-zonsondergang, gratis

De tot 36 m hoge kalksteenzuilen van het **Natural Chimneys Regional Park** ontstonden 500 miljoen jaar geleden en lijken op fabrieksschoorstenen of kasteeltorens. Dit inspireerde mogelijk de organisatoren van het riddertoernooi dat sinds 1821 aan de voet van de 'torens' wordt gehouden (zie Evenementen blz. 155).

Informatie

Staunton-Augusta Visitor Center: 35 S New Street, tel. 540 332 3971, www.visitstaunton.com, apr.-okt. dag. 9-18, anders 9-17 uur.

Accommodatie

Gezellig-stijlvol – **Frederick House:** 28 N New St., tel. 540 885 4220, www.frederickhouse.com. Aangename B&B nabij het centrum. 2 pk vanaf $ 165.

Eten & drinken

Ontspannen – **Mill Street Grill:** 1 Mill St., tel. 540 886 0656, www.millstreetgrill.com.

Ontspannen atmosfeer in een historisch gebouw, waar *prime rib*, kip en pasta wordt geserveerd, gerechten $ 12-24.

Uitgaan

Theater – **Blackfriars Playhouse:** 10 S Market St., tel. 540 851 1733, www.americanshakespearecenter.com. Dit nagebouwde elizabethaanse theater brengt kwaliteitstoneel.

Evenementen

National Jousting Tournament: midden juni. Riddertoernooi met middeleeuws feest. Natural Chimneys Regional Park, Mount Solon, www.nationaljousting.com.

Otter Creek 2

Van Otter Creek, het naburige James River Visitor Center en het Peaks of Otter Visitor Center (zie onder), 32 km/20 mijl ten zuiden van Otter Creek, voeren tal van wandelpaden, zoals de 5 km lange Otter Creek Trail, de omringende bergen in of langs de James River. Het James River Visitor Center is gewijd aan de rivier die ten westen vanhier in de bergen ontspringt en via Richmond naar de Chesapeake Bay stroomt. In het bezoekerscentrum kom je meer te weten over de geschiedenis van de James River, die werd vernoemd naar de Engelse koning Jacobus I. De Peaks of Otter zijn drie meer dan 1000 m hoge toppen in de Blue Ridge Mountains nabij Bedford, 36 kilometer/20 mijl naar het zuiden

Informatie

James River Visitor Center: MP 63,6, en **Peaks of Otter Visitor Center:** MP 86, eind mei-eind okt. dag. 9-17 uur, voor beide tel. 828 298 0398.

Accommodatie

Zowel bij Otter Creek als de Peaks of Otter vind je eenvoudige kampeerterreinen; liefst twee dagen of langer van tevoren telefonisch reserveren.

Camping – **Peaks of Otter Campground:** 85554 Blue Ridge Pkwy., Bedford VA 24523, tel. 540 586 7321. Staanplaats vanaf $ 20.

Lexington 3

Lexington, een van de mooiste plaatsen in de Shenandoah Valley, ligt met 11 km/7 mijl vlak bij de Blue Ridge Parkway. Dit bijna 7300 inwoners tellende stadje heeft moeite gedaan om zijn pittoreske straatbeeld met 19e-eeuwse huizen te behouden. Het **Theater at Lime Kiln**, gebouwd in een voormalige steengroeve, biedt een goede mix van modern en klassiek toneel, muziektheater en concerten.

Het **Virginia Horse Center** presenteert arabieren en andere volbloeden uit de beste stoeterijen van Virginia. Op de uitgestrekte manege, met plaats voor vijfhonderd paarden, vind je ook renbanen, een poloveld, ruiterpaden door de bossen, een hotel en een restaurant (zie Accommodatie blz. 156). In april wordt hier de **National Horse Show** gehouden (zie Evenementen blz. 157).

Liberty Hall Academy en monumenten

Lee Chapel and Museum, 204 W Washington St., tel. 540 458 8768, apr.-okt. ma.-za. 9-17, zo. 13-17, anders tot 16 uur, $ 4, museumshop; Jackson Memorial Hall, 415 Letcher Ave., tel. 540 464 7211, www.vmi.edu, dag. 9-17 uur

De universiteit van Lexington stamt nog uit de tijd van George Washington, die de toenmalige **Liberty Hall Academy** met een schenking van de ondergang redde. Na de Burgeroorlog aanvaardde Robert E. Lee in Lexington het ambt van rector van de universiteit. Na zijn dood werd die omgedoopt in de Washington and Lee University. In de kapel met Lee's graf herinnert een expositie aan de opperbevelhebber van het zuidelijke leger.

Generaal Thomas 'Stonewall' Jackson, net als Robert E. Lee een oorlogsheld, werkte tot 1861 als artilleriedocent aan de tweede hogeschool van Lexington, het **Virginia Military Institute**. Ook George C. Marshall, die in 1939 tot stafchef van het Amerikaanse leger werd benoemd, volgde een opleiding aan het 'West Point van het Zuiden'. Naar hem werd het wederopbouwplan voor Europa na de Tweede Wereldoorlog vernoemd, het zogenaamde Marshall Plan. De vier generaals worden met diverse musea en monumenten geëerd.

Informatie

Lexington Visitor Center: 106 E Washington St., tel. 540 463 3777, https://lexingtonvirginia.com, juni-aug. 8-18, sept.-okt. 8.30-17.30, nov.-mei 9-17 uur.

Accommodatie

Voor paardenliefhebbers – **Comfort Inn Virginia Horse Center:** I-64/US11, 62 Comfort Way, tel. 540 463 7311, www.choicehotels.com. Net hotel met klein zwembad. Niet ver van het Virginia Horse Center, het Virginia Military Institute en de Washington and Lee University. 2 pk vanaf $ 100.

Historische flair – **A B & B at Llewellyn Lodge:** 603 S Main St., tel. 540 463 3235, www.llodge.com. Verzorgd terrein in rustige, landelijke sfeer. Zes kamers, internet, wasmachine. Vanaf $ 110.

Eten & drinken

Ongedwongen – **The Palms:** 101 W Nelson St., tel. 540 463 7911, www.thepalmslexington.com, 11.30-22 uur. Een leuke mix van bar en restaurant, naast snacks en drinks staan bijvoorbeeld ook pasta, steaks en hamburgers op de kaart. Populair bij studenten. Gerecht $ 9-17.

Winkelen

Kunst en kunstnijverheid – **Artists in Cahoots:** Alexander Witherow House 21, 1 W Washington St., tel. 540 464 1147, www.artistsincahoots.com, mrt.-dec. ma.-za. 10.30-

Natural Bridge: een bijzonder indrukwekkend bouwwerk van de natuur

18, zo. 10.30-15.30, jan.-feb. ma.-za. 10.30-17 uur. Ateliers en verkoop van producten van een kunstenaarscollectief.

Evenementen

National Horse Show: begin mei. Voor paardenliefhebbers interessante show over de paardenfokkerij in Viriginia met uitstekende concours hippiques. Virginia Horse Center, 487 Maury River Rd., tel. 540 464 2950, https://vahorsecenter.org.

Natural Bridge 4

15 Appledore Ln., aan de US11/SR 130, tel. 800 533 1410, www.naturalbridgeva.com, voor openingstijden zie website

In de loop van duizenden jaren sleet de Cedar Creek in de kalksteenbodem een 66 m hoge en 30 m brede rotsbrug uit. De **Natural Bridge**, halverwege tussen Roanoke en Lexington, werd door de Mohikanen-indianen de 'Heilige Geest' genoemd, omdat de rotsformatie ze had gered tijdens een aanval door de Shawnee-indianen.

Een jonge landmeter genaamd George Washington was zo onder de indruk van het natuurwonder dat hij zijn initialen in de rots beitelde: ze zijn er nog altijd te zien. De advocaat en latere president Thomas Jefferson kocht het terrein voor 20 shilling van de Engelse koning en liet er een huis bouwen. Over de rotsbrug loopt tegenwoordig een weg (de US 11). Een toeristisch dorp in de nabije omgeving van de kloof voorziet bezoekers van hotels, restaurants, een wassenbeeldenkabinet, wandelpaden, een druipsteengrot en 's zomers een avondlijk klank- en lichtspel met de klinkende naam 'The Experience of Creation'.

Accommodatie

Bij het natuurwonder – **Natural Bridge Park & Historic Hotel:** 15 Appledore Ln., kruising US 11/SR 130, tel. 540 291 2121 www.naturalbridgeva.com/accommodations. Representatief hotel met stijlvol restaurant; vlakbij bevinden zich vele lokale attracties, waaronder een museumdorp van de indiaanse stam der Mohikanen en een speelgoedmuseum, druipsteengrotten en het Cedar Creekpad naar de Natural Bridge. 2 pk vanaf $ 70.

Camping – **Natural Bridge/Lexington Koa:** 214 Kildeer Lane, US 11/I-81, exit 180/180 B, tel. 540 291 2770, www.koa.com/campgrounds/natural-bridge. Tussen Blue Ridge en Alleghany Mountain gelegen kampeerterrein met zwembad, minimarkt en hooiwagenritten in het weekend. Kampeerterrein met water en elektriciteit tot zes personen vanaf $ 40 per dag, hut 1-4 personen vanaf $ 60 per dag.

Eten & drinken

Bij de stenen brug – **The Red Fox:** 15 Appledore Ln., in het Natural Bridge Hotel, zie boven, Accommodatie. Klassieke keuken van het zuidoosten in de eetzaal met shrimps and grits, bovendien een leuke bar.Gerecht $ 17-30.

Elvis en Marilyn – **Pink Cadillac Diner:** 4743 S Lee Hwy., tel. 540 291 2378 www.pcdinerva.com. Dit typisch Amerikaanse restaurant staat geheel in het teken van de jaren 50 en biedt een bijpassend gekleurd interieur. Op de kaart tref je natuurlijk klassiekers als hamburgers, hotdogs en biefstuk, maar daarnaast ook vegetarische gerechten en smakelijke broodjes. Gerecht $ 5-11.

Hot Springs 5

Een uur rijden met de auto ten westen van Lexington ligt **Hot Springs**, omringd door de bosrijke **Warm Spring Mountains**. Hier vind je warme zwavelbronnen, waarvan de geneeskrachtige werking bij uiteenlopende aandoeningen al bekend was bij de vroegste bewoners van Amerika. Verwacht in het Grand Hotel Homestead geen laagdrempelig kuurhotel, waar men op kosten van de verzekering kan kuren. Hot Springs had jaren last van teruglopende bezoekersaantallen en er werd veel opgeknapt in de stad, waardoor de plaats nu een wedergeboorte beleeft als luxe vakantiebestemming, met sport- en fitnessfaciliteiten.

Informatie

Bath County Office of Tourism: 65 Court House Hill Rd., Warm Springs, tel. 540 839 7202, www.discoverbath.com, ma.-za. 10-16.30 uur.

Accommodatie

Kuur- en skihotel – **The Omni Homestead Resort:** 7696 Sam Snead Hwy., tel. 888 444 6664, www.thehomestead.com. Luxueus kuurhotel met een lange traditie. Kuurbaden, golf en fitnessresort met omvangrijke sportcomplex. In de winter kun je skiën, uitgebreid aanbod van onder ander outdooractiviteiten. 2 pk vanaf $ 220.

Eten & drinken

Goede wijnen – **Waterwheel Restaurant:** 124 Old Mill Road, Warm Springs, 7 km/4,5 mijl ten noordoosten van Hot Springs, tel. 540 839 2231, dag. vanaf 17.30 uur. Er wordt gegeten in een omgebouwde, oude molen, uitgelezen wijnkelder. Gerecht $ 24-45.

Appomattox 6

Appomattox ligt ongeveer 8 km/50 mijl ten oosten van de Blue Ridge Parkway en is voor liefhebbers van Amerikaanse geschiedenis zeker het uitstapje waard. Toen het uitgehongerde leger van Robert E. Lee de stad Petersburg niet langer wist te houden, vluchtten de soldaten naar het westen. Na een laatste poging om zich bij de andere onderdelen te voegen, besloot Lee de vijandelijkheden voor het leger van Noord-Virginia te beëindigen.

Appomattox Court House National Historical Park

Aan de VA 22, tel. 434 352 8987, www.nps.gov/apco, dag. 8.30-17 uur, park momenteel gratis, met mondelinge toelichting

In de rechtbank (court house) van **Appomattox** ondertekende generaal Lee op 9 april 1865 de capitulatie in het bijzijn van de opperbevelhebber van het noordelijke leger, generaal Ulysses E. Grant. In het gerestaureerde **Appomatox Court House** wordt de capitulatie belicht.

Roanoke en omgeving

Roanoke 7

De ongeveer 48 km/30 mijl ten zuiden van de Peaks of Otter gelegen stad **Roanoke** (99.000 inwoners) is het economische hart van het zuidwesten van Virginia, met gerenommeerde medische klinieken en onderzoeksinstellingen. Een voormalig pakhuis aan het marktplein is verbouwd tot het **Center in the Square**, een cultureel centrum met galeries, winkels en het Mill Mountain Theatre.

Booker T. Washington National Monument

12130 Booker T. Washington Hwy., Hardy, tel. 540 721 2094, www.nps.gov/bowa, dag. 9-17 uur, gratis

In een voormalige tabaksboerderij 20 km/13 mijl ten oosten van Roanoke is het **Booker T. Washington National Monument** ondergebracht. Washington, die het van burgerrechtenactivist tot presidentieel adviseur schopte, staat op een inventarislijst uit 1861 nog vermeld als: '1 negerjongen – 400 dollar'. Twintig jaar later begon Washington in Tuskegee, Alabama, een school voor de bevrijde slaven (zie ook blz. 407).

Informatie

Roanoke Valley Visitor Information Center: 101 Shenandoah Ave., tel. 540 342 6025, www.visitroanokeva.com, mrt.-dec. dag. 9-17, jan.-feb. ma.-za. 9-17, zo. 12-17 uur.

Accommodatie

In het hart van de Blue Ridge Mountains – **Hotel Roanoke:** 110 Shenandoah Ave., tel. 540 985 5900, www.hotelroanoke.com. Traditioneel hotel in tudorstijl. Het beschikt naast mooi ingerichte kamers over een zwembad, fitnessruimte en wellness en met een golfarrangement kun je op de drie beste golfbanen van de regio spelen. 2 pk vanaf $ 150.

Comfortabel & betaalbaar – **Econo Lodge Civic Center:** 308 Orange Ave., tel. 540 343 2413, www.choicehotels.com. Eenvoudig onderkomen in de Roanoke Valley tegenover het Roanoke Civic Center. Het hotel biedt schone kamers en staat slechts 1,5 km/1 mijl van het cultureel centrum Center in the Square met enkele galeries, opera en theater. 2 pk vanaf $ 60.

Eten & drinken

Old fashioned cookin' – **The Roanoker Restaurant:** 2522 Colonial Ave., tel. 540 344 7746, www.theroanokerrestaurant.com, di.-za. 7-21, zo. vanaf 8 uur. Regionale zuidelijke keuken, sinds meer dan zeventig jaar. Zelfgebakken brood, maiskolven, gegrilde varkensfilet met appels en andere lekkernijen, ook ontbijt. Gerecht $ 7-18.

Uitgaan

Streektheater – **Mill Mountain Theatre:** Center in the Square, 1 Market Sq., tel. 540 342 5740, www.millmountain.org of www.centerinthesquare.org. In het kleine theater kun je theaterstukken, lezingen, concerten en theaterschoolprojecten bijwonen.

Evenementen

Festival in the Park: laatste weekend van mei (Memorial Day). Traditioneel stadsfeest in het Elmwood Park, dat sinds 1968 wordt georganiseerd, met kunstnijverheid, concerten, dans en kraampjes met lokale specialiteiten, tel. 540 342 2640, www.www.downtownroanoke.org, $ 15.

Vervoer

Bus: Greyhound, 26 Salem Ave. SW., tel. 540 343 5436, www.greyhound.com.

Rocky Knob Visitor Center 8

MP 169, tel. 540 745 9662, eind mei-eind okt. dag. 9-17 uur

Het **Rocky Knob Visitor Center** biedt behalve informatie ook een kampeerterrein. In Mabry Mill, ten zuiden op de Parkway, zijn diverse koloniale gebouwen in ere hersteld. Zo staat er een oude watermolen uit omstreeks 1900. In de zomerperiode houden parkwachters informatieve praatjes over het dagelijks leven van de kolonisten.

Blue Ridge Music Center 9

MP 213, 700 Foothills Rd., Galax, tel. 276 236 5309, www.blueridgemusiccenter.org, eind mei-begin nov. dag. 10-17, concerten in het weekend, kaartjes vanaf $ 35

Vlak bij de grens met North Carolina ligt het **Blue Ridge Music Center**, dat een bezoekje waard is. In het openluchttheater worden concerten gegeven met de banjo en de viool, typische folkinstrumenten. De tentoonstelling 'Roots of American Music' toont met videoclips en muziekopnames welke invloed de volksmuziek heeft gehad op de Amerikaanse cultuur.

Accommodatie

Rustiek – **Doe Run:** MP 189, tel. 276 398 4099, www.doerunlodging.com. Rustiek onderkomen met comfort en prachtig uitzicht. Vanaf $ 115.

Abingdon 10

Abingdon ligt aan de rand van de Blue Ridge Mountains, zo'n 20 km/32 mijl van de Parkway. Dit plaatsje werd gesticht in 1778 op het voormalige kamp van de beroemde verkenner Daniel Boone. Het **Barter Theatre** werd geopend in de crisisjaren na 1930. In dit beroemde streektheater traden jonge, beginnende acteurs als Gregory Peck, Ernest Borgnine en Kevin Spacey op. Vanwege de moeilijke tijden mocht de entree hier ooit in *barterware* (in natura) worden betaald. Ook de toneelschrijvers accepteerden voedingsmiddelen als honorarium. Het verhaal gaat dat Tennessee Williams tevreden was met een mooie ham, George Bernhard Shaw, een vegetariër, kreeg in ruil voor zijn stukken meestal een hoeveelheid verse spinazie.

Informatie

Abingdon Convention & Visitors Bureau: 335 Cummings St., tel. 276 676 2282, www.abingdon.com, dag. 9-17 uur.

Bij Harpers Ferry komen de Shenandoah en Potomac River bij elkaar

Uitgaan

Toneel – **Barter Theatre:** 127 W Main St., tel. 276 628 3991, www.bartertheatre.com. In dit theater begonnen glansrijke carrières.

Piedmont Plateau

Het glooiende Piedmont Plateau, dat grofweg tussen de Appalachen en de brede kustvlakte ligt, strekt zich uit tussen Harpers Ferry in het noorden en Petersburg in het zuiden (bij Richmond). Uit dit gebied komen veel beroemde patriotten, zoals Thomas Jefferson en James Madison, die rebelleerden tegen het Britse koloniale bestuur en werden verkozen tot president van de jonge Verenigde Staten. Tijdens de Burgeroorlog vonden hier talloze veldslagen plaats. In netjes onderhouden nationale parken wordt de herinnering aan de diverse gevechten levend gehouden. De hoofdstad van Virginia was in 1861 een paar jaar ook hoofdstad van de Confederatie. Richmond oogt ondanks het door de Burgeroorlog gedomineerde verleden tegenwoordig als een moderne metropool.

Weinig mensen weten dat de Piedmont ook bekend is om zijn wijn. De beste wijnen van Virginia zijn afkomstig van wijnboeren en wijnkelders in Piedmont ten noorden van Richmond.

Harpers Ferry ▶ 1, E 1

De plaats ligt op het punt waar drie staten bijeenkomen, maar zelf is het onderdeel van West Virginia. Dit dorpje wordt omspoeld door de Shenandoah River en de Potomac River, die hier gedurende duizenden jaren een 'eiland' hebben uitgesleten. Daarop ligt nu Harpers Ferry, met in de omgeving mooie beboste heuvels.

Het **Harpers Ferry National Historical Park** is een verzameling historische gebouwen en straten aan de noordoever van de Shenandoah. In 1859 overviel de radicale abolitionist John Brown (1800-1859) hier met zijn kompanen een legerdepot, maar de aanval mislukte en Brown werd door de soldaten van de latere generaal Robert E. Lee gearresteerd. Na een proces werd hij in december van dat jaar geëxecuteerd.

Informatie

Harpers Ferry National Historical Park: Visitor Center, 171 Shoreline Dr., tel. 304 535 6029, www.nps.gov/hafe, dag. 9-17 uur, $ 10 per auto, $ 5 per persoon.

Winchester ▶ 1, E 1

Winchester werd in 1732 gesticht door Schotse, Ierse en Duitse kolonisten. Het stadje van ruim 27.500 inwoners ligt tussen uitgestrekte appelboomgaarden. Rond de appelbloesems vindt er een meerdaags feest plaats. Tijdens de Burgeroorlog werd Winchester in totaal 72 maal bezet, zowel door het Noorden als door het Zuiden. In het **Museum of the Shenandoah Valley** kom je iets te weten over de roerige geschiedenis van de stad (901 Amherst St., tel. 888-556-5799, www.themsv.org, di.-zo. 11-16 uur, combikaartje huis, tuin en museum $ 12, kind $ 10).

Informatie

Winchester-Frederick County Convention & Visitors Bureau: 1400 S Pleasant Valley Rd., tel. 540 542 1326, www.visitwinchesterva.com, dag. 9-17 uur.

Evenementen

Shenandoah Apple Blossom Festival: eind apr.-begin mei. Tien dagen kunst, cultuur en plezier met kroning van de appelkoningin 'Queen Shenandoah', www.thebloom.com.

Loudoun County en Waterford Village ▶ 1, F 1

Ten noordoosten van Front Royal, de noordelijke poort tot Shenandoah National Park, ligt het landelijke, idyllische Loudoun County met het stedelijk centrum Leesburg te midden van glooiende heuvels, akkers, wijngaarden en bossen.

Waterford Village

Aan de CR 662, www.waterfordvillage.org

Plaatsen als **Waterford Village** herinneren aan de quakers, die hier in de 18e eeuw nederzettingen stichtten. De quakers hielden hun boerderijen klein, omdat ze tegen de slavernij waren. De nabijheid van Washington heeft de laatste jaren veel nieuwe inwoners getrokken, zodat het dorp is uitgegroeid tot een plaats met wel 40.000 inwoners.

Morven Park

17195 Southern Planter Ln., tel. 703 777 2414, www.morvenpark.com, www.mhhna.org, David Mansion en Museum of Hounds & Hunting za.-zo. 12-17 uur, Winmill Carriage Museum alleen za., gratis, rondleiding $ 10, tot 12 jaar $ 5

In het noorden van Virginia, een gebied met paardenfokkerijen, wordt nog op de traditionele Engelse wijze met paarden en honden op vossen gejaagd. **Morven Park**, aan de noordrand van Leesburg is het landgoed van de vroegere gouverneur Westmoreland Davis. Het huis doet denken aan het Witte Huis in Washington en omvat niet alleen een instituut gewijd aan de paardenfokkerij, maar ook het **Museum of Hounds and Hunting**, een expositie over de jacht. Een collectie van honderd koetsen is een extra attractie voor paardenliefhebbers.

Informatie

Loudoun Convention & Visitors Association: Market Station-Lower Deck., Leesburg, tel. 703 771 2170, www.visitloudoun.org, dag. 9-17 uur.

Accommodatie

Goede service – **Comfort Suites:** 80 Prosperity Ave., Leesburg, tel. 703 669 1650, www.choicehotels.com. Modern hotel met schone kamers op loopafstand van het centrum, een zwembad, fitness- en vergaderruimten en oplettend personeel. Koffie, wifi en lokale telefoongesprekken inbegrepen. 2 pk vanaf $ 120.

Eten & drinken

Heerlijk dineren – **Tuscarora Mill:** 203 Harrison St., Leesburg, tel. 703 771 9300, www.tuskies.com, ma.-do. 11-23, vr.-za. tot 24 uur, zo. tot 21 uur. In een verbouwde molen komen met fantasie bereide gerechten en heerlijke wijnen op tafel. De gesmoorde lamsbout met kaasbeignets en bessensaus is bijvoorbeeld hemels. Gerecht $ 10-40.

Evenementen

Loudoun Hunt Pony Horse Trials: eind mrt. en eind apr. Pony- en paardenshow, dressuur- en springwedstrijden. Morven Park, www.loudounhunt.ponyclub.org.

Middleburg ▶ 1, F 1

Het in 1787 gestichte Middleburg is van oudsher een centrum voor jacht en paardenrennen. Tegenwoordig spelen de wijngoederen en wijnmakerijen in 'Washington's Wine Country' een belangrijke rol. In het weekend trekken de Washingtonians naar deze landelijke streek om wijn te kopen en te genieten van de smakelijke keuken in de traditionele restaurants.

Eten & drinken

Traditionele herberg – **Red Fox Inn:** 2nd E Washington St., tel. 540 687 6301, www.redfox.com, ma.-vr. ontbijt 8-10, diner 17-21, za.-zo. brunch 11.30-14.30, diner 17-21 uur. Reeds in 1728 geopende herberg (2 pk vanaf $ 235) met een uitstekende keuken en enkele kamers. Hoofdgerecht $ 11-38.

Tussen Washington D.C. en Richmond

Manassas National Military Park ▶ 1, F 2

In juli 1861 marcheerde het tot de tanden bewapende, maar onvoldoende getrainde Unieleger van 35.000 man onder generaal Irwin McDowell van Washington naar het zuiden. Richmond, de hoofdstad van Virginia, moest worden overrompeld en de geest van de zuidelijke afscheiding moest zo snel mogelijk weer terug in de fles. Bij Manassas aan het riviertje de Bull Run stuitte het leger op het Confederatieleger van 22.000 man onder generaal P.G.T. Beauregard. Uit Washington waren kijklustigen per koets overgekomen om met een picknick eens goed voor het spektakel te gaan zitten.

De eerste Slag bij Bull Run (of de Eerste Slag bij Manassas) werd echter geen zomers uitje, maar draaide uit op een bloedig voorproefje van een vier jaar aanslepende, bittere Burgeroorlog. 's Avonds werden er 3500 doden geteld. Grote aantallen Uniesoldaten en toeschouwers vluchtten halsoverkop naar Washington. In het **Manassas National Military Park** wordt op verlichte landkaarten inzicht gegeven in deze en een latere veldslag uit de Burgeroorlog, die beide op vrijwel dezelfde locatie werden uitgevochten (12521 Lee Hwy., tel. 703 361 1339, www.nps.gov/mana, dag. 8.30-17 uur).

Informatie

Virginia Welcome Center:: I-66, Manassas, tel. 703 361 2134, www.virginia.org/welcomecenters, dag. 8.30-17uur.

Montpelier Station ▶ 1, E 2

11407 Constitution Hwy./SR 20, Orange, tel. 540 672 2728, www.montpelier.org, apr.-okt. 9-17, nov./dec. 9-16 uur, rondleiding volwassene $ 22, tot 14 jaar $ 9

James Madison was een van de geestelijke vaders van de Amerikaanse Grondwet, de vierde president van de Verenigde Staten en minister van Buitenlandse Zaken. Het grootste deel van zijn leven woonde hij in het herenhuis **Montpelier Station** in Orange, dat is gerestaureerd. Bij het landgoed (mansion) met een uitgestrekte tabaksplantage horen een parkachtige tuin, bossen en een archeologische werkplaats. James en zijn vrouw Dolley liggen begraven in het familiemausoleum op het terrein. Het bezoekerscentrum belicht het leven en werk van deze goede vriend van Thomas Jefferson.

Charlottesville ▶ 1, E 3

De universiteitsstad Charlottesville (bijna 49.000 inwoners) ligt in het pittoreske heuvelland aan de voet van de Appalachen. De wijngaarden in de omgeving, vooral in het gebied langs de US 20, produceren voortreffelijke wijnen, die in *tasting rooms* op de landgoederen kunnen worden geproefd. De bedrijvige stad is ook nauw verbonden met het leven van Thomas Jefferson (zie blz. 164).

University of Virginia

University Ave., Visitor Center, Building 11, tel. 434 982 3200, www.virginia.edu, dag. 9-17 uur (The Rotunda), rondleiding, gratis

De **University of Virginia**, het geesteskind van Thomas Jefferson, moest volgens hem in tegenstelling tot de koloniale hogeschool van Harvard in Massachusetts en het College of William and Mary in Williamsburg in het teken staan van algemene ontwikkeling. Het onderwijs in natuur- en geesteswetenschappen had als uitgangspunt dat de leerstof door vorderingen in de wetenschap inhoudelijk kon veranderen en dat iedereen, onafhankelijk van rang of stand, moest kunnen studeren. Jefferson zelf ontwierp met de hulp van een architect de plattegrond van de campus, collegegebouwen en woonhuizen. De prachtige 'Rotunda' van het hoofdgebouw is een op schaal nagebouwde replica van het Pantheon in Rome. Voor de Rotunda werden dezelfde verhoudingen gebruikt, maar met het oog op de beschikbare ruimte moest de schaal worden gehalveerd. Tot de eerste lichting studenten hier behoorde Edgar Allan Poe, die in 1826 stond ingeschreven voor klassieke en moderne talen. Zijn kamer in de westvleugel van de universiteit kan worden bezichtigd.

Monticello ▸ 1, E 3

Visitor Center, Thomas Jefferson Pkwy., tel. 434 984 9800, www.monticello.org, mrt.-nov. dag. 9-18, anders tot 16 uur, rondleiding door huis en tuin, volwassene vanaf $ 23, tot 11 jaar $ 10

Aan het op een heuvel gelegen Monticello (zie afbeelding blz. 165), ruim 3 km/2 mijl ten oosten van Charlottesville, werd decennialang naar de ideeën van Thomas Jefferson gesleuteld tot het huis zijn huidige aanzien had. Het totale concept, de tuin, de inrichting en veel details werden door Jefferson zelf ontworpen, die een briljant autodidact was. De bezichtiging van woon- en werkvertrekken van de staatsman biedt verrassende inzichten in de revolutionair en er zijn enkele producten van zijn onderzoekende geest te zien, waaronder een verbeterde versie van de zonnewijzer. Hij zou ook een lichtere variant van de ploeg hebben bedacht. Op de obelisk bij Jeffersons graf staan de drie prestaties die hijzelf het belangrijkst vond: opsteller van de Onafhankelijkheidsverklaring, vrijheid van godsdienst in Virginia en vader van de universiteit van Virginia'.

Ash Lawn Highland ▸ 1, E 3

2050 James Monroe Pkwy., tel. 434 293 8000, www.highland.org, nov.-mrt. dag. 11-17, apr.-okt. dag. 9-18 uur, volwassene $ 14, tot 11 jaar $ 8

Ash Lawn Highland, een 19e-eeuwse boerderij een paar kilometer ten zuiden van Monticello, werd bewoond door **James Monroe** (zie blz. 167), vriend en bewonderaar van Thomas Jefferson. Net als hij was Monroe ambassadeur in Frankrijk en president van de Verenigde Staten (1817-1825). De door hem in 1823 uitgedragen **Monroedoctrine** hield in dat Amerikaanse staten het recht hadden hun zaken te regelen zonder inmenging van de Europese koloniale machten.

Informatie

Charlottesville-Albemarle County Convention & Visitors Bureau: 610 E Main St., tel. 434 293 6789, www.visitcharlottesville.org, dag. 9-20 uur.

Accommodatie

Ontspannend – **Clifton Inn:** 1296 Clifton Inn Dr., tel. 434 971 1800, www.the-clifton.com. Stijlvolle bed and breakfast in een koloniale villa met ruime kamers, omgeven door een liefdevol aangelegde tuin met zwembad. Ontbijt en afternoon tea met taart bij de prijs inbegrepen. 2 pk vanaf $ 250.

Very British – **Silver Thatch Inn:** 3001 Hollymead Dr., tel. 434 978 4686, www.silver

Thomas Jefferson – filosoof, planter en politicus

Deze jurist, filosoof, architect, planter, uitvinder, schrijver en politicus zetelde in het koloniale Congres, was gouverneur van Virginia, Amerikaans ambassadeur in Frankrijk, minister van Buitenlandse Zaken en president van de Verenigde Staten.

In zijn toespraak voor een groepje Amerikaanse Nobelprijswinnaars die aan het begin van de jaren 60 op uitnodiging van de president in het Witte Huis dineerden, stelde het toenmalige staatshoofd John F. Kennedy dat in de eetzaal niet meer zoveel talent aanwezig was geweest sinds Thomas Jefferson er had gedineerd. Op 13 april 1743 werd op landgoed Shadwell bij Charlottesville Thomas Jefferson geboren, de zoon van landmeter en planter Peter Jefferson. Hij had zoveel talenten en vaardigheden dat hij in alles met kop en schouders boven zijn tijdgenoten en opvolgers zou uitsteken.

Een door Jefferson in 1774 uitgegeven pamflet baarde al opzien vanwege de uitgekiende aanvallen op het Britse parlement en de heldere onderbouwing van de rechten van kolonisten. De 33-jarige afgevaardigde zou kort daarna door het Nationale Congres van de Amerikaanse kolonies belast worden met het ontwerp voor een onafhankelijkheidsverklaring. Twee weken later kreeg het Congres al een document voorgelegd, dat op 4 juli 1776 met een grote meerderheid werd aangenomen – met uitzondering van de stellingname tegen de slavenhandel, die werd geschrapt.

Uitgaand van de ideeën van de Verlichting werkte Jefferson hierin de principes van het nieuwe politieke systeem uit: 'Wij beschouwen deze waarheden als vanzelfsprekend: dat alle mensen als gelijken worden geschapen, dat zij door hun schepper met zekere onvervreemdbare rechten zijn begiftigd, dat zich daaronder bevinden het leven, de vrijheid en het nastreven van geluk; dat, teneinde deze rechten te garanderen, regeringen onder de mensen worden ingesteld die hun rechtmatige bevoegdheden ontlenen aan de instemming der geregeerden; dat, telkens wanneer enige regeringsvorm met deze doeleinden in strijd komt, het volk het recht heeft hem te veranderen of teniet te doen en een nieuwe regering in te stellen.'

Ook met zijn wetsontwerpen voor de staat Virginia toonde Jefferson zich een aanhanger van de Verlichting. Zijn wetswijziging voor godsdienstvrijheid omvatte de scheiding van kerk en staat. Met Jeffersons landhervorming werden de Britse grootgrondbezitters onteigend en kwam er een eind aan hun invloed op de voormalige kolonie. Ook met zijn plan voor een drie niveaus omvattend onderwijssysteem en zijn onder de titel 'De relatie tussen misdaad en straf' samengevatte ideeën over de hervorming van het strafrecht, was Jefferson zijn tijd ver vooruit.

In 1784 werd Jefferson belast met de taak om de politieke isolatie van de VS in het buitenland te doorbreken en was hij als opvolger van Benjamin Franklin (1776-1785) enkele jaren Amerikaans ambassadeur aan het Franse hof. Romeinse gebouwen als het Maison Carrée in Nîmes en de neoclassicistische bouwstijl van Andrea Palladio in Noord-Italië zouden Jefferson later inspireren bij het ontwerp van het Capitool in Richmond en dat van andere openbare en particuliere gebouwen, zowel in Virginia als elders.

In het jaar van de Franse Revolutie (1789) werd Jefferson door George Washington teruggeroepen, waarna hij opnieuw de Amerikaanse politiek inging. In 1801 werd hij gekozen tot

Harmonieus: Thomas Jeffersons planterswoning 'Monticello'

president van de Verenigde Staten. Zijn ambtstijd (1801-1809) werd bepaald door inspanningen om de staat en zijn ontwikkeling te stabiliseren – geen gemakkelijke opgave, terwijl de gebeurtenissen in Europa in een stroomversnelling raakten. Met de zorgvuldig voorbereide zet om het Louisiana Territory ten westen van de Mississippi te kopen (1803), werd het grondgebied van de Verenigde Staten bijna verdubbeld. Dit was al een voorproefje op de latere ambities van de grootmacht.

Aan het eind van zijn ambtstijd trok Jefferson zich terug uit het actieve politieke leven. Hij correspondeerde met opvolgers en tijdgenoten, was president van het Amerikaanse Filosofische Genootschap, schreef een handboek over grammatica, maakte ontwerpen voor zijn landhuis Monticello en gebouwen als de in 1819 gestichte universiteit in Charlottesville. Tegelijkertijd bemoeide hij zich, niet erg succesvol, ook nog met de leiding van zijn door 150 slaven bewerkte plantage. Met zijn huishoudster Sally Hemmings kreeg Jefferson enkele buitenechtelijke kinderen.

In de lente van 1826 verslechterde Jeffersons gezondheid. In een brief aan de burgemeester van New York, die hem had uitgenodigd voor het jubileum van de Onafhankelijkheidsverklaring, schreef hij: 'De algemene verspreiding van het licht van de kennis heeft al de onwrikbare waarheid geopenbaard dat de mensen niet geboren zijn met zadels op hun rug, noch een kleine minderheid met laarzen en sporen aan om ze legitiem en bij de gratie Gods te knechten. Dit is zeer hoopgevend.' Jefferson stierf op 4 juli 1826 op 83-jarige leeftijd, op de kop af vijftig jaar na de aanvaarding van de door hem opgestelde Onafhankelijkheidsverklaring.

thatch.com. Mooie bed and breakfast met een rijke geschiedenis en een voortreffelijk restaurant (goede wijnkaart). Romantische, koloniaal ingerichte kamers, tearoom, Engelse pub en zwembad. 2 pk vanaf $ 200.

Modern en betaalbaar – **Holiday Inn Monticello:** 1200 5th St., tel. 434 977 5100, www.ihg.com. Modern hotel met een buitenzwembad, fitnessruimte en een inpandig restaurant. De attracties van Charlottesville liggen hier een klein stukje rijden vandaan. 2 pk vanaf $ 110.

Camping – **Charlottesville KOA:** 3825 Red Hill Rd., tel. 434 296 9881, https://koa.com/campgrounds/charlottesville. Door bos omgeven kampeerterrein met buitenzwembad, sportterrein en een bevervijver, zo'n 12 km/8 mijl van Monticello en en 16 km/10 mijl van Charlottesville. Tentplaats of camperplek vanaf $ 35, blokhut vanaf $ 55.

Eten & drinken

Frans – **C & O Restaurant:** 515 E Water St., tel. 434 971 7044, www.candorestaurant.com, dag. 17-22, *late night* 22-1 uur. C & O biedt op de begane grond een gemoedelijke bistro, patio en terras en op de eerste verdieping een restaurant. Hier bereidt men een lekkere mediterrane keuken met een Franse inslag. De desserts mag je absoluut niet missen. Hoofdgerecht vanaf $ 28.

Zeevruchten – **Rhett's River Grill & Raw Bar:** 2335 Seminole Trail, tel. 434 974 7818, www.rhettsrivergrill.com. Ontspannen sfeer aan de Rivanna River. Oesters, rivierkreeften, zeevruchten, maar ook hamburgers en uienringen staan op de kaart. Gerecht $ 8-39.

Indiaas – **Milan Indian Cuisine:** 1817 Emmett St., tel. 434 984 2828, www.milan-indian cuisine.com, ma.-vr, 11.30-14.30, za.-zo. 12-15, zo.-do. 17-22, vr.-za. 17-22.30 uur. Hier heb je een grote keus aan heerlijke en zorgvuldig bereide Indiase gerechten, van kip en lam tot zeevruchten en vegetarisch lekkers, van mild tot loeiheet. Gerecht $ 12-22.

Traditioneel – **Michie Tavern:** 683 Thomas Jefferson Pkwy., tel. 434 977 1234, www.michietavern.com, dag. 11.30-15 uur. Historische 18e-eeuwse herberg, waarin ook rondleidingen worden gegeven. De taveerne serveert rustieke kost en een lunchbuffet, gebaseerd op historische recepten. Gerecht $ 18,50, vegetarisch $ 11.

Uitgaan

Muziek en bier – **Miller's Downtown:** 109 W Main St., tel. 434 971 85 11, www.millers downtown.com, dag. 11-2 uur. Miller's Downtown, een bar in het centrum van Charlottesville, is in trek vanwege zijn assortiment cocktails en bieren, de livemuziek in de avond en het gezellige terras. In de ouderwetse, als een authentieke drugstore ingerichte *diner* kun je onder meer hamburgers, broodjes, vis en zeevruchten bestellen. Gerecht $ 9-16.

Vervoer

Trein: Amtrak, 810 W Main St., www.amtrak.com. Hier stopt de Crescent Line op weg van New York naar New Orleans.

Bus: Greyhound, 310 W Main St., tel. 434 295 5131, www.greyhound.com.

Fredericksburg ▶ 1, F 2

Vredige straten met kinderkopjes, opgeknapte historische huizen, winkels die net als vroeger zelfgemaakte zeep en ouderwetse potten, pannen en ander huisraad aanbieden – de Old Town van Fredericksburg omvat veertig straten. De marktplaats werd gesticht in 1728 bij een doorwaadbare plaats in de Rappahannock River. In de haven van Fredericksburg werden tabak en graan uit de omringende streek ingeladen en verscheept. Op de Ferry Farm, aan de overkant van de rivier, groeide George Washington op. James Monroe, de vijfde president van de V.S., was hier enkele jaren werkzaam als advocaat voordat hij zich kandidaat stelde als senator.

Rising Sun Tavern

1304 Caroline St., tel. 540 371 1494, www.washingtonheritagemuseums.org, mrt.-okt. ma.-za.10-17, zo. 12-16, nov.-feb. ma.-za.11-16, zo. 12-16 uur, volwassene $ 7, tot 18 jaar $ 3

In de door Charles Washington gebouwde Golden Eagle Tavern, die later werd omgedoopt in de **Rising Sun Tavern**, discussieerden George Washington, Patrick Henry, Thomas Jefferson en de broertjes Lee bij een lekker glas madeira of een paar pinten bier over politiek en landbouw. Tegenwoordig is de historische taveerne in de zomer een *living-history*-museum met figuranten in historische kleding.

Hugh Mercer Apothecary Shop

1020 Caroline St., tel. 540 373 3362, www.washingtonheritagemuseums.org, mrt.-okt. ma.-za. 9-16, zo. 12-16, nov.-feb. ma.-za. 11-16, zo. 12-16 uur, volwasssene. $ 7, kind $ 3

In de **Apothecary Shop** van Hugh Mercer ontmoetten de taveernegasten elkaar de volgende dag weer. De apotheker, Dr. Mercer, was een vrijheidsstrijder van Schotse afkomst die als generaal in het leger van George Washington zou dienen. Alle planken met medische benodigdheden, zoals flesjes, ampullen en potten, staan er nog zoals tweehonderd jaar geleden achtergelaten. De apparaten waarmee Dr. Mercer tanden trok of gebroken botten zette, lijken voor hedendaagse ogen meer op martelwerktuigen dan hulpmiddelen.

James Monroe Museum and Library

908 Charles St., tel. 540 654 1043, www.jamesmonroemuseum.umw.edu, mrt.-nov. ma.-za. 10-17, zo. 13-17, dec.-feb. 9-16 uur, volwassene $ 6, tot 17 jaar $ 2

Aan het eind van de 18e eeuw woonde James Monroe enkele jaren in Fredericksburg. Zijn huis is te bezichtigen in het **James Monroe Museum and Library**, met een omvangrijke collectie documenten van de latere president. De Louis XVI-meubels stammen uit de tijd dat hij ambassadeur in Frankrijk was.

Fredericksburg Spotsylvania National Military Park

1013 Lafayette Blvd., tel. 540 693 3200, www.nps.gov/frsp, zonsopkomst-zonsondergang, gratis

Al met al getuigen zestien slagvelden uit de Burgeroorlog in het **Fredericksburg Spotsylvania National Military Park** van de bloedigste periode uit de geschiedenis van de stad. In de veldslagen bij Fredericksburg, Chancellorsville, Spotsylvania Court House en The Wilderness kwamen ruim 100.000 soldaten om het leven of raakten zwaar gewond; twee derde van hen waren noorderlingen.

Informatie

Fredericksburg Visitor Center: 706 Caroline St., tel. 540 373 1776, www.visitfred.com, 's zomers 9-19, anders tot 17 uur.

Accommodatie

In een oud herenhuis – **Kenmore Inn:** 1200 Princess Anne St., tel. 540 371 7622, www.kenmoreinn.com. Het pension in dit pand uit de 18e eeuw werd ooit gerund door de zwager van George Washington. 2 pk vanaf $ 140. Goed restaurant di.-wo. 17.30-21, do.-za. 17.30-22 uur.

Centraal – **Hyatt Place at Mary Washington:** 1241 Jefferson Davis Hwy., tel. 540 654 3333, www.fredericksburg.place.hyatt.com. Tegenover de universiteit, modern hotel, binnenzwembad, wifi, ontbijt inbegrepen. 2 pk vanaf $ 140.

Eten & drinken

Klein maar fijn – **Cork & Table:** 909 Caroline St., Fredericksburg, tel. 540-479-1291, www.corkandtable.com. Voortreffelijke Amerikaanse keuken in de historische binnenstad, met lichte invloed uit Frankrijk en Italië. Mooie kaart met internationale wijnen. Hoofdgerecht $ 17-25.

Winkelen

Antiek – **Old Town:** wie op zoek is naar antiek of curiosa, kan in het oude centrum terecht in zo'n honderdtwintig zaken.

Vervoer

Trein: Amtrak, 200 Lafayette Blvd. De Silver Service-treinen tussen New York en Miami stoppen ook in Fredericksburg.

Regionaal vervoer: de regionale treinen van de Virginia Railway Express rijden regelmatig tussen Fredericksburg en Washington D.C., www.vre.org.

Richmond ▶ 1, F 3/4

Kajaks varen razendsnel door de stroomversnellingen van de schuimende James River, langs het eiland Belle Isle, de herstelde ruïne van de voormalige ijzerfabriek Tredegar Ironworks, waarin ooit kanonnen voor het Confederatieleger werden vervaardigd, en de moderne binnenstad van Richmond. De bruisende metropool met ruim 200.000 inwoners – in Groot-Richmond wonen ruim 1 miljoen mensen – is het centrum van de elektronica-industrie. Oude buurten als Church Hill, Fan District, Shockhoe Slip, Shockhoe Bottom en Jackson Ward zijn in ere hersteld en tot leven gekomen: waar ooit fabrieksruïnes aan betere tijden herinnerden, lopen de restaurants en muziekclubs nu elke avond vol met uitgaanspubliek.

De hoofdstad van de staat Virginia is ondanks zijn rijke oorlogsgeschiedenis niet in het verleden blijven hangen. In 1737 stichtte William Byrd II in opdracht van het House of Burgesses, het koloniale parlement, deze stad op de noordoever van de James River. Tijdens de Amerikaanse Onafhankelijkheidsoorlog werd de regeringszetel van Virginia naar Richmond verplaatst.

Tijdens de Burgeroorlog liepen de Unietroepen zich steeds weer stuk op Richmond. Daarom liggen er rond de gewezen Confederatiehoofdstad zoveel slagvelden.

Burgeroorlogmusea en gedenkplaatsen

Burgeroorlogshospitaal

National Battlefield Park, 3215 E Broad St./33th St., tel. 804 226 1981, www.nps.gov/rich, dag. 9-17 uur

Bij het **Chimborazo General Hospital**, ooit het grootste oorlogshospitaal van de staat, en Cold Harbor, waar in juni 1864 in een halfuur tijd duizenden soldaten omkwamen, geven bezoekerscentra inzicht in de militaire strategie van Noord en Zuid, maar ook in de verhalen van soldaten en burgers.

Museum of the Confederacy

1201 E Clay St., tel. 804 649 1861, www.moc.org, ma.-za. 10-17, zo. 12-17 uur, volwassene $ 10, tot 13 jaar $ 6

Beelden van de verwoestingen in de Burgeroorlog en uitgebrande ruïnes zijn te zien in het uitstekende **Museum of the Confederacy**, met een gevarieerde collectie oorlogsaandenkens. Het naburige **White House of the Confederacy**, met de woon- en werkvertrekken van de zuidelijke president Jefferson Davis, is tot in de details gereconstrueerd.

American Civil War Center

500 Tredegar St., tel. 804 780 1865, https://acwm.org, dag. 9-17 uur, volwassene $ 8, kind $ 4. Hier ook combikaartjes met andere bezienswaardigheden uit de Burgeroorlog

Op het terrein van een oude kanonnenfabriek is tegenwoordig het **American Civil War Center** ondergebracht, dat met historische documenten, foto's, videofilms en interactieve opstellingen de Burgeroorlog vanuit drie standpunten belicht. Je krijgt de visie van de Unie, van de Confederatie en van de zwarte slaven te zien.

Monument Avenue

Langs de brede, statige boulevard **Monument Avenue** staan gedenktekens voor zuidelijke oorlogshelden, zoals het beeld van generaal Lee op zijn paard. Ook zie je hier beeltenissen van president Jefferson Davis, de generaals 'Stonewall' Jackson en J.E.B. Stuart en van Matthew Maury, die tijdens de Burgeroorlog de torpedo ontwikkelde. De boulevard wordt verder omzoomd door mooie herenhuizen. Het gedenkteken voor Arthur Ashe (1943-1993), de uit Richmond afkomstige tennisser die na een besmette bloedtransfusie aan aids stierf, biedt een burgerlijke noot in de verder monumentale straat.

De foyer van het Jefferson Hotel in Richmond

Overige bezienswaardigheden

State Capitol en omgeving

9th St./Bank St., tel. 804 698 1788, www.virginiacapitol.gov, rondleiding ma.-za. 9.30-16, zo. 13-17 uur, gratis

Het **State Capitol**, het parlementsgebouw van Virginia (1788), werd ontworpen door Thomas Jefferson met medewerking van de Franse architect Charles-Louis Clérisseau. Hierbij diende de Romeinse tempel Maison Carrée in het Zuid-Franse Nîmes als inspiratie. Het klassieke gebouw met Korinthische zuilen en een koepel was het voorbeeld van een hele lichting mooie Capitools in de V.S. Het huidige gebouw is al het achtste; in de koloniale tijd viel het talloze malen ten prooi aan brand. Het imposante, levensgrote beeld van George Washington in de rotonde, het enige waarvoor hij persoonlijk model heeft gestaan, werd gemaakt door de Franse beeldhouwer Jean-Antoine Houdon. Vanuit nissen in de muur kijken de zeven andere Amerikaanse presidenten uit Virginia naar hun voorganger.

Ten zuiden van het State Capitol begint de **Canal Walk**, een bewegwijzerde route langs historische huizen en locaties naar de sluis in het **Kanawah Canal**. Via deze *locks* konden passerende vrachtschuiten de gevaarlijke stroomversnellingen in de James River bij Richmond omzeilen.

Edgar Allan Poe Museum

1914-16 E Main St., tel. 804 648 5523, www.poemuseum.org, di.-za. 10-17, zo. 11-17 uur, volwassene $ 8, scholier $ 6

Edgar Allan Poe bracht het grootste deel van zijn korte leven (1809-1849) door in Richmond. Op de redactie van de Southern Literary Messenger stond hij bekend om zijn briljante literaire kritieken en zijn overmatige alcoholgebruik. Het **Edgar Allen Poe Museum** is ondergebracht in het Old Stone House, een van de oudste gebouwen van de stad (omstreeks 1740), dat overigens nooit door Poe zelf werd bewoond. De Raven Room is versierd met illustraties uit zijn bekendste gedicht, *De raaf*.

Virginia Museum of Fine Arts

200 N Blvd., tel. 804 340 1400, www.vmfa.museum, za.-wo. 10-17, do.-vr. 10-21 uur, gratis

Het **Virginia Museum of Fine Arts** in het Fan District is niet alleen een bezoek waard vanwege de verzameling Fabergé-objecten, waaronder vijf van de beroemde, met edelstenen bezette 'eieren'. In de lichte zalen vind je ook een opvallende collectie Aziatische kunst en werken van Europese impressionisten. De shockerende wassen beelden van Duane Hanson Platz (1925-1996) worden door hun levensechte kwaliteit door de museumbezoekers geregeld aangezien voor echte mensen.

Informatie

Richmond Metropolitan Convention & Visitors Bureau: 401 N Third St., tel. 804 783 7450, www.visitrichmondva.com, dag. 9-17, 's zomers tot 18 uur.

Accommodatie

Traditioneel hotel – **The Jefferson Hotel:** 101 W Franklin St., tel. 888 918 1895, www.jeffersonhotel.com. Het paradepaardje van

Tip

VIRGINIA CAPITAL TRAIL

Onder het motto 'Connecting the Past and the Present' verbindt een 84 km lang fietspad het historische Jamestown met Richmond, de hoofdstad van Virginia. Een interactieve kaart op het internet informeert over de historische bezienswaardigheden en over accommodatie en restaurants langs het goed ontwikkelde traject (www.virginiacapitaltrail.org).

de beaux-artshotels van omstreeks 1900, met een imposante gastenlijst en een eersteklas restaurant. Indrukwekkende foyer en klassiek ingerichte, stijlvolle kamers, ook een luxueus saunagebied en een massage- en schoonheidssalon. 2 pk vanaf $ 315.

Centraal – **Museum District Bed & Breakfast:** 2811 Grove Ave., tel. 804 359 2332, www.museumdistrictbb.com. Mooie villa met drie stijlvol ingerichte kamers in de nabije omgeving van het Museum of Fine Arts, Monument Avenue en talloze restaurants en muziekcafés. 2 pk vanaf $ 155.

Charmant stadshotel – **Linden Row Inn:** 100 E Franklin St., tel. 804 783 7000, www.lindenrowinn.com. In het centrum van Richmond gelegen boetiekhotel in een gerenoveerd herenhuis met tot in de details vormgegeven, lichte kamers, een knusse binnenplaats met een fontein en een voortreffelijk restaurant. 2 pk vanaf $ 120.

Centraal en niet duur – **Massad House Hotel:** 11 N 4th St., tel. 804 648 2893, www.massadhousehotel.com. Sympathiek hotel in het centrale financiële district met schone kamers en een goede prijs-kwaliteitsverhouding. 2 pk vanaf $ 75.

Eten & drinken

Gelukkig zonder vlees – **Impanema Café:** 917 W Grace St., tel. 804 213 0190, www.ipanemaveg.com, ma.-vr. 11-23, za.-zo. 17.30-23 uur. Veganistisch-vegetarisch restaurant dat zelfs doorgewinterde carnivoren overtuigt. De rode kokoscurry met mango, cashewnoten, gesauteerde groenten, mungbonen en rijst bijvoorbeeld is goddelijk en er is een eigen bakkerij met heerlijke taarten en gebak. Hoofdgerecht vanaf $ 14.

Zeevruchten – **The Hard Shell:** 1411 E Cary St., tel. 804 643 2333, www.thehardshell.com, ma.-za. 11.30-22, zo. tot 21 uur. In het originele decor met bakstenen muren van The Hard Shell bereidt men krab, vis, oesters en andere schelpdieren in talloze subtiele variaties. Hoofdgerecht $ 7-61.

Smakelijk – **Ms. Girlee's Restaurant:** 4809 Parker Street, tel. 804-218-6146, www.msgirleesrestaurant.com. Heerlijke gerechten uit de Afro-Amerikaanse keuken, met ook broodjes, spareribs van de grill, gehaktballen en kippetjes. Hoofdgerecht vanaf $ 11.

Spaghetti en meer – **Joe's Inn:** 205 N Shields Ave., tel. 804 355 2282, www.joesinnrva.com, zo.-do. 8-24, vr.-za. 8-2 uur. Italiaans restaurant in het Fan District, dat grote porties serveert. Het al twintig jaar lang druk bezochte lokaal serveert lekkere pastagerechten, salades en soepen. Gerecht $ 10-18.

Alom geliefd – **Millie's Diner:** 2603 E Main St., tel. 804 643 5512, www.milliesdiner.com, di.-vr. 11-14.30 en 17.30-22.30, za. 9-15, 17.30-22, zo. 9-15, 17.30-21.30 uur, ma. gesl. Gezellig restaurant in een klein bakstenen gebouw, dat naam heeft gemaakt met zijn subtiele gerechten en internationaal georienteerde wijn- en bierkaart. De muziek komt uit een nostalgisch ogende jukebox. Gerecht $ 6-26.

Winkelen

'A mile of style' – **Carytown:** W Cary St., aan de zuidkant van het museumkwartier, www.carytownrva.com. Deze winkelstraat nabij het Fan Disctrict staat bekend om zijn kunstzinnige flair en telt meer dan driehonderd winkels, cafés en bedrijfslocaties. Het populaire Watermelon Festival in augustus trekt met kraampjes, muziek en eten heel veel mensen aan.

Uitgaan

Bios – **Byrd Theatre:** 2908 W Cary St., tel. 804 353 9911, www.byrdtheatre.com. Dit in 1928 gebouwde, monumentale filmpaleis is een beschermd monument, niet in de laatste plaats vanwege het Wurlitzerorgel, waarop net als vroeger voor de late voorstelling op zaterdag een concertje wordt gegeven.

Eten, drinken en sigaren – **Havana 59:** 16 N 17th St., tel. 804 780 2822, www.havana59.net, ma.-za. vanaf 16.30, zo. brunch vanaf 10 uur tot laat in de avond. Liefhebbers van Cubaanse genotsmiddelen kunnen zich hier tegoed doen aan gerechten uit de cocina Cubana en tropische cocktails zoals de originele mojito en Havana Hurricane. Verder kun je genieten van sigaren in de cigar bar in de kelder, zoals

de lokale favoriet 'Shockoe Valley Robusto'. Gerecht $ 9-34, sigaar $ 9-24.
Bar – **The Jasper:** 3113 W Cary St., www.jasperbarrva.com, dag. 17-2 uur. Deze populaire cocktailbar is pas in 2018 begonnen. Diverse klassiekers en eigen creaties $ 11-12. Hapjes zijn verkrijgbaar tot sluitingstijd.

Actief

... in Doswell (ongeveer 36 km ten noorden van Richmond):
Pretpark – **Kings Dominion:** 16.000 Theme Pkwy., tel. 804 876 5000, www.kingsdominion.com, wisselende openingstijden, zie website. Groot amusementspark met diverse achtbanen, een waterpark, liveshows en nog veel meer. Volwassene $ 68, kind $ 46.

Evenementen

Festival of Arts: juni-aug. Sinds 1956 biedt het Dogwood Dell Amphitheater in Byrd Park exposities, theater, dans en concerten in de meest uiteenlopende genres. Op het Ha'Pennypodium vinden op zondagmiddag bovendien kindervoorstellingen plaats met theater, muziek, acrobatiek en andere vormen van amusement, Byrd Park, 6000 S Blvd., tel. 804 646 1437.
Watermelon Festival: aug. Populair zomerfeest dat wordt gehouden in de winkelwijk Carytown, met veel muziek en een culinair aanbod.

Vervoer

Vliegtuig: Richmond International Airport (RIC), 1 Richard E Byrd Terminal Dr., tel. 804 226 3000, www.flyrichmond.com. Diverse lijnvluchten binnen de VS en naar Canada.
Trein: Amtrak, 7519 Staples Mill Road, tel. 800 872 7245, www.amtrak.com. Hier stoppen behalve verschillende regionale treinen ook de intercity's op het traject New York-Miami.
Bus: Greyhound, 2910 N Blvd., tel. 804 254 5910, www.greyhound.com.
Regionaal vervoer: Greater Richmond Transit Co., tel. 804 358 4782, www.ridegrtc.com. Diverse buslijnen binnen de stad en in Henrico County.

Omgeving van Richmond

Petersburg ▶ 1, F 4

Petersburg National Battlefield

Visitor Center, tel. 804 732 3531, www.nps.gov/pete, dag. 9-17 uur, gratis
Tien maanden lang streden de generaals Robert E. Lee en Ulysses S. Grant met man en macht om het weg- en spoorknooppunt Petersburg, 37 km/23 mijl ten zuiden van Richmond. De langste belegering uit de geschiedenis van de Burgeroorlog kostte aan 42.000 noordelijke en 28.000 zuidelijke soldaten het leven. Het **National Battlefield** van Petersburg toont de verschrikkingen van de belegering.

Old Blandford-Church

111 Rochelle Ln., tel. 804 733 2396, ma.-za. 10-17, zo. 13-17 uur, volwassene $ 5, kind $ 4
Er ligt in Petersburg ook een militaire begraafplaats met 30.000 graven. Aan de rand van dit War Cemetery staat de kleine **Old Blandford Church**, uit de koloniale tijd. De vijftien kleurige glas-in-loodvensters uit de werkplaats van Louis Tiffany werden later toegevoegd.

Informatie

Petersburg Visitor Center: 19 Bollingbrook St., tel. 804 733 2400, www.petersburg-va.org, ma.-za. 9-16, zo. 12-16 uur.

Accommodatie

Antebellumstijl – **Ragland Mansion B&B:** 205 S Sycamore St., tel. 804-861-1932, www.raglandmansion.com. Plantersvilla in Toscaanse stijl die omstreeks 1850 is gebouwd. Kamer vanaf $ 75.

Eten & drinken

Legendarisch – **King's Famous Barbecue:** 2910 S Crater Rd., tel. 804 732 0975, www.kingsfamousbarbecue.com, ma./di. gesl. Een familie serveert hier al drie generaties langzaam gegrilde en gerookte barbecueschotels met varkens- en rundvlees of kip. Het

De Chesapeake Bay is een rustplaats voor miljoenen trekvogels

puntje op de i is de befaamde zelfgemaakte 'King's BBQ-Sauce'. Gerecht $ 8-17.

Baaien en kustlijn in Oost-Virginia

Chesapeake Bay

▶ 1, G/H 1-4

Voor geografen is de Chesapeake Bay een grillige zeearm met een breedte variërend tussen 5 km/3 mijl en 40 km/25 mijl. De baai strekt zich 320 km/200 mijl in het binnenland uit, wordt gevoed door zo'n dertig rivieren en honderden stroompjes en is gemiddeld 6 m diep.

Voor biologen is de ondiepe, door de getijden bepaalde en brakke Chesapeake Bay een van de belangrijkste kraamkamers voor vissen en schelpdieren aan de Amerikaanse Oostkust. Voor honderdduizenden Canadese ganzen, fluitzwanen en andere trekvogels die in het najaar van het Amerikaanse noordoosten en Canada naar het warme Caribisch gebied vliegen, is de baai een ideale rustplaats op weg naar het zuiden.

Voor de mensen in het stroomgebied van de Chesapeake Bay zijn het water en de kustlijn met haar uitgestrekte draslanden, stranden en baaien vooral een ideaal recreatiegebied vlak bij het huis. In Pennsylvania,

Tip

CHINCOTEAGUE PONY'S

De bekendste bewoners van **Assateague** (▶ 1, J 2/3), een langgerekt eiland voor de kust van Delmarva, zijn de wilde pony's. Als hoogtepunt van het **Chincoteague Fireman's Carnival** (zie blz. 176) worden ieder jaar op de laatste woensdag in juli de loslopende paardjes van Assateague door het water naar het buureiland **Chincoteague** gedreven, dat ze in de zogenaamde *pony swim* bereiken. Volgens de legende zouden ze afstammen van dieren die werden achtergelaten door de Spaanse veroveraars, maar vermoedelijk stammen ze af van kuddes van 17e-eeuwse belastingontduikers. De pony's werden op het afgelegen Assateague geweid om de belastingen in Virginia te ontlopen. Het eerste veulen dat na de oversteek van het kanaal de oever van Chincoteague bereikt, wordt weggegeven, de andere pony's worden verkocht op een **veiling** voor de plaatselijke brandweer tijdens het Fireman's Carnival. Op vrijdag gaan de dieren die onverkocht zijn gebleven weer terug. De spectaculaire oversteek van honderdvijftig wilde pony's wordt jaarlijks bijgewoond door duizenden mensen.

Maryland, Delaware, Virginia en Washington D.C. wonen er langs in de baai uitmondende rivieren 15 miljoen mensen. Maar de habitat voor flora en fauna wordt bedreigd door afvalwater uit huishoudens en de industrie. Overbevissing heeft de ooit onuitputtelijke populaties zeebaars, haring en heilbot sterk gereduceerd. Met particuliere initiatieven en overheidsprojecten spant men zich al jaren in, met wisselend succes, om de milieuschade te beperken en het ecologisch evenwicht te herstellen.

Zeilers die met hun jachten 's zomers de baai opgaan, hebben geen idee van de strijd om leven en dood die zich in het water afspeelt. Met zijn riviermondingen en inhammen, eilanden en goede jachthavens geldt de Chesapeake Bay terecht als een heerlijk recreatiegebied en als een van de mooiste aan de Oostkust. In talloze visrestaurants kun je sappige zeebaars, *crab cakes* (krabkoekjes) met sinaasappelsaus en stevige oesters uit de baai bestellen – de laatste eet men rauw *on the half shell*, gestoomd of gebakken.

In de Chesapeake Bay werden in de afgelopen eeuw meer oesters gekweekt en gevangen dan waar ook ter wereld. Lange tijd mocht er alleen op oesters worden gevist met *skipjack*-boten, te herkennen aan de opvallende, driehoekige zeilen. Enkele van deze historische kotters varen nog als plezierboten in de baai.

In 1607 werd aan de zuidkant van de Chesapeake Bay door de Engelsen Jamestown gesticht, de eerste Europese nederzetting in het gebied. Een jaar later verkende kapitein John Smith (1580-1631) de enorme baai en zijn zijarmen en vervaardigde er een bijzonder nauwgezette kaart van. Smith zou ook faam verwerven als de minnaar van het indianenmeisje Pocahontas, de dochter van een Powhatanopperhoofd die Smiths leven zou hebben gered, maar er wordt getwijfeld aan de waarheid van dit verhaal. Kort na de verschijning van de kaart vestigden zich aan de beschutte zijarmen kolonisten. Tijdens de Amerikaanse Onafhankelijkheidsoorlog en de Oorlog van 1812 tussen Groot-Brittannië en de jonge natie werd er bij de ingang van de Chesapeake Bay, een strategisch gelegen punt, zwaar gevochten.

Delmarva-schiereiland

▶ 1, H/J 1–4

Het langgerekte schiereiland Delmarva (een afkorting van Delaware, Maryland en Virginia), beschermt de Chesapeake Bay tegen invloeden van de Atlantische Oceaan. De

Chesapeake Bay Bridge op de zuidpunt bij Cape Charles verbindt het schiereiland met Norfolk op het vasteland over een afstand van 37 km/23 mijl, soms boven en soms onder water. Aan de oceaanstranden en in meertjes kun je zwemmen, kanoën, adelaars en watervogels observeren, vissen en zeilen. Even bijkomen van de avonturen kan in de restaurants aan het water of bij de vele *seafood festivals* met gestoomde *blue crab*, gebakken krab of andere specialiteiten uit de Chesapeake Bay.

Ondanks de milieuproblemen leven hier veel verschillende vissoorten en in kalme wateren gedijen de stevige Virginia-oesters. Verse Eastern Shore-aardbeien, die 's zomers aan kraampjes op straat worden verkocht, smaken ook heerlijk.

Chincoteague ▶ 1, H 3

Het 12 km/7,5 mijl lange en 2,4 km/1,5 mijl brede **Chincoteague Island** aan de Eastern Shore is door een dam met het vasteland verbonden. Voor Chincoteague ligt het langgerekte **Assateague Island**, dat zich in noordelijke richting uitstrekt tot aan Maryland. Assateague is als *national seashore* een beschermd natuurgebied. Naast toerisme vormt de vangst van oesters, mosselen en krabben de belangrijkste bron van inkomsten voor de ongeveer drieduizend eilanders.

Informatie

Chincoteague Chamber of Commerce: 6733 Maddox Blvd., tel. 757 336 6161, www.chincoteaguechamber.com, ma.-za. 9-16.30 uur.

Accommodatie

Hemelbedden – **Channel Bass Inn:** 6228 Church St., tel. 757 336 6148, www.channelbassinn.com. Pension in een gerestaureerde villa uit 1870. Met overvloedig ontbijt en afternoon tea. Het seizoen begint op 1 mei. 2 pk vanaf $ 135.

Countryherberg – **Refuge Inn:** 7058 Maddox Blvd., tel. 757 336 5511, www.refugeinn.com. Leuk hotel met zwembad, park en terrassen. 2 pk vanaf $ 100.

Chincoteague pony's in het natuurgebied op Assateague Island

Gezellig – **The Lighthouse Inn:** 4218 Main St., tel. 757 336 5091, www.mylighthouseinn.com. Door een familie gerund onderkomen in het centrum van Chincoteague met schone, prettig ingerichte kamers. Je hebt hier de beschikking over een buitenzwembad en twee bubbelbaden. 2 pk vanaf $ 90.
Camping – **Maddox Family Campground:** 6742 Maddox Blvd., tel. 757 336 3111. Keurige, schone camping zonder bijzondere luxe. Staanplaats vanaf $ 45.

Eten & drinken

Vis met muziek – **AJ's on the Creek:** 6585 Maddox Blvd., tel. 757 336 5888, www.ajsotc.com, ma.-do. 11.30-20.30, vr.-za. 11.30-21.30 uur. Restaurant met terras aan een beek. Op de menukaart staan pasta, vis en vlees. In het weekend livemuziek. Hoofdgerecht $ 16-30.

Evenementen

Chincoteague Seafood Festival: begin mei. In Tom Cove's Park staan tientallen kraampjes met vers bereide mosselen, oesters, krab en vis, Tom's Cove Park, 8128 Beebe Rd., Chincoteague Island, www.chincoteaguechamber.com.
Pony Swim/Chincoteague Fireman's Carnival: eind juli, www.chincoteaguechamber.com. Een traditie van tachtig jaar: ieder jaar in de zomer worden de wilde pony's van Assateague Island door het water naar Chincoteague Island gedreven, waar de dieren worden geveild (zie blz. 174).

Wallops Island ▶ 1, H 3

Ongeveer 8 km/5 mijl ten zuidwesten van Chin- coteague, op **Wallops Island**, onderhoudt de NASA zijn Flight Facility, een raketbasis. De hier gelanceerde raketten worden vooral gebruikt voor klimaatonderzoek en de ontwikkeling van brandstofbesparende technologie. In het **NASA Visitor Center** krijg je inzicht in de doelstellingen van de NASA en de projecten van de Wallops Flight Facility (tel. 757 824 1344, www.sites.wff.nasa.gov/WVC, di.-za. 10-16, gratis, rondleiding di. en do. op afspraak, tel. 757 824 2298).

Tidewater Virginia

De naam Tidewater voor het oosten van Virginia verwijst naar het getij van de Atlantische Oceaan, dat ook nog merkbaar is in de Chesapeake Bay en zijn riviermondingen. Veel tabaksplantages hebben inmiddels plaatsgemaakt voor tarwe- en maisakkers. In dit gebied worden ook gewassen voor biobrandstof geteeld.

George Washington's Birthplace ▶ 1, G 3

1732 Popes Creek Rd., Colonial Beach, tel. 804 224 1732, www.nps.gov/gewa, dag. 9-17 uur, gratis

Op de **Pope Creek Plantation**, een boerderij op de drassige oever van de Potomac, werd op 22 februari 1732 de latere president George Washington geboren, de zoon van tabaksplanter Augustine Washington en zijn vrouw Mary Ball. Op het terrein staat een replica van het geboortehuis van de eerste president van de Verenigde Staten, het **George Washington's Birthplace National Monument**. 's Zomers bieden gekostumeerde acteurs de bezoekers hier een kijkje in het dagelijks leven van driehonderd jaar geleden.

Stratford Hall ▶ 1, G 3

483 Great House Rd., Montross, nabij de SR 214, tel. 804 493 8038, www.stratfordhall.org, dag. 9.30-16, 's winters 10.30-16 uur, volwassene $ 14, tot 11 jaar $ 9

Op een steenworp afstand van het huis van de familie Washington (zie hiervoor) lag de boerderij van de bevriende familie Lee, **Stratford Hall**. Thomas, vader van de familiedynastie, werkte aan het begin van de 18e eeuw als opzichter van de Engelse grootgrondbezitter lord Fairfax. Vijf van zijn zoons speelden een prominente rol in de Onafhankelijkheidsoorlog en in de jonge republiek. Generaal 'Light Horse' Henry Lee, een neef van de familie, was later gouverneur van Virginia. Robert Edward Lee, zijn zoon, zag in 1807 het levenslicht op Stratford Hall en vergaarde roem als opperbevelhebber tijdens de Burgeroorlog. De mooi gerestaureerde en door vrijwilligers in ere gehouden plantage kan worden bezichtigd.

Mattaponi en Pamunkey Indian Reservation ► 1, G 3

Tussen de plantages aan de Potomac en de zuidelijke James River liggen uitgestrekte soja- en graanakkers, afgewisseld door bossen. In de 400 ha grote **Mattaponi Indian Reservation**, aan de Mattaponi River 35 km ten noordwesten van Richmond, en de 400 ha grote **Pamunkey Indian Reservation**, aan de Pamunkey River bij West Point, wonen 130 nazaten van indianen die de kolonisatie in Virginia hadden overleefd.

Historic Triangle

Aan de bovenloop van de James River, tussen Richmond en Jamestown, liggen de oudste plantages van Noord-Amerika. Tabak, het eerste belangrijke exportproduct van de kolonie en verantwoordelijk voor de rijkdom en de betekenis van Virginia tot in de 19e eeuw, werd direct op de kades van de plantages aan de oever van de rivier overgeslagen op zeegaande schepen. Dit verklaart waarom er in Virginia maar langzaam belangrijke havens ontstonden. Hoewel het eerste Nederlandse handelsschip met West-Afrikaanse slaven Virginia al in 1619 bereikte, kwam de slaveneconomie op de tabaksplantages pas enkele decennia later goed op gang. Eerst waren de bewerkte oppervlakten te klein en de Engelse werkkrachten te goedkoop: zij moesten hun overtocht naar de Nieuwe Wereld de eerste jaren met gratis arbeid terugverdienen.

De Colonial Parkway met zijn mooie vergezichten verbindt **Jamestown**, **Williamsburg** en **Yorktown** met elkaar. Deze drie plaatsen belichamen bijna 175 jaar Britse koloniale heerschappij, van hun ontstaan in 1607 tot de bittere nederlagen van de troepen van generaal Cornwallis in 1781. Ruim twintig jaar na het mislukken van de eerste Engelse poging om op de Outer Banks van North Carolina een kolonie te stichten, deden de eigenaars van de Londense Virginia Company een tweede poging, deze keer aan de benedenloop van de James River. In 1607 legden drie kleine schepen met 104 kolonisten hier aan. De Britten noemden hun nederzetting Jamestown (zie blz. 178) naar hun koning James I.

Charles City en omgeving ► 1, F 4

De regio rond Charles City was van begin af aan nauw verweven met de Amerikaanse geschiedenis. Benjamin Harrison, een ondertekenaar van de Onafhankelijkheidsverklaring, was hier geboren, en hetzelfde geldt voor William Henry Harrison en John Tyler, respectievelijk de negende en tiende president van de VS. Verscheidene van de oudste plantershuizen van het land staan aan de oever van de James River.

Shirley Plantation ► 1, F 4

501 Shirley Plantation Rd., tel. 804 829 5121, www.shirleyplantation.com, dag. 9.30-16 uur, rondleiding elk uur vanaf 10 uur, volwassene $ 12,50, 7-16 jaar $ 8,50

Al in 1613, zes jaar nadat met Jamestown de eerste permanente Britse nederzetting in Noord-Amerika was gevestigd, werd ook de Shirley Plantation gesticht. Sinds 1660 is deze plantage het eigendom van de families Hill en Carter. Het huidige bakstenen gebouw van twee verdiepingen stamt uit het begin van de 18e eeuw, is uitstekend gerenoveerd en geeft een authentiek beeld van een rijke tabaksplantage. Een kunstig uit walnotenhout gesneden binnentrap voert zonder steunende verticale balken naar de tweede verdieping.

Berkeley Plantation ► 1, F 4

12602 Harrison Landing Rd., SR 5, tel. 804 829 6018, www.berkeleyplantation.com, jan,-half mrt. dag. 10.30-15.30, half mrt.-dec. 9.30-16.30 uur, volwassene $ 12, 6-126jaar $ 7

Naast enkele andere plantages aan de James River kan ook de **Berkeley Plantation** van de familie Harrison – die een ondertekenaar van de *Declaration of Independence* en een

Amerikaanse president heeft voorgebracht – worden bezichtigd. De planterswoning aan de James River dateert uit 1726.

Sherwood Forest ▶ 1, F 4

14501 John Tyler Memorial Hwy., Charles City, tel. 804 829 5377, www.sherwoodforest.org, dag. 9-17 uur, toegang Park volwassene $ 10, tot 14 jaar gratis, rondleiding door het huis op afspraak $ 35, student $ 25

Het imposante, bijna 100 m lange plantagegebouw van Sherwood Forest uit het begin van de 18e eeuw kwam halverwege de 19e eeuw in het bezit van de familie Tyler. John Tyler, vicepresident onder president William Henry Harrison van de naastgelegen Berkeley Plantation, werd na diens dood president. Dat gebeurde ondanks zijn omstreden reputatie.

Sherwood Forest is nog altijd familiebezit en omgeven door een zorgvuldig aangelegd park, waarin ook de oudste ginkgo (Japanse notenboom) van de VS staat, uit het midden van de 19e eeuw.

Jamestown ▶ 1, G 4

Zonder steun van de indianen was deze nederzetting niet eens de eerste winter doorgekomen, maar ook de jaren erna had de stad het steedsmoeilijk. Van de vijfhonderd kolonisten waren er na de eerste vier jaar in 1611 nog maar zestig in leven. Van de 7300 mensen die tot 1624 de Nieuwe Wereld hadden bereikt, bezweken er in totaal zesduizend aan ziekten en gevechten met de indianen.

Pas in het midden van de 17e eeuw stabiliseerde de kolonie zich. Feit is dat er van de ooit tweehonderd indiaanse dorpen toen nog maar twaalf over waren. Onenigheid over de verdeling van het land en de relatie met de indianen voerden in 1676 tot een opstand onder de kolonisten tegen de gouverneur, waarbij Jamestown in de as werd gelegd. Nadat Williamsburg in 1699 tot de nieuwe hoofdstad van de kolonie was uitgeroepen, raakte de eerste permanente Britse nederzetting in Noord-Amerika in verval.

Historisch Williamsburg: alles zoals het ooit eens was

Het historische Jamestown

1368 Colonial Pkwy., tel. 757 856 1250, www.nps.gov/jame, dag. 9-17 uur, volwassene $ 14 samen met Yorktown, tot 15 jaar gratis

Van het **historische Jamestown** in het National Historical Park is helaas niet veel overgebleven. Alleen de fundamenten en de ruïne van de in 1639 gebouwde kerk resteren nog. Een aanschouwelijk vormgegeven Visitor Center en wandel- en rijwegen door het gekoloniseerde gebied geven echter toch een uitstekende indruk hoe de mensen hier drie eeuwen geleden geleefd zouden kunnen hebben.

Jamestown Settlement

Rte. 31, nabij de Colonial Pkwy., tel. 757 253 4838, www.historyisfun.org, dag. 9-17 uur, $ 17, tot 12 jaar $ 8

Naast het historische Jamestown ligt de **Jamestown Settlement**, die ook kan worden bezichtigd, met de reconstructie van een Powhatandorp, het gereconstrueerde Fort James en allerlei andere gebouwen uit het oude Jamestown. Verder kan men hier nog replica's bewonderen van de eerste drie schepen van de kolonisten, de 'Susan Constant', de 'Godsped' en de 'Discovery'. In de zomer wordt het openluchtmuseum bewoond door acteurs in historische kleding, die het leven van de vroegere kolonisten in beeld brengen.

Eten & drinken

Stevig en lekker – **Old Chickahominy House:** 1211 Jamestown Rd., tel. 757 229 4689, www.oldchickahominy.com, alleen ontbijt en lunch. Het in koloniale stijl ingerichte restaurant, dat is gevestigd in een historisch gebouw, doet denken aan een traditionele tea room. Voor het *early breakfast* kun je eieren met spek, allerlei lekkere broodjes, bacon, pannenkoeken, worstjes en mais bestellen. Bij de lunch worden er onder andere heerlijke Brunswick stew (een stoofschotel met diverse soorten vlees en groenten), kip, dumplings (meelballetjes), fruitsalade en zeer smakelijk gebak geserveerd. Gerecht $ 9-15.

Williamsburg ▶ 1, G 4

Toen de gouverneur van Virginia, Francis Nicholson er in 1699 op aandrong dat de hoofdstad verder landinwaarts kwam te liggen, stond daar al zes jaar het **College of William and Mary**, na Harvard in Boston de oudste universiteit van de koloniën. Tot de beroemdheden die hier zijn afgestudeerd, behoren vier latere Amerikaanse presidenten: George Washington, Thomas Jefferson, James Monroe en John Tyler. De hoofdstad van de kroonkolonie kreeg de naam Williamsburg, ter ere van de Engelse koning Willem III (ook stadhouder Willem III).

Nadat Thomas Jefferson in 1779 als gouverneur van Virginia de regeringszetel naar Richmond had verplaatst, ging het bergafwaarts met de koloniale metropool. Dit eindigde pas in 1926, toen een priester erin slaagde om zijn enthousiasme voor de restauratie van de half vervallen voormalige hoofdstad over te brengen op miljardair John D. Rockefeller. Diens gift ($ 100 miljoen) om een stichting in te stellen vindt tot op de dag van vandaag veel navolging.

Stadswandeling

Wie in het laagseizoen of 's ochtends voor de grote stromen toeristen een wandeling over **Duke of Gloucester Street** maakt tussen het bakstenen gebouw van het Capitool en het College, krijgt het gevoel dat de tijd 350 jaar heeft stilgestaan. Er zijn inmiddels circa negentig woonhuizen, herenhuizen, werkplaatsen en winkels gerestaureerd.

Ook in de **Raleigh Tavern**, de inofficiële vergaderplaats van het wegens 'opstandigheid' verscheidene malen ontbonden parlement (House of Burgesses), kan het glas weer worden geheven. Acteurs in historische kostuums laten zien hoe het er in de hoofdstad in de 18e eeuw aan toe ging. Het **Capitool** aan het oostelijke uiteinde van Duke of Gloucester Street is gebouwd naar het voorbeeld van de eerste regeringszetel uit 1701. Het **Governors Palace** aan Palace Green is gemodelleerd naar zijn voorloper uit 1722, maar dateert in werkelijkheid pas uit 1934.

Busch Gardens Williamsburg

1 Busch Gardens Blvd., 4,5 km oostwaarts aan de US 61, tel. 757 229 4386, www.busch gardens.com, wisselende openingstijden zie website, vanaf 3 jaar dagkaart $ 90

Licht amusement van modernere aard biedt **Busch Gardens Williamsburg** bijna 5 km/3 mijl ten oosten van de stad aan de US 61. Dit themapark met meer dan honderd attracties en shows werkt als extra publiekstrekker voor de regio. De namen van de attracties en voertuigen zijn geïnspireerd op Europese plaatsen, zoals bij de duizelingwekkende achtbaan 'Loch Ness Monster', de spannende boottocht 'Escape from Pompeii' en het spookhuis 'Curse of Dark Castle' in een Beiers fantasiekasteel.

Informatie

Greater Williamsburg Chamber & Tourism Alliance: 421 N Boundary St., tel. 757 229 6511, www.colonialwilliamsburg.com, ma.-vr. 8.30-17 uur.

Accommodatie

Luxe – **Williamsburg Inn:** 136 E Francis St., tel. 855 233 1437, www.colonialwilliams burghotels.com. Stijlvol grandhotel in de stijl van een Engels landhuis met prachtig ingerichte kamers en grote marmeren baden. Het hotel beschikt over een golfbaan, binnen- en buitenbaden en 24 uur per dag roomservice, die niets te wensen over laat. In de Regency Room en in de Terrace Room kun je voortreffelijk dineren. 2 pk vanaf $ 400.

Overtuigend – **Hampton Inn & Suites Williamsburg Historic District:** 911 Capitol Landing Rd., tel. 757 941 1777, www.hamptoninn.hilton.com. Zeer smaakvol ingerichte, verzorgde kamers, behulpzaam personeel, zwembad en fitnessruimte. Het lekkere ontbijt is bij de prijs inbegrepen. 2 pk vanaf $ 90.

Goede locatie voor de beste prijs – **Governor's Inn:** 506 N Henry St., tel. 855 231 7240, www.colonialwilliamsburghotels.com. Comfortabel hotel, maar drie huizenblokken van Colonial Willis verwijderd en met gratis shuttleservice naar Busch Gardens en het bijbehorende waterpretpark Water Country. Het hotel beschikt over een buitenzwembad. 2 pk vanaf $ 65.

Camping – **Williamsburg KOA:** 4000 Newman Rd., tel. 757 565 2907, www.williams burgkoa.com. Grote camping in de buurt van Colonial Williamsburg, Jamestown, Yorktown, Busch Gardens met het waterpretpark Water Country. Twee verwarmde zwembaden, volley- en basketbalveld, speelterreinen. Staanplaats tent vanaf $ 45, staanplaats camper vanaf $ 38, blokhut 1-6 personen vanaf $ 95. **Anvil Campg round:** 5243 Moreton Rd., afslag 238 van de I-64, tel. 757 526 2300, www.anvilcampground.com. Centraal gelegen kampeerterrein met zwembad, speeltuinen, basketballveld en shuttleservice naar de lokale attracties. Staanplaats tent vanaf $ 35, staanplaats camper vanaf $ 38, vakantiehuisje met badkamer en keuken vanaf $ 110.

Eten & drinken

Stijlvol en modern – **The Trellis Bar & Grill:** 403 W Duke of Gloucester St., tel. 757 229 8610, www.thetrellis.com, ma.vr. 11-16, 17-21, za. 17-21, zo. brunch 10-15, 16-21 uur. Moderne Amerikaanse keuken met verse ingrediënten uit de regio. Hier kun je uitstekend ontbijten, lunchen en avondeten. Bovendien vinden er meermaals per week optredens van jazzmuzikanten plaats. Hoofdgerecht $ 24-39.

Eten als in de 18e eeuw – **Shields Tavern:** 422 E Duke of Gloucester St., tel. 855 268 7220, www.colonialwilliamsburghotels.com, dag. 11.30-14, 17-20 uur. In de in totaal elf historische eetvertrekken waarin de open haard een aangename sfeer creëert, krijg je bij de lunch en het diner *Southern comfort food* geserveerd, dat op koloniale recepten is geïnspireerd. Gerecht $ 19-35.

Grote variatie – **Food For Thought:** 1647 Richmond Rd., tel. 757 645 4665, www.foodforthoughtrestaurant.com, zo.-do. 11.30-21, vr.-za. tot 21.30 uur. Gezinsvriendelijk restaurant dat is gewijd aan eminente denkers uit de geschiedenis; afbeeldingen en uitspraken van hen sieren de muren van het restaurant. Rijk gevarieerde menukaart met naast klassieke Amerikaanse gerechten als stoofvlees en spareribs ook Thaise specialiteiten, Jamaicaanse *jerk chicken* en allerlei vegetarische heerlijkheden; er zijn ook glutenvrije schotels verkrijgbaar. Hoofdgerecht $ 16-30.

Winkelen

Koloniale souvenirs – **Historic Area:** in de oude winkels van Colonial Williamsburg zijn talrijke originele souvenirs te koop: reproducties van meubels, driekante steken, zeep, ganzenveren om mee te schrijven, aardewerk en nog veel meer.

Outlet-mall – **Premium Outlets:** 5715-62A Richmond Rd., tel. 757 565 0702, www.premiumoutlets.com. In 125 winkels worden allerhande afgeprijsde artikelen van bekende merken verkocht, van Adidas tot Tommy Hilfiger.

Yorktown ▶ 1, G 4

Deze vroeger bedrijvige tabakshaven ligt aan het oostelijke einde van de Colonial Parkway. Dankzij goede militaire samenwerking kon een sterk Amerikaans-Frans leger hier in oktober 1781 een hoofdcontingent van de Engelse eenheden onder hun generaal Cornwallis tot overgave dwingen. De gevangenneming van achtduizend goed getrainde soldaten en van een van de bekendste generaals bracht in het verre Londen een grote schok teweeg. De overtuiging groeide dat Engeland niet wereldwijd op meer plaatsen tegelijk succesvol oorlog kon voeren. Met de ratificatie van een vredesverdrag in september 1783 werden de Verenigde Staten een onafhankelijke republiek, die ook door de voormalige koloniale mogendheid werd erkend.

Colonial National Historic Park

Zuidelijke uiteinde van de Colonial Pkwy., tel. 757 898 2410, www.nps.gov/yonb, dag. 9-17 uur, volwassene $ 14 samen met Jamestown, tot 15 jaar gratis

In het **Yorktown Battlefield Visitor Center** van het **Colonial National Historic Park** zie je talloze belangwekkende historische objecten, zoals een tent die door George Washington is gebruikt, een geschutstelling en de kapiteinskajuit van een Brits fregat.

Yorktown Victory Center

Old SR 238, tel. 757 887 1776, www.historyisfun.org, dag. 9-17, half juni-aug. tot 18 uur, volwassene $ 15, tot 12 jaar $ 7,50

In het **Yorktown Victory Center** zijn de stellingen van de legers, de schansen en geschutsposities gereconstrueerd. Bij het jaarlijkse overwinningsfeest speelt een Britse militaire kapel in historische uniformen 'The world turned upside down', net als op 19 oktober 1781.

Informatie

Yorktown Information Center: 301 Main St., tel. 757 890 4490, www.visityorktown.org, dag. 9-17 uur. Hier kun je ook informatie inwinnen over de talrijke evenementen in de regio.

Hampton Roads

De regio Hampton Roads omvat de havengebieden van vier grote steden – Hampton en Newport News ten noorden en Norfolk en Portsmouth ten zuiden van de monding van de James River in de Chesapeake Bay. Verder naar het zuidoosten sluit ook Virginia Beach hier op aan. In deze economisch dynamische regio wonen bijna 1,7 miljoen mensen.

De betekenis als belangrijkste handelshaven van het midden van de Atlantische kust wordt nog vergroot door de indrukwekkende **scheepswerven** van de particuliere Norfolk Naval Shipyard in Portsmouth. De Norfolk Naval Base is bovendien de thuishaven van meer dan 125 oorlogsschepen. Hampton en Norfolk hebben van hun op het water georiënteerde centra voetgangerzones gemaakt met galeries, restaurants en winkels.

Enkele interessante kunstcollecties, zoals het **University Museum** in Hampton (zie blz. 182) en het **Chrysler Museum** in Norfolk (zie blz. 184), tonen naast werken van

Amerikaanse kunstenaars, uiteenlopend van Lichtenstein tot Motley en Tanner, ook schilderijen en beeldhouwwerk van Europese kunstenaars – Renoir, Matisse en Picasso – plus een omvangrijke verzameling glaskunst.

De 37 km/23 mijl lange tunnel-brugverbinding op de Eastern Shore begint in Norfolk.

Newport News ▶ 1, G 4

Mariners' Museum

100 Museum Dr., tel. 757 596 2222, www.marinersmuseum.org, ma.-za. 9-17, zo. vanaf 11 uur, volwassene $ 14, tot 12 jaar $ 9

Het **Mariners' Museum** in Newport News documenteert de maritieme traditie van de regio met een omvangrijke tentoonstelling over de zeevaart. Je maakt hier een reis van drieduizend jaar door de geschiedenis van de scheepvaart, van houten scheepsminiaturen, waarvan de details alleen goed zichtbaar zijn onder een loep, en modellen van Egyptische en Romeinse oorlogs- en handelsschepen tot een Japanse onderzeeboot. Het met ijzeren platen gepantserde oorlogsschip USS Monitor kwam in de Burgeroorlog in actie aan de kant van de Unie. In een eigen tentoonstellingscentrum zijn de resten te zien van het in 1862 voor Cape Hatteras gezonken schip.

Virginia Living Museum

524 J. Clyde Morris Blvd., tel. 757 595 1900, www.thevlm.org, mei-sept., dag. 9-17, juni-aug. do. tot 20 uur, volwassene $ 20, 3-12 jaar $ 15

Het **Virginia Living Museum** is gewijd aan de leefomstandigheden in de verschillende landschapstypen van Virginia, van de koele bergstreek van de Appalachen tot de draslanden van de kustvlakte. In mooi vormgegeven leefgebieden worden de inheemse flora en fauna van de staat getoond.

Informatie

Newport News Visitor Center: 13560Jefferson Ave., tel. 757 886 7777, www.newport-news.org, dag. 9-17 uur.

Hampton ▶ 1, G 4

De havenstad Hampton, die in 1610 werd gesticht, telt ongeveer 136.000 inwoners. Met verschillende visverwerkingsbedrijven vormt hij het centrum van de visindustrie van Virginia.

Fort Monroe

20 Bernard Rd., Fort Monroe, tel. 757 788 3391, www.fortmonroe.org, okt.-apr. di.-zo. 10.30-16.30, mei-sept. dag. 10.30-16.30uur, gratis

Fort Monroe werd gedurende de periode van 1819 tot 1834 gebouwd op een strategisch belangrijke plaats aan de zuidpunt van het schiereiland en beschermt de monding van de James River. In het **Casemate Museum** zie je vestingwerken, geschut en de gevangeniscel van de vroegere president van de Confederatie, Jefferson Davis, die hier na de verloren Burgeroorlog twee jaar zonder proces opgesloten zat. De latere generaal Robert E. Lee diende in het fort tijdens de bouwwerkzaamheden in 1831, de schrijver Edgar Allan Poe was tijdens zijn korte militaire carrière van 1828 tot 1829 bij de artillerie gestationeerd.

Virginia Air and Space Center

600 Settlers Landing Rd., tel. 757 727 0900, www.vasc.org, di.-za. 10-17, zo. 12-17 uur, volwassene $ 19, 3-18 jaar $ 15,50

Achter de imposante 30 m hoge glazen gevel van het **Virginia Air and Space Center** in Langley zweven aan draadkabels opgehangen raketten, ruimtecapsules en satellieten in de enorme entreehal. Het ruimtevaartcentrum, dat ook IMAX-films vertoont, is tegelijk het officiële bezoekerscentrum van het ernaast gelegen onderzoeksinstituut van de NASA. Op het terrein werden in de jaren 60 de Mercury-astronauten voor de eerste Amerikaanse bemande ruimtevluchten rond de aarde getraind.

Hampton University Museum

11 Frissel Ave., tel. 757 727 5308, museum.hamptonu.edu, ma.-vr. 8-17, za. 12-16 uur, gratis

In het **University Museum**, dat midden op de campus van Hampton University staat, is een omvangrijke collectie Afrikaanse en Afro-Amerikaanse kunst te bewonderen.

Informatie

Hampton Visitor Center: 120 Old Hampton Ln., tel. 757 727 1102, www.visithampton.com, ma.-za. 9-17 uur, zo. 13-17 uur.

Accommodatie

Comfortabel – **Courtyard by Marriott:** 1917 Coliseum Dr., tel. 757 838 3300, www.marriott.com. Modern hotel met fitnessruimte, buiten- en bubbelbad, businesscenter voor zakenreizigers, plus zeer aangename bedden. Het Peninsula Town Center met een groot winkelcentrum en het sportcomplex Boo Williams Sportsplex zijn lopend bereikbaar, talrijke andere bezienswaardigheden liggen op een paar minuten rijden met de auto. 2 pk vanaf $ 110.

Licht en vriendelijk – **Holiday Inn Express:** 1813 W Mercury Blvd., tel. 757 838 8484, www.ihg.com. Functioneel hotel met comfortabele bedden, niet ver van de snelweg, van Virginia Air and Space Center en ook het strand van Buckroe Beach ligt vlakbij. 2 pk vanaf $ 110 (met ontbijt).

Goed en goedkoop – **Candlewood Suites:** 401 Butler Farm Rd., tel. 757 766 8976, www.ihg.com. Met de auto bereik je binnen een paar minuten talrijke bezienswaardigheden, zoals het Virginia Air and Space Center in Langley en Fort Monroe op het zuidelijkste punt van Hampton. 2 pk vanaf $ 80.

Eten & drinken

Soul op z'n Frans – **Mango Mangeaux:** 33 E Mellen St., tel. 757 224 9189, www.mangomangeaux.com, ma.-za. 9-15, 17.30-21, zo. 9-15 uur. Bij veel gerechten is verse of tot een kruiderij verwerkte *(relish)* mango toegevoegd. De keuken wordt gekenmerkt door Franse, Caribische en Afro-Amerikaanse invloeden uit de zuidelijke staten. Gerecht $ 4-17.

Populair – **Smitty's Better Burger:** 1313 N King St., tel. 757 723 0661, ma.-za. 11-21, zo. 11-19 uur. Dit hamburgerrestaurant, een familiebedrijf, verblijdt de inwoners van Hampton al meer dan vijftig jaar. Lekkerder en natuurlijk origineler dan elke fastfoodketen en ook nog een aantrekkelijke prijs-kwaliteitverhouding. Gerecht $ 3-14.

Evenementen

Hampton Jazz Festival: eind juni. Al bijna vijftig jaar behoort het driedaagse Hampton Jazz Festival tot de bekendste muziekfestivals in de VS, tel. 757 838 4203, www.hamptonjazzfestival.com.

Norfolk ▶ 1, G 4/5

In de belangrijke havenstad wonen een kwart miljoen mensen. Het stedelijke centrum van de regio Hampton Roads is de thuishaven van rederijen, verzekeringen, spoorwegmaatschappijen en van het **Naval Station Norfolk**, de grootste marinebasis ter wereld. Hier worden meer dan honderd torpedojagers, kruisers, onderzeeboten en vliegdekschepen onderhouden tussen hun wereldwijde missies in.

Douglas McArthur Memorial

McArthur Sq., tel. 757 441 2965, www.macarthurmemorial.org, di.-za. 10-17, zo. 11-17 uur, gratis, donatie wordt op prijs gesteld

Ook het **Douglas McArthur Memorial** getuigt van de militaire traditie van Norfolk. Het mausoleum en museum voor de legergeneraal en held uit de Tweede Wereldoorlog staat midden in de stad. McArthur werd als omstreden bevelhebber tijdens de Koreaoorlog wegens insubordinatie door president Truman uit actieve dienst ontslagen.

Nauticus

One Waterside Dr., tel. 757 664 1000, www.nauticus.org, mei-sept. dag. 10-17, anders di.-za. 10-17, zo. 12-17 uur, volwassene $ 16, tot 12 jaar $ 11,50

Nauticus is de naam van een boeiend multimedia- en informatiecentrum rond het thema water en scheepvaart aan de havenpromenade van Norfolk. Bezoekers worden hier meegenomen op virtuele reizen naar de diepte van de oceaan en krijgen uitleg over het kwetsbare ecologische evenwicht van de oceaan, informatie over scheepsbouw en inzichten op het gebied van moderne oorlogvoering op zee.

Chrysler Museum of Art

1 Memorial Place, tel. 757 664 6200, www.chrysler.org, di.-za. 10-17, zo. 12-17 uur, gratis

Het **Chrysler Museum of Art** presenteert een enorm scala aan beeldende kunst, van oud-Egyptische culturen tot het heden. Met zijn collectie van vooral Franse en Italiaanse schilderkunst uit verschillende perioden en een representatief overzicht van nieuwe Amerikaanse schilder- en glaskunst behoort het tot de belangrijkste musea in de zuidoostelijke staten van de Verenigde Staten.

Informatie

Norfolk Convention & Visitors Bureau: 232 E Main St., tel. 757 664 6620, www.visitnorfolktoday.com, ma.-vr. 8.30-17, za.-zo. 10-14 uur.

Accommodatie

Nostalgisch – **Page House Inn:** 323 Fairfax Ave., tel. 757 625 5033, www.pagehouseinn.com. Prima bed and breakfast met zeven kamers, uitgebreid ontbijt. 2 pk vanaf $ 160.

Elegante toren – **Waterside Marriott:** 235 E Main St., tel. 757 627 4200, www.marriott.com. Pal aan de Waterside Marketplace gelegen, met een fantastisch uitzicht. 2 pk vanaf $ 150.

Eten & drinken

Steaks en wijnen – **Byrd & Baldwin Brothers Steakhouse:** 116 Brooke Ave., tel. 757 222 9191, www.byrdbaldwin.com, ma.-do. 17-21.30, vr.-za. 17-22.30, zo. 17-20.30 uur. Hier serveert men onder meer uitstekende steaks uit de Midwest. Bovendien heeft dit etablissement een groot aanbod aan wijnen. Hoofdgerecht vanaf $ 30.

Zeevruchten – **A.W. Shucks Raw Bar & Grill:** 2200 Colonial Ave., tel. 757 664 9117, dag. 11-2, zo. brunch 11-15 uur. In dit comfortabele restaurant met bakstenen muren eten veel mensen uit de omgeving vis en zeevruchten. Hoofdgerecht $ 10-30.

Uitgaan

Disco – **The Wave:** 4107 Colley Ave., tel. 757 440 5911. Relaxte dansclub met goede bar en top 40-muziek.

Actief

Bustocht naar marinebasis – **Naval Tour and Information Center:** 9079 Hampton Blvd., tel. 757 444 7955. Drie kwartier durende busrondritten waarbij je niet mag fotograferen, wisselende tijden. Volwassene $ 10, 3-11 jaar $ 5.

Havenrondvaart – **Victory Rover Naval Base Cruise:** 1 Waterside Drive, tel. 757 627 7406, www.navalbasecruises.com, 2-3 keer per dag, havenrondvaart van twee uur, volwassene $ 24, kind $ 14.

De skyline van het bedrijvige Norfolk, de grootste marinestad ter wereld

Evenementen

Havenfeest: begin juni. Groot feest aan de haven van Norfolk, met muziek, regatta voor grote zeilboten, en verder diverse eet- en winkelkraampjes. www.festevents.org.

Portsmouth ▶ 1, G 5

Als je vanuit Norfolk de Elizabeth River via de brug of per veerboot oversteekt, belandt je plotseling in Portsmouth, waar enkele straten met gerestaureerde huizen uit de 18e en de 19e eeuw uitnodigen tot een wandeling.

Children's Museum of Virginia

221 High St., tel. 757 393 5258, www.childrensmuseumva.com, mei-sept. ma.-za. 9-17, zo. 11-17, okt.-apr. di.-za. 9-17 uur, volwassene $ 11, 2-17 jaar $ 10

Een langer bezoek, vooral voor gezinnen met kinderen, verdient het interessant vormgegeven **Children's Museum of Virginia** met zijn uitnodigende experimenten. Hier kunnen kinderen van 8 tot 80 hun fantasie de vrije loop laten en spelenderwijs meer te weten komen over allerlei boeiende natuurwetenschappelijke onderwerpen.

Naval Shipyard Museum

2 High St., tel. 757 393 8591, www.portsmouthnavalshipyardmuseum.com, di.-za. 10-17, zo. 13-17 uur, volwassene $ 4, tot 17 jaar $ 2, momenteel wegens renovatie gesl.

Het **Naval Shipyard Museum** belicht de geschiedenis van de Amerikaanse marine aan de hand van talrijke modellen van militaire schepen en uniformen.

Informatie

Portsmouth Visitor Information Center: 6 Crawford Pkwy., tel. 757 393 5111, www.visitportsva.com, dag. 9-17 uur.

Uitgaan

Bioscoop – **Commodore Theatre:** 421 High St., tel. 757 393 6962, www.commodore theatre.com. In dit gerestaureerde art-decopaleis worden – nu met de nieuwste techniek – nog altijd films vertoond en concerten gegeven, volwassene $ 10, tot 13 jaar $ 9

Virginia Beach ▶ 1, H 4

Virginia Beach ten zuiden van de brug-tunnelverbinding is befaamd om zijn lange, brede zandstrand, en is met ruim 450.000 inwoners in het stadsgebied tevens bijna de grootste stad van Virginia. Het uitgebreide aanbod van hotelkamers met bijbehorende toeristische infrastructuur trekt in de zomermaanden daarnaast nog eens tienduizenden bezoekers uit Washington, Richmond en andere steden voor een weekendje uit aan de Atlantische Oceaan.

Virginia Aquarium & Marine Science Center

717 General Booth Blvd., tel. 757 385 3474, www.virginiaaquarium.com, dag. 9-17 uur, volwassene $ 30, tot 11 jaar $ 25, meerprijs voor speciale tentoonstellingen

Het **Virginia Aquarium & Marine Science Center** belicht de mariene ecosystemen van de staat. Enorme aquaria en terraria laten de flora en fauna van de zoutwatermoerassen en kustwateren zien. De expositie 'Journey of Water' toont op indrukwekkende wijze de reis van een kleine waterdruppel dwars door Virginia, van de bergen naar de zee.

Informatie

Virginia Beach Visitors Center: 2100 Parks Ave., tel. 800 822 3224, www.visitvirginia beach.com, dag. 9-17, 's zomers tot 19 uur.

Accommodatie

Pal aan het strand – **Beach Spa Bed and Breakfast:** 2420 Arctic Ave., tel. 757 578 1008, www.beachspabednbreakfast.com. Gezellige herberg op twee blokken van het strand, spa met massage, goed ontbijt. 2 pk vanaf $ 130.

Bij het strand – **Quality Inn Oceanfront:** 705 Atlantic Ave., tel. 757 428 8935, www.choice hotels.com. Ontspanning aan het lange strand. Middelgroot complex aan de boardwalk, met ontbijt en wifi. 2 pk vanaf $ 70.

Gegarandeerd uitzicht op zee – **The Breakers Resort Inn:** 16th St., tel. 757 428 1821, www.breakersresort.com. Smal, negen verdiepingen tellend strandhotel, waarbij alle kamers zijn voorzien van een balkon met uitzicht op zee. Andere faciliteiten zijn: een buitenbad, fietsen en een eigen koffiesalon. 2 pk vanaf $ 65.

Hostel – **Angie's Guest Cottage:** 302 24th St., tel. 757 491 1830, www.angiescottage.com. Vrolijke jeugdherberg op loopafstand van het brede strand, winkels en restaurants. Het fraaie, nabijgelegen Seashore State Park is een ideale plek voor ontspannen wandelingen en fietstochten. Bed in een slaapzaal vanaf $ 16, 2 pk $ 60.

Camping – **Virginia Beach KOA:** 1240 General Booth Blvd., tel. 757 428 1444, www.koa.com/campgrounds/virginia-beach. Mooie, uitgestrekte camping, op 3 km/2 mijl-van het strand, met een groot zwembad, minigolfbaan en openluchtbioscoop. Staanplaats voor tenten en campers vanaf $ 48.

Eten & drinken

Fijnproeversrestaurant – **Terrapin:** 3102 Holly Rd., Suite 514, tel. 757 321 6688, www.terrapinvb.com, zo.-do. 17-21, vr.-za. 17-22 uur. Gerenommeerd restaurant met een verzorgd, chic interieur, niet ver van de zee. Smulpapen kunnen hier genieten van heerlijke gerechten als knapperige eend met gemengde wilde paddenstoelen, lente-uitjes en bieslook-aardappelpuree, en in karnemelk gemarineerde kip met truffel-macaroni en seizoensgroenten. Hoofdgerecht vanaf $ 22.

Zeevruchten – **Waterman's Surfside Grille:** 415 Atlantic Ave., tel. 757 428 3644, www.watermans.com. In dit sinds 1981 door een familie gerund restaurant komen verse schelp- en schaaldieren in talloze variaties op het het bord. Prachtig gelegen aan het zandstrand. Gerecht vanaf $ 20.

Actief

Waterpretpark – **Ocean Breeze Water Park:** 849 General Booth Blvd., tel. 757 422 4444, www.oceanbreezewaterpark.com, zie website voor wisselende openingstijden. Pretpark met veel waterattracties, zoals zestien waterglijbanen, een golfslagbad en een waterspeeltuin. Kind 3-9 jaar $ 27, 10-17 jaar en volwassene $ 36.

Fietsen – **Cherie's Bicycle & Blade Rentals:** Boardwalk, tel. 757 437 8888, dag. 8-23 uur. Verhuur van fietsen onder andere bij een tiental stations langs de boardwalk. Vanaf $ 9 per uur, ook dag- en weektarieven.

Vissen – **Oceans East Bait & Tackle Shop:** 5785 Northampton Blvd 104, tel. 757 464 6544, www.fishoceanseast.com. Vismateriaal in vele soorten. In het weekand al geopend vanaf 4.30, anders vanaf 6 uur.

Evenementen

Neptune Festival: eind sept.-begin okt. Meerdaags evenement met concerten, tentoonstellingen, een zandsculpturenwedstrijd en een triatlon, www.neptunefestival.com.

Great Dismal Swamp

▶ 1, G 5

3100 Desert Rd., Suffolk, tel. 757 986 3705, www.fws.gov/refuge/great_dismal_swamp

In het binnenland van Virginia begint een reusachtig moerasgebied dat zich uitstrekt tot in North Carolina. Ondanks herhaalde pogingen om het gebied droog te leggen en een extensieve houtkap in de loop van de laatste twee eeuwen vormen uitgestrekte delen van de **Great Dismal Swamp** nog steeds een ongerepte natuur. Een aantal oude kanalen zijn intussen overgroeid geraakt door de natuur en vormen een groene tunnel. In de bossen rond het meer Lake Drummond gedijen moerascipressen, pijnbomen, dennen en varens. In het 43.000 ha grote natuurgebied leven onder meer beren, lynxen en reptielen, die vrijwel ongestoord door menselijke beschaving hun gang kunnen gaan. Bovendien komen in het gebied meer dan honderdvijftig vogelsoorten voor.

Veel ruimte om te zwemmen en te surfen: het strand van Virginia Beach strekt zich over bijna 50 kilometer uit

Asheville
Beaufort
Columbia
Charleston
Atlantische
Oceaan
Golf
van Mexico

Hoofdstuk 2

North Carolina en South Carolina

In het noordwesten liggen de dichtbeboste bergketens van de Appalachen met fantastische wandelmogelijkheden en wildwaterrivieren. Daaraan sluit zich in zuidoostelijke richting de Piedmont aan, een heuvelige, golvende vlakte, die intensief wordt benut voor de landbouw. De aangrenzende brede kuststrook met kwelders en moerassen bezit heerlijke stranden en eilandjes voor de kust. Deze drie landschapstypen komen in beide Carolina's in gelijke mate voor.

De twee staten behoren tot de oudste kolonies van Groot-Brittannië in Noord-Amerika. De Britse koning Karel II, uit het huis Stuart, noemde het gebied bij de stichting van de kolonie in 1663 naar zijn in 1649 in Londen terechtgestelde vader Karel I. Omdat het noordelijke en zuidelijke deel een geheel verschillende ontwikkeling meemaakten, werd de kolonie in 1729 in twee opzichzelfstaande provincies gesplitst, North en South Carolina.

Met de Smoky Mountains, de Blue Ridge Parkway, de smalle strook als natuurgebied beschermde eilanden voor de kust en tal van historische indiaanse nederzettingen en uitstekend bewaarde koloniale plaatsen en gebouwen is het dynamische North Carolina een van de minder bekende, maar daarom niet minder aantrekkelijke staten langs de oostkust. Ook de bezienswaardigheden van South Carolina zijn niet erg bekend, met uitzondering van Charleston met zijn planterswoningen en parkcomplexen in de omgeving. Het ruim 100 km lange Grand Strand ten noorden en zuiden van Myrtle Beach is in ieder geval voor Amerikanen geen geheim meer. Met meer dan 150 golfbanen is de regio bovendien een eldorado voor golfers.

De Outer Banks voor de kust van North Carolina: lange stranden en eenzame duinen

In een oogopslag: North Carolina en South Carolina

Hoogtepunten

Oconaluftee Indian Village: reconstructie van een Cherokeedorp in een reservaat aan de rand van de Smoky Mountains (zie blz. 205).

Great Smoky Mountains N.P.: dit botanische paradijs met zo'n 1300 km aan wandelroutes is een van de mooiste natuurgebieden van de VS (zie blz. 207).

Outer Banks: deze smalle, ruim 200 km lange strook van eilanden vormt een van de aantrekkelijkste strandvakantiegebieden van de oostkust (zie blz. 224).

Charleston: nog altijd straalt de stad de rijkdom uit die de planters ruim 160 jaar geleden vergaarden (zie blz. 237).

Fraaie routes

Blue Ridge Parkway: panoramaweg over de kam van de Appalachen, waar je steeds weer een schitterend uitzicht over de bergketens hebt (zie blz. 192).

Upcountry South Carolina: het noorden van de staat heeft veel te bieden – bossen en wildwaterrivieren langs de hellingen van de Appalachen, planterswoningen en locaties van de Onafhankelijkheidsoorlog (zie blz. 257).

Tips

Biltmore Estate: dit paleis met 256 kamers werd door multimiljonair George Vanderbilt gebouwd bij Asheville (zie blz. 200).

Frying Pan Mountain Trail: een mooie wandeling voert van de Frying Pan Mountain Gap aan de Blue Ridge Parkway naar de top van de Mount Pisgah, met een prachtig uitzicht op het beboste berglandschap (zie blz. 203).

Old Salem: een groep hernhutters uit Moravië vestigde zich in het midden van de 18e eeuw in North Carolina. De gerestaureerde nederzetting biedt een kijkje in hun geloofswereld en toont hun kunstnijverheid (zie blz. 214).

Brattonsville: dertig gebouwen geven een authentieke indruk van het leven op een plantage in de koloniale tijd. Op het terrein werden delen van de film *The patriot* met Mel Gibson en Kate Blanchett opgenomen (zie blz. 261).

Actief

Over de Appalachian Trail van Carvers Gap naar Roan High Bluff: dit korte stuk van de in totaal ruim 3000 km lange wandelroute biedt een fantastisch uitzicht op de Appalachen (zie blz. 196).

Parapente in het Jockey's Ridge S.P.: waaghalzen kunnen hun vliegvaardigheid uittesten en van ruim 30 m hoge duinen omlaag zweven (zie blz. 227).

Met een kajak over de Congaree River: de rivieren Saluda en Broad komen bij Columbia samen en gaan dan verder als de Congaree River. Daar begint een 5 km lange kajaktrip (zie blz. 253).

Wildwatervaren op de Chattooga River: met een rubberboot de Chattooga River afvaren – een avontuur dat de adrenaline doet stromen (zie blz. 260).

North Carolina

De bergketens van de Appalachen lopen tot achter de horizon. Verder oostelijk ligt de Piedmont, een zachtgolvend landschap met bossen en katoen- en tabaksplantages, en de kustregio met zoutmoerassen en stranden. Op de Outer Banks deden de Engelsen in de 16e eeuw een eerste poging om in de Nieuwe Wereld een kolonie te stichten.

Blue Ridge Parkway tot Asheville ▸ 2, F–H 2/3

Kaart: blz. 193

De Blue Ridge Parkway kronkelt circa 750 km/470 mijl over de kam van de Appalachen, van het Shenandoah National Park in Virginia tot het Great Smoky Mountains National Park in het zuiden, aan de grens van North Carolina met Tennessee. De in 1935 opengestelde tweebaansweg, waarop een maximumsnelheid van slechts 45 mijl per uur geldt, loopt door eindeloze bossen, die zich in de schemering lijken te verliezen in de blauwgroene uitgestrektheid van in elkaar overvloeiende berg- en heuvelketens. De door de National Park Service onderhouden Parkway voert niet door steden, maar laat die op gepaste afstand liggen; reclame en vrachtvervoer zijn verboden. Ter markering en voor een betere oriëntatie zijn langs de rand van de weg Mile Posts (MP) geplaatst. MP 0 staat bij het noordelijke begin van de Parkway, bij **Rockfish Gap** in Virginia, MP 469 staat helemaal in het zuiden, vlak voor de grens met de Cherokee Reservation. Ter hoogte van Mile Post 216,9, bij het parkeerterrein van **Cumberland Knob**, kruist de weg de grens tussen Virginia en North Carolina. Veel bezienswaardigheden en campings langs de weg zijn alleen in het zomerseizoen geopend. In het **Blue Ridge Music Center** bij Mile Post 213 wordt authentieke countrymuziek met *fiddle* en banjo ten gehore gebracht (www.blueridgemusiccenter.org, voor openingstijden zie blz. 159).

> Tip
>
> **HORN IN THE WEST**
>
> In het **Boone Amphitheater** wordt elke zomer een drama vol actie gespeeld rond Daniel Boone en zijn mannen, die eind 18e eeuw voor de Britse troepen naar de bergen moesten vluchten (591 Horn in the West Dr., Boone, tel. 828 264 2120, www.hornin thewest.com, juni-aug. di.-zo. 20 uur, volwassene $ 24, met korting $ 12).

Informatie

Blue Ridge Parkway, National Park Service: 199 Hemphill Knob Rd., Asheville, tel. 828 348 3400, www.nps.gov/blri, 24 uur geopend.
Blue Ridge Parkway Association: Asheville, NC 28802-2136, tel. 828 670 1924, www.blueridgeparkway.org.

Doughton Park en Stone Mountain State Park 1

In **Doughton Park** (MP 238,5) en het direct ten oosten ervan gelegen **Stone Mountain State Park** begint een tiental wandelroutes

Blue Ridge Parkway, North Carolina

van in totaal ongeveer 50 km lengte. Bij het parkeerterrein bij de Wildcat Rocks Overlook begint een 1,5 km lang matig zwaar voetpad bergopwaarts naar de **Fodder Stack**, waar je een mooi uitzicht hebt. Doughton Park is een goede plek voor een picknick. Gerestaureerde boerenhutten uit de jaren 80 van de 19e eeuw laten zien hoe de pioniers 130 jaar geleden in de toen nog nauwelijks ontsloten bergen leefden. Wie met een camper onderweg is of een tent bij zich heeft, kan de nacht doorbrengen op de mooi gelegen Bluffs Campground (zie Accommodatie).

Accommodatie

Uitzicht op de bergen – **Buffalo Tavern:** 958 W Buffalo Rd., West Jefferson, exit bij MP 261, tel. 877 615 9678, www.buffalotavern.com. Lichte, gastvrije B&B met vier kamers. Het ontbijt is overvloedig. Vanaf $ 100.

Camping – **Doughton Campground:** Doughton Park, MP 241,1, tel. 1 877 444 6777, www.blueridgeparkway.org. Niet veel staanplaatsen, vanaf $ 20.

Tweetsie Railroad 2 en omgeving

Blowing Rock, US 321, exit bij 291, www.tweetsie.com, half apr.- eind mei, eind aug.-begin nov. vr.-zo. 9-18, juni-half aug. dag. 9-18 uur, dagkaart volwassene $ 45, 3-12 jaar $ 30

Een paar minuten rijden van Blowing Rock (zie verderop) ligt **Tweetsie Railroad**, een pretpark met een stoomlocomotief die meermaals per dag door 'gangsters' wordt overvallen, en draaimolens en attracties in westernstijl.

Als je over de Parkway verder naar het zuiden rijdt, loopt de weg enkele kilometers over het op betonnen pilaren tegen de berg gevlijde **Linn Cove Viaduct** (MP 304). Een Visitor Center (dag. 10-17 uur) geeft informatie over het landschap en de bouw van dit pas in 1983 voltooide deel van de weg.

Blowing Rock 3

www.theblowingrock.com

Voor het weidse uitzicht vanaf de 1250 m hoge Blowing Rock over het berglandschap van de Appalachen moet je de Parkway even boven de afslag naar Boone, bijna 5 km/3 mijl ten noorden van Cone Park, verlaten (MP 291). De machtige klip dankt zijn naam aan de sterke stijgwinden bij de berg, die bladeren of sneeuwvlokken naar boven doen dwarrelen.

Moses H. Cone Memorial Park 4

667 Service Rd., Blowing Rock, tel. 828 295 7938, half mrt.-eind nov. dag. 9-17 uur

De vroegere villa van Moses en Berta Cone, Duits-Joodse immigranten en aan het eind van de 19e eeuw bekende producenten van spijkerstof, is al lang geleden getransformeerd tot het Moses H. Cone Memorial Park met een museum en een Visitor Center van de Blue Ridge Parkway (bij MP 294). In het Parkway Craft Center demonstreren ambachtskunstenaars tijdens de zomermaanden hun traditionele vaardigheden en kennis. Op het aangrenzende terrein van het **Julian Price Memorial Park** is de grootste camping langs de Blue Ridge Parkway te vinden (bij MP 297, zie Accommodatie).

Accommodatie

Camping – **Julian Price Park:** nabij Moses Cone Estate, bij MP 297, tel. 828 295 7591 en 1 877 444 6777. Het grootste kampeerterrein van de regio, voorzien van picknicktafels, sanitaire voorzieningen en plaatsen voor campers en tenten. Tentplaats vanaf $ 19.

Skigebied tussen Boone en Banner Elk 5

Ten noordwesten van de Parkway, tussen de stadjes **Boone** en **Banner Elk**, liggen een handvol skioorden in de bergen, waarvan Beek Mountain en Sugar Mountain kunnen bogen op dertig uitgezette pistes en hoogteverschillen tot 400 m.

Accommodatie

Verzorgd – **Country Inn & Suites:** 818 E King St., Boone, exit bij MP 276,4, tel. 828 264 4234, www.countryinns.com/boone-hotel-nc-28607/ncboone. Ketenhotel met een goede service en een prachtig uitzicht. Bij de prijs inbegrepen zijn het ontbijt en gratis wifi. Zwembad. 2 pk vanaf $ 90.

Actief

Mountainbiking – **Rocky Knob Mountain Bike Park:** aan de US 421 direct ten oosten van Boone, www.rockyknob.wordpress.com. Vijf trails van verschillende moeilijkheidsgraad over heuvels en door bossen, bestemd voor kinderen, jongeren en volwassenen.

Evenementen

Horn in the West: zie Tip blz. 192

Grandfather Mountain 6

MP 305, 1,5 km/1 mijl van de Parkway, aan de US 221

De Grandfather Mountain is bekend om de 'Mile High'-hangbrug, die op 1600 m boven zeeniveau een 25 m diep dal overspant. In de kleine **dierentuin** van de particuliere attractie vind je zwarte beren, otters, roodwild en andere inheemse dieren (tel. 828 733 4337, www.grandfather.com, volwassene $ 20, 4-12 jaar $ 9). Midden in de zomer wordt de berg een stukje Schotland. Dan komen hier soms wel 30 duizend nakomelingen van Schotse immigranten bij elkaar voor de Mountain Highland Games and Gathering of the Clans, om er op de doedelzak te spelen en wedstrijden te houden in Schotse sporten als boomstamgooien (zie Evenementen blz. 197).

Eten en drinken

Lichte gerechten – **River Dog Coffeehouse & Café:** 6 km van de Parkway aan US 221, 3616 Mitchell Ave., Linville, tel. 828 733 9333, www.riverdogcoffee.com. Fantasierijke sandwiches, salades, espresso, bier en wijn. Wifi. Gerecht vanaf $ 6.

De Appalachian Trail – een instituut

Zijn er mensen die een wandeling van 2135 mijl/3436 km maken? Zeker, er bestaat zelfs een club, de Appalachian Long Distance Hiker Association, waarvan de leden de gehele route over de kam van de Appalachen tussen Georgia en Maine hebben afgelegd.

Wie van plan is de clubleden na te doen, moet veel tijd en ook wel wat geld en bovendien een goede conditie en een evenwichtig karakter meebrengen – maar dan wacht je ook een heel bijzonder soort natuurbelevenis. Komend uit het noorden passeert de trail bij Harpers Ferry de grens tussen de staten West Virginia en Virginia, nadat de route eerder al New England en de Mid-Atlantic States heeft doorkruist. De trail loopt over bijna 500 mijl door Virginia, door bossen en het berglandschap van het Shenandoah National Park. Veel goed onderhouden bos- en bergpaden voeren aan weerszijden naar mooie uitkijkpunten of watervallen. Ten zuiden van Shenandoah volgt de Appalachian Trail (A.T.) over geruime afstand de Blue Ridge Parkway in zuidelijke richting, door de eindeloze bossen van de George Washington and Jefferson National Forests. Hoge bomen en ongenaakbare rotsen maken de wandeling op dit traject een bijzondere ervaring. In juni of juli kunnen de wandelaars de kleurenpracht van de in volle bloei staande wilde rododendrons en azalea's bewonderen.

Dan gaat de wandeling verder door het Cherokee National Forest. Verder naar het zuiden volgt het Pisgah National Forest en de bergen worden hoger en steiler tot de Appalachian Trail het Great Smoky Mountains National Park doorkruist en de 2025 m hoge Clingmans Dome passeert, de hoogste top van de route. In Georgia loopt de A.T. door het heuvelige Chattahoochee National Forest naar het zuidelijke eindpunt, Springer Mountain.

Vijftien jaar, van 1921 tot 1936, duurde het om tientallen wandelpaden met elkaar te verbinden, nieuwe aan te leggen, de belangen van de autoriteiten en meer dan duizend particuliere grondbezitters met elkaar te verenigen en zo de Appalachian Trail tot stand te brengen. De meeste wandelaars gebruiken maar een deel van de trail voor een dagwandeling, een flink aantal gaat een weekend op pad, en er zijn elk jaar toch nog altijd zo'n duizend wandelaars die zich voornemen de hele afstand af te leggen. Een kleine honderdvijftig daarvan bereiken na een maand of vijf het noordelijke eindpunt in Maine. Kaarten en nauwkeurige routebeschrijvingen geven de wandelaars gedetailleerde informatie over de etappes; de ruim tweehonderd schuilhutten, die om de 16 km/10 mijl langs de trail liggen, dienen ook om te overnachten.

De A.T. heeft zich tot een waar instituut ontwikkeld en wordt door de federale *National Trails System Act* als *scenic trail* beschermd. Meer dan 100 duizend onbezoldigde arbeidsuren per jaar steken vrijwilligers van de Appalachian Trail Conference (A.T.C.) alleen al in het onderhoud van de trail. De A.T.C. is een vereniging met 21 duizend leden, waarbij bovendien veertig bedrijven en meer dan zeventig clubs en andere instellingen zijn aangesloten (zie ook blz. 87).

Actief

OVER DE APPALACHIAN TRAIL VAN CARVERS GAP NAAR ROAN HIGH BLUFF

Informatie

Begin: Carvers Gap, TN 143/NC 261, op de grens tussen North Carolina en Tennessee
Lengte: circa 9,5 km/6 mijl
Duur: 4-5 uur
Moeilijkheidsgraad: matig zwaar
Belangrijk: heenreis vanuit North Carolina over de NC 261 ten noorden van Bakersville. De terugweg voert over de Appalachian Trail terug naar Carvers Gap. Zo'n 3 km van de wandeling gaat door de Rhododendron Gardens in het Roan Mountain S.P, www.roanmountain.com/statepark.htm.

De Appalachian Trail in zuidelijke richting begint op 1680 m hoogte, niet ver van het bord van de Forest Service bij de parkeerplaats in **Carvers Gap** 8. Het pad loopt in bochten bergopwaarts over het traject van een 130 jaar oude toegangsweg van het vroegere Cloudland Hotel. De route gaat eerst door een naaldbos; langs het pad groeien wilde bloemen, varens en mossen. Na ongeveer 2 km/1,3 mijl voert een kort zijpad naar een eenvoudige schuilhut, de **Roan High Knob Shelter** op 1916 m hoogte. Die leent zich goed voor een picknick; op de bovenverdieping is gelegenheid om te overnachten.
Dan loopt de Appalachian Trail weer omlaag, rond een rotsnaald. Bij twee splitsingen voert de Appalachian Trail naar rechts. Van het vroegere landelijk-mondaine Cloudland Hotel zijn alleen nog enkele delen van de stenen fundering bewaard gebleven. In de 250 kamers van de in 1885 geheel uit vuren-, ahorn- en kersenhout opgetrokken herberg verbleven rond de eeuwwisseling politici, grootindustriëlen en kunstenaars. Een golfterrein, tennisbanen, een balzaal en rijpaarden dienden om de gasten te vermaken.
In het oosten zijn de top van de **Mount Mitchell** en de **Black Mountains** zichtbaar. Een pad naar links, de **Cloudland Trail**, takt hier af van de Appalachian Trail. Na een picknickplaats begint de trail te stijgen en wordt rotsiger. Ruim 2 km na de parkeerplaats van het Cloudland Hotel bereik je de **Roan High Bluff Overlook**, die uitzicht biedt over het beboste berglandschap van het Roan Mountain State Park. Op de terugweg naar het Cloudland Hotel voeren wandelingen naar de **Rhododendron Gardens**. In juni staan hier honderden van de soms wel 2,5 m hoge altijdgroene Catawba-rododendrons in bloei met rood en lavendel.

Evenementen

Mountain Highland Games and Gathering of the Clans: 2e weekend in juli. Zo'n 30 duizend nakomelingen van Schotse immigranten houden het Keltische erfgoed van hun voorouders in ere, maken muziek en stellen vast hoe vaardig ze zijn bij het dansen, schapenscheren, hamerwerpen en een wedloop van 1500 m bergopwaarts. Grandfather Mountain, Linville, tel. 828 733 1333, www.gmhg.org.

Linville Falls 7

MP 316,4, 717 Gurney Franklin Rd., via Blue Ridge Parkway Milepost 317,4, tel. 828 765 2681

Bij de Linville Falls vind je een Recreation Area met picknickgelegenheid, een camping en een Visitor Center met veel informatie over het berglandschap. Wie er behoefte aan heeft de benen te strekken, kan kiezen tussen een slechts 800 m lange, maar inspannende wandeling door de kloof 'Plunge Basin' en de 0,8 mijl/1,3 km lange, matig zware trail 'Erwins View' met uitzicht op de waterval.

Accommodatie

Bed, breakfast en golf – **The Inn at Blue Ridge:** 17677 Hwy. 221 N, Marion, exit bij MP 317,4, tel. 828 756 7001, www.theinnatblueridge.com. Twaalf grote kamers met open haard, koelkast en balkon of terras, met uitzicht op de golfbaan ernaast. 2 pk vanaf $ 80.

Camping – **Linville Falls Trailer Lodge & Campground:** 717 Gurney Franklin Rd., exit bij 317/US 221, tel. 828 765 2681, www.linvillefalls.com. Gezellige camping in het bos voor campers en tenten. Verder zijn er acht blokhutten. Staanplaats tent $ 30, staanplaats camper vanaf $ 40, blokhut vanaf $ 100.

Spruce Pine 9

Circa 14 mijl/22,5 km ten zuiden van Linville Falls, in Spruce Pine, informeert het **Museum of North Carolina Minerals** over de ooit zo rijke vindplaatsen voor mineralen en halfedelstenen in de bergen; er zijn driehonderd stukken te zien, zoals veldspaat, kwarts en mica (79 Parkway Maintenance Rd., MP 331, ten noorden van Grassy Creek, tel. 828 765 2761, dag. 9-17 uur, gratis).

Mount Mitchell State Park 10

2388 Hwy. 128, MP 356, Burnsville, tel. 828 675 4611, www.ncparks.gov/mount-mitchell-state-park, gratis

Een kleine zijweg van de Parkway voert direct naar het Mount Mitchell State Park in de Black Mountains, waar de Mount Mitchell verrijst, de met 2037 m hoogste top in de VS ten oosten van de Mississippi. Het uitzicht vanaf de uitkijktoren, diverse trails en een klein natuurhistorisch museum over de regio nodigen uit de rit even te onderbreken. Een picknickrestaurant serveert smakelijke kost.

Folk Art Center 11

MP 382, Blue Ridge Pkwy., Asheville, tel. 828 298 7928, www.southernhighlandguild.org/folk-art-center, jan.-mrt. 9-17, apr.-dec. 9-18 uur

Het Folk Art Center even voor Asheville aan de Blue Ridge Parkway weerspiegelt een traditie die chronologisch van de eerste witte kolonisten uit Noord-Ierland tot heden loopt. Ambachtskunstenaars van het Southern Highland Handicraft Guild houden hier een verkoopexpositie van keramiek, manden, poppen, quilts en muziekinstrumenten (www.southernhighandguild.org). Al meer dan zestig jaar trekt het Mountain Dance and Folk Festival in het eerste weekend in augustus (zie Evenementen blz. 200) amateurs en professionals uit het hele berggebied van de Appalachen naar Asheville. De ritmes van de muzikanten en dansers, die vaak geen noten kunnen lezen, maar bij wie de muziek door de aderen stroomt, houden Asheville dan in hun greep.

Asheville ▶ 2, F 3

Kaart: blz. 193

Vanuit verschillende windrichtingen openen de beboste dalen zich en bieden uitzicht op **Asheville** 12. Bij helder weer kan men achter de wolkenkrabbers en torenflats van de stad het silhouet van de Smoky Mountains in de verte onderscheiden.

Asheville werd in 1797 gesticht, maar pas een eeuw later, toen een spoorlijn het oord met de rest van de wereld had verbonden, beleefde het stadje van destijds 2600 inwoners een economische opleving.

Rond 1900 ontdekten de *rich and famous*, zoals de Fords, Rockefellers, Vanderbilts, Thomas Edison en Theodore Roosevelt, de bekoring van het middelgebergtelandschap en zijn aangename klimaat. Het uit 1912 daterende luxehotel Grove Park Inn bood de meesten van hen onderdak. De miljoenenerfgenaam George Vanderbilt gaf er de voorkeur aan even buiten de stad een eigen paleis met 255 kamers te bouwen, het huidige **Biltmore Estate** (zie blz. 200). Tegenwoordig smaken de 89.000 inwoners van de stad en nog eens meer dan 242.000 van de omliggende regio het genoegen in een prachtige omgeving en een heerlijk klimaat te wonen. In het compacte centrum van Asheville vind je enkele interessante gebouwen, vooral uit het begin van de 20e eeuw, waaronder het na Miami Beach omvangrijkste ensemble van art-decohuizen in de VS.

Stadsbezichtiging

De **City Hall**, met een achthoekig koepeldak uit roze en groene dakspanen, de uit kalksteen en graniet opgetrokken **S&W Cafeteria** en de **First Baptist Church**, eveneens met een achthoekige koepel, maar met verschillend gekleurde dakpannen, zijn de afgelopen jaren gerestaureerd. Het buitengewoon rijke bestand aan historische, vooral in art-decostijl opgetrokken gebouwen is te danken aan de jarenlange financiële tekorten van de gemeente, die eenvoudig te weinig geld had om de binnenstad te saneren en de oude huizen te slopen.

Een ruim 3 km lange **Urban Trail** loopt langs de architectonische hoogtepunten van de binnenstad. Op roze granietblokken langs de weg staat hun geschiedenis te lezen. De route voert ook naar **Pack Square**, het grote, groene centrum van de stad. Fonteinen verlevendigen het stadsbeeld, net als musea, galeries, kleine winkels en cafés. De restaurantscene heeft de afgelopen jaren een kosmopolitisch gezicht gekregen.

Ook het **River Arts District** in Asheville, met galeries en kunstnijverheidswinkels, laat zien dat de stad niets van zijn aantrekkingskracht op kunstenaars heeft verloren. F. Scott Fitzgerald was in de jaren 30 stamgast in de mondaine **Grove Park Inn**. De literator O. Henry (pseudoniem van William Porter), auteur van vierhonderd korte verhalen, woonde na zijn huwelijk in 1907 enkele jaren in Asheville en is hier ook begraven.

Thomas Wolfe Memorial

52 N Market St., tel. 828 253 8304, www.wolfememorial.com, di.-za. 9-17 uur, volwassene $ 5, kind $ 2

De herberg Old Kentucky Home van Julia Wolfe was ooit het sobere onderkomen van haar zoon Thomas. Als beroemde schrijver portretteerde hij in zijn autobiografisch gekleurde roman *Look homeward, angel* de stad, de inwoners en de gasten van een herberg met de naam Dixieland niet bepaald op hun voordeligst. Na een jarenlange boycot van de beroemde inwoner is Asheville zich van zijn betekenis bewust geworden; in de herberg is nu het **Thomas Wolfe Memorial** gevestigd, dat kan worden bezichtigd. De op 38-jarige leeftijd aan tuberculose gestorven schrijver ligt op het stadskerkhof begraven, met boven zich uiteraard een engel.

Informatie

Asheville Visitor Center: 36 Montford Ave., tel. 888 444 6664, www.omnihotels.com/hotels/asheville-grove-park, ma.-vr. 8.30-17.30, za.-zo. 9-17 uur.

Accommodatie

Luxueus – **Grove Park Inn:** 290 Macon Ave., tel. 828 252 2711, www.groveparkinn.com. Historisch grand hotel uit 1913, met de Blue Ridge Mountains op de achtergrond. Een groot sportaanbod en toprestaurant Horizons (zie Eten en drinken). 2 pk vanaf $ 270.

Betoverend – **Beaufort House Inn:** 61 N Liberty St., tel. 828 254 8334, www.beauforthouse.com. Romantische B&B in een victoriaans pand. Rustige omgeving. Tot de vele genoegens behoren een uitnodigend terras, een uitgestrekte tuin, een open haard, kamers met whirlpool en parket, en een voortreffelijk ontbijt. 2 pk vanaf $ 220.
Blokhutten – **Log Cabin Motor Court:** 330 Weaverville Rd., tel. 828 645 6546, www.theashevillecabins.com. Complex van 18 rustieke blokhutten met kleine keuken of koelkast in de sfeer van de jaren 30. $ 95-305.
... in Swannanoa, ongeveer 15 km/10 mijl ten oosten van Asheville:
Camping – **KOA Asheville East:** 2708 Hwy. 70 E, tel. 828 686 3121, www.koa.com/campgrounds/asheville-east. Goed uitgeruste camping voor campers. Bovendien zijn er cabins te huur en worden er boten verhuurd. Staanplaats vanaf $ 50.
... in de buurt van Candler, een kwartier rijden ten zuiden van Asheville:
Landelijk – **Mountain Springs Cabins:** 27 Emma's Cove Rd., tel. 828 665 1004, www.mtnsprings.com. Vijftien rustieke, modern ingerichte blokhutten met open haard, veranda en uitzicht op de bergen. Vanaf $ 140.

Eten en drinken

Verfijnd – **Blue Ridge:** 290 Macon Ave., tel. 828 252 2711, www.omnihotels.com/hotels/asheville-grove-park, dag. 17-21.30 uur. De door de chef-kok bereide gerechten zijn een waar genot voor de tong en het oog. In het restaurant van de Grove Park Inn combineert men uitgelezen ingrediënten met verse producten uit de regio. Eet hier bijvoorbeeld forel uit de Appalachen met venkel, rijst uit South Carolina en jakobsschelpen – een waar gedicht. De wijnkelder is bekroond. Hoofdgerecht $ 25-54.
Italiaans – **Chiesa:** 152 Montford Ave., tel. 828 552 3110, www.chiesaavl.com. Italiaans-landelijke keuken in het buurrestaurant, met pasta in allerlei variaties en voortreffelijke groenten. Hoofdgerecht vanaf $ 16.
Bistro-café – **Laughing Seed Café:** 40 Wall St., tel. 828 252 3445, dag. 11.30-21, vr.-za. tot 22 uur. Smakelijke vegetarische creaties. Hoofdgerecht $ 14-16.
Goed en goedkoop – **Brixx Pizza:** 30 Town Square Blvd., tel. 828 654 0046, www.brixxpizza.com/locations/asheville, ma.-za. 11-1, zo. 11-23 uur. Sympathiek familierestaurant voor de kleine beurs. Op de kaart staan lekkere pizza's uit de houtoven, maar ook soep, salades en sandwiches. Grote selectie biersoorten. Pizza vanaf $ 10.

Winkelen

Traditionele kunstnijverheid – **Folk Art Center:** Blue Ridge Pkwy., bij MP 382, even voor Asheville, tel. 828 298 7928, www.southernhighlandguild.org. De ambachtskunstenaars van het Southern Highland Handicraft Guild exposeren en verkopen hun producten (zie ook blz. 197).
Originele souvenirs – **Grovewood Gallery & Museums:** 111 Grovewood Rd., tel. 828 253 7651, www.grovewood.com. Een automuseum, maar men verkoopt er ook tapijten, meubels, serviesgoed, bestek en sieraden, vooral uit het zuidoosten van de VS.
Kunstgalerie – **Blue Spiral 1:** 38 Biltmore Ave., tel. 828 251 0202, www.bluespiral1.com. Op drie verdiepingen ten zuiden van het centrale Pack Square wordt het werk van zo'n honderd (ambachts)kunstenaars geëxposeerd en verkocht.
Markt – **Grove Arcade Public Market:** 1 Page Ave., www.grovearcade.com. De winkels en restaurants in dit neogotische gebouw worden aangevuld door kraampjes van lokale boeren en ambachtskunstenaars, die direct voor de deur op Battery Park Square staan.

Uitgaan

Livemuziek – **Orange Peel:** 101 Biltmore Ave., tel. 828 398 1837, www.theorangepeel.net. Groot podium, optredens van groepen en solo-artiesten in diverse muziekgenres.
Muziek en pizza's – **Barley's:** 42 Biltmore Ave., tel. 828 255 0504, www.barleystaproom.com, van 's middags tot 24 uur. Pizza's, 28 biersoorten op tap en een relaxte sfeer bij muziek van bluegrass-, country- en jazzbands. Pizza vanaf $ 14.

Biltmore Estate: een kasteel met 255 kamers en en enorm parkcomplex

Actief

Stadstochten per bus – **Asheville Historic Trolley Tours:** 37 Montford Ave., tel. 828 251 8687, www.ashevilletrolleytours.com, volwassene $ 29, 5-11 jaar $ 12. De nostalgische bus rijdt langs diverse bezienswaardigheden, waar je kunt uitstappen om dan met de volgende bus verder te rijden.

Segwaytochten – **Moving Sidewalk Tours:** 36 Montford Ave., tel. 828 449 8080, www.movingsidewalktours.com. De deelnemers rijden vanaf de lobby van het Asheville Visitor Information Center op een Segway door de binnenstad. De tochten beginnen dag. om 10, 13, 17 uur, ma.-vr. $ 60, za.-zo. $ 65.

Mountainbiken – **Asheville Cycling:** de stad vormt een ideaal uitgangspunt voor mountainbiketochten in de omgeving. Het Convention and Visitors Bureau, tel. 828 258 6101 (zie blz. 198) en www.ashevillecycling.com bieden info over routes en fietsverhuurders.

Evenementen

Mountain Dance & Folk Festival: 1e week van aug. A-B Tech/Mission Health Conference Center, tel. 828 258 6101, www.folkheritage.org. Optredens van dansers, zangers en muzikanten uit North Carolina en Georgia. 19-22 uur, volwassene $ 31, tot 12 jaar gratis

Vervoer

Bus: Greyhound, 2nd Tunnel Rd., tel. 828 253 8451. De langeafstandsbussen van Greyhound vertrekken vanaf de terminal.

Lokaal vervoer: Asheville Transit Center, 49 Coxe Ave., tel. 828 253 5691, www.ashevillenc.gov/Departments/Transit.aspx. Bussen van het Transit Center doorkruisen de stad en de nabije omgeving.

Omgeving van Asheville ▶ 2, F 3

Kaart: blz. 193

Biltmore Estate 13

1 Lodge St., ten noorden van de I-40, exit 50, tel. 1 800 411 3812, www.biltmore.com, dag. 9-17 uur, volwassene $ 65, 10-16 jaar $ 32,50

De Utrechtse boer Jan Aertson van der Bilt, die aan het eind van de 17e eeuw naar de

Nieuwe Wereld was getrokken, had nooit kunnen dromen dat zijn achterachterkleinzoon nog eens in een kopie van een Loirekasteel zou wonen, het **Biltmore Estate**.

George Washington Vanderbilt toonde maar weinig aandrang om het door zijn voorouders vergaarde vermogen nog verder te vergroten; hij voelde zich eerder aangetrokken tot de schone kunsten en was een liefhebber van lange reizen. Na de dood van zijn vader kon hij eindelijk zijn droom verwezenlijken om net als een lid van de Engelse of Franse adel in de 17e eeuw een kasteel te bewonen.

Nadat een stuk of duizend ambachtslieden, landschapsarchitecten en bouwmeesters vijf jaar lang gemetseld, getimmerd, gerooid en geplant hadden, werd het imposante slot met Kerstmis 1895 ingewijd. Anders dan in de kastelen aan de Loire konden de bewoners ook genieten van elektrisch licht, centrale verwarming, een overdekt zwembad, een kegelbaan en een sporthal. Tachtig bedienden zorgden ervoor dat het de bewoners aan niets ontbrak en hielden het huis schoon. Het kasteel, dat nog altijd familiebezit is, en het landgoed met zijn tuinen en wijngaard kunnen worden bezichtigd. De luxueuze inrichting met zijn duizenden in Europa verworven antiquiteiten is in zijn originele staat bewaard gebleven.

North Carolina Arboretum 14

MP 393, tel. 828 665 2492, www.ncarboretum.org, okt.-mrt. dag. 8-19, apr.-sept. 8-21 uur, gratis, parkeertarief $ 14

Het North Carolina Arboretum, aan de zuidrand van Asheville, toont op een gebied van 175 ha alle pracht van de planten- en bomenwereld in de zuidelijke Appalachen. Bezoekers verkennen de natuur via paden door het bos, genieten van de altijd bloeiende bloemperken of bewonderen een van de mooiste bonsaicollecties van Noord-Amerika. De Heritage Garden ligt rond een groep oude blokhutten.

Chimney Rock Park 15

US 64/74 A, 40 km/25 mijl ten zuidoosten van Asheville, tel. 828 625 9611, www.chimneyrockpark.com, apr.-dec. 8.30-17.30 uur, jan.-mrt. korter, volwassene $ 13, kind $ 6

Het Chimney Rock Park, een 400 ha groot natuurpark bij Lake Lure, ligt zo'n 35 km ten oosten van Asheville. Een 100 m hoge granieten rotspiek, Chimney Rock, rijst als een reusachtige schoorsteen spectaculair omhoog. Vanaf de ingang van het park kronkelt een 5 km/3 mijl lang pad omhoog, langs bergweiden en lichte bossen. Bij de laatste etappe helpt een lift, die in het binnenste van de rots naar de top voert. Wie goed ter been is, klimt langs een wirwar van trappen, plankiers en voetpaden omhoog. Op de top van de 'Schoorsteenrots' wacht de bezoeker een adembenemend uitzicht. Een pad voert naar de 123 m hoge **Hickory Nut Falls**, die filmliefhebbers zullen herkennen als decoratieve achtergrond in de film *The last of the Mohicans* uit 1992.

Accommodatie

Luxueus landelijk – **Esmeralda Inn:** 910 Main St., Chimney Rock, tel. 828 625 2999, www.theesmeralda.com. Geslaagde herbouw van een rustieke herberg uit 1890, die na honderd jaar was afgebrand. Veertien comfortabele kamers, gratis wifi, biljarttafel, 's avonds film, voortreffelijke keuken met verse producten. 2 pk vanaf $ 160.

Hendersonville en Brevard

Helemaal bovenaan op de hitlijsten van de populairste plaatsen waar senioren uit de VS hun levensavond doorbrengen, staan **Hendersonville** 16 en het naburige Brevard, twee stadjes ten zuiden van Asheville. Het milde klimaat, het lieflijke landschap met bossen, appelboomgaarden, meren en rivieren, het veelzijdige cultuuraanbod en de lage criminaliteitscijfers zouden volgens sommige onderzoeken zo heilzaam zijn dat men er tien jaar langer leeft dan in andere plaatsen.

Vlak bij **Brevard** 17 ligt de **Cradle of Forestry** met een park. Dit was de eerste bosbouwkundige school in de VS, voortgekomen uit het bosbeheer van het Biltmore Estate (www.cradleofforestry.com).

Historic Johnson Farm

3346 Haywood Rd., tel. 828 891 6585, www.hendersoncountypublicschoolsnc.org/johnson-farm, juni-aug. en in de schoolvakanties ma.-do., sept.-mei ma.-vr. 9-16 uur, volwassene $ 5, met korting $ 3

Eerst was de **Historic Johnson Farm** in 1874 het middelpunt van een tabaksplantage. In de jaren 20 van de 20e eeuw werd de farm verbouwd tot pension voor vakantiegangers uit het noorden. Nu kunnen bezoekers van de als museum ingerichte gebouwen een indruk krijgen hoe het leven was op een boerderij aan het eind van de 19e eeuw en hoe het er bijna een eeuw geleden in een toeristenpension aan toeging.

Informatie

Visitor Information Center: 201 S Main St., tel. 828 693 9708, www.visithendersonvillenc.org,ma.-vr. 9-17, za.-zo. 10-17 uur.

Accommodatie

Mooiste uitzicht op de bergen – **Echo Mountain Inn:** 2849 Laurel Park Hwy., tel. 828 693 9626, www.echomountaininn.com. B&B in een landhuis uit 1896 met 32 kamers. In de buurt beginnen diverse wandelpaden. 2 pk vanaf $ 85.

Best Western – **Hendersonville Inn:** 105 Sugarloaf Rd., tel. 828 692 0521, www.bestwesternnorthcarolina.com. Modern ketenhotel niet ver van Asheville en het Chimney Rock Park. Gratis HBO-kabelkanaal, wifi, klein zwembad. 2 pk vanaf $ 70.

Eten en drinken

Verfijnd dineren – **Postero:** 401 N Main St., tel. 828 595 9676, www.postero-hvl.com. Met zorg bereide, moderne Amerikaanse gerechten, met groenten van de markt en voortreffelijke steaks, goede wijnen en inventieve salades. Hoofdgerecht vanaf $ 18.

Opgewekt – **Café on the Veranda:** 130 Sugarloaf Rd., tel. 828 692 7914, www.adayinthecountry.com, ma.-za. 11-15.30 uur. Levendig café in een vroegere plantenkas, onderdeel van de souvenirwinkel A Day in the Country. Men serveert er thee, koffie, gebak, salades, heerlijke soepen en andere lichte hapjes. Gerecht $ 6-10.

Winkelen

Antiek – In de **Historic Main Street** in het centrum van Hendersonville vinden bezoekers talrijke antiekwinkels. Bovendien zijn er in de straat winkels voor kunstnijverheid en gebruiksartikelen gevestigd.

Retro – **Mast General Store:** 572 N Main St., tel. 828 696 1883, www.mastgeneralstore.com. In 1905 ging de Main Store in Hendersonville open. Tegenwoordig zit er de Mast General Store, die in verschillende steden in het zuidoosten filialen heeft. Men verkoopt er van alles, van outdoorkleding tot speelgoed en schoenen, en alles met een licht nostalgische toets.

Uitgaan

Stadstheater – **Hendersonville Little Theatre:** 1025 State St., tel. 828 692 1082, www.hendersonvillelittletheater.org. Het stadstheater van Hendersonville staat bekend om zijn altijd weer ambitieuze programmering, die bijvoorbeeld *Dr Jekyll and Mr Hyde*, *Driving Miss Daisy* en *Romeo and Juliet* omvat en hedendaagse interpretaties van moderne klassiekers biedt.

Evenementen

North Carolina Apple Festival: 1e weekend van sept., tel. 828 697 4557, www.ncapplefestival.org. Groot straatfeest in Hendersonville ter gelegenheid van de appeloogst, met cultuur, sportwedstrijden, eten en drinken, en dat al meer dan 65 jaar.

Flat Rock 18

Het ten zuiden van Asheville gelegen **Flat Rock** werd in de 19e eeuw ook wel 'Little Charleston in the mountains' genoemd. Hier hadden rijke families uit Charleston en andere plaatsen in het vochtighete kustgebied hun zomerhuis. De gebouwen uit die tijd vallen tegenwoordig onder monumentenzorg. Ook buiten de regio bekende attracties zijn het **Flat Rock Playhouse**, een van de belangrijkste toneelpodia van het land en de **Carl Sandburg Home National Historic Site**.

Carl Sandburg Home National Historic Site

81 Carl Sandburg Ln./Little River Rd., tel. 828 693 4178, www.nps.gov/carl, park zonsopkomst tot zonsondergang, woning dag. 9-17 uur, gratis, rondleiding $ 5

Het huis waarin de schrijver, journalist en historicus Carl Sandburg jarenlang woonde en werkte en in 1967 stierf, kan bezichtigd worden. Hij is bekend als auteur van een biografie van Lincoln en als dichter.

Uitgaan

Staatstheater – **Flat Rock Playhouse:** 2661 Greenville Hwy./Hwy. 225 S, tel. 828 693 0731, www.flatrockplayhouse.org. In de jaren 50 begonnen als zomertheater van de 'Company of Vagabond Players', biedt het inmiddels officiële staatstheater van North Carolina van begin april tot half oktober een uitstekend theaterprogramma met toneel en musicals. Bovendien heeft het Playhouse de taak op zich genomen jaarlijks zeshonderd studenten in de podiumkunsten op te leiden om deel te nemen aan voorstellingen op crèches, scholen en producties van professionele gezelschappen.

Mount Pisgah 19

De herberg bij de **Mount Pisgah** was vroeger een onderdeel van het Biltmore Estate. 'Peak of the Parkway', top van de Blue Ridge Parkway, wordt deze pleisterplaats ook wel genoemd. De herberg biedt kamers, een restaurant en een camping (MP 408,6).

De 3 km/2 mijl lange **Frying Pan Mountain Trail** voert van de Frying Pan Gap (bij MP 409,6) naar de 1661 m hoge top van de Mount Pisgah. De observatietoren voor bosbranden biedt een schitterend panoramisch uitzicht over de beboste bergen.

Accommodatie, eten

Berglodge – **Pisgah Inn:** Blue Ridge Pkwy., MP 408,6, tel. 828 235 8228, www.pisgahinn.com, apr.-okt. De herberg heeft een prachtige ligging op 1524 m, met uitzicht over het berglandschap. De kamers zijn verzorgd (2 pk met ontbijt vanaf $ 140). In de herberg worden ontbijt, lunch en diner geserveerd. Op de kaart staan bijvoorbeeld smakelijke boerenham en forel. Gerecht $ 6-21

Camping – **Mount Pisgah Campground:** MP 408,6, tel. 828 648 2644, vanaf mei. Staanplaats vanaf ongeveer $ 20.

Actief

Sportklimmen – **Fox Mountain Guides and Climbing School:** 234-A S. Broad St., Brevard, tel. 1 888 284 8433, www.foxmountainguides.com. De enige klimschool met een licensie in het zuidoosten van de VS neemt hele gezinnen mee de bergen in van het Pisgah National Forest. 's Winters zijn er lessen in ijsklimmen. Halve dag $ 75, hele dag $ 85.

Qualla Boundary

▶ 2, E 3

Kaart: blz. 193

Cherokee 20

Het centrum van het gebied dat Qualla Boundary wordt genoemd en waar ongeveer 8500 Amerikanen van overwegend indiaanse afkomst wonen, heet **Cherokee**. De indianen zijn de nakomelingen van de ongeveer duizend Cherokee die aan de deportatie vanaf 1838 van de 16.000 leden tellende stam naar Oklahoma ontkwamen door naar de bergen te vluchten. De hoofdstraat door het plaatsje doet eventuele illusies over het voortleven van een indiaanse cultuur verdwijnen. Souvenirwinkels worden er

afgewisseld met speelhallen, een casino, een *Christmas shop* en het Cherokee Fun Park.

De dubbelzinnige indruk die de Cherokee Reservation maakt, met een buitensporige commercialisering van de indiaanse folklore enerzijds en het overgeleverde culturele erfgoed anderzijds, maakt de problematische situatie van niet alleen de Cherokee duidelijk. De opgave om tegenover de *American way of life* de eigen tradities te bewaren blijkt bijzonder moeilijk te zijn. Daar komt bij dat van de ongeveer 8500 inwoners van Qualla Boundary er nog maar 2000 zijn die zichzelf *full blood Cherokee* kunnen noemen, en elke tweede winkelier in het reservaat is van witte afkomst. Het indiaanse syllabische schrift, dat in 1821 werd ontwikkeld door de Cherokee Sequoyah, wordt in de plaatselijke highschool tegenwoordig alleen nog als niet-verplicht bijvak aangeboden.

Het goedbedoelde advies aan de reservaatbewoners om zich sterker op de eigen tradities te richten, minder van het toerisme afhankelijk te zijn en zich duidelijker te profileren ten opzichte van de cultuur van de witten, heeft gezien de vooral 's winters hoge werkloosheid weinig praktisch nut.

De Cherokee noemen de bergwouden *sha-conage*, permanente blauwe nevel. Volgens hun legendes zou ooit, tijdens vruchteloze vredesonderhandelingen tussen vijandelijke stammen, de vredespijp zeven dagen lang niet zijn uitgegaan. De Grote Geest was daarover zo vertoornd dat hij de onbekwame onderhandelaars in planten met grijswitte bloemen, *Indian pipes* (indianenpijpen), veranderde en de rook van de vredespijpen als vermaning aan de mensen om serieus naar vrede te streven boven de bergen liet hangen. De moderne wetenschap heeft voor het blauwige schijnsel in de lucht en voor de wolken rond de bergtoppen een nuchtere verklaring: de intensieve stofwisseling van miljoenen planten en de daardoor veroorzaakte opstijgende waterdamp in de lucht zijn de oorzaak.

In de Oconaluftee Indian Village

Museum of the Cherokee Indian

589 Tsali Blvd., tel. 828 497 3481, www.cherokeemuseum.org, half juni-aug. ma.-za. 9-19, sept.-half juni dag. 9-17 uur, volwassene $ 10, 6-12 jaar $ 6

In het voortreffelijke Museum of the Cherokee Indian wordt de indiaanse kolonisatie van het Noord-Amerikaanse continent belicht en aan de hand van werktuigen, wapens en huishoudelijke objecten uit verschillende culturen en perioden in beeld gebracht.

Oconaluftee Indian Village

218 Drama Rd., zijweg van de US 441, 4 km/ 2,5 mijl noordelijk, tel. 828 497 2111, apr.-half nov., rondleiding ma.-za. 10-16 uur, volwassene $ 20, 6-12 jaar $ 12

Een nagebouwde indiaanse nederzetting uit het midden van de 18e eeuw geeft een beeld van de levenswijze van de Cherokee in dorpen met vaste houten en lemen huizen. Stamleden demonstreren oude jachttechnieken en ambachten, zoals het uitbranden van een boomstamkano, en vertellen op het ceremoniële open terrein voor het raadsgebouw wetenswaardigheden over de stamorganisatie en het vroegere geloofsstelsel.

Mountainside Theater

688 Drama Rd., zijweg van de US 441, 8 km/ 5 mijl ten noorden van Cherokee, zie Uitgaan

Al meer dan zestig jaar wordt van half juni tot eind augustus het drama *Unto these hills* opgevoerd in het 2800 zitplaatsen tellende **Mountainside Theater**. Het stuk beeldt met actiescènes, ensceneringen, dansen en gezangen de geschiedenis van de Cherokee uit, van de ontmoeting met de expeditie van de Spaanse conquistador Hernando de Soto in 1540 via de gewelddadige verdrijving uit de traditionele stamgebieden in de zuidelijke Appalachen tot de dood van duizenden Cherokee tijdens de deportatie naar Oklahoma drie eeuwen later.

Informatie

Welcome Center: 498 Tsali Blvd., tel. 828 497 9195, www.cherokee-nc.com, ma.-vr. 9.30-16.30 uur.

Accommodatie

Net ketenhotel – **Hampton Inn Cherokee:** 185 Tsalagi Rd., tel. 828 497 3115, www.hamptoninn3.hilton.com, zoek naar 'Hampton Inn Cherokee'. Met fitnessruimte en een klein ontbijt. 2 pk vanaf $ 120.

Luxueus – **Harrah's Cherokee Casino:** 777 Casino Dr./US 19, tel. 828 497 7777, www.caesars.com. Hoteltoren van vijftien verdiepingen met 576 grote kamers die in indiaanse stijl zijn ingericht. Twee restaurants, casino, zwembad, sauna. 2 pk $ 100.

Eenvoudig – **Baymont Inn Cherokee:** 1455 Acquoni Rd., tel. 828 497 2102, www.wyndhamhotels.com. Het massief ogende gebouw biedt een aantal aangename verrassingen: schone kamers met magnetron en koffiezetmachine, gratis klein ontbijt, wifi en een zwembad. 2 pk vanaf $ 100.

Aan de rivier – **River's Edge Motel:** 1026 Tsali Blvd., tel. 828 497 7995, www.riversedgecherokee.com. Eenvoudig motel met een mooie ligging pal aan de rivier. Eenvoudig, maar aantrekkelijk en verzorgd. 2 pk vanaf $ 90.

Voordelig – **Econo Lodge Cherokee:** 20 River Rd., US Hwy. 19, tel. 855 849 1513, www.choicehotels.com. Schoon en verzorgd, centraal gelegen. 2 pk vanaf $ 85.

Camping – **Great Smokies KOA:** 92 KOA Campground Rd., Cherokee, tel. 828 497 9711, www.koa.com. In de buurt van de Mingo Falls. Uitstekende vismogelijkheden in de Raven Fork River en diverse vismeertjes. Staanplaats camper vanaf $ 40.

Eten en drinken

Amerikaanse klassiekers – **Granny's Kitchen:** 1098 Paint Town Rd., kruising met US 441, tel. 828 497 5010, www.grannyskitchencherokee.com. Gebakken ham, rosbief enzovoort. Saladebar. Gerecht $ 8-17.

Ontbijt – **Peter's Pancakes & Waffles:** 1384 Tsali Blvd., tel. 828 497 5116. Koffie met pannenkoeken en daarbij de krant. 's Ochtends is het hier het drukst. Er zijn ook hartige gerechten, met ham, eieren en maisgrutten. 's Middags ook sandwiches en hotdogs. Ontbijt vanaf $ 6.

Winkelen

Kunstnijverheid – **Qualla Arts & Crafts Mutual:** 645 Tsali Blvd., tel. 828 497 3103, juni-aug. ma.-za. 8-19, zo. 9-17, rest van het jaar ma.-za. 8-16.30, zo. 9-17 uur, jan.-feb. gesl. De uitstekende verkoopexpositie van Cherokeekunstnijverheid is een goed alternatief voor de artikelen in veel van de door Cherokee gedreven souvenirwinkels langs de hoofdstraat.

Uitgaan

Theater – **Mountainside Theater:** 688 Drama Rd., zijweg van de US 441, 8 km/5 mijl naar het noorden, tel. 828 497 2111, ma.-za. 20 uur, juni-eind aug. openluchttheater *Unto these hills* over de geschiedenis van de Cherokee en hun verdrijving.

De Blue Smoky Mountains zijn omweven met indiaanse legendes

Casino – **Harrah's Cherokee Casino:** 777 Casino Dr./US 19, tel. 828 497 7777, www.caesars.com/harrahs-cherokee, 24 uur geopend. Het bijbehorende hotel met 21 verdiepingen biedt 1100 kamers en suites, naast negen restaurants en een golfbaan.

Actief

Vissen – **Cherokee Fish and Game Management:** tel. 828 359 6110, www.fishcherokee.com of Cherokee Chamber of Commerce, 498 Tsali Blvd. De forellenbestanden in de 50 km aan rivieren worden elk jaar aangevuld.
Paardrijden – **Smokemont Riding Stables:** 135 Smokemont Riding Stables Rd., tel. 828 497 2373, www.smokemontridingstable.com, dag. 9-17 uur, eind mrt.-begin nov. ruitertochten.

Evenementen

Cherokee Indian Fair: begin oktober. Op de Fair Grounds, met muziekgroepen, dansen, een gekostumeerde optocht, vuurwerk en een verkoopexpositie van kunstnijverheid.

Great Smoky Mountains N.P. ▶ 2, D/E 2/3

Kaart: blz. 193
De zuidelijke Appalachen met het **Great Smoky Mountains National Park** vormen een waar botanisch paradijs. Biologen hebben de aanwezigheid van meer dan 1500 verschillende planten, waaronder

130 boomsoorten, vastgesteld. Hoewel het massatoerisme de Smokies vanuit het noorden en zuiden belaagt met hotels, pretparken en lange stoeten auto's, is de natuur in elk geval tegen directe aanvallen beschermd. In de enorme, door de staat beheerde bossen is sinds 1934 een ruim 2000 km^2 grote ovaal ingesteld als nationaal park.

Het zijn geen diepe kloven, woeste watervallen of geweldige bergmassieven die de Smokies een van de populairste nationale parken van de VS hebben gemaakt. De uitgestrekte bossen, de 1300 km aan wandelroutes, het panorama van de imposante bergen, waarvan er bijna twintig hoger zijn dan 1800 m, de pracht van de wilde bloemen in de zomer, de gekleurde bladeren in september en oktober, en ook de rijkdom aan dieren lokken ieder jaar ruim 10 miljoen bezoekers naar het park, en dat is meer dan naar de Grand Canyon en het Yellowstone en Yosemite National Park samen.

Tot de vele dieren die in het park leven – in het bijzonder roodwild, waaronder ook het machtige wapitihert – behoren ook vierhonderd tot zeshonderd zwarte beren, waar je maar beter niet te dicht bij moet komen. Ook al moeten de rangers sinds enige tijd de uitwerking van de luchtvervuiling registreren en wordt de fraserspar, die in de hogere regionen voorkomt, aangetast door ongedierte, toch presenteert de natuur zich op vele plaatsen nog atijd in weelderige overdaad.

In talrijke riviertjes kunnen de bezoekers 's zomers heerlijk zwemmen; niet alleen bij kinderen populair is *inner tubing*, in een opgeblazen autobinnenband over stroomversnellingen drijven. Tien campings en de alleen te voet bereikbare Summer Lodge op de Mount LeConte maken het mogelijk om in het park te overnachten.

Autoroutes door het nationaal park

Automobilisten kunnen de natuur via twee rondritten verkennen. De 8 km/5 mijl lange **Roaring Fork Motor Nature Trail** dicht bij het Sugarland Visitor Center in het noorden van het park voert door jonge en oude bosssen langs de stroomversnellingen van de Roaring Fork, en dan langs de Cherokee Orchard, een voormalige appelboomgaard.

Het traject naar de **Cades Cove** (zie blz. 434) slingert parallel aan de Little River naar de Laurel Creek, in het noordwesten van het park. Over de ovale, ooit in cultuur gebrachte dalbodem voert een rondrit van ruim 17 km/11 mijl naar weer opgebouwde boerenhuizen, schuren, een zagerij en een graanmolen uit de 19e eeuw, die een indruk geven van het harde leven van de vroegere kolonisten.

Informatie

Great Smoky Mountains National Park: 107 Park Headquarters Rd., Gatlinburg, TN 37738, tel. 865 436 1200, www.nps.gov/grsm. In het park liggen vier bezoekerscentra: in de **Cades Cove**, halverwege de 17 km lange rondrit door het dal; bij **Oconaluftee**, 3 km/2 mijl ten noorden van Cherokee aan de US 441; **Sugarlands**, 3 km/2 mijl ten zuiden van Gatlinburg aan de US 441; en bij **Clingmans Dome**, aan de Clingmans Dome Road, bij het beginpunt van de bergwandeling naar Clingmans Dome. Er liggen bovendien Visitor Centers buiten de grenzen van het park: halverwege Pigeon Forge en Gatlinburg aan de US 441, bij Sevierville en bij Townsend, alle in Tennessee.

Accommodatie

Authentieke herberg – **LeConte Lodge:** op de LeConte Mountain, tel. 865 429 5704, www.lecontelodge.com. Vijf wandelpaden (van 8 tot 13 km) voeren naar de berg en de rustieke lodge met zijn hoofdgebouw en blokhutten op bijna 1940 m hoogte. Om een van de vijftig overnachtingsplaatsen (eind mrt.-nov.) te bemachtigen, moet je lang van tevoren via de website of per telefoon reserveren. Overnachting met ontbijt en avondmaaltijd $ 148, 4-12 jaar $ 85.

Camping – Er zijn **tien goed uitgeruste campings**, die met de auto bereikbaar zijn, naast diverse eenvoudige *backcountry campgrounds* in de wilde natuur; bovendien zijn er vijf campings die op paarden zijn ingesteld (www.nps.gov/grsm/planyourvisit/carcamping.htm). Staanplaats $ 17,50-25.

Actief

Met de rangers – **Activiteiten met de parkrangers**, half juni-okt., wandelingen, verhalen bij het kampvuur en dergelijke.
Fietsen – Aan te raden is de **Cades Cove**. Fietsverhuur bij de Campground Store aldaar, tel. 865 448 9034, dag. 9-16, mei-aug. dag. tot 19 uur; geen mountainbikes.
Vissen – Met een visakte, die verkrijgbaar is in Tennessee (www.tn.wildlifelicense.com/index.php) of North Carolina (www.ncwildlife.org) en voor het hele park geldt, is vissen toegestaan **in bijna alle rivieren**. Sinds enkele jaren zijn er ook weer wilde forellen.
Wandelen – Talloze mogelijkheden over aantrekkelijke gemarkeerde paden en door de vrije natuur. **Wandelkaarten** zijn verkrijgbaar in de Visitor Centers. Op www.nps.gov/grsm/planyourvisit/maps.htm kun je een overzicht downloaden.
Paardrijden – Verschillende maneges bieden tochten aan: in de **Cades Cove** (www.cadescovestables.com) ook per rijtuig, in **Smokemont** bij Cherokee (www.smokemontridingstable.com) en in **Sugarland**, 6,5 km/4 mijl ten oosten van Gatlinburg (www.sugarlandridingstables.com). Ongeveer $ 35 per uur.
Wildwatervaren en tokkelen – **Rafting in the Smokies:** Outpost 3595, Hartford Rd., exit 447, tegenover het verkeerslicht, tel. 800 776 7238, www.raftinginthesmokies.com. In een rubberboot over de Upper en Lower Pigeon River, tokkelfaciliteiten en klimbos. Raftingtocht vanaf $ 35 per persoon.

De Piedmont van North Carolina

Ongeveer een derde van de oppervlakte van North Carolina wordt gevormd door de Piedmont. De witte kolonisten vonden hier tussen de bergketens van de Appalachen en de zoutmoerassen van de kust niet alleen indiaanse culturen, maar ook zacht glooiende heuvels en vruchtbare leemgrond, ideaal voor de teelt van tabak. De tabaksindustrie vormt nog altijd een van de belangrijkste bedrijfstakken van de staat, zoals goed te zien is in Winston-Salem, Durham en Kenly. Maar de regio heeft zich inmiddels nog verder ontwikkeld, met diverse bestuurscentra, universiteiten en onderzoeksinstellingen, zoals in het dynamische Charlotte en in de North Carolina Triangle, met Raleigh, Durham en Chapel Hill.

Charlotte ▶ 2, H 3

De eerste, toen nog aan de Britse koning trouwe bewoners noemden hun stad in 1768 naar Charlotte van Mecklenburg-Strelitz, de echtgenote van de Britse koning George III. Maar slechts zeven jaar later waren de inwoners van Charlotte de Britse belastingen en maatregelen beu. Ze stelden een onafhankelijkheidsverklaring op, die ze deden toekomen aan het Amerikaanse Continental Congress. Zelfs de Britse generaal Cornwallis slaagde er met zijn elitetroepen niet in een eind te maken aan de onrust en zag zich in 1780 na slechts een maand in het 'vervloekte horzelnest' gedwongen weer te vertrekken.

Het opstandige koloniale stadje ontwikkelde zich later tot de industriële en financiële metropool van North Carolina. Het telt tegenwoordig inclusief de voorsteden bijna 850.000 inwoners. Het rustige stadsbeeld van vroeger heeft plaatsgemaakt voor de kantoortorens van banken, verzekeringsmaatschappijen en elektronicaconcerns. Gebleven is de verwarrende gewoonte om de binnenstad niet Downtown, maar Uptown te noemen.

De bedrijvige internationale luchthaven en de druk bereden *highways* die elkaar hier kruisen, onderstrepen dat Charlotte zijn verleden, toen de stad een overslagplaats voor katoen was, definitief van zich heeft afgeschud. De wijk NoDa, een afkorting van North Davidson Street, heeft sinds de jaren 90 een transformatie ondergaan van industriegebied voor de verwerking van textiel tot trendy buurt met galeries, theaters, winkels, restaurants en cafés. Het veelzijdige culturele aanbod in de stad loopt uiteen van een symfonieorkest, een balletensemble en een koor tot een Shakespeare Company, een opera, een kindertheater en het Afro-Amerikaanse Harvey B. Gantt Center.

Mint Museum Randolph

2730 Randolph Rd., tel. 704 337 2000, www.mintmuseum.org, wo. 11-21, do.-za. 11-18, zo. 13-17 uur, ma./di. gesloten, volwassene. $ 15, 5-17 jaar $ 10, wo. vanaf 17 uur gratis

In het **Mint Museum Randolph** presenteert men in de voormalige munt van de stad een groot spectrum aan kunstwerken, van precolumbiaanse objecten uit Midden- en Zuid-Amerika tot Europese schilderkunst van de middeleeuwen tot de moderne tijd, naast munten en keramiek uit North Carolina. Ook kroningsportretten van de Britse koning George III en koningin Charlotte ontbreken niet.

Mint Museum Uptown

500 S Tryon St., tel. 704 337 2000, www.mintmuseum.org, di. 10-21, wo.-za. 10-18, zo. 10-17 uur, ma. gesloten, volwassene $ 15, student $ 10, 5-17 jaar $ 6

Het **Mint Museum Uptown** toont in een spectaculair nieuw gebouw hedendaagse kunst, onder meer van Frank Stella, en internationaal design. Bovendien wordt er kunstnijverheid van glas, aardewerk, hout en andere materialen geëxposeerd.

Bechtler Museum of Modern Art

420 S Tryon St., tel. 704 353 9200, www.bechtler.org, ma., wo.-za. 10-17, zo. 12-17 uur, volwassene $ 8, 11-18 jaar $ 4

Met het elegante **Bechtler Museum of Modern Art** beschikt Charlotte ook over een kunstmuseum dat zich op de klassieke modernen van de 20e eeuw richt en sculpturen en schilderijen van onder anderen Miró, Giacometti, Warhol, Tinguely, Picasso en Calder tentoonstelt.

De skyline van Charlotte getuigt van de economische dynamiek van de stad

Discovery Place

301 N Tryon St., tel. 704 372 6261, www.discoveryplace.org, ma.-vr. 9-16, za. 9-17, zo. 12-17 uur, volwassene $ 17, met korting $ 13

Het opvallendste museum van de stad staat in het teken van de wonderen van de natuurwetenschappen, de technologie en de wiskunde. **Discovery Place** is een 'plaats van ontdekkingen' voor kinderen en volwassenen. Het twee verdiepingen hoge gebouw herbergt een tropisch regenwoud, een onderwaterwereld en een transparante mensenfiguur, waarin het functioneren van de organen 'live' zichtbaar wordt gemaakt.

Levine Museum of the New South

200 E 7th St., tel. 704 333 1887, www.museumofthenewsouth.org, ma.-za. 10-17, zo. 12-17 uur, volwassene $ 9, 6-18 jaar $ 5

Het **Levine Museum of the New South** beperkt zich niet tot een nostalgische terugblik op de 'goede oude tijd'. In het middelpunt van de interessante multimedia-expositie staat de tijd vanaf het eind van de Burgeroorlog tot heden: de ontwikkeling 'van katoenplantages tot wolkenkrabbers'.

Harvey B. Gantt Center

551 S Tryon St., tel. 704 547 3700, www.ganttcenter.org, di.-za. 10-17, zo. 13-17 uur, volwassene $ 9, 6-17 jaar $ 7

Dit Afro-Amerikaanse cultureel centrum is gewijd aan de bijdrage van zwarte kunstenaars aan de Amerikaanse kunst, met onder andere wisselexposities, muziekuitvoeringen, dansvoorstellingen en kunstworkshops, ook voor kinderen.

NASCAR en NASCAR Hall of Fame

5555 Concord Pkwy. S, www.charlottemotorspeedway.com, Nascar Hall of Fame: 400 E Martin Luther King Jr. Blvd., tel. 704 654 4400, www.nascarhall.com, volwassene $ 25, 3-7 jaar $ 12, 8-12 jaar $ 18

NASCAR (stockcarraces) en niet bijvoorbeeld Formule 1 speelt in de VS de belangrijkste rol in de autosport. Met de **Motor Speedway** beschikt ook Charlotte over een racecircuit. De **NASCAR Hall of Fame** presenteert de superhelden en hun bolides via een indrukwekkende interactieve tentoonstelling.

Carowinds Amusement & Water Park

14523 Carowinds Blvd., 22 km/14 mijl zuidwestelijk aan de I-77, tel. 704 588 2600, www.carowinds.com, apr.-okt. wisselende openingstijden, dagkaart volwassene $ 66, kind $ 47

Het **Carowinds Amusement & Water Park** op de grens tussen North en South Carolina brengt de geschiedenis van de twee Carolina's tot leven met replica's van historische nederzettingen en gebouwen. Amusementsprogramma's, muziekshows en achtbanen met spannende loopings.

Informatie

Visitor Info Center: 330 S Tryon St., tel. 704 331 2700, www.charlottesgotalot.com, ma.-vr. 9-17 uur.

Accommodatie

Centraal – **Courtyard Charlotte City Center:** 237 S Tryon St., tel. 704 926 5800, www.marriott.com. Comfortabel hotel midden in Uptown, overdekt zwembad, gratis wifi. 2 pk vanaf $ 190.

Traditioneel – **Dunhill:** 237 N Tryon St., tel. 704 332 4141, www.dunhillhotel.com. Dit gebouw uit 1929 is voor Charlotte alweer ouderwets. Met een pianist en wandschilderingen in de lobby. De zestig voortreffelijk uitgeruste kamers en suites hebben tal van prominente gasten gehuisvest. 2 pk vanaf $ 150.

Nabij Uptown – **The Morehead Inn:** 1122 E Morehead St., tel. 704 376 3357, www.moreheadinn.com. Verzorgde B&B met twaalf suites. 2 pk vanaf $ 150.

Eten en drinken

Vers uit zee – **Upstream:** 6902 Phillips Place, tel. 704 556 7730, https://upstreamseafood.com, ma.-do. 11.30-22, vr.-za. 11.30-23, zo. 10.30-21 uur. Vis- en zeevruchtenrestaurant met vers zeebanket, ook uit de Grote Oceaan, uitgebreide wijnkaart en een oesterbar. Speciale acties, zoals 'Sushi Extravaganza' en wijnmenu's. Gerecht vanaf $ 20.

Franse keuken – **Georges Brasserie:** 4620 Piedmont Row Dr., Suite 110, tel. 980 219 7409, www.georgesbrasserie.com, di.-za. 11.30-14.30, 17.30-22, zo. 10-14 uur. In het stijlvol ingerichte restaurant serveert men lekkere, ongecompliceerde Franse gerechten. Hoofdgerecht vanaf $ 16.

In NoDa – **Crêpe Cellar Kitchen & Pub:** 3116 N Davidson St., tel. 704 910 6543, www.crepecellar.com. Heerlijke crêpecreaties, zoals met spinazie en bospaddenstoelen, gekaramelliseerde sjalotjes en geitenkaas. Crêpe vanaf $ 9,50, hoofdgerecht vanaf $ 14.

BBQ – **Midwood Smokehouse:** 1401 Central Ave., Suite 101, tel. 704 295 4227, www.midwoodsmokehouse.com, dag. vanaf 11 uur. Dit is het juiste adres voor wie trek heeft in stevige gerechten met een geheim sausrecept, de Midwood Signature Sauce. Ook staan er andere Amerikaanse klassiekers op de kaart. Je kunt ook buiten eten. Grillgerecht vanaf $ 9.

Ontbijt – **Amélie's French Bakery:** 2424 N Davidson St., tel. 704 376 1781, www.ameliesfrenchbakery.com, dag. 24 uur geopend. Uitstekende koffie, gebak, salades, sandwiches en steeds wisselende soeprecepten voor de lunch. Gerecht $ 3-12.

Uitgaan

Entertainmentcomplex – **AvidXchange Music Factory:** Uptown Village, 1000 NC Music Factory Blvd., tel. 704 916 8970, www.avidxchangemusicfactory.com. Hier wordt bijna alles geboden wat er maar aan vermaak bestaat. Openluchtconcerten, bars, restaurants en een comedy club.

Parttime – **Howl at the Moon Charlotte:** 210 E Trade St., tel. 704 936 4695, www.howlatthemoon.com/charlotte, wo. 20-2, do.-za. 19-2 uur. Goede dj's en *high energy* livemuziek in het Epicentre (zie hierna).

Fijne drankjes – **Infused Bar:** 3041, 312 N Myers St., tel. 704 910 3585, www.infusedclt.

com, dag. 16-2 uur. Ruime keus aan bier en wijn, maar de bar is vooral bekend om de mixdrankjes waarin sterkedrank, vruchten en kruiden de hoofdrol spelen.

Alles onder één dak – **EpiCentre:** 210 E Trade St., www.epicentrenc.com. Je vervelen is hier niet mogelijk, daar zorgen de pubs, podia voor livemuziek, de champagnebar, verschillende restaurants en het Rooftop Pavilion met livemuziek wel voor. Onderdeel van het complex is de nachtclub Whiskey River, waar de bezoekers op een kunstmatige stier kunnen rijden; de club doet zijn naam alle eer aan: de ijsthee met wodka en whiskey vloeit er rijkelijk.

Actief

Wildwatervaren – **US National Whitewater Center:** 5000 Whitewater Center Pkwy., tel. 704 391 3900, www.usnwc.org. De stroomversnellingen van categorie II tot IV van het kunstmatige wildwatercomplex bieden uitdagingen voor beginnelingen en ervaren rotten. Het centrum bezit verder twee klimwanden, een klimbos en tokkelbanen, naast 20 km aan mountainbiketrails. Nieuwste attractie: de Mega Jump, een sprong van een 14 m hoge toren, eerst in vrije val, maar dan gestuit door een modern remsysteem dat de waaghalzen 'redt'. Pas voor alle sportactiviteiten volwassene $ 59, tot 9 jaar $ 49

... in Huntersville, 19 km/12 mijl ten noordoosten van Charlotte:

Wandelen en paardrijden – **Latta Plantation Park:** 5225 Sample Rd., tel. 704 875 2312, www.lattaplantation.org. In het natuurgebied rond een vroegere katoenplantage kun je wandelen en paardrijden (di.-za. 10-17, zo. 13-17 uur, volwassene $ 8, met korting $ 7).

Sport om te kijken – De American Footballprofs van de Carolina Panthers spelen van sept.-feb. in het Bank of America Stadion, 800 S Mint St., tel. 704 358 7800, www.panthers.com. Kaartje vanaf ongeveer $ 43.

Vervoer

Vliegtuig: Charlotte Douglas International Airport, 5501 Josh Birmingham Pkwy., tel. 704 359 4910, www.charlotteairport.com. Aan de westrand van de stad. Verbindingen met meer dan 130 steden, waaronder dertig internationale bestemmingen. Hybride bussen ('Sprinters') verbinden het centrum elke 20-30 min. met de luchthaven.

Trein: Amtrak, 1914 N Tryon St., tel. 800 872 7245, www.amtrak.com. De *Carolinian* verbindt Charlotte met andere steden in North Carolina en bovendien met Washington D.C., Philadelphia en New York.

Bus: Greyhound, 601 W Trade St., tel. 704 372 0456, www.greyhound.com.

Vervoer in de stad

Lynx: zo heet de sneltram die verschillende punten in de binnenstad met het Convention Center verbindt.

CATS: de Charlotte Area Transit System Bus Service (CATS), die het openbaar vervoer in de agglomeratie verzorgt, vervoert jaarlijks op ruim tachtig busroutes 22 miljoen passagiers (tel. 704 336 7433, www.ridetransit.org).

Nostalgische bussen: 'Gold Rush' is de naam van de nostalgisch aandoende bussen, die van vroeg tot laat over de centrale Tryon Street en Trade Street rijden (gratis).

Winston-Salem ► 2, J 2

Slechts 110 km/bijna 70 mijl ten noorden van Charlotte ligt een conglomeraat van drie steden, de Piedmont Triad. De steden **Winston-Salem, Highpoint** en **Greensboro**, die in de loop der jaren naar elkaar zijn toegegroeid, tellen gezamenlijk meer dan 1,6 miljoen inwoners. Bij helder weer is het silhouet van de Blue Ridge Mountains aan de horizon duidelijk te onderscheiden. Naast de tabaksindustrie en belangrijke instellingen voor onderwijs en onderzoek zijn de katoenverwerking en meubelindustrie de belangrijkste werkgevers in de regio.

Stadsgeschiedenis

Een groep hernhutters, oftewel Moravische broeders, leden van de evangelische broedergemeente uit Moravië, die vanwege religieuze vervolging naar Noord-Amerika was uitgeweken, vestigde zich na een mislukte kolonisatiepoging in Savannah

(Georgia) in Pennsylvania. In 1753 kochten de hernhutters land in North Carolina, stichtten daar de versterkte nederzetting **Bethabara** en bouwden er een stad, die ze naar het Hebreeuwse woord voor vrede, *shalom*, de naam **Salem** gaven. De hernhutters beschouwden handarbeid als werk dat God welgevallig was en zo ontwikkelde zich al snel een op religieuze grondslagen gestoelde, bloeiende gemeenschap, waarin echter alleen 'rechtgelovigen' mochten leven.

Uit de nederzetting van de andersgelovigen ontstond in het midden van de 19e eeuw de zusterstad **Winston**, die als bestuurscentrum van de regio en als vestigingsplaats van de tabaksindustrie Salem al snel overvleugelde. In 1874 had het plaatsje vierhonderd inwoners, maar in 1914 werkten er al meer dan 10 duizend personen in de tabaksfabrieken van Reynolds. Sinds 1913 zijn Winston en Salem tot één stad versmolten.

Old Salem

Old Salem Rd., tel. 336 721 7300, www.oldsalem.org, bezichtiging huizen di.-za. 9.30-16.30, zo. 13-16.30 uur, volwassene vanaf $ 18, 6-16 jaar $ 9

Bezoekers kunnen door de straatjes van **Old Salem** slenteren, de stevige bakstenen en houten huizen bewonderen, op het kerkhof een beeld van de geschiedenis van de stad en zijn bewoners krijgen of in de oude Winkler Bakery vers gebakken koekjes proeven. Voor de bezichtiging van andere gebouwen, zoals het Single Brothers House voor alleenstaande mannen, de Miksch Tobacco Shop en de voormalige praktijkwoning van dokter Vierling, moet een entreeprijs worden betaald.

Bethabara

2147 Bethabara Rd., tel. 336 924 8191, www.historicbethabara.org, apr.-half dec. di.-vr. 10.30-16.30, za.-zo. vanaf 13.30 uur, volwassene $ 4, kind $ 1

Het historische Bethabara met zijn kerk, pottenbakkershuis, 18e-eeuwse brouwerij en gereconstrueerde palissadeversterking aan de noordoostelijke rand van de stad is te bezichtigen.

Winston

Het 'wereldse' deel van de stad draagt het stempel van de tabaksindustrie. Een eeuw geleden realiseerde Richard Joshua Reynolds zich wat het automatiseren van de vervaardiging van sigaretten kon opleveren en begon met de opbouw van een tabaksimperium.

De productie van de fabriek in Whitaker Park in het noorden van de stad, op zijn hoogtepunt meer dan 250 miljoen stuks per dag, is beëindigd. De productie concentreert zich nu in het fabriekscomplex van Tobaccoville, 22,5 km ten noorden van de stad.

Reynolda House en Reynolda Village

Reynolda House: 2250 Reynolda Dr., tel. 336 758 5150, www.reynoldahouse.org. di.-za. 9.30-16.30, zo. 13.30-16.30 uur, volwassene $ 18

De sporen van Reynolds, in Winston kortweg R.J.R. genoemd, zijn over de stad verspreid. Het vroegere landgoed van de familie, Tanglewood, is nu een recreatieterrein met golfbanen en een paardenrenbaan. **Reynolda House**, de voormalige woning van de familie Reynolds, herbergt in honderd kamers een belangrijke collectie Amerikaanse kunst, met landschappen van Albert Bierstadt en werk van Georgia O'Keeffe en Gilbert Stuart.

Reynolda Village, het 'dorp' waar de personeelsgebouwen van het familielandgoed waren geconcentreerd, is verbouwd tot elegant winkelcomplex. Het in 1927 in het centrum van de stad gebouwde vroegere kantoorgebouw van het concern ziet eruit als een kleinere versie van het Empire State Building in New York. Inderdaad namen de architecten Shreve en Lamb hun art-decowolkenkrabber in Winston als voorbeeld toen ze vier jaar later in New York het destijds hoogste gebouw ter wereld bouwden.

Informatie

Visitor Center: 200 Brookstown Ave., tel. 336 728 4200, www.visitwinstonsalem.com.

Accommodatie

Oude katoenspinnerij – **The Brookstown Inn:** 200 Brookstown Ave., tel. 336 725 1120,

www.brookstowninn.com. Dit historische hotel ligt in de buurt van Old Salem. Zeer sfeervol hotel met grote kamers. Ondanks de ouderdom van het gebouw hoeven de gasten hier niets tekort te komen op het gebied van moderne voorzieningen. 2 pk vanaf $ 160.
Comfortabel – **Kimpton Cardinal Hotel:** 401 North Main St., Tel. 877-216-3448, www.thecardinalhotel.com. Modern hotel met 174 kamers in het vroegere Reynolds Building uit 1929. Zelfs een basketbalveld en bowlingbaan. Aardig restaurant met Franse keuken. 2 pk vanaf $ 150.
... in Clemmons, 19 km/12 mijl ten zuidwesten van Winston-Salem:
Historisch – **Manor House B&B:** Tanglewood Park, tel. 336 703 6494, www.manorhouse.tanglewoodpark.org. Naast de ruime kamers beschikt dit gedeeltelijk in 1859 gebouwde hotel over een groot zwembad, golf- en tennisbanen en zelfs een manege. Het complex wordt omringd door een rustig parklandschap. 2 pk vanaf $ 95.

Eten en drinken

Verfijnd ontbijt – **Mary's Gourmet Diner:** 723 Trade St., tel. 336 723 7239, dag. 8-14 uur. Dit vrolijke café met veel foto's aan de muren past goed in het opbloeiende Art District. Het ontbijt is heerlijk, ook dankzij de vele biologische producten.
Moravisch – **The Tavern in Old Salem:** 736 S Main St., tel. 336 722 1227, www.thetaverninoldsalem.ws, di.-za. 11-15.30, 17-21, zo. 11-15 uur. Niet alleen de inrichting, maar ook de recepten in dit restaurant stammen uit de 18e eeuw. Gerecht $ 6-16.
Gigantische keus – **Sweet Potatoes:** 529 North Trade St., tel. 336 727 4844, www.sweetpotatoes.ws. Creatieve Southern Cuisine met gehaktballen, gebakken meerval en *sweet potato pie*. Gerecht $ 8-22.

Winkelen

Souvenirs – **Moravian Gift Shop:** 614 S Main St., tel. 336 723 6262. Kunstnijverheid en kitsch in een labyrintische winkel.
Koekjes en nog veel meer – **Winkler Bakery:** 521 Main St., tel. 336 721 7302. Traditionele, flinterdunne gemberwafels en knapperige walnootkoekjes in Old Salem.
... in Germantown, 11 km/7 mijl ten noorden van Salem:
Kunst en wijn – **Germanton Art Gallery and Winery:** Hwy. 8, tel. 336 969 6121, www.germantongallery.com, wo.-vr. 10-18, za. tot 17 uur. Reproducties en originelen van zo'n tachtig vooral Amerikaanse kunstenaars; daarbij koop je bijvoorbeeld een chardonnay uit de Germanton Winery. Het plaatsje werd in 1790 door Duitse immigranten gesticht.

Uitgaan

Verfrissend – **Foothills Brewing:** 3800 Kimwell Dr., tel. 336 997 9484, www.foothillsbrewing.com, ma.-wo. 16-21, do.-vr. 16-22, za. 12-22, zo. 12-20 uur. Bijna dertig biersoorten op de tap, waarbij *sexual chocolate* duidelijk een van de exotischere is.
Rockmuziek – **Ziggy's:** 170 W 9th St., tel. 336 722 5000, www.ziggyrock.net. Vanaf 19 of 21 uur goede livemuziek.

Actief

... in Clemmons, 19 km/12 mijl ten zuidwesten van Winston-Salem:
Recreatiesporten – **Tanglewood Park:** 4201 Manor House Circle, tel. 336 703 6400, www.tanglewoodpark.org. Op het vroegere landgoed van de familie Reynolds ligt een zwembad, je kunt er vissen of kanoën, paardrijden, golfen op de twee golfbanen of wandelen door de bloementuinen. Dag. 7 uur tot zonsondergang, $ 2 per personenauto.

Evenementen

Old Salem Christmas Candle Tea: dec. Sfeervolle, oud-Moravische kerstviering gedurende vier dagen in december, Old Salem Museums & Gardens, 600 S Main St., tel. 336 721 7300, www.oldsalem.org.

Vervoer

Trein: Amtrak, 100 W 5th St., 5th St./Trade St. Stopplaats van de *Carolinian* op weg van New York naar Charlotte.
Bus: Greyhound, 100 W 5th St., tel. 336 724 1429.

Greensboro en omgeving ▶ 2, J/K 2

De universiteitsstad Greensboro (290.000 inwoners) kreeg zijn naam als eerbetoon aan Nathaniel Greene, die als kolonel van de Amerikaanse revolutonaire troepen met een samengeraapt stelletje manschappen de Britse generaal Cornwallis aanzienlijke verliezen had toegebracht. Een apotheker in de stad, een zekere Lunsford Richardson, zou op een geheel ander gebied roem verwerven, toen hij in 1912 op het hoogtepunt van een verkoudheidsgolf in zijn laboratorium uit verschillende stoffen een middel samenstelde dat onder de naam Vicks VapoRub wereldbekendheid zou krijgen.

Greensboro Historical Museum

130 Summit Ave., tel. 336 373 2043, www.greensborohistory.org, di.-za. 10-17, zo. 14-17 uur, gratis

Het **Greensboro Historical Museum** belicht de geschiedenis van de indiaanse aanwezigheid in de regio, geeft informatie over de militaire conflicten tijdens de Onafhankelijkheids- en Burgeroorlog en besteedt aandacht aan de beroemdste zoon van de stad, William Sydney Porter, wiens onder het pseudoniem 'O. Henry' geschreven korte verhalen tot de klassiekers van de Amerikaanse literatuur worden gerekend.

International Civil Rights Center & Museum

134 S Elm St., tel. 336 274 9199, www.sitinmovement.org, ma.-za. 9-18, zo. 13-17 uur, volwassene $ 12, 6-12 jaar $ 8

Het **International Civil Rights Center & Museum** is gewijd aan de gebeurtenissen op 1 februari 1960 in het toenmalige Woolworth Building, nu het museum, waarbij vier *African Americans* het waagden om bij de lunch plaats te nemen aan een tafel die voor witten was gereserveerd. Met deze en vergelijkbare acties elders in het zuidoosten kwam er een beweging op gang die naar gelijke burgerrechten streefde en uiteindelijk de overwinning behaalde. Tegelijk ontstond de 'sit in' als middel om een geweldloze strijd te voeren.

High Point en Burlington

High Point, ruim 30 km/bijna 20 mijl ten zuidwesten van Greensboro, was het hoogste punt en tevens stopplaats op de North Carolina Railroad. Tegenwoordig is het een stad van hout- en katoenverwerking. In totaal honderdtwintig fabrieken produceren hier en in het in de buurt gelegen **Burlington** sokken en katoenen ondergoed. De uitgestrekte showrooms en de halfjaarlijkse meubelbeurs maken de stad, die zichzelf als 'Meubelhoofdstad van de wereld' presenteert, een trefpunt van meubelkopers en beroepsmatige bezoekers.

Informatie

Greensboro Area Convention & Visitors Bureau: 2411 W Gate City Blvd., tel. 336 274 2282, www.visitgreensboronc.com, ma.-vr. 9-17.30, za. 9-16, zo. 13-17 uur.

Accommodatie

Boetiekhotel – **O. Henry Hotel:** 624 Green Valley Rd., tel. 336 854 2000, www.ohenryhotel.com. Elegant, stijlvol ingericht hotel met ruime, onderling verschillende kamers. De grote lobby nodigt uit om er thee of een cocktail te drinken. Het uitgebreide ontbijtbuffet is bij de prijs inbegrepen. 2 pk vanaf $ 280.

Charmant – **Dailey Renewal Retreat B&B:** 808 Northridge St., tel. 336-852-8889, www.daileyrenewalretreat.net. Vijf ruime kamers, mooie tuin en fantastisch ontbijt met biologische producten. 2 pk vanaf $ 95.

Eten en drinken

Grote keus – **Green Valley Grill:** 622 Green Valley Rd., tel. 336 854 2015, www.greenvalleygrill.com, ma.-za. lunch en diner, zo. brunch en diner. Seizoensgebonden menukaart, die iedereen wel iets te bieden heeft. Van diverse vleesgerechten tot pasta, mosselen en gegrilde vis, allemaal vers en met veel zorg bereid. Bij mooi weer kunnen de bezoekers op het terras van hun eten genieten. Gerecht $ 10-33.

Modern en goed – **1618 Midtown:** 1724 Battleground Ave., tel. 336-285-9410, www.1618concepts.com, ma.-za. 16.30-24 uur. Wijnbar, veel speciaalbier en goede cocktails. Ook kleine gerechtjes, zoals mosselen met chorizo of lichtgebakken tonijnfilet met gerookte paprika. Gerecht $ 10-27.
Klein, maar trendy – **Lindley Park Filling Station:** 2201 Walker Ave., tel. 336 274 2144, www.lindleyfillingstation.com, dag. 11-23 uur. Een verbouwd tankstation dient als onderkomen van dit bij de plaatselijke bewoners zeer populaire restaurant. Binnen zijn maar weinig plaatsen, veel meer zijn er echter op het terras. Op tafel komen Amerikaanse klassiekers, zoals hamburger, wraps en crabcakes, maar ook lamskoteletjes en forel in een notenjasje. De chips en patates frites zijn zelfgemaakt. Gerecht $ 9-12.

Uitgaan

Livemuziek – **The New Blind Tiger:** 1819 Spring Garden St., tel. 336 272 9888, www.theblindtiger.com. Bijna dagelijks concerten met bands en zangers in vele genres.

Tip

AARDEWERK

Dankzij oude familietradities is de keramieknijverheid van de Engelse kolonisten uit de 18e eeuw nooit uitgestorven. Enkele pottenbakkers bedrijven hun ambacht nu al in de achtste generatie. In het **North Carolina Pottery Center** zijn talrijke kunstwerken en gebruiksvoorwerpen te zien, vervaardigd door regionale pottenbakkers (233 E Ave./US 220, Seagrove, 65 km/40 mijl ten zuiden van Greensboro, tel. 336 873 8430, www.ncpotterycenter.com, di.-za. 10-16 uur, $ 2,50).

North Carolina Triangle

De steden **Raleigh**, **Durham** en **Chapel Hill**, met samen ongeveer 2 miljoen inwoners, worden vaak in één adem genoemd. Desondanks heeft elk van de drie samengegroeide gemeenten van de North Carolina Triangle een eigen gezicht en een duidelijk herkenbaar karakter. Gemeenschappelijk is hun inzet voor het in 1959 gestichte **Research Triangle Park**, een onderzoeks- en technologiecentrum met 50 duizend medewerkers dat op het gebied van de medische techniek en de bio- en gentechnologie internationale faam geniet.

Raleigh ▶ 2, L 2

Raleigh werd na Edenton en New Bern uitgeroepen tot hoofdstad van North Carolina. De nieuw gebouwde stad werd genoemd naar Sir Walter Raleigh, een gunsteling van Elizabeth I, die in 1585 een vergeefse poging had ondernomen om op de kust van North Carolina de eerste Britse kolonie in Amerika te stichten. Talrijke overheidsdiensten en culturele instellingen, zoals het uitstekende North Carolina Museum of Art en de North Carolina State University met bijna 34 duizend studenten zetten hun stempel op de aanblik en sfeer van de stad. In de afgelopen dertig jaar heeft de groeiende aandacht voor het behoud van natuurlijke hulpbronnen ertoe geleid dat het bestaande openbare groen in de stad werd uitgebreid en dat er nieuw groen werd gecreëerd. Het netwerk van 'recreational trails', dat de bewoners ter beschikking staat om te wandelen, fietsen, vissen, joggen en picknicken, omvat al 80 km/50 mijl.

North Carolina Museum of Art

2110 Blue Ridge Blvd., tel. 919 839 6262, www.ncartmuseum.org, di.-do., za.-zo. 10-17 uur, vr. tot 21 uur, gratis
Het uitstekende **North Carolina Museum of Art** bezit een uitgebreide verzameling Europese schilderkunst, van Rafaël en Murillo

In de Japanse Tuin van Duke University in Durham

tot Monet, en Amerikaanse kunst van de 20e eeuw, waaronder landschappen van John Singleton Copley en Albert Bierstadt.

State Capitol

Union Sq., tel. 919 733 4994, www.ncstate-ca pitol.org, ma.-za. 9-17 uur, rondleiding za. 11 en 14 uur, gratis

Bij het **State Capitol** herinnert een bronzen beeldengroep aan de Amerikaanse presidenten Andrew Jackson, James Polk en Andrew Johnson, die als bewoners van andere staten in hun ambt werden gekozen, maar wel in North Carolina zijn geboren. Het uit 1833-1844 stammende parlementsgebouw is met een rondleiding te bezichtigen.

Mordecai Historic Park

1 Mimosa St., tel. 919 857 4364, dag. overdag geopend, volwassene $ 5, met korting $ 3, kind gratis

Het **Mordecai Historic Park** omvat de vroegere plantage van de familie Mordecai, naast een aantal huizen uit de eerste helft van de 19e eeuw, een postkantoor, een kapel en het bescheiden huis waarin de latere president Andrew Johnson in 1808 werd geboren.

Informatie

Raleigh Visitor Information Center: 500 Fayetteville St., tel. 919 834 5900, www.visitraleigh.com, ma.-vr. 8.30-17, za. 9-17 uur.

Accommodatie

Voordelig – **Candlewood Suites – Crabtree:** 4433 Lead Mine Rd., tel. 919 789 4840, www.ihg.com, daar invullen: Raleigh, North Carolina. Wie een voordelige, schone kamer zoekt, is hier aan het juiste adres. Behulpzaam, vriendelijk personeel. 2 pk vanaf $ 100.

Camping – **William B. Umstead State Park:** 8801 Glenwood Ave., halverwege Raleigh en Durham, tel. 919 571 4170, www.ncparks.gov/Visit/parks/wium/main.php. Achtentwintig staanplaatsen met tafel en barbecue in de natuur. Bootverhuur, visvergunning en fietsverhuur. Staanplaats vanaf $ 45.

Eten en drinken

Steaks – **Angus Barn:** 9401 Glenwood Ave., tel. 919 781 2444, www.angusbarn.com, ma.-vr. 17.30-22.30, za. 16-22.30, zo. 17-22 uur. In dit klassieke steakhouse serveert men overigens niet alleen steaks, maar ook voortreffelijk bereide vis. Steak vanaf $ 35.

Zeebanket – **42nd Street Oyster Bar:** 508 W Jones St., tel. 919 831 2811, www.42ndstoysterbar.com. Uitstekend bereide oesters, vis en kreeft, in een verbouwd pakhuis uit 1931. Gerecht $ 15-35.

Winkelen

Kunst – **Artspace:** 201 E Davie St., tel. 919 821 2787, www.artspacenc.org. In dit kunstcentrum werken, exposeren en verkopen meer dan veertig kunstenaars.

Uitgaan

Klassiek – **Duke Energy Center for the Performing Arts:** 1 E South St., tel. 919 996 8700, www.dukeenergycenterraleigh.com. Symfonieorkest, theater en opera in een representatief gebouw.

Jazz – **Irregardless Cafe:** 901 W. Morgan St., tel. 919-833-8898, www.irregardlessmusic.com, di.-zo. 's middags en 17-21.30 uur. Lokale en toerende jazzcombo's, latin, New Orleans, swing, Cuban of bluegrass. Speciale optredens gaan door tot middernacht.

Actief

Segway – **Triangle Glides:** 323 Blake St., tel. 919 828 1988, www.triangleglides.com. Op een Segway maak je een tocht van één of twee uur vanaf de historische City Market naar de bezienswaardigheden in het centrum. Vanaf $ 49.

Watersporten – **Lake Wheeler:** 6404 Lake Wheeler Rd., tel. 919 662 5704, www.raleighnc.gov. Een park- en boslandschap van 25 ha; het bijbehorende meer, 8 km/5 mijl ten zuidwesten van Raleigh-Durham, is zelfs tien keer zo groot. Je kunt er vissen, zwemmen, kanoën, zeilen, roeien of gewoon maar luieren. Alleen voor de openluchtconcerten in de zomer wordt een entreeprijs gevraagd.

Vervoer

Trein: de Amtraktrein *Carolinian* op de route van New York naar Charlotte stopt in Raleigh, 320 W Cabarrus St., www.amtrak.com.

Bus: Greyhound, 2210 Capital Blvd., tel. 919 834 8275 en 515 W Pettigrew St., Durham, tel. 919 687 4800, www.greyhound.com.

Evenementen

BugFest: sept. Alles over torren en andere insecten. Op de vier etages van het interessante **Museum of Natural Science** 'kriebelt' het overal. Zelfs het museumcafé heet 'Café Insecta'. Op het Evening Insectival spelen verschillende bands, 11 W Jones St., tel. 919 707 9800, www.bugfest.org.

Durham ▶ 2, L 2

Durham had eigenlijk ook Prattsburg kunnen heten, als William Pratt en niet Barlett Durham de vooruitziende blik had gehad om de North Carolina Railroad Company een deel van zijn grond te verkopen. De opbloei kwam daarna met Washington Duke, die ontdekte dat de verwerking van tabak meer opbracht dan de teelt ervan. Duke bracht vervolgens de sigarettenindustrie van het land tot ontwikkeling en koos Durham uit als hoofdzetel van zijn American Tobacco Company.

Duke Homestead State Historic Site

2828 Duke Homestead Rd., tel. 919 477 5498, www.nchistoricsites.org/duke, di.-za. 9-17 uur, rondleiding, gratis

De **Duke Homestead State Historic Site** omvat het vroegere huis van de familie Duke uit 1852, naast twee kleine sigarettenfabrieken. Het Visitor Center belicht de geschiedenis van de tabaksteelt in Noord-Amerika van zijn indiaanse oorsprong tot heden.

Duke University

De invloed en sporen van de familie Duke zijn ook meer dan een eeuw na de oprichting van het bedrijf nog onmiskenbaar in de stad aanwezig. Ze manifesteren zich het duidelijkst in de in 1924 gestichte **Duke University**, en van de belangrijkste particuliere universiteiten van de VS met zo'n 15 duizend studenten. De artsenopleiding en het hoge niveau van het academisch ziekenhuis gelden niet alleen als uithangbord van de universiteit, maar ook van de stad zelf, die van een 'Tobacco Town' in een

Free at last – slavernij in de zuidelijke staten

In 1619 bereikte het eerste schip met twintig Afrikaanse slaven Jamestown in Virginia. De voorouders van de *African Americans* werden in West-Afrika door slavenjagers gevangen, in schepen opeengepakt en richting Amerika getransporteerd.

Al in 1511 begonnen de Spanjaarden de door ziekte en dwangarbeid gedecimeerde oorspronkelijke bevolking in hun Amerikaanse kolonies 'aan te vullen' met Afrikaanse slaven. Velen waren betrokken bij de slavenhandel: rivaliserende Afrikaanse stammen, rederijen, handelsondernemingen en plantagebezitters.

In de Franse en Engelse kolonies in Noord-Amerika, en later in de VS, concentreerden de slaven zich voor 90 % in de zuidelijke staten. De tabaksplantages in Virginia en North Carolina, de rijstvelden in de kustmoerassen van South Carolina en Georgia, de suikerrietplantages in Louisiana en aan het eind van de 18e eeuw vooral de katoenplantages van South Carolina tot aan de Mississippi werden door slaven bewerkt. Hun aantal was met sprongen gestegen: in het jaar 1700 werden er 28 duizend slaven geteld, maar in 1750 waren het er al 200 duizend. Vooral de grote vraag van de katoenplantages deed het aantal slaven in de volgende halve eeuw toenemen tot 4 miljoen. In sommige gebieden leefden al meer donkerhuidige dan witte mensen.

Met het aantal rechteloze slaven groeide ook de angst voor opstanden. De staten vaardigden daarom wetten uit, de *slave codes*. Het was slaven verboden buiten het werk bij elkaar te komen, de plantage zonder toestemming te verlaten, wapens te dragen, te trouwen of te leren lezen en schrijven. Overtredingen werden bestraft, met sancties variërend van zweepslagen tot verminkingen en executies. De Afrikanen golden niet als persoon, maar als een zaak. Ook de Kerk zag de zwarten als een minderwaardig volk, dat lager stond dan de witten.

In de zuidelijke staten gold het bezit van veel slaven als graadmeter van iemands rijkdom en status. Van de ongeveer 8 miljoen witten die in 1850 in de vijftien staten woonden waar slavernij was toegestaan, kon of wilde maar 5 % zich het bezit van slaven daadwerkelijk veroorloven. De kleine heersende laag van rijke planters gaf in de zuidelijke staten de toon aan. Voor elke vijf slaven kreeg de eigenaar bij verkiezingen drie extra stemmen toegewezen.

De naar Amerika verscheepte Afrikanen konden maar met moeite iets als een eigen identiteit ontwikkelen. Hun wortels in de eigen stam waren gebroken en er was geen mogelijkheid meer om naar het vroegere vaderland terug te keren. Nieuwe familiebanden werden als gevolg van doorverkoop dikwijls weer verbroken. Vaak konden de slaven elkaar ook niet begrijpen, omdat ze verschillende talen spraken. Vooral liederen die het eigen lot beklaagden en mondeling overgeleverde verhalen uit Afrika vormden de kiem van een eigen cultuur. De overwinning van de noordelijke staten in 1865 bracht de zwarten de bevrijding uit hun juridische boeien, maar het moment dat ook de economische kansen gelijk zijn, is nog altijd niet gekomen.

'City of Medicine' is veranderd. De neogotische **kapel** van de universiteit met een welluidend klokkenspel en een orgel met vijfduizend pijpen is gebouwd naar voorbeeld van de kathedraal van Canterbury in Engeland (West-Campus, tel. 919 681 9488, klokkenspelconcert ma.-vr. 17 uur, www.chapel.duke.edu).

Informatie

Durham Convention & Visitors Bureau: 212 W. Main St. 101, tel. 919 687 0288, www.durham-nc.com, ma.-vr. 9-18, za. 10-16 uur.

Accommodatie

Betoverend – **Blooming Garden Inn:** 513 Holloway St., tel. 919 687 0801, www.bloominggardeninn.com. Deze victoriaanse villa is met antiek ingericht en wordt omringd door een bloementuin. 2 pk vanaf $ 170.

Eten en drinken

Regionale ingrediënten – **Watts Grocery:** 1116 Broad St., tel. 919 416 5040, www.wattsgrocery.com, di.-vr. 11.30-14.30, 17.30-21.30, za.-zo. brunch 10-14.30, za. 17.30-21.30 uur. Amerikaanse gerechten, met veel zorg bereid en bij voorkeur met producten uit de regio, zoals gegrilde ribeye of een vegetarische schotel. Gerecht vanaf $ 23.

Restaurant en bar – **Tyler's Taproom and Restaurant:** 324 Blackwell St., tel. 919 433 0345, www.tylerstaproom.com, dag. 11-22/23 uur. Levendig restaurant dat ook geschikt is voor gezinnen. Hier serveert men Amerikaanse standaardkost, van hamburgers tot caesarsalade. Zestig biersoorten op de tap. Gerecht vanaf $ 10.

Evenementen

American Dance Festival: juni. Een van de belangrijkste dansfestivals ter wereld, met een aantal weken lang evenementen in de hele regio, 715 Broad St., tel. 919 684 6402, www.americandancefestival.org.

Duke Homestead Tobacco Harvest Festival: sept. Festival met tabak als thema. 2828 Homestead Rd., www.dukehomestead.org/events.php.

Vervoer

Trein: Amtrak, 601 W Main St., www.amtrak.com. De *Carolinian* stopt onderweg van New York naar Charlotte in Durham.

Chapel Hill ▶ 2, K 2

De derde universiteit in de Triangle, de **University of North Carolina**, is de trots van **Chapel Hill**. Na de opening in 1795 duurde het nog even voor de eerste student te voet uit het 240 km verderop gelegen Wilmington was gearriveerd. Nu zijn er zo'n 30 duizend studenten aan de universiteit ingeschreven.

Informatie

Chapel Hill/Orange County Visitors Bureau: 501 W Franklin St., tel. 919 245 4320, www.visitchapelhill.org, ma.-vr. 8.30-17, za. 10-15 uur.

Accommodatie

Luxueuze B&B – **Carolina Inn:** 211 Pittsboro St., tel. 919 933 2001, www.carolinainn.com. Deze weelderige bed and breakfast combineert elegantie en traditie. De herberg valt sinds de jaren 30 onder de University of North Carolina. 2 pk vanaf $ 160.

Eten en drinken

Southern Cuisine – **Crook's Corner:** 610 W Franklin St., tel. 919 929 7643, www.crookscorner.com, di.-zo. vanaf 17.30, zo. ook 10.30-14 uur. Gerecht uit de zuidelijke keuken van het betere niveau, met *grits*, *tabasco chicken* of *hush puppies* met oesters. Vanaf $ 18.

Tobacco Farm Life Museum ▶ 2, M 3

709 Church St./US 301 N, tel. 919 284 3431, www.tobaccofarmlifemuseum.org, di.-za. 9.30-17 uur, volwassene $ 8, kind $ 6

Wie van Raleigh of Durham naar het zuidoosten rijdt, passeert uitgestrekte tabaksvelden. De eind juni bijna 2 m hoge planten met bladeren van wel 1 m lengte staan dan vlak voor hun bloei. Het **Tobacco Farm Life Museum** in **Kenly**, circa 64 km/40 mijl ten oosten van Raleigh, is een bezoek waard. Ook de ligging lijkt goed gekozen, want de helft van alle voor sigaretten bestemde tabak van North Carolina wordt binnen een cirkel van 80 km rond het museum geoogst. Een film geeft informatie over de geschiedenis van de tabaksteelt; de expositie in de herbouwde panden van een typische tabaksboerderij toont werkuigen en documenten over het boerenleven aan het begin van de 20e eeuw.

Pinehurst en omgeving

Pinehurst ▶ 2, K 3

Je rijdt nu zo'n 160 km/bijna 100 mijl van Kenly in zuidwestelijke richting door agrarische gebieden, die hier en daar worden afgewisseld door bossen en zacht glooiende *rolling hills*.

Pinehurst, tussen Raleigh en Charlotte, geldt als een paradijs voor golfers sinds James W. Tufts, een uitvinder uit Boston, rond 1900 een 2500 ha groot, met dennen begroeid terrein voordelig kon kopen en er een vakantiehotel met golfbaan liet aanleggen. Frederick Law Olmstedt, die ook Central Park in New York en de Biltmore Gardens bij Asheville ontwierp, schiep er een parkachtig, harmonieus landschap rond een plaats die met zijn witte houten huizen nog het meest aan New England doet denken. Het altijd milde klimaat en de inmiddels 45 golfbanen in de omgeving trekken talrijke golfliefhebbers aan.

Op de **Pinehurst Harness Track**, een trainingsfaciliteit voor drafpaarden, kun je paarden en jockeys bekijken terwijl ze vroeg in de ochtend aan het oefenen zijn. Dat kan het best bij een ontbijt in restaurant Track Side (zie Eten en drinken).

Informatie

Pinehurst Area Convention & Visitors Bureau: 65 Community Road, Southern Pines, Pinehurst, tel. 910 692 3330, www.homeofgolf.com, ma.-vr. 9-17 uur.

Eten en drinken

Voor paardenvrienden – **Pinehurst Track Restaurant:** 180 Beulah Hill Rd. S, tel. 910 295 2597. Bij de Pinehurst Harness Track behorende restaurant bij het trainingsterrein. Hamburgers en kleine gerechten $ 5-10.

Town Creek Indian Mound ▶ 2, J 3

509 Town Creek Mound Rd., Mt. Gilead, tel. 910 439 6802, www.nchistoricsites.org/town, di.-za. 9-17, zo. 13-17 uur, gratis

Zo'n 40 km/25 mijl ten westen van Pinehurst ligt de **Town Creek Indian Mound**, een reconstructie van een buitenpost van de indiaanse Mississippicultuur. Bezoekers krijgen er een goede indruk van de nederzettingsvormen en riten van de indianen die hier leefden. Binnen de hoge palissade, die met verschillende wachttorens versterkt was, liggen een ceremonie- en een begrafenisheuvel, naast een terrein voor balspelen, rituelen en festiviteiten. Zo'n twee eeuwen lang, tot 1650, was het complex het centrum van een reeks nederzetingen langs de Town Creek, de Little River en de Pee Dee River. Een bijbehorend museum toont opgravingsvondsten en geeft informatie over de wereld van de Mississippicultuur.

Atlantische kust tot de Outer Banks

De Atlantische kust van North Carolina strekt zich over bijna 600 km uit van Virginia en de **Albemarle Sound** in het noorden tot **Calabash** aan de grens met South Carolina in het zuiden. Het vlakke gebied met zijn zoutmoerassen en baaien is bijna overal door smalle, sikkelvormige waddeneilanden van de Atlantische Oceaan afgeschermd. Vooral op deze Outer Banks is een prachtig strand- en duinlandschap te vinden. Dit ideale zomervakantiegebied met kilometerslange zandstranden en duinen zit vol spannende verhalen, van de mislukte eerste poging van de

Britten om een kolonie in Amerika te stichten tot de eerste vlucht met een gemotoriseerd vliegtuig ter wereld in 1903 door de gebroeders Wright. De Cape Hatteras National Seashore en de vogelreservaten op de oostkust van Pea Island bieden veel ongerepte natuur.

Elizabeth City ▶ 2, O 2

Elizabeth City, een provinciestadje van 19.000 inwoners, ligt aan het zuidelijke eind van het Dismal Swamp Canal, dat vanaf 1805 een snelle scheepsverbinding naar de agglomeratie rond Norfolk verder noordelijk in Virginia mogelijk maakte. Vrachtschepen zeilden ooit vanhier naar de Caribische eilanden. In de **Elizabeth City Shipyard** aan de oever van de ver ingesneden kreek Pasquotank River werden en worden nog steeds grote schepen gebouwd en gerepareerd.

Museum of the Albemarle

501 S Water St., tel. 252 335 1453, www.museumofthealbemarle.com, ma.-za. 9-17 uur, gratis

Het **Museum of the Albemarle** belicht de geschiedenis van de regio en de dertien county's in het noordoosten van North Carolina met een interessante tentoonstelling. De traditie als vervoersknooppunt wordt luidruchtig onderstreept door starts en landingen op het vliegveld van de Amerikaanse kustwacht zuidelijk van de stad.

Informatie

Elizabeth City Area Chamber of Commerce: 501 South Water St., tel. 252 335 5330, www.discoverelizabethcity.com, ma.-za. 9-17 uur.

Edenton ▶ 2, O 2

Dit plaatsje aan de monding van de Chowan River in de Albemarle Sound, met ongeveer 5000 inwoners, werd al in 1685 gesticht en is daarmee een van de oudste nederzettingen in de staat. De Britten riepen Edenton 37 jaar later uit tot hoofdstad van hun provincie North Carolina. Vanuit de bedrijvige haven werden tabak, terpentijn, hout en graan naar Engeland verscheept. Het belang als bestuurscentrum en de groeiende rijkdom verschaften de stad koloniale gebouwen, zoals het bakstenen **Chowan County Court House** en de **St. Paul's Church**.

Decoratieve witte, houten villa's met rondlopende veranda's tronen op de oevers van de Albemarle Sound. De toenemende omvang van de schepen, waarvoor de rivier te ondiep werd, en de aanleg van het Dismal Swamp Canal van Elizabeth City naar Norfolk deden de goederenoverslag na 1830 drastisch teruglopen. Daardoor bleef het stadje grotendeels verschoond van industrialisering en bezit het een voor North Carolina uniek historisch centrum met huizen uit de 18e en de 19e eeuw, langs smalle lanen omzoomd door prachtige magnolia's, pecannotenbomen en eiken.

Informatie

Historic Edenton: 108 N Broad St., tel. 252 482 2637, www.nchistoricsites.org/iredell.

Accommodatie

Historische B&B – **Inner Banks Inn:** 103 E Albemarle St., tel. 252 482 3641, www.innerbanksinn.com. Gezellige herberg in drie gerestaureerde gebouwen direct aan de kust. Uitgebreid ontbijt, happy hour met kaas en wijn. 2 pk vanaf $ 150.

Lake Mattamuskeet ▶ 2, O 3

Diverse meren in het gebied achter de kust tussen Albemarle Sound en Pamlico Sound zijn bekend als winterkwartier en pleisterplaats van trekvogels. Op het slechts een halve meter diepe **Lake Mattamuskeet** ten zuiden van het Pettigrew State Park verzamelen zich op het hoogtepunt van de vogeltrek wel 250 duizend fluitzwanen, grote Canadese ganzen en wilde eenden. Verder komen hier de zeldzame Amerikaanse zeearend en de visarend voor. Bezoekers kunnen de vogelwereld bekijken vanaf een voetpad en vanuit de auto, op een korte rondrit over de oever van dit **National Wildlife Refuge** (85 Mattamuskeet Rd., Swan Quarter, tel. 252 926 4021, www.fws.gov/refuge/matta muskeet).

Roanoke Island ▶ 2, P 2

Op Roanoke Island, het beboste eiland tussen het vasteland en Bodie Island, stichtten kolonisten in 1585 in opdracht van Walter Raleigh de eerste Britse nederzetting in Noord-Amerika. De Spaans-Engelse oorlog die in datzelfde jaar begon, onderbrak echter de ravitaillering. In 1590 troffen nieuwe bevoorradingsschepen alleen nog een verlaten versterking aan. Het lot van de *lost colony* is tot op heden omweven met legendes.

Fort Raleigh

US 64, tel. 252 473 2595, www.nps.gov/fora, dag. 9-17 uur, gratis; tuin, www.elizabethan gardens.org, volwassene $ 9, kind $ 6

De aarden verdedigingswallen van **Fort Raleigh** zijn gereconstrueerd. In de nabije omgeving werd als herinnering aan koningin Elizabeth I een tuinencomplex in 16e-eeuwse stijl aangelegd. In een theater op hetzelfde terrein voert een groep professionele acteurs en amateurs iedere zomer een kleurrijke theatershow op, *The lost colony*, van Pulitzerprijswinnaar Paul Green, over het lot van de eerste kolonisten.

Elizabeth II State Historic Site

Roanoke Island Festival Park, Manteo, tel. 252 475 1500, www.roanokeisland.com, mrt.-dec. ma.-za. 9-17, zo. 12-17 uur, volwassene $ 10, tot 18 jaar $ 7

Via de kleine Cora Mae Basnight Bridge in het centrum van het plaatsje **Manteo** bereik je de **Elizabeth II State Historic Site**. Hier zie je een replica van een Engelse driemaster uit de 16e eeuw en een nagebouwde nederzetting van kolonisten uit dezelfde tijd. 's Zomers bevolken acteurs in historische kostuums het schip en het gehucht en betrekken de bezoekers in levendige discussies over het leven vol ontberingen in de Nieuwe Wereld.

Uitgaan

Muzikaal theater – **Waterside Amphitheater:** 1409 National Park Dr./US 64, Manteo, tel. 252 473 6000, www.thelostcolony.org. Van mei-eind aug. wordt 's avonds *The lost colony* opgevoerd, een muzikaal drama over de verdwenen eerste kolonie van Engeland in de Nieuwe Wereld (voorstelling ma.-za. 20 uur, volwassene vanaf $ 20, 6-12 jaar half geld).

Outer Banks

Ten noorden van Whalebone Junction, waar de US 64 vanuit het westen op Bodie Island uitkomt, liggen de vakantieplaatsen Kill Devil Hills en Nags Head, met pensions, hotels en winkelfaciliteiten. Verder naar het zuiden in de eilandenketen kun je bij Avon, Rodanthe, Buxton en Ocracoke accommodatie vinden in kleine hotels, appartementen en op campings. Het schitterende landschap met zijn lange, vaak eenzame zandstranden en duinen aan de Atlantische zijde en met kustbossen en zoutmoerassen aan de westkant, die naar de Pamlico Sound is toegekeerd, trekt vooral 's zomers vele vakantiegangers. Een reeks vuurtorens op de eilanden moest de vele schipbreuken verhinderen: alleen al rond de Outer Banks zijn een stuk of duizend scheepswrakken gelokaliseerd. De vuurtorens zijn weliswaar achterhaald door de technische ontwikkelingen, maar ze vormen een populair doel voor een uitje.

Informatie

Outer Banks Visitors Bureau: 1 Visitors Center Circle, Manteo, tel. 252 473 2138, www.ou terbanks.org, dag. 9-17 uur.

Kill Devil Hills ▶ 2, P 2

Op de winderige duinen van **Kill Devil Hills** ondernamen de gebroeders Wright op 17 december 1903 met een zelfgebouwd vliegtuig een 'sprong' van 12 seconden en 36 m lengte. Die eerste gemotoriseerde vlucht uit de wereldgeschiedenis werd nog dezelfde dag gevolgd door langere vluchten.

De Atlantische kust van de Outer Banks is heel geschikt om te leren surfen

Wright Brothers National Memorial

US 158, tel. 252 473 2111, www.nps.gov/wrbr, dag. 9-17 uur, volwassene $ 7, tot 16 jaar gratis

Een groot **Wright Brothers National Monument** geeft met een replica van het vliegtuig van de gebroeders en een expositie over de geschiedenis van de luchtvaart een beeld van hun pioniersprestatie en de verdere ontwikkelingen. Vanaf de reusachtige, meer dan 30 m hoge duinen van de naburige **Jockey's Ridge** testen waaghalzen met hanggliders (parapente) hun luchtvaardigheid uit (zie Actief, blz. 227).

Accommodatie

Verzorgd – **The Cypress House Inn:** 500 N Virginia Dare Trail, tel. 252 441 6127, www.cypresshouseinn.com. B&B uit de jaren 40, met mooie kamers en een open haard in de grote lounge. Slechts 100 m van het strand, in de tweede huizenrij. Ontbijt en *tea* zijn bij de prijs inbegrepen. 2 pk vanaf $ 150.

Eten en drinken

… in Duck, 14,5 km/9 mijl ten noorden van Kill Devils Hill:

Zeevruchten – **Kimballs Kitchen:** 1461 Duck Rd., tel. 855 412 7866, https://www.sanderling-resort.com. Vis en schaaldieren, verrukkelijk bereid in het mondaine Sanderling Resort. Hoofdgerecht $ 12-46.

… in Grandy, tussen Elizabeth City en Kill Devil Hills:

Worst en bier – **Weeping Radish:** 6810 Caratoke Hwy./US 158, direct ten noorden van de Albemarle Sound, tel. 252 491 5205, www.weepingradish.com, di.-za. 11-16, zo. 12-16 uur. Duitse snacks, zelfgemaakte worst en goed bier uit de eigen microbrouwerij. Kleine gerechten vanaf $ 9.

Actief

Surfen en kajaktochten – **Kitty Hawk Surf Co.:** Jockeys Ridge Crossing/3933 S Croatan Hwy., tel. 252 441 6800, www.khsurf.com. Materiaal, verhuur en cursussen in Kitty Hawk en op vier plekken aan de kust. Kajaktochten, peddelsurfen, surflessen.

Wandelen en joggen – **Nags Head Woods Preserve:** 701 W Ocean Acres Dr., MP 9,5, tel. 252 441 2525. Prachtige trails door een 450 ha groot terrein vol duinen, zoutmoerassen, meertjes en bossen.

Parapente en watersport – **Kitty Hawk Kites:** 306 W Lake Dr., tel. 252 441 4127, boeken via tel. 877 359 8447, www.kittyhawkkites.com. Voor hanggliders, vlieggerei, surfboards en nog veel meer kun je terecht bij dit bedrijf met de grootste keus langs het centrale deel van de Atlantische kust van de VS. Uitgebreid cursusaanbod, zoals een snelcursus parapente voor beginners (zie blz. 227).

Nags Head en omgeving

▶2, P 2

Bodie Island Lighthouse

8219 Bodie Island Lighthouse Rd., www.nps.gov/caha, half mrt.-begin okt. dag. 9-16.30 uur, volwassene $ 10, kind $ 5

Even ten zuiden van het gezellige vakantieplaatsje Nags Head rijst een ruim 50 m hoge, met brede zwart-witte strepen geverfde vuurtoren op naar de hemel, het in 1872 voltooide **Bodie Island Lighthouse**.

Currituck Beach Lighthouse

1101 Corolla Village Rd., Corolla, www.curri tuckbeachlight.com, half mrt.-eind nov. dag. 9-17 uur, volwassene $ 10

Naast Cape Hatteras Lighthouse (zie blz. 228) en Bodie Island Lighthouse is de 50 km/30 mijl ten noorden van Nags Head gelegen, bijna 50 m hoge en uit rood baksteen opgetrokken vuurtoren van **Currituck Beach** voor het publiek toegankelijk. Een trap met 220 treden voert naar boven.

Accommodatie

Aan het strand – **Nags Head Inn:** 4701 S Virginia Dare Trail, tel. 252 441 0454, www.nagsheadinn.com. Modern hotel. Eenvoudige architectuur, maar een goede ligging direct aan het strand. Gratis wifi, zwembaden, tuin. 2 pk vanaf $ 180.

Smaakvol – **First Colony:** 6715 S Croatan Hwy., tel. 252 441 2343, www.firstcolonyinn.com. Elegant resort met op twee verdiepingen rondlopende veranda's en 27 lichte, vriendelijk ingerichte kamers, in de buurt van het strand. 2 pk vanaf $ 150.

Eten en drinken

Hamburgers – **Fat Boyz:** 7206 South Virginia Dare Trail, tel. 252 441 6514 www.fatboyzobx.com. Hamburgers en ijs, veel en smakelijk. Hamburger vanaf $ 6.

De opvallend geverfde vuurtoren op Cape Hatteras is 70 m hoog

Actief

PARAPENTE IN HET JOCKEY'S RIDGE STATE PARK

Informatie

Begin: Jockey's Ridge State Park, US 158 Bypass, MP 12, Nags Head
Lengte: 30-60 m
Duur: telkens 30 min., met klim naar het startpunt
Moeilijkheidsgraad: zwaar

Belangrijk: openingstijden State Park: mei-aug. 8-21, mrt.-apr., sept. 8-20, okt. 8-19, nov.-feb. 8-18 uur, tel. 252 441 7132, www.jockeysridgestatepark.com.
Parapente moet geleerd worden, dus volg een cursus, bijvoorbeeld een snelcursus van drie uur bij Kitty Hawk Kites (blz. 225).

's Ochtends om 8 uur gaat het **Jockey's Ridge State Park** open. Al snel arriveren ook de eerste waaghalzen. Iedereen klimt met een opgevouwen en ingepakte hangglider omhoog langs de 30 m hoge **stuifduinen** – de hoogste van de Amerikaanse Atlantische kust.
Boven heb je een fascinerend uitzicht op de smalle, langgerekte eilandenketen van de **Cape Hatteras National Seashore**, op zomerhuizen, op het bedrijvige badplaatsje **Nags Head** en natuurlijk op de machtige, met schuim bedekte golven van de Atlantische Oceaan. Iets verder naar het noorden, bij **Kill Devil Hills**, maakten de gebroeders Wright uit Ohio op 17 december 1903 met een dubbeldekker hun historische, 36 m lange luchtsprong, de eerste gemotoriseerde vlucht ter wereld.
In het spoor van de gebroeders Wright begint nu de vlucht vanaf de duinen. Vastgesnoerd onder de uitgevouwen hangglider wordt de windrichting bepaald. Een aanloop bergafwaarts, steeds sneller – en plotseling zeilt de hangglider zonder hulp van een motor langs de helling van de duinen omlaag. Wie het in een van de plaatselijke vliegscholen heeft geleerd en niet door een windvlaag uit zijn baan wordt gedreven, komt na circa 30 sec. van hemels genoegen, goedkeurend gadegeslagen door de meestal talrijke toeschouwers, zacht op zijn voeten terecht, om dan zichzelf en het gevaarte met een paar stappen in het zand af te remmen.

Cape Hatteras en Rodanthe ▶ 2, P 3

Pas op voor de wateren voor de kust! Vanwege de stromingen bij Cape Hatteras en in het zuiden van de eilandenketen bij Cape Lookout, vooral tijdens de herfst- en winterstormen die de schepen naar de ondiepten voor de kust drongen, waren de zeelieden doodsbang voor deze plek, die ze het 'Kerkhof van de Atlantische Oceaan' noemden. Honderden schepen zijn hier de afgelopen vier eeuwen aan de grond gelopen en gezonken.

Nog altijd zijn er enkele scheepswrakken vanaf de kust zichtbaar, zoals de resten van de in 1921 gestrande 'Laura A. Barnes' bij **Coquina Beach**. De tussen 1823 en 1874 opgetrokken en opvallend geverfde vuurtorens op de eilanden konden de scheepsongevallen blijkbaar niet altijd verhinderen. Daarom werden er ook talrijke reddingsbrigades langs de kust gestationeerd om zoveel mogelijk mensenlevens te redden.

Cape Hatteras Lighthouse

46379 Lighthouse Rd., Buxton, www.nps.gov/caha, eind apr.-begin okt. dag. 9-16.30 uur, volwassene $ 8, kind $ 4

Een van de opvallendste vuurtorens van de regio is het ongeveer 70 m hoge **Cape Hatteras Lighthouse** bij Buxton, met zijn brede, zwart-witte strepen die in een spiraal omhooglopen.

Chicamacomico Lifesaving Station

Hwy. 12, Rodanthe, tel. 252 987 1552, www.chicamacomico.net, half apr.-nov. ma.-vr. 10-17, za. 10-16 uur, volwassene $ 8, tot 18 jaar $ 6

Het **Chicamacomico Lifesaving Station** ten noorden van **Rodanthe** op Hatteras Island was nog tot 1954 in gebruik. Een tentoonstelling over de geschiedenis van Chicamacomico en demonstraties van reddingstochten geven een indrukwekkend beeld van de dappere pogingen om in nood verkerende zeelui het leven te redden.

Accommodatie

Strandhuisjes – **Outer Beaches Realty:** 25206 Sea Vista Dr., Waves, tel. 1 800 627 1850, www.outerbeaches.com. Groot aanbod strandhuisjes en villa's op de Outer Banks.

Camping – **Cape Hatteras KOA:** 25099 SR 12, Rodanthe, tel. 252 987 2307, www.capehatteraskoa.com. Goed uitgerust, zwembad, fietsverhuur, wifi en minigolf, aan het strand, kinderprogramma, bioscoop. Camperplaats vanaf $ 60. **Camp Hatteras Resort:** 24798 NC, SR 12, tel. 252 987 2777, www.camphatteras.com. Vierhonderd plaatsen tussen de Atlantische Oceaan en de Pamlico Sound, veel activiteiten, zoals tennis, fietsverhuur, speeltuin en minigolf. Wifi. Camperplaats $ 43-120.

Cape Lookout National Seashore ▶ 2, P 3

De Outer Banks zijn alleen in het noorden bij Kill Devil Hills en via het eiland Roanoke per brug met het vasteland verbonden. Vanaf Ocracoke varen veerboten (zie Vervoer) naar Cedar Island en Beaufort en over de Pamlico Sound naar Swan Quarter en Lake Mattamuskeet (zie blz. 223). De voorganger van het imposante **Ocracoke Lighthouse** werd al in 1798 gebouwd. De witte toren dient tegenwoordig als havenmarkering en kan alleen van buiten bezichtigd worden.

De 90 km lange eilandengroep van de **Cape Lookout National Seashore** ten zuiden van Ocracoke is onbewoond en beschikt niet eens over wegen of hotels. De door wind en water gevormde zandeilanden zijn een beschermd natuurgebied, beheerd door de National Park Service.

Accommodatie

Aan de jachthaven – **Captain's Landing Waterfront Hotel Suites:** 324 Hwy. 12, Ocracoke, tel. 252 928 1999, www.thecaptainslanding.com. Mooie ligging met uitzicht op het Silver Lake. 2 pk vanaf $ 150.

Eten en drinken

Oesters, steaks, bier – **Howards Pub:** 1175 Irvin Garrish Hwy., tel. 252 928 4441, www.howardspub.com. Ontspannen sfeer, van 's middags tot laat in de avond. Bieren uit de hele wereld, 24 op tap. Gerecht vanaf $ 13.

Vervoer

Veerboot: meermalen per dag Currituck-Knotts Island 45 min., Hatteras-Ocracoke Island 40 min., Swan Quarter-Ocracoke 2,5 uur, Cedar Island-Ocracoke, ruim 2 uur. Gratis tel. 1 800 293 3779, www.ncdot.gov/ferry. Auto met inzittenden *one way* vanaf $ 15.

New Bern ▶ 2, N 4

Dit plaatsje met ruim 30.000 inwoners werd in het jaar 1710 gesticht door een groep Zwitserse en Duitse protestanten, die vanwege religieuze vervolging uit hun vaderland naar de Nieuwe Wereld waren gevlucht. De aanleg van een haven en de gunstige ligging aan de monding van de Neuse River in de Pamlico Sound bevorderden de handel met Groot-Brittannië en de Britse kolonies. Al snel had **New Bern** Edenton, tot dan toe hoofdstad van North Carolina, economisch overvleugeld. Daarom besloot gouverneur William Tryon met zijn regering te verhuizen naar de tot bloei komende plaats.

Capitool (Tryon Palace)

529 S Front St., tel. 1 800 767 1560, www.tryon palace.org, ma.-za. 9-18, zo. 12-18 uur, dagkaart volwassene $ 20, tot 12 jaar $ 10

Het **Capitool**, de regeringszetel en residentie van de gouverneur, werd met een extra belasting gefinancierd en sindsdien door de geïrriteerde burgers Tryon's Palace genoemd. Het voor de toenmalige koloniale architectuur typerende, imposante bakstenen gebouw, dat na beschadigingen en branden geheel is gerestaureerd, kan met zijn bijgebouwen en tuinen worden bezichtigd.

Historic District

Vlak hierbij nodigt een **Historic District** met herenhuizen uit de 18e en de 19e eeuw uit om er rond te wandelen en te winkelen.

Birthplace of Pepsi

256 Middle St., tel. 252 636 5898, www.pepsi store.com, ma.-za. 10-18, zo. 12-16 uur, gratis

In 1890 bereidde de apotheker C.D. Bradham in New Bern een drankje, lengde dat aan met koolzuurhoudend water en verkocht het als stimulerend elixir, 'Brad's Drink'. Zijn elixir veroverde later in een nieuwe verpakking onder de naam Pepsi-Cola de wereld.

Informatie

Craven County Convention & Visitor Center: 203 S Front St., tel.252 637 9400, www.visitnewbern.com, ma.-vr. 9-17, za. 10-16 uur.

Accommodatie

Heerlijk ontbijt – **Harmony House Inn:** 215 Pollock St., tel. 252 636 3810, www.harmony houseinn.com. Goed verzorgde B&B, mooi ingericht met handgemaakte meubels. Het lekkere ontbijt is bij de prijs inbegrepen. 2 pk vanaf $ 130.

Eten en drinken

Voor fijnproevers – **Circa 1810 Harvey Mansion:** 221 S Front St., tel. 252 635 3232, www.circa1810.com, di.-zo. vanaf 17 uur. Vis- en wildspecialiteiten op twee verdiepingen in een gerestaureerd gebouw van eind 18e eeuw. Hoofdgerecht vanaf $ 18.

Amerikaanse bistro – **The Chelsea:** 335 Middle St., tel. 252-637-5469, www.thechel sea.com, ma.-di, do.-za. 11-22 uur. Innovatieve, moderne gerechten in een ontspannen sfeer. Hoofdgerecht vanaf $ 14-29.

Crystal Coast ▶ 2, N 4

Het deel van de kust met de stadjes Carteret County, Beaufort en Morehead City presenteert zich als **North Carolina's Crystal Coast**. Hier vind je zoutmoerassen met diep ingesneden baaien, het uitgestrekte Croatan National Forest met bossen en moerasgebieden, waarin alligators leven en zeldzame orchideeën gedijen, en een reeks voor de kust gelegen eilanden met duinen en stranden.

Beaufort

Beaufort (4200 inwoners) heeft zich van een visindustriestad tot een centrum voor vakantiegangers en sportvissers ontwikkeld. De nabijheid van de Golfstroom garandeert hengelaars goede vangsten. Het **Old Carteret House** uit 1793 werd begin 19e eeuw door de plaatselijke militie bij Britse aanvallen als verzamelpunt gebruikt. De uit 1830 stammende **County Jail** heeft muren van meer dan een halve meter dik en maar twee cellen.

Old Burying Ground

Beaufort Historical Association, 150 Turner St., tel. 252 728 5225, www.historicbeaufort.com/ burygnd1.htm

Het oude kerkhof, de **Old Burying Ground**, ligt vol graven die een huiveringwekkend verhaal vertellen, zoals van de kaperkapitein die onder het kanon van zijn schip Snap Dragon begraven ligt, de Engelse soldaat die staand begraven wilde worden, het meisje dat in een

Tip

SCHEEPVAARTMUSEUM

Het **Maritime Museum** in **Beaufort** is ingericht in de stijl van een reddingsstation uit de 19e eeuw. De collectie scheepsmodellen en werktuigen, de uitbeelding van de leefcondities van talrijke zeevogels en vissen aan de hand van diorama's, films en foto's en de talloze in zee gevonden fossielen worden gecompleteerd door een uitgebreide verzameling boeken en zeekaarten. Scheepsbouwers laten zien hoe houten scheepsrompen worden geconstrueerd, koks bereiden smakelijke gerechten met zeevruchten, en een zomerprogramma voor kinderen biedt op onderhoudende wijze kijkjes in natuurwetenschappelijke fenomenen. Een bijzondere attractie zijn de voorwerpen uit de Queen Anne's Revenge, het in 1718 voor de kust gezonken vlaggenschip van de beruchte piraat Blackbeard, zoals ankers, kanonnen en andere uitrustingsstukken. Het wrak werd in 1996 ontdekt (315 Front St., tel. 252 728 7317, www.ncmaritimemuseum.org, ma.-vr. 9-17, za. 10-17, zo. 13-17 uur, gratis).

vat rum werd bijgezet, en de doodgevroren bemanning van de schoener Crissie Wright.

Accommodatie

Rustig centraal – **The Inn on Turner:** 217 Turner St., tel. 919 271 6144, www.innonturner.com. Deze mooie B&B ligt in het historische deel van de stad, op een steenworp afstand van de baai en de bezienswaardigheden. De drie kamers hebben elk een eigen badkamer en zijn liefdevol ingericht. De veranda's en Engels geïnspireerde tuin nodigen uit om er 's avonds te ontspannen. 2 pk vanaf $ 175.

Aan de jachthaven – **Beaufort Inn:** 101 Ann St., tel. 252 728 2600, www.beaufort-inn.com. Goed gedreven hotel vlak bij de zee, met 44 kamers. Gratis wifi en ontbijt, fitnessruimte, fietsverhuur. De kamers bezitten een koffiezetmachine en koelkast. 2 pk vanaf $ 124.

Eten en drinken

Populair – **Beaufort Grocery Co.:** 117 Queen St., tel. 252 728 3899, www.beaufort grocery.com, lunch en diner, zo. brunch, di. gesloten. Dit door de plaatselijke bewoners druk bezochte restaurant staat vooral bekend vanwege zijn regionale visspecialiteiten en heeft zelfs een eigen kookboek: *Closed on Tuesdays*. Gerecht $ 11-42.

Bekroond – **Clawson's 1905 Restaurant & Pub:** 425 Front St., tel. 252 728 2133, www.clawsonsrestaurant.com, ma.-do. 11.30-20.30, vr.-za. 11.30-21 uur. De pub is al verschillende malen bekroond om de goede bar en het bierassortiment, maar ook de gebakken heilbot en de vissoep zijn zeer smakelijk. Hoofdgerecht vanaf $ 15.

Actief

Duiken – **Discovery Diving:** 414 Orange St., tel. 252 728 2265, www.discoverydiving.com. Duiktrips naar enkele wrakken voor de kust, $ 115 per persoon, duikcursus $ 320.

Wilmington ▸ 2, M 5

Wilmington, met ruim 117.000 inwoners de belangrijkste haven van North Carolina, ligt op de noordoever van de Cape Fear River, 40 km van zijn monding in de Atlantische Oceaan. De in 1732 gestichte stad is des te aantrekkelijker door de bijzondere sfeer die rond de voormalige pakhuizen hangt, de vroegere katoenbeurs, de Cotton Exchange, die tegenwoordig tot overdekt winkelcentrum is verbouwd (zie Winkelen, blz. 232), en het historische stadscentrum met huizen die vooral uit het midden van de 19e eeuw dateren. Al in 1765, acht jaar voor de Boston Tea Party, dwong het verzet tegen de Stamp Act de koninklijke *stamp master* de stad te verlaten.

Ruim 30 km ten noordwesten van Wilmington, bij Moores Creek, verhinderden opstandige Amerikanen in 1776 dat koningsgezinde Schotse troepen onder hun clanleider Donald McDonald zich aansloten bij eerder aangekomen kolonisten uit Groot-Brittannië. Tijdens de Burgeroorlog van 1861 tot 1865 was de haven van Wilmington een van de weinige steunpunten van de Geconfedereerden op de Atlantische kust. Onder dekking van drie vestingen in het mondingsgebied van de Cape Fear River probeerden boten telkens weer de blokkade van de Unievloot te doorbreken, om consumptiegoederen, luxeartikelen en militair materieel vanuit Caribische havens naar binnen te smokkelen. Tientallen *blockade runners* (smokkelschepen) werden daarbij tot zinken gebracht.

De rondvaartboot vaart langs de stad, die tot op heden grotendeels verschoond bleef van wolkenkrabbers, langs de vroegere pakhuizen en de moderne containerhaven tot hij het moerasgebied bereikt, waar je reigers zult zien opvliegen bij de nadering van het schip. Bij een rondleiding met een goed geïnformeerde stadsgids kom je veel over de geschiedenis van de stad te weten.

Thalian Hall

310 Chestnut St., tel. 910 632 2285, www.thalianhall.com

Het culturele leven in Wilmington speelt zich af in de **Thalian Hall**. Het culturele centrum, de schouwburg, opera en evenementenzalen zijn net als het stadhuis in dit prachtig gerestaureerde gebouw uit 1858 ondergebracht.

Cameron Art Museum

3201 S 17th St., tel. 910 395 5999, www.cameronartmuseum.org, di.-zo. 10-17, wo.-do. 10-21 uur, volwassene $ 10, met korting $ 8

In het **Cameron Art Museum** is werk te zien van kunstenaars uit North Carolina, onder wie de in Pennsylvania geboren impressionistische schilderes Mary Cassatt, die bevriend was met Edgar Degas, en de meesterpottenbakker Ben Owen.

Cape Fear Museum

814 Market St., tel. 910 798 4370, www.capefearmuseum.com, ma.-za. 9-17, zo. 13-17 uur, volwassene $ 8, tot 18 jaar $ 5

Het moderne **Cape Fear Museum** belicht de geschiedenis van de stad en de kustregio rond Cape Fear. Het accent ligt op de 20e eeuw.

Boottocht op de Cape Fear River

Cape Fear Riverboats, 101 South Water St., tel. 910-343-1611, www.cfrboats.com, eind mei-begin sept., dag. 8-20, sept.-mei 8-17 uur, volwassene vanaf $ 14, 6-11 jaar $ 5

Van Wilmington kun je ook een goede indruk krijgen je tijdens een boottocht van een uur op de Captain J.N. Maffitt of de Jacob's Run, die beide langs de waterkant van de stad varen. Daarbij kom je ook langs het gigantische, 35.000 ton metende slagschip **USS North Carolina**, dat hier sinds 1961 als toeristische attractie te bewonderen is.

Stranden

Niet ver van Wilmington liggen prachtige stranden. Vooral op de eilanden voor de kust, zoals bij Wrightsville Beach, liggen strandhuisjes en mooie hotels, die, zoals het **Blockade Runner Beach Resort**, aan de geschiedenis van de regio herinneren.

Calabash

Het 2000 inwoners tellende plaatsje **Calabash** ligt ruim 70 km/45 mijl ten zuidwesten van Wilmington, bijna op de grens met South Carolina, maar toch nog binnen het verzorgingsgebied van Wilmington. 'Seafood Capital of the World' staat met grote letters op het plaatsnaambord, en een stuk of 25 visrestaurants wedijveren met elkaar om de 1,5 miljoen gasten per jaar een visschotel à la Calabash met gefrituurde zeevruchten te serveren.

Informatie

Wilmington & Beaches Convention & Visitors Bureau: 505 Nutt St., tel. 910 341 4030, www.wilmingtonandbeaches.com, ma.-vr. 8.30-17, za. 9-16, zo. 13-16 uur.

Accommodatie

Gemoedelijk - **Angies Bed and Breakfast:** 1704 Market St., tel. 910-762-5790, www.angiesbandb.com. B&B met vijf keurige, met antiek ingerichte kamers; met een goed ontbijt. 2 pk vanaf $ 150.

Aan de rivier – **Coastline Inn:** 503 Nutt St., tel. 910 763 2800, www.coastlineinn.com. Keurig Best Westernhotel, kamers met uitzicht op de rivier, lid van de Green Hotel Association, wifi. 2 pk vanaf $ 135.

Camping – **Wilmington KOA:** 7415 Market St., tel. 910 686 7705, www.koa.com/campgrounds/wilmington. Grote camping (20 ha), begroeid met bomen. Goed ingericht; wifi, zwembad, sportfaciliteiten, tien minuten rijden van het strand. Camperplaats vanaf $ 55.

... in Wrightsville Beach, zo'n 15 km/10 mijl ten oosten van het centrum van de stad:

Strandhotel – **Blockade Runner Resort:** 275 Waynick Blvd., tel. 910 256 2251, www.blockade-runner.com. Goed geleid hotel aan het strand. 2 pk vanaf $ 150.

Eten en drinken

Terras aan de rivier – **Elijah's:** 2nd Ann St., tel. 910 343 1448, www.elijahs.com, dag. 11.30-21/22 uur. De betere Amerikaanse keuken. Ook een tip voor het uitgaansleven, als in de zomer de bar naar buiten wordt verplaatst. Hoofdgerecht vanaf $ 17.

Visgerechten – **Pilot House:** 2nd Ann St., Chandler Wharf, tel. 910 343 0200, www.pilothouserest.com. Lunch en diner. Innovatieve Southern Cuisine met voortreffelijke visgerechten en een groot terras aan de rivier. Hoofdgerecht vanaf $ 10.

Tapas – **Circa 1922:** 8 N Front St., tel. 910 762 1922, www.circa1922.com, zo.-do. 17-22, vr.-za. tot 23 uur. Voordelige tapasbar, veel keus. In de binnenstad, maar toch buiten de lawaaiige clubscene. Gerecht vanaf $ 12, tapas vanaf $ 6.

... in Calabash, 70 km/45 mijl ten zuiden van Wilmington:

Gefrituurde vis – **Calabash Seafood Hut:** 1125 River Rd., tel. 910 579 6723. Grote porties vis in een krokant jasje; ook kreeft en langoesten. Gerecht vanaf $ 6.

Winkelen

In een historisch handelsgebouw – **Cotton Exchange:** 321 N Front St., www.shopcottonexchange.com. In de voormalige katoenbeurs aan de rivieroever zijn vijf restaurants en 25 winkels gevestigd, met onder meer regionale kunstnijverheid.

Uitgaan

Blues – **The Rusty Nail:** 1310 S 5th St., tel. 910 251 1888. Elke di. vanaf 20, za. vanaf 21 uur is het tijd voor een 'Cape Fear Blues'-jam.

Toneel en musicals – **Thalian Hall:** 310 Chestnut St., tel. 910 632 2285, www.thalianhall.com. Het grandioze operahuis uit 1858 is in zijn oude glorie gerestaureerd en dient tegenwoordig als theater voor stedelijke en reizende gezelschappen.

Actief

Stadswandeling – **Wilmington Adventure Tours Co.:** 228 McRae St., tel. 910 763 1785 voor informatie over vertrekpunt en tijden. Apr.-sept. rondleiding van twee uur met veel verhalen.

Peddelen – **Mahanaim Adventures:** 335 Brighton Rd., tel. 910-547-8252, www.mahanaimadventures.com. Kayaktochten over rivieren en beken in het achterland, vogelobservatie, bootverhuur. Tocht vanaf $ 75.

Evenementen

North Carolina Jazz Festival: begin feb. Populair, in het hele land bekend jazzfestival, www.ncjazzfestival.com.

Cape Fear Blues Festival: in een weekend eind juli. Hoogtepunt van het jaar is voor de Cape Fear Blues Society het Blues Festival, met workshops, party's en concerten, tel. 910 350 8822, www.capefearblues.org.

Riverfest: nov. Driedaags gratis openluchtfestival met livemuziek, danskampioenschappen, sportwedstrijden, 'piratenaanvallen' en afsluitend vuurwerk, tel. 910 452 6862, www.wilmingtonriverfest.com.

Vervoer

Bus: Greyhound, 505 Cando St., tel. 910 791 8040, www.greyhound.com.

De Atlantische kust van South Carolina tot Charleston

Alleen al de 'Upstate' genoemde regio met zijn imposante watervallen in de uitlopers van de Appalachen en zijn grote fruitplantages, de Piedmont met de hoofdstad Columbia en de kustvlakte met zijn zoutmoerassen, planterswoningen, het 100 km lange Grand Strand en romantische stadjes als Charleston en Beaufort, zijn een reis waard. Daarbij komen nog de eilanden voor de kust met hun droomstranden.

Myrtle Beach ▸ 2, L 6

Het Grand Strand strekt zich over zo'n 100 km uit langs de kust, vanaf Little River direct aan de grens met North Carolina tot Georgetown aan de Winyah Bay in het zuiden. Myrtle Beach, met een concentratie van hotels, appartementen en amusementscentra, ligt midden in het langgerekte gebied, dat 14 miljoen toeristen per jaar trekt.

North Myrtle Beach

In **North Myrtle Beach** speelt het strand de hoofdrol. Ook dit 'rustige alternatief' voor de drukte in de hoofdplaats even verder naar het zuiden telt heel wat hotelkolossen. Toch is het uitzicht op de oceaan nog onbelemmerd. Zelfs de shoppingmall, Barefoot Landing, wekt de indruk van een ontspannen winkeldorp met een draaimolen voor kinderen.

T.I.G.E.R.S. Preservation Station

4898 US 17 N, tel. 843 361 4552, www.myrtlebeachsafari.com/signup, voor tijden zie website, safari $ 299

Het **T.I.G.E.R.S. Preservation Station** zet zich in voor de bescherming van de bedreigde roofdiersoort. T.I.G.E.R.S organiseert 'safari's' naar de tijgers, apen, beren en andere dieren in het bijbehorende dierenverblijf en gebruikt de winst en donaties om de leefruimte van de tijgers in Azië te vergroten.

Grand Strand

Het brede Grand Strand, ter hoogte van de naar de altijdgroene mirtestruik genoemde hoofdplaats van de regio, is een populaire bestemming voor gezinnen. Een hele reeks hotelcomplexen, tennis- en golfbanen, reuzenraderen, achtbanen en *shooting arcades*, souvenirwinkels en restaurants van alle categorieën trekt vooral 's zomers toeristen.

Half maart, in de voorjaarsvakantie, verzamelen studenten en scholieren uit de VS en Canada zich op het strand, in mei komen duizenden Harley-Davidsonrijders er bij elkaar. In de zomer wordt het Sun Fun Festival gevierd met popconcerten, optochten, beautycontests en zandsculptuurwedstrijden (zie Evenementen, blz. 236). In november bereidt men zich met het Treasure by the Sea Fest voor op het kerstseizoen. De strandpromenade wordt dan kakelbont versierd met verlichte beelden van zeemeerminnen, zeepaardjes en mosselen. Concerten van bekende artiesten zorgen er in die tijd voor dat de bezoekers zich niet hoeven te vervelen.

De vakantiemetropool Myrtle Beach biedt dankzij de Golfstroom maandenlang aangename watertemperaturen. Ook hengelaars zijn daar blij mee, want de vissen willen nog tot in december bijten. Een promenade van planken, de **Boardwalk**, loopt over 2 km tussen de hotels en de oceaan en maakt een strandwandeling mogelijk zonder zand in de schoenen te krijgen.

Myrtle Beach is ook een belangrijke golfbestemming. Zeker 150 banen, die overwegend ook zonder lidmaatschap bespeeld mogen worden, bieden voor redelijke greenfees een afwisselend speelplezier.

Informatie

Myrtle Beach Area Convention & Visitors Bureau: 1200 N Oak St., tel. 800 356 3016, www.visitmyrtlebeach.com, ma.-vr. 8.30-17, za. 9-15, zo. 10-14 uur, 's winters beperkte openingstijden.

North Myrtle Beach Chamber of Commerce: 1521 Highway 17 S, tel. 843 281 2662, www.northmyrtlebeachchamber.com, ma.-vr. 8-17 uur.

Accommodatie

Zeezicht – **Marriott's OceanWatch Villas:** 8500 Costa Verde Dr., tel. 843 692 5500, www.marriott.nl. Verzorgd complex met appartementen (met twee slaapkamers) in drie gebouwen aan het strand. Fitnessruimte, zwembad, wifi. Appartement vanaf $ 320.

Torenhoog – **Hampton Inn & Suites Oceanfront:** 1803 S Ocean Blvd., tel. 843 946 6400, www.hamptoninnoceanfront.com. Groot hotelcomplex met twee torens direct aan het strand, ruime kamers met balkon. Verschillende restaurants, zwembadlandschap, wifi, gratis ontbijt, eigen parkeergarage. Populair bij gezinnen met kinderen. 2 pk vanaf $ 160.

Voordelig – **Serendipity Inn:** 407 71st. Ave. N, tel. 843 449 5268, www.serendipityinn.com. B&B in Spaanse stijl, mooi klein zwembad, gratis wifi en ontbijt, barbecue op de binnenplaats. 2 pk vanaf $ 50.

Imposant – **The Breakers:** 2006 N Ocean Blvd., tel. 855 861 9550, www.breakers.com. Hoog oprijzende hoteltorens direct aan het strand, diverse restaurants en zwembaden, amusementsprogramma. De appartementen zijn vooral populair bij gezinnen. Kamers en appartementen vanaf $ 70.

Camping – **Ocean Lakes Family Campground:** 6001 S Kings Hwy., tel. 843 238 5636, www.oceanlakes.com. Groot complex met 900 plaatsen voor tenten en campers tussen de oceaan en enkele vijvers. Bovendien huisjes en caravans. Zwembad, internet, speeltuin, sportterreinen, fietsverhuur. Staanplaats camper vanaf $ 35, 's zomers $ 85.

Eten en drinken

Franse keuken – **The Library:** 6613 N Kings Hwy., tel. 843 448 4527, www.thelibraryrestaurantsc.com, ma.-za. vanaf 17 uur. Gedistingeerde ambiance met een bijpassende service. Klassieke Franse kooktraditie, maar met (overwegend) Amerikaanse ingrediënten. Sommige gerechten worden aan tafel geflambeerd. Hoofdgerecht vanaf $ 22.

Ontspannen – **Pier House Restaurant:** 110 N Ocean Blvd., tel. 845 445 7437, www.2ndavepier.com, dag. 2nd Pier 7-21, Pier House 8-20, Pier View vanaf 11 uur. Op de bovenste verdieping van het Pier House aan de Boardwalk en met uitzicht op de pier en het strand. Op het menu staan goede visgerechten, zoals gebakken tandbaars en mosselen, maar ook kip en steak. Verder ontbijt en lunch, en een bar op het dakterras. In de zomer heb je elke woensdagavond vrij zicht op het vuurwerk op de pier. Gerecht vanaf $ 19.

Italiaans – **Benny Rappa's Trattoria:** 1453 US 17 S., tel. 843 361 1056, www.bennyrappas.com, wo.-vr. 11.30-15, ma.-za. 17-22 uur. Gezellig Italiaans familierestaurant, waar pasta, vlees- en visgerechten op de kaart staan. Goede wijn. Muziek van Frank Sinatra zorgt voor de omlijsting. Gerecht vanaf $ 10.

Italiaans – **Ciao!:** 5223 North Kings Highway, tel. 843 449 5700, www.ciaomyrtlebeach.com. 's Middags met een beperkt aanbod pastaschotels, 's avonds met mosselen, vis- en vleesgerechten. Goede zelfgemaakte ravioli. Gerecht $ 8-30.

Visgerechten – **Sea Captain's House:** 3002 N Ocean Blvd., tel. 843 448 8082, dag. 11.30-14.30, 16.30-22 uur, ontbijt 6-10.30 uur. Ontspannen visrestaurant met een traditie van ruim vijftig jaar en uitzicht op het Grand Strand. Gerecht $ 8-30.

Winkelen

Mall – **Broadway at the Beach:** US 17 bypass, www.broadwayatthebeach.com. Op 140 ha liggen meer dan honderd winkels en een stuk of dertig restaurants en muziekbars naast diverse publieksattracties.

Outletshops – **Tanger Outlet:** 10835 Kings Rd., tel. 843 449 0491 en 4635 Factory Stores Blvd., tel. 843 236 5100, www.tangeroutlet.com. Maar liefst twee filialen, met elk zo'n honderd merkartikelenwinkels, van Black & Decker tot Tommy Hilfiger.

Uitgaan

Livemuziek aan het strand – **Ocean Annie's Beach Bar:** 9550 Shore Dr., tel. 888 266 4375, www.oceanannies.com, dag. 11-23 uur, 's winters korter. Koele drankjes, een goede sfeer en livemuziek aan het brede strand.

Shag dance – **Fat Harolds:** 212 Main St., tel. 843 249 5779, www.fatharolds.com. Eeuwig jonge muziekclub met bluesrock en een centrum van *shag dancing*, een dansvorm die met swingende, glijdende bewegingen en soepele passen het ontspannen levensgevoel aan de kust tot uitdrukking brengt.

Muziekshow – **Alabama Theatre:** 4750 US 17 S/Barefoot Landing, tel. 843 272 1111, www.alabama-theatre.com. Elke avond een grootse muziekrevue in Las Vegasstijl, met een doorlopend programma.

Concerten – **The Carolina Opry:** 8901 North Kings Hwy., tel. 1 800 843 6779, www.thecaolinaopry.com. Fonkelende muziekrevue voor meer dan 2000 toeschouwers met pop- en countryhits en dansshows. Voorstelling om 19 uur. Kaartjes vanaf $ 35.

Blues met steak – **House of Blues:** 4640 Hwy. 17 S, tel. 843 272 3000, www.houseofblues.com. Goede muziek, concerten, zo. gospelbrunch. Daarbij eet je Amerikaanse klassiekers: hamburgers, spareribs en steaks.

Actief

Golf – **Myrtle Beach Golf:** de website www.mbn.com biedt een goed overzicht van de

Vakantiemetropool Myrtle Beach: het brede Grand Strand is vooral populair bij gezinnen

prijzen en speelmogelijkheden op de ongeveer 150 banen in de omgeving. **Classic Swing Golf School:** 1500 Legends Dr., tel. 843 903 5560, www.classicswing.com. Moderne golfschool op een uitgestrekt terrein, met videoanalyse en gekwalificeerde instructeurs, privéles vanaf $ 100 per uur.
Boottochten – **Myrtle Beach Watersports:** 101 Fantasy Harbour Blvd., tel. 843 903 3456, www.myrtlebeachwatersports.com. Verhuur van jetski's, jetboten en pontonboten, tochten om dolfijnen te spotten, volwassene $ 25, tot 12 jaar $ 15. Diverse filialen langs de kust en rond Myrtle Beach, zoals 2100 Sea Mountain Hwy., tel. 843 280 8400, en 8201 Marina Parkway, Myrtle Beach, tel. 843-839-2999.
Zeilen en kajakken – **Sail and ski:** 515 Hwy. 501, tel. 843 626 7245 en 843-280-8400 (Sea Thunder Dolphin Cruise), www.sailand skiconnection.com. Verkoop en verhuur van watersportmateriaal, van zeekajaks tot Hobie Cats (kleine catamarans).
Minicruises – **Great American Riverboat:** Barefoot Landing, 4932 US 17 S, tel. 843 650 6600, www.mbriverboat.com. Minicruise door de kustwateren (1-2 uur), volwassene $ 14-35, kind $ 8-25.

Evenementen

Sun Fun Festival: begin juni. Voor sommigen is de verkiezing van 'Miss Sun Fun' het hoogtepunt, anderen verheugen zich op de gratis popconcerten, races met waterscooters, eetkraampjes en het slotvuurwerk. Informatie: Chamber of Commerce, tel. 843 626 7444, www.grandstrandevents.com.

Vervoer

Bus: Greyhound, 511 7th Ave. N, tel. 843 448 2471, www.greyhound.com.

Murrells Inlet ▸ 2, K 6

Vroeger zou de piratenkapitein Murrel zich hier na zijn rooftochten hebben verborgen. De naar hem genoemde baai ten zuiden van Myrtle Beach staat tegenwoordig bekend om zijn goede vis- en mosselgronden. Vanaf de Boardwalk, die zich over zo'n 800 m langs de waterkant uitstrekt, kun je de vissersboten het ruime sop zien kiezen.

Brookgreen Gardens

1931 Brookgreen Dr., tel. 843 235 6000, www.brookgreen.org, dag. 9.30-17 uur, volwassene $ 18, 4-12 jaar $ 10

In Brookgreen Gardens gebruikten Archer en Anna Hyatt Huntington hun geërfde kapitaal om een rijst- en indigoplantage te transformeren tot een beeldentuin met zo'n vijfhonderd sculpturen van overwegend Amerikaanse beeldhouwers uit de 19e en de 20e eeuw.

Huntington Beach State Park

16148 Ocean Hwy./US 17, tel. 843 237 4440, www.southcarolinaparks.com, kies Huntington Beach S.P.

Het Huntington Beach State Park, dat zich tussen de US 17 en de Atlantische kust uitstrekt, ligt direct aan de snelweg. Diverse paden lopen door het ruim 1000 ha grote natuurgebied, langs zoetwaterlagunes en zoutmoerassen. Vanaf de observatieplatforms hebben de bezoekers een goed uitzicht over de vogelwereld en de alligators, die het hier duidelijk naar hun zin hebben.

Informatie

Myrtle Beach Welcome Center: 1200 N. Oak Street, tel. 843-626-7444, www.visitmyrt lebeach.com, ma.vr. 8.30-17 uur.

Eten en drinken

Pal aan het water – **Drunken Jack's:** 4031 Hwy. 17 Business, tel. 843 651 2044, www.drunkenjacks.com. 's Middags en 's avonds, ma. gesl. Met uitzicht op het water van Murrel's Inlet en de eilanden kun je hier genieten van garnalen, oesters of heilbot, maar desgewenst ook kip, hamburger of wraps. Hoofdgerecht vanaf $ 20.

Actief

Watersporten – **Express Watersports:** 4042 U.S. 17 Business, tel. 843 357 7777, www.expresswatersports.com.

Evenementen

Myrtle Beach Bike Week: half mei en begin oktober. Van heinde en verre komen bikers naar Murrells Inlet bij het zuidelijke deel van het Grand Strand. Op het uitgebreide programma staan dan rally's, concerten, bier en nog veel meer. Tel. 336 643 1367, www.myrtlebeachbikeweek.com.

Georgetown ▸ 2, K 6

In het centrum van dit stadje lijkt de tijd te hebben stilgestaan. Tientallen huizen uit de 18e en de 19e eeuw omzomen de straten, waarboven eikenbomen een bladerdak vormen. De Engelsen stichtten het plaatsje **Georgetown** halverwege de 18e eeuw en lieten slaven in het moerassige kustgebied rijst- en indigoplantages aanleggen.

Rice Museum

633 Front St./Screven St., tel. 843 546 7423, www.ricemuseum.org, ma.-za. 10-16.30 uur, volwassene $ 7, scholier $ 3

Het kleine rijstmuseum in het Old Market Building geeft met diorama's, documenten en werktuigen op zeer aanschouwelijke wijze informatie over de tweehonderdjarige geschiedenis van de rijstteelt, die na de bevrijding van de slaven aan het eind van de Burgeroorlog werd opgegeven, maar tegenwoordig nieuw leven wordt ingeblazen.

Francis Marion National Forest

Tijdens de Onafhankelijkheidsoorlog voerde Francis Marion, bijgenaamd de Swamp Fox (Moerasvos), met een roekeloze troep mannen een succesvolle guerrillaoorlog tegen de Britten. Aan hem herinneren de film *The patriot* met Mel Gibson en het ruim 1000 km^2 grote **Francis Marion National Forest**, dat doorsneden wordt door de verbindingsweg tussen Georgetown en Charleston. In dit uitgestrekte beschermde natuurgebied worden cipressen-, dennen- en eikenbossen afgewisseld met donkere moerassen waarin alligators leven, en zandduinen langs de kust van de Atlantische Oceaan.

Informatie

Chamber of Commerce: 531 Front St., tel. 843 546 8436, www.visitgeorge.com, ma.-vr. 9-16 uur.

Accommodatie

B&B – **The Shaw House:** 613 Cypress Court, tel. 843 546 9663. Huis in Colonial Revivalstijl, drie kamers, open haard, piano, bibliotheek, uitzicht op het moeras. Vanaf $ 120.

Eten en drinken

Lunch – **Atlantic House Restaurant:** 109 Screven St., tel. 843 520 6918, www.atlantichouserestaurant.com. Salades, soepen, rijstgerechten en nog meer. Gerecht $ 7-11.

Winkelen

Vers uit de oven – **Sweetgrass Bakery & Cafe:** 7223 N Kings Hwy., tel. 843 213 0605, dag. 10-16.30, za.-zo. tot 15.30 uur. Taart, brood en banket voor de liefhebbers. Er zijn ook enkele tafeltjes.

✪ Charleston ▸ 2, J 7

Kaart: blz. 240

De bijna 135.000 inwoners van Charleston hebben al van oudsher een hoge dunk van zichzelf. Misschien doordat Charleston al in 1670 werd gesticht op de plek waar de Ashley River en Cooper River samenvloeien 'en zo de Atlantische Oceaan vormen' zoals in de volksmond wordt gezegd. Of ze zijn zo door de rijkdom, die zich vanaf de 18e tot het midden van de 19e eeuw in de handen van enkelingen opstapelde en aan het unieke stadsbeeld bijdroeg. En ook het zuidelijke klimaat, dat zelfs 's zomers door een briesje van zee altijd aangenaam is, zal hun gevoel van eigenwaarde hebben versterkt.

Voor de gevels van de villa's langs South Battery Street of bij de kraampjes van de Old City Market waan je je in de 'good old days'. Wolkenkrabbers of een metro zul je in Charleston tevergeefs zoeken. Sightseeing in een moderne bus is in de straten van het centrum niet op zijn plaats, hier rijd je rond in een paardenkoets of ga je te voet. In de afgelopen jaren heeft Charleston zich tot culinaire trendsetter in het zuidoosten van de VS ontwikkeld. Met de komst van een reeks uitstekende restaurants, die verse, meestal biologische producten uit de regio (vaak de Lowcountry, ten zuiden van Charleston) gebruiken en de culinaire invloeden van de vele immigrantengroepen tonen, is er een lichtere keuken ontstaan, die zijn zuidelijke basis niet verloochent.

Stadgeschiedenis

De Charlestonians waren hun tijd vaak vooruit. Zo werd in Charleston in 1736 de eerste brandverzekeringsmaatschappij opgericht – die overigens de pech had dat vier jaar later de halve stad afbrandde. En in het jaar 1738 richtte John Lining hier de eerste meteorologische dienst op. Al in 1775, een jaar voordat Thomas Jefferson de Onafhankelijkheidsverklaring opstelde, hesen patriotten in Charleston de Amerikaanse en niet de Britse vlag. In de Burgeroorlog vuurden kanonnen in de stad de eerste salvo's af op het voor de kust gelegen Fort Sumter, waarin troepen van de Unie waren gelegerd, en gaven zo het startsein voor de Amerikaanse Burgeroorlog.

Charleston was voor de planters en kooplieden van South Carolina niet alleen een overslagplaats voor handelsgoederen, maar ook centrum van het maatschappelijke, politieke en culturele leven. Wie rijk genoeg was, onderhield naast het huis op de plantage ook een villa in de stad. In het *sickly season*, de zomermaanden, wanneer het vochtighete klimaat op het land moeilijk te verdragen was, verhuisde de familie dan naar de stad. In tegenstelling tot de puriteinse strengheid van New England kwam hier een liberale, luchthartige levensstijl tot ontwikkeling, die ruimte bood aan amusement, van hanengevechten tot toneelopvoeringen, en die aan iedereen, van hugenoten tot joden, vrijheid van godsdienst toestond.

Toen de Burgeroorlog verloren was en de slaven bevrijd werden, zagen tal van families zich uit geldgebrek gedwongen hun beschadigde huizen te repareren in plaats van ze af te breken en nieuwe te bouwen. Daardoor bezit Charleston tegenwoordig ten zuiden van Calhoun Street een uniek ensemble van zo'n tweeduizend gerestaureerde gebouwen. De villa's zijn overwegend met hun smalle zijde naar de straat gebouwd, zodat de huizen met hun imposante ingangspartijen naar de zijtuinen zijn gekeerd. De verkoeling gevende veranda, die aan de bouwstijl van het Caribische gebied is ontleend en in Charleston *piazza* heet, heeft een zijtrap naar de straat.

De reden voor deze ongewone bouwwijze was de koloniale Britse wetgeving, die bepaalde dat de grondbelasting afhankelijk was van de breedte van de straatgevel. Veel gebouwen zijn voorzien van gietijzeren balkons of hekken, die de grens van de percelen met de straat afbakenen. Scherpe, kunstig gesmede punten op sommige van die hekken geven aan dat eigenaars zich bewust waren van de bron van hun rijkdom. De punten moesten de huizen bij eventuele slavenopstanden tegen aanvallen beschermen.

In juni 2015 vond er een aanslag plaats in de Emanuel African Methodist Episcopal Church in Calhoun Street, door de vele zwarte gemeenteleden 'Mother Emanuel' genoemd. Een witte racist vermoordde tijden de dienst negen gelovigen, inclusief de predikant.

In het historische centrum

In het zuidelijke deel van de binnenstad, rond White Point Gardens en East Battery Street, zijn talrijke prachtige woonhuizen en openbare gebouwen te vinden.

Woonhuizen

Het **Calhoun Mansion** 1 met kunstige lambriseringen in veel van de 35 kamers, stamt uit 1876. Het heeft al in verschillende historische films en televisieseries een rol gespeeld (16 Meeting St., tel. 843 722 8205, www.calhounmansion.net, rondleiding dag. mrt.-dec. 11-17, jan.-feb. 11-16.30 uur, $ 17 per persoon).

Villa's uit de tijd vóór de Burgeroorlog flankeren East Battery Street in Charleston

Het twee verdiepingen hoge, in *Greek revival*-stijl gebouwde **Edmonston-Alston House** 2 uit 1828 biedt een geweldig uitzicht over de haven en de baai (21 E Battery St., tel. 843 722 7171, www.edmondstonalston.com, rondleiding ma.-zo., volwassene $ 12, tot 13 jaar $ 8).

Het **Nathaniel Russell House** 3, een koopmansvilla uit 1808, pronkt met een spiraalvormige houten trap en beschikt over een vernuftig ventilatiesysteem (51 Meeting St., tel. 843 724 8481, www.historiccharleston.org/Russell.aspx, dag. 10-17 uur, $ 12 per persoon).

In **Heyward-Washington House** 4 uit uit 1772, dat in de stijl van die tijd is ingericht, heeft George Washington ooit overnacht (87 Church St., tel. 843 722 2996, www.charlestonmuseum.org/heyward-washington-house, ma.-za. 10-17, zo. 12-17 uur, volwassene $ 12, tot 12 jaar $ 5).

Andere bezienswaardigheden

Bij Church Street 89-91 begint het kleine privéstraatje **Cabbage Row**. Dat diende voor schrijver DuBose Heyward als voorbeeld voor Catfish Row in de roman *Porgy*, die in de vorm van de opera *Porgy and Bess* van George Gershwin wereldbekend werd.

De **kruising van Broad Street en Meeting Street** wordt ook wel 'Four Corners of Law' (Vier Hoeken van het Recht) genoemd, omdat elke hoek een rechtsmacht vertegenwoordigt: het gerechtsgebouw representeert de federale overheid, het County Courthouse het district, het stadhuis de gemeente en de **St. Michael's Church** de Kerk.

St. Michael's Church 5

71 Broad St., tel. 843 723 0603, www.stmichaelschurch.net

Deze episcopale kerk staat op de fundamenten van een oudere kerk uit 1680. Na

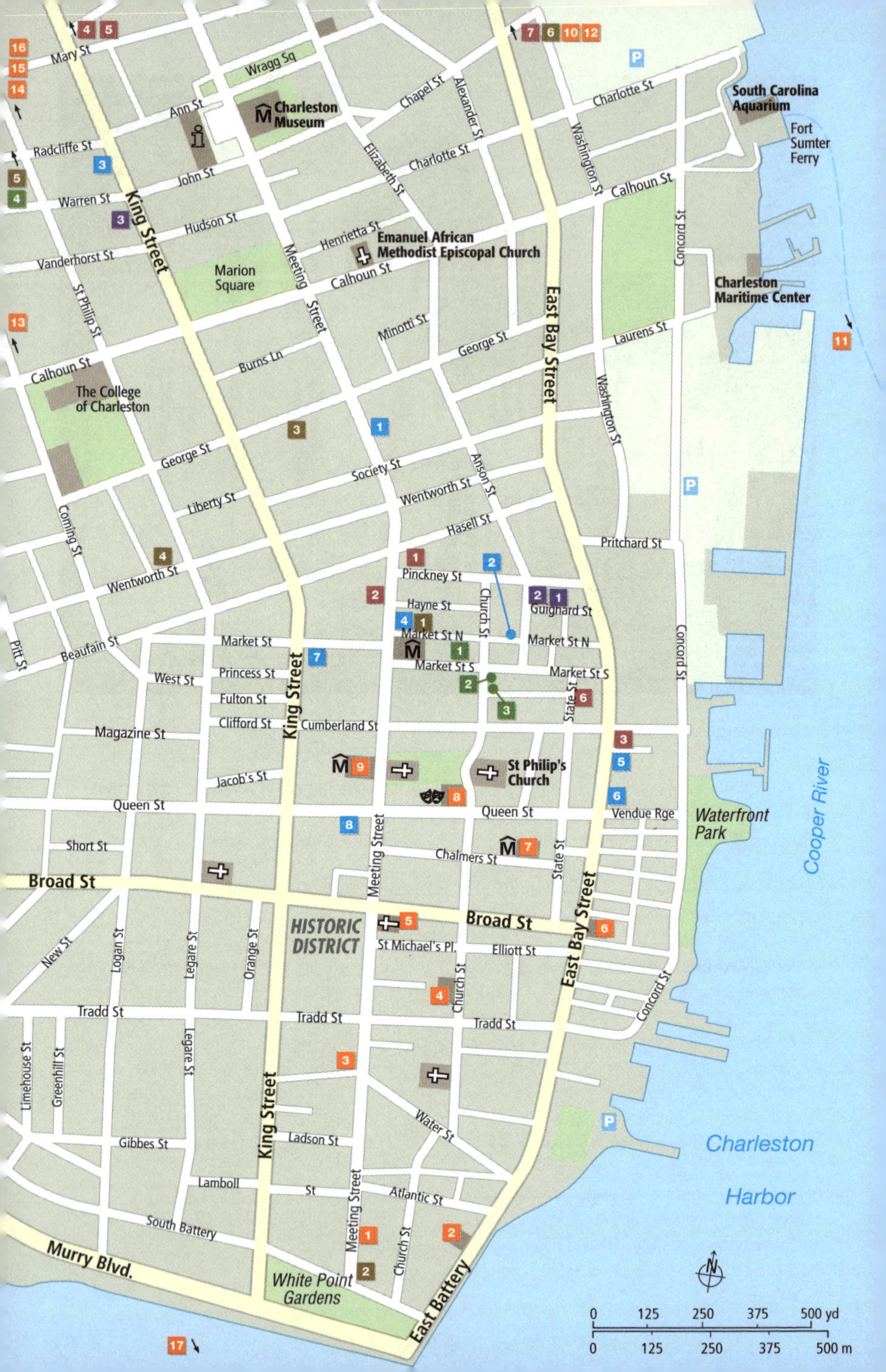

Charleston Museum
South Carolina Aquarium
Fort Sumter Ferry
Emanuel African Methodist Episcopal Church
Marion Square
Charleston Maritime Center
The College of Charleston
St Philip's Church
Waterfront Park
Cooper River
HISTORIC DISTRICT
Charleston Harbor
White Point Gardens
King Street
East Bay Street
Meeting Street
Broad St
Murry Blvd.
East Battery
Mary St
Wragg Sq
Ann St
Chapel St
Alexander St
Charlotte St
Washington St
Radcliffe St
John St
Elizabeth St
Calhoun St
Warren St
Hudson St
Henrietta St
Concord St
Vanderhorst St
St Philip St
Minotti St
George St
Laurens St
Burns Ln
Society St
Anson St
Liberty St
Wentworth St
Hasell St
Coming St
Pritchard St
Pinckney St
Hayne St
Church St
Guignard St
Market St N
Market St S
Market St
Beaufain St
Pitt St
West St
Princess St
Fulton St
Clifford St
Cumberland St
Magazine St
State St
Jacob's St
Queen St
Vendue Rge
Short St
Chalmers St
St Michael's Pl.
Elliott St
New St
Logan St
Legare St
Orange St
Tradd St
Limehouse St
Greenhill St
Water St
Gibbes St
Ladson St
Lamboll St
Atlantic St
South Battery
0 125 250 375 500 yd
0 125 250 375 500 m

Charleston

Bezienswaardig
1 Calhoun Mansion
2 Edmonston-Alston House
3 Nathaniel Russell House
4 Heyward-Washington House
5 St. Michael's Church
6 Old Exchange and Provost Dungeon
7 Old Slave Mart Museum
8 Dock Street Theatre
9 Gibbes Museum of Art
10 Patriots Point Naval and Maritime Museum
11 Fort Sumter
12 Boone Hall Plantation
13 Charles Towne Landing
14 Drayton Hall
15 Magnolia Gardens
16 Middleton Place
17 Folly Beach

Accommodatie
1 Planters Inn
2 Two Meeting Street Inn
3 Barksdale House Inn
4 1837 Bed & Breakfast
5 Extended Stay America
6 KOA Mt. Pleasant/ Charleston

Eten en drinken
1 Fig
2 Hyman's Seafood Co.
3 Slightly North of Broad
4 Rodney Scott's BBQ
5 The Ordinary
6 Dixie Supply Bakery & Café
7 Poe's Tavern

Winkelen
1 Old City Market
2 Spice & Tea Exchange
3 Charleston Crafts
4 Tanger Outlets

Uitgaan
1 Theater 99
2 Henry's House
3 Closed for Business
4 Peninsula Grill Champagne Bar
5 The Gin Joint
6 Rooftop Cocktail Bar
7 Charleston Grill
8 First Shot Lounge

Actief
1 Palmetto Carriage & Walking Tours
2 Charleston Food Tours
3 Charleston & Resort Islands Golf

---

verbouwingen vanwege een brand werd de kerk in 1761 weer in gebruik genomen.

Old Exchange and Provost Dungeon 6

122 E Bay St., tel. 843 727 2165, www.oldexchange.com, dag. 9-17 uur, volwassene $ 10, scholier $ 5

In de in 1771 gebouwde **Old Exchange and Provost Dungeon**, waar in de Onafhankelijkheidsoorlog Amerikaanse patriotten gevangen zaten, juichten de burgers korte tijd later George Washington toe. Tegenwoordig krijgen bezoekers van de gewelven in een historisch museum aan de hand van wassen beelden een idee van die tijd.

Old Slave Mart Museum 7

6 Chalmers St., tel. 843 958 6467, www.oldslavemart.org, ma.-za. 9-17 uur, volwassene $ 7, kind $ 5

Toen de slavenmarkt in East Bay Street in toenemende mate het verkeer hinderde, werd hij in het midden van de 19e eeuw verplaatst naar Ryan's veilinghuis. In 1863 werden hier de laatste slaven geveild. Tegenwoordig huisvest het **Old Slave Mart Museum** een expositie over de geschiedenis van de slavernij in South Carolina en een collectie Afrikaanse en Afro-Amerikaanse kunst.

Dock Street Theatre 8

135 Church St., tel. 843 577 7183, www.charlestonstage.com

Het **Dock Street Theatre**, hoek Church Street en Queen Street, is het oudste theater van de VS. Aan de bar van het tijdelijk hier gevestigde Planters Hotel zou een net bedachte cocktail, Planters Punch, voor de eerste keer dorstige kelen hebben gesmeerd (zie Tip, blz. 245). In het uit 1736 daterende theater worden voorstellingen van plaatselijke en reizende gezelschappen gegeven.

Gibbes Museum of Art 9

135 Meeting St., tel. 843 722 2706, www.gibbesmuseum.org, di.-za. 10-17, do. tot 20, zo. 13-17 uur, volwassene $ 15, 4-17 jaar $ 6

Met het **Gibbes Museum of Art** bezit Charleston een voortreffelijke verzameling van vooral Amerikaanse kunst. Met name de portretschilderkunst uit de koloniale tijd, de periode van de Charleston Renaissance (1915-1940) en hedendaagse kunstwerken zijn goed vertegenwoordigd.

Omgeving van Charleston

Kijkjes in de jongste Amerikaanse militaire geschiedenis krijg je bij het plaatsje **Mount Pleasant** op de noordoever van de Cooper River, tegenover de oude binnenstad van Charleston.

Patriots Point Naval and Maritime Museum 10

40 Patriots Point Rd., Mt. Pleasant, tel. 843 884 2727, www.patriotspoint.org, dag. 9-18.30 uur, volwassene $ 24, 6-11 jaar $ 16

Aan de steiger van het **Patriots Point Naval and Maritime Museum** ligt een aantal voormalige oorlogsschepen die bezichtigd kunnen worden: het vliegdekschip 'Yorktown', de torpedobootjager 'Laffey' en de onderzeeboot 'Clagamore'. Exposities besteden aandacht aan de logistiek van het bevoorraden en aan marinevliegtuigen.

Fort Sumter 11

Fort Moultrie aan de SR 703, 16 km ten noorden van Charleston, boten naar Fort Sumter vanaf de jachthaven begin apr.-begin sept., rest van het jaar beperkt, tel. 843 883 3123, www.nps.gov/fosu, diverse rondleidingen, zie www.fortsumtertours.com. Boottocht volwassene $ 22, 4-11 jaar $ 14

De ruïnes van **Fort Sumter**, waarvan de beschieting door Geconfedereerde eenheden in april 1861 de Burgeroorlog inluidde, worden regelmatig door excursieboten aangedaan. Het fort vormt samen met **Fort Moultrie**, bij de noordelijke haveningang van Charleston, het **Fort Sumter National Monument**. Fort Moultrie op Sullivans Island is tegenwoordig via een brug bereikbaar. Voor de ingang ligt het graf van de Seminolekrijger Osceola, die in 1837 bij onderhandelingen over de strijd tussen het Amerikaanse leger en de Seminole in Florida gevangen werd genomen en het jaar daarop in het fort aan een infectieziekte stierf.

Boone Hall Plantation 12

1235 Long Point Rd., Mt. Pleasant, tel. 843 884 4371, www.boonehallplantation.com, begin sept.-11 mrt. ma.-za. 9-17, zo. 12-17, half mrt.-begin sept. ma.-za. 8.30-18.30, zo. 12-17 uur, volwassene $ 24, 6-12 jaar $ 12

Ten noordoosten van de Cooper River en stroomopwaarts langs de Ashley River kun je enkele van de mooiste plantages van de zuidelijk staten bezichtigen. De spectaculaire eikenlaan van de goed bewaard gebleven **Boone Hall Plantation**, zo'n 13 km/8 mijl ten noordoosten van de stad, heeft al in veel films een rol gespeeld. Er zijn ook negen minder mooie slavenbarakken bewaard.

Charles Towne Landing 13

1500 Old Town Rd., tel. 843 852 4200, www.southcarolinaparks.com/ctl/introduction.aspx, dag. 9-17 uur, volwassene $ 10, 6-15 jaar $ 6

Charles Towne Landing, een reconstructie van de eerste kolonistennederzetting, werd op de zuidoever van de Ashley River, dicht bij het huidige Charleston, inclusief aarden wallen en palissaden, opnieuw opgebouwd. Een kleine dierentuin herbergt dieren die hier in de afgelopen drie eeuwen inheems waren.

Drayton Hall 14

3380 Ashley River Rd., tel. 843 769 2600, www.draytonhall.org, rondleiding ma.-za. elk uur 10-15, zo. elk uur 11-15 uur, volwassene $ 22, 6-11 jaar $ 6, 12-16 jaar $ 10

Bezoekers van **Drayton Hall**, verder stroomopwaarts en omringd door een park, krijgen een indruk van de levensomstandigheden van de planters vóór de Burgeroorlog, omdat het uit 1845 stammende bakstenen huis nooit verwoest of verbouwd is.

Magnolia Gardens 15

3550 Ashley River Rd., 16 km/10 mijl ten noordwesten van Charleston, tel. 843 571 1266, www.magnoliaplantation.com, mrt.-okt.

8-16.30 uur, nov.-feb. korter, volwassene $ 20, tot 12 jaar $ 10
Dé attractie van de **Magnolia Plantation**, al drie eeuwen in het bezit van de familie Drayton, zijn de tuinen, die John Drayton aan het eind van de 17e eeuw voor zijn vrouw Julia liet aanleggen. Wie langs de bloemenpracht van magnolia's, azalea's, camelia's, hibiscusssen en lelies heeft gewandeld, kan begrijpen waarom de Baedeker van het jaar 1900 Magnolia Gardens net als de Grand Canyon en de Niagarawatervallen als bezienswaardigheid twee sterren gaf.

Middleton Place 16

4300 Ashley River Rd., 22,5 km/14 mijl ten noordwesten van Charleston, tel. 843 556 6020, www.middletonplace.org, dag. 9-17 uur, volwassene $ 28, tot 13 jaar $ 10
Middleton Place, 6,5 km verder stroomopwaarts aan de Ashley River, heeft een Engelse landschapstuin, waaraan onder een Britse landschapsarchitect vanaf 1741 door honderd slaven tien jaar lang werd gewerkt.

Folly Beach 17

Wie vanuit Charleston even naar het strand wil, rijdt naar **Folly Beach**. Dit brede strand op Folly Island ligt maar 20 min. per auto van de binnenstad. Om te hengelen is de Fishing Pier aan te raden, omdat de vissen er goed bijten. Er worden fietsen, kano's, jetski's en scooters verhuurd. Wie liever niet de Atlantische Oceaan ingaat om te zwemmen, kan ook terecht in drie waterpretparken.

Informatie

Charleston Visitor Center: 375 Meeting St., tel. 800 868 8118, www.charlestoncvb.com, dag. 8.30-17 uur.

Accommodatie

Historisch gebouw – **Planters Inn 1 :** 112 N Market St., tel. 843 722 2345, www.plantersinn.com. Luxeherberg in het centrum van de binnenstad, met het fijnproeversrestaurant Peninsula Grill. 2 pk vanaf $ 340.
Romantisch en elegant – **Two Meeting Street Inn 2 :** 2 Meeting St., tel. 843 723 7322, www.twomeetingstreet.com. Elegante B&B in een historische stadsvilla. Ontbijt en *tea* zijn inbegrepen. 2 pk vanaf $ 195.
Weelderig – **Barksdale House Inn 3 :** 27 George St., tel. 843 577 4800, www.barksdalehouse.com. Perfect ingerichte accommodatie in een eind-18e-eeuwse stadsvilla, gratis wifi. 2 pk vanaf $ 194.
Planterswoning – **1837 Bed & Breakfast 4 :** 126 Wentworth St., tel. 843 723 7166. Voormalige stadsvilla van een katoenplanter, met hemelbedden in de negen kamers, een mooie woonkamer en een goed ontbijt. Minimaal twee overnachtingen. 2 pk vanaf $ 140.
Voordelig – **Extended Stay America 5 :** 7641 Northwoods Blvd., in North Charleston, tel. 843 553 0036, www.extendedstayhotels.com. Voordelige studioappartementen met volledig ingerichte keuken. Vanaf $ 100.
Camping – **KOA Mt. Pleasant/Charleston 6 :** 3157 Hwy. 17 N, tel. 843 849 5177, www.koa.com/campgrounds/mount-pleasant-charleston. Goed uitgeruste camping op een 200 ha groot plantageterrein met een eigen meer, 19,5 km/12 mijl ten noordoosten van Charleston. Staanplaats camper vanaf $ 60.

Eten en drinken

Verfijnde soulfood – **Fig 1 :** 232 Meeting St., tel. 843 805 5900, www.eatatfig.com, ma.-do. 17-22.30, vr.-za. 17-23 uur. Smaakvolle keuken met goede ingrediënten en een ontspannen, openhartige sfeer – ziedaar het geheim van het succes! En de gerechten zijn allemaal ook nog eens heerlijk. Hoofdgerecht vanaf $ 30.
Zeevruchten – **Hyman's Seafood Co. 2 :** 215 Meeting St., tel. 843 723 6000, www.hymanseafood.com. Hyman's is al meer dan een eeuw op hetzelfde adres gevestigd. Het moet dus wel goed zijn. Gerecht $ 10-40.
Met fantasie bereid – **Slightly North of Broad (S.N.O.B.) 3 :** 192 E Bay St., tel. 843 723 3424, www.snobcharleston.com, ma.-vr. 11.30-14.30, dag. vanaf 17, brunch za. 11.30-14.30, zo. 10.30-14 uur. Moderne, smakelijke Lowcountry-gerechten, bereid in de open showkeuken. Hoofdgerecht vanaf $ 16.

Barbecue – **Rodney Scott's BBQ 4:** 1011 King St., tel. 843 990 9535, www.rodneyscottsbbq.com, ma.-za. 11-21 uur. Hier legt men spareribs en kippenvlees op de barbecue. Daarbij krijg je heerlijke macaroni met kaassaus en ter afsluiting een lekkere bananenpudding. Gerecht $ 9-25.

Zeebanket – **The Ordinary 5:** 544 King St., tel. 843 414 7060, www.eattheordinary.com, di.-zo. 17-23 uur. In een voormalig bankgebouw serveert men nu vis en schelp- en schaaldieren uit de vangst van de dag. Alles wordt vers bereid en smaakt voortreffelijk. Gerecht $ 9-33.

Smakelijk – **Dixie Supply Bakery & Café 6:** 62 State St., tel. 843 722 5650, www.dixieca fecharleston.com, dag. 8-14.30, vr. 17-20.30 uur. Grits & Gravy, beignets, French toast en andere vullende ontbijtspecialiteiten. Lekkere salades, sandwiches en wraps bij de lunch. Gerecht $ 2-10.

... op Sullivan's Island, zo'n 16 km/10 mijl ten noordwesten van het centrum:

Gourmethamburgers – **Poe's Tavern 7:** 2210 Middle St., tel. 843 883 00 83, www.poestavern.com, dag. 11-24 uur. Genoemd naar de bekende schrijver. Op de kaart staan vooral creatieve hamburgers, zoals de pittige 'Starving Artist'. Ook de vistaco's en salades zijn aanraders. Gerecht vanaf $ 9.

Winkelen

Markt – **Old City Market 1:** Market St., www.thecharlestoncitymarket.com, dag. vanaf 9.30 uur. Groente en fruit, souvenirs, bloemen, handgevlochten Lowcountry-manden (duur) en nog veel meer op de twee eeuwen oude markt onder arcaden.

Kruiden en thee – **Spice & Tea Exchange 2:** 170-A Church St., tel. 843 965 8300, ma.-za. 10-19, zo. 11-17 uur. Ongewone kruidenmengsels en theesoorten afkomstig uit vele landen.

Kunstnijverheid – **Charleston Crafts 3:** 161 Church St., tel. 843 723 2938, www.charlestoncrafts.org, dag. 10-18 uur. Gezamenlijke verkoopexpositie van kunstenaars en ambachtslieden uit de Lowcountry. Van handgemaakte zeep tot keramiek en aquarellen wordt hier veel moois te koop aangeboden.

Outletshop – **Tanger Outlets 4:** 5840 Tanger Outlet Blvd., North Charleston, tel. 843 529 3095, www.tangeroutlets.com/charleston, ma.-za. 9-21, zo. 10-19 uur. Meer dan negentig zaken met aanbiedingen van bekende merken.

Uitgaan

Comedyclub – **Theater 99 1:** 280 Meeting St., tel. 843 853 6687, www.theatre99.com. Hier worden de bezoekers drie avonden per week aan het lachen gebracht. Drankjes kunnen aan tafel worden besteld.

Snacks en muziek – **Henry's House 2:** 54 N Market St., tel. 843 723 4363, www.henryshousecharleston.com. Lekkere snacks in het Cru Café; met een whiskeybar en livemuziek.

Volop bier – **Closed for Business 3:** 453 King St., tel. 843 853 8466, www.closed4business.co, dag. 11-24, vr.-za. tot 2 uur. 42 biersoorten op de tap, met daarbij als *barfood* broodjes, patat en koolsalade.

Voor champagnefans – **Peninsula Grill 4:** 112 N Market St., tel. 843 723 0700, www.peninsulagrill.com. Direct naast de Planters Inn ontmoeten liefhebbers elkaar bij een paar glazen champagne, die met kleine lekkernijen worden geserveerd.

Zuidelijke cocktails – **The Gin Joint 5, Rooftop Cocktail Bar 6, Charleston Grill 7, First Shot Lounge 8**. Zie Tip, blz. 245.

Actief

Tochten per koets – **Palmetto Carriage & Walking Tours 1:** 8 Guignard St., tel. 843 723 8145, www.palmettocarriage.com. Shuttle vanaf het Visitor Center. Tochten per koets door de binnenstad, beginpunt bij de grote rode schuur. Vanaf zo'n $ 16 per persoon.

Culinaire rondleiding – **Charleston Food Tours 2:** 18 Anson St., tel. 843 727 1100, www.culinarytoursofcharleston.com, dag. om 10 en 14 uur. Te voet in 2,5 uur de gastronomische geheimen van de stad ontdekken, met veel verhalen, winkels en restaurants. Alleen na aanmelding, $ 65.

Golf – **Charleston & Resort Islands Golf** 3**:** 423 King St., tel. 800 774 4444, www.charlestongolfguide.com. Hier krijg je ook een algemeen overzicht, kaart en boekingsmogelijkheden voor de twintig golfbanen in de nabije omgeving. Vanaf $ 35.

Evenementen

Lowcountry Oyster Festival: eind jan. Oesterfestival op het indrukwekkende terrein van de Boone Hall Plantation. Wedstrijden in oesters openen, muziek, bier uit de hele wereld en verrukkelijke oesters, 10-17 uur, www.charlestonrestaurantassociation.com.

Charleston Wine & Food Festival: begin mrt. De beste koks van de regio, wijnkenners en culinaire auteurs leveren overal in de stad bewijzen van hun kunnen, tel. 843 727 9998, www.charlestonwineandfood.com.

Spoleto Festival: eind mei tot begin juni. Tel. 843 579 3100, www.spoletousa.org. Cultureel evenement van twee weken met hoogwaardige optredens in de hele stad. De uitvoeringen en concerten worden als pendant van het 'Festival dei Due Mondi' in het Umbrische Spoleto gezien.

Piccolo Spoleto Festival: van half mei tot begin juni. Het kleine broertje van het grote festival geeft regionale talenten in alle genres een podium met om en nabij driehonderd voorstellingen. Tel. 866 811 4111, www.piccolospoleto.com.

Vervoer

Trein: Amtrak, 4565 Gaynor Ave., North Charleston, tel. 800 872 7245. Charleston ligt op de route van de *Palmetto* tussen New York en Savannah en op de route van de *Silver Meteor* tussen New York en Orlando/Miami.

Bus: Greyhound, 3610 Dorchester Rd., tel. 843 744 4247.

Vervoer in de stad

De **Downtown Trolley** rijdt langs verschillende routes door het centrum en kan gratis worden gebruikt. De **bussen van CARTA** doen ook de buitenwijken, de stranden en de luchthaven aan, www.ridecarta.com. De **watertaxi**, tel. 843 330 2989, www.charleston watertaxi.com, vervoert passagiers vanaf steigers in Downtown over de baai naar Mount Pleasant en de Yorktown.

Tip

DE COCKTAILS VAN DE ZUIDELIJKE STATEN

Met een Planters Punch, een cocktail met rum, suiker en citroensap, brachten de plantage-eigenaars van South Carolina in het legendarische Mills House Hotel al een toost uit op de afscheiding van de Unie in 1861, en lange tijd waren films over de zuidelijke staten ondenkbaar als er geen Planters Punch of Mint Julep met muntsiroop, whiskey en ijs werden geserveerd. De Unie bleef bestaan, maar ook de recepten voor de zuidelijke cocktails. In enkele bars worden bijzonder goede cocktails gemixt.

The Gin Joint 5**:** 182 E Bay St., tel. 843 577 6111, www.theginjoint.com, ma.-do. 17-24, vr. 15-2, za. 15-24, zo. 17-24 uur. Traditierijke bar, cocktails met drie soorten ijs; de beste Mint Julep van de stad.

Rooftop Cocktail Bar 6**:** 19 Vendue Range St., in de Vendue Inn, tel. 843 577 7970, www.vendueinn.com, dag. 11.30-24 uur. Uitstekende Mint Julep en andere cocktails, geweldig uitzicht.

Charleston Grill 7**:** 224 King St., tel. 843 577 4522, www.charlestongrill.com. Deze prachtige loungebar in het Charleston Place Hotel biedt het allerbeste, ook exquise Mint Julep en Planters Punch.

First Shot Lounge 8**:** 115 Meeting St., tel. 843 577 2400, www.millshouse.com. Hier werd het eerste schot van de Burgeroorlog afgevuurd. Tegenwoordig serveert men er Mint Julep en andere lekkere drankjes.

De zoutmoerassen en eilanden tussen Charleston en Georgia

'Lowcountry' is de naam van de regio tussen Charleston en de Savannah River, met zoutmoerassen en hoog rietgras, waartussen donkere rivieren naar de zee stromen, en met reigers die in het ondiepe water op hun prooi wachten. Hier en daar is een aanlegplaats voor garnalenvissers te zien. De brede zandstranden op de eilanden voor de kust zijn populair bij vakantiegangers en dagjesmensen.

Kiawah Island ▶ 2, J 7

Een eiland met een resort – zo eenvoudig is het soms. De gasten verblijven in het luxueuze **The Sanctuary Resort & Spa** of in een van de vele villa's die op het eiland worden verhuurd. Er bestaat ook geen gebrek aan uitstekende restaurants, net zo min als aan mogelijkheden om de aangekweekte pondjes op jogging- of fietspaden weer weg te trainen. Er zijn hier prachtige, eenzame zandstranden te vinden en verschillende golfbanen, waaronder de spectaculaire Ocean Course direct aan de Atlantische Oceaan. Tot rond 1600 leefden hier de Kiawah-indianen. Maar besmettelijke ziekten hielden huis onder wie nog niet tot slaaf was gemaakt. Later was het aantrekkelijke eiland ruim twee eeuwen het eigendom van nazaten van Arnoldus Vanderhorst, een held uit de Onafhankelijkheidsoorlog.

Accommodatie

Luxueus – **The Sanctuary at Kiawah Island Golf Resort:** 1 Sanctuary Beach Dr., tel. 843 768 6000, www.kiawahresort.com. Complex aan zee met 255 kamers en suites. Verschillende zwembaden, twee restaurants, wifi, fietsverhuur, golfschool en vijf fairways, wellness- en beautyvoorzieningen. 2 pk vanaf $ 540.

Eten en drinken

Voor fijnproevers – **Ocean Room:** in The Sanctuary (zie hiervoor, dag. 17.30-22 uur), di.-za. 18-22 uur. Het spectaculaire uitzicht op de Atlantische Oceaan en de Ocean Drivegolfbaan wedijvert met de creaties van de chef-kok in de keuken. Daaronder zijn sublieme steaks van Koberund, maar ook antilopevlees en zwarte tandbaars. Gerecht $ 30-170.

Actief

Golfen – Kiawah is meermalen bekroond als beste golfresort van de VS. Het eiland telt verschillende golfbanen – Ocean Course, Turtle Point, Osprey Point, Cougar Point en Oak Point – en het uitstekende Tommy Cuthbert Learning Center. The Sanctury (zie Accommodatie, linkerkolom) biedt golfarrangementen. Vanaf $ 417 per persoon in een 2 pk, met een overnachting.

Naar de Charleston Tea Plantation ▶ 2, J 7

Angel Oak

3688 Angel Oak Rd., Johns Island, ma.-za. 9-17, zo. 13-17 uur, gratis

Op weg van Charleston naar de 32 km/ 20 mijl verderop gelegen theeplantage loont halverwege een korte stop bij de **Angel Oak**.

De zoutmoerassen van de kustregio hebben een heel eigen charme

De smalle, onverharde weg naar de imposante, decoratieve boom takt bij de St. Johns Anglican Church naar links af van de SR 700. De eik is in acht eeuwen zo groot geworden dat de onderste takken in een brede boog de grond weer hebben bereikt.

Charleston Tea Plantation

6617 Maybank Hwy., Wadlamaw Island, tel. 843 559 0383, www.charlestonteaplantation.com, ma.-za. 10-16, zo. 12-16 uur, Trolley Tour volwassene $ 12, tot 12 jaar $ 6

William Barclay Hall, professioneel theeproever, en Mack Fleming, een vroegere researchdirecteur van Lipton, laten op hun ruim 50 ha grote **Charleston Tea Plantation**, niet ver van Charleston, tussen mei en oktober de bladeren van de toppen van de theestruiken plukken en verwerken tot hun krachtige *American classic tea*, die in ruim tweeduizend supermarkten in de VS verkocht wordt. Het klimaat in de kustregio van South Carolina is ideaal. Hoge, 's zomers zeer hoge temperaturen en veel zon zijn gunstig voor de groei van de theestruiken; de hoge luchtvochtigheid bevordert de kwaliteit van de oogst. Het is geen wonder dat alle vier pogingen om in de VS op commerciële basis thee te verbouwen in South Carolina zijn ondernomen.

Bezoekers kunnen de eindeloos lijkende rijen theestruiken in het kader van een rondleiding over de velden bezichtigen en krijgen daarna op een aansluitende Factory Tour te horen wat er allemaal moet gebeuren voor een vers geplukt blad een dampende kop geurige thee is geworden.

Beaufort ▸ 2, H 8

De grootste stad (bijna 13.500 inwoners) van de Lowcountry, met een diepwaterhaven, ligt op het eiland Port Royal, vlak bij de eilanden in de Saint Helena Sound. Klassieke planterswoningen met schommelstoelen op de veranda en door oude eikenbomen omzoomde straten brengen niet alleen bezoekers aan het dromen. Ook in Hollywoodfilms, zoals

Forrest Gump en *The Great Santini*, wordt de stad als achtergrond gebruikt.

Het vochtigwarme zomerklimaat, de miljoenen muskieten en de krijgshaftige Yamassee-indianen hielden de Spanjaarden en Fransen er lange tijd vanaf om hier een permanent steunpunt te vestigen. Pas de Engelsen slaagden er in de 18e eeuw in hun kolonie met de verbouw van rijst, indigo en later ook katoen een stabiele economische grondslag te geven. De in *Greek revival*-stijl en *federal style* opgetrokken stadsvilla's, vooral die aan Bay Street, bieden een schitterend uitzicht over de Beaufort River.

Penn Community Center

Lands End Rd., St. Helena Island, tel. 843 838 2432, www.penncenter.com, ma.-za. 9-16 uur

Het **Penn Community Center** aan Lands End Road, op het voor de kust gelegen, via een brug bereikbare eiland St. Helena, werd in 1862 door quakers uit Philadelphia gesticht voor bevrijde slaven. Het centrum met bijbehorend museum is het doel van veel schoolreisjes. Het is gewijd aan de geschiedenis van de *African Americans* op de Sea Islands en hun 'Gullah'-cultuur, ontstaan na hun vrijlating na de Burgeroorlog, waarin veel Afrikaanse elementen zijn bewaard.

Informatie

Beaufort Visitors & Convention Bureau: 713 Craven St., tel. 843 525 8500, www.beaufortsc.org, ma.-za. 9-17 12 uur. Het Visitors Bureau is ondergebracht in het gereconstrueerde Arsenal uit 1798, waar ooit het garnizoen was gehuisvest.

Accommodatie

Filmster – **Rhett House Inn:** 1009 Craven St., tel. 843 524 9030, www.rhetthouseinn.com. Luisterrijk hotel uit de tijd van voor de Burgeroorlog, aan de baai. De veranda vormt een ideale ambiance voor een *afternoon tea* of hors d'œuvres met wijn en cocktails. De historische binnenstad en de kust liggen op loopafstand. Het hotel diende als locatie voor *Forrest Gump* en andere films. Overvloedig ontbijtbuffet in de stijl van de zuidelijke staten en gebruik van het zwembad van de nabijgelegen golfclub. 2 pk vanaf $ 210.

Victoriaans – **Beaufort Inn:** 809 Port Republic St., tel. 843 379 4667, www.beaufortinn.com. B&B in een stadsvilla met erkers en torentjes. Achtentwintig decoratief ingerichte kamers, sommige met hemelbed, schommelstoelen op de veranda, goed ontbijt, wifi, gratis parkeerplaats. 2 pk vanaf $ 200.

Eten en drinken

Van alles een beetje – **Emily's Restaurant & Tapas Bar:** 906 Port Republic St., tel. 843 522 1866, www.emilysrestaurant.com. In een ontspannen sfeer kun je hier naar hartenlust tapas uitproberen. Laat ruimte over voor de lekkere desserts. Gerecht $ 16-28.

Levendige bistro – **Plums:** 904 1/2 Bay St., tel. 843 525 1946, www.plumsrestaurant.com, lunch en diner. In dit restaurant met uitzicht op de Beaufort River staan diverse soepen, salades, sandwiches, verse vis, vleesgerechten en pasta op de kaart. Het zelfgemaakte ijs is een aanrader. Wanneer de tafels zijn afgeruimd, verandert het restaurant op veel avonden in een populaire dansbar met livemuziek. Gerecht $ 8-24.

... Op St. Helena Island, 14,5 km/9 mijl ten zuidoosten van Beaufort:

Rustiek – **Shrimp Shack:** 1925 Sea Island Pkwy., tel. 843 838 2962, ma.-za. 11-14 uur. Verse vis en zeevruchten, smakelijk en goed. Je kunt alleen buiten eten. Gerecht $ 7-12.

Winkelen

Kunst – **Rhett Gallery:** 901 Bay St., tel. 843 524 3339, www.rhettgallery.com. Schilderijen, beelden en houtsnijwerk van de kunstenaarsfamilie Rhett. Ook reproducties van gravures van James Audubon, met planten en dieren uit de zuidelijke staten.

Actief

... Op St. Helena Island, 14,5 km/9 mijl ten zuidoosten van Beaufort:

Naar het verleden – **Gullah-N-Gee-chie Mahn Tours:** P.O. Box 1248, tel. 843 838 7516, www.gullahngeechietours.net. Uitstapje naar

het koloniale verleden en de 'Gullah'-cultuur op de Sea Islands. Tocht volwassene vanaf $ 23, tot 12 jaar $ 15.
Fietsverhuur – **SlowCountry Rentals:** 1632A Paris Ave., Port Royal, tel. 843 522 3959. Winkel en fietsverhuur, niet ver van de stad.
Koetstochten – **Southurn Rose Buggy Tours:** 1002 Bay St., tel. 843 524 2900, www.southurnrose.com, ma.-za. 10-17, zo. vanaf 12 uur. Tocht per koets door de historische binnenstad, langs villa's en filmlocaties. Volwassene $ 23 per uur, 4-12 jaar $ 10.
Kajaktochten – **Beaufort Kayak Tours:** tel. 843 525 0810, https://beaufortkayaktours.com. Diverse tochten met gids door de moerassige kustwateren, langs historische villa's of naar de kust van Hunting Island. Tocht van een halve dag volwassene vanaf $ 50, kind $ 35.

Hunting Island ▶ 2, H 8

Een 25 km/ruim 15 mijl lange zijweg voert van Beaufort in oostelijke richting naar de Atlantische Oceaan. In de donkere waterlopen liggen viskotters, die boven het hoge rietgras uitsteken. Hunting Island, voor de kust, is viia een brug bereikbaar. Het eiland wordt grotendeels door een State Park in beslag genomen, waarin ook een camping met staanplaatsen voor campers en tenten ligt. Een gemengd bos van eiken en palmetto's wordt door duinen en een heerlijk, 5 km lang zandstrand afgegrensd van de oceaan. Een *fishing pier* strekt zich over 400 m uit in de Atlantische Oceaan. Vooral in het zuiden van het eenzame eiland belagen wind en golven de kust en ondermijnen zware brekers het wortelstelsel van machtige palmen, waardoor die omvallen. Het halfcirkelvormige strand van een naburige lagune is bezaaid met kreeftjes, die zich bij het gewaarworden van de voetstappen van naderende wandelaars in gangetjes in het zand terugtrekken.

Op Hunting Island en veel andere plaatsen aan de lange kust van de zuidelijke staten wekt de natuur zelfs in de nabijheid van steden en door schepen bevaren waterlopen de indruk dat menselijke activiteiten er onbekend zijn. De idylle wordt bij vochtigwarm weer alleen door hongerige muskieten verstoord.

Hunting Island Lighthouse

Mrt.-okt. dag. 10-16.45, nov.-feb. tot 15.45 uur, $ 2
Een wenteltrap voert naar het uitkijkplatform van de in 1859 gebouwde vuurtoren, waar zich een prachtig uitzicht over het kustlandschap ontvouwt.

Informatie

Hunting Island State Park: 2555 Sea Island Pkwy., tel. 843 838 2011, www.huntingisland.com, volwassene $ 5, 6-15 jaar $ 3, Visitor Center, ma.-vr. 9-17, za.-zo. 11-17 uur, park dag. 6 uur tot zonsondergang.

Actief

Rondleiding – **Hunting Island Nature Center:** aan de pier, tel. 843 838 7437, di.-za 9-17 uur, rondleiding mrt.-nov.

Hilton Head Island

▶ 2, H 8

Dit eiland met zijn ruim 40.000 inwoners, dat al in 1663 door de Engelse kapitein William Hilton als idylle werd geprezen, is een van de bekendste badplaatsen van South Carolina. Dit grootste van de eilanden voor de Atlantische kust tussen New Jersey en Florida is 20 km lang en maximaal 8 km breed. De elegante vakantieappartementen en resorthotels, de uitgestrekte beschermde natuurgebieden, de brede, eindeloze zandstranden, waarvan er veel openbaar toegankelijk zijn, en de negen jachthavens met deels luxe recreatieboten en een schilderachtige vuurtoren trekken vooral toeristen aan die niet elke vakantiedollar tweemaal hoeven om te draaien. Wie voor sportieve activiteiten komt, kan zich uitleven op de driehonderd tennisbanen en twintig golfterreinen op het eiland. Er worden paarden verhuurd voor ritten over

Op Hilton Head Island heerst een echte vakantiesfeer

het strand of door de bossen. Het is ook mogelijk om een mountainbike te huren en het eiland over een 160 km lang fietspadennet te verkennen. De resten van een wal van mosselschelpen in de buurt van de zuidpunt laten zien dat er zo'n 3500 jaar geleden een indiaanse nederzetting lag.

Coastal Discovery Museum

100 William Hilton Pkwy., tel. 843 689 6767, www.coastaldiscovery.org, ma.-za. 9-16.30, zo. 11-15 uur

Het **Coastal Discovery Museum** belicht met vondsten en interactieve displays op aanschouwelijke wijze de geschiedenis van het eiland en biedt natuur- en cultuurhistorische tochten aan, ook per kajak.

Informatie

Hilton Head Island Visitors & Convention Bureau: 1 Chamber of Commerce Dr. en 100 William Hilton Pkwy., tel. 843 785 3673, www.hiltonheadisland.org, ma.-vr. 8.30-17.30 uur.

Accommodatie

Aan het strand – **Omni Hilton Head Oceanfront Resort:** 23 Ocean Ln., tel. 843 842 8000, www.omnihotels.com. Uitgestrekt strandhotel met keurige kamers, goede restaurants, zwembaden, basketbalfaciliteiten, tennisbanen en golfbanen. 2 pk vanaf $ 280.

Met tennis en golf – **Sonesta Resort:** 130 Shipyard Dr., tel. 843 842 2400, www.sonesta.com/hiltonheadisland. Ruim opgezet zwembadlandschap met veel groen en bomen, internet, elf tennisbanen, golfterrein met alles bij elkaar 27 holes, fietsverhuur. 2 pk vanaf $ 240.

Midddenklasse – **Hampton Inn Hilton Head:** 1 Dillon Rd., Hilton Head Island, tel. 843 681 7900, www.hamptoninn3.hilton.com. Keurig hotel, niet ver van de kust en op loopafstand van strand, winkels, restaurants en de golfbaan. 2 pk vanaf $ 130.

Eten en drinken

Bijna alleen vis – **Charlie's l'Étoile Verte:** 8 New Orleans Rd., tel. 843 785 9277, www.charliesgreenstar.com, ma.-vr. 11.30-14, ma.-za. vanaf 17.30 uur. Op de kaart staan negen visgerechten, lamscarré, haasbiefstuk en andere heerlijkheden. Uitstekende wijnkaart met het accent op wijnen uit Californië, Oregon, het Rhônedal en de Bordeauxregio. Hoofdgerecht $ 26-46.

Italiaans – **Flora's Italian Cafe:** 841 William Hilton Pkwy., tel. 843 842 8200, www.florasitaliancafe.com. De Roemeense immigranten Branco en Flora serveren uitstekend bereide Italiaanse gerechten en heerlijke desserts. Hoofdgerecht $ 20-26.

Groot terras – **Black Marlin:** 86 Helmsman Way, Suite 103, tel. 843 785 4950, www.blackmarlinhhi.com, ma.-do. 11-22, vr. 16-22, za.-zo. 10-22 uur, di. Fat Tuesday. Mooie ligging aan de baai. Veel zeevruchten en goede steaks, en in de Hurricane Bar cocktails en wijn. Hoofdgerecht 's avonds vanaf $ 16.

Vis en nog veel meer – **The Crazy Crab:** Jarvis Creek, 104 William Hilton Pkwy., tel. 843 681 5021, www.thecrazycrab.com, lunch en diner. Groot restaurant met een uitgestrekt terras en uitzicht op de zoutmoerassen. Hoofdgerecht vanaf $ 15.

Levendig – **Skull Creek Boathouse:** 397 Squire Pope Rd., tel. 843 681 3663, www.skullcreekboathouse.com, dag. 11-22, vr.-za. tot 23 uur. Zeer populair visrestaurant, direct aan de Town Marina. Meestal vol, zodat de bezoekers moeten wachten, wat echter dankzij de omvangrijke wijn- en cocktailkaart niemand lijkt te hinderen. Gerecht $ 8-35.

Ontbijt – **Signe's Heaven Bound Bakery and Café:** 93 Arrow Rd., tel. 843 785 9118, www.signesbakery.com, ma.-vr. 8-16, za. 9-14 uur. Lekker gebak en vers gezette koffie. Al meer dan veertig jaar populair. Prijzen vanaf $ 3.

Winkelen

Outletshops – **Tanger Outlets:** 1414 Fording Island Rd., Bluffton, tel. 843 837 5410, www.tangeroutlet.com/hiltonhead. In meer dan vijftig zaken worden merkartikelen met grote korting verkocht.

Uitgaan

Stille Zuidzee aan de Oostkust – **Big Bamboo:** 2101 N Forest Beach Dr., tel. 843 686 3443, www.bigbamboocafe.com. Op Coligny Plaza in het zuidelijke deel van het eiland komt de stemming er opperbest in, vooral als er Pacifische klanken opstijgen.

Livemuziek – **Jazz Corner:** 1000 William Hilton Pkwy., tel. 843 842 8620, www.thejazzcorner.com. Dag. tot 23 uur fijne jazz en kleine gerechten.

Actief

Dolfijnen kijken – **Commander Zodiac:** 232 S Sea Pines Dr., tel. 843 671 3344, www.commanderzodiac.com. In de South Beach Marina bij het Sea Pines Resort, in het zuiden van het eiland, beginnen boottochten van één tot twee uur naar de Calibogue Sound en door de zoutmoerassen. Naast watervogels zijn er enkele speelse dolfijnen te zien. Tocht volwassene $ 33, kind $ 23.

Watersporten – **H_2O Sports:** 149 Lighthouse Rd. (Harbour Town Marina), tel. 843 671 4386, www.h2osports.com. H_2O biedt naast peddelsurfen ook parasailing, waverunning, waterskiën en zeilen. Tevens verhuur van kajaks en powerboats. In het zomerseizoen dag. vanaf 10 uur en op aanvraag, met verhuur van boards. Zie de website voor de prijzen per product en per seizoen.

Evenementen

Spring Fest: eind mrt. Het seizoen wordt geopend met concerten, sportwedstrijden, exposities en culinaire lekkernijen.

Columbia ▶ 2, H 5

Deze moderne stad met bijna 135.000 inwoners, gelegen waar de Broad en Saluda River samenvloeien tot de Congaree River, dankt zijn bestaan aan een compromis tussen de boeren van de Piedmont en de plantage-eigenaars van de kust, die het eens werden over een hoofdstad voor South Carolina.

Pas in 1907, na een bouwtijd van vijftig jaar, was het uit blauwachtig graniet opgetrokken, van een koepel voorziene **South Carolina State House** voltooid. In de regeringswijk zijn de meeste diensten van de staat South Carolina ondergebracht. Bovendien vind je er een stuk of twintig monumenten, waaronder beelden van George Washington, Wade Hampton, een generaal uit de Burgeroorlog, en de conservatieve senator James Strom Thurmond.

Robert Mills District

Historic Columbia Foundation, 1601 Richland St., tel. 803 252 7742, www.historiccolumbia.org, volwassene vanaf $ 8, tot 12 jaar $ 5

De historische gebouwen in het Robert Mills District zijn te verkennen met een brochure, maar je kunt je ook aansluiten bij een rondleiding van de Historic Columbia Foundation.

Hampton-Preston Mansion

1615 Blanding St., tel. 803 252 7742, rondleiding elk uur di.-za. 10-15, zo. 13-16 uur, volwassene $ 8, tot 12 jaar $ 5

Het ruim opgezette plantershuis van de legendarische cavaleriegeneraal van de Geconfedereerden, Wade Hampton III, werd opnieuw opgebouwd na door soldaten van Uniegeneraal Sherman verwoest te zijn. Het **Hampton-Preston Mansion**, dat met historische meubels is ingericht, kan met het bijbehorende park worden bezichtigd.

Andere historische huizen

Zie voor informatie bij Robert Mills District, twee huizen $ 15/$ 9 (combikaartje met Hampton-Preston Mansion)

Te bezichtigen zijn ook het gerestaureerde, representatieve **Robert Mills House** uit 1823 (1616 Blanding St.), dat is ingericht in de stijl van begin 19e eeuw en over een souterrain met een compleet uitgeruste keuken en voorraadkamers beschikt, en het **Mann-Simons Cottage**, dat in 1850 toebehoorde aan de vrijgelaten zwarte slavin Celia Mann (1403 Richland St.). In de **Woodrow Wilson Family Home** (1705 Hampton St.) uit omstreeks 1870 woonde de 28e president van de VS als veertienjarige met zijn familie.

South Carolina State Museum

301 Gervais St., tel. 803 898 4921, www.scmuseum.org, ma., wo.-vr. 10-17, di. 10-20, za. 10-18, zo. 12-17 uur, volwassene $ 9, tot 12 jaar $ 7

Het **South Carolina State Museum**, in een textielfabriek uit rond 1900, is gewijd aan de geschiedenis en natuurlijke historie van de regio, waarin 12.000 jaar geleden nog mastodonten (Amerikaanse mammoeten) leefden. Aan de hand van tal van voorwerpen wordt de politieke, culturele en economische ontwikkeling van de staat in beeld gebracht.

Informatie

Columbia Metropolitan Visitors Center: 1101 Lincoln St., tel. 803 545 0002, www.columbiacvb.com, ma.-vr. 8.30-17 uur.

Accommodatie

Centraal en comfortabel – **Hilton Columbia Center:** 924 Senate St., tel. 803 744 7800, www.hiltoncolumbia.com. Gelegen in Downtown, niet ver van de regeringswijk en de restaurants rond Lincoln Street. Fitnessruimte, zwembad, wifi. 2 pk vanaf $ 200.

Boetiekhotel – **Inn at USC Wyndham Garden:** 1619 Pendleton St., tel. 803 779 7779, www.innatusc.com. Verbouwd herenhuis nabij de universiteit met een mix van art déco, gothic revival en georgian. Ruime, comfortabele kamers met koelkast en magnetron. 2 pk met ontbijt vanaf $ 120.

Actief

MET DE KAJAK OVER DE CONGAREE RIVER

Informatie

Begin: State Street, dicht bij Adventure Carolina in Columbia, zie blz. 256
Lengte: circa 5 km/3 mijl
Duur: 2-4 uur
Moeilijkheidsgraad: licht tot matig
Belangrijk: wie deze tocht of een andere op de Congaree River of in het aangrenzende Congaree N.P. op eigen gelegenheid wil ondernemen, kan bij Adventure Carolina of bij River Runner Outdoor Center de nodige uitrusting huren (zie blz. 256). Met begeleiding kost de kajaktocht zo'n $ 30 per persoon. Neem een zonnebrandmiddel, bescherming tegen insecten, water en broodjes mee en trek stevige schoenen aan.

De rivieren **Saluda** en **Broad** vloeien bij Columbia samen tot de **Congaree River**. Hier begint een circa 5 km/3 mijl lange kajaktocht over de bochtige rivier. Niet ver van de outfitter Adventure Carolina ga je het water in; de skyline van Columbia is nog te zien. De rivier wordt hier al op beide oevers door groen ingesloten. Er wordt ook met kano's gevaren, het water is voor beide boottypen geschikt. De rustige rivier laat zich ook door beginnelingen goed bevaren. Het grootste probleem bestaat erin dat je soms op een ondiepte vastloopt. Dan moet je de rivier in om de boot los te trekken van de zandbank.
Al snel bereik je een brug, waar het verkeer van de Interstate 77 overheen raast. Daarna begint de rivier door het groene landschap te kronkelen. Hoe verder je van de stad vandaan bent, hoe meer dieren er te ontdekken vallen. **Waterschildpadden** liggen op een boomstam in het water een zonnebad te nemen, reigers vliegen op, omdat ze zich bij het foerageren gestoord voelen, vissen schieten weg bij het naderen van de boten.
Na korte tijd ligt het **Congaree National Park** op de linkeroever. Je vaart hier langs een vochtige jungle, met *tupelo trees (Nyssa sylvatica)* en oude cipressen, die uit het water oprijzen. Spaans mos hangt decoratief aan de takken. Je maakt dan een klein uitstapje door het nationaal park. Al slalommend vaar je tussen de machtige cipressen door, geleid door opvallende markeringen op de bomen. Bij de brug waar Highway US 601 de rivier kruist, is de trip afgelopen; het transportvoertuig staat te wachten.

Camping – **Sesquicentennial S.P.:** 9564 Two Notch Rd., tel. 803 788 2706, www.southcarolinaparks.com. In de jaren 30 ingesteld State Park aan de noordoostrand van de stad, met een meer en bossen. Kano- en kajakverhuur, wandelpaden, sport, aanbod van diverse activiteiten. Staanplaatsen voor tenten en campers vanaf $ 20.

Eten en drinken

Lichte Southern Cuisine – **Mr. Friendly's New Southern Café:** 2001-A Greene St., tel. 803 254 7828, www.mrfriendlys.com, ma.-vr. 11.30-14.30, ma.-za. vanaf 17.30 uur. Lichte gerechten, goede wijnen. Gerecht $ 12-29.
Bistrogerechten – **Hampton Street Vineyard:** 1201 Hampton St., tel. 803 252 0850,

Katoen – het witte goud

'Cotton is king' luidde halverwege de 19e eeuw steevast het antwoord, als gevraagd werd naar het belangrijkste product van het Zuiden van de Verenigde Staten. Wie aan het eind van de zomer langs de stoffige landwegen reed, kon de rijkdom vastgrijpen: eindeloze katoenvelden.

Op de plantages werden de van het zaad gescheiden katoenvezels tot balen samengeperst; hier lag het 'witte goud' opgeslagen tot het naar de havens werd vervoerd om in New England of Groot-Brittannië verder verwerkt te worden. In het begin van de jaren 60 van de 19e eeuw had katoen alle andere Amerikaanse producten in betekenis overvleugeld: zo'n 60 % van de totale export van de VS bestond uit katoen.

In het voorjaar wordt de bodem omgeploegd en worden er voren getrokken waar de zaden met een zaaimachine worden ingestoken. Eind juli zijn de velden al bedekt met donkergroene planten, die roomgele bloemen dragen. Die verkleuren tot ze donkerroze zijn, waarna de bloemblaadjes afvallen en een stevig omhulde, groene vrucht zichtbaar wordt. Zo beschermd groeien de katoenvezels tot ze in de herfst uit het te nauw geworden omhulsel barsten. Dan begint de oogst van de witte balletjes. Na van het zaad ontdaan te zijn, kunnen de katoenvezels voor de vervaardiging van garens en stoffen dienen.

Tot het eind van de 18e eeuw was tabak nog het belangrijkste exportproduct van de VS. In die tijd katoen teelde men alleen de langvezelige Sea Island Cotton *(Gossypium barbadense)*, een katoenplant die in de zoutmoerassen van de zuidelijke Atlantische kust groeide en waarvan de vezels gemakkelijk met de hand uit de zaden konden worden getrokken. Maar in 1793 maakte een uitvinding van Eli Whitney de machinale verwerking mogelijk van de kortere vezels van een katoensoort die in het binnenland gedijde. Voor het handmatig uitpluizen van een pond Uplandkatoen was er tot dan toe een dag nodig geweest, maar de *cotton gin*, aangedreven door een stoommachine, produceerde 450 kg per dag. Voor de spinnerijen en weverijen in Europa, met hun enorme behoefte aan wol en katoen voor de vervaardiging van kleding, was een belangrijke bottleneck overwonnen. Op de velden van de zuidelijke staten werd steeds meer katoen verbouwd, die met treinen en stoomschepen doorlopend van de plantages naar de plaats van verwerking werd vervoerd. De productie explodeerde in de eerste helft van de 19e eeuw van vierduizend balen katoen tot 4 miljoen in 1860.

In dezelfde tijd groeide het aantal arbeidsslaven van ongeveer 800 duizend tot meer dan 4 miljoen. De plantage-eigenaars in het zuiden, wier fabelachtige winsten uit de katoenproductie op slavenarbeid berustten, streefden ernaar in nog meer gebieden die voor de verbouw van katoen geschikt waren het systeem van de slavenarbeid in te voeren, om zo aan de groeiende vraag te kunnen voldoen.

De terugslag waarmee de katoenproducenten zich na de nederlaag van het Zuiden in de Burgeroorlog geconfronteerd zagen, was maar tijdelijk. Na de afschaffing van de slavernij vonden de grootgrondbezitters nieuwe manieren om de bezitloze zwarte oogstarbeiders voor een hongerloon aan zich te binden. Bij de zwarten voegden zich verarmde witten, die als pachter of dagloner op de rand van het bestaansminimum leefden.

De katoenteelt heeft in de zuidelijke staten aan betekenis verloren

Ondersteund door de toenemende mechanisering van het arbeidsproces steeg de productie van katoen tot een recordoogst van 18 miljoen balen in het midden van de jaren 20. Maar de Grote Depressie en de aanhoudende aantasting van de planten door de katoensnuitkever, een plaaginsect dat de groei van de witte vezelkluwens verhindert, hadden de drastische teruggang van het areaal en de katoenproductie tot gevolg. Omdat de bodem door het eenzijdige gebruik was uitgeput en erodeerde, gingen steeds meer boeren ertoe over andere planten te verbouwen, zoals pecannoten, pinda's, sojabonen en mais.

Na de Tweede Wereldoorlog begon een nieuwe golf van rationalisering, waarbij machines de oogstarbeiders vervingen en de oogsttijd van vijf maanden naar zes weken terugbrachten. De voor een economisch verantwoorde exploitatie noodzakelijke hoge investeringen eisten onder de kleine en middelgrote boeren talrijke slachtoffers. Van de 2,1 miljoen boerderijen in 1950 zijn er tegenwoordig nog niet eens 20 duizend overgebleven.

De *cotton fields* als symbool van de zuidelijke staten zijn tegenwoordig ondanks hun nog altijd grote oppervlakte vooral iets uit het verleden. Terwijl in 1860 nog twee derde van alle Amerikaanse katoen op velden ten oosten van de Mississippi werd geproduceerd, is het aandeel inmiddels tot minder dan de helft geslonken, ten gunste van gebieden ten westen van de grote rivier.

De verbouw van sojabonen geldt tegenwoordig als belangrijkste bedrijfstak in de economie van het Zuiden. De katoenproductie heeft zich op ongeveer 10 miljoen balen gestabiliseerd. Het teeltgebied loopt in de VS van North en South Carolina in het oosten tot aan de Californische Grote Oceaankust, met een zwaartepunt in Texas.

www.hamptonstreetvineyard.com, ma.-vr. 11.30-14, ma.-za. 18-22 uur, zo. gesloten. Goede wijnen bij klassieke bistrogerechten. De confit de canard, lamsrug en gebakken wilde zalm zijn subliem. Gerecht $ 12-33.
Lowcountry Cooking – **Blue Marlin:** 1200 Lincoln St., tel. 803 799 3838, www.bluemarlincolumbia.com, ma.-vr. 11.30-14.30, 17-22, za. 11.30-23, zo. 11.30-21 uur. Populair restaurant. Shrimps & Grits en nog veel meer gerechten uit de Lowcountry van South Carolina. Gerecht $ 11-30.

Uitgaan

All that Jazz – **Chayz Lounge at Nonnah's:** 923 Gervais St., tel. 803 563 8375, www.chayzlounge.com, vr.-za. 18-23 uur. Livemuziek twee avonden in de week in het restaurant, meteen na het dessert.
Wijnbar – **Gervais & Vine:** 620 Gervais St., tel. 803 799 8463, www.gervine.com. Beste wijnbar van de stad; de tapas zijn ook niet te versmaden.

Actief

Watersporten – **Adventure Carolina:** 1107 State St., Cayce, tel 803 447 3327, https://dede.facebook.com/adventurecarolina. In de weekends vooral, bijvoorbeeld een begeleide kajaktocht op de Saluda River vanaf $ 30 per persoon. **River Runner Outdoor Center:** 905 Gervais St., tel. 803 771 0353, www.shopriverrunner.com, ma.-za. 10-18 uur, tocht op de Congaree River za.-zo. 14 uur, vanaf $ 32 per persoon, bootverhuur vanaf $ 40 voor de eerste dag, daarna goedkoper.

Evenementen

South Carolina State Fair: half okt. Twaalfdaagse presentatie van de staat op het beursterrein van Columbia met exposities over landbouw en techniek. Bovendien concerten, sportevenementen, eetkraampjes en andere attracties, www.scstatefair.org.

Vervoer

Trein: Amtrak, 850 Pulaski St., tel. 800 872 7245, www.amtrak.com. De *Silver Star* (New York-Tampa-Miami) stopt in Columbia.
Bus: Greyhound, 710-A Buckner Rd., tel. 803 569 6522, www.greyhound.com.
Lokaal vervoer: The Comet, www.catchthecomet.org. Een netwerk van zo'n dertig busroutes van de Central Midlands Regional Transit Authority verbindt het centrum van Columbia met de buitenwijken.

Omgeving van Columbia

Aiken ▶ 2, G 6

De paardenstad van South Carolina ligt zo'n 80 km/50 mijl ten zuidwesten van de hoofdstad, bijna op de grens met Georgia. Al meer dan een eeuw staan de paardenfokkerij en paardensport hier centraal. Aiken, een stad met om en nabij 31.000 inwoners, heeft zich ook tot een centrum van de polosport ontwikkeld. De stoeterijen, polovelden en het springparcours liggen achter goed onderhouden hekken. Paarden grazen op uitgestrekte weiden aan weerszijden van de weg. Ruiters hebben op de vele onverharde wegen voorrang op auto's, en het enorme, 1000 ha grote stadspark **Hitchcock Woods** wordt door intensief gebruikte ruiterpaden doorsneden.

Informatie

Aiken County Visitor Center: 133 Laurens St., tel. 803 642 7557, www.visitaikensc.com.

Evenementen

Aiken Spring Steeplechase: eind mrt. De Aiken Steeplechase Association organiseert al bijna vijftig jaar races met hindernissen, in het voorjaar de Imperial Cup en eind oktober de Holiday Cup, www.aikensteeplechase.com.

Camden ▶ 2, H 5

Ook Camden, bijna 50 km/30 mijl ten noordoosten van Columbia, is *horse country*. Ierse quakers stichtten de stad in het midden van de 18e eeuw. Een rustig, verzorgd plaatsje waar het goed wonen is, omringd door veel groen – dat wordt door de ruim 7000 inwoners zeer gewaardeerd. Tijdens de Onafhankelijkheidsoorlog vochten de Revolutionairen hier twee veldslagen uit met de Britten, die van Camden en die van Hobkirk's Hill. Daarna trokken ze zich terug, maar pas nadat ze het grootste deel van het stadje hadden platgebrand. De vele villa's die je nu ziet, stammen vooral uit de 19e eeuw.

De **Springdale Race Track** is de locatie van diverse belangrijke steeplechases. Veel stoeterijen zorgen ook voor paarden van particuliere eigenaars, die voor buitenritten of races naar Camden komen. In het **National Steeplechase Museum** aan de rand van het wedstrijdterrein wordt de geschiedenis van de rensport belicht. Shirts van jockeys en foto's van paarden sieren de muren (Knights Hill Rd., tel. 803 432 6513, www.steeplechasemuseum.org, sept.-mei wo.-za. 10-16 uur, juni-aug. beperkt, gratis).

Informatie

Kershaw County Chamber of Commerce: 607 S Broad Rd., tel. 803 432 2525, www.kershawcountychamber.org.

Accommodatie

Prachtig gerestaureerd – **Bloomsbury Inn:** 1707 Lyttleton St., tel. 803 432 5858, www.bloomsburyinn.com. B&B in een villa uit de tijd voor de Burgeroorlog. Uitstekend ontbijt; wijn, kaas en olijven met happy hour. Wifi is bij de prijs inbegrepen. 2 pk vanaf $ 210.

Eten en drinken

... in Rembert, 14,5 km/9 mijl ten zuiden van Camden:

Prima steaks – **Mill Pond Steak House:** 84 Boykin Mill Rd., tel. 803 425 8825, www.themillpondsteakhouse.com. Di.-za. 17-22 uur. Steaks en nog veel meer met uitzicht op de Mill Pond. Hoofdgerecht vanaf $ 26.

Evenementen

Springdale Race Course: de Carolina Cup in maart trekt vijftigduizend toeschouwers. In de herfst ontmoeten de beste springpaarden van het land elkaar bij de Colonial Cup (oftewel Fall Cup), www.carolina-cup.org.

Door de Upcountry

▶ 2, F–H 4

Kaart: blz. 259

Het verreweg grootste deel van de bezoekers van South Carolina vermaakt zich aan de Atlantische kust, tussen Myrtle Beach en Hilton Head Island. Maar de bossen en het boerenland van de Upcountry in de uitlopers van de Appalachen zijn beslist een lange omweg waard.

Greenville en omgeving

De omtrekken van de Blue Ridge Mountains in de verte zijn vanuit **Greenville** **1** goed te onderscheiden. Met een uur rijden zijn ook de mooiste plekjes in de natuur bereikt.

Tijdens de Burgeroorlog was Greenville een belangrijke garnizoensplaats en in zijn lazaretten lagen duizenden gewonde Confederatiesoldaten. De stad leidde lang een slapend bestaan, na de sluiting van de textiel- en graanfabrieken langs de snel door de stad stromende Reedy River. De ooit door de industrie gebruikte oever behoort inmiddels tot de sieraden van de aan parken toch al rijke stad met bijna 68.000 inwoners, die met een moderne gasturbinefabriek van General Electric weer een industriële basis heeft.

Groenvoorzieningen, wandel- en fietspaden, restaurants en cafés omzomen tegenwoordig de Reedy; wandelaars kunnen de rivier bij een grote bocht oversteken via een decoratieve **hangbrug** naar het **Falls Park on the Reedy**. Onder de brug stroomt het water van de Reedy River bruisend over rotsplateaus naar het dal. In het zomerseizoen spelen op woensdag en donderdag tegen het vallen van de avond muziekgroepen in het theater aan de rivier.

Museum and Library of Confederate History

15 Boyce Ave., tel. 864 421 9039, www.confederatemuseum.org, ma., wo. 10-15, vr. 13-21, za. 10-17, zo. 13-17 uur, gratis

In het **Museum and Library of Confederate History** zie je vlaggen, wapens, documenten, uniformen en maquettes van de veldslagen in de Burgeroorlog. Er is ook een Derringer te zien van het type waarmee Abraham Lincoln werd neergeschoten.

Informatie

Discover Upcountry Carolina Association: 500 E North St., Suite E, tel. 864 233 2690, www.theupcountry.com.
Greenville Convention & Visitors Bureau: 206 S Main St., City Hall, tel. 864 233 0461, www.greenvillecvb.com.

Accommodatie

Centraal – **Courtyard Greenville Downtown:** 50 W Broad St., tel. 864 451 5700, www.marriottcourtyardgreenville.com. Verzorgd hotel midden in het centrum, parkeergarage, restaurant, wifi. 2 pk vanaf $ 170.
Rustig – **Pettigru B&B:** 302 Pettigru St., tel. 864 242 4529, www.pettigruplace.com. Mooie kamers met open haard of whirlpool. Wifi, ook in de tuin, ontbijt, 's middags wijn en kaas. 2 pk vanaf $ 160.
Tussen vliegveld en winkelcentrum – **Clarion Inn & Suites:** 50 Orchard Park Dr., tel. 480 719 7966, www.choicehotels.com. Moderne herberg niet ver van de Haywood Mall, fitnessfaciliteiten, wifi, ontbijt. 2 pk vanaf $ 85.

Eten en drinken

Mediterraan – **The Lazy Goat:** 170 River Pl., tel. 864 679 5299, www.thelazygoat.com, vr.-zo. 11-15 en ma.-do. 17-22, vr.-za. 17-23, zo. 17-21 uur. Geïnspireerde gerechten met regionale ingrediënten, bereid naar mediterrane recepten; kleine porties. Goede wijn, uitzicht op de rivier. Eén portie $ 8-14.
Garnalen – **Joe's Crab Shack:** 102 E Beacon Dr., tel. 864 987 0009, www.joescrabshack.com, dag. 11-23 uur. Garnalen, mosselen en vis in vele variaties. Gerecht $ 12-37.

Uitgaan

Modern cultureel centrum – **Peace Center for the Performing Arts:** 300 S Main St., tel. 864 467 3000, www.peacecenter.org. Alles in één complex: symfonieorkest, ballet, koor, theater. Bovendien is er een klein openluchttheater aan de oever van de Reedy River.

Vervoer

Trein: Amtrak, 1120 W Washington St., tel. 800 872 7245, www.amtrak.com. De *Crescent* tussen New York en New Orleans stopt ook in Greenville.
Bus: Greyhound, 9 Hendrix Dr., tel. 864 235 4741.

Lake Keowee 2

Dit prachtige stuwmeer speelt een rol in de energieopwekking. Samen met het hogergelegen Lake Jocassee vormt het een zogeheten pompcentrale, waarin 's nachts opgepompt water overdag omlaagstroomt om piekbelastingen op te vangen.

Duke Power World of Energy

7812 Rochester Hwy., Seneca, tel. 864 873 4600, www.duke-energy.com/worldofenergy, ma.-vr. 9-17 uur, gratis

De **Duke Power World of Energy** op de oever van **Lake Keowee** toont op een uur rijden ten westen van Greenville, in het bezoekerscentrum van de kerncentrale Oconee, het onschadelijke gezicht van de kernenergie en belicht de techniek van de energiewinning uit water, steenkool en uranium.

Devils Fork State Park 3

161 Holcombe Circle, Salem, tel. 864 944 2639, www.southcarolinaparks.com

Het **Devils Fork State Park** op de zuidoever van Lake Jokassee ligt 24 km/15 mijl ten noorden van Lake Keowee. Er is een camping, waar ook blokhutten te huur zijn. Wandelaars vinden er vele kilometers aan gemarkeerde paden door de natuur; per boot zijn watervallen langs de meeroever bereikbaar.

Spartanburg 4

Deze stad in het zuiden van de Blue Ridge Mountains heeft een veelzijdige economi-

De Upcountry van South Carolina

sche basis. De textielindustrie is hier van oudsher sterk; verder zijn er fruitplantages met een van de grootste verpakkings- en verzendcentra voor perziken ter wereld, terwijl ook de auto-industrie hier van betekenis is.

BMW Museum

1400 Hwy. 101, tel. 888 868 7269, www.bmwusfactory.com/zentrum, rondleiding alleen vanaf 12 jaar, ma.-vr. 9.30-17.30 uur, volwassene $ 10, scholier en student $ 5

In **Spartanburg** is de enige BMW-fabriek in de VS gevestigd; hier worden de fourwheeldrivemodellen X3, X5 en X6 in aantallen tot 240 duizend stuks per jaar geproduceerd. Het BMW Museum belicht de geschiedenis van BMW en de gecompliceerde techniek van de modellen. Hier begint ook de rondleiding door de montagehallen.

Chapman Cultural Center

200 E St. John St., tel. 864 583 2776, www.chapmanculturalcenter.org, ma.-za. 10-17, zo. 13-17 uur, gratis

Het interessante **Chapman Cultural Center** verenigt heel wat onder één dak: een museum voor de regionale geschiedenis, een natuurwetenschappelijk museum, het kunstmuseum van de stad, een theater met vijfhonderd zitplaatsen en de Repertory Company, die opera's en operettes uitvoert.

Informatie

Spartanburg Convention & Visitors Bureau: 105 N Pine St., tel. 864 594 5000, www.visitspartanburg.com, ma.-do. 8-17, vr. 8-13.30 uur.

Eten en drinken

Weer eens wat anders – **Gerhard's Café:** 1200 E Main St., tel. 864 591 1920, www.gerhardscafe.net, ma.-do. 17.30-22 uur. In de keuken wordt prima gekookt naar klassieke recepten uit Duitsland en Oostenrijk. De wienerschnitzel en de lamsbout met paddenstoelensaus en *Spätzle* worden verrijkt met Italiaanse, Aziatische en Amerikaanse invloeden. Gerecht $ 19-29.

Actief

WILDWATERVAREN OP DE CHATTOOGA RIVER

Informatie

Begin: Whitewater Adventure Center, 1251 Academy Rd., Longcreek, 40 km/25 mijl ten westen van Seneca en Lake Keowee, tel. 864 647 9587, 866 319 8870, $ 50-130
Lengte: 16 km/10 mijl, 6,5 km/4 mijl op de rivier
Duur: 3-4 uur
Moeilijkheidsgraad: licht tot matig
Belangrijk: seizoen mrt.-okt., ook andere activiteiten als tokkelen (aan een kabelbaan omlaagsuizen) en wandelen zijn mogelijk, www.wildwaterrafting.com.

In de noordwestelijke punt van South Carolina, vlak bij de grens met Georgia, stroomt de **Chattooga River** zuidwaarts vanaf de **Whitesides Mountains** in North Carolina en buigt dan naar het zuidwesten af. Het wildste stuk is bekend geworden uit de film *Deliverance* (1972), met Burt Reynolds in de hoofdrol. Billy Redden, de legendarische banjospelende jongen uit de film, woont nog altijd in de buurt van de rivier. Direct achter het Adventure Center, waarin de uitrusting al klaar ligt en een instructie wordt gegeven, gaan de deelnemers op weg naar de rivier.
Afhankelijk van seizoen en hoeveelheid neerslag varieert de waterstand van de Chattooga River tussen 'hoog en wild' en 'laag en kalm'. In een oogwenk zijn de deelnemers aan boord gegaan van de lichtblauwe rubbervlotten; iedereen draagt een zwemvest en heeft een witte helm op het hoofd. De boot vertrekt en krijgt al snel vaart. Hij passeert de grillige rotsen en de bomen van het dichte **Sumter National Forest**. Katie Worley, de in een rood jack gehulde guide, zit achter in de boot aan het roer.
Een lichte stroomversnelling, als een sprongetje gevolgd door een duik in de golven – je vaart weer verder. Daar is de *Kick in the butt*, en ook die stroomversnelling wordt overwonnen. Bij de **Surfers Rapid** is het een avontuur om zonder vlot, alleen beschermd door het zwemvest, omlaag te roetsjen. Dat kan ook bij de **Bull Sluice** gebeuren, het hoogtepunt van de trip – maar dan onvrijwillig. Want hier komt het nogal eens voor dat een boot omslaat. Je moet niet bang zijn voor water, maar verder is het niet gevaarlijk. In meer dan veertig jaar hebben deelnemers hoogstens wat schaafwonden opgelopen; ernstige ongelukken zijn niet voorgekomen.

Actief

Rijschool – **BMW Performance Driving School:** 1155 Hwy. 101 S, tel. 888 345 4269, https://bmwperformancecenter.com. Eén keer rijden als James Bond: rijschool met lessen in het slippen, remmen, racen en bochten nemen, voor zowel motorrijders als automobilisten. Cursus vanaf $ 300.

Kings Mountain National Military Park 5

SR 216, ten zuiden van de I-85, bij de stad Blackburn, tel. 864 936 7921, www.nps.gov/kimo, dag. 9-17, juni-sept. za.-zo. tot 18 uur, gratis

Niet ver van de grens met North Carolina bracht een negenhonderd man sterke revolutionaire strijdmacht in oktober 1780 een zware nederlaag toe aan de Britse generaal Cornwallis. Milities uit beide Carolina's en een eenheid schutters uit Tennessee benutten hun terreinvoordeel op de **Kings Mountain** tegenover de Britse troepen, die volgens hun traditionele strijdwijze met musketsalvo's gevolgd door een bajonetaanval vochten.

Een kwart van de duizend Britse soldaten overleefde de dag niet. De militiesoldaten lieten het echter niet bij de overwinning, die de weg zou banen voor de definitieve nederlaag van de Britten bijna een jaar later bij Yorktown. Wreedheden en het doden van gevangenen en gewonden gaven de militaire overwinning een bittere bijsmaak. Het verloop van de strijd wordt in het bezoekerscentrum van het **Kings Mountain National Military Park** belicht. Zuilen en monumenten gedenken de aan beide zijden gesneuvelde soldaten.

Rock Hill en omgeving

De regio ten zuiden van **Rock Hill** 6 en York presenteert zichzelf als 'Olde English District'. Kolonisten uit Engeland in het midden van de 17e eeuw en Ierse en Schotse migranten uit Pennsylvania hebben het gebied tot ontwikkeling gebracht. Eerder woonden hier al enkele eeuwen lang Catawba-indianen, die hun land echter in 1763 aan de Britse koloniale overheersers verkochten. In de 19e eeuw werkten hier zwarte slaven op de katoenplantages. In de 20e eeuw zorgden textielfabrieken voor een economische opbloei van de regio. Het vroegere Winthrop College, tegenwoordig Winthrop University (www.winthrop.edu), bezit een kleine, maar interessante collectie werken van regionale kunstenaars.

Informatie

Olde English Tourism: 3200 Commerce Drive Suite A, Richburg, tel. 803 385 6800, www.oldeenglishdistrict.com. Visitor Information Center, dag. 9-17 uur.

Accommodatie

Goed uitgerust – **Courtyard by Marriott:** 1300 River Run Court, Rock Hill, tel. 803 324 1400, www.marriott.com. Kamers met een koelkast en magnetron in een modern ketenhotel, gratis wifi. 2 pk vanaf $ 100.

Camping – **Chester State Park:** 759 State Park Dr., Chester, tel. 803 385 2680, www.southcarolinaparks.com. Rustig, 200 ha groot natuurpark met een meer. Camping voor tenten en campers. Staanplaats vanaf $ 18.

Eten en drinken

Klassiekers – **Michael's Rock Hill Grille:** 1039 Charlotte Ave., Rock Hill, tel. 803 985 3663, www.michaelsrockhillgrille.com. In een ontspannen sfeer bereidt men hier smakelijke steaks en andere Amerikaanse klassiekers. Gerecht $ 10-25.

Actief

Parachutespringen – **Skydive Carolina Parachute Center:** 1903 King Air Dr., Chester, tel. 803 581 5867, www.skydivecarolina.com. Tandemsprongen vanaf 4000 m hoogte, ook voor beginnelingen, en nog meer duizelingwekkende activiteiten, altijd geheel en al veilig. Tandemsprong vanaf $ 180.

Brattonsville 7

1444 Brattonsville Rd., McConnells, tel. 803 684 2327, www.chmuseums.org/brattonsville, di.-za. 10-17, zo. 13-17 uur, rondleiding juni-aug. ma.-za., sept.-mei alleen za., volwassene $ 8, tot 17 jaar $ 5

De gebouwen van de ruim 300 ha grote plantage **Brattonsville** zijn prachtig gerestaureerd en kunnen worden bezichtigd. Het is aan te raden om een rondleiding over het terrein en langs de gebouwen te nemen, waarin het leven van de witte eigenaars en zwarte slaven wordt belicht.

Kolonel William Bratton streed met veel succes in het revolutionaire leger voor de Amerikaanse onafhankelijkheid. De gebouwen spelen in de film *The patriot*, met Mel Gibson en Kate Blanchett, een belangrijke rol als achtergrond.

Atlanta
Savannah
Pensacola
Jacksonville
Atlantische
Oceaan
Golf
van Mexico

Hoofdstuk 3

Georgia en Noord-Florida

Georgia, de grootste staat van de VS ten oosten van de Mississippi, strekt zich uit van de uitlopers van de Appalachen in het noorden tot de Okefenokee Swamp aan de grens met Florida en de Golden Isles voor de Atlantische kust.

Aan de Auburn Avenue in Atlanta, de geboorteplaats en laatste rustplaats van Martin Luther King, herinnert een indrukwekkend nationaal monument aan de vermoorde strijder voor de burgerrechten van de zwarte bevolking.

De moderne skyline met futuristische wolkenkrabbers in Atlanta, de hoofdstad van Georgia, ligt niet ver van de prachtige steden van het oude zuidoosten, zoals Madison, Athens en Savannah, waar hele huizenrijen uit de tijd van voor de Amerikaanse Burgeroorlog bewaard zijn gebleven. Historische planterswoningen getuigen hier van de welvaart van de vroegere eigenaars.

Naast computer- en communicatietechnologie speelt de landbouw nog altijd een belangrijke economische rol in het zuidoosten. In de vruchtbare Piedmont en ook in het noorden van Florida strekken zich eindeloze katoen- en sojavelden uit. Ook worden hier pecannoten en pinda's verbouwd. Aan de Atlantische kust, waar de draslanden vaak met rietgras begroeid zijn, is landbouw maar in beperkte mate mogelijk.

Aan de uitgestrekte kusten van de Atlantische Oceaan en de Golf van Mexico in het noorden van Florida vinden vakantiegangers 's zomers prachtige stranden om te zonnebaden en lekker te ontspannen.

Het fort Castillo de San Marcos in St. Augustine herinnert aan het Spaanse verleden van Florida

In een oogopslag: Georgia en Noord-Florida

Hoogtepunten

Atlanta: de hoofdstad van Georgia draagt niet voor niets de bijnaam 'Hotlanta' – de boomende metropool met zijn blinkende wolkenkrabbers in het centrum en een levendige kunstscene is een *hot spot* (zie blz. 266).

Savannah: een onververvalste zuidelijke sfeer – het complete historische centrum rond de 250 jaar oude straten en pleinen is bewaard gebleven (zie blz. 296).

St. Augustine: in de vroegere hoofdstad van Spaans Florida herinnert nog veel aan de tijd als buitenpost van het Spaanse koloniale rijk (zie blz. 314).

St. Andrews State Park: duinen, witte stranden van zeer fijn kwartszand, niet overvol – het State Park ten zuidoosten van Panama City biedt de beste zwem- en snorkelmogelijkheden (zie blz. 326).

Fraaie routes

Golden Isles of Georgia: elk van de bezienswaardige eilanden langs de Atlantische kust tussen Brunswick en de grens met Florida heeft zijn eigen karakter (zie blz. 304).

Van Tallahassee naar Pensacola: van de hoofdstad van Florida reis je langs de Golf van Mexico naar idyllische stranden en oorden van historisch belang (zie blz. 323).

Tips

Jimmy Carter Presidential Library in Atlanta: het royale museum documenteert de ambtstermijn van de president die afkomstig was uit Georgia (zie blz. 274).

Fort Frederica: dit als rijksmonument beschermde complex toont een buitenpost van het Britse koloniale rijk aan de grens met Spaans Florida (zie blz. 306).

Jekyll Island: eens de speeltuin van geldaristocraten als Rockefeller en Vanderbilt, tegenwoordig vakantie-eiland voor iedereen, met heerlijke zandstranden (zie blz. 306).

Kingsley Plantation: het in 1820 gebouwde woonhuis en de eveneens bewaard gebleven slavenhutten geven een beeld van het leven van een landeigenaar en zijn ondergeschikten (zie blz. 313).

Actief

Herten kijken in het Red Top Mountain State Park: hier zijn de reeën niet of nauwelijks schuw voor mensen. Er voert een pad door het dunne loofbos en langs de oevers van Lake Allatona (zie blz. 279).

Wandeling naar de Angel Falls: de schuimende watervallen in het Chattahoochee National Forest zijn omgeven door weelderige vegetatie (zie blz. 282).

Boottochten met gids in de Okefenokee Swamp: uitstapje in een moeraslandschap met deinende veeneilanden en een rijke flora en fauna. Overnachten kan op platforms in dit moerasgebied (zie blz. 295).

De Cumberland Island National Seashore verkennen: het zuidelijkste Atlantische eiland van Georgia laat slechts driehonderd bezoekers per dag toe (zie blz. 307).

Paardrijden op Amelia Island: op de stranden van het noordelijkste eiland van Florida is het heerlijk paardrijden (zie blz. 311).

Fietsen in de Maclay Gardens: rondrit tussen de prachtige azalea's, magnolia's en rododendrons in deze tuinen (zie blz. 321).

Vistrip voor Panama City: tochten van een halve of hele dag met ervaren kapiteins in de visrijke wateren (zie blz. 325).

Atlanta en het noorden van Georgia

'Hotlanta' of 'The Big Peach', zoals de lokale bevolking de metropool van de zuidoostelijke staten graag noemt, is een kosmopolitische stad met theaters, een opera, musea en een bruisend uitgaansleven, maar ook met uitgestrekte parken. Even verderop begint met de uitlopers van de Appalachen een licht heuvelachtige, landelijke idylle.

Atlanta ▸ 2, C 5

Kaart: blz. 270
Geen andere stad staat zo symbool voor de ontwikkeling en geestkracht van het zuidoosten als Atlanta, de hoofdstad van de staat Georgia en de locatie van de Olympische Spelen van 1996. In 1837 duidde de *Western and Atlantic Railroad* het eindpunt van de spoorlijn nog gewoon aan als 'Terminus', eindstation. Niet veel later was het station met bijbehorende barakken al een stadje, Marthasville, en een spoorwegknooppunt, dat in 1845 werd omgedoopt in Atlanta.

Verleden en heden van de stad

Tijdens de Burgeroorlog was Atlanta een logistiek centrum van het Confederale leger. Vernietiging van dit verkeersknooppunt, met depots, magazijnen en werkplaatsen, was in 1864 dan ook een belangrijke doelstelling van het leger van de Unie onder generaal William Tecumseh Sherman bij zijn mars van Chattanooga naar de Atlantische kust. Amper 27 jaar na zijn stichting was de stad verworden tot rokende puinhopen, een beeld dat miljoenen kennen van Margaret Mitchells roman *Gone with the wind (Gejaagd door de wind)* uit 1936 en de Hollywoodverfilming met Vivian Leigh en Clark Gable. Atlanta herstelde zich echter sneller van de gevolgen van oorlog dan de meeste andere regio's. Al in 1868 verhuisde de regering van Georgia haar zetel van Milledgeville naar de zich snel ontwikkelende metropool, die zijn bevolkingsaantal van voor de oorlog al zes jaar na het terugtrekken van de troepen van de Unie had verdubbeld naar 20 duizend.

Economische macht

Inmiddels heeft het inwonertal van de stad en zijn randgemeenten, de regio 'Big A', de 5 miljoen overschreden. Binnen de oude stadsgrenzen zijn er bijna 500.000 inwoners. De stad is een knooppunt van verscheidene Interstate Highways en brede federale wegen. Hartsfield-Jackson International Airport is een van de drukste luchthavens ter wereld. Enigszins begrijpelijk is dan ook wel de fatalistische opmerking van passagiers: 'Ik weet niet of ik naar de hemel of naar de hel ga, maar zeker is dat ik in Atlanta moet overstappen.' Atlanta is een stad van technologie-, communicatie- en dienstverleningsbedrijven, handel, beurzen en congressen. Rokende fabrieksschoorstenen die de lucht verduisteren zul je hier niet aantreffen. Tal van nationale en internationale bedrijven, waaronder CNN, United Parcel Service, Holiday Inn en Delta Airlines, hebben hun kantoren naar Atlanta verplaatst en daarmee het voorbeeld van de Coca-Cola Company gevolgd, die zijn wereldwijde activiteiten al sinds 1886 vanuit de hoofdstad van Georgia coördineert.

Middelpunt van cultuur

Downtown Atlanta en de centra van de omliggende voorsteden lijken met hun futuristische architectuur van graniet en glas op de uit de hand gelopen toekomstvisie van ambitieuze stedenbouwkundigen. De stad is jong, meer dan de helft van de bevolking, waaronder een groot aantal nieuwkomers, is tussen de 25 en 50 jaar oud. Er staan ruim 200 duizend studenten ingeschreven bij meer dan dertig universiteiten en hogescholen, waaronder de gerenommeerde Emory University, het College of Business Administration, de Georgia Tech en 'zwarte bolwerken' als de Atlanta University.

Een bruisend cultureel leven met meer dan dertig theatergroepen, talrijke muziekensembles en tientallen galerieën en musea weerspreekt het vooroordeel dat het zuidoosten een regio van 'cultuurbarbaren' zou zijn. 'Peachtree Shuffle' is in Atlanta niet de naam van een nieuwe dans, maar van de reeks bars en muziekclubs tussen Midtown en Buckhead. De levendige rapperscene rond de in Atlanta opgegroeide en intussen internationaal vermaarde muzikanten Ludacris en Jermaine Dupri heeft Atlanta aan de bijnaam Hip Hop Capital geholpen. Eigenlijk heeft Atlanta in vrijwel alle actuele muziekstijlen bekende muzikanten voortgebracht, onder wie de Black Crowes, Collective Soul, de Indigo Girls, Outcast en de sludgemetalband Mastodon. Hierdoor heeft Atlanta in het grotendeels gelovige Zuiden de bijzondere reputatie dat er meer muziekbars dan kerken staan.

Een zeldzaam verschijnsel: Atlanta helemaal in het wit

Burgerrechtenbeweging

De hoge vlucht van de stad zou zonder een serieuze op rassenintegratie gerichte politiek niet mogelijk zijn geweest. Aan het begin van de jaren 60 had Atlanta zich met zijn 'zwarte' universiteit en hogescholen tot een centrum van de burgerrechtenbeweging ontwikkeld. In de Ebenezer Baptist Church predikte een jonge dominee genaamd Martin Luther King de geweldloze strijd om gelijke politieke rechten voor alle burgers. Rond hem schaarde zich een vastberaden groep gelijkgezinden, onder wie Jesse Jackson, Andrew Young en Ralph Abernathy. Politici als de gouverneur van Georgia en latere Amerikaanse president Jimmy Carter (wiens leven en regeerperiode worden belicht in het uitstekende Presidential Center) en grootindustriëlen als Robert W. Woodruff, jarenlang directeur van de Coca-Cola Company, zetten zich al vroeger dan anderen in voor de toenadering tussen zwart en wit. Toen Martin Luther King in 1964 de Nobelprijs voor de Vrede kreeg, maakte Woodruff zich met succes sterk voor een publiek eerbetoon. De politieke en economische tegenstellingen tussen burgers van verschillende huidskleur zijn in Atlanta zeker nog niet weg, maar wel sterk afgenomen; de gewelddadigheden in de sloppenwijken zijn een stuk minder heftig vergeleken met andere grote steden in de VS.

Niet alleen vanwege Martin Luther King spelen Afro-Amerikanen een belangrijke rol in het dagelijks leven van Atlanta. Sinds 1974 wordt de stad bestuurd door zwarte burgemeesters. Er is *black capitalism* te vinden en een brede zwarte middenklasse. Zelfs grote bedrijven als McDonald's en de brouwerijgroep Anheuser-Busch hechten er waarde aan om in advertenties in het vooral door de zwarte bevolking gelezen tijdschrift Atlanta Tribune te benadrukken dat alle burgers altijd dezelfde rechten hebben. Op straat valt het zelfs toeristen op dat ook in de privésfeer mensen van verschillende huidskleur bevriend zijn, wat zeker ook in Atlanta niet de regel is, maar wel frequenter voorkomt dan elders.

Het centrum

Centennial Park 1

Marietta St., www.centennialpark.org

Het speciaal voor de Olympische Spelen heringerichte **Centennial Park** aan Marietta Street, een uitgestrekt groengebied met bezienswaardige sculpturen en de Fountain of Rings (fontein met de olympische ringen), heeft zich tot een van de populairste centra in de binnenstad van Atlanta ontwikkeld.

Inside CNN Atlanta 2

CNN Center, tel. 404 827 2300, tours.cnn.com, rondleiding dag. 9-17 uur, elke 10 min., reserveren tel. 877 426 6868, volwassene $ 15, met korting $ 12

Tegenover het Centennial Park is **Inside CNN Atlanta** te bezichtigen, het bezoekerscentrum van de CNN Studios. Van hieruit worden 24 uur per dag nieuwsberichten uitgezonden, naast andere producties uit het vroegere televisie-imperium van mediamagnaat Ted Turner en de moedermaatschappij Time-Warner.

Mercedes-Benz Stadium 6

1 AMB Dr NW, Tel. 4470-341-5000, www.mercedesbenzstadium.com

Het complex ten zuiden van de vroegere Georgia Dome is een arena met afsluitbaar dak die plaats biedt aan ruim 70 duizend toeschouwers. Hier spelen het American-footballteam Atlanta Falcons en het voetbalteam Atlanta University FC (zie blz. 280).

Georgia Aquarium 3

225 Baker St., tel. 404 581 4000, www.georgiaaquarium.org, wisselende tijden en prijzen zie website, volwassene $ 27-36, met korting $ 27-31

Ten noorden van het Centennial Park ligt Pemberton Place met het enorme **Georgia Aquarium**, het grootste van Noord-Amerika. Bezoekers kunnen hier via een doorzichtige tunnel veilig dwars door een gigantisch bassin met walvishaaien en allerlei roofvissen lopen, de bewoners van een (kunstmatig) tropisch rif bewonderen en zich vergapen aan de enorme Japanse spinkrabben die in de koude diepte van de Grote Oceaan leven. In het 4D Theater draait Deepo's Undersea 3D Watershow, een 3D-film gecombineerd met special effects

World of Coca-Cola Pavilion 4

121 Baker St. NW, tel. 404 676 5151, www.worldofcoca-cola.com, dag., wisselende tijden zie website, volwassene $ 17, 3-12 jaar $ 13

Tegenover het Aquarium, ook aan Pemberton Place, staat het imposante **World of Coca-Cola Pavilion**. Hier kom je meer te weten over de successtory van deze magische frisdrank, die voor het eerst in 1886 door de apotheker John S. Pemberton werd gemixt als middeltje tegen hoofdpijn. Het geheime zevende ingrediënt van de in Atlanta geproduceerde Coca-Cola mag altijd maar bij twee personen tegelijk bekend zijn. Ook hun namen worden om veiligheidsredenen zorgvuldig geheimgehouden.

Een korte rondleiding gunt je een blik in de reclame-ideeën uit de 125-jarige succesvolle geschiedenis van de cafeïnehoudende frisdrank; in de Tasting Room kun je enkele van de vijfhonderd verschillende drankjes van de Coca-Cola Company proeven.

National Center for Civil and Human Rights 5

100 Ivan Allen Jr. Blvd., tel. 404 991 6470, www.civilandhumanrights.org, ma.-za. 10-17, zo. 12-17 uur, volwassene $ 20, 7-12 jaar $ 16

Het National Center for Civil and Human Rights overtuigt met inhoud en moderne techniek. Het illustreert de strijd voor burgerrechten, niet alleen in het Zuiden, maar over de hele wereld.

Shopping Malls

Het is fascinerend om in Downtown Atlanta de wijk **Peachtree Center** 1 (zie blz. 278) te verkennen met zijn labyrintische bouwwijze. Winkels, hotels, kantoren, fitnessstudio's en restaurants zijn veelal ondergronds gevestigd of bereikbaar via glazen verbindingstunnels tussen de wolkenkrabbers, zodat je nauwelijks over straat hoeft.

State Capitol 6

206 Washington St. SW, tel. 404 463 4536, www.libs.uga.edu/capitolmuseum, ma.-vr. 8-17 uur, rondleiding ma.-vr., gratis

Het **State Capitol**, sinds 1889 zetel van de regering en het parlement van Georgia, wordt bekroond door een gouden koepel. Hij is ontworpen naar het voorbeeld van het Capitool in Washington D.C.

Het zuiden en zuidwesten

Turner Field

Het vroegere olympisch stadion ten zuiden van het knooppunt van de I-75/85 en I-20 werd omgedoopt in **Turner Field** en was lange tijd de thuishaven van het profhonkbalteam de Atlanta Braves (zie blz. 280). Clubeigenaar en mediamagnaat Ted Turner werd geregeld in de bezoekersloge gespot.

Wren's Nest 7

1050 Ralph D. Abernathy Blvd. SW, tel. 404 753 7735, www.wrensnestonline.com, za.-zo. 10-15, lezingen za. 13 uur, volwassene $ 10, kind $ 8

Een kleine omweg naar de westrand van de binnenstad voert naar het vroegere woonhuis van de in 1908 in Atlanta overleden schrijver Joel Chandler Harris, auteur van *Uncle Remus* (in het Nederlands *Oom Remus)*, een verzameling Afro-Amerikaanse volksverhalen en fabels. Zijn huis met de naam **Wren's Nest** is nu een klein museum. 's Zomers worden in de tuin de vertellingen van *Uncle Remus* voorgedragen.

Martin Luther King Jr. National Historic District 8

Martin Luther King Center, 450 Auburn Ave., tel. 404 526 8900, www.thekingcenter.org, half juni-half aug. dag. 9-18, anders 9-17 uur, gratis

Aan de beroemdste zoon van de stad (zie blz. 272) herinnert de direct ten oosten van Downtown beginnende Auburn Avenue, vroeger de woonwijk van de zwarte middenklasse. Hier, in het **Martin Luther King Jr. National Historic District**, vind je het geboortehuis van de briljante redenaar en de

Atlanta

Bezienswaardig

1. Centennial Park
2. Inside CNN Atlanta
3. Georgia Aquarium
4. World of Coca-Cola Pavilion
5. National Center for Civil and Human Rights
6. State Capitol
7. Wren's Nest
8. Martin Luther King Jr. National Historic District
9. Zoo
10. Jimmy Carter Presidential Library & Museum
11. Fernbank Museum
12. Fox Theatre
13. Margaret Mitchell House
14. High Museum of Art in het Robert W. Woodruff Arts Center
15. Center for Puppetry Arts
16. Atlanta History Center met Cyclorama
17. Chattahoochee River National Recreation Area
18. Stone Mountain Park

Accommodatie

1. Ritz-Carlton Atlanta
2. Artmore Hotel
3. Marriott Marquis
4. Hyatt Place Atlanta/ Buckhead
5. Sugar Magnolia B&B
6. The Peach House B&B
7. BW Inn at the Peachtrees
8. Social Goat Bed And Breakfast
9. Wingate by Wyndham
10. Motel 6 Downtown
11. Stone Mountain Family Campground

Eten en drinken

1. Paschal's Restaurant
2. Aria
3. Atlanta Fish Market
4. South City Kitchen
5. Ted's Montana Grill
6. Mary Mac's Tea Room
7. Flying Biscuit Café
8. Taqueria del Sol

Winkelen

1. Peachtree Center
2. Lenox Square
3. Atlanta State Farmer's Market
4. Little Five Points
5. Wax'n Facts
6. Atlantic Station

Uitgaan

1. Seven Stages
2. Atlanta Ballet
3. Blind Willie's Live Blues Club
4. Masquerade
5. The Earl
6. Havana Club
7. Nikolai's Roof
8. Wild Bill's

Actief

1. Piedmont Park/ botanische tuin
2. Scate Escape
3. Silver Comet Trail
4. Chattahoochee River
5. Sun Trust Park (honkbal)
6. Mercedes Benz Arena (American football en voetbal)
7. Philips Arena (basketbal en ijshockey)

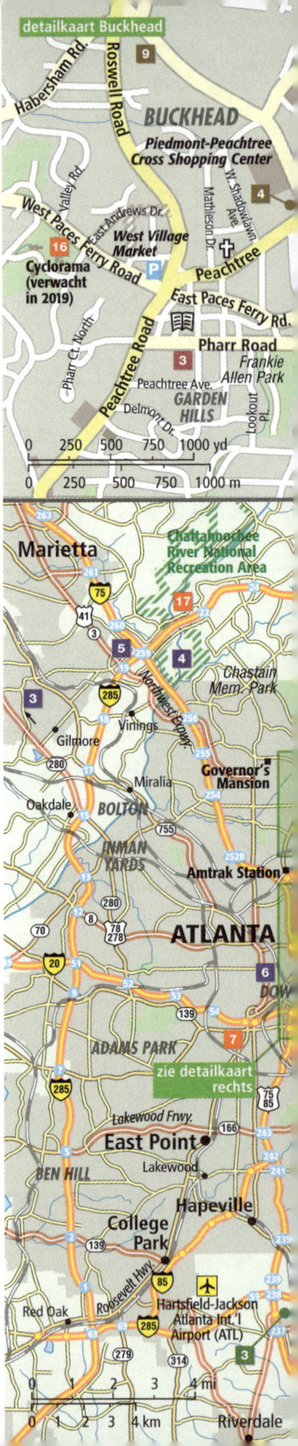

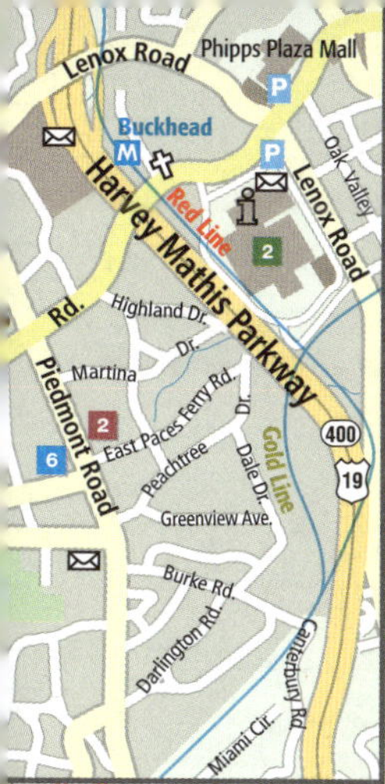
Lenox Road
Phipps Plaza Mall
Buckhead
Red Line
Harvey Mathis Parkway
Lenox Road
Oak Valley
Highland Dr.
Rd.
Martina
Dr.
Piedmont Road
East Paces Ferry Rd.
Peachtree
Dale Dr.
Dr.
Gold Line
Greenview Ave.
Burke Rd.
Darlington Rd.
Canterbury Rd
Miami Cir.
400
19

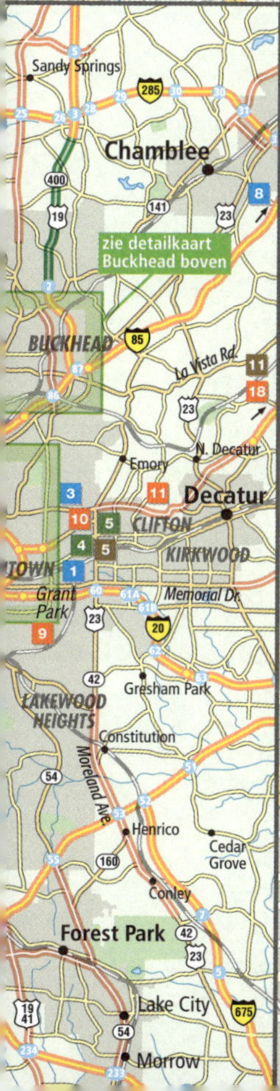
Sandy Springs
285
Chamblee
400
19
141
23
zie detailkaart Buckhead boven
BUCKHEAD
85
La Vista Rd.
23
N. Decatur
Emory
Decatur
CLIFTON
KIRKWOOD
Grant Park
Memorial Dr.
20
42
Gresham Park
LAKEWOOD HEIGHTS
Constitution
54
Moreland Ave.
Henrico
Cedar Grove
160
Conley
Forest Park
42
23
Lake City
675
54
Morrow

Amtrak Station
Peachtree St
17th St
Peachtree Circle
Inman Circle
Westminster Dr.
Piedmont Ave.
State St
17 th St
16 th St
Winn Park
Arts Center
15th St
Piedmont
Piedmont Lake
Botanical Gardens
Park
14th St
14th St
13th St
12th St
11th St
Lake Clara Meer
State St
Holy St
Techwood Drive
North Expressway
Spring St
W. Peachtree St
Red Line
Gold Line
Home Park
10th St
10th St
Alexander Memorial Coliseum
Midtown
8th St
8th St
Atlantic Drive
First Drive
Fowell St
6th St
Peachtree St
Juniper St
Piedmont Ave.
Myrtle St
Charles Allen Drive
Monroe Drive
6th St
85
75
Institute of Technology
4th St
First Baptist
St. Markus Church
4th St
Tech Pkwy
North Ave.
Ponce de Leon Ave.
Coca-Cola Int'l. Building
North Ave.
Rio Shopping Center
North Ave.
Coca-Cola USA Building
Techwood Dr.
Spring St
W. Peachtree St
Peachtree St
Renaissance Park
Bedford Pine Park
Marietta St
Pine St
Pine St
Parkway Dr.
Boulevard
Civic Center
Science and Technology Museum
Angier Ave.
Piedmont Ave.
Stone Mountain Park
Ivan Allen Blvd.
Ralph McGill Blvd.
Baker St
J. Portman Blvd.
Harris St
Courtland St
Highland Ave.
Freedom Pkwy
Georgia World Congress Center
International Blvd.
Peachtree Center
Ellis St
Peachtree Center Ave.
Irwin St
Georgia Int'l Plaza
Luckie St
DOWNTOWN
APEX Museum
Boulevard
Dome-GWCC-Philips Arena-CNN
Woodruff Park
Auburn Ave.
Auburn Ave.
M. L. King Jr. Dr.
Five Points
Edgewood Ave.
Georgia State Univ.
Piedmont Ave.
Jesse Hill Dr.
Hillard St
Jackson St
Blue Line
Green Line
Mitchell St
Decatur St
Red Line
Gold Line
Peachtree St
Peters St
Pryor St
Central Ave.
Washington St
Georgia State
Bell St
King Memorial
Oakland Cemetery
Garnett
Spring St
Trinity Ave.
Martin Luther King Jr. Dr.
Memorial Dr.
Whitehall St
20
Georgia Dept. of Archives and History
Rawson-Washington Park
Woodward Ave.
20
Abernathy Freeway
Wells St
Washington St
Capitol Ave.
Fulton St
Sydney St
85
Orleans St
Grant
Windsor St
Pryor St
Central Ave.
Fraser St
Martin St
Connally St
Hill St
Cherokee Ave.
Ralph David Abernathy Blvd.
Georgia Ave.
Turner Field
Phoenix Park II
Park
0 200 400 600 800 yd
0 200 400 600 800 m

Dominee, politicus, mythe – Martin Luther King

De beroemde 'I have a dream'-rede die Martin Luther King in 1963 in Washington hield ten overstaan van circa 250 duizend toehoorders markeerde het hoogtepunt van talrijke indrukwekkende massale acties van de Amerikaanse burgerrechtenbeweging, die acht jaar eerder in Montgomery, de hoofdstad van Alabama, was begonnen.

Toen Rosa Parks, een zwarte activiste van de burgerrechtenorganisatie NAACP *(National Association for the Advancement of Colored People)* in 1955 weigerde in de bus haar voor witte passagiers gereserveerde zitplaats af te staan, mondde dit uit in een ruim een jaar durende busboycot door de zwarte bevolking van Montgomery. Een jonge baptistische predikant die nog maar net in de stad werkte, profileerde zich als pleitbezorger van geweldloos verzet. Martin Luther King werd op 15 januari 1929 in Atlanta geboren. Zijn moeder was organiste en zong in het kerkkoor, zijn vader Martin Luther 'Daddy' King en zijn grootvader A.D. Williams waren beiden predikant van de baptistengemeente van de Ebenezer Church in Atlanta, waar ook Martin Luther King van 1960 tot 1968 dominee was. De grootvader had nog op katoenplantages niet ver van Atlanta gewerkt.

King werd beroemd met zijn massale geweldloze acties, zoals *sit-ins* en stratenblokkades, en ontwikkelde zich tot een belangrijk woordvoerder van de burgerrechtenbeweging, die burgerlijke ongehoorzaamheid tegen de rassenscheiding en sociale onderdrukking propageerde. De geweldloze strijd van Mahatma Gandhi tegen de Britse koloniale overheersing in India had veel indruk op hem gemaakt. Zijn bezielende toespraken vonden niet alleen in Montgomery veel weerklank. Leden van de NAACP en andere groeperingen organiseerden acties tegen de rassendiscriminatie bij bushaltes en in openbare gebouwen. Honderden mensen, niet alleen de deelnemende gekleurde studenten, brachten de zomer van 1961 in gevangenissen door.

De autoriteiten probeerden de woordvoerder van de zwarte burgerrechtenbeweging te intimideren. King werd aangeklaagd wegens vermeende belastingontduiking, opgepakt voor verkeersovertredingen en gevangengezet wegens opruiing. In zijn *Brief uit een gevangenis in Birmingham* uit 1963 ging King uitgebreid in op de kritiek die vanuit zijn eigen gelederen werd geuit op zijn strategie van geweldloos verzet, die te offensief zou zijn. In hetzelfde jaar sprak hij op de slotmanifestatie van de grote mars naar Washington over zijn droom: een samenleving waarin mensen ongeacht hun huidskleur en afkomst in vrede naast elkaar leven.

Even though we face the difficulties of today and tomorrow, I still have a dream. ... I have a dream that one day on the red hills of Georgia the sons of former slaves and the sons of former slave owners will be able to sit down together at a table of brotherhood ... I have a dream that my four little children will one day live in a nation where they will not be judged by the color of their skin but by the content of their character.

De massademonstratie in de hoofdstad en ook de toekenning van de Nobelprijs voor de Vrede aan King een jaar later waren voor de regering in Washington de laatste aanzet om een aantal belangrijke wetten op te stellen. De *Civil Rights Act*, die bepaalde dat openbare ruimten voor iedereen even toegankelijk moesten zijn, en de *Voting Right Act*, die de beperkingen op het

Martin Luther King tijdens zijn rede in Washington in 1963

stemrecht moest opheffen, moesten ervoor zorgen dat de burgerrechten ook voor zwarten realiteit werden.

Radicale organisaties als de Black Panther Party en de Black Muslims wonnen ten tijde van de Vietnamoorlog sterk aan invloed, terwijl de traditionele burgerrechtenbeweging haar steun zag afbrokkelen. Martin Luther King hield echter vast aan zijn principes van geweldloos verzet en integratie in een gemeenschappelijke samenleving.

De inspanningen van de burgerrechtenbeweging voor het verkrijgen van grotere politieke invloed wierpen hun vruchten af. In 1965 stond nog maar 5 % van de stemgerechtigde zwarte burgers van Mississippi op de kieslijsten, twee jaar later al 35 %. In 1960 waren er landelijk ongeveer honderd gekozen zwarte afgevaardigden, dertig jaar later al meer dan zevenduizend. Tegenwoordig hebben veel burgemeesters van grote en middelgrote steden in het zuiden, waaronder Washington D.C., New Orleans, Memphis en Atlanta, Afro-Amerikaanse roots.

Eind jaren 60 besefte King dat de burgerrechtenbeweging niet echt succesrijk kon zijn zolang de economische omstandigheden niet verbeterden. Op 4 april 1968, toen hij in Memphis was om zijn steun te betuigen aan de overwegend zwarte vuilnismannen van de stad, werd King op het balkon van het Lorraine Hotel doodgeschoten.

Het werk van Martin Luther King werd voortgezet door zijn weduwe, Coretta Scott King. Zijn kinderen zijn actief in de gemeente van de Ebenezer Baptist Church en het Martin Luther King Jr. Center. Vlakbij verheft zich een nationaal monument bij het graf van hun vader. Op een witmarmeren steen staat de inscriptie: Rev. Martin Luther King, 1929-1968: 'Free at last, free at last, thank God almighty, I am free at last.'

Ebenezer Baptist Church, waar hij preekte. De marmeren sarcofaag van de in 1968 vermoorde winnaar van de Nobelprijs voor de Vrede staat in een imposant complex, waarin ook het door zijn zoon Martin Luther King III geleide **Martin Luther King Center** is opgenomen. Een expositie geeft een interessante kijk op het leven van King en de geschiedenis van de burgerrechtenbeweging.

Grant Park

Direct ten zuiden van de I-10 ligt het uitgestrekte **Grant Park**, dat niet is genoemd naar Ulysses S. Grant, de generaal van de noordelijke staten en latere president van de VS, maar naar Lemuel Pratt Grant, een officier van het Confederale leger. Het is een van de grootste groene ruimtes van de stad. In de omringende wijken vind je vele victoriaanse herenhuizen.

Zoo 9

800 Cherokee Ave. SE, tel. 404 624 9453, www.zooatlanta.org, dag. 9.30-17.30 uur, volwassene $ 26, 3-11 jaar $ 18

Meteen ten zuiden van het park ligt de **Zoo** van Atlanta. Hier leven om en nabij duizend dieren in natuurgetrouw ingerichte buitenverblijven, waaronder reptielen, reuzenpanda's en gorilla's.

Ten oosten van het centrum

Jimmy Carter Presidential Library & Museum 10

441 Freedom Pkwy. NE, tel. 404 865 7100, www.jimmycarterlibrary.gov, ma.-za. 9-16.45, zo. vanaf 12 uur; toegang museum volwassene $ 8, tot 16 jaar gratis

Het **Jimmy Carter Presidential Library & Museum** ligt ten oosten van de binnenstad in een uitgestrekt, door de Freedom Parkway omgeven plantsoen met een Japanse tuin en twee kleine meren. In het museum zie je een replica van het Oval Office uit het Witte Huis en worden met foto's en documenten belangrijke gebeurtenissen uit de regeerperiode (1977-1981) van Jimmy Carter belicht. Hiertoe behoren de onderhandelingen voor de Camp David-akkoorden tussen Israël en Egypte, de overdracht van het Panamakanaal en het SALT II-ontwapeningsverdrag met de Sovjet-Unie. Het bijbehorende **Carter Center** ondersteunt als stichting humanitaire hulp over de hele wereld.

Fernbank Museum 11

767 Clifton Rd. NE, tel. 404 929 6300, www.fernbankmuseum.org, dag. 10-17 uur, volwassene $ 27, 3-12 jaar $ 23

Het **Fernbank Museum** is gewijd aan de natuurlijke historie. De geschiedenis van Georgia wordt als multimediaprogramma van de oertijd van de aarde tot heden inzichtelijk gemaakt. Pootafdrukken van dinosaurussen voor de entreehal en gereconstrueerde reuzenskeletten in het diverse verdiepingen hoge atrium geven een goed beeld van de grootte en leefomstandigheden van deze reusachtige reptielen. Een IMAX-bioscoop toont indrukwekkende natuurfilms op een enorm scherm.

Ten noorden van het centrum

Fox Theatre 12

660 Peachtree St. NE, tel. 404 881 2100, www.foxtheatre.org, rondleiding alleen na reserveren ma., do., za. 10, 11, 12 en 13 uur, volwassene $ 18, tot 10 jaar gratis

Het in een gedurfde stijlmix van oriëntaalse, Egyptische en art-decomotieven opgetrokken **Fox Theatre** was vroeger een bioscoop, maar werd in 1929, het jaar van de wereldwijde economische crisis, in gebruik genomen als loge van de Shriners, een vrijmetselaarsorde. De met sloop bedreigde Faboulous Fox werd gered dankzij een burgerinitiatief en fraai gerestaureerd. Nu worden in het gebouw met vierduizend zitplaatsen uiteenlopende culturele evenementen gehouden.

Margaret Mitchell House 13

990 Peachtree St. NE, tel. 404 249 7015, www.atlantahistorycenter.com, ma.-za. 10-17.30, zo. 12-17.30 uur, volwassene $ 21,50, 4-12 jaar $ 9

In het Fernbank Museum krijgen de reuzenskeletten alle ruimte

Het **Margaret Mitchell House** is het voormalige woonhuis van de auteur, dat nu is ingericht als museum. Het staat niet ver van het grote Piedmont Park en de botanische tuin. In dit huis werkte Margaret Mitchell van 1926 tot 1936 aan haar wereldwijde bestseller *Gejaagd door de wind*, die in 1939 ook al verfilmd werd. De typemachine waarop ze haar manuscript typte, staat hier tentoongesteld, verder zie je hier documenten en foto's over het leven van de schrijfster en over de Burgeroorlog, de tijd waarin de roman zich afspeelt. Haar graf, en dat van 27 burgemeesters van de stad, zes gouverneurs van Georgia en bijna zevenduizend gesneuvelde soldaten van de zuidelijke staten, vind je op de drukbezochte **Oakland Cemetery**, 248 Oakland Ave. SE, aan de zuidkant van het metrostation King Memorial.

High Museum of Art in Robert W. Woodruff Arts Center 14

1280 Peachtree St. NE, tel. 404 733 4200, www.woodruffcenter.org, High Museum of Art, tel. 404 733 5000, di.-do., za. 10-17, vr. 10-21, zo. 12-17 uur, volwassene $ 14,50, tot 5 jaar gratis

In het **Robert W. Woodruff Arts Center**, genoemd naar een directeur van de Coca-Cola Company, zijn het symfonieorkest van de stad, het **Alliance Theater** en bijbehorende kindertheater en het **Atlanta College of Art** ondergebracht. Ook het door de architecten Richard Meier en Renzo Piano ontworpen **High Museum of Art** maakt deel uit van het complex. Hier wordt Amerikaanse kunst getoond van Georgia O'Keefe, John Singer Sargent en vertegenwoordigers van de Hudson River School, Europese kunst van Albrecht Dürer tot Monet en Toulouse-Lautrec, en hedendaagse kunstenaars als Max Ernst, Frank

Stella en Robert Rauschenberg. Ook zijn er reizende tentoonstellingen.

Center for Puppetry Arts 15

1404 Spring St. NW, tel. 404 873 3391, www.puppet.org, di.-vr. 9-17, za. 10-17, zo. 12-17 uur, gezin vanaf $ 19

Het **Center for Puppetry Arts** is niet alleen een groot succes bij kinderen. Onder de driehonderd tentoongestelde poppen zijn ook Jim Hensons prachtige creaties van de Muppet Show. Bij de reguliere optredens van het poppentheater kan het erg druk worden.

Atlanta History Center 16

130 W Paces Ferry Rd., tel. 404 814 4000, www.atlantahistorycenter.com, ma.-za. 10-17.30, zo. vanaf 12 uur, volwassene $ 21,50, 4-12 jaar $ 9

In de mooie stadswijk Buckhead in het noorden van Atlanta vind je het **Atlanta History Center**. Dit uitgestrekte complex omvat een uitstekend museum over de geschiedenis van de stad, een planterswoning in de stijl van voor de Burgeroorlog, het herenhuis Swan House uit 1928 en een park dat het hele jaar door in bloei staat. Het kunstwerk **Cyclorama** is een ongeveer 130 m lang cirkelvormige weergave van de veldslagen die in 1864 plaatsvonden rond Atlanta tijdens de Burgeroorlog. Het werd in 1885 door een Duitse kunstenaar gemaakt en is na een grondige restauratie in 2019 weer te zien. De toeschouwer bekijkt het panoramische schilderij vanaf een podium, dat langzaam om zijn as draait.

In de omgeving

Chattahoochee River 17

1978 Island Ford Pkwy., Sandy Springs, tel. 678 538 1200, www.nps.gov/chat, dag. van zonsopkomst tot zonsondergang, bezoekerscentrum Island Ford dag. 9-17 uur, $ 5

Wil je ter afwisseling ook een keer de natuur in, volg dan het voorbeeld van de lokale bevolking en rijd van Buckhead 24 km/15 mijl noordwaarts naar het **Chattahoochee River National Recreation Area**. Je kunt er picknicken, wandelen, kanoën en kajakken of gewoon de uit de Appalachen zuidwaarts meanderende 'Hooch' bewonderen, zoals de rivier hier ook wel wordt genoemd.

Stone Mountain Park 18

US Hwy. 78 E, Exit 8, 1000 Robert E. Lee Blvd., Stone Mountain, tel. 770 498 5690, www.stonemountainpark.com, dag. 6-24 uur, lasershow dag. één uur na zonsondergang, dagkaart voor het park volwassene $ 32, tot 11 jaar $ 30, parkeren vanaf $ 15 per dag

Het centrum van het populaire recreatiegebied **Stone Mountain Park**, ruim 30 km/bijna 20 mijl oostwaarts en op slechts een halfuur rijden van Atlanta, wordt gevormd door een granietmonoliet, die zich als een schild van een circa 3 km lange en 250 m hoge schildpad plotseling uit het landschap verheft. Een enorm reliëf van 30 x 65 m verbeeldt de drie helden van de Burgeroorlog uit de zuidoostelijke staten – president Jefferson Davis, generaal Robert E. Lee en 'Stonewall' Jackson – als statige ruiters. Er werd 57 jaar aan gewerkt. 's Zomers in de weekenden kunnen duizenden bezoekers tijdens een picknick genieten van een op de rotsen in scène gezette lasershow. Op het uitgestrekte tenniscomplex streden in 1996 olympische iconen om eremetaal.

Informatie

Convention & Visitors Bureau: 233 Peachtree St. NE, Suite 1400, tel. 404 521 6600, www.atlanta.net, ma.-vr. 8.30-17.30 uur.

Accommodatie

Luxe – **Ritz-Carlton Atlanta** 1: 181 Peachtree St. NE, tel. 404 659 0400, www.ritzcarlton.com. Stijlvol hotel met uitstekende service. Royale kamers, badkamers met marmer en graniet, zeer centraal. Toprestaurant Atlanta Grill. 2 pk vanaf $ 270.

Boetiekhotel – **Artmore Hotel** 2: 1302 W Peachtree St., tel. 404 876 6100, www.artmorehotel.com. Goede ligging, smaakvol gerenoveerde kamers; de parkeerplaatsen zijn wel prijzig. 2 pk vanaf $ 170.

Adembenemende lobby – **Marriott Marquis** 3: 265 Peachtree Center Ave., tel. 404

521 0000, www.marriott.de. Luxueuze hoteltoren met glazen liften, zeer centraal gelegen. 2 pk vanaf $ 160.

Rustgevend – **Hyatt Place Atlanta/Buckhead 4 :** 3242 Peachtree Rd. NE, tel. 404 869 6161, https://atlantabuckhead.place.hyatt.com. Comfortabel hotel in Buckhead met allerlei gratis voorzieningen, zoals wifi, parkeergelegenheid, ontbijt, zwembad en fitnessruimte. 2 pk vanaf $ 160.

B&B – **Sugar Magnolia B&B 5 :** 804 Edgewood Ave. NE, tel. 404 222 0226, www.sugarmagnoliabb.com. Aantrekkelijk hostel in victoriaanse stijl in Inman Park. Gratis wifi, goed ontbijt. 2 pk vanaf $ 155.

Betoverend – **The Peach House B&B 6 :** 88 Spruce St. NE, tel. 404 524 8899, www.thepeach.house. Charmante B&B in een ruim honderd jaar oud pand, niet ver van het centrum. 2 pk met ontbijt vanaf $ 150.

Centraal – **BW Inn at the Peachtrees 7 :** 330 W Peachtree St., tel. 404 577 6970, www.innatthepeachtrees.com. Compleet gerenoveerd gebouw, uitgebreid ontbijtbuffet. 2 pk vanaf $ 140.

Bijna landelijk – **Social Goat Bed And Breakfast 8 :** 548 Robinson Ave SE, tel. 404 626 4830, www.thesocialgoatbandb.com. Gemoedelijk pension vlak bij het Grant Park. 2 pk vanaf $ 130.

Verzorgd – **Wingate by Wyndham 9 :** 3600 Piedmont Rd. NE, tel. 404 869 1100, www.wingateatlanta.com. Mooie locatie in Buckhead, vriendelijke service, grote kamers, koelkast enzovoort. 2 pk vanaf $ 130.

Budget – **Motel 6 Downtown 10 :** 294 A Courtland St. NE, tel. 404 659 4545, www.motel6.com. Modern budgethotel, een paar minuten rijden van Centennial Park, met 64 kamers, klein zwembad, minibar en gratis wifi. 2 pk vanaf $ 110.

... in Stone Mountain (32 km/20 mijl ten oosten van Atlanta):

Camping – **Stone Mountain Family Campground 11 :** 4003 Stonewall Jackson Dr., tel. 770 498 5710, www.stonemountainpark.com. Mooie camping voor tenten en campers in het bosgebied vlak bij het natuurpark. Staanplaats $ 40-65 per nacht.

Eten en drinken

Southern Cuisine – **Paschal's Restaurant 1 :** 180 Northside Dr SW, tel. 404 525 2023, www.paschalsatlanta.com. Traditioneel restaurant met *Southern Chicken* en andere smakelijke specialiteiten van de zuidoostelijke staten. Hoofdgerecht vanaf $ 16.

Culinaire kunst – **Aria 2 :** 490 E Paces Ferry Rd., Buckhead, tel. 404 233 7673, www.aria-atl.com. Zo. gesloten, alleen 's avonds open. Creatieve aromatische keuken in een communicatieve sfeer. Hoofdgerecht $ 28-42.

Zeevruchten – **Atlanta Fish Market 3 :** 265 Pharr Rd. NE, lunch ma.-do. 11.30-15, vr.-zo. 11.30-14, diner zo.-do. 15-22, vr.-za. 14-23 uur, tel. 404 262 3165, www.buckheadrestaurants.com/atlanta-fish-market. Uitstekende vis, schelp- en schaaldieren. Hoofdgerecht $ 15-44.

Soul food – **South City Kitchen 4 :** 1144 Crescent Ave., tel. 404 873 7358, www.midtown.southcitykitchen.com, dag. lunch en diner. Stevige, karakteristieke specialiteiten uit de zuidoostelijke staten, waaronder gebakken groene tomaten met geitenkaas en krabsoep. Gerecht $ 9-46.

Bisonsteaks – **Ted's Montana Grill 5 :** 133 Luckie St., tel. 404 521 9796, www.tedsmontanagrill.com, zo.-do. 11-22, vr.-za. 11-23 uur. De 'Ted' in de naam van dit restaurant is CNN-oprichter Ted Turner, die in Montana en South Dakota zijn eigen bizonkuddes heeft rondlopen. Voortreffelijke bizonburgers, steaks en salades. Gerecht vanaf $ 11.

Keuken van het zuidoosten – **Mary Mac's Tea Room 6 :** 224 Ponce de Leon Ave. NE, tel. 404 876 1800, www.marymacs.com, dag. 11-21 uur. Stevige schotels uit het zuidoosten als lunch of diner. Gerecht $ 6-22.

Ontbijt – **Flying Biscuit Café 7 :** 1001 Piedmont Ave. NE, tel. 404 874 8887, www.theflyingbiscuitcafe.com, dag. 7-21 uur. Ontbijt in zuidelijke stijl: maisbroodjes, havermoutpannenkoeken, warme perzikcompote en ander lekkers. Gerecht $ 5-15.

Mexicaans – **Taqueria del Sol 8 :** 2165 Chesshire Bridge Rd., tel. 404 321 1118, www.taqueriadelsol.com, zo. gesl. Een uitgebreide keus aan taco's en enchilada's, vers bereid, met stevige vullingen en salsa's. Ook klassieke gerechten uit het zuidwesten verkrijgbaar. Gerecht $ 5-15.

Winkelen

Malls – **Peachtree Center 1:** tel. 404 654 1296, www.peachtreecenter.com. Verscheidene ingangen in het centrum van Atlanta op de hoek van Peachtree Street en International Boulevard ontsluiten deze winkelpassage, die meer dan zestig zaken telt, van modeboetiek Putting on the Glitz tot sieradenwinkel Kahn's Jewelry. Daarnaast vind je hier vijf restaurants. **Lenox Square 2:** 3393 Peachtree Rd., www.simon.com/mall. Dit is de populairste mall van de stad. Hij ligt in de voorname wijk Buckhead. Rond enkele grote *department stores* (warenhuizen) als Bloomingdale's, Neiman Marcus en Macy's groeperen zich nog tientallen winkels en boetieks.

Markt – **Atlanta State Farmer's Market 3:** 16 Forest Pkwy./Hwy. 110, exit van de I-75, Forest Park, tel. 404 675 1782, www.agr.georgia.gov/atlanta-farmers-market.aspx, ma.-za. 7- 17 uur. Uitgestrekte markt voor handelaars en consumenten, onmiddellijk ten zuiden van de luchthaven. Met een eigen tuincentrum en een restaurant voor een hapje tussendoor.

Alternatieve cultuur – **Little Five Points 4:** in de wijk 'L5P' rond de kruising van Seminole Ave. NE, Moreland Ave. NE en Euclid Ave. NE vind je kleine boekwinkels, tweedehandskledingzaken, en verder diverse gezellige bars en cafés.

Muziek – **Wax'n Facts 5:** 432 Moreland Ave. NE, tel. 404 525 2275, www.waxnfacts.com. Lp's, cd's, nieuw en tweedehands en tal van andere zaken op het gebied van actuele muziek. Veel kleine labels en bands uit Atlanta. Deze winkel ligt midden in de wijk 'L5P'.

Winkelparadijs – **Atlantic Station 6:** 1380 Atlantic Dr., www.atlanticstation.com. In de wijk Midtown ten westen van de I-75/85 vind je IKEA, Banana Republic, GAP en alle andere merken, plus een multiplexbioscoop. Gratis pendelbus naar het MARTA-station Arts Center.

Uitgaan

Theater – **Seven Stages 1:** 1105 Euclid Ave., tel. 404 523 7647, www.7stages.org. Theater met hedendaagse stukken.

Dans – **Atlanta Ballet 2:** 1400 W Peachtree St., tel. 404 892 3303, www.atlantaballet.com. Dit in 1929 opgerichte gezelschap heeft nog altijd verfrissende ideeën. Voorstellingen onder andere in het Fox Theatre.

Blues – **Blind Willie's Live Blues Club 3:** 828 N Highland Ave. NE, tel. 404 873 2583, www.blindwilliesblues.com, ma.-za. vanaf 19 uur. Hier hoor je de allerbeste blues, vanaf 21 uur livemuziek.

Disco – **Masquerade 4:** 50 Lower Alabama St. SW 22, tel. 404 577 8178, www.masqueradeatlanta.com, dag. tot laat. Populaire club met plaats voor duizend bezoekers; muziek van dj's en concerten.

Indierock – **The Earl 5:** 488 Flat Shoals Ave. SE, tel. 404 522 3959, www.badearl.com, dag. tot laat. Al zo'n vijftien jaar het hipste adres voor indierockbands in het oosten van de metropool. Minimumleeftijd 21 jaar, naast drankjes ook kleine snacks verkrijgbaar.

Coole danstent – **Havana Club 6:** 3112 Piedmont Rd NE, tel. 404 941 4847, www.havanaclubatl.com, vr.-za. 21-3 uur. Party- en dansclub, ook met thema-avonden, in het noorden van de stad.

Rooftopbar – **Nikolai's Roof 7:** 255 Courtland St. NE, tel. 404 221 6362, www.nikolaisroof.com. Bar op de dertigste verdieping van het Hilton met goede cocktails en een fantastisch uitzicht op de skyline van downtown Atlanta.

... in Duluth (43 km/27 mijl ten oosten van Atlanta):

Countrymuziek – **Wild Bill's 8:** 2075 Market St., Duluth, tel. 678 473 1000, www.wildbillsatlanta.com. Een enorme dansclub met ruimte voor vijfduizend bezoekers, gogogirls in westernlook, country- en rockmuziek.

Actief

Wandelen tussen de boomtoppen – **Piedmont Park/botanische tuin 1:** 1845 Piedmont Ave. NE, tel. 404 876 5859, www.atlantabg.org, mei-okt. di.-zo. 9-19, do. tot 21.30 uur,

Actief

HERTEN KIJKEN IN HET RED TOP MOUNTAIN STATE PARK

Informatie

Begin: Visitor Center in Cartersville (zie hierna)
Afstand: 10,5 km/6,5 mijl
Duur: 2,5 uur
Moeilijkheidsgraad: licht tot matig
Heenreis: van Atlanta via de I-75 ruim 41 km naar het noordwesten, exit 285, dan via Red Top Mountain Road circa 2 km naar het oosten tot de ingang van het parkeerterrein.
Info: Visitor Center, 50 Lodge Rd. SE, Cartersville, GA 30121, tel. 770 975 4226, www.redtopmountainstatepark.org. Overnachtingsmogelijkheden in achttien rustieke cabins, die al enkele maanden van tevoren moeten worden gereserveerd ($ 80-250).
Belangrijk: neem bij je bezoek aan het State Park stevige schoenen en liefst ook een verrekijker mee.

U vertrekt bij het **Visitor Center**. Loop eerst via **Park Marina Road** naar het noorden, totdat na ongeveer 1,6 km/1 mijl rechts het eigenlijke wandeltraject van de **Homestead Trail** begint. (Ook op de smalle parkweg erheen valt overigens al veel te zien.)
In het bijna 6,5 ha grote State Park hebben witstaartherten weinig vrees voor wandelaars en laten zich vaak zien in het dunne loofbos. Tussen de lente en het begin van de herfst is hun vacht bruin, in het koudere deel van het jaar hebben ze een grijsachtige wintervacht.
De Homestead Trail slingert zich door het bos. Ongeveer halverwege de route volgt hij de oever van **Lake Allatoona**, dat aan het eind van de jaren 40 werd aangelegd en het schiereiland van het State Park aan drie zijden omgeeft. Een eenzame schoorsteen langs de weg herinnert aan de 'hofstede' *(homestead)* van een kolonist, waarnaar deze wandelroute is genoemd.
De roodachtige kleur van de bodem, waaraan het park zijn naam dankt, komt door het hoge gehalte aan ijzererts, dat hier vroeger werd gewonnen. Het zal je onderweg niet ontgaan dat de bomen en struiken aan de onderkant kaal zijn en pas boven de 2 m bladeren dragen. Dit bijzondere fenomeen zie je alleen in gebieden met een grote hertenpopulatie, die de sappige groene bladeren tot deze hoogte kan bereiken.

Tip

MET DE FIETS OVER DE SILVER COMET TRAIL

De stichting Path Foundations heeft sinds 1991 meer dan 240 km/150 mijl aan wandel- en fietspaden aangelegd in het landschap van Georgia. De **Silver Comet Trail** 3 begint in **Smyrna**, 21 km/13 mijl ten noordoosten van het centrum van Atlanta. Hij volgt het vroegere traject van een enkelsporige treinroute tot aan de grens met Alabama circa 96 km/60 mijl naar het westen. Daar begint de **Chief Ladiga Trail**, die bijna 65 km/40 mijl verder voert naar Anniston. Op de site www.pathfoundation.org lees je gedetailleerde informatie over deze schitterend gelegen route, over bezienswaardigheden, accommodatie en restaurants en over andere trails van deze stichting in Georgia.

nov.-apr. korter, volwassene $ 22, tot 12 jaar $ 19. In de botanische tuin aan de noordkant van het Piedmont Park is een wandelpad aangelegd op boomtophoogte, waar je de flora van het Zuiden kunt verkennen. Speciaal voor kinderen is er ook een leuke interactieve tuin met educatieve momenten.

Fietsen en skaten – **Scate Escape** 2**:** 1086 Piedmont Ave. NE, tel. 404 892 1292, www.skateescape.com. De winkel tegenover het Piedmont Park verhuurt fietsen en skates. Mountainbike $ 40 per dag (bij een minimum van drie dagen).

Professioneel honkbal – Sun Trust Park 5**:** 755 Battery Ave., tel. 404 577 9100, www.mlb.com/braves. De profs van de Atlanta Braves spelen van begin apr. tot eind sept. in het Sun Trust Ballpark.

American football – **Mercedes-Benz Stadium** 6**:** 1 AMB Dr. NW., tel. 470 341 5000. In dit stadion worden zowel de wedstrijden American football van de Atlanta Falcons als de voetbalwedstrijden van Atlanta United gespeeld. Volwassene vanaf $ 50, met korting vanaf $ 35.

Basketbal – **Philips Arena** 7**:** 1 Philips Dr., tel. 404 878 3000, www.philipsarena.com. De basketballers van de Atlanta Hawks en het damesteam Atlanta Dream dagen in de Philips Arena hun tegenstanders uit, kaarten vanaf zo'n $ 20 per persoon. Daarnaast worden hier veel popconcerten gegeven.

... in Smyrna (21 km/13 mijl ten noordoosten van het centrum):

Fietstocht – **Silver Comet Trail** 3**:** zie Tip (kader links).

... in Sandy Springs (32 km/20 mijl ten noorden van het centrum):

Watersport – **Chattahoochee River** 4**:** 1978 Island Ford Pkwy., tel. 770 804 9791, www.nps.gov/chat. Zwemmen, kajakken en kanoën op de Chattahoochee River, direct ten noorden van het centrum.

Evenementen

Martin Luther King Jr. Week: vanaf de 3e ma. van jan. Een week lang evenementen, conferenties, lezingen, tentoonstellingen en muziek ter ere van Martin Luther King.

Dogwood Festival: half apr. Optocht, diverse evenementen, kunsttentoonstellingen en tochten naar bloeiende kornoeljestruiken in de voorsteden, tel. 404 817 6642, www.dogwood.org.

Atlanta Jazz Festival: mei. Tal van grootheden in de jazz musiceren tijdens dit festival op enkele tientallen podia verspreid door de hele stad. Het grote, drukbezochte slotconcert van dit gerenommeerde en internationaal bezette muziekfestival vindt plaats in het Piedmont Park. Informatie via tel. 404 456 6826, www.atlantafestivals.com.

Stone Mountain Highland Games: half okt. Nakomelingen van Schotse immigranten – vanzelfsprekend in traditionele kilts – komen bijeen in de schaduw van de Stone Mountains om te dansen op Schotse muziek en elkaar uit te dagen in verscheidene krachtmetingen, tel. 770 521 0228, www.smhg.org.

Vervoer

Vliegtuig: Atlanta Hartsfield International Airport ATL, 574 Airport S Pkwy., tel. 800 897 1910, www.atl.com. Verbindingen naar alle grote steden in de VS en veel rechtstreekse vluchten naar Europa; Atlanta is een van de grootste luchthavens ter wereld. Taxi's naar de binnenstad vanaf zo'n $ 30, de metro MARTA kost $ 2,50, shuttlebus van de luchthaven naar verscheidene hotels en haltes in het centrum vanaf $ 17.

Trein: Amtrak, 1688 Peachtree St., NW, tel. 800 872 7245. Verbindingen naar Washington D.C. en New Orleans, www.amtrak.com.

Bus: Greyhound, 232 Forsyth St., tel. 404 584 1728, www.grey hound.com.

Vervoer in de stad

Atlanta beschikt met MARTA, de Metropolitan Atlanta Rapid Transit Authority, over een uitgebreid snelspoornet met vier routes en een dertigtal haltes, daarnaast vind je hier ongeveer 150 busroutes, tel. 404 848 5000, www.itsmarta.com. Informatie over dienstregelingen en trajecten is te vinden op www.itsmarta.com/train-stations-and-schedules.aspx en www.itsmarta.com/bus-schedules.aspx.

Ten noorden van Atlanta

Etowah Indian Mounds

▶ 2, C 5

Circa 64 km/40 mijl ten NW van Atlanta bij Cartersville, tel. 770 387 3747, www.gastateparks.org/EtowahMounds, di.-za. 9-17 uur, volwassene $ 6, 6-17 jaar $ 4,50

Tot de belangrijkste vindplaatsen van kunstvoorwerpen en werktuigen uit de indiaanse Mississippicultuur en tegenwoordig een beschermde State Historical Site behoren de **Etowah Indian Mounds**. De nederzetting met duizend tot tweeduizend inwoners lag tussen 1000 en 1500 n.Chr. niet ver van waar nu de I-75 loopt. Er zijn diverse heuvels en platformen te zien, waarvan de ceremoniële plaats het omvangrijkst is: hier verhief zich ooit een overdekt lemen gebouw met een oppervlakte van 100 x 100 m aan de basis en een hoogte van 20 m. Vanwege de bijzonder rijke grafgeschenken – gedetailleerd uitgewerkte beeldjes van zittende en knielende personen – is de vindplaats een goudmijn voor archeologen gebleken.

Calhoun en omgeving

▶ 2, C 4

Calhoun

Dit stadje van ongeveer 16.500 inwoners ligt nabij de I-75 bijna halverwege tussen Chattanooga en Atlanta. In 1820 riepen de Cherokee hier Cherokee Nation – een indiaanse republiek – uit. Ze kozen stamhoofd John Ross als president, bouwden een vergaderzaal en gaven een tweetalige krant uit, de *Cherokee Phoenix*, in de pas ontwikkelde geschreven versie van het Cherokee en in het Engels. De federale overheid in Washington D.C. maakte echter al snel duidelijk dat de grond hoe dan ook onteigend zou worden, vanwege de aanwezige bodemschatten. Er zouden geen indianen in het gebied kunnen blijven, ook al hadden ze zich aangepast. Zo bezat stamhoofd James Vann verder noordelijk zelfs een bijna 400 ha grote, door slaven bewerkte plantage.

New Echota State Historic Site

1211 Chatsworth Hwy. NE, 1 800 864 7275, www.gastateparks.org/NewEchota, di.-za. 9-17, zo. 13-17 uur, volwassene $ 7, 6-17 jaar $ 5,50

In 1838 stichtte generaal Winfried Scott in opdracht van de Amerikaanse president Andrew Jackson bij New Echota een interneringskamp voor indianen. Kort daarna begonnen dertienduizend Cherokee vanhier aan hun slopende tocht naar Oklahoma in het westen. Slechts zo'n negenduizend bereikten Oklahoma, de andere vierduizend bezweken

Actief

WANDELING NAAR DE ANGEL FALLS

Informatie

Begin: parkeergelegenheid aan de noordzijde van de camping van het Rabun Beech Recreation Area, 7,5 km/5 mijl ten noorden van Tallulah Falls
Afstand: heen en terug ruim 3 km/2 mijl
Duur: circa 1 uur
Moeilijkheidsgraad: licht tot matig
Belangrijk: op sommige plaatsen groeit de zogeheten gifsumak *(poison ivy)*. De eikenbladachtige bladeren van deze plant kunnen bij aanraking een pijnlijke allergische huidreactie teweegbrengen.

Vooral in de lente is deze wandeling langs twee ruisende watervallen prachtig, maar ook de rest van het jaar zul je beslist genieten van deze korte route in het **Chattahoochee-Oconee National Forest**. De **Angel Falls Trail** begint bij de parkeerplaats van het **Lake Rabun Beach Recreation Area** tegenover de telefooncel van de camping. Via een voetgangersbrug steek je de **Joe Creek** over. Vanhier blijft de kreek je rechts van het wandelpad begeleiden tot vlak voor het einde van de trail. Dichte rododendrons en berglaurier flankeren het pad, later afgelost door esdoorns, eiken, tulpenbomen en magnolia's. Op stenen en bomen groeit mos, in de schaduw van de bomen groeien varens. Bij de **Panther Falls**, de eerste van de twee watervallen, dendert het water over diverse trappen ruim 12 m omlaag in een natuurlijk bas-

sin. De volgende 400 m wordt het pad steiler en smaller. De route wordt afgesloten met een rondlopend stuk.
Een houten brug over de Joe Creek biedt als **uitkijkplatform** het beste zicht op de **Angel Falls**, waarvan de cascades net als bij de Panther Falls bijna 20 m in de diepte storten. Vanwege de vochtige nevel kunnen varens en mossen hier bijzonder goed gedijen. Pas wel op dat je niet uitglijdt, want door de afgevallen bladeren kan het op de steile delen behoorlijk glad zijn.

onderweg op de *Trail of Tears*, het pad van tranen. Op het terrein van de **New Echota State Historic Site** zijn reproducties van de belangrijkste openbare gebouwen uit die tijd – zoals het gerechtshof, een restaurant en de drukkerij van de krant – te bezichtigen.

Lake Lanier en omgeving ▸ 2, D 5

De eilanden aan het zuideinde van Lake Lanier, dat door de staat Georgia is aangemerkt als recreatiegebied voor gezinnen, zijn met de auto via bruggen bereikbaar. Het ten westen van de stad **Gainesville** gelegen merengebied, waar vooral inwoners van Atlanta in hun vrije tijd graag vertoeven, was tijdens de Olympische Spelen van 1996 de locatie waar de roeiwedstrijden werden gehouden. In deze omgeving met tal van hotels, vakantiehuizen en campings kan naar hartenlust worden gewatersport, getennist en gegolft. Het meer, dat in 1957 door de **Buford Dam** van de Chattahoochee River werd opgestuwd, is vernoemd naar Sidney Lanier, een dichter uit Georgia die in de 19e eeuw populair was.

Informatie

Visitor Information Center: 2875 Browns Bridge Rd., Gainesville, tel. 770 536 5209, www.discoverlakelanier.com, ma.-vr. 8-17 uur.

Tallulah Falls ▸ 2, D/E 4

338 Jane Hurt Yarn Dr., Tallulah Falls, tel. 706 754 7981, www.gastateparks.org/Tallulah Gorge, dag. 8 uur-zonsondergang, parkeren $ 5

Deze spectaculaire, als State Park beschermde kloof is bereikbaar vanuit Gainesville na een rit van 65 km/ruim 40 mijl door een heuvelachtig landschap met appel- en perenboomgaarden in het noordoosten van Georgia. De weg voert tot vlak bij de **Tallulahkloof**, die zich met een diepte van ruim 300 m even abrupt als indrukwekkend openbaart. Verscheidene uitzichtpunten in het kleine park langs de kloof zullen bezoekers met hoogtevrees beslist kriebels in de buik bezorgen. In de diepte zijn de rivier en de **watervallen** te zien.

Helen

Ten noorden en westen van de Tallulah Falls wordt het beboste landschap bergachtiger. Het 500 inwoners tellende plaatsje **Helen** is omgetoverd in een *Bavarian Village* (Beiers dorp), waar elk jaar half september een zes weken durend Oktoberfest losbarst met onvervalste 'hoempamuziek'.

Informatie

Alpine Helen/White County Convention & Visitors Bureau: 726 Bruckenstrasse, tel. 706 878 2181, www.helenga.org.

Lake Chatuge en Lake Burton

Zeker een kleine omweg waard is het **Lake Chatuge** met het plaatsje Hiawassee en het in het zuiden aangrenzende, door dichte bossen omgeven **Lake Burton**. Het is vooral aardig om hier een kijkje te nemen tijdens de **Georgia Mountain Fair** (zie Evenementen hierna) in juli en het ruim een week durende Fall Festival in oktober, waarbij festivalgangers van heinde en verre toestromen om zich te laten meeslepen door de zang

en de *fiddles* (violen) van de *mountain music*.

Informatie

Towns County Chamber of Commerce: 1411 Jack Dayton Circle, Young Harris, tel. 706 896 4966, www.mountaintopga.com.

Evenementen

Georgia Mountain Fair: eind juli, elfdaags muziekfestival en kookwedstrijd, muziek en dans in Hiawassee, tel. 706 896 4191, www.georgiamountainfairgrounds.com.
Fall Festival: half okt. negen dagen met muziek, dans en kunstnijverheid uit de zuidelijke Appalachen in Hiawassee, www.georgia mountainfairgrounds.com.

Tip

ATHFEST

Op dit enorme, vijf dagen durende muziekfestival in juni halen tweehonderd groepen het beste uit zichzelf op drie openluchtpodia en in een tiental plaatselijke clubs. De meeste bands zijn afkomstig uit Athens en Georgia. Daarnaast tonen vijftig beeldend kunstenaars hun werk en bij het gratis festival KidsFest kunnen kinderen van alle leeftijden hun artistieke talenten laten zien. Bij het gelijktijdig georganiseerde filmprogramma presenteren filmmakers uit de regio zich (tel. 706 548 1973, www.athfest.com).

Ten zuiden en ten oosten van Atlanta

Athens ▶ 2, E 5

Nomen est omen: in geen enkele andere stad in Georgia zie je zoveel huizen in *Greek revival*-stijl als in Athens. De in 1785 gestichte universiteit van Georgia zou gestoeld zijn op de tradities van het klassieke Hellas.

Een wat vreemd overblijfsel uit het verleden van de stad is nog te zien bij de kruising van College en Clayton Street bij het stadhuis. Hier staat een nog altijd naar het noorden gericht **dubbelloopskanon** uit de Burgeroorlog, waarvan de kogels via kettingen met elkaar waren verbonden. Gelukkig voor Athens is het kanon nooit ingezet: het zou wegens constructiefouten meer schade aan de eigen omgeving hebben aangericht dan bij de vijand.

Het ruim 120.000 inwoners tellende Athens is niet in zijn eigen geschiedenis blijven steken, maar een heel levendige stad, niet in de laatste plaats dankzij de universiteit, waaraan ruim 35.000 studenten staan ingeschreven (www.uga.edu). Geen wonder dat er langs College Avenue ten zuiden van het centrum niet alleen boetieks, boekwinkels en copyshops, maar ook veel cafés, terrasjes, restaurants en muziekclubs te vinden zijn. Athens geldt als een van de centra voor rock- en popmuziek van de zuidoostelijke staten. Rockgroepen als R.E.M., The B-52's en de Indigo Girls zijn hier hun internationale carrière begonnen.

Historische gebouwen

Veel van de historische gebouwen zijn te vinden op de campus en langs Prince Avenue: het **President's House**, het voormalige huis van de rector magnificus uit 1858 (570 Prince Ave.), de in 1823 gebouwde **University Chapel** (Herty Dr.), de **Demosthenian Hall** uit 1824 (Herty Dr.) en het **Taylor-Grady House**, een prachtige planterswoning uit 1845, die bezichtigd en voor evenementen gehuurd kan worden (634 Prince Ave., tel. 706 549 8688, www.taylorgradyhouse.com, ma., wo., vr. 9-15, di., do. 9-13 uur, bezichtiging volwassene $ 3).

De ruige, romantische Tallulahkloof

Versgebrand: Jittery Joe's koffie is van de hoogste kwaliteit

T.R.R. Cobb House

175 Hill St., tel. 706 369 3513, www.trrcobb house.org, di.-za. 10-16 uur, volwassene $ 2

Het **T.R.R. Cobb House** uit 1852 was het woonhuis van Thomas Cobb, auteur van de grondwet van de Confederatie en generaal van de zuidelijke staten. Het is ingericht met meubilair uit zijn tijd.

Georgia Museum of Art

90 Carlton St., tel. 706 542 4662, www.georgia museum.org, di., wo., vr., za. 10-17, do. 10-21, zo. 13-17 uur, gratis

Het **Georgia Museum of Art** hoort ook bij de universiteit. Het heeft een zeer bezienswaardige collectie Amerikaanse kunst. De nadruk ligt op de schilderkunst van de 19e en de 20e eeuw, met daaronder werk van Winslow Homer, Jacob Lawrence, Georgia O'Keeffe en Theodore Robinson.

Informatie

Athens Welcome Center: 280 E Dougherty St., tel. 706 353 1820, www.athens welcomecenter.com. Het bezoekerscentrum is gevestigd in het Church-Waddel-Brumby House, dat in 1820 als particuliere villa in de *federal style* werd gebouwd, ma.-za. 10-17, zo. 12-17 uur.

Accommodatie

Met mooie tuin – **Colonels B&B:** 3890 S Barnett Shoals Rd., tel. 706 559 9595, www.thecolonels.net. Het ontbijt is bijzonder smakelijk, in de tuin groeien kleurige magnolia's en pecanbomen. 2 pk vanaf $ 155.

Ecologisch – **Hotel Indigo:** 500 College Ave., tel. 706 546 0430, www.indigoathens.com. Chic, modern en volgens ecologische grondslagen gebouwd met hergebruik van warmte en water. 2 pk vanaf $ 150.

Royaal – **Graduate Athens:** 295 E Dougherty St., tel. 706 425 9700, www.graduate athens.com. Verzorgd complex met lokale charme en moderne bijgebouwen, waaronder een wellnesscentrum, koffiebar Iron Works Coffee en het rustieke restaurant The Foundry. 2 pk vanaf $ 140.

Eten en drinken

Legendarische locatie – **Last Resort Grill:** 174-184 W Clayton St., tel. 706 549 0810, www.lastresortgrill.com. Uitstekende bistro in de gerenoveerde vertrekken van de gelijknamige legendarische muziekkroeg, waar ooit Townes Van Zandt en Jimmy Buffet nog hebben opgetreden. Hoofdgerecht vanaf $ 16.

Zuidwest-zuidoost – **Last Resort Grill:** 174-184 W Clayton St., tel. 706 549 0810, www.lastresortgrill.com. Levendig restaurant met een keuken die een combinatie van zuidwest en zuidoost biedt. Gerecht $ 8-25.

Ontspannen – **Mama's Boy:** 197 Oak St., tel. 706 548 6249, www.eatatmamasboy.com, dag. ontbijt 7-14.30 uur, lunch vanaf 11 uur. Prettige sfeer. Gerecht $ 5-9.

Soul food – **Weaver D's Delicious Lunch:** 1016 E Broad St., tel. 706 353 7797, ma.-za. 11-18 uur. '*Soul food*-professor' Dexter Weaver heeft veel stamgasten, onder wie de bandleden van de B-52's en R.E.M., die zelfs een album aan hem hebben opgedragen. *Ham & grits* als ontbijt, 's middags lekkernijen als *meatloaf* en *chicken & gravy*. Gerecht vanaf $ 4.

Heerlijke koffie – **Jittery Joe's:** 279 E Broad St., tel. 706 613 7449, www.jitteryjoes.com, ma.-vr. 7-22, za.-zo. 7.30-22 uur. Originele kleine koffiebranderij met verschillende vestigingen. Koffie met gebak. Koffie vanaf $ 3.

Goed drinkbaar – **Terrapin Brewery:** 265 Newton Bridge Rd., tel. 706 549 3377, www.terrapinbeer.com/brew. Microbrouwerij met lekkere biersoorten. De *rye pale ale* en andere bieren zijn inmiddels op veel plaatsen in de zuidoostelijke staten te krijgen. Het wordt gebrouwen in Athens. Rondleiding door de brouwerij met een proeverij ter afsluiting, wo.-do. 16-20, vr.-za. 13-21, zo. 12.30-18 uur, toegang gratis.

Uitgaan

Livemuziek – **40 Watt Club:** 285 W Washington St., tel. 706 549 7871, www.40watt.com, dag. meestal 18/20-2.45 uur. In deze levendige club in de buurt van de universiteit zijn bands als R.E.M. en de B-52's groot geworden. Nu spelen hier de sterren van morgen.

Avant-garde – **Caledonia Lounge:** 256 W Clayton St., tel. 706 549 5577, www.caledonialounge.com. Blues, indie en rock van vernieuwende bands uit de regio, dag. vanaf 21 uur.

Old School – **The Globe:** 199 N Lumpkin St., tel. 706 353 4721. Al meer dan twintig jaar goed eten, drinken en brassbands.

Actief

Joggen, wandelen – **Sandy Creek Nature Center:** 205 Old Commerce Rd., tel. 706 613 3615, www.accgov.com/2774/sandy-creek-nature-center. Weiden, bossen en kwelderland in uitgestrekte natuurgebieden ruim 500 m ten noorden van de Athens Bypass (ringweg) met een goed netwerk van wandelpaden en tal van joggingroutes.

Evenementen

AthFest: 2e helft juni, zie Tip blz. 285.

Vervoer

Bus: Greyhound, 4020 Atlanta Hwy., Bogart, tel. 706 549 2255.

Lokaal vervoer: Athens Transit, 325 Pound St., tel. 706 613 3430, www.athenstransit.com. Deze busmaatschappij rijdt op vijftien routes die dwars door de stad lopen.

Madison ▶ 2, E 6

Joshua Hill, inwoner van Madison en senator van Georgia, legde in 1861 zijn ambt neer om niet te hoeven stemmen voor afscheiding van de Unie. Op zijn verzoek werd het 50 km/30 mijl ten zuiden van Athens gelegen Madison in 1864 niet platgebrand door het noordelijke leger onder Sherman. Hieraan is het te danken dat veel herenhuizen uit de tijd voor de Burgeroorlog bewaard zijn gebleven. Ze hebben al in tal van films over de zuidelijke staten als decor gediend. Je kunt ze bezichtigen tijdens de Madison Tours in mei en december. Als je Madison op een ander moment bezoekt, kun je in het Welcome Center een informatieve plattegrond halen met de interessantste antebellumhuizen.

Informatie

Madison-Morgan Welcome Center: 115 E Jefferson St., tel. 706 342 4454, visitmadisonga.com, ma.-vr. 9-17, za. 10-17, zo. 13-16 uur.

Eten en drinken

Grote porties – **Madison Chop House Grille:** 202 S Main St., tel. 706 342 0910. In een grote eetzaal worden al even grote porties vlees, pasta en zalm geserveerd. Gerecht $ 8-25.

Eatonton ▶ 2, E 6

Deze kleine stad met ongeveer 6500 inwoners is de administratieve zetel van Putnam County. De meeste mensen werken in de landbouw, de regio is een van de armere regio's van Georgia.

Verschillende bekende schrijvers zijn in Eatonton geboren, onder wie de auteur van de *Uncle Remus*-verhalen. De in 1944 in Eatonton geboren zwarte schrijfster Alice Walker ontving in 1983 de Pulitzerprijs voor haar roman *De kleur paars*, over het leven van vrouwen in het landelijke Georgia, later door Steven Spielberg verfilmd met Whoopi Goldberg in de hoofdrol.

Uncle Remus Museum

Turner Park, tel. 706 485 6856, www.uncleremusmuseum.org, mrt.-okt., ma.-za. 10-12, 13-17, zo. 14-17, nov.-feb. ma.-za. 10-16, zo. 13-16 uur, volwassene $ 5, 5-12 jaar $ 3

Het **Uncle Remus Museum** is gewijd aan de hier in 1848 geboren kinderboekenauteur Joel Chandler Harris, die bekend werd met zijn eind 19e eeuw geschreven verhalenreeks met de slaaf Remus als verteller.

Rock Eagle

350 Rock Eagle Rd., 11 km/7 mijl ten noorden van de US 441, tel. 706 484 2899, www.rockeagle4h.org, gratis

Als je de uitkijktoren van **Rock Eagle** beklimt, kun je een heuvel met de contouren van een roofvogel zien liggen. De indiaanse bewoners creëerden Rock Eagle tweeduizend jaar geleden van melkwitte kwartsietstenen.

Augusta ▶ 2, F/G 6

Elk jaar in april komen de beste professionele golfers ter wereld naar de 'Green City' om te excelleren op de National Golf Course. Aan toegangskaarten is onmogelijk te komen, want die gaan naar de leden. Wie de legendes van nabij wil zien, moet hopen op een kaartje voor de trainingsrondes, waar om wordt geloot.

De stad met bijna 200.000 inwoners aan de Savannah River, de grensrivier tussen Georgia en South Carolina, was in de 19e eeuw een belangrijke overslagplaats voor het katoen dat op de plantages aan weerszijden van de oevers werd verbouwd en via het in 1844 aangelegde **Augusta Canal** werd verscheept. De sluizen en bruggen van het kanaal zijn nog altijd te bezichtigen.

Bezienswaardigheden

In de voormalige katoenbeurs, de **Historic Cotton Exchange** bij de Riverwalk, tussen 5th Street en 10th Street, deden de katoenplanters en handelaars zaken. Daarna zaten ze 's avonds genoeglijk bij elkaar met een glas punch en een pijpje of gokten ze op de toentertijd populaire hanengevechten.

Het **Confederate Monument** aan Broad St. in het centrum van de stad en de eenzame schoorsteen van **Sibley Mills**, ooit de belangrijkste kruitfabriek van het Zuiden, herinneren aan de tijd van de Burgeroorlog. De winkel- en voetgangerspassage **Cotton Row**, waar vroeger een magazijn en een overslagplaats van katoen gevestigd waren, voert naar de Savannah River. Aan de parkachtige oeverpromenade Riverwalk tussen 5th en 10th Street vinden 's zomers in een amfitheater toneelvoorstellingen plaats en worden concerten gegeven.

Morris Museum of Art

1st 10th St., tel. 706 724 7501, www.themorris.org, di.-za. 10-17, zo. 12-17 uur, volwassene $ 5, 13-17 jaar $ 3, tot 12 jaar gratis

Het nabijgelegen **Morris Museum of Art** is uitgegroeid tot een gerenommeerd museum voor schilder- en beeldhouwkunst uit voornamelijk de zuidoostelijke staten. De collectie omvat ongeveer vijfduizend kunstwerken, van de late 18e eeuw tot heden. Daaronder zijn schilderijen uit de tijd van de

Burgeroorlog maar ook hedendaagse, zoals *Man with a necktie* (2000) van de Amerikaanse schilder Philip Morsberger.

Augusta Museum of History

560 Reynolds St., tel. 706 722 8454, www.augustamuseum.org, do.-za. 10-17, zo. 13-17 uur, volwassene $ 4, 6-17 jaar $ 2

Het **Augusta Museum of History** neemt zijn bezoekers mee op een 12 duizend jaar lange reis die onder andere naar opgravingen van indiaanse ceremoniële plaatsen, de Oorlog van 1812 tegen Groot-Brittannië en ten slotte naar het heden voert. Er is een aparte tentoonstelling gewijd aan James Brown, de in 2006 overleden 'Godfather of Soul'. Hij groeide op in Augusta en werd wereldberoemd met songs als *It's a man's man's man's world*.

Informatie

Augusta Visitor Center: Welcome Center in de lobby van het Augusta Museum of History, 560 Reynolds St., tel. 706 724 4067, www.augustaga.org, ma.-za. 10-17, zo. 13-17 uur.

Accommodatie

Uit de tijd van de Burgeroorlog – **Perrin Guest House Inn:** 208 LaFayette Dr., tel. 706 737 9444, www.perringuesthouse.com. B&B in zorgvuldig verbouwde plantershuizen, enkele kamers met open haard of bubbelbad. Vanaf $ 165.

Degelijke gastvrijheid – **The Partridge Inn:** 2110 Walton Way, tel. 706 737 8888, www.curiocollection3.hilton.com. Traditioneel hotel met een stijlvolle ambiance en een goed restaurant, in het weekend livemuziek. 2 pk vanaf $ 160.

Uitstekend ontbijt – **Queen Anne Inn:** 406 Greene St., tel. 706 723 0045, www.queenanneinnaugusta.com. Gemoedelijke herberg in victoriaanse stijl, met in het weekend een rijkelijk ontbijt, 2 pk vanaf $ 115.

Eten en drinken

Gelambriseerde eetzaal – **Calvert's:** 475 Highland Ave., tel. 706 738 4514, www.calvertsrestaurant.com, di.-za. 5-21 uur. Met zorg bereide gerechten, veelal met lokale producten; traditionele ambiance. Hoofdgerecht vanaf $ 23.

Visgerechten – **Old McDonald Fish Camp:** 335 Currytown Rd., North Augusta, tel. 803 279 3305, www.oldmcdonaldfishcamp.com, do./vr. vanaf 17, za. vanaf 16 uur. Meerval, heilbot, oesters, krab – alles is even heerlijk en vers. Hoofdgerecht vanaf $ 14.

Heerlijke desserts – **The Boll Weevil:** 10 9th St., tel. 706 722 7772, www.thebollweevil.com, ma.-do. 11-21, vr.-za. 11-22, zo. 12-20 uur. Keuze uit soepen, salades, sandwiches en hoofdgerechten. Veel bezoekers komen speciaal voor het frambozendessert en andere smakelijke nagerechten op de kaart. Dessert vanaf $ 5, hoofdgerecht vanaf $ 14.

Actief

Joggen, fietsen en kajakken – **Augusta Canal:** tel. 706 823 0440, www.augustacanal.com. Gemarkeerde routes van 5 tot 20 km langs of nabij het kanaal of per kajak over het water.

... in Evans (16 km/10 mijl ten noordwesten van Augusta):

Kanoverhuur – **Escape Outdoors:** Evans, 4275 Washington Rd., tel. 706 869 8080, www.getyouradventureon.com, ma.-za. 10-18 uur, kajak vanaf $ 35 per dag.

Evenementen

Augusta Masters Golf Tournament: apr. Kaarten voor de finale zijn helaas vrijwel niet of alleen tegen exorbitante bedragen te krijgen. In 2011 werden voor het eerst sinds 47 jaar enkele teruggebrachte kaarten voor het evenement verkocht. Je mag al van geluk spreken als je een ticket voor een van de trainingsrondes weet te bemachtigen. Ticket Office, tel. 706 667 6700, www.masters.com.

Arts in the Heart of Augusta Festival: half sept. groot kunstfestival met een parade van culturen, voorstellingen, tentoonstellingen en concerten, tel. 706 826 4702, www.artsintheheartofaugusta.com.

Vervoer

Bus: Greyhound, 1546 Broad St., tel. 706 722 6411, www.greyhound.com.

Het zuiden en de kust van Georgia

De stad Macon met zijn imposante oud-indiaanse cultusplaats ligt bijna in het geografische midden van Georgia. Direct ten zuiden ervan gaat het landschap over in de uitgestrekte kustvlakte. De Atlantische kust tussen Savannah en Cumberland Island zit vol kloven. Stranden zijn vooral te vinden op de voor de kust gelegen eilanden.

Macon ▸2, D 7

De op drie na grootste stad van de staat ligt te midden van mais-, tabaks- en katoenvelden. Het economisch centrum van de regio telt zo'n 150.000 inwoners. Het Wesleyan College was bij de oprichting in 1836 de eerste universiteit ter wereld waar uitsluitend vrouwen studeerden. In deze stad met veel openbaar groen staan half maart zo'n 300.000 Japanse Yoshinokersenbomen in bloei. Dan viert Macon het Cherry Blossom Festival (kersenbloesemfeest) met meer dan driehonderd culturele en sportevenementen.

Macon Historic District

Het in 1836 in *Greek revival*-stijl gebouwde stadhuis in Poplar Street was oorspronkelijk bedoeld als onderkomen van de lokale bank. In de laatste twee jaar van de Burgeroorlog diende het als tijdelijk Capitool van Georgia. In het Macon Historic District zijn enkele tientallen gerestaureerde huizen uit de tijd van voor de Burgeroorlog te zien.

Johnston-Felton-Hay House

934 Georgia Ave., tel. 478 742 8155, www.hayhousemacon.org, rondleiding mrt.-juni en sept.-dec., ma.-za. 10-15, zo. 13-15 uur, volwassene $ 11, 6-17 jaar en scholier $ 7

Een van de bezienswaardige gebouwen in het Macon Historic District is het in 1855 door een katoenkoopman in Italiaanse renaissancestijl gebouwde **Hay House**, dat is ingericht met alle denkbare luxe.

Tubman African American Museum

340 Walnut St., tel. 478 743 8544 www.tubmanmuseum.com, di.-za. 9-17 uur, volwassene $ 10, 3-17 jaar $ 6

Het **Tubman African American Museum** is genoemd naar Harriet Tubman, een zwarte strijdster voor de burgerrechten, die tijdens de Burgeroorlog meer dan driehonderd slaven naar het noorden heeft helpen ontsnappen. In het museum is ook werk van zwarte kunstenaars tentoongesteld.

Allman Brothers Museum

Big House, 2321 Vineville Ave., tel. 478 741 5551, do.-za. 11-18, zo. 11-16 uur, volwassene $ 15, scholier $ 10

Het **Allman Brothers Band Museum** herinnert aan de legendarische band uit Macon, een rockicoon uit het zuidoosten van de VS.

Informatie

Macon-Bibb County Visitors Bureau: 450 Martin Luther King Jr. Blvd., tel. 478 743 3401, www.maconga.org, ma.-vr. 9-17, za. 10-16 uur.

Accommodatie

Luxueus – **1842 Inn B&B:** 353 College St., tel. 478 741 1842, www.1842inn.com. Luxe

Het Confederates Monument in het Historic District van Macon

B&B in een imposant, verscheidene malen uitgebreid pand van voor de Burgeroorlog en in een victoriaans tuinhuis. Tijdens het cocktailuur verzamelen de gasten zich in de lobby of op de veranda. 2 pk vanaf $ 210.

Comfort – **SpringHill Suites:** 4630 Sheraton Dr., tel. 478 477 9255, www.marriott.com/springhill-suites/travel.mi. Comfortabel hotel aan de noordwestrand van Macon. Ruime kamers, gratis wifi, fitnessruimte, zwembad, parkeergelegenheid. 2 pk vanaf $ 110.

Eten en drinken

Franse keuken – **Back Burner Restaurant:** 2242 Ingleside Ave., tel. 478 746 3336, zo./ma. gesloten. Moderne keuken met een Provençaals tintje in labyrintische huisjes, zeer goede wijnkaart. Gerecht $ 12-28.

Familiebedrijf – **S&S Cafeteria:** 2626 Riverside Dr., tel. 478 746 9406, www.sscafeterias.com, ma.-za. 11-14.15 en 17-20, zo. 11-20 uur. Lange toonbank, alles vers: van de koffie met gebak tot de gebraden haantjes met okra. Ook verscheidene vestigingen in Tennessee en South Carolina. Gerecht $ 4-10.

... in Juliette (40 km/25 mijl ten noorden van Macon):

Filmlocatie – **Whistle Stop Café:** 443 McCrackin St., tel. 478 992 8886, www.thewhistlestopcafe.com, dag. 11-16 uur. In de ingetogen provinciale sfeer van dit plaatsje werd in 1991 de Hollywoodfilm *Fried green tomatoes* opgenomen; sommige scènes speelden zich in dit café af. Er staan nog steeds gebakken groene tomaten op de kaart. Hoofdgerecht $ 6-12 (geen creditcard).

Actief

Stadsexcursies – **Rock Candy Tours:** tel. 478 955 5997, www.rockcandytours.com. Interessante excursies met als thema de muziekgeschiedenis van Macon – in deze stad hebben musici als Ray Charles, Otis Redding en Little Richard hun sporen nagelaten.

Evenementen

International Cherry Blossom Festival: maart. Tien dagen feest als de 300 duizend kersenbomen in de stad zich in het zachtroze hullen, www.cherryblossom.com.

Vervoer

Bus: Greyhound, 65 Spring St., tel. 478 743 5412, www.greyhound.com.

Het Diepe Zuiden

De weg naar het zuiden van Georgia, voorbij Waycross naar Okefenokee Swamp, voert langs eindeloze katoen-, tabaks- en pindavelden.

Albany ► 2, C 9

Albany (ongeveer 78.000 inwoners) noemt zichzelf 'pecannotenhoofdstad van de wereld'. De hier geboren Ray Charles wordt geëerd met een bronzen standbeeld, zittend aan een vleugel op de Ray Charles Plaza.

Albany Civil Rights Institute

326 W. Whitney Ave., tel. 229 432 1698, www.albanycivilrightsinstitute.org, di.-za. 10-16 uur, volwassene $ 6, met korting $ 5

Het **Civil Rights Institute** is gewijd aan de burgerrechtenbeweging van de jaren 60 in het zuidwesten van Georgia en toont de bijzondere rol en de moed van juist de gewone mensen.

Flint River Quarium

117 Pine Ave., tel. 229 639 2650, www.flintriverquarium.com, di.-za. 10-17, zo. 13-17 uur, volwassene $ 9, 4-12 jaar $ 6,50

De belangrijkste attractie is de Blue Hole Spring, een meer dan zeven meter hoog aquarium van 662.000 liter met daarin meer meer dan 120 verschillende vissoorten die inheems zijn in de zuidelijke staten. In een grote volière zie je vogels die bij voorkeur bij rivieren als de Flint leven.

Plains ► 2, C 8

Ongeveer 65 km/40 mijl ten noorden van Albany ligt het 700 inwoners tellende plaatsje **Plains**, dat wereldwijde bekendheid kreeg als woonplaats van Jimmy Carter, de 39e president van de VS (1977-1981).

Jimmy Carter National Historic Site

300 Bond St., tel. 229 824 4104, www.nps.gov/jica, dag. 9-17 uur

In het voormalige depot van de spoorwegmaatschappij Seaboard Railroad, waarvan de treinen hier tot 1951 stopten, zijn nu foto's en documenten uit de verkiezingscampagne van Jimmy Carter te zien, die in 1977-1981 de 39e president van de VS was. De high school met een bezoekerscentrum van de **Jimmy Carter National Historic Site** en de boerderij waar Jimmy Carter zijn jeugd doorbracht geven een indruk van zijn leven in de provincie in het zuiden van Georgia.

Tip

INDIANENCULTUUR

Het Maconplateau werd al meer dan 10.000 jaar bevolkt door verschillende indianenstammen. De indrukwekkendste sporen zijn achtergelaten door de indianen van de Mississippicultuur, die zich hier omstreeks 900 n.Chr. op de oevers van de Ocmulgee River vestigden in een nederzetting met ongeveer duizend bewoners. Ze brachten het land in cultuur en lieten imposante aarden heuvels in de vorm van afgevlakte piramides verrijzen, waarop vroeger hun ceremoniële gebouwen stonden. In het **Ocmulgee National Monument**, met een uitstekend bezoekerscentrum en enkele maquettes van het historische complex, kom je alles te weten over de cultuur van de bijna vergeten oerinwoners van het gebied (1207 Emery Hwy., circa 3,5 km/2 mijl van het centrum Macon, tel. 478 752 8257, www.nps.gov/ocmu, dag. 9-17 uur, volwassene $ 6, tot 12 jaar $ 3).

Punteren is de beste manier om door de Okefenokee Swamp te komen

Tifton ▶ 2, D 9

In **Tifton**, 65 km/40 mijl ten oosten van Albany, geeft het museumdorp **Georgia Museum of Agriculture & Historic Village** een beeld van het landleven rond 1900 (8th St./Whiddon Mill Rd., tel. 229 391 5200, www.abac.edu/museum, di.-vr. 9-15 uur, volwassene $ 7, 5-16 jaar $ 4).

Andersonville National Historic Site ▶ 2, D 8

496 Cemetery Rd., tel. 229 924 0343, www.nps.gov/ande, dag. 8-17 uur, gratis

Ruim 32 km/20 mijl ten noordoosten van Plains ligt het **Andersonville National Historic Site**, het beruchtste zuidelijke gevangenenkamp ten tijde van de Burgeroorlog. Vanaf 1864, toen het front steeds dichterbij kwam, werden circa 30 duizend soldaten van het noordelijke leger bijeengedreven op een rechthoekig terrein, omgeven door een hoge palissade en een *dead line* (strook niemandsland). Dwars door het kamp liep een beek, die tegelijk als drinkwaterbron en riool dienstdeed. Van hen bezweken er 13 duizend aan ziektes en ondervoeding. Een gedenkplaats met delen van de palissade, ondergrondse gangen, tunnelschachten en de grote begraafplaats documenteert het leven en sterven in het kamp.

Okefenokee Swamp ▶ 2, F 10

'Land van de trillende aarde' noemden de Creek-indianen dit uitgestrekte moerasgebied in de huidige grensstreek van Georgia en Florida. In dit gebied leven ongeveer 12 duizend alligators, terwijl er in de zomer ruim 25 duizend reigers en ibissen zijn (zie Actief blz. 295).

Okefenokee National Wildlife Refuge

www.fws.gov/okefenokee

Het moerasland van de door de US Fish & Wildlife Service beheerde **Okefenokee National Wildlife Refuge** is toegankelijk vanuit verschillende windrichtingen en grenst aan een ander – kleiner – beschermd natuurgebied. Je kunt vanaf diverse vertrekpunten boottochten maken in het verlaten gebied: vanaf Fargo in het zuidwesten en het Stephen C. Foster State Park, Folkston, in het oosten, maar vooral van Waycross in het noorden, waar de Okefenokee Swamp grenst aan het Laura S. Walker State Park, ook een natuurgebied.

Stephen C. Foster State Park

Rte. 177, 29 km/18 mijl ten noordoosten van Fargo, tel. 912 637 5274, www.gastateparks.org/stephencfoster, dag. 7-22, Visitor Center wo.-zo. 9-17 uur, parkeertarief $ 5

Het State Park aan de oevers van de Suwannee River is een van de belangrijkste toegangen tot het moerasgebied. Je kunt er boottochten maken en er is een camping.

Laura S. Walker State Park

5653 Laura Walker Rd., Waycross, noordelijke parkingang, tel. 912 287 4900, www.gastateparks.org/LauraSWalker, dag. 7-22 uur, parkeertarief $ 5

Het State Park ligt net ten noorden van de Okefenokee Swamp. Er ligt een meer dat wordt omringd door tal van fiets- en wandelpaden. Je kunt eventueel in het meer zwemmen en er zijn kajaks en fietsen te huur. Bij het park behoren bovendien een camping en een picknickplaats, en ook nog een 18 holes-golfbaan.

Okefenokee Swamp Park

Tel. 912 283 0583, www.okeswamp.com, dag. 9-17.30 uur, volwassene $ 17, 3-11 jaar $ 16

In **Okefenokee Swamp Park** ten zuiden van Waycross is het ecosysteem van het moerasgebied te bewonderen. Vanaf een 30 m hoge uitkijktoren kun je de vele vaste moerasbewoners observeren.

Suwannee Canal Recreation Area

2700 Suwannee Canal Rd., Folkston, tel. 912 496 7836, www.fws.gov/refuge/Okefenokee/visit/plan_your_visit.html, auto $ 15, per persoon $ 5

In de **Suwannee Canal Recreation Area**, ongeveer 13 km/8 mijl ten zuiden van Folkston, bieden een uitkijktoren en een plankenpad door het moerasgebied ideale gelegenheid om vogels en alligators te kijken. Even voor het begin het plankenpad ligt **Chesser Island Homestead**, het in 1927 gebouwde en later gerestaureerde huis van de familie Chesser, dat nu een museum is, met rook- en voorraadkamer, een suikermolen en een siroopfabriek. De werktuigen hangen nog steeds aan de muur – alsof de bewoners elk moment kunnen binnenkomen.

Informatie

Okefenokee Chamber of Commerce and Welcome Center: 3795 Main St., Folkston, GA 31537, tel. 912 496 2536, www.folkston.com, ma.-vr. 8.30-17, za. 10-15 uur.

Waycross Tourism Bureau & Visitors Center: 417 Pendleton St., tel. 912 287 2969, www.waycrosstourism.com, ma.-vr. 8-17 uur.

Accommodatie

Geweldig ontbijt – **Inn at Folkston:** 3576 Main St., Folkston, tel. 912 496 6256, www.innatfolkston.com. Comfortabele lodge met vier kamers, goede uitvalsbasis om het moerasgebied te verkennen. 2 pk vanaf $ 140.

Degelijk – **BW Badbury Inn:** 2570 Memorial Dr., Waycross, tel. 912 284 0095, www.bestwestern.com. Twee verdiepingen tellend hotel met 38 kamers, met ontbijt en snel internet. 2 pk vanaf $ 110.

Camping – **Okefenokee Pastimes:** 28244 Hwy. 121, tel. 912 496 4472, www.okefenokee.com, juni-half sept. Bij de ingang van de Okefenokee National Wildlife Refuge, zo'n 13 km/8 mijl ten zuiden van Folkston; een twintigtal staanplaatsen. Vanaf $ 29.

Eten en drinken

Informeel – **Cavagnaro's:** 1810 Georgia Parkway W, tel. 912 285 4000. Steaks, zee-

Actief

BOOTTOCHTEN MET GIDS IN DE OKEFENOKEE SWAMP

Informatie

Begin: Okefenokee Adventures, 4159 Suwannee Canal Rd., Folkston, tel. 912 496 7156, www.okefenokeeadventures.com (zie blz. 296)
Lengte: 4-9,5 km/2,5-6 mijl
Duur: 4,5-5 uur
Moeilijkheidsgraad: licht (motorboot) tot matig (kano)
Kosten: tocht van een halve dag $ 120 voor één persoon, $ 95 per persoon bij twee of meer. Deze tocht moet worden gereserveerd. De hele dag door worden ook kortere tochten van 90 minuten aangeboden voor $ 22 per persoon.
Belangrijk: zonnebrandcrème, hoed en middel tegen insecten zijn onmisbaar. Bij de lange tocht wordt voor koude dranken en snacks gezorgd.

Okefenokee Adventures, de officiële concessiehouder van het moerasgebied, kent het gebied het best en wordt alom geprezen om zijn behoedzame gebruik van de natuur. Bij deze tocht (vooraf reserveren) gaan de deelnemers afhankelijk van hun conditie per motorboot (platbodem) of per kano op pad, onder begeleiding van een gids. Het oude, door dichte struiken, dennen en cipressen omzoomde **Suwannee Canal**, biedt al snel uitzicht op de uitgestrekte draslanden van de **Chesser Prairie**. Frank, de gids, kan veel vertellen over de flora en fauna van het moeras en de geschiedenis van het gebied.
Kalmpjes pruttelt de platbodem door het bijna zwarte water van het moerasgebied. De route voert langs witte waterlelies, kogelbiezen en waterhyacinten. Op de grotere eilanden met een vastere bodem groeien dennen, magnolia's en moerascipressen, op de kleinere, verende veenbulten gedijen alleen varens en riet.
Enkele van de ongeveer **12 duizend alligators**, die tot 3,5 m lang kunnen worden, laten zich zien. Ze liggen ogenschijnlijk loom, maar met een waakzame blik, half in het water en half op het droge. Reigers, ibissen en eenden, visarenden, ooievaars en talloze andere vogels voelen zich in de beslotenheid van het circa 960 km^2 grote moerasgebied in hun element. Dit geldt overduidelijk ook voor de duizenden muggen, die de inzittenden van de boot met pijnlijke steken 'hartelijk' verwelkomen in hun territorium.

Uit de bomen klinkt een herhaald 'kaah'. 'Dat is een **roodschouderbuizerd**,' zegt Frank, 'die leeft graag bij het water.' Aan de andere kant is even later een dof geklop te horen: een **kokardespecht** op zoek naar mieren en andere insecten. In de verte is een grote witgevederde vogel met een krachtige snavel te zien die met flinke passen door het water loopt. Het is een **kaalkopooievaar**, die broedt in dit gebied. Er komen ook verscheidene kolonies in Florida voor. De **zilverreiger** neemt eveneens grote stappen, maar oogt slanker en eleganter, en is geheel bedekt met een wit verenkleed. Zijn scherpe snavel schiet plotseling het ondiepe water in als hij een vis ontdekt. Na een tocht van ruim vier uur keert de boot bij de steiger terug.

vruchten of pizza. Voor ieder wat wils. Gerecht $ 11-30.

Grill – **Hog'N'Bones:** 1809 Old Reynolds St., Waycross, tel. 912 285 3657, www.hog-n-bones.com. Uitstekende grillgerechten, reusachtige sandwiches en de hele dag ontbijt. Gerecht $ 6-20.

Actief

Kano- en kajaktochten – **Okefenokee Adventures:** 4159 Suwannee Canal Rd., Folkston, tel. 912 496 7156, www.okefenokeead ventures.com, 9-16.30 uur uur. Tochten met gids en bootverhuur vanaf $ 25 per halve dag; Sunset Tour vanaf $ 28,50 (zie Actief blz. 295).

Wandelen – **Suwannee Canal Recreation Area:** Rte. 2/US 121/23 Fargo, tel. 912 496 7156, mrt.-sept. dag. 7-19.30, okt.-feb. 8-17.30 uur; 15 km aan wandelpaden en een plankenpad van 1,5 km.

Savannah ▶ 2, H 8

Kaart: blz. 298

De oudste stad van Georgia neemt zijn bezoekers direct voor zich in. Savannah kan bogen op een aangenaam levensritme plus een vrijwel geheel bewaard gebleven historische binnenstad, prachtig gerestaureerde huizen, lanen omzoomd met breed uitgegroeide bomen die behangen zijn met decoratief Spaans mos.

Stadsgeschiedenis

James Oglethorpe, officier en filantroop, die van de Britse koning George II het recht had gekregen om tussen North en South Carolina en Spaans Florida een kolonie te stichten, landde in februari 1733 met de eerste kolonisten op de steile oever van de Savannah en noemde de kolonie Georgia, naar zijn vorst. Georgia moest zich op een andere manier ontwikkelen dan de eerdere kolonies: zonder grootgrondbezit, slavenarbeid en alcohol en zonder de indianen hun land te ontfutselen. Armen, mensen met schulden en dissidenten uit andere kolonies en Engeland moesten hier een nieuwe kans krijgen. Dit bleek echter te hoog gegrepen, want de concurrentiepositie verzwakte snel. Na twintig jaar nam de Engelse vorst Georgia onder zijn hoede en stelde vanaf dat moment alles in het werk om de indianen hun land te ontnemen en Afrikaanse slaven op de plantages in te zetten.

De haven nabij de monding van de Savannah River en de Cotton Exchange waren vóór de Burgeroorlog belangrijke overslagplaatsen van katoen (het 'witte goud'). De stad, die bijna 150.000 inwoners telt, werd aangelegd volgens de ideeën van James Oglethorpe, waarbij openbare en particuliere gebouwen rond groene pleinen zijn gegroepeerd, symmetrisch met lanen verbonden en gecompleteerd met een commercieel centrum aan de haven van de Savannah River.

In het stadscentrum zijn 22 van de vroegere 24 pleinen met meer dan duizend huizen van voor de Burgeroorlog bewaard gebleven. Dit is vooral te danken aan het initiatief van zeven vrouwen die de met sloop bedreigde huizen opkochten en overdroegen aan instellingen en particulieren, onder strikte voorwaarde dat zij de bouwwerken grondig zouden restaureren. Dankzij

Straten als een parklandschap: Savannah bekoort met de harmonische schoonheid van Spaans mos en historische architectuur

deze werkwijze herinnert het centrum van Savannah nog altijd aan het geordende wereldbeeld van James Oglethorpe en aan de stabiele welvaart van voor de Burgeroorlog.

Aan de oever van de Savannah River

Het vroegere handelscentrum langs de steile oever van de rivier vormt de noordgrens van de oude stadswijk. De gebouwen, straten en verbindingswegen zijn ooit aangelegd op drie vlakke gebieden. Voetgangersbruggen en trappen verbinden River Street met de **Lower-** en de **Upper Factors Walk** 1. In de voormalige kantoorgebouwen en pakhuizen zitten nu tal van restaurants en bars, galeries en winkels. Het voormalige gebouw van de **Cotton Exchange** 2 huisvest tegenwoordig de Solomon's Lodge (vrijmetselaarsloge) van Savannah (100 E Bay St.).

Aan **Riverfront Plaza** 3, een oeverpromenade, en River Street liggen talrijke uitnodigende restaurants en winkels en kunnen wandelaars geregeld imposante, hoogbeladen containerschepen voorbij zien varen op weg naar de verder stroomopwaarts gelegen haveninstallaties en werven.

Ships of the Sea 4

41 Martin Luther King Jr. Blvd., tel. 912 232 1511, www.shipsofthesea.org, di.-zo. 10-17 uur, volwassene $ 9, 6-17 jaar $ 7

Het scheepvaartmuseum **Ships of the Sea** herinnert met scheepsmodellen, zeekaarten, nautische instrumenten en zeegezichten

aan de bedrijvigheid in de haven van voor de Burgeroorlog.

Savannah History Museum 5

303 Martin Luther King Jr. Blvd., tel. 912 651 6825, www.chsgeorgia.org, dag. 9-17 uur, volwassene $ 7, tot 12 jaar $ 4

Het **Savannah History Museum** en het bezoekerscentrum zijn ondergebracht in het voormalige station van de Central of Georgia Railway. Het museum documenteert de ontwikkeling van Savannah vanaf de ontmoeting van generaal Oglethorpe met het Yamacraw-stamhoofd Tomocheechee en de

Savannah

Bezienswaardig
1 Lower en Upper Factors Walk
2 Cotton Exchange
3 Riverfront Plaza
4 Ships of the Sea
5 Savannah History Museum
6 Jepson Center for the Arts
7 Telfair Academy
8 Olde Pink House
9 Owens-Thomas House
10 Colonial Park Cemetery
11 Chippewa Square
12 Forsyth Park
13 Fort Pulaski National Monument
14 Tybee Island

Accommodatie
1 Azalea Inn and Gardens
2 The Kehoe House
3 Foley House Inn
4 Bed & Breakfast Inn
5 River Street Inn
6 B Historic Savannah
7 Savannah International Pensione
8 Savannah Oaks RV Resort

Eten en drinken
1 Cha Bella
2 The Olde Pink House Restaurant
3 Mrs. Wilkes Dining Room
4 Huey's
5 Clary's Café
6 Leopold's Ice Cream

Winkelen
1 City Market
2 Shoppes of Savannah

Uitgaan
1 Club One
2 Casimir Lounge
3 Kevin Barry's Irish Pub

Actief
1 Segway of Savannah
2 Old Savannah Tours
3 Carriage Tours of Savannah
4 Bacon Park
5 Tim's Beach Gear
6 North Island Surf and Kayak

---

geweldloze overgave aan de troepen van Uniegeneraal Sherman tot de Olympische zeilwedstrijden die in zomer van 1996 voor de monding van de Savannah River werden gehouden.

Historisch centrum

De vele met azalea's, camelia's en magnolia's beplante pleinen en parken in het historische centrum van de stad en de in *Spanish moss* gehulde eiken langs Oglethorpe Street verlenen Downtown Savannah een bijna museaal karakter, dat pas achter de verkeersaders van de Martin Luther King Jr. Boulevard plotseling verandert.

Jepson Center for the Arts 6

207 W York St., tel. 912 790 8800, www.telfair.org, di.-za. 10-17, zo.-ma. 12-17 uur, volwassene $ 20, met korting $ 18, in combinatie met Owens-Thomas House en Telfair Academy

Op de benedenverdieping van het **Jepson Center for the Arts** aan Telfair Square is veel hedendaags werk van kunstenaars uit de zuidoostelijke staten te zien. Het ArtZeum op de bovenverdieping houdt kinderen in de ban met interactieve opstellingen.

Telfair Academy 7

121 Barnard St., www.telfair.org, tijden en toegang als Jepson Center

Dit museum is een van de drie musea in de stad, naast het Owens-Thomas House en het Jepson Center. Het is gehuisvest in een elegant neoclassicistisch gebouw uit 1818-1819, ontworpen door de Britse architect William Jay. Het voormalige huis van de familie Telfair bezit originele 19e-eeuwse vertrekken en een mooie beeldentuin. Het werd in 1886 geopend als het eerste openbare kunstmuseum in het Zuiden en toont onder andere werk van Amerikaanse en Europese kunstenaars uit de 19e en de 20e eeuw.

Olde Pink House 8

23 Abercorn St., tel. 912 232 4286, di.-za. vanaf 11, zo.-do. 17-22.30, vr.-za. 17-23 uur

Aan de westzijde van Reynolds Square vind je het **Olde Pink House**, het oudste gebouw van Savannah uit 1790. Tegenwoordig is er een chic restaurant gevestigd.

Logeren in Savannah, bijvoorbeeld in een van de villa's die nu dienstdoen als B&B

Owens-Thomas House 9

124 Abercorn St., tel. 912 790 8800, www.telfair.org, rondleiding, tijden en toegang als Jepson Center

Het **Owens-Thomas House**, dat in 1819 aan Oglethorpe Square werd gebouwd in *Greek revival*-stijl, is nu te bezichtigen. Het is ingericht met meubilair van omstreeks 1800. In het koetshuis zijn slavenonderkomens bewaard gebleven. In 1825 bracht de Franse Marquis de Lafayette, die de Onafhankelijkheidsoorlog tegen de Engelsen steunde, hier de nacht door.

Colonial Park Cemetery 10

Enkele straten verder naar het zuiden vertellen de grafstenen van de tot 1853 gebruikte begraafplaats **Colonial Park Cemetery** over de vroege geschiedenis van de stad. Op de oude begraafplaats zou de geest van de tweehonderd jaar geleden gelynchte René nog steeds rondwaren.

Chippewa Square 11

De nabijgelegen **Chippewa Square** komt sommige bioscoopliefhebbers misschien bekend voor. Op een bankje op dit plein wachtte Forrest Gump op zijn bus in de gelijknamige film.

Forsyth Park 12

Het **Forsyth Park** met zijn mooie fontein markeert de grens tussen de oude binnenstad en het **Victorian District**, een wijk met

houten huizen die rond 1900 werd aangelegd.

De fontein siert ook het omslag van de in 1994 verschenen bestseller van de New Yorkse journalist John Berendt, *Midnight in the garden of good and evil*. De auteur greep de vermeende, door een homoseksuele, steenrijke antiekhandelaar gepleegde moord op een mannelijke prostitué begin 1981 aan om de lezer een blik te gunnen achter de façades van de mooie gerestaureerde huizen en een beeld te schetsen van de mensen, hun teleurstellingen, afhankelijkheden en verhalen. Het succes van dit boek, dat later door Clint Eastwood is verfilmd, droeg bij aan de groei van de toeristische belangstelling voor Savannah.

In de omgeving

Fort Pulaski National Monument 13

Aan de US 80, 24 km/15 mijl ten oosten van Savannah, tel. 912 786 5787, www.nps.gov/fopu, dag. 9-17 uur, vanaf 16 jaar $ 7

Het **Fort Pulaski National Monument** op **Cockspur Island** maakte deel uit van een keten van zeeforten die na de oorlog tegen Groot-Brittannië in 1812-1814 de kust tegen een vijandelijke invasie moest beschermen. De bouw van het 25 miljoen bakstenen tellende complex uit 1847 nam achttien jaar in beslag, maar in 1862 bleek dit type versterking inmiddels al verouderd te zijn. Het bombardement van het Unieleger tijdens de Burgeroorlog was zo succesvol dat de vesting zich moest overgeven.

Tybee Island 14

Tybee Island ligt direct aan de uitmonding van de Savannah River in de Atlantische Oceaan en ongeveer 29 km/18 mijl ten westen van het stadscentrum. Vanwege zijn ruim 5 km/3 mijl lange zandstrand wordt dit vakantieoord in de zomer zeer goed bezocht.

Informatie

Savannah Visitor Center: 301 Martin Luther King Jr. Blvd., tel. 912 644 6400, www.visitsavannah.com, ma.-vr. 8.30-17 uur.

Accommodatie

Betoverend – **Azalea Inn and Gardens 1:** 217 E Huntingdon St., tel. 912 236 6080, www.azaleainn.com. Gastvrije sfeer niet ver van Forsyth Park. Met tien kamers, een voortreffelijk ontbijt, een happy hour met wijn en gebak, zwembad, parkeergelegenheid en internet. Vanaf $ 220.

In een victoriaanse villa – **The Kehoe House 2:** 123 Habersham St./Columbia Sq., 912 232 1020, www.kehoehouse.com. Stijlvolle B&B nabij Columbis Sq., internet, afternoontea, wijn en voortreffelijk ontbijt. 2 pk vanaf $ 190.

Romantisch – **Foley House Inn 3:** 14 W Hull St./Chippewa Sq., tel. 912 232 6622, www.foleyinn.com. Schitterend ingerichte historische stadsvilla aan het plein waar Forrest Gump op de bus wachtte, heerlijk ontbijt. 2 pk vanaf $ 180.

In het historische centrum – **Bed & Breakfast Inn 4 :** 117 W Gordon St., tel. 912 238 0518, www.savannahbnb.com. Charmante B&B op een mooie locatie. 2 pk vanaf $ 160.

Bij de rivier – **River Street Inn 5 :** 124 E Bay St., tel. 912 234 6400, www.riverstreetinn.com. Hotel met 86 kamers in nostalgische stijl bij het Riverfront, krant. 2 pk vanaf $ 195.

In de historische wijk – **B Historic Savannah 6 :** 320 Montgomery St., tel. 912 921 5300, www.bhotelsandresorts.com/b-historic. Ruime, moderne kamers in een verzorgde ambiance aan de rand van het historische centrum. Magnetron, koelkast, gratis wifi. 2 pk vanaf $ 140.

Voordelig – **Savannah International Pensione 7 :** 304 E Hall St., tel. 912 236 7744, www.savannahpensione.com. Eenvoudig, bij jongeren populair pension in het centrum; wifi en fietsverhuur. Kamer vanaf $ 70.

Tip

SEGWAYTOCHTEN

Een ritje maken door het historische centrum van Savannah op dit ietwat merkwaardig uitziende, tweewielige geval is leuk en helemaal niet moeilijk. Na een korte uitleg kun je meteen op pad en rijd je gehelmd over de door schaduwgevende eiken omzoomde straten van de oude stad. Alle deelnemers van de groep rijden achter elkaar. Onderweg wordt er bij de diverse bezienswaardigheden gestopt (234 Martin Luther King Jr. Blvd., tel. 912 233 3554, www.segwayofsavannah.com, $ 49 voor 6- min., $ 60 voor 90 min.).

Camping – **Savannah Oaks RV Resort 8 :** 805 Fort Argyle Rd., tel. 912 748 4000, www.savannahoaks.net. Schaduwrijke staanplaatsen aan de rivier, 19 km/12 mijl stroomopwaarts. Alleen voor campers. Staanplaats vanaf $ 44.

Eten en drinken

Biologisch – **Cha Bella 1 :** 102 E. Broad St., tel. 912 790 7888, www.cha-bella.com, zo.-do. 17.30-21.30, vr.-za. 17.30-22 uur. Smakelijk, fantastisch klaargemaakte gerechten met uitstekende biologische streekproducten van het seizoen, aangenaam groot terras. Gerecht $ 18-28.

Lowcountry cuisine – **The Olde Pink House Restaurant 2 :** 23 Abercorn St., tel. 912 232 4286, di.-za. 11-22.30, zo.-ma. 17-22.30 uur. Stijlvol restaurant met smakelijke recepten uit de kuststreek. Gerecht $ 12-33.

Zoals bij grootmoeder thuis – **Mrs. Wilkes Dining Room 3 :** 107 W Jones St., tel. 912 232 5997, www.mrswilkes.com, ma.-vr. 11-14 uur. Je zit aan tafels voor tien personen, de gerechten worden doorgegeven, wachttijden, alleen contant betalen. Vaste prijs: $ 23.

Creools – **Huey's 4 :** 115 E River St., tel. 912 234 7385. De keuken van Louisiana pal aan de rivier. Ontbijten van 7 tot 15 uur, bijvoorbeeld met een voortreffelijke oestersandwich, creoolse gerechten als *crawfish étouffée* zijn tot 22 uur verkrijgbaar. Gerecht $ 12-34.

Deli-gerechten – **Clary's Café 5 :** 404 Abercorn St., tel. 912 233 0402, www.claryscafe.com, ma.-vr. 7.30-16, za.-zo. 8-16 uur, ontbijt en lunch. Klassieke deli-gerechten uit de jaren 50, zoals kippensoep, gevulde varkenslende en diverse salades als bijgerecht. Het café speelde een belangrijke rol in de (verfilmde) docu-roman *Midnight in the garden of good and evil* van John Behrendt. Diverse stamgasten van Clary's stonden model voor personages in de roman. Gerecht $ 7-14.

Cult – **Leopold's Ice Cream 6 :** 212 E Broughton St., tel. 912 234 4442, www.leopoldsicecream.com, dag. vanaf 11 uur tot zeer laat. Familiebedrijf, niet goedkoop, maar de porties zijn enorm en de smaken bijzonder, zoals rozenblaadjes en lavendel.

Altijd lange rijen, maar je bent toch snel aan de beurt. Eén bol $ 4, twee bollen $ 5,50.

Winkelen

Voor elk wat wils – **City Market 1 :** 219 W. Bryan St., tel. 912 232 4903, www.savannahcitymarket.com. Opgeknapte voormalige marktwijk met tientallen winkels, boetieks, ateliers, cafés en jazzbars.

Outlet – **The Shoppes of Savannah 2 :** 11 Gateway Blvd. S, tel. 912 925 3089, www.shoppesofsavannah.com. Vele bekende merken met aardige kortingen.

Uitgaan

Hippe tent – **Club One 1 :** 1 N. Jefferson St., tel. 912 232 0200, www.clubone-online.com. Hier voelt iedereen zich thuis: hetero's, gays en dragqueens.

Jazz & blues – **Casimir Lounge 2 :** 700 Drayton St., tel. 912 721 5002, hoort bij het toprestaurant 700 Drayton. Elke vrijdag- en zaterdagavond livemuziek in hotel Mansion on Forsyth Park, gezellige sfeer, goede cocktails en wijn. Met dakterras.

Ierse muziek – **Kevin Barry's Irish Pub 3 :** 117 W River St., tel. 912 233 9626, www.kevinbarrys.com, dag. 11-3, zo. tot 2 uur. Iers bier (Guinness en Harp), de juiste sfeer en 's avonds livemuziek.

Actief

Stadsexcursies – **Segway of Savannah 1 :** zie Tip blz. 302.

Rondrit met 'open air bus' – **Old Savannah Tours 2 :** Visitor Center/301 u. 250 Martin Luther King Jr. Blvd., www.oldsavannahtours.com. Je kunt bij elk van de vijftien haltes uitstappen en later weer bij een andere bus instappen. *Historic Overview*-tour volwassene $ 23, kind $ 10.

Met de paardenkoets – **Carriage Tours of Savannah 3 :** bij Visitor Center (blz. 301), tel. 912 236 6756, www.carriagetoursofsavannah.com. Stijlvolle sightseeingtochten per paardenkoets door de oude stad met zijn rijke geschiedenis. Tochten vanaf $ 18.

Golf – **Bacon Park 4 :** 1 Shorty Cooper Rd., aan de zuidelijke stadsrand, tel. 912 354 2625, www.baconparkgolf.com. Drie 9 holesbanen, die ook gecombineerd kunnen worden. Ook cursussen en materiaalverhuur. Greenfees voor 18 holes vanaf $ 22.

... op Tybee Island (29 km/18 mijl ten westen van het centrum):

Fietsen – **Tim's Beach Gear 5 :** 1101 Hwy. 80 E, Tybee Island, tel. 912 786 8467, www.tims beachgear.com. Tim verhuurt fietsen vanaf $ 12 per persoon, ook tandems en modellen met een aanhanger voor een kind. Op verzoek ook parasols en ligstoelen.

Kajakken – **North Island Surf and Kayak 6 :** 1C Old Hwy. 80, Tybee Island Marina, tel. 912 786 4000, www.northislandkayak.com. Verhuur van kajaks en surfboards, ook tochten en cursussen. Kajak vanaf $ 45, paddleboard $ 40 per dag.

Evenementen

St. Patrick's Day Parade: mrt. De hele stad is groen versierd. Een van de grootste Ierse feesten in de VS, tel. 912 233 4804, www.savannahsaintpatricksday.com.

Seafood Festival: begin mei. Volop vis, kreeft en schelpdieren in de vele restaurants en eetkramen, www.riverstreetsavannah.com.

Scottish Games & Highland Gathering: 1e za. van mei. Wedstrijden boomstammen gooien en reusachtige stenen tillen, sierlijke danspassen boven gekruiste sabels, doedelzakmuziek met trommelbegeleiding. De nakomelingen van Schotse immigranten gaan voor geen enkel onderdeel van de klassieke Highland Games uit de weg, www.savannahscottishgames.com.

Vervoer

Trein: Amtrak, 2611 Seaboard Coastline Dr. Hier stoppen de *Silver Meteor* (New York-Miami), *Palmetto* (New York-Savannah) en *Silver Star* (New York-Tampa).

Bus: Greyhound, 610 W. Oglethorpe Ave., tel. 912 232 2135, www.greyhound.com.

Vervoer in de stad

CAT: tel. 912 233 5767, www.catchacat.org. De nostalgische trolleybussen van CAT Shuttle doorkruisen de stad langs diverse haltes. De ritten zijn gratis. Bij de andere bussen van

CAT betaal je $ 1,50. De kleine witte bussen van Express toeren door het centrum. De groen-gele tram 'Dottie' pendelt langs River Street, en de moderne Savannah Belles Ferry's steken gratis de rivier over naar het Convention Center en naar Hutchinson Island.

Golden Isles ▶ 2, G 9/10

Kaart: blz. 305
De Atlantische kust van Georgia is ongeveer 160 km/100 mijl lang en strekt zich uit van Savannah aan de grens met South Carolina tot Cumberland Island aan de grens met Florida. De kustvlakte is dunbevolkt. Brunswick, halverwege de kust, is de enige noemenswaardige stad. Voor de Burgeroorlog werkten slaven hier op de katoen- en rijstvelden. Een groot gedeelte van het landschap heeft de status van beschermd natuurgebied of vogelreservaat of is particulier eigendom. Dit heeft tot dusver kunnen verhinderen dat de subtropische draslanden en kwelders op grote schaal zijn ontsloten en bebouwd. Sommige van de eilanden voor de kust, zoals Jekyll Island, waren jarenlang alleen toegankelijk voor zeer vermogende lieden, maar dat is niet meer zo.

Sapelo Island 1

Het alleen nog door enkele nakomelingen van voormalige slaven bewoonde **Sapelo Island** was ooit eigendom van de tabaksmagnaat R.J. Reynolds uit Winston-Salem (zie blz. 214). Het is nu bijna in zijn geheel beschermd natuurgebied. De Sapelo Island National Estuarine Research Reserve onderzoekt het leven in het mondingsgebied van de kwelderrivieren. Bezoekers kunnen alleen naar het eiland worden overgezet in het kader van een rondleiding (ziesapelonerr.org/visit-sapelo-island). Het bezoekerscentrum informeert over de plaatselijke flora en fauna. Op het eiland voeren bustochten van een halve dag naar observatiepunten, een oude vuurtoren en de resten van een tabaksplantage.

Informatie

Sapelo Island Visitor Center: 1766 Landing Rd. SE, Darien, tel. 912 437 3224, www.sapelonerr.org, di.-vr. 7.30-17.30, za. 8-17.30 uur.

Accommodatie

Rustiek – **The Wallow:** 1 Main Rd., tel. 912 485 2206, www.gacoast.com/geecheetours.html. Eenvoudig hotel met zes kamers en een gedeelde keuken. Kamer vanaf $ 65.
Camping – **Inland Harbor RV Park:** 13566 SR 251, Darien, tel. 912 437 6172, www.inlandharborrvpark.com. Dit terrein, met gedeeltelijk schaduw, biedt plaats aan vijftig campers. Staanplaats vanaf $ 35.

Uitgaan

Voor bierliefhebbers – **The Trough:** 1 Main Rd., tel. 912 485 2206. Rustieke bierbar pal naast The Wallow, gedreven door Julius Bailey. Zijn echtgenote Cornelia runt het hotel.

Hofwyl-Broadfield Plantation 2

5556 US Hwy. 17 N, circa 16 km/10 mijl ten noorden van Brunswick, tel. 912 264 7333, www.gastateparks.org/HofwylBroadfield, wo.-zo. 9-17 uur, volwassene $ 8, met korting $ 5-7
In de **Hofwyl-Broadfield Plantation** krijgen bezoekers een indruk van de arbeids- en leefomstandigheden van de Afrikaanse slaven die op deze voormalige rijstplantage uit 1850 werkzaam waren.

Brunswick 3

Dit ruim 16.000 inwoners tellende haven- en vissersstadje aan de zuidkust van Georgia is de ideale uitvalsbasis voor een bezoek aan de voor de kust gelegen Golden Isles. De naam van het stadje herinnert aan het Duitse keurvorstendom Brunswijk-Lüneburg, waar de voorouders van de toenmalige Britse koning vandaan kwamen. Nu worden in de voormalige houthaven de krabben en garnalen verwerkt die voor de kust worden gevangen.

Met de negenhonderd jaar oude imposante eik Lovers Oak op de kruising van

Prince en Albany Street bezit **Brunswick** een bijzondere attractie. Het verhaal gaat dat hier, onder zijn beschuttende bladerdak, vroeger al indiaanse liefdespaartjes afspraken.

Informatie

Golden Isles Visitors Bureau: 529 Beachview Drive, St. Simons Island, tel. 800 809 1790, www.goldenisles.com, ma.-za. 9-17, zo. 13-17 uur.

Accommodatie

Mooie villa – **Brunswick Manor:** 825 Egmont St., tel. 912 265 6889, www.brunswickmanor.com. Stijlvolle B&B, met veel antiek ingerichte kamers. 2 pk vanaf $ 120.
Voordelig – **Microtel Inn & Suites:** 146 Gateway Center Blvd., tel. 912 554 1430, www.microtelinn.com. Modern hotel met 63 kamers, klein ontbijt, gratis wifi. 2 pk vanaf $ 90.

Eten en drinken

Lichte keuken – **Indigo Coastal Shanty:** 1402 Reynolds St., tel. 912 265 2007, www.indigocoastalshanty.com, di.-vr. 11-15, vr.-za. vanaf 17 uur. Van vis en kreeft tot venkel met tomaten en andere zomerse gerechten. Hoofdgerecht vanaf $ 13.
Vis en zo – **Jinright's Seafood House:** 2815 Glynn Ave., tel. 912 267 1590, jinrightsseafoodhouse.com. In dit familierestaurant weet men al 25 jaar lekkerbekken tevreden te stellen. Gematigde prijzen. Royale zeevruchtenschotels. Gerecht $ 8-30.

St. Simons Island 4

Het uit commercieel oogpunt belangrijkste en na Cumberland Island grootste eiland van de Sea Islands voor de kust van Georgia is bereikbaar via de Torras Causeway, die dwars door de Marshes of Glynn loopt. De ruige schoonheid van dit gebied inspireerde Sidney Lanier, de beroemdste dichter van Georgia, tot zijn verzen. Toeristen vinden op **St. Simons Island** schitterende zandstranden aan East Beach bij het oude Coast Guard Station en bij Masengale Park aan de Ocean Boulevard. Indrukwekkend zijn de grote zoutwatermoerassen die de Atlantische kust op veel plaatsen domineren.

In de laagte van de rivier Mackay in het zuiden van het eiland besliste een veldslag tussen de Spaanse koloniale soldaten uit Florida en een inderhaast samengestelde militie onder leiding van generaal Oglethorpe in 1742 over het verdere lot van de regio. Het lukte de Britten om de Spanjaarden in een hinderlaag te lokken. Op het slagveld van het drassige grasland, dat rood zag van het Spaanse bloed, herinnert een gedenkplaat aan de **Battle of Bloody Marsh**, waarin de

Britten zich verzekerden van de macht over hun jonge kolonie Georgia.

In de ruïnes van het **Fort Frederica National Monument** wordt 's zomers het Britse garnizoensleven van 250 jaar geleden nagebootst (Visitor Center, dag. 9-17 uur, tel. 912 638 3630, www.nps.gov/fofr, gratis).

Informatie

St. Simons Island Visitors Center: 529 B Beachview Dr., tel. 800 809 1790, www.explorestsimonsisland.com, ma.-za. 9-17, zo. 12-17 uur.

Accommodatie

Resort – **Sea Palms Golf & Tennis Resort:** 5445 Frederica Rd., tel. 912 638 3351, www.seapalms.com. Mooi vakantiecomplex met golf- en tennisbanen. Kamers en appartementen vanaf $ 230.

Romantisch – **Village Inn And Pub:** 500 Mallery St., tel. 912 634 6056, www.villageinnandpub.com. Gerenoveerd hotel uit 1930 met 28 kamers tussen de eiken. Pub-restaurant met goede cocktails. 2 pk vanaf $ 170.

Eten en drinken

Zeevruchten en steaks – **Crabdaddy's:** 1217 Ocean Blvd., tel. 912 634 1120, www.crabdaddysseafoodgrill.com. Vis en krab op diverse wijzen bereid, maar ook goede steaks. Hoofdgerecht $ 17-27.

Coastal Cuisine – **Barbara Jean's:** 214 Mallery St., tel. 912 634 6500, www.barbarajeans.com, zo.-do. 11-20.30, vr.-zo. tot 21.30 uur. Uitstekende *crab cakes,* vissoep en een schandalig lekker chocoladedessert. Diverse vestigingen langs de zuidkust. Gerecht $ 8-25.

Actief

Fietsverhuur – **Two Brothers Bike Shop:** 227 Mallery St., tel. 912 638 6766. Reparatie en verhuur van fietsen; vanaf $ 5 per uur en $ 15-45 per dag.

Sea Island 5

Het kleine **Sea Island** is via een brug verbonden met St. Simons Island en maakt deel uit van het exclusieve vakantiecomplex **The Cloister** (zie Accommodatie). Op de gastenlijst staan naast de rijken der aarde ook veel politieke prominenten, onder wie de Amerikaanse presidenten Coolidge, Hoover, Eisenhower, Kennedy, Nixon, Ford, Carter en Bush. Desondanks is het ook voor 'normale' bezoekers mogelijk om het met eiken, palmen en bloemen begroeide eiland en zijn langgerekte Atlantische stranden te verkennen.

Accommodatie

Exclusief – **The Cloister:** 100 Cloister Dr., tel. 855 572 4975, www.seaisland.com. Chic resort met uiteenlopende accommodatie, golfbanen, ritten te paard, kajak- en andere natuurtrips. 2 pk vanaf $ 540.

Luxueus – **The Lodge at Sea Islands:** 100 Retreat Ave., tel. 912 634 3992, www.seaisland.com. Een veertigtal uitstekend uitgeruste kamers en suites met zeezicht. 2 pk vanaf $ 490.

Jekyll Island 6

De Miljonairsclub van Duckstad, waar Oom Dagobert zich met andere grootverdieners treft, is niet zomaar een uitvinding van Walt Disney. Op **Jekyll Island** staat zijn historische voorbeeld. In 1886 kocht een club van rijke aan de Oostkust woonachtige zakenlieden dit eiland voor $ 125.000. Ze zochten een plek om zich 'in het aangename gezelschap van gelijkgestemden in volledige afzondering te kunnen terugtrekken'. De ledenlijst van de exclusieve club leest als de *Forbes 400*, de lijst met rijkste Amerikanen: Charles Goodyear, William Rockefeller, Joseph Pulitzer, Vincent Astor, J.P. Morgan, de Vanderbilts en anderen lieten op het eiland landhuizen bouwen, die zij bescheiden *cottages* (vakantiehuizen) noemden. Jachthaven, golfbaan, tennisbanen, een kleine kapel die Louis Comfort Tiffany zelf van glas-in-loodramen voorzag, en een stijlvol clubhuis vormden samen een perfect kader voor een comfortabel leven. Omdat veel leden van de club tijdens de Grote Depressie vanaf 1929 failliet gingen en de wel heel openlijk tentoongespreide

Actief

DE CUMBERLAND ISLAND NATIONAL SEASHORE VERKENNEN

Informatie

Begin: National Park Center in St. Marys (zie blz. 309)
Lengte: 6,5 km/4 mijl
Duur: 2 uur op het eiland (max. 5 uur mogelijk), excl. 1,5 uur op de veerboot
Moeilijkheidsgraad: licht
Kosten: veer $ 14, kind $ 9, National Park $ 7
Belangrijk: op Cumberland Island zijn geen winkels, dus neem zelf eten en drinken mee. Op de veerboot is een winkel aanwezig, waar sandwiches, snacks, dranken en ook T-shirts worden verkocht.

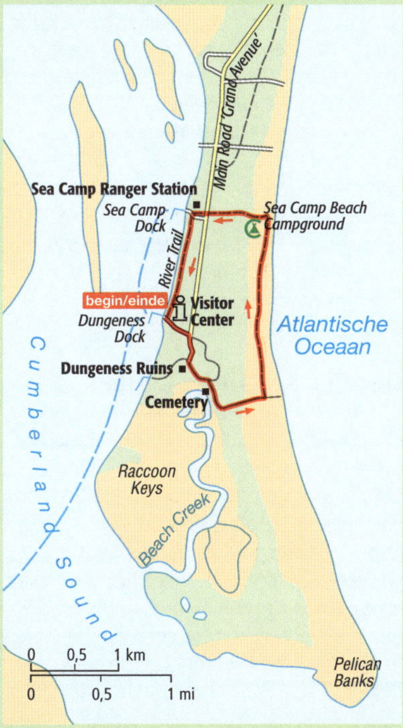

In totaal 80 km/50 mijl aan smalle wandelpaden slingeren zich over de vaak zandige bodem kriskras over het ruim 27 km/17 mijl lange eiland, door kweldergebieden en kustmoerassen, langs afgelegen stranden en naar resten van vroegere menselijke bewoning. De duidelijke parkbrochure en overzichtskaarten met gemarkeerde wandelroutes komen bij de verkenning goed van pas.
De populaire **loop** (lusvormige route) begint bij de aanlegsteiger van **Dungeness Dock** op **Cumberland Island** en komt na zo'n 6,5 km/4 mijl weer bij het vertrekpunt uit. Eerst loop je een stukje zuidwaarts naar de **Dungeness Ruins**, een in 1925 uitgebrand woonhuis, waar Thomas Carnegie, de broer en partner van staalmagnaat Andrew Carnegie, ooit enkele zomers doorbracht. Dan voert het pad dwars over het smalle eiland naar de Atlantische kust. Via het brede zandstrand vervolg je je wandeling nu naar het noorden. Bij de **Sea Camp Beach Campground**, de populairste camping op Cumberland Island, loop je weer dwars over het eiland naar **Sea Camp Dock** aan de kust van **Cumberland Sound**.
De dierenwereld is op Cumberland Island eigenlijk nooit ver weg. Reigers, gordeldieren, wasberen, alligators, herten en zelfs wilde paarden en meer dan driehonderd vogelsoorten laten

zich tijdens je rondwandeling weliswaar niet allemaal zien, maar trekken zich nauwelijks iets aan van de dagtoeristen en de enkele hotelgasten. Je kunt ook via de snellere route over het schelpenpad **'Grand Avenue'** naar het zuiden lopen.
De meesten lopen echter via de **River Trail** terug naar het startpunt van de rondwandeling, omdat deze route mooier uitzicht op het kwelderland biedt. Hier groeien ook breed uitdijende eiken, palmen *(Sabal palmetto)* en dennen. Wie hier twee dagen wil verblijven, kan het best in de Greyfield Inn overnachten, die wel flink aan de prijs is (zie blz. 309).

luxe in de Tweede Wereldoorlog niet opportuun leek, verkochten de erfgenamen hun privé-eiland in 1947 voor $ 675.000 aan de staat Georgia. Vandaag kan iedereen Jekyll Island verkennen; de vroegere luxe waarin de multimiljonairs zich koesterden is tijdens een rondleiding te bewonderen.

In het **Jekyll Island Museum**, gevestigd in de voormalige stallen, geven oude foto's een indruk van de gouden jaren van het eiland (100 Stable Rd., tijdelijk 101 Old Plantation Rd., tel. 912 635 4036, dag. 9-17 uur, voor diverse rondleidingen en bezichtigingsprogramma's zie website, volwassene $ 16, tot 15 jaar $ 7).

Georgia Sea Turtle Center

214 Stable Rd., tel. 912 635 4444, www.georgiaseaturtlecenter.org, dag. 9-17 uur, volwassene $ 8, 4-12 jaar $ 6

De stranden van Jekyll Island behoren tot de favoriete broedplaatsen van zeeschildpadden. Het **Georgia Sea Turtle Center** geeft uitgebreide informatie over het gevaarlijke leven van deze zeebewoners en de pogingen die worden ondernomen om de dieren te beschermen. Van juni tot augustus worden er *Turtle Walks* naar de broedplaatsen georganiseerd.

Informatie

Jekyll Island Welcome Center: 901 Downing Musgrave Causeway, tel. 912 635 3636, www.jekyllisland.com, ma.-za. 9-18, zo. 10-17 uur.

Accommodatie

Mondain – **Jekyll Island Club Hotel:** 371 Riverview Dr., tel. 855 535 9547, www.jekyllclub.com. Het gerestaureerde sociëteitshuis van de vroegere miljonairsclub is nu een chic hotel met 157 kamers en suites. Verder twee restaurants, zwembad, bibliotheek, croquetbaan en nog veel meer. 2 pk vanaf $ 210.

Aan het strand – **Days Inn and Suites:** 60 S Beachview Dr., tel. 912 635 9800, www.wyndhamhotels.com. Ketenhotel met 124 kamers achter de duinen aan het brede strand. Met zwembad, fitnessruimte, wifi. 2 pk vanaf $ 100.

Camping – **Jekyll Island Campground:** 1197 Riverview Dr., tel. 912 635 3021. Staanplaats tent $ 23, staanplaats camper $ 41.

Eten en drinken

Gourmetkeuken – **Grand Dining Room:** in het Jekyll Island Club Hotel (zie hiervoor), tel. 912 635 5155. Restaurant in de bioscoopzaal van het vroegere sociëteitshuis, ingericht in de stijl van een mondaine countryclub. Beschaafde pianomuziek begeleidt de met zorg klaargemaakte gerechten. Heren dragen meestal een net jasje. Hoofdgerecht $ 23-45.

Zeevruchten – **Driftwood Bistro:** 1175 N Beachview Dr., tel. 912 635 3588. De zuidelijke en cajunkeuken is balsem voor de ziel. Hoofdgerecht $ 12-17.

Actief

Fietsverhuur – **Jekyll Island Bike Rental:** N Beachview Dr., tel. 912 635 2648. Verhuur van fietsen, ook vierwielers, een populair voertuig op het eiland. Vanaf $ 6 per uur.

Tennis – **Jekyll Island Tennis Center:** 400 Capt. Wylly Rd., tel. 912 635 3154, www.jekyllisland.com/play/tennis. Dertien hardcourt banen, deels verlicht, $ 24 per uur, ook tennislessen.

Cumberland Island 7

Het langgerekte Cumberland Island, vroeger eigendom van de familie Carnegie uit Pittsburgh, staat als **Cumberland Island National Seashore** onder natuurbescherming. Het eiland is met de veerboot bereikbaar vanuit St. Marys. Per dag worden er niet meer dan driehonderd bezoekers toegelaten. Zoutwaterlagunes, eiken- en pijnbossen zijn het leefgebied van duizenden vogels en zeldzame waterschildpadden.

Informatie

Cumberland Island National Seashore: 113 St. Marys St., St. Marys, tel. 912 882 4336, www.nps.gov/cuis, bezoekerscentrum dag. 8-16 uur, park $ 7 per persoon, tot 16 jaar gratis.

Accommodatie, eten

Afgelegen – **Greyfield Inn:** tel. 904 261 6408, www.greyfieldinn.com. De oude zomervilla van Thomas Carnegie in plantagestijl. Accommodatie met zestien kamers, huiselijke sfeer, geen televisie of vaste telefoon, maar wel een bibliotheek; voor hotelgasten is er een veerboot van het hotel. Kamer met volpension $ 525-635.

Camping – Na aanmelding bij de **National Park Service** (zie Informatie, www.nps.gov/cuis) tot zes maanden vooruit kun je op het eiland kamperen op een eenvoudig terrein (staanplaats $ 8-20 per dag).

Vervoer

Veerboot: 2 keer per dag vanaf de pier in St. Marys voor dagtoeristen. Tijdig reserveren via het Reservation Office: Cumberland Queen, 107 St. Marys St. W, St. Marys, GA 31558, tel. 877 860 6787, www.nps.gov/cuis of www.cumberlandislandferry.com, retour volwassene $ 14, tot 15 jaar $ 9. De veerboot neemt geen auto's, fietsen, kajaks en dergelijke en ook geen huisdieren mee. De overtocht duurt ongeveer 1,5 uur.

Natuurgebied Cumberland Island laat maar een beperkt aantal bezoekers toe

Noord-Florida

Wie door Noord-Florida reist, van de Atlantische kust tot aan Pensacola aan de grens met Alabama, ziet maar weinig wat aan het beeld van de Sunshine State – zon, strand en attractieparken – beantwoordt. De regio hoort niet alleen in geografisch opzicht meer bij de zuidoostelijke staten dan bij Zuid-Florida. Tussen Jacksonville en Tallahassee worden net als in het zuiden van Georgia katoen en pinda's verbouwd.

In Noord-Florida vind je overal de sporen van Spaanse kolonisten. Erg verrassend is dit niet: de destijds alleen in het noorden gekoloniseerde provincie La Florida hoorde bijna 250 jaar bij het Spaanse koloniale rijk, en dus veel langer dan bij de VS. De stranden aan de Atlantische kust tussen Amelia Island en St. Augustine Beach en aan de Golf van Mexico tussen Cape St. George bij Apalachicola en Santa Rosa Island bij Pensacola behoren tot de mooiste van de staat. Toch zijn het, op een paar uitzonderingen na, stuk voor stuk eenzame duinenparadijzen met fijn wit kwartszand.

Amelia Island ▶ 2, G 10

De zuidpunt van Cumberland Island (zie blz. 309) ligt vlak bij Amelia Island, een 20 km/12,5 mijl lang en 4 km/2,5 mijl breed vakantie-eiland, dat bij Florida hoort.

Fernandina Beach

Aan de noordwestkust van Amelia Island ligt het havenstadje Fernandina Beach, met bijna 12.500 inwoners de enige grote plaats op het via bruggen bereikbare eiland, waar verder verspreid nog zo'n drieduizend mensen wonen. De verzorgde vakantiesfeer dateert al van het midden van de 19e eeuw, toen spoorlijnen het schiereiland Florida vanuit het noorden ontsloten. **Fernandina Beach** was een van de eerste vakantieoorden voor vermogende reizigers uit het koude noorden van de VS. Hiervan getuigen diverse huizenrijen met veelal uitstekend gerestaureerde victoriaanse villa's en andere gebouwen.

Amelia Island Museum of History

233 S 3rd St., tel. 904 261 7378, www.ameliamuseum.org. ma.-za. 10-16, zo. 13-16 uur, ook rondleiding, $ 8, met korting $ 5

Het **Amelia Island Museum of History**, in de oude gevangenis van Nassau County, voert je aan de hand van archeologische vondsten, oude foto's en interactieve exposities terug naar de tijd rond 1850, naar de geschiedenis van het eiland als piraten- en smokkelaarsnest en als woongebied sinds vierduizend jaar van de indiaanse bevolking.

Fort Clinch

2601 Atlantic Ave., tel. 904 277 7274, www.floridastateparks.org/fortclinch, fort dag. 9-15, park dag. 8 uur tot zonsondergang, $ 6 per auto, $ 2 per persoon, fort $ 2,50 per persoon

De bouw van het imposante bakstenen Fort Clinch aan de noordzijde van Amelia Island begon in 1847. Het werd echter al snel duidelijk dat de muren niet standhielden tegen de moderne artillerie toen het eiland vijftien jaar later tijdens de Burgeroorlog door de troepen van de Unie werd bezet. Elke zomer demonstreren in historische uniformen gestoken rangers van het **Fort Clinch State Park** hoe het 'garnizoensleven' er halverwege de 19e eeuw uitzag.

Actief

PAARDRIJDEN OP AMELIA ISLAND

Informatie

Begin: Kelly Seahorse Ranch (zie blz. 312)
Duur: 1 uur
Moeilijkheidsgraad: matig
Kosten: $ 75 per persoon

Belangrijk: zonnebrandcrème en een hoofddeksel zijn onmisbaar; minimumleeftijd 13 jaar, minimumlengte 1,35 m, maximaal gewicht 104 kg.

De tocht begint op het **zuideinde van Amelia Island**, niet ver van de **George Crady Bridge**, die het eiland met het vasteland verbindt. Hier strekt zich het 80 ha grote **Amelia Island State Park** uit. Midden in het natuurgebied ligt de Seahorse Ranch.
Kelly Robinson, die als rancheigenares en professionele *wrangler* verantwoordelijk is voor de paarden, heeft net een privéles gegeven. 'Zo'n les kan erg nuttig zijn als een beginneling zich onzeker voelt,' legt ze uit. De paarden zijn gezadeld en worden een voor een toegewezen aan de tien ruiters. 'We hebben louter zachtaardige, goed afgerichte dieren,' zegt Kelly Robinson geruststellend.
Van de ranch is het maar een klein eindje naar het **brede zandstrand**, waarvan de ondergrond zo stevig is dat de paarden er nauwelijks in wegzakken. Rechts breken de golven van de Atlantische Oceaan op het strand, aan de landzijde rijgen de met helmgras begroeide **zandduinen** zich aaneen. Er wordt rustig gereden, eerst stapvoets, achter elkaar, met een veilige afstand tussen alle deelnemers.
Langzaam verandert het landschap, tenminste aan de landzijde, waar palmbomen, mirte en eiken dichter naar het water 'kruipen'. Voor de groep uit wordt een groepje meeuwen verjaagd en vliegt luid protesterend weg over het water. Stop! Kelly wijst naar de golven. Mooi! Niet ver uit de kust springt een school **dolfijnen** speels uit het water. In draf rijden de ruiters terug naar de ranch. 'Niet galopperen, graag,' waarschuwt Kelly. Veiligheid gaat voor alles en de volgzame paarden worden alleen afgericht op stap en draf. Een uur is (te) snel voorbij.

Informatie

Amelia Island Tourism: 102 Centre St., Fernandina Beach, tel. 904 277 0717, www.ameliaisland.com, ma.-zo. 10-16 uur.

Accommodatie

Chic – **Ritz-Carlton:** 4750 Amelia Island Pkwy., Summer Beach, tel. 904 277 1100, www.ritzcarlton.com. Stijlvol resorthotel aan het strand met eigen golfbaan, tennisbanen, wellnesscentrum en nog veel meer faciliteiten. 2 pk vanaf $ 470.

Terras aan zee – **Elisabeth Pointe Lodge:** 98 S Fletcher Ave., tel. 904 277 4851, www.elizabethpointelodge.com. Boetiekhotel in New Englandstijl met twintig kamers pal achter de duinen, 's middags cocktailuur. 2 pk vanaf $ 250.

Comfortabel – **Hampton Inn Amelia Island:** 2549 Sadler Rd., Fernandina Beach,

tel. 904 321 1111, www.ameliaislandhamptoninn.com. Modern ketenhotel met 61 kamers, in het stadje, met wifi en parkeergelegenheid. 2 pk vanaf $ 170.
Camping – **Amelia River Campground** en **Atlantic Beach Campground:** 2601 Atlantic Ave., tel. 904 277 7274, www.stateparks.com/fort_clinch.html. Deze twee campings met samen iets meer dan zestig staanplaatsen voor tenten en campers liggen in het Fort Clinch State Park niet ver van het strand. Staanplaats vanaf $ 22.

Eten en drinken

Gourmetrestaurant – **Salt:** 4750 Amelia Island Pkwy., tel. 904 277 1100, di.-za. 18-24 uur. Topkeuken in het hotel Ritz-Carlton (zie Accommodatie blz. 311). Creatieve gerechten met verse ingrediënten van het land en uit de zee. Hoofdgerecht $ 33-69.
Iers – **Joe's 2nd St. Bistro:** 14 S 2nd St., tel. 904 321 3558, www.joesbistro.com. Vis, vlees en uitstekende groentegerechten. Laat ruimte voor het dessert. Hoofdgerecht $ 16-32.
Ontspannen aan het water – **Brett's Waterway Café:** 1 S Front St., Fernandina Beach, tel. 904 261 2660. Smaakvol terras aan de rivier en de jachthaven, regionale keuken, goede visgerechten. Gerecht $ 11-30.

Uitgaan

Livemuziek – **Palace Saloon:** 117 Centre St., tel. 844 441 2444, www.thepalacesaloon.com, dag. 12-2, di.-za. livemuziek vanaf 20/20.30 uur. Een van de oudste bars in de staat met ruimschoots bier, wijn en cocktails.

Actief

Watersport en fietsen – **Kayak Amelia:** 13030 Heckscher Dr., Jacksonville, tel. 904 251 0016, www.kayakamelia.com. Deze aanbieder van outdooractiviteiten heeft zijn hoofdvestiging in Jacksonville, een dependance aan Fernandina Beach (tel. 904 261 5702) in B. Green's General Store, 4 North St./2nd St., en een kajak- en kanoverhuur in Talbot Island State Park. Op Amelia Island organiseert Kajak Amelia diverse outdooractiviteiten: peddelen op de Simson Creek (drie uur $ 65 per persoon) en bij de Kingsley Plantation, verhuur van stand-uppaddleboards (SUP), fietstochten in het Ft. George Island State Park en in het Ft. Clinch State Park. De benodigde uitrusting voor de tochten kan ter plekke worden gehuurd.
Zeilen – **Windward Sailing School:** 714 Beech St., tel. 904 327 3265, www.windwardsailing.com. Zeilcursussen en bootverhuur (vanaf $ 200 voor drie uur) bij de vestiging in Fernandina Harbor Marina.
Paardrijden – **Kelly Seahorse Ranch:** 9500 1st Coast Hwy., Amelia Island, tel. 904 491 5166, www.kellyranchinc.net. Tocht met gids vanaf $ 75 per persoon (zie Actief blz. 311).

Jacksonville ▶ 2, G 11

Het economisch centrum in het noordoosten van Florida, met bijna 900.000 inwoners in de stad zelf en 1,5 miljoen in de agglomeratie, geldt sinds het midden van de 19e eeuw als een van de belangrijkste handelshavens aan de Atlantische kust. Op de kades liggen torenhoge stapels boomstammen te wachten op verscheping. In de haven worden koffiebonen uit Midden- en Zuid-Amerika overgeslagen voor de Noord-Amerikaanse markt. Kantoortorens van banken en verzekeraars bepalen de skyline van de 'Expansion City', waar het aantal arbeidsplaatsen sinds het midden van de jaren 80 met meer dan een derde is toegenomen tot een half miljoen. Ook autoproducent Mercedes maakt gebruik van de moderne haven voor de import en export in de zuidoostelijke staten. In deze thuisbasis van diverse vliegdekschepen, torpedobootjagers en onderzeeërs onderhoudt de Amerikaanse marine met het Mayport Naval Station en de piloten van het Naval Air Station een van de grootste marinebases van de Verenigde Staten.

Stadsbezichtiging

Het centrum van de stad ligt aan weerszijden van de St. Johns River, die hier een bocht maakt. **Jacksonville Landing** is de naam van het amusementscomplex met winkels, restaurants en een promenade aan de noordoever van de rivier. Aan de overkant nodigen de bijna 3,5 km/2 mijl lange promenade van de **Riverwalk** en het Johns River Park met de 36 m hoge Friendship Fountain uit tot een wandeling langs de rivier.

Museum of Science and History

1025 Museum Circle, tel. 904 396 6674, www.themosh.org, ma.-do. 10-17, vr. 10-20, za. 10-18, zo. 12-17 uur, volwassene $ 12,50, met korting $ 10, 3-17 jaar $ 10

Het **Museum of Science and History**, ten zuiden van Main Street Bridge, biedt naast tentoonstellingen en experimenten op het gebied van natuurwetenschappen ook een afdeling over de geschiedenis van Florida en de indiaanse oerbewoners.

Cummer Museum of Art

829 Riverside Ave., tel. 904 356 6857, www.cummer.org, di. 10-21, wo.-za. 10-16, zo. 12-16 uur, volwassene $ 10, 6-17 jaar $ 6

Het **Cummer Museum of Art** op de noordoever toont in twaalf zalen beeldende kunst van de Griekse oudheid tot de moderne tijd. Paradepaardje van het museum is een uit bijna zevenhonderd delen bestaande collectie Meissenporselein uit de 18e eeuw.

Kingsley Plantation

11676 Palmetto Ave., tel. 904 251 3537, www.nps.gov/timu/historyculture/kp.htm, dag. 9-17 uur. De plantagegebouwen worden momenteel gerestaureerd en zijn alleen in het weekend toegankelijk. Het terrein en de andere gebouwen zijn te bezichtigen

Op Fort George Island ten noorden van de monding van de St. Johns River ligt de **Kingsley Plantation**. Het in 1820 gebouwde woonhuis van Zephania Kingsley en zijn zwarte echtgenote Anna Jai uit Senegal, de bijgebouwen en de restanten van nog andere, van *tabby* (schelpencement) opgetrokken slavenhutten geven een beeld van het leven van een grootgrondbezitter en zijn ondergeschikten veertig jaar voor de Burgeroorlog.

Tip

FORT CAROLINE

Fort Caroline ligt 16 km/10 mijl ten oosten van Jacksonville aan de zuidoever van de St. Johns River. De schansen en palissades plus de uitstekende tentoonstelling in het bezoekerscentrum van het **Fort Caroline National Memorial** herinneren aan de mislukte poging van de Franse hugenoten, halverwege de 16e eeuw, om een kolonie te stichten. De Spanjaarden onder leiding van admiraal Menéndez vermoordden iedere kolonist die ze in handen kregen (12713 Fort Caroline Rd., tel. 904 641 7155, www.nps.gov/timu/history culture/foca.htm, dag. 9-17 uur).

De stranden

Op de brede standen van Jacksonville Beach, Atlantic Beach, Neptune Beach en Ponte Vedra Beach is het in de zomer vooral druk met vakantiegangers uit het zuiden van de VS.

Informatie

Jacksonville Convention & Visitors Bureau: 208 N Laura St., Suite 102, tel. 904 798 9111, www.visitjacksonville.com, ma.-vr. 9-17.30, za.-zo. 11-16 uur.

Accommodatie

Mooie ligging – **One Ocean Resort & Spa:** 1 Ocean Blvd., Atlantic Beach, tel. 904 249 7402, www.oneoceanresort.com. Acht etages hoog strandresort, geheel gerenoveerd, met fantastische wellnessvoorzieningen en een uitstekend restaurant. 2 pk vanaf $ 250.

Aan het strand – **Hampton Inn Oceanfront:** 1515 1st St. N, Jacksonville Beach, tel. 904 241 2311, www.hamptoninn3.hilton.

com. Middelgroot ketenhotel met 177 kamers, pal aan het strand. 2 pk met ontbijt vanaf $ 170.

Aan de rivier – **St John's Housebed & Breakfast:** 1718 Osceola St., tel. 904 384 3724, www.stjohnshouse.com. Ontspannen pension aan de St. Johns River, met tuin en ontbijt. 2 pk vanaf $ 150.

Camping – **Kathryn Abbey Hanna Park:** 500 Wonderwood Dr., tel. 904 249 4700. Openbare camping op een mooie locatie aan zee, ten zuiden van de St. Johns River. Een bijzondere bonus is het eigen meertje. Halfschaduw voor campers en tenten. Staanplaats $ 22-38.

Eten en drinken

Cajungerechten – **Ragtime Tavern & Seafood Grill:** 207 Atlantic Blvd., Atlantic Beach, tel. 904 241 7877, www.ragtimetavern.com, zo.-do. 11-24, vr.-za. tot 1 uur. Levendig restaurant met diverse bars en livemuziek. Een lekkere specialiteit is de *cajun snapper*, onder andere in New Orleans-stijl. Hoofdgerecht $ 15-26.

Eigen brouwerij – **River City Brewing:** 835 Museum Circle, tel. 904 398 2299, www.rivercitybrew.com, ma.-vr. 11.30-15, ma.-do. 16-22, zo. 10.30-14.30 uur. Hier bereidt men gerechten die op de Californische keuken zijn geïnspireerd, en verder visgerechten. Daarbij bier uit de eigen microbrouwerij. Gerecht $ 11-34.

Hippe bistro – **B.B.'s:** 1019 Hendricks Ave., Jacksonville, tel. 904 306 0100, www.bbsrestaurant.com. Sfeervol bistrorestaurant met marmeren bar en eetzaal in art-decostijl. Sandwiches en pizza's, 's avonds fantasievolle composities met zeevruchten. Gerecht $ 11-18.

Uitgaan

Theater – **Florida Theatre:** 128 E Forsyth, tel. 904 355 5661, www.floridatheatre.com. Prachtig gerestaureerd theater uit 1927 met diverse voorstellingen en concerten.

Livemuziek – **Jacksonville Landing:** in het warme seizoen spelen op elke vrijdag- en zaterdagavond bands op het podium.

Actief

Fietsverhuur en -tochten – **e2ride bike tours:** tel. 904 945 1571, www.e2ride.com. Dagelijks fietstochten op verschillende routes, met huur- of eigen fietsen. Tocht vanaf $ 62.

Watersport en fietsverhuur – **Kayak Amelia:** blz. 312.

Evenementen

Springing the Blues Festival: begin april. Een uitbundig, drie dagen durend bluesfestival in en om het SeaWalk Pavilion aan Jacksonville Beach, www.springingtheblues.com.

Vervoer

Vliegtuig: Jacksonville International Airport JAX, 2400 Yankee Clipper Dr., tel. 904 741 4902, www.flyjax.com. Vluchten naar alle grote steden in Noord-Amerika.

Trein: Amtrak, 3570 Clifford Ln., tel. 1 800 872 7245, www.amtrak.com. Verbindingen naar Miami en New York.

Bus: Greyhound, 10 N Pearl St., tel. 904 356 9976, www.greyhound.com.

St. Augustine

▶ 2, G 12

Kaart: blz. 316

St. Augustine ligt maar 48 km/30 mijl ten zuiden van Jacksonville, maar de enige overeenkomst met het economisch centrum van Noord-Florida is het brede Atlantische strand. Het historisch centrum van dit stadje van ruim 14.000 inwoners ademt nog altijd enigszins de sfeer van de Spaanse koloniale stad van 250 jaar geleden.

Die sterke Spaanse invloed is overigens geen toeval. De eerste Europeaan die hier niet ver van de huidige stad aan land ging, was de Spaanse edelman en conquistador Ponce de León, die op zoek was naar snelle rijkdom en een geheime bron van de eeuwige jeugd. Hij vond beide niet en stierf enkele jaren later na een tweede

In het Ponce de Leon Hotel zit nu het Flagler College

mislukte poging om Florida te verkennen. In 1565 richtte de Spaanse admiraal Pedro Menéndez de Aviles een bloedbad aan onder Franse hugenoten die ongeveer 40 km/25 mijl noordelijker een versterkte nederzetting hadden gesticht. Om de Spaanse heerschappij zeker te stellen en mogelijke gevaren langs de route van de Iberische zilvervloot het hoofd te kunnen bieden, bouwde Menéndez het fort van St. Augustine, de oudste bewaard gebleven Europese nederzetting op Noord-Amerikaanse bodem.

Ondanks de vestingwerken werd St. Augustine rond 1900 toch veroverd, door het toerisme. De oliemiljonair en spoorwegkoning Henry M. Flagler was tijdens een huwelijksreis zo onder de indruk van de stad dat hij enige tijd bleef, zijn spoorlijn naar St. Augustine doortrok en luxehotels in Spaans-Moorse stijl liet bouwen voor rijke toeristen uit het noorden. In het voormalige Ponce de Leon Hotel zwoegen tegenwoordig studenten van het Flagler College (www.flagler.edu).

De oude stad

Castillo de San Marcos 1

1 S. Castillo Dr., tel. 904 829 6506, www.nps.gov/casa, dag. 8.45-17.15 uur, volwassene $ 10, tot 15 jaar gratis

Het **Castillo de San Marcos**, een in 1695 van schelpkalksteen *(coquina)* opgetrokken stervomige vesting met meer dan zeventig kanonnen, weerstond alle belegeringen en aanvallen. Na zijn gevangenneming tijdens een vredesonderhandeling werd de Seminole-krijger Osceola hier verscheidene maanden vastgehouden.

Colonial Quarter 2

33 St. George St., tel. 888 991 0933, www.colonialquarter.com, dag. 10-17 uur, volwassene $ 13, 5-12 jaar $ 7

Te midden van de gereconstrueerde woonhuizen en werkplaatsen van het **Colonial Spanish Quarter Museum** bootsen acteurs het koloniale leven van halverwege de 18e eeuw na. Ze beantwoorden ook vragen van bezoekers.

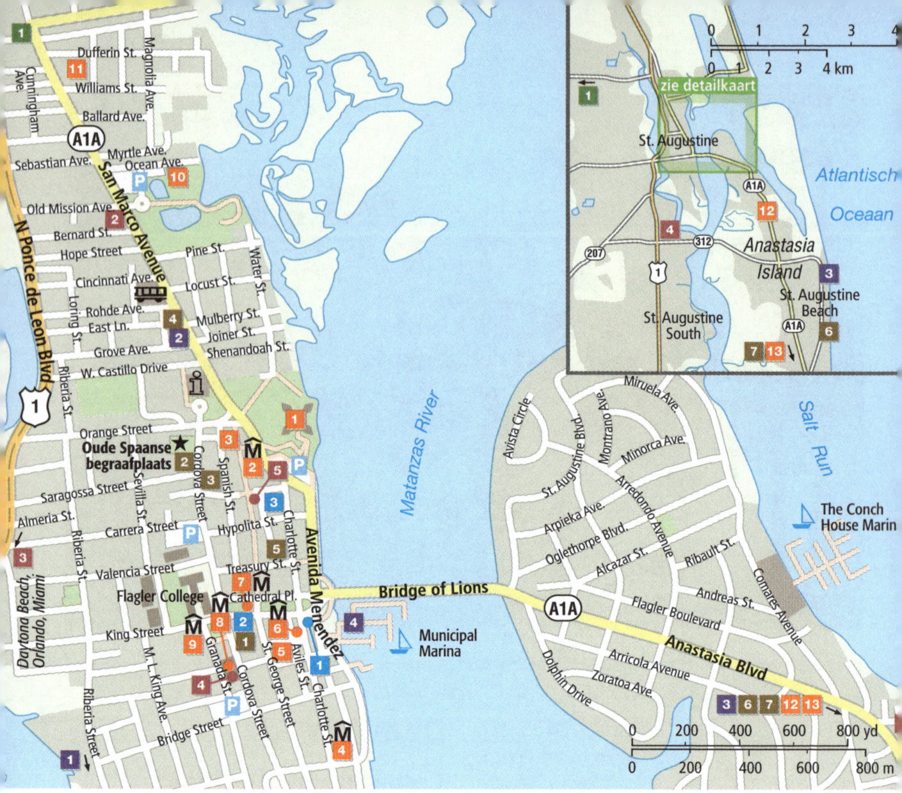

Oldest Wooden Schoolhouse 3

14 St. George St., tel. 1 888 653 7245, www.oldestwoodenschoolhouse.com, zo.-do. 9-18, vr.-za. 9-20 uur, volwassene $ 4,95, kind $ 3,95

Het **Oldest Wooden Schoolhouse** werd in 1760 opgetrokken uit cipressen- en cederhout. Met animatiepoppen wordt uitgebeeld hoe het er 250 jaar geleden op school aan toe ging.

Oldest House 4

14 St. Francis St., tel. 904 824 2872, www.saintaugustinehistoricalsociety.org, dag. 10-17 uur, volwassene $ 8, kind $ 4

Het uit 1702 daterende Casa Gonzáles-Alvarez staat ook bekend als het **Oldest House**. Het huis is in de loop van de tijd verscheidene malen verbouwd en uitgebreid en gunt de bezoeker een kijkje in de leefomstandigheden tijdens de Spaanse koloniale overheersing.

Ximenez-Fatio House 5

20 Aviles St., tel. 904 829 3575, www.ximenezfatiohouse.org, di.-za. 11-16 uur, volwassene $ 10, met korting $ 8

Het **Ximenez-Fatio House** is een van de bijzonder fraai gerestaureerde huizen uit de Spaanse en Britse koloniale tijd in St. Augustine. Het pand bestaat uit een hoofdgebouw van twee verdiepingen en een vier jaar later bijgebouwd washuis. Het hoofdgebouw werd in 1798 uit *coquina* (schelpkalksteen) opgetrokken waarin nog schelpschalen te zien zijn.

Overige musea

Spanish Military Hospital Museum 6

3 Aviles St., tel. 904 342 7730, www.spanishmilitaryhospital.com, dag. 9-17 uur, volwassene $ 10, 5-12 jaar $ 5

St. Augustine

Bezienswaardig

1 Castillo de San Marcos
2 Colonial Quarter
3 Oldest Wooden Schoolhouse
4 Oldest House
5 Ximenez-Fatio House
6 Spanish Military Hospital Museum
7 Government House Museum
8 Lightner Museum
9 Villa Zorayda Museum
10 Mission Nombre de Dios
11 Old Jail Complex
12 St. Augustine Alligator Farm
13 Fort Matanzas

Accommodatie

1 Casa Monica Hotel
2 Casa de Sueños
3 Carriage Way
4 Villa Victor
5 The Pirate Haus Inn
6 La Fiesta Ocean Inn & Suites
7 Bryn Mawr Ocean Resort

Eten en drinken

1 Raintree Restaurant
2 Gypsy Cab Co.
3 Creekside Dinery
4 Café Alcazar
5 Mi Casa Cafe

Winkelen

1 St. Augustine Premium Outlets

Uitgaan

1 A1A Ale Works
2 Cobalt Lounge
3 Stogies Cigar Bar

Actief

1 Raging Water Sports
2 Solano Cycle
3 St. Johns County Fishing Pier
4 St. Augustine Scenic Cruise

In het **Spanish Military Hospital Museum** demonstreren verklede acteurs hoe het er in een Spaans militair hospitaal aan toe ging. Er is bovendien een tentoonstelling over medische technieken en geneesmiddelen uit die tijd.

Government House Museum 7

48 King St., tel. 904 825 5079, www.staugustine.ufl.edu/govHouse.html, dag. 10-17 uur, gratis
Het **Government House Museum** is ondergebracht in het Government House uit 1710. In dit pand werd in 1821 de officiële overdracht van Spaans Florida aan de jonge VS ondertekend.

Lightner Museum 8

75 King St., tel. 904 824 2874, www.lightnermuseum.org, dag. 9-17 uur, volwassene $ 12, 12-17 jaar $ 8
Het voormalige **Alcazar Hotel** uit 1888 huisvest tegenwoordig de kunstcollectie van het **Lightner Museum**, dat aan de victoriaanse tijd is gewijd en onder andere glaskunst van Tiffany, typemachines, schilderijen, historisch meubilair en mechanische muziekinstrumenten in de collectie heeft.

Aan de rand van het centrum

Villa Zorayda Museum 9

83 King St., tel. 904 829 9887, www.villazorayda.com, ma.-za. 10-17, zo. 11-16 uur, volwassene $ 10, 7-12 jaar $ 5
Het **Villa Zorayda Museum** lijkt met zijn oriëntaalse architectuur op een miniatuuruitgave van het Alhambra in het Spaanse Granada, maar was het winterverblijf van miljonair en YMCA-oprichter Franklin Smith uit Boston. In het kleurrijke interieur van het huis is onder meer een collectie antiek uit alle windstreken te zien die afkomstig is uit het bezit van de vroegere bewoners.

Mission Nombre de Dios 10

27 Ocean Ave., tel. 904 824 2809, www.missionandshrine.org, ma.-za. 9-17, zo. 9-16 uur
Al in 1565 zou hier de voorganger van de eenvoudige **Mission Nombre de Dios** hebben gestaan. Een ruim 60 m hoog metalen kruis herinnert aan de landing van Pedro Menéndez de Avilés in 1565 en de stichting van St. Augustine. Ook zie je hier de schrijn van Menéndez, die aan Maria is gewijd.

Old Jail Complex 11

167 San Marco Ave., tel. 904 829 3800, dag. 9-16.30 uur, volwassene $ 9, tot 12 jaar $ 5

In het **Old Jail Complex** zijn enkele cellen uit de tijd rond 1900 gereconstrueerd, compleet met in de muren gekraste teksten en jammerklachten van gevangenen. Ook de vroegere woningen van de bewakers kunnen worden bezichtigd.

Het zuiden van de stad

St. Augustine Alligator Farm 12

999 Anastasia Blvd., Hwy. A1A, tel. 904 824 3337, www.alligatorfarm.com, dag. 9-17, 's zomers tot 18 uur, volwassene $ 26, 3-11 jaar $ 15, rolstoelers $ 13/7,50

Ten zuiden van de Matanzas River, die door de met leeuwen verfraaide Bridge of Lions wordt overspannen, bereik je na enkele kilometers de in 1893 geopende **St. Augustine Alligator Farm**. Bezoekers kunnen op veilige hoogte vanaf houten loopbruggen onder zich honderden reptielen zien luieren, die opmerkelijk levendig worden zodra ze hun dagelijkse portie kip krijgen geserveerd. Verder zijn hier diverse soorten slangen, vogels en apen te zien.

Fort Matanzas 13

8635 Hwy. A1A S, tel. 904 471 0116, www.nps.gov/foma, veerboot dag. 9.30-15.30 uur (momenteel niet mogelijk), gratis

Fort Matanzas, 23 km/14 mijl ten zuiden van St. Augustine, moest de hoofdstad van Spaans Florida beschermen tegen een mogelijke aanval vanuit het zuiden. Het fort is bereikbaar met een gratis veerboot van de National Park Service. Binnen herinnert een tentoonstelling aan het bloedbad dat de Spaanse soldaten van admiraal Menéndez onder de gevangengenomen Franse hugenoten aanrichtten na de verovering van Fort Caroline (zie Tip blz. 313).

Informatie

Visitor Information: 10 Castillo Dr., tel. 904 825 1000, www.floridashistoriccoast.com, dag. 8.30-17.30 uur.

Accommodatie

Spaans – **Casa Monica Hotel 1:** 95 Cordova St., tel. 904 827 1888, www.casamonica.com. Dit volledig gerestaureerde hotel uit 1888 is ingericht in Spaanse stijl. Het behoorde ooit toe aan de spoorwegmagnaat Henry Morrison Flagler. 2 pk vanaf $ 200.

Vlak bij de oude stad – **Casa de Sueños 2:** 20 Cordova St., tel. 904 824 0887, www.casadesuenos.com. Romantische B&B met vijf kamers. 2 pk vanaf $ 180.

Victoriaans – **Carriage Way 3:** 70 Cuna St., tel. 904 829 2467, www.carriageway.com. Elf smaakvol ingerichte kamers in een villa in victoriaanse stijl op de hoek van Cuna St. en Cordova St., incl. ontbijt. 2 pk vanaf $ 190.

Nabij het centrum – **Villa Victor 4:** 42 San Marco Ave., tel. 904 829 2292, www.villavictorhotel.com. Aangenaam ketenhotel met 51 kamers niet ver van Castillo San Marcos, zwembad, fitnessruimte, gratis wifi. 2 pk vanaf $ 120.

Voordelig en centraal – **The Pirate Haus Inn 5:** 32 Treasury St., tel. 904 808 1999, www.piratehaus.com. Eenvoudige accommodatie, populair bij jongeren. 2 pk vanaf $ 110.

Aan een breed strand – **La Fiesta Ocean Inn & Suites 6:** 810 Hwy. A1A/Beach Blvd., tel. 904 471 2220, www.lafiestainn.com. Uitgestrekt hotelcomplex in een Spaans decor, direct aan het strand. 2 pk vanaf $ 100.

Camping – **Bryn Mawr Ocean Resort 7:** 4850 Hwy. A1A S, tel. 904 471 3353, www.brynmawroceanresort.com. Mooie locatie aan het strand ten zuiden van het centrum. Staanplaats voor campers vanaf $ 75.

Eten en drinken

Licht en veel vis – **Raintree Restaurant 1:** 102 San Marco Ave., tel. 904 824 7211, www.raintreerestaurant.com, dag. vanaf 17 uur. Interessante menukaart met lokale ingrediënten, veel gerechten met vis en zeevruchten en onweerstaanbare desserts. Gerecht $ 16-33.

Met een Caribisch tintje – **Gypsy Cab Co. 2:** 828 Anastasia Blvd., tel. 904 824 8244, www.gypsycab.com, lunch ma.-vr. 11-16, zo.

10.30-16, diner dag. 16-22 uur. Creatieve *Floribean*-gerechten ten oosten van de Bridge of Lions. Hoofdgerecht $ 15-25.

Zuidelijke sfeer – **Creekside Dinery 3:** 160 Nix Boatyard Rd., tel. 904 829 6113, www.creeksidedinery.com, zo.-do. 17-21, vr.-za. 17-22 uur. Restaurant met magnolia's en schommelstoelen op de zuilenveranda. Visgerechten met zoete aardappels en indiaanse mais. Gerecht $ 9-26.

In historisch zwembad – **Café Alcazar 4:** 25 Granada St., tel. 904 825 9948, www.thealcazarcafe.com/cafe-alcazar, dag. 11-15 uur. Ontspannen sfeer in een voormalig zwembad van het historische Alcazar Hotel. Mediterrane gerechten $ 12-17.

Snel en goed – **Mi Casa Cafe 5:** 69 St. George St., tel. 904 824 9317, www.micasacafe.com. Smakelijke hapjes en sandwiches, lasagne en picadillo. Gerecht $ 6-10.

Winkelen

Souvenirs – **Alcazar Courtyard Shops:** 75 King St., in het Lightner Museum 8, tel. 904 824 2874. Kunstnijverheid en replica's van museumstukken.

Outletcentrum – **St. Augustine Premium Outlets 1:** 2700 SR 16, tel. 904 825 1555, www.premiumoutlets.com, ma.-za. 9-21, zo. 10-18 uur. Ruim tachtig zaken, van Calvin Klein tot Samsonite, met grote kortingen.

Uitgaan

Brouwerij met muziek – **A1A Ale Works 1:** 1 King St., tel. 904 829 2977, www.a1aaleworks.com, do.-za. 's avonds livemuziek. Bier uit eigen brouwerij, nabij de Bridge of Lions. Uit de keuken komen onder andere op Caribische wijze bereide zeevruchten. Sandwiches vanaf $ 14, gerechten vanaf $ 15.

Jazzbar – **Cobalt Lounge 2:** 95 Cordova St., tel. 904 827 1888, in het Casa Monica Hotel 1 (zie blz. 318). Het programma voor de avond kan zo eenvoudig zijn: een trendy publiek drinkt hier kleurige cocktails bij relaxte jazzklanken.

Jazz – **Stogies Cigar Bar 3:** 36 Charlotte St., tel. 904 826 4008. Elke avond wordt jazz gespeeld door goede groepen.

Actief

Watersport – **Raging Water Sports 1:** 220 Nix Boat Yard Rd., tel. 904 829 5001, www.ragingwatersports.com, dag. 9-17 uur. Verhuur van jetski's, motorboten, zeilboten en kajaks. De Conch House Marina ligt halverwege tussen de Bridge of Lions en de Alligator Farm, bijvoorbeeld een Waverunner vanaf $ 110 per uur.

Fietsverhuur – **Solano Cycle 2:** 32 San Marco Ave., tel. 904 825 6766, www.solanocycle.com. Verhuur van scooters, e-bikes en fietsen, vanaf $ 8 voor twee uur.

Vissen – **St. Johns County Fishing Pier 3:** St. Augustine Beach, onmiddelijk ten zuiden van het Anastasia State Park, tel. 904 209 0326. De pier is dag en nacht geopend, er is ook een hengelsportzaak, pier $ 1 per persoon.

Boottochten – **St. Augustine Scenic Cruise 4:** 111 Avenida Menéndez, tel. 904 824 1806, www.scenic-cruise.com. De Victory III vertrekt om 11 uur van de jachthaven voor de eerste van vier tochten van 90 minuten over de Matanzas Bay. De kapitein geeft onderweg persoonlijke uitleg over de bezienswaardigheden. Volwassene $ 18, 4-12 jaar $ 8,50.

Evenementen

Annual St. Augustine Christmas Parade: 1e za. in dec. Een van de grootste optochten in Florida, met praalwagens, ruiters, bands en natuurlijk Santa Claus in hoogsteigen persoon. Start bij de Mission Nombre de Dios, 27 Ocean Ave., tel. 904 824 4997.

Vervoer

Bus: Greyhound, 1 S Castillo Dr., tel. 800 231 2222, www.greyhound.com.

Vervoer in de stad

De meeste bezienswaardigheden liggen in het centrum en zijn goed te belopen. Parkeergelegenheid is in het historische district nauwelijks te vinden. De **buslijnen** van de Sunshine Bus Company zijn vooral handig voor de bewoners van de buitenwijken die in het centrum werken, www.sunshine bus.net. Taxi: Yellow Cab, tel. 904 825 6888.

White Springs ► 2, E 11

White Springs aan de Suwannee River ligt ruim 160 km/100 mijl het binnenland in ten westen van St. Augustine. De heilzame werking van de zwavelbronnen op deze plek was al bij de Timucuan en de Seminole bekend. In de badhuizen die later bij de bronnen zijn gebouwd, zocht Theodore Roosevelt, die in 1901-1909 de 26e president van de VS was, omstreeks 1900 nog weldadige ontspanning.

Stephen Foster Folk Cultural Center State Park

11016 Lillian Saunders Dr., 5 km/3 mijl ten oosten van de I-75, tel. 386 397 4331, www.floridastateparks.org/stephenfoster, park dag. 8 uur tot zonsondergang, $ 5 per auto, gebouwen dag. 9-17 uur

Tegenwoordig trekt White Springs echter vooral bezoekers met het **Stephen Foster Folk Cultural Center State Park** met bijbehorend museum. In een liefdevol samengestelde tentoonstelling wordt een eerbetoon gebracht aan de populaire dichter en componist Stephen Foster, die met zijn in 1851 geschreven volkslied van Florida, 'Old folks at home' ('Way down upon the Suwannee River'), de Suwannee River grote bekendheid gaf, hoewel hij hem zelf nooit had gezien. Ook 'My old Kentucky home', het volkslied van Kentucky, is van zijn hand. Vanaf de klokkentoren klinkt geregeld een medley met 'Oh! Susanna' en andere populaire deuntjes.

In het Riverside Park aan de oever van de romantische rivier zijn nog overblijfselen van het victoriaanse badcomplex te zien. Op het grote **Folk Musik Festival** komen elk jaar in mei naast enkele duizenden bezoekers ook de toppers uit de folk- en countrymuziek.

Evenementen

Folk Music Festival: mei. Gerenommeerd muziekfestival met veel grootheden uit de wereld van de folkmuziek, Folk Festival Memorial Day, www.floridafolkfestival.com.

Tallahassee ► 2, C 10/11

Het feit dat Hernando de Soto in december 1539 met zijn Spaanse expeditieleger in de buurt van het huidige Tallahassee het allereerste kerstfeest op Amerikaanse bodem vierde, kan nauwelijks reden zijn geweest om bijna driehonderd jaar later op deze plek de hoofdstad van Florida te stichten. De echte redenen waren de centrale ligging en de noodzaak om een compromis te vinden tussen de rivaliserende steden St. Augustine en Pensacola. Van een stad met weinig inwoners in de beginjaren is Tallahassee inmiddels uitgegroeid tot een stad met ruim 190.000 inwoners, onder wie meer dan 50.000 studenten, die kunnen kiezen uit twee universiteiten.

Old State Capitol

400 S Monroe St./Apalachee Pkwy., tel. 850 487 1902, www.flhistoriccapitol.gov, ma.-vr. 9-16.30, za. vanaf 10, zo. vanaf 12 uur, gratis

Het nieuwe, 22 verdiepingen tellende regeringscomplex torent hoog uit boven het sympathiek ogende koepelgebouw van het **Old State Capitol** uit 1845, met zijn opvallende rood-witgestreepte zonneschermen.

Andere historische gebouwen

Tot de historische gebouwen behoren ook de uit 1841 daterende **Union Bank** (Monroe St.), waar katoenplukkers vroeger hun rekening hadden, en **The Columns** (Duval St.), waar vanaf 1830 de bankier William 'Money' Williams woonde. Nu is hier de kamer van koophandel van Tallahassee gevestigd.

Museum of Florida History

Gray Building, Capitol Complex, 500 S Bronough St., tel. 850 245 6400, www.museumoffloridahistory.com, ma.-vr. 9-16.30, za. vanaf 10, zo. vanaf 12 uur, gratis

De fraai gepresenteerde museumcollectie over de geschiedenis van Florida omvat uiteenlopende zaken, van een mastodontskelet (Amerikaanse mammoet) uit de laatste ijstijd tot schepen uit de Spaanse zilvervloot en een model van het Castillo de San

Actief

FIETSEN IN DE MACLAY GARDENS

Informatie

Begin: ingang 3450 Thomasville Rd./SR 61, 19 km/12 mijl ten noorden van Downtown Tallahassee
Duur: circa 1,5-2 uur
Belangrijk: 3,5 km/2 mijl ten zuiden van het park verhuurt de Great Bicycle Shop fietsen voor zo'n $ 35 per dag, 1909 Thomasville Rd., tel. 850 224 7461, www.gbs.bike.
Park: www.floridastateparks.org/park/Maclay-Gardens, tuin dag, 9-17 uur, park 8 uur tot zonsondergang, parkeren $ 6 per auto, $ 4 per persoon, tuin $ 6 in de bloeitijd jan.-apr., rest van het jaar gratis.
Info: op de twee grote meren in het gebied, Lake Hall en Lake Overstreet, is het mogelijk om kajaks en kano's te huren.

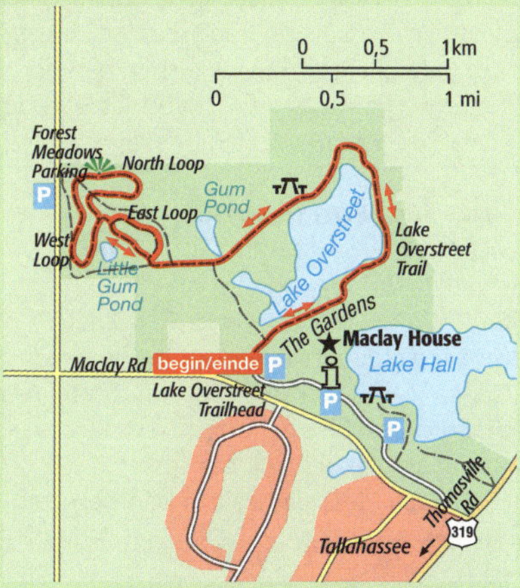

Ongeveer 13 km/8 mijl van de wegen in het 120 ha grote Alfred B. Maclay State Park is ook toegankelijk voor fietsers, met name het pad rond het in 1994 aan het park toegevoegde ongerepte **Lake Overstreet**, dat door een weelderig, met bomen en struiken begroeid landschap loopt. De route bestaat grotendeels uit onverharde wegen.
Ook de zorgvuldig beplante 11 ha grote siertuin is in ieder jaargetijde een bezoek waard, maar als het even kan, kun je dit deel van het tuinencomplex het best in het belangrijkste bloeiseizoen tussen januari en april bekijken. Dan bloeit er een veelkleurige bloemenpracht langs de voetpaden van het terrein dat Alfred en Louise Maclay uit New York vanaf 1923 aanlegden bij hun winterverblijf. Twee jaar na het overlijden van **Alfred Maclay** in 1944 stelde zijn weduwe delen van de tuinen open voor het publiek en in 1953 liet zij ze na aan de staat Florida.
Tussen half en eind maart lijken de kleuren van de bloemen wel te exploderen, er zijn cascades van rood-, geel- en blauwtinten te bewonderen in alle denkbare nuances en combinaties. Langs alle paden bloeien azalea's en camelia's, maar ook rododendrons in allerlei kleuren, de crèmekleurige bloemen van de kornoelje *(dogwood)*, gardenia's, gember, jasmijnen en magnolia's.
Op bordjes staan de herkomst en namen van de vele boomsoorten aangegeven. Daar zijn yucca's bij, maar ook palmetto's en sagopalmen, Japanse esdoorns, waarvan de bladeren in de herfst decoratief van kleur veranderen, pruimen, hickory's, eiken en diverse rubberbomen. In de ondiepe wateren bij de oever van het meer gedijen moerascipressen en waterplanten.

Marcos in St. Augustine. Het museum belicht ook de rol van Florida in de Burgeroorlog van 1861 tot 1865 en de moderne teelt van citrusvruchten.

Mission San Luis

2100 W Mission St., tel. 850 245 6406, www.missionsanluis.org, di.-zo. 10-16 uur, volwassene $ 5, 6-17 jaar $ 2

Het terrein van de **Mission San Luis Archaeological and Historical Site** omvat de voor een groot deel gereconstrueerde overblijfselen van de franciscaanse missiepost San Luis, een Spaans fort en een dorp met een groot gemeenschapshuis van de Apalachee-indianen.

Lake Jackson Mounds

3600 Indian Mounds Rd., tel. 850 922 6007, www.floridastateparks.org/park/Lake-Jackson, dag. 8 uur tot zonsondergang, $ 3 per auto

In het noorden, niet ver van de stadsgrens, zijn bij **Lake Jackson Mounds State Archaeological Site** de restanten van vier aarden piramides te zien, die tussen 1200 en 1500 n.Chr. deel uitmaakten van een ceremonieplaats van de indianen van de Mississippicultuur.

Informatie

Information Center: 106 E Jeffersen St., tel. 850 606 2305, www.visittallahassee.com, ma.-vr. 8-17 uur.

Accommodatie

Cool – **Aloft Downtown:** 200 N Monroe St., tel. 850 513 0313, www.alofttallahassee.com. Dit trendy, modern en diervriendelijk hotel beschikt over een zwembad en fitnessruimte. 2 pk vanaf $ 130.

Vorstelijk – **Governors Inn:** 209 St. Adams St., tel. 850 681 6855, www.thegovinn.com. Fraaie ligging in het centrum en voorname gasten. 2 pk vanaf $ 110.

Camping – **Tallahassee RV Park:** 6504 Mahan Dr., tel. 850 878 7641, www.tallahasseervpark.com. Bijna zeventig plaatsen voor campers op een grasveld, wifi, wasmachine op muntgeld. Staanplaats $ 50.

Eten en drinken

Inventief – **Georgio's Fine Food & Spirits:** 2971 Apalachee Pkwy., tel. 850 877 3211, www.georgiostallahassee.com, ma.-za. vanaf 16 uur. Italiaans georiënteerde kaart met veel vis en andere producten uit de regio. Ma.-za. vanaf 16 uur. Gerecht $ 12-27.

Amerikaanse klassiekers – **Andrew's 228 Restaurant:** 228 Adams St., tel. 850 222 3444, www.andrewsdowntown.com, ma.-do. 11.30-22, vr.-za. 11.30-23, zo. 11.30-21 uur. Populair restaurant waar je sandwiches, pasta, hamburgers en gebraden kip voorgeschoteld kunt krijgen. Hoofdgerecht vanaf $ 12-35.

Seafood – **Harry's Seafood Bar & Grille:** 301 S Bronough St., tel. 850 222 3976, https://hookedonharrys.com. Gezinsrestaurant met sandwiches, salades en veel visschotels. Hoofdgerecht $ 8-23.

Gezond en lekker – **Crispers:** 1241 Apalachee Pkwy., tel. 850 656 4222, www.crispersonline.com, ma.-za. 10.30-21, zo. 11-20 uur. Salades, soepen en sandwiches, diverse soorten koffie en gebak. Gerecht $ 5-11.

Uitgaan

Cocktails en muziek – **Waterworks:** 1133 Thomasville Rd., tel. 850 224 1887. Tikibar in retrostijl, biedt geregeld livemuziek en klassieke films voor vooral bezoekers uit de studentengemeenschap.

Rooftopbar – **Level 8 Lounge:** Hotel Duval, 415 N. Monroe St., tel. 850 224 6000, www.hotelduval.com/level-8-lounge. Pianobar, goede drankjes en thema-avonden bieden verzorgd amusement.

Actief

... in Crawfordville (32 km/20 mijl ten zuiden van Tallahassee):

Fietsen en inlineskaten – **Tallahassee-St. Marks Historic Railroad State Trail:** toegang en parkeren, 1358 Old Woodville Rd., www.floridastateparks.org/trail/Tallahassee-St-Marks. Meer dan 24 km/15 mijl van de sinds 1983 in onbruik geraakte spoorlijn van Tallahassee naar St. Marks is veranderd in een mooi traject om te skaten en te fietsen.

Evenementen

Springtime Tallahassee: 1e za. in april. Dit grote feest is gewijd aan de bewogen geschiedenis van de stad. Met optochten, tentoonstellingen en muziek, tel. 850 224 5012, www.springtimetallahassee.com.

Vervoer

Vliegtuig: Tallahassee Regional Airport, 3300 Capital Circle SW, tel. 850 891 7800, www.talgov.com/airport. Vluchten naar andere steden in Florida en enkele grotere luchthavens in de VS.

Bus: Greyhound, 112 W Tennessee St., tel. 850 222 4249, www.greyhound.com.

Van Tallahassee naar Pensacola

De route voert van Tallahassee naar het westen voortdurend langs de **Gulf Coast**. Nergens wordt de rit eentonig. Aan het begin van de route, bij Carabelle, lopen de bossen door tot aan het strand. Bij stormvloed neemt het water telkens een paar bomen mee. Liefhebbers van oesters zullen graag wat langer in Apalachicola blijven, een van de beste kweekgebieden van Noord-Amerika. Aanmerkelijk drukker wordt het in Panama City, aan de 'Redneck Riviera'. Ten westen daarvan, tot aan Pensacola, strekken zich de witte kwartsstranden van de **Gulf Islands National Seashore** uit.

Marianna ▶ 2, B 10

Het ruim 96 km/60 mijl westelijker gelegen Marianna is een kijkje waard. Direct ten noorden van dit ongeveer 9000 inwoners tellende plaatsje kunnen bezoekers de grotten van het **Florida Caverns State Park** met droge voeten verkennen. De talrijke andere kalksteengrotten in Florida verder in het zuiden van de staat staan door de hoge grondwaterstand allemaal onder water. In het State Park begint ook de **Chipola River Canoe Trail**, een 80 km/50 mijl lange route over het water, die bijna tot de Golf van Mexico voert (zie Actief hierna).

Actief

Kano- en grotexcursies – **Kano's** zijn te huur bij het rangerstation (3345 Caverns Rd., tel. 850 482 1228, www.floridastateparks.org/floridacaverns, dag. 8 uur tot zonsondergang, grotexcursies beginnen bij het Visitor Center, $ 8 per persoon., 3-12 jaar $ 5, do.-ma. 9-16 uur, kano $ 22/27 voor 4 uur/dag, Florida Caverns State Park, $ 5 per auto.

Wakulla Springs ▶ 2, C 11

465 Wakulla Park Dr., tel. 850 561 7276, www.floridastateparks.org/wakullasprings, dag. 8 uur tot zonsondergang, $ 6 per auto

In het brongebied van **Wakulla Springs**, 23 km/14 mijl ten zuiden van Tallahassee, worstelde olympisch zwemkampioen Johnny Weissmuller als Hollywood-Tarzan met alligators. De krachtig stromende bron in het gemengde bos brengt dagelijks 950 miljoen liter kristalhelder water naar de oppervlakte en is een van de grootste zoetwaterbronnen ter wereld. Met meer dan 150 vogelsoorten, alligators, wasberen en een enorme verscheidenheid aan planten is dit bijzondere State Park zeer bezienswaardig.

Apalachicola ▶ 2, B 12

Hier groeien de bossen niet door tot aan de zee. Niet het toerisme, maar de visvangst en oesterteelt vormen die belangrijkste bron van inkomsten voor de inwoners van **Apalachicola**. Veruit het grootste deel van de oesterproductie van Florida is afkomstig van de oesterbanken in de Apalachicola Bay.

Het kleine **John Gorrie Museum** is gewijd aan de arts die meer dan een eeuw geleden de klachten van zijn malaria- en geelzuchtpatiënten trachtte te verlichten. De arts en wetenschapper bedacht een door zijn tijdgenoten aanvankelijk als onzinnig beschouwde methode om kunstijs te maken en daarmee de binnentemperatuur te verlagen, als voorloper van de huidige alom aanwezige airconditioning (466 Ave. D, tel. 850 653 9347, www.floridastateparks.org/johngorriemuseum, do.-ma. 9-17 uur, $ 2).

Het **Apalachicola National Forest** ten noordoosten van de plaats is met een oppervlakte van ruim 2000 km^2 een van de grootste bossen ten zuiden van de Mississippi.

Informatie

Apalachicola Bay Chamber of Commerce: 122 Commerce St., tel. 850 653 9419, www.apalachicolabay.org, ma.-vr. 9-17, za. 11-16 uur.

Accommodatie

Historische ambiance – **Gibson Inn:** 51 Ave. C, tel. 850 653 2191, www.gibsoninn.com. Als monument beschermd pension met enkele kamers, uitstekende oesters en andere zeevruchten. 2 pk vanaf $ 150.

Aan het water – **Apalachicola River Inn:** 123 Water St., tel. 850 653 8139, www.apalachicolariverinn.com. Geniet van de rustieke sfeer in dit gerenoveerde hotel met 26 kamers, waarvan vele met uitzicht op de baai. 2 pk vanaf $ 140.

Eten en drinken

Verfijnde visgerechten – **The Owl Cafe:** 15 Ave. D, tel. 850 653 9888, www.owlcafeflorida.com. Uit de keuken komen interessante gerechten, bijvoorbeeld gebakken tandbaars *(grouper)* met geroosterde knoflook, kappertjes, artisjokharten en citroen. Hoofdgerecht $ 17-29.

Evenementen

Seafood Festival: 1e weekend in nov. Verse oesters, op 101 verschillende manieren bereid, plus muziek, wedstrijden en een kunstnijverheidsmarkt, tel. 888 653 4720, www.floridaseafoodfestival.com.

St. George Island State Park ▶ 2, B 12

1900 E Gulf Beach Dr., St. George Island, tel. 850 927 2111, www.floridastateparks.org/stgeorgeisland, $ 6 per auto

Een van de mooiste en tegelijk meest afgelegen stranden van Florida strekt zich uit langs de Gulf Coast ten oosten van het eiland St. George. Van de grens van het **Dr. Julian G. Bruce St. George Island State Park** voert een smalle, ruim 6 km/4 mijl lange weg naar een terrein met picknicktafels, toiletten en douches; ook kamperen is hier mogelijk.

Vanaf daar gaat de weg nog 8 km/5 mijl verder door het zand naar de oostpunt van het eiland. Hier kun je genieten van een schitterend uitzicht op een rijke vogelwereld.

Panama City en Panama City Beach ▶ 2, A 11

Deze stad met de ervoor gelegen badplaats Panama City Beach telt ruim 50.000 permanente bewoners. Hij ligt aan het oostelijke uiteinde van de ruim 145 km/90 mijl lange, prachtige zandkust van de *Miracle Strip*, die zich uitstrekt tot vlak voor Pensacola. In de bedrijvige haven varen vissersboten, plezierjachten en vrachtschepen af en aan.

In de nabije omgeving van Panama City Beach bieden tientallen hotels en grote appartementencomplexen in de zomermaanden onderdak aan tienduizenden vakantiegangers, vooral uit de aangrenzende staten Alabama en Georgia. Speelhallen, minigolfbanen en waterparken zorgen aan de zogeheten Redneck Riviera voor ontspanning. Een Gulf Coast Triathlon (zie Evenementen blz. 327), nu en dan races op het offshore powerboatparcours voor de kust en de snelle honden op de wedstrijdbaan van de Ebro Greyhound Racing Club (zie blz. 326) bieden extra vertier.

De Yucatan Current, die deel uitmaakt van de Golfstroom, stroomt bij Panama City niet ver van de kust. Het voedselrijke water is rijk aan vissoorten die op hun beurt dolfijnen aantrekken en ook sportvissers, die zich inschepen op de talrijke in de jachthaven gelegen boten voor *fishing trips*. De vele scheepswrakken die als kunstmatig rif naar de zeebodem zijn afgezonken, zijn in trek bij duikers.

Actief

VISTRIP BIJ PANAMA CITY

Informatie

Begin: Treasure Island Marina, aan de Lower Grand Lagoon van Panama City Beach
Kosten: $ 55-65 per persoon voor trip van halve dag met hengel, aas, ijs en visvergunning
Info: Jubilee Deep Sea Fishing, 3605 Thomas Dr., Panama City, FL 32408, tel. 850 236 2111, www.jubileefishing.com. Hoed en zonnebrandmiddel niet vergeten!

Hij wordt *party boat* genoemd, maar niet omdat er aan boord wordt gefeest. Bij de 'Jubilee' en andere *party boats* hoef je niet voor $ 400 of $ 500 de hele boot te charteren, maar kun je je aansluiten bij andere mensen die een vistrip maken.
U vertrekt 's ochtends om 7 uur, want als visser moet je er vroeg bij zijn. Op het zonnedek krijg je een briefing over de veiligheid aan boord en bij het vissen. Hoe maak je het aas vast? Wat moet je doen als je beet hebt? Op de eerste hengelstop wacht de deelnemers al meteen een verrassing: een grote waterschildpad zwemt op zijn dooie gemak voorbij en op 50 m afstand springt een school dolfijnen uit het water. Ze lijken hun buit bijeen te drijven om deze gemakkelijker te kunnen vangen.
De kapitein checkt op zijn beeldscherm of er onder de boot vis zwemt. Niet veel later hangen de eerste kapitale vangsten aan de haak. Niet te geloven, wat een rijkdom aan vis! Iedere keer, om de 4-5 minuten, als een deelnemer een vis ophaalt, maakt de kapitein dit via de luidspreker bekend. Op het laatst heeft iedereen een dikke vis 'onder zijn arm', althans voor de foto, om aan het thuisfront te tonen.
Op de terugweg heerst er een relaxte stemming, iedereen praat alleen nog maar over vissen, je reinste visserslatijn, sommigen gaan naar de kapitein op het bovendek, anderen eten een hapje op het koele benedendek. Wie wil, kan zijn vangst laten schubben. Na de tocht keert iedereen voldaan terug naar zijn vakantieadres. Wie in een appartement verblijft, bereidt de vis zelf. Er zijn ook restaurants waar de gasten hun zelfgevangen vis kunnen laten klaarmaken.

Man in the Sea Museum

17314 Panama City Beach Pkwy., tel. 850 235 4101, www.maninthesea.org, di.-za. 10-15 uur, volwassene $ 7, 6-17 jaar $ 5

In het interessante **Museum of Man in the Sea** kom je meer te weten over civiel en militair onderzoek naar de oceanen aan de hand van diorama's, documenten en allerlei duikuitrustingen van de oudheid tot de dag van vandaag.

Gulf World Marine Park

15412 Front Beach Rd., tel. 850 234 5271, www.gulfworldmarinepark.com, dag. 9.30-16.30 uur, volwassene $ 31, tot 11 jaar $ 20, zwemmen met dolfijnen vanaf $ 109/89

In het **Gulf World Marine Park**, een zeedierentuin, zijn zeeleeuwen, manta's, alligators en andere reptielen, haaien, maar ook pinguïns en tropische vogels ondergebracht. Er worden enkele keren per dag shows gegeven. Bij

'Dolphin Encounter' kunnen aangemelde bezoekers met dolfijnen zwemmen.

St. Andrews State Park

4607 State Park Lane, tel. 850 708 6100, www.floridastateparks.org/standrews, dag. 8 uur tot zonsondergang, $ 8 per auto

De beste stranden rond Panama City Beach liggen in het **St. Andrews State Park** in het zuidoosten van de stad, ideaal voor een rustige dag op het strand, om te zwemmen, te snorkelen, voor een strandwandeling of om schelpen te zoeken. Bij een paviljoen zijn snacks en drankjes te krijgen.

Informatie

Convention & Visitors Bureau: 17001 Panama City Beach Pkwy., tel. 850 233 5070, www.visitpanamacitybeach.com, dag. 8-17 uur.

Accommodatie

Comfortabel – **Holiday Inn Resort Panama City Beach:** 11127 Front Beach Rd., tel. 800 633 0266, www.hipcbeach.com. Groot, halfcirkelvormig hotelcomplex direct aan het strand met een levendig zwembad in subtropische sfeer. 2 pk vanaf $ 230.

Zeezicht – **Days Inn:** 12818 Front Beach Blvd., tel. 850 588 1587, www.daysinnbeach.com. Aan het strand, alle kamers met uitzicht op zee, zwembad, internet. 2 pk vanaf $ 170.

Appartementen – **Moonspinner Condominium:** 4425 Thomas Dr., tel. 850 234 8900, www.moonspinner.com. Appartementencomplex van acht verdiepingen aan het strand. Tennisbanen, basketbal, shuffleboard, zwembad, gratis wasservice, wifi. Appartement $ 130-365.

Met kookhoek – **Sunset Inn:** 8109 Surf Dr., tel. 850 234 7370, www.sunsetinnfl.com. Motel aan het strand, maar niet midden in de drukte. 2 pk vanaf $ 125, met zeezicht $ 170.

Camping – **St. Andrews State Park:** in het State Park (zie hiervoor) zijn 176 staanplaatsen beschikbaar, vanaf $ 28.

Eten en drinken

Zeevruchten – **Saltwater Grill:** 11040 Hutchison Blvd., tel. 850 230 2739, www.saltwatergrillpcb.com. Met zorg klaargemaakte vis, schelp- en schaaldieren tegen de achtergrond van een enorm aquarium met bijna 300.000 liter water. Gerecht $ 19-43.

Oesters en meer – **Shuckums Oyster Pub & Seafood Grill:** 15614 Front Beach Rd., tel. 850 235 3214, www.shuckums.com. Gezellige oesterbar met verse zeevruchten die op diverse wijzen worden bereid. Een dozijn oesters vanaf $ 15.

Retrostijl – **All American Diner:** 10590 Front Beach St., tel. 850 235 2443. Milkshakes en hamburgers in de sfeer van de jaren 50. Gerecht vanaf $ 9.

Uitgaan

Livemuziek – **Schooners Restaurant & Beach Club:** 5121 Gulf Dr., tel. 850 235 3555, www.schooners.com. Verzorgde keuken, goede drankjes, zonsondergangen en livemuziek, feesten tot het ochtendgloren.

Dansen en feesten – **Club La Vela:** 8813 Thomas Dr., tel. 850 234 3866, www.clublavela.com. Het drukst is het in deze muziekclub tijdens de *spring break* (voorjaarsvakantie), als de gasten tot 4 uur 's ochtends dansen en feestvieren bij een Bikini Beach Bash.

Actief

Duiken – **Panama City Dive Center:** 4823 Thomas St., tel. 850 235 3390, www.pcdivecenter.com. Duikuitrustingen en duiktrips (ongeveer $ 80 voor 4 uur).

Met de glasbodemboot – **Capt. Anderson III:** 5550 N. Lagoon Dr., tel. 850 234 3435, www.captandersonsmarina.com. Uitstapjes van een halve of hele dag met een boot met glazen bodem naar Shell Island en om dolfijnen te kijken. Volwassene vanaf $ 20,50 2-11 jaar $ 10,50.

Bootverhuur – **Shell Island Boat Rentals & Tours:** 3601 Thomas Dr., Treasure Island Marina, tel. 850 234 7245, www.shellislandtours.com. Verhuur van plezierboten, ook snorkelcursussen bij dolfijnen ($ 49 voor 2 uur).

Windhondenrennen – **Ebro Greyhound Park:** 6558 Dog Track Rd., Ebro, tel. 850 234 3943, www.goebro.com. De supersnelle honden rennen 's avonds om 18.30 uur tegen elkaar, op zaterdag ook wel om 12.30 uur. Voor actuele wedstrijden zie website.

Evenementen

Gulf Coast Triathlon: begin mei. Bij de wedstrijden in Panama City zwemmen de deelnemende sporters ook 20 km/12,5 mijl in het water van de Golf van Mexico, tel. 813 868 5940, www.gulfcoasttri.com.

Vervoer

Vliegtuig: Panama City/Bay County International Airport, 6300 West Bay Pkwy., tel. 850 763 6751, www.iflybeaches.com. Vluchten naar Atlanta en andere steden in de VS.
Bus: Greyhound, 917 Harrison Ave., tel. 850 785 6111, www.greyhound.com.

Fort Walton Beach ▶ 3, L 10

Langs rustige, welvarende kustplaatsjes als Silver Beach, Four Mile Village, Grayton en Seaside voert de tocht verder naar het westen. Prachtige, bijna witte kwartsstranden, worden omzoomd door duinen zo ver als het oog reikt. Het late voorjaar, als het blauwgroene water van de Golf van Mexico nog fris, maar toch al voldoende opgewarmd is, is de geschiktste tijd om te zwemmen.

In dit gebied wonen al enkele duizenden jaren indianen. Hiervan getuigt een nagebouwde indiaanse tempel op een heuvel in Fort Walton Beach. Hij vormt een zichtbare herinnering aan een vroeger uitgestrekte indianennederzetting van de Mississippicultuur tussen 1200 en 1650.

Fort Walton Beach Heritage Park & Cultural Center

139 Miracle Strip Pkwy. SE, tel. 850 833 9595, www.fwb.org/index.php/museums.html
In het uitstekende bezoekerscentrum en museum van het **Fort Walton Beach Heritage Park & Cultural Center** kun je je uitgebreid laten informeren over de indiaanse bewoning van de afgelopen 10.000 jaar.

Zo stil is het hier alleen 's winters: daarbuiten bepaalt het toerisme het leven in Fort Walton Beach

Air Force Armament Museum

Eglin Air Force Base, tel. 850 882 4062, www.afarmamentmuseum.com, ma.-za. 9.30-16.30 uur, gratis

De **Eglin Air Force Base** is met circa 20 duizend soldaten de grootste vliegbasis ter wereld. Dat ze 21 start- en landingsbanen tot hun beschikking hebben, is niet te horen op de zandstranden van Fort Walton Beach. Het **Air Force Armament Museum** toont oorlogsmaterieel uit de periode van de Eerste Wereldoorlog tot heden.

Gulfarium

1010 Miracle Strip Pkwy. SE, 1,6 km/1 mijl ten oosten van Fort Walton Beach aan de US 98, tel. 850 243 9046, www.gulfarium.com, dag. vanaf 9 uur, sluitingstijden variëren, volwassene $ 24, kind $ 16

In het **Gulfarium** kunnen bezoekers haaien, alligators, murenen en zeeschildpadden uit deze omstreken bewonderen. Ook worden er shows met dolfijnen of zeeleeuwen gegeven.

Informatie

Emerald Coast Convention & Visitors Bureau: 1540 Miracle Strip Pkwy., Fort Walton Beach, tel. 850 651 7131, www.emeraldcoastfl.com, ma.-vr. 8-17, za. 9-16, zo. 11-16 uur.

Accommodatie

Zeezicht – **Ramada Plaza Beach Resort:** 1500 Miracle Strip Pkwy. SE, tel. 850 243 9161, www.ramadafwb.com. Mooi uitzicht vanaf de balkons op zee. Tropische tuin met groot zwembad. 2 pk vanaf $ 170.

Met kookhoek – **Venus by the Sea:** 885 Santa Rosa Blvd., tel. 850 301 9600, www.venuscondos.com. Appartementen met één tot drie slaapkamers op Okaloosa Island, niet ver van het strand. Vanaf $ 120.

Camping – **Navarre Beach Family Campground:** 9201 Navarre Pkwy./US 98, tel. 850 939 2188, www.navbeach.com. Met eigen strand, zwembad en een pier. Staanplaats voor tenten en campers met elektriciteit, water en wifi. Camper vanaf $ 64, tent vanaf $ 54.

Eten en drinken

Italië in Florida – **Magnolia Grill:** 157 Brooks St. SE, tel. 850 302 0266, www.magnoliagrillfwb.com, ma.-vr. 11-14, ma.-do. 17-20, vr.-za. 17-21 uur. Heerlijke Noord-Italiaanse keuken. Hoofdgerecht vanaf $ 14.

Zeevruchten – **Old Bay Steamer:** 102 Santa Rosa Blvd., tel. 850 664 2795, www.oldbaysteamerfwb.com, dag. van 16 uur. Grote keus aan krab-, garnalen-, schelpdieren- en visgerechten, maar ook spareribs en kip van de grill. Gerecht $ 10-60.

... in Destin (13 km/8 mijl ten oosten van Fort Walton Beach):

Interessante menukaart – **Vintij Wine Boutique & Bistro:** 10859 US 98, Destin, tel. 850 650 9820, www.vintij.com. Wijnwinkel, wijnbar en restaurant met een breed menu van tonijn met komijn tot pasta bolognese. Gerecht $ 12-35.

Winkelen

Outletcentrum – **Silver Sands Premium Outlets:** 10562 Emerald Coast Pkwy., aan de US 98 tussen Destin en Sandestin, tel. 850 337 0628, www.premiumoutlets.com/outlet/silver-sands. Ruim honderd outletstores bieden vriendelijk geprijsde merkartikelen aan, van serviesgoed tot mode van Liz Claiborne.

Uitgaan

... in Destin (13 km/8 mijl ten oosten van Fort Walton Beach):

Reggae en oesters – **AJ's Seafood & Oyster Bar:** 116 Harbor Blvd., tel. 850 837 1913, www.ajs-destin.com. 's zomers reggae in de openlucht; gefrituurde vis en verse oesters zijn het hele jaar door te krijgen.

... in Santa Rosa / Grayton Beach (40 km/25 mijl ten oosten van Fort Walton Beach):

Jazz – **The Red Bar:** 70 Hotz Ave., tel. 850 231 1008, www.theredbar.com. Iedere avond goede jazz, cocktails en kleine gerechten als gebakken aubergines met jakobsschelpen.

Actief

Zeiltochten en minicruises – **Captain Rex Sailing Adventures:** tel. 850 319 2708, www.captainrex.com. Sunset Cruises met hapjes en drankjes vanaf $ 70, ook een wijn-en-kaas-cruise van enkele uren.

... in Destin

Watersport – **Gilligan's Watersports:** 530 Harbor Blvd., aan de haven, tel. 850 650 9000, www.gilligansofdestin.com. Parasailen, verhuur van waterscooters ($ 80 per uur), ook tochten met waterscooters en pontonboten.

Duiken en snorkelen – **Scuba Tech Diving Charters:** 301 Harbor Blvd./US 98 E, tel. 850 837 2822, www.scubatechnwfl.com. Met alle benodigde vergunningen, materiaalverhuur, cursussen, snorkel- en duiktochten, vanaf $ 125 voor 3 uur.

Vervoer

Trolleybus: 's zomers rijdt de Wave Shuttle Bus Service elke 20 min. heen en terug op Okaloosa Island, ma.-vr. 8-19, 's winters elke 45 min., tel. 850 833 9168, www.ecrider.org, kaartje $ 1,50.

Pensacola ▶ 2, K 11

De met bijna 53.000 inwoners grootste stad van de *Panhandle* ('pannensteel') van Florida zou ook als de oudste Europese nederzetting van heel Noord-Amerika kunnen worden beschouwd. De Spanjaard Tristan de Luna stichtte met 1500 volgelingen al in 1559 – zes jaar voor de stichting van St. Augustine – een nederzetting in Pensacola Bay, die echter maar kort bestond. Na deze eerste kolonisatiepoging wisselde de plaats meer dan tien keer van eigenaar – Spanjaarden, Fransen, Engelsen en Geconfedereerden – tot hij aan het eind van de Burgeroorlog definitief deel ging uitmaken van de VS.

De landing van Tristan de Luna wordt elk jaar in mei kleurrijk nagespeeld, aansluitend viert de stad begin juni het Fiesta of Five Flags (zie Evenementen blz. 331) ter ere van zijn bewogen geschiedenis.

Seville District

Het Seville District, het historische centrum van de stad met huizen uit de 18e en de 19e eeuw, strekt zich uit rond Seville Square. In het **Historic Pensacola Village** zijn enkele gerestaureerde gebouwen te bezichtigen (tel. 850 595 5985, www.historicpensacola.org, di.-za. 10-16, 's zomers ook zo. 12-16 uur). In het Palafox Historic District presenteert het **T.T. Wentworth Florida State Museum** in het vroegere stadhuis een uitgebreide tentoonstelling over de geschiedenis van de regio (330 S Jefferson St., tel. 850 595 5985, www.historicpensacola.org, di.-za. 10-16, 's zomers ook zo. 12-16 uur, volwassene $ 5, 3-14 jaar $ 3). Ook in het **North Hill Preservation District** zijn veel gebouwen uit de periode tot 1930 tot monument verklaard.

National Museum of Naval Aviation

1750 Radford Blvd., tel. 800 327 5002, www.navalaviationmuseum.org, dag. 9-17, gratis

Het **National Museum of Naval Aviation** op de marinebasis in het zuidwesten van de stad toont de rijke collectie van de marineluchtvaartdienst, van de eerste tweedekkers tot een replica van de commandomodule van het ruimtestation Skylab.

Fort Barrancas

Taylor Rd., tel. 850 455 5167, www.nps.gov/guis/planyourvisit/fort-barrancas-area.htm, do.-ma. 9-16.15 uur, bezoekerscentrum dezelfde tijden, $ 10 per persoon, $ 20 per auto

Fort Barrancas werd in 1797 door de Spanjaarden als Bateria de San Antonio gebouwd om de havenmond van Pensacola te beschermen. Hoewel het fort op het terrein van het Naval Air Station ligt, is het voor publiek toegankelijk.

Fort Pickens

Fort Pickens Rd., tel. 850 934 2600, www.nps.gov/guis, terrein dag. 5-21, nov.-feb. 5-18 uur, fort 8 uur tot zonsondergang, bezoekerscentrum 9-14.30 uur, $ 10 per persoon, $ 20 per auto (Area Ticket)

Het uit baksteen opgetrokken Fort Pickens aan de westkant van Santa Rosa Island, dat tussen 1829 en 1834 verrees, bewaakt de toegang tot Pensacola Bay. Tijdens

Hier pakt de Amerikaanse marine uit: National Museum of Naval Aviation

de Burgeroorlog vonden er artillerieduels plaats tussen Geconfedereerden die Fort Barrancas bezet hielden en de soldaten van de Unie in Fort Pickens. Een museum belicht de geschiedenis van het fort en geeft informatie over de flora en fauna van het kustgebied.

Al tussen 1886 en 1888 kwamen er weekendrecreanten naar Santa Rosa Island, die het fort aandeden om een blik te werpen op de Apachenleider Geronimo, die in de kazematten werd gevangengehouden.

Stranden

De stranden van de barrière-eilanden voor de kust nodigen op verschillende plaatsen uit om ongestoord te zwemmen in het turquoise water van de Golf van Mexico. In 2006 werd voor de kust het vliegdekschip USS Oriskaby tot zinken gebracht, op een diepte van 70 m. Het geldt sindsdien als het grootste kunstmatige rif ter wereld.

Informatie

Convention & Visitors Center: 1401 E Gregory St., tel. 850 434 1234, www.visitpensacola.com, ma.-vr. 8-17, za. 9-16, zo. 10-16 uur.

Accommodatie

Niet te missen – **Hilton Pensacola Beach Gulf Front:** 12 Via de Luna Dr., tel. 850 916 2999, www.hiltonpensacolabeach.com. Zestien verdiepingen tellend strandhotel met zwembaden en 275 kamers, sommige met keukenblok. Wifi (niet gratis), fitnessruimte, sauna. 2 pk vanaf $ 310.

Aan het strand – **Holiday Inn Express Pensacola Beach:** 333 Fort Pickens Rd., tel. 850 932 3536, www.hiexpress.com. Vriendelijk ingericht strandhotel op Santa Rosa Island met uitzicht op de Golf van Mexico, 2 pk met ontbijt vanaf $ 220.

Bed and breakfast – **Noble Manor B&B:** 110 W Strong St., tel. 877 598 4634, www.noblemanor.com. Verzorgd complex met vijf

kamers in het North Hill District, prijs met ontbijt. 2 pk vanaf $ 145.
Camping – **Big Lagoon State Park:** 12301 Gulf Beach Hwy., tel. 850 492 1595, www.floridastateparks.org/biglagoon. Deze camping telt 75 staanplaatsen voor tenten en campers op een aantrekkelijke natuurterrein. Staanplaats voor 1-8 personen $ 20.

Eten en drinken

Zeevruchten – **Flounder's Chowder House:** 800 Quietwater Beach Rd., Pensacola Beach, tel. 850 932 2003, www.flounderschowderhouse.com. Grote porties gevulde schol en andere zeevruchten. Terras. 's Zomers met muziekprogramna. Gerecht $ 11-27.
Ontbijt – **Native Café:** 45A Via De Luna Dr., Pensacola Beach, tel. 850 934 4848, www.thenativecafe.com. Eenvoudig, vers en goed. Ontbijt en kleine gerechten, zoals heerlijke vistaco's, dag. 7.30-15 uur. Gerecht $ 7-16.
Wijn en meatloaf – **Pot Roast & Pinot:** 321 East Cervantes St., tel. 850 607 7336, www.potroastpinot.com. Soepen, sandwiches, *meatloaf* en gebraden vlees. Gerecht $ 7-29.

Winkelen

Kunst & kunstijverheid – **Quayside Gallery:** Plaza Ferdinand/17 E Zarragossa St., tel. 850 438 2363, www.quaysidegallery.com, ma.-za. 10-17, zo. 13-17 uur. Zo'n zeventig kunstenaars uit de regio tonen hier hun werk.

Uitgaan

Disco – **Seville Quarter:** 130 E Government St., tel. 850 434 6211, www.sevillequarter.com, ma.-za. 7-3, zo. 11-3 uur. Alles op één plek. Allround-etablissement met diverse dansvloeren, bars en eetgelegenheden.
Theater – **Saenger Theatre:** 118 S Palafox Pl., tel. 850 595 3880, www.pensacolasaenger.com. Gerestaureerd voormalig vaudevilletheater uit 1925 met een gevarieerd programma, waaronder musicals en shows.

Actief

Watersport – **MBT Dive and Surf:** 3920 Barrancas Ave., tel. 850 455 7702, www.mbtdivers.com. Naast verhuur van duikuitrustingen (ongeveer $ 40 per dag) kun je hier ook terecht voor cursussen en duiktrips. **Radical Rides:** 444 Pensacola Beach Blvd., tel. 850 934 9743, www.radicalrides.com. Verhuur van pontonboten, surfboards, waterscooters en waterski's, mrt.-nov., vanaf $ 30.
... in Milton (32 km/20 mijl ten noorden van Pensacola):
Kanoverhuur – **Adventures Unlimited:** 8974 Tomahawk Landing Rd., Milton, tel. 850 623 6197, www.adventuresunlimited.com. Bootverhuur en tochten, kajaktocht vanaf $ 42, kanotocht vanaf $ 58. Ongeveer 32 km/20 mijl ten noorden van Pensacola begint het kano- en kajakparadijs. De staat Florida heeft het plaatsje Milton tot 'kanohoofdstad' uitgeroepen. Je kunt naar hartenlust peddelen in het Blackwater River State Park en op de omliggende *creeks*.

Evenementen

Pensacola JazzFest: 2e weekend in april, rond Seville Square, met nationale top acts, www.jazzpensacola.com.
Fiesta of Five Flags: begin juni. Parades, concerten en levendige demonstratie van de landing van de Spaanse conquistadores onder Tristan de Luna in 1559, www.fiestapensacola.org.
Great Gulfcoast Arts Festival: 1e weekend in november. Zo'n tweehonderd kunstenaars tonen hun werk rond Seville Square, daarnaast muziek, eetkraampjes en een speciaal kinderprogramma, www.ggaf.org.
Blue Angels Homecoming: begin november. Pensacola Naval Air Station. De Blue Angels, de stuntvliegers van de Amerikaanse marine, geven hun nieuwste vliegshow van het jaar voor eigen publiek, www.naspensacolaairshow.com.

Vervoer

Bus: Greyhound, 505 W Burgess Rd., tel. 850 476 4800, www.greyhound.com.
Lokaal vervoer: ECAT Beach Trolley: tel. 850 595 3228, www.goecat.com. In de zomermaanden rijdt een nostalgische trolleybus gratis met talrijke stops langs de strandweg van Pensacola Beach.

Birmingham
Shreveport
Jackson
Montgomery
Atlantische Oceaan
New Orleans
Golf
van Mexico

Hoofdstuk 4

Louisiana, Mississippi en Alabama

Deze drie staten tussen de Appalachen en de Mississippi vormen de Deep South, hier had King Cotton het lange tijd voor het zeggen. In Alabama zag de Confederatie (1861-1865) het levenslicht en op veel plaatsen is de geboortedag van president Jefferson Davis (1808-1889) nog altijd een feestdag. De plantershuizen langs de Mississippi behoren tot de mooiste van het land. New Orleans is de geboorteplaats van de jazz, en de Mississippidelta tussen Vicksburg en Memphis, met zijn plantages, van de blues.

Maar de oude clichés gelden niet meer. In Mississippi heeft de burgerrechtenbeweging grote successen geboekt. Het Space Flight Center in Huntsville in Alabama is de motor van de Amerikaanse ruimtevaarttechnologie. En in Mississippi en Louisiana trekken de alleen door Las Vegas geëvenaarde casino's van heinde en verre bezoekers.

Het Franse erfgoed is vooral in Louisiana nog altijd tastbaar. Een rivierarm noemt men hier *bayou*, een district is een *parish* (van *paroisse*). De taal van het oude vaderland wordt nog gesproken door ruim 1 miljoen mensen. De zuidelijke keuken is een gelukkig huwelijk aangegaan met de Franse culinaire tradities en verblijdt zelfs fijnproevers met creoolse en cajunschotels.

De regio kampt vanouds met bar weer, tornado's en overstromingen, en is hier altijd weer van opgekrabbeld. Dat gebeurt ook weer na de explosie van het Deepwaterbooreiland in de Golf van Mexico en na de verwoesing door de orkaan Katrina.

Sfeervol onderkomen: het Joseph Jefferson Home in de subtropische Rip van Winkle Gardens

In een oogopslag: Louisiana, Mississippi en Alabama

Hoogtepunten

New Orleans: het French Quarter en Garden District in New Orleans zien eruit alsof orkaan Katrina hier nooit heeft huisgehouden (zie blz. 336).

Blues Trail: tussen de Mississippi en de Yazoo River gedijen katoen en soja. De route brengt je in de Mississippidelta, de bakermat van de blues (zie blz. 386).

U.S. Space and Rocket Center: in Huntsville bouwde NASA raketten voor de maanreizen. In dit ruimtevaartcentrum is ook een spaceshuttle te zien (zie blz. 397).

Natchez Trace Parkway: langs het oude indianen- en pelsjagerspad tussen Natchez en Memphis loopt de autoroute langs natuurschoon en geschiedenis (blz. 383).

Vicksburg National Military Park: na een lange belegering wist generaal Grant het 'Gibraltar van het Zuiden' te veroveren; het slagveld is gereconstrueerd (zie blz. 385).

Fraaie routes

Planterswoningen aan de Mississippi: de River Road loopt vanaf New Orleans langs de Mississippi naar het noorden tot Baton Rouge. Fraaie planterswoningen getuigen van hoe het er hier vroeger aan toeging, net als de hutjes van slaven (zie blz. 360).

National Historic Trail in Zuid-Alabama: in 1965 liepen burgerrechtenactivisten van Selma naar Montgomery, waar Rosa Parks in de bus had geweigerd op te staan voor een witte. In Tuskegee leerden slaven een eeuw eerder al lezen en schrijven (zie blz. 405).

Tips

Acadian Village in Lafayette: het museumdorp en het Acadian Cultural Center tonen de roerige geschiedenis en de levendige cultuur van de Cajuns (zie blz. 357).

Ohr-O'Keefe Museum of Art in Biloxi: alleen vanwege het door de Californische architect Frank Gehry ontworpen museumgebouw en het werk van de bevlogen pottenbakker George Ohr is dit museum al een bezoek waard (zie blz. 375).

Rowan Oak in Oxford: het voormalige woonhuis van schrijver en Nobelprijswinnaar William Faulkner, Rowan Oak, is ingericht als museum (zie blz. 392).

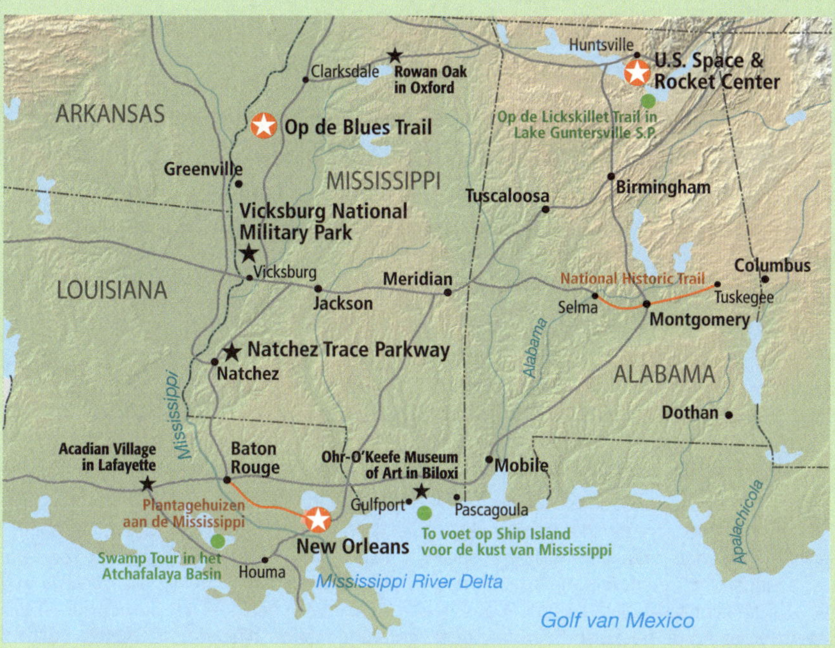

Actief

Swamp Tour in het Atchafalaya Basin: een boottocht vanuit Plaquemine in het mondingsgebied van de Mississippi brengt je in een oeroud moeras waarin de dierenwereld regeert (zie blz. 364).

Te voet op Ship Island voor de kust van Mississippi: afgezien van een parkranger woont er niemand op dit smalle eilandje bij Gulfport. Je zult de auto niet missen, want lopend zie je meer (zie blz. 372).

Op de Lickskillet Trail in Lake Guntersville State Park: het enorme stuwmeer Lake Guntersville is ontstaan bij de regulering van de Tennessee River door de bouw van een dam. In het bijbehorende State Park voert een aantal paden langs de oevers en stroompjes en kun je kleine heuvels beklimmen. De bijna 9,5 km/5 mijl lange Lickskillet Trail is een mooie wandelroute langs het bos, met hier en daar uitkijkjes op het meer (zie blz. 398).

Louisiana

Aan de zuidelijke Mississippi vind je een smeltkroes van culturen – het indiaanse erfgoed werd beïnvloed door Spanjaarden, Fransen, Afrikanen en Engelsen. Jazz-, cajun- en zydecomuziek zijn in Louisiana ontstaan. Voor veel bezoekers is alleen al de smakelijke creoolse keuken een reis waard.

New Orleans

▶ 3, G/H 11

Kaart: blz. 340

New Orleans leent zich uitstekend voor lange wandelingen. Er is altijd wel ergens iets gaande. Op Jackson Square bieden piepjonge breakdancers 's middags voor de St. Louis Cathedral muzikale straatacrobatiek, 's avonds blaast een eenzame jazztrompettist hier een melancholiek deuntje. Twee straten verder, op de hoek van Bourbon Street en Conti Street, staat een dixielandband te spelen. Op de stoep voor het volle terras van Café du Monde vermaakt een mimespeler de gasten, terwijl op de aanpalende French Market een gewezen schaakgrootmeester passanten uitnodigt om tegen hem te spelen – tegen betaling, natuurlijk.

In het French Quarter is het als altijd gezellig druk, uit de geopende deuren van restaurants en bars klinkt jazzmuziek tot in Bourbon Street en St. Peter Street. En historische trams rijden rammelend langs het Riverfront, Canal Street en St. Charles Avenue alsof er niets is gebeurd. En de ramp is nog niet eens zo lang geleden.

Toen orkaan Katrina in 2005 aan land kwam en de dijken aan Lake Pontchartrain onder de druk bezweken, stonden grote delen van New Orleans binnen korte tijd meters onder water. Minstens 1500 mensen verloren het leven en de kritiek op de toenmalige regering in Washington is nog altijd niet verstomd: er is te laat en onvoldoende ingegrepen. Veel particuliere initiatieven en non-gouvernementele organisaties hebben de mensen geholpen die in de zwaarst getroffen woonwijken alles kwijt waren. In het jaar 2000 woonden er bijna 490.000 mensen in de stad, ruim tien jaar later waren dat er nog maar 350.000, maar inmiddels zijn het er weer bijna 400.000. Zo'n 150.000 Afro-Amerikanen die in buurten als de Ninth Ward bijzonder zwaar getroffen waren, zijn nooit meer naar hun stad teruggekeerd. Toch is ook in de stadswijken waar bijna geen toeristen komen het leven langzaam maar zeker teruggekeerd. Stijgende bezoekersaantallen helpen de gemeente ook om de probleemwijken verder aan te pakken.

Al in 2006 werden in New Orleans – uit eergevoel – het carnaval van Mardi Gras en het Jazz & Heritage Festival weer gevierd. Sinds de orkaan zijn er zelfs ruim tweehonderd restaurants bijgekomen en ondertussen zijn ook de congressen, sportevenementen en concerten teruggekeerd. En de eerste overwinning in de *Super Bowl*, de slotwedstrijd in het professionele Amerikaanse football, van de New Orleans Saints in 2010 heeft de hele regio een duwtje in de goede richting gegeven en ook het zelfvertrouwen opgekrikt. De *Super Bowl*, het allerbelangrijkste nationale sportevenement van de Verenigde Staten, werd in 2013 in de Superdome-arena van New Orleans gespeeld.

Geschiedenis

De hedendaagse stadsplanners zouden Jean-Baptiste le Moyne, Sieur de Bienville, dringend hebben afgeraden om aan de

De lokale architectuur lijkt de uitdrukking van een Frans-Caribische joie de vivre

'prachtige dubbele bocht' in de Mississippi een stad te bouwen. Het drassige weiland, ruim 1 m onder de zeespiegel en geregeld overstroomd door hoogwater in de rivier, was niet direct een ideale plek om een stad te bouwen. Niet hierdoor afgeschrikt liet de Fransman de vlakte door gevangenen ophogen met boomstammen en oesterschelpen. Rond de geplande nederzetting liet hij een wal optrekken als bescherming tegen eventueel hoogwater. De plaats noemde hij ter ere van de regent Lodewijk XV, de hertog van Orléans, 'La Nouvelle Orléans'.

Het doel van deze gedurfde stichting in 1718 was de controle over de machtige rivier de Mississippi, die met zijn zijrivieren als handelsader helemaal tot aan de Grote Meren in het hoge noorden reikte. De in lucratieve handel geïnteresseerde Fransen wilden geen enkele andere Europese macht over de monding van de verkeersader laten beschikken. Maar door de afstand tot het moederland, oorlogen in Europa en gewapende confrontaties met Engeland in Noord-Amerika werd de groei van de Franse kolonie afgeremd. Toch hadden de Franse cultuur en de in het Caribisch gebied beproefde bouwstijl, met overdekte balkons en veranda's die binnen voor koelte zorgden, grote invloed op de nieuwe metropool. Ook toen de stad en de omringende regio later onder Spaans bestuur gekomen waren, veranderde er voor de burgers van New Orleans niet heel veel.

Pas toen president Jefferson in 1803 inging op Napoleons aanbod om het Franse koloniale grondgebied in Noord-Amerika voor $ 15 miljoen te kopen, waaide er ook in de stad aan de Mississippi een andere wind. Plotseling hadden de kleurlingen in de stad geen rechten meer, huwelijken tussen wit en zwart golden als een doodzonde. Maar het protestantse arbeidsethos en geloof in de vooruitgang kregen ondanks de toestroom van Engelstalige kolonisten niet echt voet aan de grond. New Orleans bleef een enclave van verfrissende sensualiteit, die tegenwoordig ook door nakomelingen van de vroegere Pilgrim Fathers graag wordt bezocht.

Vlak bij de oever van de Mississippi en in het achterland plukten de uit West-Afrika geïmporteerde slaven op enorme plantages katoen, suikerriet en indigo. Zo werd de rijkdom vergaard die in de paleisachtige huizen van de planters werd tentoongespreid. New Orleans ontwikkelde zich tot de grootste katoenhaven in die tijd, op de plaatselijke slavenmarkt waren tweehonderd handelaars werkzaam. Canal Street diende als de scheidslijn tussen de nazaten van Franse en Spaanse kolonisten, woonachtig in het Vieux Carré (French Quarter), en de Engelstalige immigranten, die in het Garden District hun fraaie villa's lieten bouwen.

Cultuur en tradities

Muziekmetropool

Creolen en zwarten, Spanjaarden en Franstalige Cajuns vormden met andere minderheden de voedingsbodem die de stad tot bakermat van de jazz en een unieke muziekmetropool zou maken. De rijkdom aan genres die in New Orleans bloeien en elkaar over en weer beïnvloeden, maakt de actuele muziekscene zo spannend: gospel, blues, traditionele jazz, soul, rock-'n'-roll, barrelhouse, swing, bebop, cajunmuziek en zijn zwarte tegenhanger, zydeco.

Voor liefhebbers van jazz en blues is het Jazz & Heritage Festival, aan het eind van april, het jaarlijkse hoogtepunt. Alle hotels zijn ruim van tevoren volgeboekt, en meer dan 70 duizend bezoekers vullen de ruimte voor de podia op het beursterrein om te dansen op de swingende ritmes van de Neville Brothers, Fats Domino, Larry Garner, Wynton Marsalis of Trombone Shorty. In tientallen kroegen en bars ontmoeten muzikanten elkaar 's avonds nog voor jamsessies als het officiële programma allang voorbij is.

Mardi Gras

Franse tradities komen terug in de restaurants, waar de Caribisch geïnspireerde keuken van de creolen zich op de prettigste wijze met de landelijke cajuntraditie mengt. Ook het carnaval, Mardi Gras, komt oorspronkelijk uit Frankrijk. Op de 'Vette Dinsdag' voor het begin van de Vasten bereikt het feestseizoen zijn hoogtepunt als de eindeloze parade van *marching bands* en praalwagens door Canal Street stampt. Het French Quarter is dan één grote deinende massa van dansende en zingende mensen. De stad telt ruim zestig carnavalsverenigingen, van de club voor de witte elite, de Mistick Krewe of Momus, tot aan de geheel zwarte Krewe of Zulu. De carnavalskleuren paars, groen en goud beheersen het straatbeeld, als driekleurige vlaggen aan de balkons in het French Quarter, of wapperend aan de masten in het Garden District en de welvarende voorsteden. Carnaval is niet alleen een toeristische attractie, maar ook een familiefeest. De hele stad verkleedt zich, zelfs de caissières in de supermarkt en de verkeersagenten op straat.

Rond Jackson Square

Jackson Square 1 in het French Quarter, met plantsoenen en een ruiterstandbeeld van generaal Andrew Jackson, is een ideaal uitgangs- en oriëntatiepunt voor een rondgang door het centrum en maakt je vertrouwd met de stad, die ook wel de Big Easy wordt genoemd. In de straatjes is het een en al vrolijke bedrijvigheid, maar je ziet ook vredige patio's met groene klimplanten en gebouwen met smeedijzeren decoraties, rondlopende balkons en klaterende fonteinen in de achtertuin.

De 19e-eeuwse **Pontalba Apartments** aan het plein zijn betrokken door winkels, restaurants, bars en bedrijfjes. Jackson Square is naar de Mississippi toe open, maar je kunt de **aanlegsteigers van de stoomboten** en de rode wagons van de **Riverfront-tram**, de zogeheten *ladies in red*, pas bewonderen als je de trap boven op de dijk beklommen hebt.

St. Louis Cathedral 2

Jackson Sq., tel. 504 525 9585, www.stlouiscathedral.org, dag. 8.30-16 uur

De blikvanger van Jackson Square, **St. Louis Cathedral** met zijn drie torens, werd in 1794 onder het Spaanse bestuur voltooid. Dit is de oudste katholieke kathedraal in de Verenigde Staten die continu in gebruik is geweest. In 1851 kreeg het gebouw een nieuwe gevel. Op de schildering boven het hoogaltaar zie je de schutspatroon van de kerk, de Heilige Lodewijk IX, die vanaf de trap van de Notre-Dame in Parijs oproept tot de Zevende Kruistocht. Paus Johannes Paulus II sprak in 1987 bij zijn bezoek aan de stad voor het Mariabeeld binnen een gebed uit.

Presbytère 3

751 Chartres St., tel. 504 568 6968, https://louisianastatemuseum.org, di.-zo. 10-16.30 uur, volwassene $ 6, tot 6 jaar gratis

Een van de twee identieke gebouwen aan weerszijden van de kerk, het **Presbytère** links, zou in de Spaanse tijd als priesterhuis hebben gediend. Nu vind je binnen exposities over Mardi Gras (carnaval), orkanen en andere aspecten van de regionale geschiedenis.

Cabildo 4

701 Chartres St., tel. 504 568 6968, www.louisianastatemuseum.org, di.-zo. 10-16.30 uur, volwassene $ 12, tot 6 jaar gratis

Rechts van de kerk, in het **Cabildo**, vergaderde ooit de Spaanse koloniale regering. In 1803 overhandigden Franse gezanten in het kader van de Louisiana Purchase hier aan Amerikaanse ambtenaren de documenten die de VS eigenaar maakten van Louisiana. Bezoekers kunnen in een expositie het een en ander te weten komen over de geschiedenis van Louisiana, van de ontdekking door de Europeanen tot op heden.

French Market 1

Ten westen van het plein ligt de **French Market** achter het 150 jaar geleden geopende **Café du Monde** 7 (zie blz. 347), dat 24 uur per dag (!) café au lait met beignets serveert, een gefrituurd gebak met een laagje poedersuiker. In de langgerekte hal van de French Market en de aansluitende **Farmers' Market** staan kraampjes met vers fruit, groenten en kruiden, kunstnijverheid, lekkere bonbons en gebak. Op het gedeelte van de vlooienmarkt vind je allerlei snuisterijen.

Pharmacy Museum 5

514 Chartres St., tel. 504 565 8027, www.pharmacymuseum.org, di.-za. 10-16 uur, volwassene $ 5, 6-17 jaar $ 4

In 1823 opende Louis J. Dufilho zijn apotheek in Chartres Street. De uit Duitsland geïmporteerde planken, lades en rozenhouten kasten in het **Pharmacy Museum** staan nog altijd vol zalfjes, pillen, oude chirurgische instrumenten en zelfs voodoomiddeltjes.

In het French Quarter

Napoleon House 6

500 Chartres St., hoek Rue St. Louis, www.napoleonhouse.com

Het ook Vieux Carré (oude wijk) genoemde French Quarter wemelt van de plekjes waar de geschiedenis voor het oprapen ligt. Op de hoek van St. Louis Street en Chartres Street staat bijvoorbeeld het voormalige huis van de burgemeester, Nicolas Girod. Hij had het plan opgevat om samen met de beruchte piraat Jean Lafitte Napoleon te gaan bevrijden van het eiland St. Helena, waarheen de keizer verbannen was. Girod liet zijn huis grootscheeps renoveren en uitbreiden, schepen werden in gereedheid gebracht en de gedeporteerde keizer werd deelgenoot gemaakt van de plannen. Napoleon zelf gooide roet in het eten toen hij in 1821 plotseling overleed. Het **Napoleon House** staat er echter nog altijd. Het *Appartement de l'empéreur*, dat wordt verhuurd voor feesten en recepties, kan worden bezichtigd. De fascinerende **Napoleon Bar** (zie blz. 347) op de begane grond, sinds 1914 gerund door een familie van Italiaanse immigranten, biedt lekkere mufuletta- en po'boybroodjes.

Preservation Hall 7

726 St. Peter St., tel. 504 522 2841, www.preservationhall.com, dag. vanaf 17 uur, $ 20 (alleen contant geld)

New Orleans

Bezienswaardig

1 Jackson Square
2 St. Louis Cathedral
3 Presbytère
4 Cabildo
5 Pharmacy Museum
6 Napoleon House
7 Preservation Hall
8 Voodoo Museum
9 Old Ursuline Convent
10 New Orleans Jazz Museum
11 St. Louis Cemetery No. 1
12 Audubon Insectarium
13 Audubon Aquarium of the Americas
14 Mardi Gras World
15 National WW II Museum
16 Ogden Museum of Southern Art
17 Audubon Zoo
18 Louisiana Superdome

Accommodatie

1 Monteleone
2 W French Quarter
3 Melrose Mansion
4 Chateau Hotel
5 Garden District House Hostel
6 New Orleans West KOA

Eten en drinken

1 K-Paul's Louisiana Kitchen
2 Bayona
3 Emeril's
4 Acme's Oyster House
5 Praline Connection
6 Crescent City Brewhouse
7 Café du Monde

Winkelen

1 French Market
2 Leah's Pralines

Vervolg blz. 342

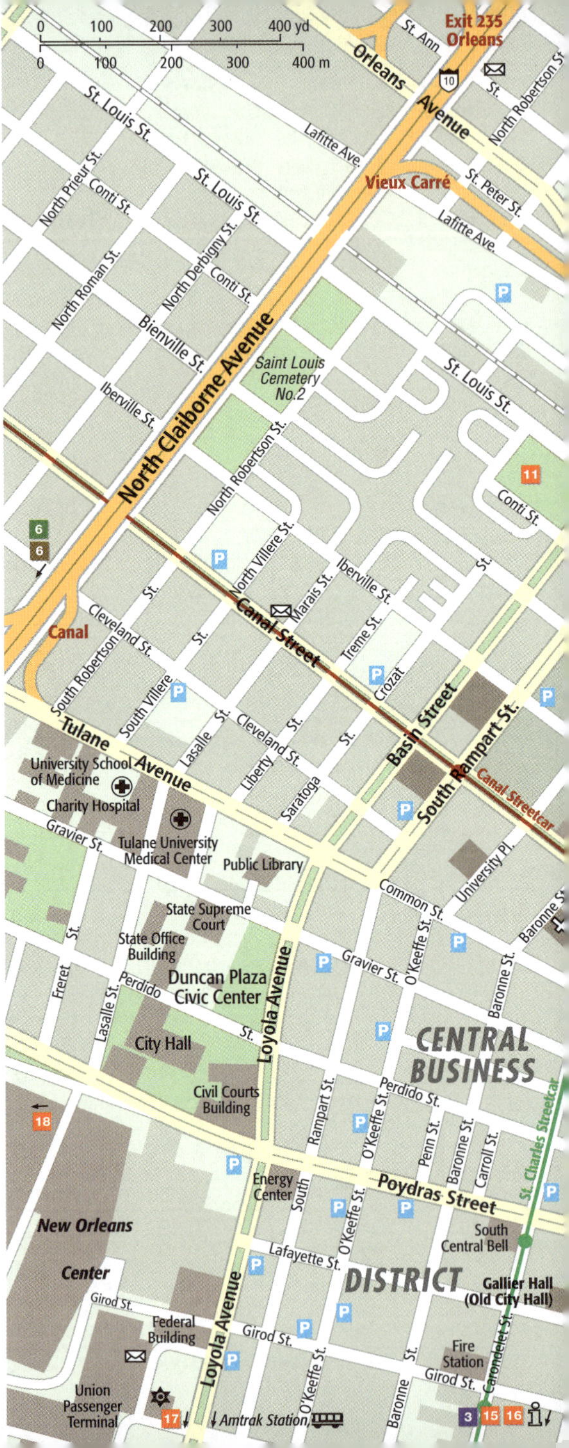

FRENCH QUARTER
(VIEUX CARRÉ)
Saint Augustine
Jazz and Heritage Foundation
Treme Community Center
Mahalia Jackson Theater
Louis Armstrong Park
Municipal Auditorium
Beauregard Square
Congo Square
Saint Mary
Cabrini Playground
Thierry House
Architects Row
Haunted House
Lafitte's Blacksmith Shop
Community Flea Market
Farmers Market
Latrobe Park
Firemark House
Riverside Market
Our Lady of Guadalupe
Maison de Ville
Le Petit Théâtre
Historic New Orleans Collection
Washington Artillery Park
Moonwalk
Jackson Brewery
Toulouse St. Wharf
The Natchez (Steamboat)
Court Building
Galatoire's
Vieux Carré Commission
Old Absinthe House
Woldenberg Park
Riverfront Streetcar
Downriver
Mississippi River
Canal St. Ferry
Royal Saint Charles
Chamber of Commerce
Board of Trade
Canal Place
Southern Rep. Theater
Entergy IMAX
Canal St. Wharf
Spanish Plaza
Creole Queen (Riverboat)
World Trade Center
Place de France
Piazza d'Italia
Riverwalk
Lafayette Square
Hale Boggs Federal Building
Court of Appeals
St. Charles Streetcar
North Villere St.
Marais St.
Treme St.
Dumaine St.
St. Claude St.
Ursulines St.
St. Philip St.
St. Ann St.
North Rampart Street
Barracks St.
Burgundy St.
Governor Nicholls St.
Dauphine St.
Esplanade Avenue
Bourbon St.
Royal St.
Chartres St.
Decatur Street
Pauger St.
Kerlerec St.
Touro St.
French Market Pl.
North Peters Street
Basin Street
St. Peter St.
Toulouse St.
St. Louis St.
Conti St.
Bienville St.
Orleans St.
Pere Antoine's Alley
Pirate's Alley
Madison St.
Wilkinson St.
Exchange Alley
Iberville St.
Clay St.
North Front St.
Carondelet St.
Canal Street
Common St.
Gravier St.
St. Charles Ave.
Camp St.
Picayune Pl.
Magazine St.
Tchoupitoulas St.
South Peters Street
Natchez St.
Poydras Street
North Maestri St.
South Maestri St.
Constance St.
Fulton St.

3 Marie Laveau's House of Voodoo
4 Joshua Mann Pailet – A Gallery
5 Louisiana Music Factory
6 Dirty Coast
7 Riverwalk Outlet
8 UAL

Uitgaan
1 House of Blues
2 Tipitina's
3 Pat O'Brien's
4 Spotted Cat
5 Harrah's Casino

Actief
1 Magic Walking Tours
2 Lafitte National Historical Park and Preserve
3 Save our Cemeteries
4 Steamboat Natchez
5 New Orleans School of Cooking

Op een steenworp afstand vind je een van de bekendste lokale instituten. In de **Preservation Hall** staan nauwelijks stoelen, er is geen bar en weinig verlichting. Toch staan de mensen er 's avonds in de rij om te kunnen luisteren naar de eersteklas *traditional jazz* (vanaf 20 uur). In de vochtige warmte zijn de deuren altijd geopend, zodat flarden muziek ook de straat bereiken.

Voodoo Museum 8

724 Dumaine St., tel. 504 680 0128, www.voodoomuseum.com, dag. 10-18 uur, volwassene $ 7, tot 12 jaar $ 3,50

Het **Voodoo Museum**, op de hoek van Royal Street en Dumaine Street, toont amuletten, talismannen en middeltjes om vijanden te vervloeken en geeft tekst en uitleg over het voodoogeloof, dat met Afrikaanse en Caribische slaven meekwam naar New Orleans. Ook wordt er verteld over de *voodoo queens*, zoals Marie Laveau, en je kunt praktische tips en recepten krijgen. Er zouden in de stad nog altijd rond de 20 duizend voodoo-aanhangers wonen. Hun religie heeft overigens niet bijzonder veel te maken met de duistere fantasieën die in Hollywoodfilms als *Angel heart* (met Robert de Niro en Mickey Rourke) kijkers de stuipen op het lijf jagen.

Old Ursuline Convent 9

1100 Chartres St., tel. 504 529 3040, www.oldursulineconventmuseum.com, ma.-vr. 10-16, za. 9-15 uur (laatste toegang 45 min. voor sluiting), volwassene $ 8, scholier $ 6

De nonnen van het in 1727 gestichte en mooi gerestaureerde **Old Ursuline Convent** hadden een bijzonder groot geloof; alleen zo nu en dan slaagden ze erin de bewoners van La Nouvelle Orléans op het rechte pad te krijgen. Het oude kloostergebouw, dat tegenwoordig in gebruik is als archief van het aartsbisdom, kan worden bezichtigd.

New Orleans Jazz Museum 10

400 Esplanade Ave., tel. 504-568-6993, www.nolajazzmuseum.org, di.-zo. 10-16.30 uur, volwassene $ 6, 6-17 jaar $ 5 (behalve bij concert)

Voorbij de Farmers' Market kom je op 400 Esplanade Avenue langs de voormalige **Old US-Mint**, waar tot 1909 gouden en zilveren munten werden geslagen. Het uit omstreeks 1850 stammende gebouw is heringericht tot concertlocatie voor jazzmusici en toont objecten uit de jazzgeschiedenis. Je ziet er onder andere de eerste kornet van jazzlegende Louis Armstrong en de trompet van Dizzy Gillespie, wegbereider van bebop. Tegenwoordig treden hier muzikanten op als Jimmy Robinson, The Iguanas, Evan Christopher en Davell Crawford. Het museum is onderdeel van het **New Orleans Jazz National Historical Park**, dat ook een Walk of Fame op de zuidoever van de Mississippi en een wandelroute langs belangrijke jazzlocaties in de stad omvat (zie Thema blz. 344).

Aan de rand van het French Quarter

St. Louis Cemetery No. 1 11

1300 St. Louis St., tel. 504 596 3050, dag. 9-15 uur

Op de hoek van Basin Street en St. Louis Street, net buiten het French Quarter, ligt **St. Louis Cemetery No. 1**. Op de begraafplaats werden de doden vanwege een hoge grondwaterspiegel bijgezet in verhoogde 'huisjes' en mausolea. Het graf van Marie Laveau, de beroemde voodoopriesteres uit de 19e eeuw, is bedekt met kruisjes van gelovigen die haar om een gunst vragen.

Acme's Oyster House 4

724 Iberville St., zie blz. 347

Voor een kleine versterking kun je terecht in **Acme's Oyster House**, een bar-restaurant met schallende muziek en televisieschermen met sportwedstrijden. Hier krijg je voor een paar dollar een half dozijn smakelijke oesters *on the half shell*. Drink bij de zeevruchten witte wijn, Dixiebier of desnoods een cola. Potige kelners openen de kostelijke schelpdieren razendsnel met hun oestermes en serveren ze met pikante saus en kaascrackers. Geen spoortje van misplaatste nuffigheid, maar gewoon een plek om lekker te eten en een praatje te maken met je buurman.

Audubon Insectarium 12

423 Canal St., tel. 504 581 4629, www.audubon institute.org/visit/insectarium, dag. 10-16.30 uur, volwassene $ 23, 2-12 jaar $ 18

De in 1905 opgerichte Audubon Society is actief in de hele VS en is genoemd naar de natuurvorser John James Audubon, wiens fraai geïllustreerde boek *Birds of America* nog altijd als een standaardwerk geldt. Het **Audubon Insectarium**, een van de vele centra van de gerenommeerde natuurhistorische vereniging, biedt een kijkje in de boeiende wereld van de insecten. Er horen ook een volière met vlinders en een expositie met enorme insectenmodellen bij, waarin mensen zich niet veel groter voelen dan een mier.

Audubon Aquarium of the Americas 13

1 Canal St., tel. 504 581 4629, www.audubon institute.org/visit/aquarium, dag. 10-17 uur, volwassene $ 30, 2-12 jaar $ 22

Wie van Jackson Square naar het zuiden wandelt langs de voormalige Jax (Jackson) Brewery en door het Woldenberg Park aan de Mississippi, bereikt het **Audubon Aquarium of the Americas**, ook onderdeel van de natuurhistorische vereniging Audubon Society. Door de plexiglastunnel op de bodem van de 2 miljoen liter bevattende zoutwaterbak, dé attractie van het aquarium, kun je het onderwaterleven bekijken. Diverse bassins en exposities bieden specifiek inzicht in aquatische milieus in Noord- en Zuid-Amerika. De IMAX-bioscoop vertoont adembenemende films over natuur en techniek.

Ten zuiden van het French Quarter

Mardi Gras World 14

1380 Port of New Orleans Place, tel. 504 361 7821, www.mardigrasworld.com, rondleiding dag. 9.30-16 uur, volwassene $ 22, tot 12 jaar $ 14

Wie van carnaval houdt, zal graag een kijkje nemen bij **Mardi Gras World**. In een enorme hal aan de rivier in het Garden District zijn tientallen *floats* te zien, kleurrijke praalwagens die eerder met Mardi Gras door de stad zijn gereden.

Tip

STADSVERKENNING OP RAILS

Om je in New Orleans te verplaatsen, kun je ook een ritje maken in de wagons van de **tram** (zie blz. 349) met zijn mahoniehouten bankjes, die door Tennessee Williams' toneelstuk *A streetcar named Desire* (Tramlijn Begeerte) geschiedenis schreef. Het nog altijd belangrijke vervoersmiddel boemelt als op een stadsrondrit gezellig langs de statige St. Charles Avenue, vervolgens door het Garden District en wat later langs Audubon Park.

New Orleans – bakermat van de jazz

De geschiedenis van de jazz is doorspekt met legendes, mondelinge overleveringen en halve waarheden. Eén ding is in elk geval zeker: de bakermat van de jazz is New Orleans. De havenstad aan de Mississippi werd door de samenkomst van allerlei invloeden een vruchtbare voedingsbodem voor deze muzikale uitdrukkingsvorm.

Waar anders dan in New Orleans, met zijn gemengde Frans-Spaanse verleden en waar vrolijke muziek niet als zondig werd beschouwd zoals in het puriteinse New England, had de jazz een betere voedingsbodem kunnen vinden? New Orleans met zijn heterogene bevolking, die haar eigen muzikale tradities en instrumenten had meegenomen naar de Nieuwe Wereld, de overslagplaats voor goederen die op de Mississippi River verder werden vervoerd en een stad vol amusementswijken, danszalen en showboten.

Het einde van de Burgeroorlog bracht ook in New Orleans maatschappelijke veranderingen teweeg. Voormalige slaven stroomden op zoek naar werk met duizenden tegelijk naar de stad. Kleurlingen, die zich *créoles de couleur* noemden, kwamen na de bevrijding van de slaven lager op de maatschappelijke ladder te staan en werden van hun privileges ten opzichte van de lijfeigenen beroofd. Voor de Burgeroorlog hadden ze volgens de Franse tradities geleefd en soms zelf ook slaven gehouden. Het onderscheid tussen vrij man en slaaf werd vervangen door dat tussen wit en zwart.

Creoolse musici, die vaak een opleiding in orkestmuziek hadden genoten, speelden op de dansevenementen en in bedrijven van vertier. Hun 'eerzame' bestaan als timmerlieden en hoedenmakers gaven ze op voor het beter betaalde leven als muzikant.

Zo versmolten in New Orleans aan het eind van de 19e eeuw diverse muzikale componenten tot iets nieuws: liederen van de voormalige plantageslaven, shanties van zwarte zeelieden van de Caribische eilanden, *work songs* van spoorwegarbeiders, de doordringende spirituals (liederen) van de zwarte baptistenkerken, de volksliedachtige blues met de Afrikaanse banjo, mondharmonica en het wasbord, blaasmuziek in de Afro-Amerikaanse bluestonaliteit en de tradities van Europese militaire marsen. Invloeden uit Europese dansdeuntjes en de volksmuziek van de Cajuns uit de Mississippirivierdelta werden vlot opgenomen in de mengelmoes; de saxofoon klom snel op tot een van de populairste blaasinstrumenten.

In de periode tussen 1890 en 1910 ontstonden in New Orleans tal van dansorkesten en brassbands – ze speelden op feesten en partijen, bij begrafenissen, in de danszalen in de amusementswijk Storyville en op showboten in de Mississippi. De pittige, aritmische dansmuziek had tal van namen – *ragtime, fake music* of eenvoudig *low down music* – tot de term *jass*, dat onder andere 'de liefde bedrijven' betekende, de overhand kreeg. De term verbasterde later tot *jazz*. Met de uitvinding van de langspeelplaat aan het eind van de 19e eeuw ontstond een medium waarmee de nieuwe muziekstijl zich landelijk kon verspreiden.

Witte muzikanten als de Original Dixieland Jazz Band toerden in de jaren 1917 en 1918 via Chicago en New York naar Londen en maakten de vaak als 'aanstootgevende negermuziek' afgekeurde en slecht bekendstaande jazz ook populair bij de witte Amerikaanse en Europese

Jazz in New Orleans: volgens veel mensen klinkt hij nergens mooier

middenklasse. Tot de tweede generatie muzikanten uit New Orleans, die in de voetsporen traden van legendes als Buddy Bolden (1877-1931), behoorden Joseph King Oliver, Sidney Bechet, Edward Kid Ory en later Louis Armstrong. Door deze musici werd de jazz in Amerika eindelijk geaccepteerd.

In de jaren na de Eerste Wereldoorlog verschoof de aandacht van de muziek- en jazzscene naar andere terreinen. Uit zorg om de morele toestand van de matrozen had de Amerikaanse marine in 1917 de (toen nog legale) prostitutie verbannen uit Storyville, de amusementswijk van New Orleans. Daardoor hadden veel etablissementen moeten sluiten en hun muzikanten ontslagen. De uit de oorlogsproductie ontstane economische hausse aan de Grote Meren en in het noordoosten van de Verenigde Staten lokte honderdduizenden mensen op zoek naar werk naar het noorden. Chicago en algauw daarna ook New York vervingen New Orleans als centrum van de jazz.

Tegenwoordig heeft de metropool aan de Mississippi weer een naam hoog te houden, en dat komt niet alleen door de fameuze Preservation Hall, waar iedere avond de beste *traditional jazz* te beluisteren is. Alleen in Bourbon Street zijn er al twintig jazzcafés.

In het voorjaar lokken het French Quarter Festival en het enkele weken later gehouden Jazz & Heritage Festival duizenden muziekliefhebbers naar de stad. New Orleans heeft een bruisende muziekscene, waarin een rijkdom aan stijlen gedijt en die steeds weer nieuwe talenten voortbrengt, zoals recentelijk de trompettist Trombone Shorty, wiens ster rijzende is.

National WW II Museum 15

945 Magazine St., tel. 504 528 1944, www.nationalww2museum.org, dag. 9-17 uur, volwassene $ 27, met korting $ 23,50

Ten zuiden van Canal Street verlaat je het French Quarter. In het **National WW II Museum** op Magazine St. worden de door zware verliezen gekenmerkte geallieerde landing op D-Day in 1944 in Frankrijk en andere keerpunten in de Tweede Wereldoorlog belicht.

Ogden Museum of Southern Art 16

925 Camp St., tel. 504 539 9650, www.ogdenmuseum.org, dag. 10-17, do. 10-20 uur, volwassene $ 13,50, 5-17 jaar $ 7

Het **Ogden Museum of Southern Art** biedt een groot overzicht van het werk van zuidelijke kunstenaars, met schilderijen, beelden, sculpturen en foto's, waaronder schilderijen van Walter Anderson en keramieken van George Ohr, die aan de kust van de buurstaat Mississippi werkten.

Audubon Zoo 17

6500 Magazine St., tel. 504 861 2537, www.auduboninstitute.org, ma.-vr. 10-17, za.-zo. 10-18 uur, volwassene $ 23, 2-12 jaar $ 18

Wie bij Audubon Park uit de tram stapt, kan door het groen naar de Mississippi wandelen of de shuttlebus naar de **Audubon Zoo** nemen. In het subtropische landschap van deze dierentuin met diverse habitats leven bijna tweeduizend dieren. Enkele bijzondere zijn de witte tijgers en albinoalligators.

Louisiana Superdome 18

1500 Poydras St., tel. 504 587 3663, www.mbsuperdome.com

Bij Poydras Street kun je al van huizen ver de koepel van de **Louisiana Superdome** ontwaren, een multifunctionele hal met 76 duizend zitplaatsen die als een soort ruimteschip tussen de huizen staat.

Informatie

New Orleans Convention & Visitors Bureau: 2020 St. Charles Ave., tel. 800 672 6124, www.neworleansinfo.com, ma.-vr. 9.30-17 uur.

Accommodatie

In het French Quarter – **Monteleone 1:** 214 Royal St., tel. 866 338 4684, www.hotelmonteleone.com. Gerenommeerd hotel van de oude stempel met zeshonderd gerenoveerde kamers midden in het French Quarter. 2 pk vanaf $ 240.

Designerhotel – **W French Quarter 2:** 316 Chartres St., tel. 504 581 1200, www.wfrenchquarter.com. Dit hotel is gestyled van de wc-borstel tot aan de stereoset; met een groene patio en zwembad. 2 pk vanaf $ 160.

Romantisch – **Melrose Mansion 3:** 937 Esplanade Ave., tel. 504 944 2255, www.melrosemansion.com. Klein luxe hotel met zeventien suites in een victoriaans gebouw aan de rand van het French Quarter; binnenplaats met zwembad. Vanaf $ 130.

Binnenhof met zwembad – **Chateau Hotel 4:** 1001 Chartres St., tel. 504 524 9639, www.chateauhotel.com. Gezellig onderkomen in het French Quarter; het ontbijt en de ochtendkrant zijn gratis. 2 pk vanaf $ 90.

Eenvoudig hostel – **Garden District House Hostel 5:** 1660 Annunciation St., tel. 504 644 2199, www.gardendistricthouse.com. Eenvoudig, net onderkomen in het Garden District. Ontbijt en internet inbegrepen in de prijs, fietsverhuur. Bed op slaapzaal $ 15, 2 pk per persoon tot $ 30.

Camping – **New Orleans West KOA 6:** 11129 Jefferson Hwy., River Ridge, tel. 504 467 1792, zie www.koa.com/campgrounds/new-orleans. Een goed toegerust kampeerterrein, voor campers en tenten. Camperplaats ongeveer $ 43.

Eten en drinken

Cajunlegende – **K-Paul's Louisiana Kitchen 1:** 416 Chartres St., tel. 504 596 2530, www.kpauls.com, zo. gesl. Pikant gekruide lekkernijen van de oude meester van de *Cajun Cuisine.* Hoofdgerecht vanaf $ 32.

Kostelijke fusion – **Bayona 2:** 430 Dauphine St., tel. 405 525 4455, www.bayona.com, zo. gesloten. Uitstekende gerechten op basis van ingrediënten uit diverse culturen in drie met kunst en kamerplanten ingerichte eetzalen. Hoofdgerecht $ 30-36.

Eten bij een televisiester – **Emeril's** **3** **:** 800 Tchoupitoulas St., tel. 504 528 9393, www.emerils.com, ma.-vr. 11.30-14, dag. 17-22 uur. De beroemde creools-Californische creaties van televisiekok Emeril zijn inmiddels ook in diverse andere Amerikaanse steden te krijgen. Hoofdgerecht vanaf $ 28.

Oesters bij de vleet – **Acme's Oyster House** **4** **:** 724 Iberville St., tel. 504 522 5973, www.acmeoyster.com, zo.-do. 10.30-22, vr.-za. 10.30-23 uur. Levendige oesterbar zonder kapsones, en dat al ruim honderd jaar (zie ook blz. 343). Dozijn oesters vanaf $ 15,50.

Huiselijke kost – **Praline Connection** **5** **:** 542 Frenchmen St., tel. 504 943 3934, www.pralineconnection.com, ma.-do. 11-22, vr.-za. 11-24 uur. Zeer goede creoolse en cajunspecialiteiten als jambalaya en *crawfish étouffée*, direct ten oosten van het French Quarter. Hoofdgerecht vanaf ongeveer $ 14.

Huisbrouwerij – **Crescent City Brewhouse** **6** **:** 527 Decatur St., tel. 504 522 0571, www.crescentcitybrewhouse.com, zo.-do. 11.30-22, vr.-za. 11.30-23 uur. Relaxed café in het French Quarter met cajunspecialiteiten, zelfgebrouwen bier en 's avonds livemuziek. Gerecht $ 14-32.

Beste broodjes – **Napoleon Bar** **6** **:** 500 Chartres St., tel. 504 524 9752, www.napoleonhouse.com, zo.-do. 11-22, vr.-za. 11-23 uur. Bar-restaurant met een fascinerende geschiedenis plus heerlijke po'boybroodjes met rosbief. Vanaf $ 6.

Trefpunt op Jackson Square – **Café du Monde** **7** **:** 813 Decatur St., tel. 504 525 4544, www.cafedumonde.com. In dit legendarische café uit 1862 kun je dag en nacht terecht voor sterke koffie met beignets (drie stuks $ 2,35). Er zijn nog meer filialen.

Winkelen

Ouderwetse markt – **French Market** **1** **:** 1001 Decatur St., tel. 504 636 6400, www.frenchmarket.org, dag. 9-18 uur. Op de oudste markt van Louisiana vind je vers fruit, groenten en kruiden en bovendien een vlooienmarkt.

Bonbons – **Leah's Pralines** **2** **:** 714 St. Louis St., tel. 504 523 5662, www.leahspralines.com, dag. 10-18 uur. Creoolse creaties van chocolade.

Griezelen – **Marie Laveau's House of Voodoo** **3** **:** 739 Bourbon St., tel. 504 581 3751, www.voodooneworleans.com, zo.-do. 10-23.30, vr.-za. 10-1.30 uur. Duidelijk een 'toeristenval', maar mooiere griezelsouvenirs als voodoopoppen en 'tovertassen' vind je nergens.

Foto's en kunstdrukken – **Joshua Mann Pailet – A Gallery** **4** **:** 241 Chartres St., tel. 504 568 1313, www.agallery.com, do.-ma. 10.30-17.30 uur.

Cd's, elpees, dvd's – **Louisiana Music Factory** **5** **:** 421 Frenchmen St., tel. 504 586 1094, www.louisianamusicfactory.com, dag. 11-20 uur. Mainstream en bijzondere vondsten, muziek en T-shirts, regionale artiesten, soms optredens op het podium binnen.

Fashion – **Dirty Coast** **6** **:** 5631 Magazine St., tel. 504 324 3745, www.dirtycoast.com, dag. 10-18 uur. De beste T-shirtwinkel ligt niet in het French Quarter, maar in het noordelijke stadsdeel. Het opvallende design en de leuke opschriften hebben al landelijk de aandacht getrokken.

Outlet Mall – **Riverwalk Outlet** **7** **:** 500 Port of New Orleans Pl., tel. 504 522 1555, www.riverwalkneworleans.com, ma.-za. 10-21, zo. 10-19 uur. Outletwinkelcentrum met diverse designwinkels die hun artikelen met grote korting aanbieden.

Korting op designerkleding – **UAL** **8** **:** 518 Chartres St., tel. 504 301 4437, www.shopual.com, dag. 10-18 uur. De United Apparel Liquidators (UAL) koopt restpartijen van bekende mode- en sieradenontwerpers op, zoals Lulu Frost, YSL en Alexander McQueen, en biedt ze tegen flink gereduceerde prijzen te koop aan.

Uitgaan

Jazzparadijs – **Preservation Hall** **7** **:** 726 St. Peter St., tel. 504 522 2841, www.preservationhall.com, dag. 20-23 uur. Jazz van de bovenste plank, geen drankjes.

Blues etcetera – **House of Blues** **1** **:** 225 Decatur St., tel. 504 310 4999, www.houseofblues.com. In dit muziekcafé onder de vlag van Blues Brother Dan Aykroyd treden blues-, jazz- en gospelsterren op.

Hart van de muziekscene – **Tipitina's 2:** 501 Napoleon Ave., tel. 504 895 8477, www.tipitinas.com. Concerten om 22 uur. In deze bluesclub in een verbouwde schuur in het noordelijke stadsdeel hebben alle artiesten van naam al op het podium gestaan: de Neville Brothers, Bonnie Raitt, Lenny Kravitz, Pearl Jam en James Brown.

Riskante drankjes – **Pat O'Brien's 3:** 718 St. Peter St., tel. 504 525 4823, www.patobriens.com. In Pat O'Briens, een bar met legendarische ambiance en sing-a-long, heeft de huiscocktail Hurricane al mensen van hun barkruk doen vallen. Het bijbehorende glas mag je meenemen als souvenir.

Jazz en ook blues – **Spotted Cat 4:** 623 Frenchmen St., dag. 14-2 uur. Elke avond goede livemuziek, in het weekend ook in de middag.

Casino – **Harrah's Casino 5:** 8 Canal St., tel. 800 427 7247, www.caesars.com/harrahs-new-orleans/casino. Gigantisch gokcomplex met een hotel, dag en nacht geopend. In de Masquerade Club kan gedanst worden.

Actief

Stadswandelingen met magie – **Magic Walking Tours 1:** begin bij 441 Royal St., tel. 504 588 9693, www.magictoursnola.com. Wandel in het spoor van de voodoocultus van New Orleans. Volwassene $ 25, vanaf 6 jaar $ 20.

Historische rondgang – **Lafitte National Historical Park and Preserve 2:** begin bij het French Quarter Visitor Center, 419 Decatur St., tel. 504 589 3882, www.nps.gov/jela/french-quarter-site.htm, dag. om 9.30 uur. Rangers geven een rondleiding over het ontstaan en de geschiedenis van het French Quarter. Gratis, deelnemersaantal beperkt.

Begraafplaatstour – **Save our Cemeteries 3:** tel. 504 525 3377, www.saveourcemeteries.org, verzamelpunt: bij de hoofdingang (Main Gate) van Lafayette Cemetery No. 1, 1400 blok Washington Ave.; alleen online boeking mogelijk. Rondleiding over de mooiste begraafplaatsen van New Orleans. Vanaf $ 20.

In het spoor van de jazz – **New Orleans Jazz National Historical Park:** download de op eigen houtje af te leggen route met elf stoppunten op www.nps.gov/jazz/index.htm (als mp3 of pdf).

Uitstapje met de raderstoomboot – **Steamboat Natchez 4:** Lighthouse Ticket Office, in Toulouse Street, bij de Mississippi River, tel. 504 569 1401, www.steamboatnatchez.com, volwassene vanaf $ 48, 6-12 jaar $ 24. Ongeveer 2 uur durende boottocht op de Mississippi, begeleid met livejazz.

Kookcursussen – **New Orleans School of Cooking 5:** 524 St. Louis St., tel. 504 525 2665, www.neworleansschoolofcooking.com. Cajun- en creoolse kookcursussen van 2,5 uur. Vanaf $ 30 per persoon.

Evenementen

Sugar Bowl: 1 jan. Footballwedstrijd tussen de twee beste schoolteams in de Superdome, www.mbsuperdome.com.

Mardi Gras: febr./mrt. Het carnaval in de stad is groter, vrolijker en ondeugender dan elders aan de Golf van Mexico, www.mardigrasneworleans.com.

French Quarter Festival: 1e helft apr. Vier dagen lang non-stop muziek luisteren bij twintig podia in het hele French Quarter, www.fqfi.org.

Jazz & Heritage Festival: eind apr./begin mei. Ruim een week lang de beste jazz, kunstnijverheid en lekkere hapjes uit de keukens van Louisiana, www.nojazzfest.com.

Satchmo Summer Fest: begin aug. Films, parade op straat, tentoonstellingen en natuurlijk veel jazz, www.fqfi.org.

Vervoer

Vliegtuig: Louis Armstrong New Orleans International Airport (MSY): 33 km/21 mijl ten westen van de stad, 900 Airline Dr., tel. 504 303 7500, Kenner, www.flymsy.com. De luchthaven wordt aangedaan door Noord-Amerikaanse vliegmaatschappijen. Airport Shuttle Bus naar het centrum $ 24, stadsbus $ 2, taxi zo'n $ 36.

Trein: Amtrak, 1001 Loyola Ave., tel. 800 872 7245, www.amtrak.com. Treinen richting Atlanta, Chicago en Los Angeles.
Bus: Greyhound, 1001 Loyola Ave., tel. 504 524 7571, www.greyhound.com.

Vervoer in de stad

De **JazzyPass** geldt voor alle trams en bussen ($ 3 per dag, $ 9 voor drie dagen) in New Orleans, verkrijgbaar bij de keten Walgreen onder andere. Drie trams – de beroemde **St. Charles Streetcar** langs St. Charles Ave., de rode wagons van de **Riverfront Streetcar** langs de Mississippi en de **Canal Street Streetcar** – worden ook door bezoekers graag gebruikt; kosten vanaf $ 1,25 per rit. Bovendien verbindt een uitgebreid busnet van ruim dertig lijnen het French Quarter met de buitenwijken van de stad (tel. 504 248 3900, www.norta.com).

Cajun Country en de kustregio

De totale kustlijn van Louisiana beslaat met de vele kreken, *bayous* en kleinere riviermondingen bijna 11.000 km/7000 mijl, terwijl de staat van de grens met Mississippi in het oosten tot de grens met Texas in het westen maar 640 km/400 mijl meet. Tijdens een rit door Acadiana, het woongebied van de Cajuns, zul je zelden de aanblik van water moeten missen. Overal zie je moerassen, al dan niet met de iconische cipressen erin. De landelijke, met Franse tradities doorspekte Cajuncultuur dankt zijn voortbestaan aan zijn isolatie. De Anglo-Amerikanen worden hier nog altijd *les Américains* genoemd. Pas in 1973 werd de I-10 voltooid, een snelweg die op enorme betonnen pijlers het moeras van het Atchafalaya Basin oversteekt en Baton Rouge verbindt met Lafayette, de hoofdstad van Cajun Country, Lake Charles en het in het westen gelegen Texas.

Aan de ongeveer 240 km/150 mijl lange Atchafalaya River, een oude mondingsarm van de Mississippi ongeveer 100 km ten westen van New Orleans, liggen steeds weer andere Cajundorpjes, die alleen per boot te bereiken zijn. Het water en de jungleachtige begroeiing op de natte oevers vormen een habitat voor alligators, slangen, kikkers, reigers en andere watervogels.

Bij hoogwater probeert de Mississippi ondanks de hoge dammen steeds weer de kortste route naar zee door het 'Basin' te heroveren. Als dat lukt, dan zouden Baton Rouge en New Orleans ineens aan een zijarm van de machtige rivier liggen. Het idyllische **Atchafalaya Basin** (zie Actief blz. 364) zou in één grote rivier veranderen en tientallen olie- en gasboortorens in het mondingsgebied zouden plotseling onder water komen te staan.

Houma en omstreken

▶ 3, F 12

Plaatsnamen als Des Allemands en de German Coast herinneren nog aan de Duitse kolonisten die zich ruim 150 jaar geleden ten noorden van New Orleans aan de Mississippi vestigden. Wie van New Orleans over de goed aangelegde US 90 door de uitgestrekte suikerrietvelden in zuidwestelijke richting rijdt, kan vlak voor Houma een uitstapje maken naar het dorpje Kraemer in het noorden. Hier laat de waterrijke Bayou Bœuf (letterlijk Runderbayou) zich op een boottochtje goed verkennen.

De Bayou Black, Little Bayou Black, Bayou Terrebonne en de bevaarbare Intracoastal Waterway komen bij elkaar in **Houma** (ongeveer 32.000 inwoners), dat als suiker- en aardoliestad zijn bloei beleefde. Tegenwoordig is deze plaats, waarvan de naam herinnert aan de indianenstam die het gebied vroeger bewoonde, het startpunt voor tochtjes door de draslanden, moerassen en meren in de omgeving (zie ook Actief blz. 364).

Informatie

Houma Visitors Center: 114 Tourist Dr., tel. 985 868 2732, www.houmatravel.com.
Bayou Lafourche Area Convention & Visitors Bureau: 4484 SR 1, tel. 985 537 5800, www.visitlafourche.com, ma.-vr. 8-17, za. 8-15 uur.

Accommodatie

Verzorgde B&B – **Crochet House:** 301 Midland Drive, tel. 985 879 3033, www.crochethouse.com. Comfortabel onderkomen met drie kamers en een studio in Terrebonne Parish, het Cajungebied, waar nog veel Frans wordt gesproken. Er is ook een zwembad. 2 pk met ontbijt $ 85.

Eten en drinken

Eenvoudig, maar goed – **Big Al's Seafood Restaurant:** 1377 W Tunnel Blvd., tel. 985 876 4030, www.bigalsseafood.com. Hier serveert men vis, schaaldieren en steaks in een eenvoudige, landelijke en bovenal gemoedelijke sfeer. Hoofdgerecht $ 10-15.

Actief

Boottochten – **Annie Miller's Sons Swamp & Marsh Tours:** 3718 Southdown Mandalay Rd., tel. 985 868 4758, www.annie-miller.com. Boottochten door de draslanden, waarbij wordt uitgekeken naar alligators en kraanvogels. Vanaf $ 20 per persoon.

... in Patterson (gelegen tussen Houma en New Iberia):

Captain Caviar Swamp Tours: 112 Main St., tel. 985 395 7420, www.captaincaviar.com. De boottochten van 2,5 tot 3 uur voeren door het ongerepte landschap van het Atchafalaya Basin; kosten ongeveer $ 30 per persoon.

Evenementen

... in Morgan City (56 km/35 mijl ten westen van Houma):

Louisiana Shrimp & Petroleum Festival: begin sept./Labor Day-weekend. In 2010, het jaar waarin het Deepwater Horizon-boorplatform ontplofte, ging dit feest niet door. Met het Louisiana Shrimp & Petroleum Festival wordt gepoogd de twee tegenstrijdige economische pijlers van de staat, de garnalenvisserij en de aardoliewinning, samen te brengen. Verwacht op dit festival dan ook authentiek cajunvoedsel, maar tevens concerten, sport- en andere wedstrijden. 715 Second St., tel. 985 385 0703, www.shrimp-petrofest.org.

Thibodaux en omstreken

▶ 3, E 12

Rond Thibodaux, 24 km/15 mijl noordelijker aan Bayou Lafourche, wordt suiker verbouwd. Dit plaatsje van 15.000 inwoners viert met bals en optochten zijn eigen Mardi Gras (carnaval, zie Thema blz. 60). **Laurel Valley Village**, aan de oostrand, maakte in de 19e eeuw deel uit van een suikerrietplantage. In de hutjes woonden de landarbeiders en in de jaren 40 Duitse krijgsgevangenen.

In het waterrijke gebied rond New Orleans lijkt de tijd te hebben stilgestaan

Wetlands Acadian Cultural Center

314 St. Mary's St., tel. 985 448 1375, www.nps.gov/jela/wetlands-acadian-cultural-center.htm, ma./di. 9-19, wo.-vr. 9-17 uur

Het **Wetlands Acadian Cultural Center** belicht de Cajuncultuur van het ontstaan in de 17e eeuw tot heden. Het Visitor Center fungeert als startpunt van boottochtjes door de wetlands. 's Maandags om 17.30 uur komen musici er tijdens de Cajun Music Jam Sessions jammen met amateurs.

Informatie

Thibodaux Chamber of Commerce: 318 E Bayou Rd., tel. 985 446 1187, www.thibodauxchamber.com, ma.-vr. 9-17 uur.

Eten en drinken

Creoolse keuken – **Fremin's:** 402 West Third St., tel. 985 449 0333, www.fremins.net, zo.-ma. gesl. De kookstijl van Fremins kok is verfijnd-landelijk: ingewanden in romige cognac-roomsaus en gumbo op basis van gerookte eend. Gerecht $ 10-45.

De lange weg naar Acadië – de Cajuns

Aan de vooravond van de Zevenjarige Oorlog tussen Groot-Brittannië en Frankrijk (1754) stuurde de gouverneur van de Canadese provincie Nova Scotia de 16.000 Franstalige kolonisten weg uit het Britse deel van Acadië. Ze hadden geweigerd een eed van trouw te zweren aan de Engelse koning.

De Acadiërs werden opgedeeld in kleinere groepen en zo, vaak onder grote ontberingen, gedeporteerd naar andere kolonies in het Britse rijk, de Caribische eilanden, South Carolina en Georgia. Een klein deel van de Franstalige kolonisten keerde terug naar het vaderland, anderen konden zich verstoppen en aan deportatie ontkomen, maar het grootste deel vestigde zich na lange, zware omzwervingen in het vochtige aanslibbingsgebied van Zuid-Louisiana.

In de ontoegankelijke moerassen van de Mississippirivierdelta, waar nauwelijks wegen waren en de alligators veel talrijker waren dan mensen, vonden ze een woonplaats die niemand hen wilde afpakken. De Franse koning Lodewijk XV had in 1762 New Orleans en de westelijk van de Mississippi gelegen gebieden van Louisiana echter aan Spanje afgestaan.

De Acadiërs, die zich graag opnieuw in Franstalig gebied hadden gevestigd, werden weer teleurgesteld. Maar het Spaanse koloniale bestuur in New Orleans wilde de ontoegankelijke regio's rond de zijarmen van de Mississippi, de oevers van Bayou Lafourche, Bayou Teche en Bayou Opelousas door de nieuwkomers laten ontsluiten en gaf de kolonisten in ruil daarvoor grond voor huizen en landbouw.

Voor de kerk in het Canadese Grand Pré staat het beeld van Evangéline Bellefontaine, de heldin uit het populaire en sentimentele gedicht *Evangéline. A tale of Acadie* van de auteur Henry Wadsworth Longfellow (1807-1882). Het gedicht verhaalt van een vrouw uit Grand Pré en haar geliefde Gabriel Lajeunesse, die door de deportatie uit elkaar werden gehaald. Ze bleef hem tien jaar lang trouw, maar bij het weerzien in Louisiana bleek Gabriel inmiddels met een ander getrouwd. Evangéline stierf van verdriet in de schaduw van een eik, die sindsdien haar naam draagt. Een beeld voor de kerk van St. Martinville herinnert net als dat in het verre Grand Pré in Nova Scotia aan haar lot. Evangélines levensverhaal, in het gedicht naar waarheid naverteld, groeide uit tot een symbool voor de van hun grondgebied verdreven Acadiërs.

Deze Franstalige kolonisten bedreven veeteelt en landbouw en voedden zich met in de moerassen gevangen kreeftjes, vissen en schelpdieren. Het zware leven, de hechte familieverhoudingen en de banden met de katholieke kerk zorgden voor een sterke binding en het behoud van de cultuur en de taal. Het geïsoleerde landelijke bestaan hield de Engelstalige Amerikanen op afstand.

Pas aan het eind van de 19e eeuw kwam er een eind aan het zelf opgelegde isolement. Spoorlijnen en wegen ontsloten tot dan toe geheel onbegaanbare streken, de radio bereikte met zijn uitzendingen ook de meest afgelegen gebieden. Nadat in 1901 bij Jennings aardolie was ontdekt, stroomden arbeiders en ingenieurs uit andere Amerikaanse staten naar het vlakke aanslibbingsgebied dat lang aan de Acadiërs had toebehoord. Korte tijd werden ze Cajuns

Spinnen maakt vrolijk – in het openluchtmuseum Vermilionville

genoemd, een naam die echter algauw een negatieve bijklank kreeg door zijn associatie met achterlijkheid en domheid.

De algemene leerplicht, in de Verenigde Staten al van kracht, gold vanaf nu ook in Cajungebied. Na de invoering van de Education Act in 1916 was het verboden op het schoolplein en in het klaslokaal iets anders dan Engels te spreken. Wie werd betrapt op het spreken van Frans, werd beboet. Het in ere houden van de Franse cultuur en tradities gold als on-Amerikaans en werd uit alle macht onderdrukt.

In de Tweede Wereldoorlog werden de Cajuns ingezet als Franse tolken in het Amerikaanse leger, wat de status van de moedertaal verhoogde. Ook de plotselinge welvaart van de goed betaalde arbeid in de olie-industrie sterkte de Cajungemeenschap. Het Frans was inmiddels op veel scholen een geaccepteerd vak. De Council of the Development of French in Louisiana (Codofil, Raad voor de Ontwikkeling van het Frans in Louisiana) spant zich met succes in voor behoud van het cultureel erfgoed. Een groot deel van de Cajuns groeit tegenwoordig tweetalig op. Veel docenten Frans op de scholen komen echter uit het Canadese Québec of uit Frankrijk. Daarom vrezen de oudere Cajuns dat de eigenheid van het oorspronkelijke Franse dialect, en daarmee een stukje culturele identeit, verloren zal gaan. Het zogeheten Cajun French heeft bijvoorbeeld een andere uitspraak dan het moderne Frans.

De meeslepende muziek van de Cajuns (zie blz. 61) en de pittig gekruide gerechten die in veel restaurants op tafel komen, hebben de regio populair gemaakt bij buitenlandse bezoekers. De van alles verlaten, geïsoleerde landstreek van de Franstalige 'achtergebleven' boeren geldt tegenwoordig zelfs als een aantrekkelijke vakantiebestemming.

Cocodrie ▶ 3, F 13

Een omweg naar het zuiden voert je langs Bayou Terrebonne en Cocodrie, een klein vissersplaatsje midden in de doolhof van waterwegen aan de rand van de Mississippirivierdelta.

Louisiana Universities Marine Consortium (Lumcon)

Zuideinde van de SR 56, tel. 985 851 2800, www.lumcon.edu, dag. 8-16 uur

In het verlaten aanslibbingsgebied aan de kust biedt onderzoekscentrum **Louisiana Universities Marine Consortium** (Lumcon) in een doortimmerde tentoonstelling informatie over het landschap, zijn ontstaansgeschiedenis en de gevolgen van menselijk ingrijpen. Van de bijna 25 m hoge observatietoren heb je een weids uitzicht op het oeroude landschap en de kust. In dit centrum worden de effecten van de Deepwater Horizonramp op het milieu onderzocht.

New Iberia en omstreken ▶ 3, D 11

In de Cajunstreek rond New Iberia aan Bayou Teche, tegenwoordig een drukke stad met 31.000 inwoners 112 km/70 mijl ten westen aan de US 90, arriveerde in 1779 een groep Spaanse kolonisten die hun nederzetting Nueva Iberia noemden. Teche is het indiaanse woord voor slang. Door statige eikenbomen geflankeerde wegen voeren langs eindeloze velden met suikerriet, die Teche Country zijn bijnaam de Sugar Bowl of Louisiana (Suikerpot) hebben bezorgd.

Shadows-on-the-Teche

317 E Main St., tel. 337 369 6446, www.shadowsontheteche.org, rondleiding ma.-za. 10-16 uur, volwassene $ 10,50, 6-17 jaar $ 7

Shadows-on-the-Teche heet het bezienswaardige landhuis op een suikerrietplantage uit 1834 met een witte zuilenporticus en een nog altijd sierlijk interieur. In het kader van een 35-45 minuten durende rondleiding is de villa te bezichtigen. In de tuin gedijen azalea's en camelia's tussen imposante, met Spaans mos bedekte altijdgroene eiken.

Conrad Rice Mill

309 Ann St., tel. 337 364 7242, www.conradricemill.com, rondleiding ma.-za. 9-17 uur, $ 4

Wie geïnteresseerd is in de rijstteelt, zou een rondleiding kunnen nemen in de **Conrad Rice Mill**, een rijstverpakkingsfabriek. In de omgeving wordt al sinds 1912 de bijzondere Konriko Wild Pecan Rice geteeld.

Rip van Winkle Gardens ▶ 3, D 11

5505 Rip Van Winkle Rd., tel. 337 359 8525, www.ripvanwinklegardens.com, dag. 9-17 uur, $ 10

Op Jefferson Island in Lake Peigneur, 10 km/6 mijl ten zuidwesten van New Iberia, liggen de Rip van Winkle Gardens. Deze tuin is in ieder seizoen een schitterende kleurenpracht van bloeiende azalea's en camelia's. Bij de bezichtiging van het eiland is een overtocht per boot inbegrepen.

Tijdens de boottocht wordt er stilgestaan bij de in dit meer voltrokken Salt Dome-ramp. In 1980 stopte de boorkop van een Texaco-

Tip

GOLFEN IN DE VRIJE NATUUR

De **Audubon Golf Trail** verbindt twaalf van Louisiana's mooiste golfbanen. Elk van deze openbare banen heeft met de Audubon Society afgesproken om zuinig met hulpbronnen om te gaan en ze bijzondere aandacht te schenken. Kosten: greenfee vanaf $ 30 per 18 holesbaan met karretje, tel. 866 248 4652, www.audubongolftravel.com.

platform er plotseling mee. Op zoek naar olie was hij in een 400 m dieper gelegen zoutmijn terechtgekomen. De boortoren viel om en zonk. Het water baande zich een brede weg door de zoutlagen en een enorme draaikolk zoog 14 miljoen liter water, vissersboten en vijf complete kassen naar beneden. Na zeven uur was het meer leeggelopen. Bij het ongeluk vielen wonderbaarlijk genoeg geen slachtoffers. Nadat het gat zich gesloten had, werd er via een kanaal water aangevoerd waarmee het meer zich weer vulde. Nu herinneren alleen het spannende verhaal en spectaculaire foto's en video's nog aan de gebeurtenis.

Avery Island ▶ 3, D 12

Avery Island, 10 km/6 mijl ten zuidwesten van New Iberia, is net als de andere *islands* in de streek geen eiland, maar de top van een onderaardse zoutkoepel die bedekt is met een 4 m dikke laag aarde. Men wint hier sinds ongeveer honderd jaar zout, maar vondsten hebben aangetoond dat het zoute water in de omgeving al tijdens de laatste ijstijd in trek was bij de mens. In de subtropische, bloeiende **Jungle Gardens** broeden soms wel duizenden reigers en ibissen (Hwy. 329/ Avery Island Road, tel. 337 369 6243, www.junglegardens.org, dag. 9-17 uur, $ 8).

De **McIlhenny Company**, een paar honderd meter van Hwy. 329, kweekt op het eiland al 130 jaar de rode chilipeper waarmee de beroemde tabascosaus wordt gemaakt, een pikant feestje voor de tong en het karakteristieke ingrediënt van de Bloody Mary. Bezoekers kunnen deelnemen aan een rondleiding door de fabriekshallen, waarin diverse aspecten van het productieproces aan bod komen (tel. 337 373 6139, www.tabasco.com, dag. 9-16 uur, gratis).

Informatie

Iberia Parish Tourist Commission: 2513 Hwy. 14, tel. 337 365 1540, www.iberiatravel.com.

Cajun Coast Visitors & Convention Bureau: 900 Dr Martin Luther King Blvd., Morgan City, tel. 800 256 2931, www.cajuncoast.com, ma.-vr. 9-17, za-zo. 9-15 uur.

Accommodatie

Aangenaam – **La Quinta Inn & Suites:** 611 A Queen City Dr., tel. 337 321 6000, www.lq.com. Motelachtig onderkomen met een klein zwembad en gratis ontbijt. 2 pk vanaf $ 70.

Eten en drinken

Cajun- en creoolse kost – **Clementine's:** 113 E Main St., tel. 337 560 1007, www.clementinedowntown.com, di.-vr. 11-21, vr. tot 22, za. 18-22 uur. Vr. en za. is in dit restaurant livemuziek te beluisteren, aan de muren hangen schilderijen van lokale kunstenaars. Gerecht $ 6-48.

Evenementen

Louisiana Sugar Cane Festival: eind sept./ begin okt. Feest met vrolijke muziek, kookwedstrijden en tentoonstellingen rond suiker en de cultuur van Zuid-Louisiana. www.hisugar.org.

St. Martinville ▶ 3, D 11

Franse kolonisten kochten in 1760 zo'n 16 km/10 mijl ten noorden van New Iberia land van de Attakapa-indianen en bouwden er een nederzetting, Poste de Attakapas. Zestig jaar later hadden ook creolen uit New Orleans, Cajuns en mensen die vanwege de Revolutie uit Frankrijk waren gevlucht zich gevestigd in wat tegenwoordig St. Martinville heet. Vanwege de Franse uitstraling en het belang als handelsplaats werd het stadje ook wel Petit-Paris (Klein-Parijs) genoemd. Maar de oude glans is verbleekt, de meeste bezoekers komen voor de uitwaaierende *live oak* op St. Martin Square. Onder deze boom vond in het gedicht van Henry Wadsworth Longfellow Evangéline haar op de vlucht uit Canada zoekgeraakte geliefde terug, die tot haar verdriet met een ander was getrouwd.

Rond het plein liggen ook de andere bezienswaardigheden van de plaats: het beeld van Evangéline zelf, de katholieke St. Martin de Tourskerk, met een kopie van de Grot van Lourdes, het graf van de 'echte' inspiratiebron voor Evangéline – Emmeline Labiche – en

De dance halls in Lafayette en omgeving zijn bolwerken van de cajunmuziek

het **St. Martinville Cultural Heritage Center** (121 S Market St., tel. 337 394 2258, www.acadianmemorial.org, di,-za. 10-16 uur, musea over de Afro-Amerikaanse en de Cajungeschiedenis $ 3, tot 13 jaar gratis).

Informatie

Tourist Information Center: 121 S New Market St., tel. 337 394 2233, www.stmartinville.org.

Accommodatie

Aan Bayou Teche – **Old Castillo B&B at La Place d'Evangeline:** 220 Evangeline Blvd., tel. 337 394 4010, www.oldcastillo.com. Het gezellige onderkomen Old Castillo B&B at La Place d'Evangeline, met een bed and breakfastconcept, is gelegen aan de waterrijke Bayou Teche (dit is het indiaanse woord voor 'slang') en is ondergebracht in een ruim 180 jaar oud gebouw met zeven kamers, wifi en een goed ontbijt. Vanaf $ 90.

Lafayette ▸ 3, D 11

Tot 1884 heette Lafayette, 29 km/18 mijl verder naar het noordwesten, Vermilionville. Daarna werd dit middelpunt van de Cajuncultuur vernoemd naar de Franse markies De Lafayette, die als ervaren generaal van het revolutionaire leger voor de Amerikaanse onafhankelijkheid had gestreden. Zoals veel steden in het zuiden van Louisiana heeft Lafayette in de jaren 50 en 60 ingrijpende veranderingen ondergaan door de vondst van aardolie en gas in het alluviale gebied en in zee. In de bijna 130.000 inwoners tellende stad hebben zich veel olie- en gasmaatschappijen gevestigd. Maar ondanks de reclameborden van fastfoodtenten en motels heeft Lafayette zijn rustieke charme met gezellige woonbuurten, restaurants en danszalen bewaard. Op een kleine wandeling langs **Jefferson Street**, de hoofdstraat, passeer je een paar huizen met muurschilderingen, een rijtje gezellige lunchcafés en leuke winkeltjes.

Lafayette is de hoofdzetel van de Live Oak Society, een organisatie die zich inzet voor het behoud van de *live oak (Quercus geminata*, altijdgroene eik). Alleen exemplaren met een omvang van minstens acht voet (circa 2,40 m) mogen 'lid' worden (dit zijn vaak bomen van honderd jaar of ouder). De contributie bedraagt 25 eikels per jaar (!). Voor de lokale St. John's Cathedral staat een 450 jaar oud erelid van de vereniging.

De **Lafayette Mardi Gras** in de lente is soberder dan het carnavalsfeest in New Orleans, maar doet er qua authentieke levensvreugde niet voor onder. Het Festival International de la Louisiane in april geldt met ruim vierhonderd artiesten als het belangrijkste Franstalige feest van geheel Noord-Amerika. Bij het meerdaagse Festival Acadiens in de herfst komen Cajuns uit alle delen van de wereld en tienduizenden Amerikaanse bezoekers massaal naar Lafayette (zie Evenementen blz. 358).

Acadian Cultural Center

501 Fischer Rd., tel. 337 232 0789, www.nps.gov/jela/new-acadian-cultural-center.htm, di.-vr. 9-16.30, za. 8.30-12 uur, gratis

In het **Acadian Cultural Center** schetst een interessante documentaire de bewogen geschiedenis van de Cajuns en wordt in beeld en geluid en aan de hand van replica's hun levenswijze en cultuur inzichtelijk gemaakt.

Acadian Village

200 Greenleaf Dr., tel. 337 981 2364, www.acadianvillage.org, ma.-za. 10-16 uur, volwassene $ 8, tot 17 jaar $ 7

In het **Acadian Village** is een aantal gebouwen uit Zuid-Louisiana verzameld in een museumdorp. Je kunt hier door een typisch Acadische nederzetting wandelen, met een kruidenierswinkel, een kerk en verschillende huizen. In de periode voor Kerstmis straalt het museumdorp van de lichtjes tijdens het Noel Acadien au Village, waarbij vrolijke cajunmuziek wordt gespeeld en volop goed gekruid eten wordt opgediend.

Vermilionville

300 Fisher Rd., tel. 337 233 4077, www.vermilionville.org, di.-zo. 10-16 uur, volwassene $ 10, 5-17 jaar $ 6

Vermilionville is met zijn ruim twintig gebouwen, huizen uit de kolonisatietijd van de Cajuns of replica's daarvan een soort Cajunthemapark waar acteurs in de kleding van die tijd oude ambachten demonstreren en bezoekers vermaken met muziek, dans en verbluffende verhalen.

Informatie

Convention & Visitors Bureau: 1400 NW Evangéline Thruway, tel. 337 232 3737, www.lafayette.travel, ma.-vr. 8.30-17, za. 9-17 uur.

Accommodatie

Modern en centraal – **Fairfield Inn & Suites South:** 1606 W Pinhook Rd., tel. 337 233 5558, www.marriott.com. Goed gerund ketenhotel op een centrale locatie met een zwembad. 2 pk met klein ontbijt vanaf $ 85.

... in Scott (8 km/5 mijl ten westen van Lafayette):

Camping – **KOA Lafayette:** 537 Apollo Rd., tel. 337 235 2739, www.koa.com. Goed uitgerust kampeerterrein aan het meer, ook rustieke huisjes te huur. Camperplaats per nacht voor 1-6 personen zo'n $ 45.

Eten en drinken

Creools en cajun – **Jolie's Louisiana Bistro:** 507 W Pinhook Rd., tel. 337 504 2382, www.jolieslouisianabistro.com, di.-do. 11-21, vr.-za. 11-22, zo. 10.30-14 uur. Dit creoolse restaurant verwerkt bijna uitsluitend regionale producten in zijn gerechten. Hoofdgerecht vanaf $ 18.

Cajun en creools – **Bon Temps Grill:** 1312 Verot School Rd., tel. 337 706 8850, www.bontempsgrill.com. Forse porties cajungerechten, heerlijke muziek en koel bier. Gerecht $ 9-23.

Eenvoudig en goed – **Olde Tyme Grocery:** 218 West Saint Mary Blvd., tel. 337 235 8165, www.oldetymegrocery.com, ma.-vr. 8-22, za. 9-17 uur. Hier kun je onder andere stevige po'boybroodjes kopen. Gerecht vanaf $ 4.

Uitgaan

Cajundanszaal – **El Sido's Zydeco & Blues Club:** 1523 N St. Antoine, tel. 318 237 1959. Vr. en za. vanaf 21 uur zydecomuziek en blues.

Muziek en theater – **Acadiana Center for the Arts:** 101 W Vermilion St., tel. 337 233 7060, www.acadianacenterforthearts.org. Toneel, concerten en dans plus tentoonstellingen van moderne kunst en workshops.

... in Breaux Bridge (zo'n 16 km/10 mijl) ten oosten van Lafayette):

Cajundanszaal – **La Poussière:** 1301 Grand Point Rd., Breaux Bridge, tel. 337 332 1721, www.lapoussiere.com. Al sinds 1955 is hier vanaf zo'n 19 uur vooral in het weekend live cajunmuziek die de voetjes flink van de vloer doet gaan.

... in Basile (ongeveer 80 km/50 mijl ten noordwesten van Lafayette):

Cajundanszaal – **D.I.'s Cajun Restaurant:** 6561 Evangeline Hwy., Basile, tel. 337 432 5141, www.discajunrestaurant.com. Stevige porties zeebanket en do.-za. dansmuziek.

Actief

Motorboottocht – **McGee's Atchafalaya Basin Swamp Tours:** McGee's Landing, 1337 Henderson Levee Rd., Henderson, tel. 337 228 2384, www.mcgeeslanding.com. Boottochten door de idyllische *bayous*, soms ontmoetingen met alligators. Volwassene vanaf $ 25, 5-11/12 jaar vanaf $ 20.

Evenementen

Lafayette Mardi Gras: di. voor Aswoensdag. Uitgelaten carnavalsdrukte, tel. 800 346 1958, www.lafayettetravel.com/events/festivals/mardi-gras.

Festival International de Louisiane: eind apr. Feest voor de Franstalige cultuur, tel. 337 232 8086, www.festivalinternational.org.

Zydeco Extravaganza: laatste weekend in mei. Een dagje met de sterren van de zydecomuziek bij de renbaan Evangeline Downs, tel. 337 942 8784, www.zydecoextra.com.

Festival Acadiens: 2e weekend in okt. Festival met muziek, tradities, kunstnijverheid en de keuken van de Franstalige inwoners van Louisiana, www.festivalsacadiens.com.

Omgeving van Lafayette

Opelousas ▶ 3, D 11

Wie van Lafayette naar het noorden rijdt, bereikt na 40 km/25 mijl Opelousas. Op de akkers rond de stad worden zoete aardappels verbouwd, die hier yams heten. De goudgele, zoete knollen kwamen met de slaven mee uit West-Afrika. Op het zoeteaardappelfeest Yambilee (zie blz. 359) wordt jaarlijks de yamkoningin van Opelousas gekozen.

De voormalige Franse handelspost is een van de bastions van de **zydecomuziek**, met zijn drukke danszalen en op handen gedragen muzikanten als de in 1987 overleden 'Zydeco King' Clifton Chenier, die hier werd geboren. Het **Jim Bowie Display**, dat samen met het lokale Visitor Center (zie Informatie onder) is ondergebracht in het Vieux Village bij de oostelijke stadstoegang, biedt een indrukwekkende collectie westernmessen. Bowie, een pionier die zich na zijn verblijf in Opelousas aansloot bij de Texaanse militie, stierf kort daarna in de legendarische slag (1836) tegen een Mexicaanse overmacht bij de Alamo in San Antonio, Texas.

Washington ▶ 3, D 10

Een uitstapje van 9,5 km/6 mijl noordelijker brengt je in Washington. De 19e-eeuwse huizen in dit stadje zijn grotendeels beschermde monumenten. Voor de komst van het spoor in 1883 was deze plaats aan de Opelousas River een van de belangrijkste overslagplaatsen voor stoomschepen tussen New Orleans en St. Louis. De keurige huizen van de welvarende kooplieden worden inmiddels bewoond door forenzen uit Lafayette en door gepensioneerden.

Informatie

Opelousas Visitor & Welcome Center/Le Vieux Village: 828 E Landry, tel. 337 948 6263, www.cityofopelousas.com, ma.-vr. 8-16.30, za. 9-16 uur.

Evenementen

Zydeco Festival: aug.-begin sept. Feest ter ere van de zydecomuziek in het naburige Plaisance, www.zydeco.org.

Yambilee Festival: 2e helft okt. Het grote feest rond de zoete aardappel staat sinds enkele jaren op een laag pitje, maar de Yambileekoningin wordt nog altijd verkozen, www.facebook.com/yambilee.

Rockefeller Wildlife Refuge ▶ 3, C 12

5476 Grand Chenier Hwy., Grand Chenier, tel. 337 491 2593, www.wlf.louisiana.gov

Het Rockefeller Wildlife Refuge is een ruim 27 km/17 mijl lang natuurgebied ten zuidwesten van Lafayette tussen de SR 82 en de Golf van Mexico. Dit wildreservaat dient als rustplaats voor trekvogels. In de wintermaanden bevolken soms wel 400 duizend eenden en Canadese ganzen de meertjes en vochtige graslanden in het Refuge. De Price Lake Road, de weg door het reservaat, is van december tot maart gesloten, maar ook de observatietoren aan het eind ervan biedt een goed uitzicht op de vogels, alligators en de nabijgelegen Golf van Mexico.

Holly Beach ▶ 3, B 12

www.thecajunriviera.com

Ten westen van Cameron overbrugt een gratis autoveerboot het **Calcasieu Ship Canal**, dat het gelijknamige meer met de zee verbindt.

Holly Beach staat niet bekend om zijn mooie zandstranden, fraaie badhotels of goede restaurants. Het onaantrekkelijke, harde strand, waartoe ook auto's toegang hebben (goed opletten!), is simpelweg het enige in de wijde omtrek. 's Zomers wemelt

In het Sabine National Wildlife Refuge leeft een van de kleinste reigersoorten: de woudaap

het aan deze kust, ook wel de Cajun Riviera genoemd, van de kampeerders en regionale dagjesmensen. Het dorp met zo'n 300 inwoners werd in 2005 door orkaan Rita volkomen met de grond gelijkgemaakt, drie jaar later volgden de overstromingen van de orkanen Gustav en Ike. Inmiddels woont aan dit gevaarlijke stuk kust alleen nog een handvol diehards.

Sabine National Wildlife Refuge ▶ 3, B 12

3000 Holly Beach Hwy., Hackberry, tel. 337 762 3816, https://fws.gov/refuge/Sabine
De oostpunt van het **Sabine National Wildlife Refuge** wordt doorkruist door de SR 27 van Holly Beach naar het noorden. In dit wildreservaat slingert een 2,4 km/1,5 mijl lang houten plankier door de brakke moerassen naar een uitkijktoren, waar alligators en talloze vogels kunnen worden geobserveerd. Bij het Visitor Center van het reservaat, 16 km/10 mijl ten noorden van Holly Beach, vertelt een 'Cajunrobot' over zijn leven aan het water en over de visserij, maar de tentoonstellingen en diorama's met informatie over de regionale flora en fauna zijn interessanter.

Lake Charles ▶ 3, B 11

Deze met 77.000 inwoners op een na grootste stad van Cajun Country ligt op de oostelijke oever van de Calcasieu River. Wie niet beter weet, zou zich al in Texas kunnen wanen: een haven met grote olietanks, die door zeeschepen over de Calcasieu River moeiteloos te bereiken is, petrochemische industrie, country-and-westernmuziek in plaats van cajundeuntjes en restaurants waar in plaats van de rode rivierkreeftjes spareribs worden opgediend.

De voor bezoekers verder niet zo interessante stad is daarentegen een prima uitvalsbasis voor verkenningstochten van de natte graslanden en vogelrijke moerassen in het zuiden van de streek.

Imperial Calcasieu Museum

204 W Salier St., tel. 337 439 3797, www.imperialcalcasieumuseum.org, di.-vr. 10-17, za. 10-15 uur, volwassene $ 5, kind $ 2
Het **Imperial Calcasieu Museum** is gewijd aan de geschiedenis van zuidwestelijk Louisiana en toont in wisselexposities ook kunst, vaak gemaakt door plaatselijke bewoners.

Informatie

Southwest Louisiana Convention & Visitors Bureau: 1205 N Lakeshore Dr., tel. 337 436 9588, www.visitlakecharles.org, ma.-vr. 8-17, za.-zo. 8-15 uur.

Uitgaan

Gokken – **Auberge du Lac Casino:** 777 Coushatta Dr., Kindler, tel. 337 395 7777, www.coushattacasinoresort.com. Een casino in het reservaat van de Coushatta-indianen, met hotel, restaurant en showpodium.

Evenementen

Cajun Music and Food Festival: half juli wordt in het Burton Coliseum een festival gehouden met de beste cajunbands, muziekconcoursen en stevige cajunkost, die natuurlijk op geen feestelijke gelegenheid ontbreekt.

Planterswoningen aan de Mississippi

▶ 3, E-G 11

Kaart: blz. 361
Tussen New Orleans en Baton Rouge staan enkele van de indrukwekkendste planterswoningen aan de benedenloop van de Mississippi. De villa's zijn te bezichtigen met een rondleiding. Door de hoge dijken, aangelegd ter bescherming tegen overstromingen, is de nabije rivier vanuit de planterswoningen niet te zien, maar hierdoor blijft hun het lot van de **White Castle Plantation**, ten zuiden van Baton Rouge, ten minste bespaard: deze villa werd ooit in zijn geheel meegesleurd door de Mississippi.

Destrehan Plantation 1

13034 River Rd./Hwy. 48, Destrehan, tel. 985 764 9315, www.destrehanplantation.org, rondleiding dag. 9-16 uur, volwassene $ 20, 7-17 jaar $ 7

Het op de noordoever van de Mississippi gebouwde Destrehan Manor vertoont ondanks neoclassicistische toevoegingen een onmiskenbaar Caribische stijl. Voor deze planterswoning met zijn puntige knikdak, zuilen van cipressenhout en fraaie verzameling eiken op het omringende landgoed werd de eerste steen in 1787 gelegd.

San Francisco Plantation 2

2646 River Rd./Hwy. 44, Garyville, tel. 985 535 2341, www.sanfranciscoplantation.org, apr.-okt. dag. 9.30-17 uur, volwassene $ 20, scholier 6-17 jaar $ 10

San Francisco Plantation, dat stamt uit 1856, ligt bij het plaatsje **Garyville**, ten noorden van de Mississippi. Het huis vertoont een excentrieke stijlmelange van creoolse elementen – beschilderde plafonds en smeedijzeren balustrades – en Moorse details, die ook wel 'stoombootgotiek' wordt genoemd. De naam van het huis houdt geen verband met de stad in Californië, maar verwijst naar de hoge prijs die het juweeltje kostte, waardoor de eigenaar *sans un franc* – zonder een rooie cent – achterbleef. De charmante aanblik van de plantage wordt enigszins verstoord door de nabijgelegen fabrieken voor minerale olie, die het landgoed bedreigen.

Laura Plantation 3

2247 Hwy. 18, Vacherie, tel. 225 265 7690, www.lauraplantation.com, dag. 9.30-17 uur, volwassene $ 25, 6-12 jaar $ 10, 13-17 jaar $ 15

De **Laura Plantation**, het hoofdgebouw van een creoolse suikerrietplantage uit 1805, is gebouwd op een hoogte boven de Mississippi, op de plaats waar van oudsher Colapissa-indianen woonden. Het landgoed omvatte in totaal zeventien gebouwen, waaronder ook de hutjes van de Afrikaanse slaven.

Oak Alley Plantation 4

3645 Hwy. 18, Vacherie, tel. 225 265 2151, www.oakalleyplantation.com, mrt.-okt. dag. 9-17, nov.-feb. ma.-vr. 9-16.30, za.-zo. 9-17 uur, volwassene $ 25, 6-12 jaar $ 7, 13-17 jaar $ 10

Het ruim 150 jaar oude, lichtroze *Greek revival*-paleis van de Oak Alleyplantage staat op de zuidoever van de Mississippi tussen **Vacherie** en **St. James**. Het huis behoort tot de mooiste in zijn soort. Vooral de laan met 28 reusachtige, 250 jaar oude *live oaks* (altijdgroene eiken) die het oorspronkelijk Bon Séjour genoemde landgoed zijn nieuwe naam gaf, biedt een spectaculaire aanblik. Enkele voormalige slavenonderkomens zijn omgevormd tot een bed and breakfast; in het huis zelf zit een mooi restaurant.

Houmas House Plantation 5

40136 Hwy. 942, Darrow, tel. 225 473 9380, www.houmashouse.com, rondleiding dag. 9-17 uur, huis en tuin volwassene $ 24, 6-12 jaar $ 10, 13-17 jaar $ 15

Houmas House Plantation, het door twintig witte zuilen omringde hart van een voormalige suikerrietplantage, kan bogen op een indrukwekkende filmcarrière. De met stijlmeubels ingerichte woning staat op de noordelijke oever van de rivier bij **Burnside**. Aan het begin van de Burgeroorlog woonde hier de Ierse 'suikerbaron' John B. Burnside (overleden 1881), die het landgoed tegenover de Uniesoldaten tot een Brits en daarmee onschendbaar grondgebied verklaarde, waarop de soldaten afdropen.

Bocage Plantation 6

39050 Hwy. 942, Darrow, tel. 225 588 8000, www.bocageplantation.com, rondleiding op aanvraag: bocageplantation@gmail.com

De in 1837 gebouwde woning op de **Bocage Plantation** bij Darrow oogt met zijn fraaie toegangstrap en witte zuilenfront als een schoolvoorbeeld van de typisch zuidelijke *Greek revival*-stijl.

Nottoway Plantation 7

31025 LA Hwy. 1, White Castle, tel. 225 545 2730, www.nottoway.com, dag. 9-16 uur, volwassene $ 20, 6-12 jaar $ 6

Vlak bij White Castle op de zuidoever van de Mississippi valt het 'witte kasteel van Louisiana' te bewonderen: Nottoway Plantation. Dit planterspaleis uit 1859 met witte zuilen en rondlopende balkons vormt een mengeling van *Greek revival* en de speelse, lichtere 'Italiaanse' stijl. Het hart van de 3000 ha grote suikerrietplantage met 64 kamers was ooit een van de grootste particuliere woningen van de staat.

Baton Rouge ▶ 3, E 11

Volgens de overlevering scheidden de Houma- en de Bayougoula-indianen hun jachtgronden van elkaar met in bloed gedoopte boomstammetjes. De naam Baton Rouge – rode stok of paal – komt in elk geval al voor op de eerste landkaarten van dit gebied. Na Donaldsonville aan de benedenloop van de Mississippi en New Orleans werd Baton Rouge in 1849 uitgeroepen tot hoofdstad van Louisiana.

Old State House

100 North Blvd., tel. 225 342 0500, www.louisianaoldstatecapitol.org, di.-vr. 10-16, za. 9-15 uur

Een jaar nadat Baton Rouge de hoofdstad geworden was, werd het **Old State House** voltooid, een excentriek gebouw in de *Gothic revival*-stijl met torentjes, schietgaten en gietijzeren decoraties. Nadat het gebouw door een brand zwaar was beschadigd, schreef Mark Twain 'dat dynamiet het werk maar moest afmaken dat een genadig vuur was begonnen', maar zijn wens ging niet in vervulling.

Louisiana State Capitol

State Capitol Dr., tel. 225 342 7317, dag. 9-16 uur

Het Louisiana State Capitol, een parlementsgebouw in art-decostijl, is een wolkenkrab-

Niet alleen de ingang van het Louisiana State Capitol in Baton Rouge is buitenproportioneel groot

ber van 34 etages en het hoogste Capitool van de VS (137 m). Het zal altijd verbonden blijven met Huey P. Long, de geliefde populistische gouverneur van Louisiana. 'Deel onze rijkdom,' sprak de bestuurder, die in 1932 aan het eind van zijn ambtstijd en op de top van de economische crisis voor $ 5 miljoen dollar een nieuwe regeringszetel liet bouwen. Long, in 1932 tot senator verkozen en een mogelijke concurrent van Franklin D. Roosevelt in de presidentsverkiezingen van 1936, werd hier in 1935 neergeschoten door Carl A. Weiss. Nog altijd komen mensen de wand bekijken waarin de kogels terechtkwamen. Long ligt voor het gebouw begraven.

Het uitkijkplatform van het State Capitol op de 26e etage biedt een weids uitzicht over de 230.000 inwoners tellende metropool aan de Mississippi. Vandaar zie je de rivier, de haven en de uitgestrekte complexen van de petrochemische industrie.

Louisiana Arts and Science Museum (LASM)

100 S River Rd. S, tel. 225 344 5272, www.lasm.org, di.-vr. 10-15, za. 10-17, zo. 13-16 uur, volwassene $ 9, 3-12 jaar $ 7,50

Het voormalige spoorwegstation van de Yazoo and Mississippi Valley Railroad herbergt tegenwoordig het Louisiana Art and Science Museum (LASM), met kunstexposities, een oud-Egyptische collectie, natuurkundige experimenten en historische objecten die verband houden met de Mississippi en de regio.

USS KIDD & Veterans Memorial

305 South River Road, tel. 225 342 1942, www.usskidd.com, ma.-vr. 9.30-15.30, za.-zo. 10-16 uur, volwassene $ 10, kind $ 6

Actief

SWAMP TOUR IN HET ATCHAFALAYA BASIN

Informatie

Begin: Dale's Trading Post (zie hierna)
Route: rijd van Baton Rouge over de I-10 en neem de afslag naar Hwy. 1, in zuidelijke richting. Sla in Plaquemine bij het stoplicht tussen McDonald's en Burger King rechtsaf naar Hwy. 75. Ga na 12 km/7,5 mijl over Hwy. 75 bij het knipperlicht naar links; na nog eens 8 km/5 mijl (Hwy. 75) kom je bij Bayou Sorrel. Dale's Trading Post staat bij het eerste tankstation links. Bord: Dale's Trading Post, 3115 Highway 75, Plaquemine.
Organisator: Last Wilderness Tours, volwassene $ 40, kind tot 10 jaar $ 35, met een minimumprijs per boottocht van $ 75. Tochten alleen op afspraak.
Duur: minimaal 2 uur
Aanmelden: tel. Silvia 225 385 9562 of Dean Wilson, tel. 225 692 4114, www.lastwildernesstours.com

Alleen de reis naar het afgesproken verzamelpunt is al een belevenis – geen wonder, want hier strekt zich het **grootste moerasgebied van de VS** uit. De streek, een combinatie van oude rivierarmen van de Mississippi, marslanden, meren en moerasbossen, is 29 km/18 mijl breed en 241 km/150 mijl lang – dan mag het trefpunt wel heel precies afgesproken worden.
Tourguide Dean kent dit gebied op zijn duimpje. Als milieubeschermer in hart en nieren helpt hij een handje bij de **Sierra Club**, de grootste organisatie voor natuurbescherming in de VS, en is hij lid van de Atchafalaya Basinkeepers, die zich inzetten voor het behoud van het unieke ecosysteem. De kleine, platte boot kan maximaal zes passagiers herbergen. 'Hiermee kunnen we ook in ondiep water en in de zijarmen,' legt Dean uit. Zwemvesten aan, en daar gaan we. De boot snort langs bomen die met hun stam in het ondiepe water staan. 'Dit hardhout is erg gezocht in de houtindustrie', vertelt Dean, die ook is aangesloten bij een beschermingsproject voor **moerascipressen**. Links een berg takken die als een klein eiland uit het water oprijst: de burcht van een **bever**, die vlak erachter een dam heeft gebouwd. In het brakke water liggen hier en daar dode bomen. Op een ervan laat een **alligator**, met een lengte van bijna 3 m, zich opwarmen door de zon. De langsvarende motorboot wordt door het groene reptiel met nog geen blik waardig gekeurd. Een stukje voor ons klinkt zacht gebrom. 'Dat zijn Cajuns die op rivierkreeft vissen, waartoe ze vallen van ijzerdraad hebben gezet.' In deze zijarm is het water geheel bedekt met een soort eendenkroos.
Het gaat verder langs de vaargeul, met aan weerszijden dicht gebladerte van bomen. **Reigers** staan bijna roerloos op de oever, klaar om razendsnel een langszwemmende vis op te pikken. 'Er zitten in dit gebied ruim zeventig vissoorten en ongeveer tweehonderd vogelsoorten,' vervolgt Dean, en hij slalomt voorzichtig om de cipressen: er staat hier een heel bos in het water. De moerascipres met zijn harde hout en opvallende luchtwortels is een van de weinige bomen die zowel op land als ook in het water gedijen. Hoog boven ons cirkelt een **visarend**, ook op zoek naar een lekker hapje. Op een tak spreidt een grote **anhinga** (slangenhalsvogel)

zijn vleugels uit. Na iedere duik, waarbij hij zijn voedsel aan de snavel spiest, moet hij ze laten drogen. Op de terugweg noemt Dean een paar dieren die we op deze *swamp tour* niet hebben gezien: de rode lepelaar *(roseate spoonbill)*, met zijn flamingoroze kleur en lepelachtige snavel, en de zwarte Louisianabeer *(Ursus americanus luteolus)*, een ondersoort van de Amerikaanse zwarte beer, die zich het liefst in *bayous* en hardhoutbossen ophoudt.

Iets ten zuiden van het LASM aan de rivier toont het openluchtmuseum **USS KIDD & Veterans Memorial** een oude raderstoomboot, de in de Tweede Wereldoorlog gebruikte torpedojager *USS Kidd* en nog veel meer.

LSU Rural Life Museum

4560 Essen Ln., afslag 160 van I-19, tel. 225 765 2437, www.lsu.edu/rurallife, dag. 8-17 uur, volwassene $ 10, met korting $ 9, 6-11 jaar $ 8

Het voortreffelijke museumdorp van de universiteit van Louisiana, **LSU Rural Life Museum**, ligt aan de zuidoostrand van Baton Rouge. In het nagebouwde dorpje wordt met huisjes van arbeiders en honderden werktuigen duidelijk dat het leven voor de Burgeroorlog niet alleen bestond uit *southern belles* en *gentlemen* in hun mooie planterswoningen. Ook het begrip 'shotgun house' wordt uitgelegd: dit was een klein huis met zulke dunne houten wanden dat een kogel uit een pistool er moeiteloos doorheen ging.

Informatie

Baton Rouge Area Convention & Visitors Bureau: 359 3rd St., tel. 225 383 1825, www.visitbatonrouge.com, dag. 8-17 uur.

Accommodatie

Historisch en modern – **Hilton Capitol Center:** 201 Lafayette St., tel. 225 344 866, www.hiltoncapitolcenter.com. Compleet gerenoveerd hotel met bijna driehonderd kamers in een fraai gebouw met uitzicht op de Mississippi. Internet, zwembad, wellnessaanbiedingen, fitnessruimte. 2 pk vanaf $ 150.

Met een casino – **Belle of Baton Rouge Casino & Hotel:** 103 France St., tel. 225 242 2600, www.belleofbatonrouge.com. Dit centrale onderkomen biedt driehonderd gunstig geprijsde kamers, gratis internet en transfer naar de luchthaven, maar gebruik van de speelautomaten en videogames moet betaald worden. 2 pk vanaf $ 70.

Camping – **Baton Rouge KOA:** 7628 Vincent Rd., Denham Springs, tel. 225 664 7281, www.koa.com. Goed toegerust kampeerterrein 19 km/12 mijl ten oosten van Baton Rouge met blokhutten en camperplaatsen voor ongeveer $ 55 per nacht.

Eten en drinken

Frans-elegant – **Maison Lacour:** 11025 N Harrels Ferry Rd. (ten westen van de I-12), tel. 225 275 3755, www.maisonlacour.com, zo.-ma. gesl. Traditionele Franse keuken in een parkachtige entourage. Hoofdgerecht vanaf $ 27.

Creools lekkers – **Juban's:** 3739 Perkins Rd. (Acadiana Shopping Center), tel. 225 346 8422, www.jubans.com. Creatieve creoolse keuken met een leuke bar op de binnenplaats. Gerecht $ 17-33.

Uitgaan

Met een gokje – **Hollywood Casino:** 1717 River Rd. N, tel. 225 709 7777, www.hollywoodbr.com. Dit casino aan de Mississippi biedt een steakrestaurant en Boogie Nights.

Winkelen

Outletcentrum – **Tanger Factory Outlet Center:** afslag 177 van de I-10 bij Gonzales, www.tangeroutlet.com/gonzales. Ruim vijftig winkels met veel afgeprijsde merkartikelen.

Evenementen

FestForAll: eind mrt./begin apr. Straatfeest met kunst, concerten, dans en kraampjes op de North Blvd. in het centrum.

Bayou Country Superfest: eind mei. Populair muziekfestival met zuidelijke country- en rocksterren in het LSU Tiger Stadion, bij de universiteit, www.bayoucountrysuperfest.com.

Vervoer

Vliegtuig: Baton Rouge Metropolitan Airport, 19 km/12 mijl ten noorden van de stad, wordt aangedaan door diverse Amerikaanse luchtvaartmaatschappijen, www.flybtr.com.
Bus: Greyhound, 1253 Florida Blvd., tel. 225 383 3811, www.greyhound.com.

Covington en Lake Pontchartrain ▶ 3, F 11

Ten oosten van Baton Rouge vind je een landschap met akkers en weiden. Dichte dennenbossen en minerale bronnen maken de plaats **Covington** ten noorden van **Lake Pontchartrain** tot een geliefd recreatiegebied op een uurtje rijden van de stad. Veel inwoners van New Orleans hebben er een tweede huis. En Covington groeit, want sinds de verwoestende overstroming van orkaan Katrina in 2005 hebben veel New Orleaners zich hier permanent gevestigd. Paardenliefhebbers kunnen hier enkele van de bekendste fokkerijen met arabieren en andere volbloeden bezichtigen. Ten zuiden van Covington eindigt de ruim 38 km/24 mijl lange brug over Lake Pontchartrain, het ondiepe, uitgestrekte meer ten noorden van New Orleans.

St. Francisville en omgeving ▶ 3, E 10

Gesticht door de Fransen, beïnvloed door de Spanjaarden, gevormd door de Engelsen: dat is in een notendop de geschiedenis van Feliciana, de streek ten noorden van Baton Rouge. De vruchtbare bodem rond St. Francisville lokte na het vertrek van de Fransen en Spanjaarden planters uit Virginia, North en South Carolina en Georgia hierheen.

Oakley House

11788 Hwy. 965, St. Francisville, tel. 225 635 3739, www.nps.gov/nr/travel/louisiana/okl.htm, dag. 9-17 uur, volwassene $ 4, tot 13 jaar gratis
In deze streek vind je planterswoningen die niet onderdoen voor die aan de benedenloop van de Mississippi. In **Oakley House** had natuurvorser en tekenaar John James Audubon een betrekking als onderwijzer en maakte hij schetsen voor zijn werk *Birds of America*. Door de weelderige tuinen voeren twee wandelpaden, de 400 m lange Mason Trail en de 800 m lange Cardinal Trail.

Greenwood Plantation

6838 Highland Rd., St. Francisville, tel. 225 655 4475, www.greenwoodplantation.com, bezichtiging dag. 10-16 uur, huis en tuin $ 10
Op de 6000 ha grote **Greenwood Plantation**, beheerd door de familie Barrows uit North Carolina, werden met behulp van slavenarbeid suikerriet en katoen verbouwd. Rond het karakteristieke, in *Greek revival*-stijl opgetrokken huis staan 28 Dorische zuilen. De aanpalende huisjes bieden bed-and-breakfastaccommodatie.

Rosedown Plantation and Gardens

12501 Hwy. 10, St. Francisville, tel. 225 635 3332, www.nps.gov/nr/travel/louisiana/ros.htm, dag. 9-17, rondleiding in hoofdgebouw 10-16 uur, volwassene $ 12, 4-17 jaar $ 6
Rosedown Plantation and Gardens is vanwege zijn uitgestrekte park de bekendste plantage van St. Francisville. In de 15 ha grote tuin van Rosedown gedijen naast inheemse gewassen Europese en oosterse planten, die door de eigenaars werden meegebracht van hun veelvuldige buitenlandse reizen.

Informatie

West Feliciana Parish Tourist Commission: 11757 Ferdinand St., tel. 225 635 4224, www.stfrancisville.us. Haal hier een plattegrond met informatie over de historische huizen voor een wandeling door de straten van St. Francisville.

Accommodatie

Spookhuis – **Myrtles Plantation:** 7747 US 61, tel. 225 635 6277, www.myrtlesplantation.com. In deze planterswoning uit 1796 zijn in de loop van de tijd al talloze geesten gesignaleerd. Bij de villa behoort een romantische B&B. 2 pk met ontbijt vanaf $ 185.

Noord-Louisiana

Shreveport en omgeving ▶ 3, A 7

De op twee na grootste stad van Louisiana, met 195.000 inwoners, ligt aan de bevaarbare Red River, ongeveer 56 km/35 mijl ten zuiden van de grens met Arkansas. In de 19e eeuw lagen de pakhuizen aan de haven vol met katoen van de plantages in Noord-Louisiana, die voor de export werd overgeladen op grotere schepen. In 1906 werden in Shreveport aardolie en gas gevonden en sindsdien behoort de regio tot de belangrijkste leveranciers van het 'zwarte goud' in de zuidoostelijke VS. Shreveport ligt onmiskenbaar dicht bij Texas, maar de 'Oil City' doet zijn uiterste best om zijn eigen karakter en erfgoed te bewaren.

Strand Theatre

619 Louisiana Ave., Shreveport, tel. 318 226 1481, www.thestrandtheatre.com

Het in 1925 geopende **Strand Theatre** is de officiële schouwburg van de staat Louisiana. Sinds een renovatie straalt het gebouw op Louisiana Avenue weer in de neobarokke pracht van zijn kristallen kroonluchters en vormt het opnieuw een fraai kader voor uiteenlopende musicals, concerten en theatervoorstellingen.

Louisiana State Exhibit Museum

3015 Greenwood Rd., Shreveport, tel. 318 632 2020, ma.-vr. 9-16 uur, gratis

In het pas gerestaureerde **Louisiana State Exhibit Museum** worden de geschiedenis, natuur en cultuur van de staat op muurschilderingen en in vitrines aanschouwelijk gemaakt. In de Rotunda Room is een reusachtig reliëf van de hele staat te zien.

R.W. Norton Art Gallery

4747 Creswell Ave., Shreveport, tel. 318 865 4201, www.rwnaf.org, wo.-do. 10-17, vr.-za. 10-19, zo. 13-17 uur, gratis

In de **R.W. Norton Art Gallery** krijg je een goed beeld van de Amerikaanse westernkunst, met werk van onder anderen Frederic Remington en Charles Russel, en valt bovendien een collectie Europese kunst (schilderijen en beelden) uit diverse eeuwen te bewonderen.

Sciport

820 Clyde Fant Pkwy., Shreveport, tel. 318 424 3466, www.sciport.org, do.-za. 9-17, zo. 12-17 uur, $ 10 per persoon voor 'Power of Play' (vanaf 1 jaar) en $ 12 per persoon voor 'IMAX' (vanaf 3 jaar)

In **Sciport**, een modern 'ontdekkingscentrum' voor kinderen en jongeren, raken ook volwassenen gefascineerd door de natuurkundige experimenten.

Bonnie and Clyde Ambush Museum

2419 Main St., Gibsland, tel. 318 843 1934, www.bonnieandclydeambushmuseum.com, dag. 9-17 uur, gratis

Het **Bonnie and Clyde Ambush Museum** in Gibsland, 72 km/45 mijl westelijk van Shreveport, herinnert in de entourage van een café aan het legendarische roverskoppel dat op 23 mei 1934 ten zuiden van Gibsland in een hinderlaag werd gelokt en door de Texas Rangers werd doodgeschoten.

Informatie

Shreveport-Bossier Convention & Visitors Bureau: 629 Spring St., Shreveport, tel. 318 222 9391, www.shreveport-bossier.org, ma.-vr. 8-17 uur.

Accommodatie

Middenmoter – **Chateau Suite Hotel:** 201 Lake St., Shreveport, tel. 318 222 7620, www.

Tip

POVERTY POINT – PREHISTORISCH INDIANENDORP

Het **Poverty Point National Monument** (▶ 3, E 7), ten oosten van **Monroe** bij het plaatsje **Epps**, is een van de belangrijkste indiaanse vindplaatsen van Noord-Amerika en sinds 2014 Wereldcultuurerfgoed van de UNESCO. De vroegste vondsten hier zijn zo'n 3700 jaar oud. In de nederzetting van Poverty Point, die tweeduizend jaar onafgebroken bewoond was, woonden periodiek tot zesduizend mensen. Op zes aarden wallen, in een halve cirkel aangelegd rond een plein *(plaza)*, stonden honderden hutten. Het terrein rond het dorp werd begrensd door vier heuvelplatforms, vermoedelijk met een ceremoniële functie. Het grootste platform lijkt met wat fantasie op een vogel, is 260 m in doorsnede en 23 m hoog: een van de grootste kunstmatige heuvels van de Verenigde Staten. In het uitstekende bezoekerscentrum is Poverty Point op schaal nagebouwd. De exposities omvatten bovendien stenen messen, pijlpunten, beeldjes en tienduizenden kleiklompjes, die werden gebruikt als vuursteen. Wie bij de dag-en-nachtevening in het voorjaar of de herfst op de westelijke heuvel klimt, ziet de zon precies boven het centrale plein opgaan (SR 577, 8 km/5 mijl ten noorden van Epps, tel. 318 926 5492, www.nps.gov/popo, dag. 9-17 uur, volwassene $ 4, tot 12 jaar gratis).

chateausuitehotelshreveport.us. Hotel met 101 keurige kamers, gratis wifi en een gratis klein ontbijt. 2 pk vanaf $ 52.

Eten en drinken

Cajunspecialiteiten – **The Blind Tiger:** 120 Texas St., Shreveport, tel. 318 226 8747, dag. vanaf middaguur. Steaks, hamburgers, visgerechten en een ruime keuze aan cajunspecialiteiten. Daarbij een groot assortiment aan bieren en cocktails plus livemuziek en in het weekend karaoke. Gerecht $ 8-27.

Uitgaan

Artiesten op tournee – **Strand Theatre:** 619 Louisiana Ave., Shreveport, tel. 318 226 1481, www.thestrandtheatre.com. In de schouwburg van Louisiana treden geregeld allerlei rondreizende toneel-, ballet- en musicalgezelschappen op.

Casino en paardenrennen – **Harrah's Louisiana Downs:** 8000 E Texas St., Bossier City, tel. 318 742 5555, www.harrahslouisianadowns.com. In dit casino gebeurt het gokken hoofdzakelijk met fruitmachines. Daarnaast worden er enkele keren per jaar paardenshows gehouden, en in september een Derby (wedren over 8 km/5 mijl.

Evenementen

Holiday Trail of Lights: de in de periode voor kerst gehouden 'lichtroute' doet zes steden in Louisiana en Texas aan, waaronder Natchitoches en Shreveport, met lichtdecoraties aan huizen, muziek en tentoonstellingen, tel. 1 800 551 8682, www.holidaytrailoflights.com.

Vervoer

Bus: Greyhoundbussen, 408 Fannin St., tel. 318 221 4200, www.greyhound.com.

Natchitoches ▶ 3, B 9

Ruim 96 km/60 mijl van Shreveport bereik je langs de Red River het gebied rond Natchitoches, waar van westernsfeer geen sprake meer is. Al sinds de 19e eeuw wordt langs de rivier katoen verbouwd. In 1825 veranderde de Red River na een springvloed zijn loop en zocht een nieuwe bedding 8 km/5 mijl verder. Natchitoches verloor zijn belang als haven en handelsplaats voor de omringende plantages. De in 1842 verschenen antislavernijroman van Harriet Beecher Stowe situeerde oom Toms hut vlak bij Natchitoches.

In het gezellige stadscentrum, dat cinefielen bekend zal voorkomen als de filmset van *Steel Magnolia's* (1989), een typische zuidelijke rolprent, staan nog veel huizen van voor de Burgeroorlog.

Fort St. Jean Baptiste

155 Jefferson St., tel. 318 357 3101, www.crt.state.la.us/louisiana-state-parks/index, wo.-za. 9-17 uur, toegang $ 4, tot 3 jaar gratis

Een replica van het met houten palissaden beschermde **Fort St. Jean Baptiste** uit 1732 herinnert nog aan de Franse koloniale tijd.

Melrose Plantation

3533 Hwy. 119, 25 km/16 mijl ten zuiden van Natchitoches, tel. 318 379 0055, rondleiding di.-zo. om het uur van 10.15-16.15 uur, volwassene $ 10, met korting $ 5

De sfeervolle planterswoning **Melrose** aan het Cane River Lake is een speciaal bezoek zonder meer waard. De plantage ligt overigens niet meer dan 25 km/16 mijl ten zuiden van Natchitoches. Maria Thérèse Coincoin, een vrijgelaten slavin en haar zoon, runden hier een tabaksplantage op het land dat hun door het Spaanse bestuur geschonken was. Er werd eerst een aantal huisjes gebouwd, zoals het African House met zijn overhangende strodak, en in 1833 de in een fraaie tuin gelegen **Melrose Plantation**, een creools huis met een rondlopend balkon en een door gestroomlijnde zuilen geflankeerd terras.

Informatie

Natchitoches Tourist Commission: 781 Front St., tel. 318 352 8072, www.natchitoches.com.

Accommodatie

In het oude centrum – **Church Street Inn:** 120 Church St., tel. 318 238 8888, www.churchstinn.com. Leuk opgeknapte B&B met stijlvol ingerichte kamers. 2 pk vanaf $ 115.

Eten en drinken

Cajun – **Merci Beaucoup:** 127 Church St., tel. 318 352 6634. Smakelijke specialiteiten als *Cajun potatoes,* gegratineerde aardappel-krabschotel, gegrilde langoest. Gerecht $ 9-21.

Beroemde vleespastei – **Lasyone's Meat Pie Kitchen & Restaurant:** 622 2nd St., tel. 318 352 3353, www.lasyones.com, ma.-za. 7-15 uur. Ontbijt, lekkere pasteitjes, worstjes en een rietsuikertaart als dessert. Gerecht $ 8-18.

Winnfield ▶ 3, C 8

In het dorpje Winnfield, 48 km/30 mijl noordoostelijk, werden drie gouverneurs van Louisiana geboren: Huey P. Long, Oscar Kelley Allen en Earl K. Long. Over de politici en de geschiedenis van de staat kom je meer te weten in het **Louisiana Political Museum & Hall of Fame** (499 E Main St., tel. 318 628 5928, www.lapoliticalmuseum.com, ma.-vr. 9-17 uur, gratis).

Monroe ▶ 3, D 7

Monroe (ongeveer 50.000 inwoners) is het hart van een door katoenteelt en veefokkerij bepaalde regio 96 km/60 mijl ten noorden van Winnfield. In 1924 werd hier Huff Daland Dusters opgericht, gespecialiseerd in insectenbestrijding vanuit de lucht. Vooral in de katoenteelt, die door snuitkevers werd geteisterd, was het bedrijf in trek. Het stapte eind jaren 20 over op passagiersvervoer en zou uitgroeien tot de grote luchtvaartmaatschappij **Delta Airlines**.

Mississippi

Aan de Mississippi bij Natchez staan enkele van de mooiste planterswoningen van de zuidoostelijke VS. Iets stroomopwaarts, in de 'delta' tussen de Mississippi River en de Yazoo River, ontstond meer dan een eeuw geleden de blues. In het Diepe Zuiden aan de Golf van Mexico kun je bij Biloxi zonnebaden en zwemmen aan brede zandstranden of een gokje wagen in een van de vele casino's.

Aan de Golf van Mexico

De kust van Mississippi is van de grens met Alabama in het oosten tot de grens met Louisiana in het westen zo'n 120 km/75 mijl lang. De brede, 40 km/25 mijl lange gordel met zandstranden langs de Golf van Mexico verblijdt sinds jaar en dag bezoekers. De gordel werd in de jaren 50 aangelegd door militaire ingenieurs als stormvloedkering en vormt het langste kunstmatige zandstrand van de VS. Het is bijna niet te geloven, maar in de jaren 60 waren op het strand nog voor witten gereserveerde stukken waar zwarten niet mochten komen. Sinds de verwoestingen van orkaan Katrina, die hier in 2005 in 8 m hoge vloedgolven aan land kwam, liggen veel percelen er nog altijd verlaten bij; de huiseigenaars kunnen zich de astronomisch hoge verzekeringspremies gewoon niet meer veroorloven. Maar veel is ook weer opgebouwd, en aan casino's is er geen gebrek. Bij mooi weer kun je de ongeveer 14,5 km/9 mijl van de kust gelegen zandbankeilanden duidelijk zien liggen; vooral op Ship Island is het heerlijk zonnen en zwemmen (zie ook blz. 372).

Pascagoula ▶ 3, J 11

Op avonden in de late zomer en in de vroege herfst kunnen mensen die heel goed luisteren in Pascagoula, de oostelijkste gemeente aan de kust van de staat Mississippi, een vreemd, zingend geluid horen. Volgens de legende klinkt daar nog altijd de dodenzang van de Pascagoula-indianen, die liever met zijn allen de rivier in liepen dan zich door de wraakzuchtige Biloxi-indianen te laten vermoorden. Daarom werd de Pascagoula River ook wel Zingende Rivier genoemd.

Old Spanish Fort en LaPointe-Krebs Museum

4602 Fort St., tel. 228-471-5126, lapointekrebs.org, di.-vr. 10-17, za. 10-15 uur, volwassene $ 5, 5-15 jaar $ 3

Het oudst bekende gebouw van Mississippi, het **Old Spanish Fort** uit 1718, ontstond in de Franse koloniale tijd en is overigens ook geen fort, maar het woonhuis van een timmerman. Het werd opgetrokken uit *bousillage*, een mix van klei, gemalen oesterschelpen en Spaans mos. Sinds de beschadiging door de orkaan Katrina is het gebouw nog altijd gesloten en is het een kandidaat voor restauratie. In het bijbehorende museum wordt de geschiedenis van de streek en de staat belicht.

Informatie

Jackson County Chamber of Commerce: 720 Krebs Ave., Pascagoula, tel. 228 762 3391, www.jcchamber.com, ma.-vr. 9-17 uur.

Sinds orkaan Katrina in 2005 is er in Biloxi flink gebouwd

FURNITURE
Homestore

Actief

TE VOET OP SHIP ISLAND VOOR DE KUST VAN MISSISSIPPI

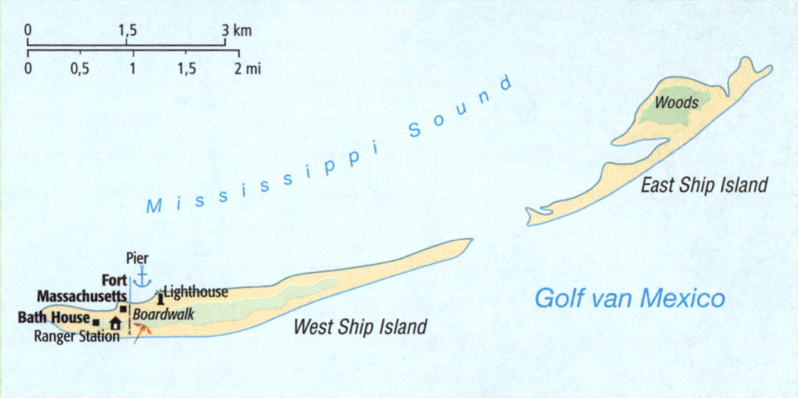

Informatie

Begin: Gulfport, pier, 9 uur 's ochtends
Duur: 7,5 uur
Reis: veerboot vanuit Gulfport, Ship Island Excursions, tel. 228 864 1014, www.msshipisland.com, apr.-okt., retour volwassene $ 30, 3-10 jaar $ 20, kaartjes reserveren is niet mogelijk.
Info: Gulf Islands National Seashore, tel. 228 875 9057, www.nps.gov/guis

Wie langer dan 1,5 uur op dit eilandje in de Mississippi Sound voor de kust wil doorbrengen, neemt de vroege veerboot naar **West Ship Island**. Overnachten is op de archipel van de **Gulf Islands National Seashore** niet toegestaan. De *M/V Gulf Islander* vertrekt stipt om 9.00 uur uit Gulfport; de bijna 18 km/11 mijl lange reis naar de **pier** aan de noordkant van het smalle West Ship Island duurt nog geen uur.

Met een beetje geluk valt er op de kleine zeereis al iets te zien: vissersboten uit Biloxi op langoestenjacht, in de verte vrachtschepen of op een paar meter afstand **dolfijnen**, die menige keer met de veerboot lijken te willen spelen en vlak voor de boeg met vrolijke sprongen uit het water schieten, gadegeslagen door tientallen **meeuwen**, die achter de boot aan vliegen. Andere, kleinere beestjes kun je beter zien te weren: neem behalve water ook een insectenwerend middel mee.

Dan komt **West Ship Island** in zicht, met het **Fort Massachusetts**, een **vuurtoren** en een **ranger station** (parkwachterskantoor). Sinds in 1969 orkaan Camille aan land kwam en het

eiland in tweeën spleet, is er ook een **East Ship Island**. Voor een klein bedrag extra steekt de veerboot over naar dit zustereiland, dat bebost is en nog ongerept.
Fort Massachusetts, direct bij de aanlegsteiger van West Ship Island, kan worden bezichtigd. De bakstenen vesting werd gebouwd na de oorlog van 1812 tegen Groot-Brittannië, maar werd nooit voltooid. In de Burgeroorlog veroverden Unietroepen de vesting en brachten zij hier Geconfedereerde soldaten als krijgsgevangenen onder.
Een ongeveer 500 m lang plankenpad voert van het fort comfortabel naar de zuidkust van West Ship Island. Aan weerszijden van de route bloeien in de draslanden wilde bloemen in vreedzame coëxistentie met kruipplanten die gedijen in brak water. In het drasland speuren steltlopers en andere kustvogels naar voedsel.
Het **Bath House** met zijn beschuttende afdak biedt verkoeling tegen de zon, douches, verhuur van strandstoelen en parasols en een snackverkoop. Wie geen zin heeft om te zwemmen of zonnen, wandelt een stuk langs het **strand**, bijvoorbeeld op zoek naar mooie aangespoelde schelpen. Let op: 's zomers kan de temperatuur oplopen tot 40°C en het eiland is bijna 6,5 km/ 4 mijl lang! De veerboot terug naar het vasteland wacht niet. Vergeet voor vertrek niet verpakkingen of ander afval dat je hebt meegenomen weer in te pakken – dit is een natuurgebied en plastic en papier kunnen de plaatselijke flora en fauna schade toebrengen.

Ocean Springs ▶ 3, H 11

Ongeveer driehonderd jaar geleden heette Ocean Springs nog Biloxi, tot de Fransen in 1719 deze naam aan de westelijke nederzetting gaven. De relaxte sfeer van de badplaats trok kunstenaars en ambachtslieden aan.

Walter Anderson Museum of Art

WAMA, 510 Washington Ave., tel. 228 872 3164, www.walterandersonmuseum.org, ma.-za. 10-17 uur, volwassene $ 10, 5-10 jaar $ 5

Het werk van de in 1965 gestorven excentrieke schilder Walter Anderson is te zien in het in licht badende **Walter Anderson Museum of Art**. In de tentoonstellingsruimte zijn door hem beschilderde vertrekken geïntegreerd, zoals een kamer uit het Ocean Springs Community Center en zijn eigen werkruimte.

Gulf Islands National Seashore

3500 Park Rd., tel. 228 230 4100, www.nps.gov/guis

Pal aan de kust, aan de rand van Ocean Springs, vind je het vernieuwde, door rietland, water en maritiem bos omgeven Visitor Center van de **Gulf Islands National Seashore**. Een keten van zandbankeilandjes, de Gulf Islands, ligt voor de kust en strekt zich uit van Pensacola in Florida tot Gulfport, Mississippi. Van het Visitor Center voeren een plankenpad en diverse korte wandelroutes langs de *bayou*, met mooie uitzichten op zee.

Informatie

Ocean Springs Tour. Bureau: 1000 Washington Ave., tel. 228 875 4424, www.oceanspringschamber.com, ma.-za. 6-16 uur.

Eten en drinken

Ontbijt – **Buzzy's Breakfast Joint:** 1019 Desoto St., tel. 228 327 2899, ma.-vr. 6-11, za. 6-12, zo. 7-12 uur. Goede koffie, hartig en zoet bij het ontbijt; terras. Gerecht vanaf $ 6.

Winkelen

Kunstnijverheid – **Ocean Springs:** neem eens een kijkje in de antiek- en kunstnijverheidszaken langs Washington Ave.

Uitgaan

Spareribs en blues – **The Shed BBQ & Blues Joint:** North 1000 Yards, afslag 57 van de I-10, tel. 228 875 9590, www.theshedbbq.com, zo.-do. 11-21, vr.-za. 11-22 uur. In The Shed serveren ze de lekkerste spareribs van de wijde omtrek. De sfeer is er goed, wat blijkt uit de dollarbiljetten die tevreden gasten op het plafond hebben geplakt. Ook de blues, die in het weekend live wordt gespeeld, mag er wezen. Spareribs vanaf $ 12.

Biloxi ▶ 3, H 11

De indianenstam die deze kustregio tot de komst van de Fransen grotendeels bewoonde, noemde zichzelf Biloxi, 'de eerste mens'. De Fransen bouwden hier **Fort Louis**, vanwaar tussen 1720 en 1722 de provincie Louisiana werd bestuurd. Aan zee en in de oude kern staan nog enkele antebellumhuizen, sommige gerestaureerd. In Biloxi is het beeld van de rustige kustplaats aan het veranderen. Ooit was Biloxi, dat nu 45.000 inwoners telt, vooral bekend om de garnalen- en oestervisserij, en was de 20 m hoge vuurtoren **Old Biloxi Lighthouse** de enige attractie (Beach Blvd., ma.-za. om 9, 9.15 en 9.30 uur, volwassene $ 5, 2-12 jaar $ 2).

Maar toen de staat Mississippi in de jaren 90 het gokken legaliseerde, schoten de casino's als paddenstoelen uit de grond. De kansspelbedrijven werden gevolgd door hotels, golfbanen, restaurants en winkelcentra: de kust is, vooral tussen Biloxi en Long Beach, in enkele jaren sterk veranderd.

Het in het voormalige Magnolia Hotel ondergebrachte **Mardi Gras Museum**, met een grote collectie kleurige kostuums, belicht de geschiedenis van het carnaval in de

Het na 'Katrina' herbouwde Ohr-O'Keefe Museum of Art is ontworpen door Frank Gehry

voormalige Franse nederzettingen aan de kust (119 Rue Magnolia, tel. 228 435 6308, momenteel gesl. wegens renovatie).

Ohr-O'Keefe Museum of Art

386 Beach Blvd., tel. 228 374 5547, www.george ohr.org, di.-za. 10-17 uur, volwassene $ 10, tot 5 jaar gratis

Het **Ohr-O'Keefe Museum of Art** verrast met het werk van de excentrieke keramist George Edgar Ohr (1857-1918). De *mad potter* (gekke pottenbakker), zoals hij zichzelf wervend noemde, was niet zozeer geïnteresseerd in de gebruikswaarde van zijn objecten als wel in de kunstzinnige expressie ervan. Voor de na orkaan Katrina noodzakelijke nieuwbouw werd de Californische architect Frank Gehry gecontracteerd. In 2012 is het laatste deel van zijn opzienbarende complex met 'dansende gebouwen' geopend, mede dankzij sponsorgeld dat Annette O'Keefe, de echtgenote van de voormalige burgemeester van Biloxi, had ingezameld.

Beauvoir

2244 Beach Blvd., tel. 228 388 4400, www.visitbeauvoir.org, dag. 9-17 uur, volwassene $ 12,50, 6-18 jaar $ 7,50

In **Beauvoir** ('mooi uitzicht'), de fraaie villa van de weduwe Sarah Dorsey, woonde Jefferson Davis, de eerste en enige president van de Confederatie, na de nederlaag in de Burgeroorlog. Hier schreef hij zijn memoires *The rise and fall of the Confederate government* (1881). Het huis dient al sinds 1941 als een museum voor persoonlijke aandenkens van de generaal. De door orkaan Katrina toegetakelde villa is van top tot teen gerestaureerd. In 2013 is op het uitgestrekte terrein bij het huis de Presidential Library geopend, met onder meer wisselexposities over het leven van de Geconfedereerde soldaten.

Informatie

Mississippi Gulf Coast Convention & Visitors Bureau: 2350 Beach Blvd., Suite A, 1e verdieping Convention Center, tel. 228 896 6699, www.gulfcoast.org.

Accommodatie

Uitzicht op zee – **Chateau Blessey:** 1012 Beach Blvd., tel. 228 374 7022, www.chateau blessey.com. Sierlijk met antiek ingerichte, geheel opgeknapte bed and breakfast, weelderig ontbijt. 2 pk vanaf $ 224.

Aan het strand – **South Beach Biloxi Hotel and Suites:** 1735 Beach Blvd., tel. 228 388 2627, www.sbbiloxihotel.com. Suites met een- en tweepersoonskamers, keuken en zeezicht. Het hotel biedt bovendien een zwembad, gratis internet en parkeergarage. 2 pk vanaf $ 136.

Imposant casinohotel – **Beau Rivage:** 875 Beach Blvd., tel. 228 386 7111, www.beau rivage.com. Voor wie van een gokje houdt.

1800 bedden en acht restaurants aan de Golf van Mexico. 2 pk vanaf $ 110.

Eten en drinken

Instituut – **Mary Mahoney's:** 116 Rue Magnolia, tel. 228 374 0163, www.marymahoneys.com, ma.-za. 11-22 uur. De lekkerste visgerechten in een gebouw bij zee vol leuke hoekjes; aan de muur kunstwerken en foto's van bekende gasten. Hoofdgerecht $ 26-47.
Zeevruchten – **Shaggy's Biloxi Beach:** 1763 Beach Blvd, tel. 228 432 5005, www.shaggys.biz., zo.-do. 11-23, vr.-za. 11-24 uur. Salades, broodjes, zeevruchten of taco's met daarbij uitzicht over de Golf van Mexico.

Uitgaan

Casino met een weids uitzicht – **IP Casino Resort Spa:** 850 Bayview Ave., tel. 228 436 3000, www.ipbiloxi.com. Casino, hotel (kamer vanaf $ 100) en het goede restaurant Thirty-two aan de baai, met mooie vergezichten en een uitstekende wijnkaart.
Casino met livemuziek – **Hard Rock Hotel & Casino:** 777 Beach Blvd., tel. 228 374 7625, www.hardrockbiloxi.com. Gokken aan tafels en fruitautomaten, livemuziek, een bar en een cocktaillounge.

Actief

Garnalen vissen – **Biloxi Shrimping Trip:** 693 Beach Blvd., tel. 228 392 8645, www.biloxishrimpingtrip.com. Ruim een uur durende garnalenvistochten in de wateren tussen Deer Island en de kust. Feb.-nov. dag. twee tochten, ongeveer $ 16-30.
Watersport – **Beach Jet Ski Rentals:** hoek Hwy. 90 tegenover Coliseum, tel. 228 297 5647. Huur hier een kajak, waterscooter of -fiets of een parasol; Beach Jet Ski Rentals is alleen 's zomers geopend.

Evenementen

Mardi Gras: feb./mrt., op de di. voor Aswoensdag. Frans geïnspireerd carnaval met optochten, bals enzovoort.
Shrimp Festival: begin juni. Straatfeest rond de zegening van de garnalenkottersvloot, www.biloxi.ms.com.

Vervoer

Bus: Casino Hopper Trolley, Beach Blvd.-Cailavet St.-Bayview Ave., tel 866 206 8843. In het zomerseizoen rijdt deze bus elke 15 min., zo.-do. 5.30-20.50, vr.-za. 8.30-18.35 uur.

Gulfport ▶ 3, H 11

Het plaatsje Gulfport, ten westen van Biloxi, heeft na de verwoestende orkaan Katrina in 2005 zijn binnenstad met degelijke planning en restauratie nieuw leven ingeblazen. De **stranden** van Bay St. Louis, Pass Christian en Waveland behoren tot de mooiste aan de kust van Mississippi.

Lynn Meadows Discovery Center

246 Dolan Ave., tel. 228 897 6039, www.lmdc.org, di.-za. 10-17, zo. 12-17 uur, juni-juli ook ma., $ 10

In het **Lynn Meadows Discovery Center** gebeurt altijd wel iets. Dit activiteitencentrum voor zowel jongere als oudere kinderen in een voormalige school op een parkachtig terrein bevordert spelenderwijs het leren, waarbij plezier voorop staat.

Ship Island

Van de steiger in de jachthaven van Gulfport vertrekken excursieboten naar **Ship Island**, zo'n 19 km/12 mijl buitengaats. In het oosten van dit in 1969 door de orkaan Camille in tweeën gedeelde eiland ligt **Fort Massachusetts**. In de Burgeroorlog was de vesting bezet door Uniesoldaten, daarna dienden de oude gebouwen als interneringskamp voor krijgsgevangenen (zie ook Actief blz. 372).

John C. Stennis Space Center

SR 607, 4 km/2,5 mijl noordelijk van afslag 2 van de I-10, tel. 228 533 9025, www.visitinfinity.com, ma.-za. 9-17 uur, volwassene $ 18, 4-13 jaar $ 11

Het **John C. Stennis Space Center** bezit een bezoekerscentrum, Infinity Science Center, waar je kunt zien hoe raketmotoren worden getest; rondleiding over het terrein. Ook krijgen bezoekers uitleg over de oceanografische en milieustudies van de NASA.

Eten en drinken

Oesters en vis – **Half Shell Oyster House:** 2500 13th St., tel. 228 867 7001, www.halfshelloysterhouse.com. Oesters in talloze variaties, maar ook gerechten met vlees en vis in een gerestaureerd stadshuis. Gerecht $ 9-26.

Koffie en broodjes – **Nezaty's Café:** 360 Courthouse Rd., tel. 228 897 1139, www.nezatyscafe.com. Dit café biedt ongeveer twintig variaties op een bakkie leut met lekkere broodjes erbij (bijvoorbeeld met *chicken salad*) en soep. Gerecht $ 3-12.

Winkelen

Outlet – **Gulfport Premium Outlets:** 10.000 Factory Shops Blvd., tel. 228 867 6100, www.premiumoutlets.com. Zeventig winkels met afgeprijsde merkartikelen onder één dak.

Actief

Golfen – Vlak achter de kust liggen maar liefst achttien **golfbanen**, meest openbare; een overzicht vind je op www.golfcoast.com.

Evenementen

Mississippi Deep Sea Fishing Rodeo: traditionele viswedstrijd eind juni/begin juli in Long Beach Harbor, Cleveland Ave./Hwy. 90, www.mississippideepseafishingrodeo.com.

Vervoer

Veerboot: van Gulfport naar Ship Island voor de kust, tel. 228 864 1014, zie blz. 372.

Tip

GRAND VILLAGE OF THE NATCHEZ INDIANS

De Natchez waren een strikt hiërarchisch georganiseerde indianenstam uit de Mississippi-familie, met aan de top een god-hoofdman, Grote Zon, maar de vrouwen, onder wie de moeder van Grote Zon, speelden ook een belangrijke rol. De Natchez woonden tot ongeveer 1730 in de omgeving van de gelijknamige stad. Geïnteresseerden kunnen als historische plek het nagebouwde **Grand Village of the Natchez Indians** bezichtigen. De aardhopen waarop de tempels en woongebouwen van de clan van Grote Zon stonden, zijn duidelijk herkenbaar. Een woning, verschillende gebouwen en een professioneel opgezet museum geven inzicht in de Mississippi-cultuur en in hun economie, bestuurssysteem en geloof (400 Jefferson Davis Blvd., tel. 601 446 6502, www.nps.gov/nr/travel/mounds/gra.htm, ma.-za. 9-17 uur, zo. vanaf 13.30 uur, gratis).

Natchez ▶ 3, E 9

De planters en katoenhandelaars lieten het nergens zo breed hangen als in Natchez. Voor de Burgeroorlog werden hier met slavenarbeid en de verkoop van katoen vermogens verdiend, iedere tweede Amerikaanse miljonair had een huis in deze kleine plaats aan de Mississippi.

Natchez bleef tijdens de Burgeroorlog buiten de gevechten en werd net als New Orleans al vroeg ingenomen door de Unietroepen. Daarom bleven veel van de fraaie huizen met hun kostbare inrichting behouden; de mooiste zijn tegenwoordig ingericht als museum en als zodanig te bezichtigen. Andere planterswoningen, zoals de in 1856 in *Greek revival*-stijl (neoclassicisme) gebouwde **Villa Dunleith**, zijn omgevormd tot stijlvolle bed and breakfasts. Veel van de particuliere huizen zijn in het voorjaar en de herfst doel van de zogeheten Pilgrimages, ofwel bezichtigingsmarathons.

Auburn

400 Duncan Ave., tel. 601 442 5981, www.auburnmuseum.org, rondleiding di.-za. 11-15 uur, volwassene $ 15, 6-17 jaar $ 10

Ol' Man River – geschiedenis van de Mississippi

Er bestaan tal van legendes met de Mississippi in de hoofdrol. De grootste rivier van Noord-Amerika voert dwars door het continent, van het kleine Lake Itasca in Minnesota naar de Golf van Mexico, waar de grens tussen water en land lijkt te vervagen. Door de Chippewa-indianen werd de rivier 'mesepi' genoemd – vader van alle stromen.

De Spaanse veroveraar Hernando de Soto (1497-1542) zou op zijn zoektocht naar goud en een noordwestelijke passage naar Azië, waarbij hij het zuidoosten van de VS doorkruiste, in 1541 als eerste Europeaan aan de oever van de machtige rivier hebben gestaan. Een jaar later vond hij naar verluidt in de Mississippi zijn natte graf. De Franse ontdekkingsreiziger Robert Cavelier, Sieur de la Salle, zakte ruim honderd jaar later vanuit Québec af langs de Mississippi tot aan zijn monding in de Golf van Mexico, een afstand van bijna 4000 km, en nam in 1682 het gebied langs de rivier voor Frankrijk in bezit.

Nicolas Roosevelt (1767-1854) voer in 1811 van Pittsburgh aan de Ohio helemaal naar New Orleans. Enkele jaren later ontwikkelde Henry Miller Shreve voor de vaart op de Mississippi boten met een platte kiel, hoge dekken, machines met veel paardenkrachten en een sterke schepradaandrijving. Pas daarna zou de rivier zich tot de belangrijkste verkeersader van de VS ontwikkelen.

In 1814 legden twintig stoomboten aan in de haven van New Orleans, twintig jaar later was het met 1200 stuks al dringen geblazen. Op de stoom- of raderboten werden hout, rijst, suikerriet en enorme hoeveelheden katoen van de akkers langs de Mississippi vervoerd. De passagiers sliepen op het dek of in hutten. Hotelboten met dansorkestjes en roulettetafels, ook wel 'drijvende verjaardagstaarten' genoemd, waren alleen weggelegd voor de meest gegoede burgers.

Felle concurrentie tussen de rederijen, een falende techniek en de grillige, onberekenbare rivier leidden in de bloeitijd van de stoomboot vaak tot rampen. De boten strandden op vlak onder het wateroppervlak gelegen zandbanken of op in het water drijvende boomstammen, oververhitte stoomketels explodeerden, zoals bij het ongeluk met de gevangenenboot *SS Sultana*, waarbij in 1865 ten noorden van Memphis ruim 1500 mensen omkwamen.

Het leven aan de rivier in deze tijd werd onnavolgbaar beschreven door Samuel Langhorne Clemens (1835-1910), die als loods op de grillige rivier had gewerkt en later onder het aan een vaarterm ontleende pseudoniem Mark Twain (*two fathoms deep*, een dieptemaat) met de verhalen *Life on the Mississippi*, *De lotgevallen van Tom Sawyer* en *De lotgevallen van Huckleberry Finn* jong en oud spannende uren bezorgde.

In het vruchtbare aanslibbingsgebied van de Mississippidelta, een paar honderd kilometer van de monding in de Golf van Mexico, werden door de oorspronkelijke indiaanse bewoners al mais, bonen en pompoenen verbouwd. Door veranderingen in de loop van de rivier en overstromingen bleef er in het gebied een laagje vruchtbaar slib achter. Later kwamen hier eindeloze katoenvelden, waarop slaven zwoegden voor rijke planters. Al sinds mensenheugenis wordt de zuidelijke Mississippi geteisterd door overstromingen, verandert de rivier plotseling

Raderstoomboot in New Orleans: de langste rivier van de VS is de slagader van het zuidoosten

van loop en moeten bewoners huis en haard verlaten, maar over de akkers langs de rivier slibt ook steeds weer nieuwe vruchtbare grond aan.

Bij het tot nu toe zwaarste hoogwater, in 1927, braken bij Mound Landing in Mississippi en Pendleton in Arkansas de dijken door en overstroomden hele dorpen. Even later trad de rivier op 42 andere plaatsen buiten zijn oevers en zette 170 *counties* onder water. Ruim 200.000 mensen raakten hun huis kwijt, op sommige plaatsen lagen de oevers plotseling 150 km uit elkaar.

De machtige stroom lijkt inmiddels getemd, de Mississippi en zijn talloze zijarmen worden omzoomd door dammen. Maar met de watersnoodramp van 1993, die alleen door verzekeringen met torenhoge premies werd vergoed, en andere overstromingen liet de Ol' Man River weer eens zijn spierballen zien. Wat Mark Twain beweerde, werd waarheid: de rivier is niet te temmen, om te leiden of te controleren, de Mississippi bepaalt zelf waar hij gaat.

Jaarlijks passeren 500 miljoen ton stenen en modder de rivier. Gemiddeld stroomt er per seconde 17.500 m^3 water door New Orleans; bij hoogwater is dit vijfmaal zoveel. Het stroomgebied van de Mississippi is met 2,8 miljoen km^2 bijna even groot als West-Europa.

Met de auto kan de rivier via de Great River Road worden verkend. De duidelijk bewegwijzerde route volgt de Mississippi van de bron in Minnesota via Minneapolis, St. Louis en Memphis tot de monding over een afstand van 3330 km/2070 mijl en verbindt, soms tegen de oever aan schurkend, soms dwars door akkers, de landschappen, gemeenschappen en culturen met elkaar. De Great River Road volgt de route van de trekvogels, die zich al van ver voor de mens hier verscheen op het bochtige blauwe lint van de rivier oriënteren.

Het plantershuis **Auburn** werd uit baksteen gebouwd in 1812 in *federal*- en georgianstijl. Onder het portiek staan witte Korinthische zuilen. Binnen imponeert een grote, vrijstaande wenteltrap.

Rosalie

100 Orleans St., tel. 601 446 5676, www.rosalie mansion.com, rondleiding mrt.okt 9-17, nov.-feb. 10-16 uur, $ 15

Rosalie is in 1820 gebouwd in *federal*-stijl. Tijdens de Burgeroorlog werd de nu nog met 19e-eeuwse meubels ingerichte villa door het Unieleger als plaatselijk hoofdkwartier in gebruik genomen.

Longwood

140 Lower Woodville Rd., tel. 601 446 6631, www.stantonhall.com/longwood.php, rondleiding dag. 9-16.30 uur, $ 18

De uitbraak van de Burgeroorlog in 1861 verstoorde de verbouwing van **Longwood**, een van de mooiste huizen van het zuidoosten. Ruim honderd jaar woonden de nazaten van de familie op de begane grond van de onvoltooide woning. Haller Nut, een van de rijkste planters van de VS en een fel tegenstander van de art nouveau, had fraaie wandmozaïeken, glazen schuifdeuren en marmeren vloeren willen aanbrengen. Maar nadat Mississippi was toegetreden tot de Confederatie van zuidelijke staten en de oorlog met de Unie was uitgebroken, sloegen de bouwvakkers uit Philadelphia, dat tot de Unie behoorde, op de vlucht. Het achthoekige gebouw in *Italianate*-stijl met fijntjes bewerkte zuilen en bogen wordt bekroond door een twee verdiepingen hoge koepel, waarvan de zestien hoge vensters een zee van licht in het trappenhuis creëren en 's zomers voor een natuurlijke luchtcirculatie zorgen.

Stanton Hall

401 High St., tel. 601 446 6631, www.stanton hall.com, bezichtiging alleen tijdens rondleiding, dag. 9-16.30 uur, $ 18

Het imposante landhuis Stanton Hall, met metershoge Korinthische zuilen, werd gebouwd in 1858 voor de Ierse planter Frederick Stanton. Wit carraramarmer, Franse spiegels en Engels deurbeslag tonen op imposante wijze de rijkdom van de eigenaar.

Melrose

Natchez National Historical Park, 1 Melrose-Monticello Pkwy., tel. 601 446 5790, www.nps.gov/natc, park gratis, rondleiding volwassene $ 10, 6-17 jaar $ 5

Melrose werd in 1845 gebouwd in een mix van *Greek revival* en georgian. De villa ligt op een 40 ha groot, parkachtig terrein. Achter het huis kun je een kijkje nemen bij de slavenverblijven en de boerderijgebouwen.

Natchez-under-the-Hill

In **Natchez-under-the-Hill**, ooit de louche buurt rond de haven waar katoen en indigo werden ingeladen, gaan de inwoners tegenwoordig graag wandelen. Op het terras van een gezellig restaurant met uitzicht op de langsstromende Mississippi eet je hier bijvoorbeeld *catfish Louisiane* (meerval in kruidenkorst).

Informatie

Convention & Visitors Bureau: 640 S Canal St., tel. 1 800 647 6724, www.visitnatchez.com, ma.-za. 8.30-17, zo. 9-16 uur.

Accommodatie

Luxueus – **Dunleith Historic Inn:** 84 Homochitto St., tel. 601 446 8500, www.dunleith.com. Compleet gerestaureerd landgoed van een planter uit 1856; er is een eersteklas restaurant. 2 pk vanaf ongeveer $ 200.

Slapen als een planter – **Monmouth Historic Inn:** 36 Melrose Ave., tel. 601 442 5852, www.monmouthhistoricinn.com. Een luxueuze accommodatie in een antebellumhuis uit 1818 met een uitgestrekte tuin. 2 pk met ontbijt vanaf $ 200.

Aan de rivier – **Natchez Grand Hotel:** 111 N Broadway, tel. 601 446 9994, www.natchezgrandhotel.com. Een centraal gelegen, gerenoveerd hotel in een gebouw uit 1927 met een zwembad, internet, ontbijt en dagelijks om 17 uur een happy hour (de wijn is gratis). 2 pk vanaf $ 110.

Eten en drinken

Stijlvol – **Monmouth Plantation – 1818:** tel. 601 442 5852, www.monmouthplantation.com, alleen 's avonds. Dineren als in de salon van een plantersfamilie met een lichte variant van de zuidelijke keuken, als menu of à la carte. Gerecht $ 21-38.

Meerval met zicht op de Mississippi – **Magnolia Grill:** Natchez-under-the-Hill, tel. 601 446 7670, www.magnoliagrill.com. Diverse vis- en vleesgerechten met uitzicht op de Mississippi.

Gebakken of gestoofd – **Biscuits & Blues:** 315 Main St., tel. 601 446 9922. Lunch en diner. Dit restaurant is het bekendst om de spareribs en gegrilde kip, maar de specialiteit van het huis zijn de warme beignets gevuld met krab. Gerecht $ 8-29.

Uitgaan

Kansspel en concerten – **Magnolia Bluffs Casino:** 7 Roth Hill Rd., tel. 601 235 0045,. www.magnoliabluffscasinos.com. Bij dit casino horen drie restaurants en een showpodium.

Livemuziek – **Under The Hill Saloon:** 25 Silver St., tel. 601 446 8023. Lekkere drankjes, uitstekende sfeer, ingericht met aandenkens uit vroeger tijden. Dag. 10-3 uur.

Actief

Bezichtigingsmarathon – **Natchez Pilgrimage Tours:** 640 S Canal St., tel. 601 446 6724, www.natchezpilgrimage.com, half mrt.-half apr. en eerste helft okt. Bezichtiging van historische plantershuizen, kaartjes bij het Visitor Center, volwassene $ 12-15, 12-17 jaar $ 8.

Jackson ▶ 3, F 8

De koloniale Franse handelspost LeFleur's Bluff op de steile oever van de Pearl River, bijna 65 km/40 mijl oostelijk van Vicksburg (zie blz. 384) is uitgegroeid tot de bijna 170.000 inwoners tellende hoofdstad Jackson, het hart van de staat Mississippi. Na de Burgeroorlog werd de stad door zijn bewoners spottend Chimneyville (schoorstenenstad) genoemd: zo desolaat zag hij eruit nadat de noordelijke generaal Sherman de ooit bloeiende metropool in de as had gelegd. Een paar gebouwen hebben de Burgeroorlog en de tand des tijds doorstaan en vormen het centrum van een moderne stad. In een ervan, het neoclassicistische oude Capitool (1839), is tegenwoordig het **Old Capitol Museum** ingericht (100 S State St./Capitol St., tel. 601 576 6920, www.mdah.state.ms.us/oldcap, di.-za. 9-17, zo. 13-17 uur, gratis). Ook in neoclassicistische stijl is de voormalige woning van de gouverneur, **Governor's Mansion** (300 E Capitol St., tel. 601 359 6421, www.mdah.state.ms.us (zie 'visit', 'Governors Mansion'), di.-vr. 9.30-11 uur, gratis). Het neogotische **Manship House** stamt uit 1857 (420 E Fortification St., tel. 601 961 4724, ma.-vr. 8-17 uur). Op de koepel van het in 1903 in beaux-artsstijl opgetrokken, nieuwe **State Capitol** staat een vergulde adelaar (400 High St., tel. 601 359 3114, ma.-vr. 9-17 uur).

Eudora Welty House and Garden

119 Pinehurst St., tel. 601 353 7762, www.mdah.state.ms.us/welty, rondleiding di.-vr. 9, 11, 13, 15 uur, volwassene $ 5, scholier tot 18 jaar $ 3

De woning van Eudora Welty (1909-2001), een van de bekendste zuidoostelijke auteurs en winnares van de Pulitzerprijs, is nu het **Eudora Welty House and Garden** in de wijk Belhaven, dat kan worden bezichtigd.

Mississippi Museum of Natural Science

2148 Riverside Dr., tel. 601 576 6000, www.mdwfp.com/museum, ma.-vr. 8-17, za. 9-17, zo. 13-17 uur, volwassene $ 6, 3-17 jaar $ 4

Het **Mississippi Museum of Natural Science** in het LeFleur's Bluff State Park is een van de natuurhistorische verzamelingen waar jongeren graag wat langer willen blijven. In de terraria en diorama's zijn allerlei planten, insecten en sinds lang uitgestorven diersoorten te zien. In de 'swamp',

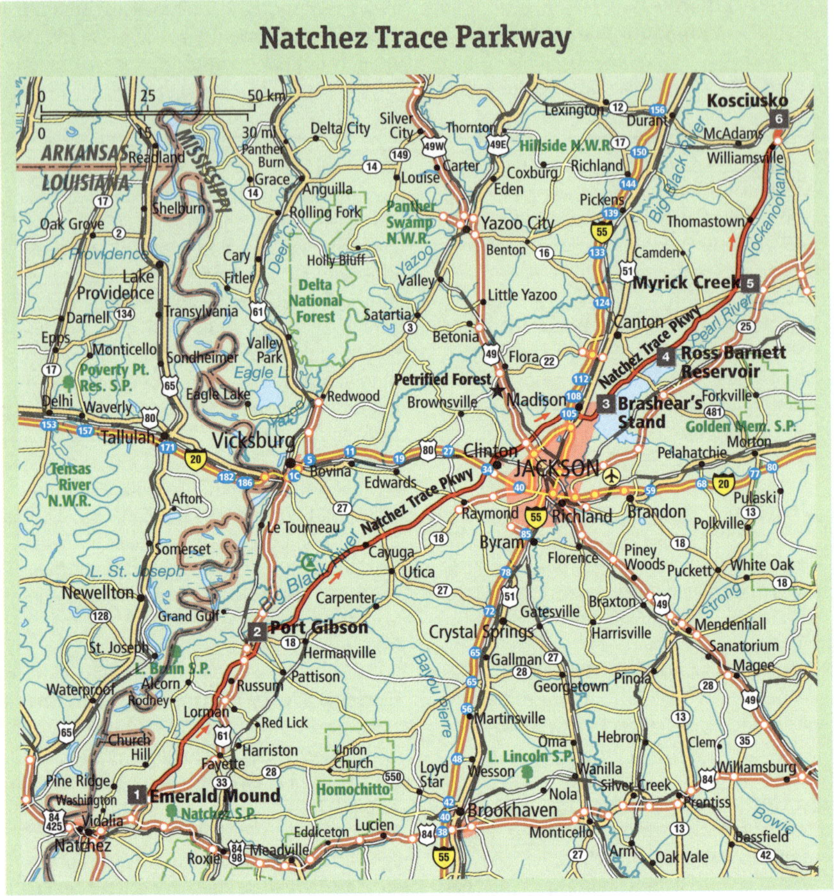

een glazen paviljoen met daarbij een tuin en aquarium, wemelt het van alligators en schildpadden.

In de omgeving

Petrified forest

124 Forest Park Rd., Flora, tel. 601 879 8189, www.mspetrifiedforest.com, apr.-begin sept. dag. 9-18, sept.-mrt. 9-17 uur, volwassene $ 7, met korting $ 6

Ten noordwesten van Jackson, vlak bij het plaatsje Flora, ligt het enige **petrified forest** (versteende bos) van de zuidoostelijke VS. In het park zie je miljoenen jaren oude versteende boomstammen.

Informatie

Metro Jackson Convention & Visitors Bureau: 111 E Capitol St., tel. 601 960 1891, www.visitjackson.com, ma.-vr. 9-17 uur.

Accommodatie

Historische herberg – **Fairview Inn:** 734 Fairview St., tel. 601 948 3429, www.fairviewinn.com. Stijlvolle herberg in een ruim honderd jaar oude gerestaureerde villa met alle moderne gemakken, bovendien op een cen-

trale locatie en met het goede restaurant Sophia. 2 pk met ontbijt vanaf $ 180.
Centraal gelegen – **Old Capitol Inn:** 226 N State St., tel. 601 359 9000, www.oldcapitolinn.com. Elegant onderkomen met 24 kamers en suites, een leuke binnenplaats en een daktuin. 2 pk vanaf $ 110.

Eten en drinken

Italiaans – **Bravo!:** Northside Dr., Highland Village Shopping Center, tel. 601 982 8111, www.bravobuzz.com, di.-za. 11-22, zo. 11-21 uur. Vrolijke Italiaan met goed op smaak gebrachte spijzen. Gerecht $ 14-39.
In het kunstmuseum – **Palette Café:** 380 S Lamar St., tel. 601 960 1515, www.msmuseumart.org, di.-za. 10-14 uur. In het licht badend lunchrestaurant met café, dat goede salades, soep, wraps en sandwiches biedt. Klein gerecht $ 9-12.

Winkelen

Kunstnijverheid – **Craft Center:** 950 Rice Rd., Ridgeland, tel. 601 856 7546, www.craftsmensguildofms.org, ma.-za. 9-17, zo. 12-17 uur. De ateliers en de verkoopgalerie van de Craftsmen's Guild van Mississippi liggen aan de noordelijke rand van de stad.

Uitgaan

Eigen brouwerij – **Hal & Mal's:** 200 Commerce St., tel. 601 948 0888, www.halandmals.com, ma. 11-14.30, di.-do. 11-21, vr. 11-22.30, za. 18-22.33 uur. Lekker zelfgebrouwen bier, muziek van regionale en andere bands, bar, binnenplaats en restaurant.

Evenementen

Mississippi State Fair: eind sept./begin okt. Door de staat georganiseerde beurs met muziek, exposities, hapjes en drankjes bij het Fairgrounds Complex van Jackson.

Vervoer

Trein: Amtrak, 300 W Capitol St., tel. 800 872 7245, www.amtrak.com. Aan de spoorlijn New Orleans-Chicago.
Bus: vertrek van het treinstation. Informatie tel. 601 353 6342, www.greyhound.com.

Meridian ▶ 3, H 8

160 km/100 mijl ten oosten van Jackson vormt Meridian met bijna 40.000 inwoners het agrarische en zakelijke centrum. In dit glooiende gebied worden runderen geteeld en katoen verbouwd.

Jimmie Rodgers Museum

1725 Jimmie Rodgers Dr., tel. 601 485 1808, www.jimmierodgers.com/index.cfm/museum, di.-vr. 10-16 uur, volwassene $ 10, 12-17 jaar $ 5
Jimmie Rodgers, spoorwegmedewerker en een van de 'vaders' van de countrymuziek, wordt in zijn geboortestad geëerd in het **Jimmie Rodgers Museum**. Hier is het leven van de *singing brakeman*, die op 35-jarige leeftijd stierf aan tuberculose, vastgelegd.

Dentzel Carousel, Highland Park

41st St., tel. 601 485 1802, juni-juli dag. 13-17 uur, apr.-mei, aug.-okt. alleen za.-zo., nov.-mrt. alleen za., ritje $ 0,50
Gustav Dentzel bouwde kort voor 1900 een draaimolen met houten paarden, voorzien van eenvoudige schilderingen. Deze **Dentzel Carousel** is te bewonderen in het **Highland Park** ten noorden van Meridian.

Natchez Trace Parkway ▶ 3, E–G 7–9

Kaart: blz. 382
www.nps.gov/natr, voor het noordelijke deel van de Parkway zie Tupelo, blz. 393 (op de kaart 3, H5)
De **Natchez Trace**, het oude indianenpad tussen de Mississippi en de heuvels van centraal Tennessee, werd in de 18e eeuw al gebruikt door witte pelsjagers. Later vervoerden boeren uit het Ohiodal hun producten over de Mississippi naar Natchez en New Orleans, waar hun platte boten vervolgens werden verkocht. Ze gingen lopend of te paard terug naar huis; daarvoor was de Natchez Trace de kortste route. Langs het indianenpad werden hier en daar grof

getimmerde pensions gebouwd voor tussentijdse overnachtingen. In het struikgewas langs de weg wachtten rovers de reizigers met hun goedgevulde geldbuidels op, de welig tierende muggen waren uit op bloed. In 1812 sloeg het laatste uurtje van het voetpad toen het stoomschip *New Orleans* de haven van Natchez binnenvoer. Vanaf nu konden reizigers per boot veiliger en sneller terugreizen. De Natchez Trace raakte snel in vergetelheid en werd opgeslokt door het woud.

Pas in de jaren 30 van de 20e eeuw kwam het pad terug in het collectieve geheugen en werd er tussen Nashville en Natchez een weg aangelegd, de **Natchez Trace Parkway** (www.nps.gov/natr), die onder het beheer kwam van de National Park Service. Het traject van de 714 km/444 mijl lange parkweg zonder commerciële activiteiten of reclameborden loopt langs het oude spoor en biedt tal van informatieborden, uitkijkpunten en replica's van het oude pad. Mijlpalen die vanaf Natchez beginnen met tellen, vergemakkelijken de oriëntatie (hierna aangegeven met 'MP'). Op het zuidelijke deel van de Natchez Parkway vind je enkele interessante bezienswaardigheden.

Emerald Mound 1

Emerald Mound (MP 10,3) vind je 16 km/10 mijl ten noorden van Natchez vlak bij de Natchez Trace Parkway. Deze enorme ceremoniële heuvelgroep is bijna 4 ha groot. Tussen 1300 en 1600 werd het gebied rond de heuvels bewoond door indianen uit de Mississippi-cultuur. Op het kunstmatige platform zijn nog twee in een oost-westas aangelegde heuvels zichtbaar.

Port Gibson 2

Generaal Grant meende tijdens zijn mars op Vicksburg dat **Port Gibson** te mooi was om plat te branden. Van de afslag op de SR 552 (MP 30) voert een bochtige, stoffige weg naar het bouwvallige Windsor. De grootste en mooiste planterswoning in het zuidoosten, waarvan alleen nog de staakachtige zuilen zijn blijven staan, werd niet getroffen door de fakkel van de Burgeroorlog, maar door de uitgeklopte pijp van een onoplettende roker in 1890.

Brashear's Stand 3

Pal ten noorden van Jackson ligt **Brashear's Stand** (MP 104,5), in de bloeitijd van de Natchez Trace een beroemd oord van vermaak. Hier kun je langs een stuk van het historische pad wandelen.

Ross Barnett Reservoir 4

Aan de noordkant van de in **Ross Barnett Reservoir** opgestuwde Pearl River (MP 122) vergemakkelijken plankiers de verkenning van het moerasbos, waar cipressen met hun wortels in het water staan.

Myrick Creek 5

In de omgeving van de rustplaats van **Myrick Creek** (MP 145,1) en langs de zijarmen van de Yockanookany River liggen diverse dammen en burchten van de bever, het vlijtige knaagdier dat zich plantaardig voedt, vooral met jonge boomstammetjes. Het rond Myrick Creek gelegen gebied krijgt vaak te maken met hoogwater en overstromingen.

Kosciusko 6

Bij **Kosciusko** (MP 159,9) herinnert een expositie in het informatiecentrum aan de Natchez Parkway aan de Poolse vrijheidsstrijder **Thaddeusz Kosciuszko**, die zich in de strijd tegen de Engelsen had aangesloten bij het Amerikaanse leger. In de gevechten om Westpoint en Saratoga bewees Kosciuszko zijn militaire bekwaamheid.

Vicksburg

▶ 3, E 8

Deze stad aan de Mississippi met zo'n 23.000 inwoners biedt een handvol planterswoningen, die kunnen worden bezichtigd. Grote stalen bruggen over de rivier verbinden Vicksburg met het noorden van Louisiana op de tegenovergelegen oever. Maar de plaats Vicksburg is vooral bekend om de belegering en omsingeling tijdens de Burgeroorlog in 1863.

Geschiedenis

De strategische ligging van Vicksburg op een steile oever boven de Mississippi maakte de stad in de Burgeroorlog een doelwit van de Unietroepen. Generaal Grant wilde Vicksburg innemen om de Mississippi te controleren en gelijktijdig de staten Texas en Arkansas en West-Louisiana van de Confederatie af te snijden. De bestorming van de versterkte stad mislukte, maar Grant liet een ring leggen rond het 'Gibraltar van het Zuiden'; met de met ijzeren platen gepantserde oorlogsschepen van de admiraals David Farragut en David Porter werd de Mississippi hermetisch afgesloten. Na 47 dagen van onafgebroken bombardementen, honger en andere ontberingen gooide de verdediging op 4 juli 1863 uiteindelijk de handdoek in de ring. De bewoners van Vicksburg hadden hun huizen al verlaten, in de hele stad was geen venster intact gebleven. De meeste mensen bewoonden holen die in de heuvels waren uitgegraven. Burger of soldaat, iedereen had honger en zelfs aan drinkwater was gebrek. Het vlees van de uit noodzaak geslachte muildieren gold als een zeldzame delicatesse en was vrijwel onbetaalbaar.

Vicksburg National Military Park

Visitor Center, 3201 Clay St., tel. 601 636 0583, dag. 8-16.30 uur; op www.nps.gov/vick vind je onder andere een kaart. USS Cairo Museum, MP 7,8, tel. 601 636 2199, dag. 8.30-17 17 uur. Er zijn ook gidsen te boeken die twee uur met de bezoekers meerijden en de bezienswaardigheden in het park toelichten.

De uitstekende expositie in het bezoekerscentrum van **Vicksburg National Military Park** maakt de verschrikkingen van de oorlog invoelbaar. Op de rivieroever ligt de in 1863 tot zinken gebrachte kanonneerboot

Twee imposante bruggen over de Mississippi bij Vicksburg

USS Cairo, die na honderd jaar werd opgedregd. Door Vicksburg National Military Park, dat de halve stad omvat, voert een bijna 26 km/16 mijl lange weg langs rijen kanonnen en plaquettes, zuilen en monumenten ter ere van de soldaten. Militair deskundigen uit de hele wereld reizen nog altijd af naar de stad om op het gereconstrueerde slagveld met zijn geschutsbatterijen en versterkte loopgraven de belegering te bestuderen.

Informatie

Vicksburg Visitors Bureau: 25 Old Hwy. 27, tel. 601 636 9421, www.vicksburg.com, ma.-za. 8-17, zo. 10-17 uur.

Port Gibson/Claiborne County Chamber of Commerce: 1601 Church St., tel. 601 437 4351, www.portgibsonchamber.wixsite.com/portgibsonchamber.

Accommodatie

19e-eeuws landgoed – **The Duff Green Mansion:** 1114 1st E St., tel. 601 636 6968, www.duffgreenmansion.com. Mooi gerestaureerde bed and breakfast met vier kamers, smeedijzeren veranda's, open haarden en een zwembad; 's middags is er een happy hour. 2 pk vanaf $ 100.

Eten en drinken

Zuidelijke keuken – **Walnut Hills:** 1214 Adams St., tel. 601 638 4910, www.walnuthillsms.net, ma.-za. 11-21, zo. 11-14 uur. Gebakken kip, lever en andere typisch zuidelijke gerechten; de gasten zitten gezamenlijk aan grote ronde tafels. Gerecht $ 15-24.

Uitgaan

Casino – **Lady Luck Vicksburg Hotel & Casino:** 1380 Warrenton Rd., tel. 800 503 3777, www.vicksburg.isleofcapricasinos.com. Casino met blackjack, craps, fruitmachines enzovoort, vr.-za. vanaf 20 uur muziek, en bovendien hotelkamers (vanaf $ 75 met ontbijt). Buffetrestaurant met zicht op de Mississippi.

Vervoer

Bus: Greyhound, 1295 S Frontage Rd., tel. 601 638 8389.

De Blues Trail door de Mississippidelta

In het vruchtbare alluviale gebied aan de Mississippi, dat in het oosten min of meer wordt begrensd door de Yazoo River, is de blues ontstaan. In de Mississippi Delta, niet te verwarren met de riviermonding in het zuiden, de Mississippi River Delta, wordt nog altijd katoen verbouwd, maar in de laatste jaren zijn de meervalkwekerij *(catfish farming)* en de rijstteelt toegenomen en groeien op veel akkers sojabonen voor de productie van biobrandstof. De **Blues Trail** markeert, soms met duidelijke informatieborden, plaatsen die iets betekend hebben voor de ontwikkeling van deze oorspronkelijke slavenmuziek.

Greenwood ▶ 3, F 6

Greenwood ligt 160 km/ 100 mijl ten noorden van Vicksburg tussen soja- en katoenvelden. In het plaatsje van 14.5000 inwoners worden na de oogst tussen augustus en december grote hoeveelheden katoen overgeslagen.

Museum of the Mississippi Delta

1608 Hwy. 82 W Bypass, 3 km/2 mijl westelijk van US 49, tel. 662 453 0925, https://museumofthemississippidelta.com, ma.-za. 9-17 uur, volwassene $ 10, met korting $ 7, 5-17 jaar $ 5

In het **Museum of the Mississippi Delta** wordt de geschiedenis van het Mississippidal in de laatste 70 miljoen jaar in kaart gebracht. Een deel gaat over de indianen – in de omgeving van Greenwood zijn sporen aangetroffen van honderd dorpen uit de periode tussen 2000 v.Chr. en 1500 n.Chr. Je ziet ook objecten uit het leven van de eerste witte kolonisten, aangevuld met schilderijen, beelden en foto's van regionale kunstenaars.

Informatie

Convention & Visitors Bureau: 225 Howard St., tel. 662 453 9197, www.visitgreenwood.com, ma.-vr. 8.30-17 uur.

Al bij leven een legende: in Indianola is een museum ingericht voor de in 2015 overleden bluesgigant B.B. King

Indianola ▶ 3, F 6

In Indianola draait alles om The King – B.B. King, om precies te zijn. **Indianola** (ongeveer 10.000 inwoners) heeft bij bluesvrienden een uitstekende naam.

B.B. King Museum and Delta Interpretive Center

400 2nd St., tel. 662-887-9539, www.bbkingmuseum.org, di.-za. 10-17, zo.-ma. 12-17 uur, nov.-mrt. ma. gesl., volwassene $ 15, 7-17 jaar $ 5

In het uitstekende **B.B. King Museum and Delta Interpretive Center** wordt het leven van deze bluesgigant verteld, met zijn geboorte op een plantage in het naburige dorpje Itta Bena in 1925, zijn gitaar Lucille en zijn dood in 2015. Kings leven wordt bovendien ingebed in de maatschappelijke ontwikkelingen, van een door discriminatie en armoede getekende regio tot het heden. In de goed ingerichte tentoonstelling tonen beeld- en geluidsdocumenten, elpees en oude foto's waarom de blues juist hier, in de Mississippidelta, is ontstaan.

Greenville ▶ 3, E 6

De haven van Greenville, een stad van 34.000 inwoners aan de Mississippi, was al voor de Burgeroorlog een belangrijke overslagplaats voor de in de omgeving geproduceerde katoen. Tot de aanleg van de dijk in 1935, die de hoofdbedding van de Mississippi een paar kilometer naar het westen verlegde, stond de stad geregeld onder water.

In Nelson Street waren een paar legendarische muziekclubs, zoals Casablanca, Flowing Fountain en de Playboy Club, die saxofonist Louis Jordan in 1951 inspireerden tot zijn *Nelson Street Blues*. De stad heeft ook bekende muzikanten voortgebracht, zoals de als bandleider in Chicago gevestigde Eddie Taylor en componist Jimmy Reed, wiens nummers zelfs gespeeld werden door artiesten als de Rolling Stones, Elvis Presley en Jimi Hendrix. Het culturele klimaat in Greenville lijkt sowieso erg vruchtbaar: schrijvers als Shelby Foote en Walker Percy, en de bedenker van de Muppet Show, Jim Henson, komen net als veel andere artiesten en auteurs uit de stad aan de rivier. Het Visitors Bureau toont in de expositie *Birthplace of the frog* leven en werk van Jim Henson (1936-1990), de geestelijk vader van de Kermit de Kikker.

Winterville Mounds

9,5 km/6 mijl ten noorden van Greenville, 2415 SR 1 N, tel. 662 334 4684, www.mdah.ms.gov/new/ visit/winter ville-mounds, dag. 8-18 uur, museum ma.-za. 9-17, zo. 13.30-17 uur, gratis

De **Winterville Mounds** zijn een vervallen ceremoniële heuvelgroep 8 km/5 mijl ten noorden van de stad. De indianen uit de Mississippi-familie, die dit gebied duizend jaar geleden bewoonden, bedreven in het vruchtbare alluviale gebied al landbouw.

Informatie

Greenville/Washington County Convention & Visitors Bureau: 216 S Walnut St., tel. 662 334 2711, www.visitgreenville.org.

Eten en drinken

Steaks – **Doe's Eat Place:** 502 Nelson St., tel. 662 334 3315, www.doeseatplace.com, ma.-za. 17-21 uur. Voor de steaks komen mensen uit de wijde omtrek hierheen, maar er is nog meer te krijgen. Gerecht $ 10-45.

Uitgaan

Casino – **Trop Casino:** 199 S Lakefront Rd., tel. 800 878 1777, www.tropgreenville.com. Casino met speeltafels, fruitautomaten, restaurants, shows en een hotel.

Cleveland ▶ 3, F 5

Op de US 61, ook bekend als de Blues Highway, gaat het in noordelijke richting. Deze weg vlak langs de Mississippi is bijna even bekend als de legendarische Route 66. Zoals veel muzikanten bracht ook Bob Dylan met zijn elpee Highway 61 Revisited (1965) een eerbetoon aan de bluesroute. De **Delta State University** zet zich met zijn faculteit voor regionale ontwikkeling in voor de cultuur van de Mississippidelta (www.msbluestrail.org).

In **Cleveland** weten ze het absoluut zeker: op de **Dockery Farm**, 3 km/2 mijl ten oosten op de SR 8, speelden zwarte landarbeiders een eeuw geleden voor het eerst onvervalste blues. Een bord bij de oude boerderij gedenkt deze gebeurtenis (229 Hwy. 8, www.dockeryfarms.org).

Eten, winkelen

Pottenbakkerij – **McCarty's Pottery:** 101 Saint Mary St., Merigold, 13 km/8 mijl ten noorden van Cleveland op de US 61, tel. 662 748 2293, www.mccartyspottery.com, dag. 11.30-13 uur. McCarty's is al ruim vijftig jaar een begrip op het gebied van keramiek: gebruiksvoorwerpen en kunst, winkel, galerie en lunchrestaurant.

Uitgaan

Dansen – **On the Rocks:** 717 E Sunflower Rd., Tel. 662-803-9600. De enige danstent in de omgeving van Cleveland. De muziek wordt verzorgd door een dj, de drankjes komen van de bar en de keuken heeft zelfs steaks in de aanbieding.

Clarksdale ▶ 3, F 5

Wie door de eindeloze katoenvelden van de Mississippidelta de 64 km/40 mijl van Cleveland naar Clarksdale aflegt, kan zich levendig voorstellen dat de blues is ontstaan uit de met wanhoop doorspekte liederen van de landarbeiders. **The Crossroads** is van veraf herkenbaar aan de twee gitaren op het kruispunt van de US 61 met US 49 in het hart van **Clarksdale**. Op deze legendarische plek zou Robert Johnson (1911-1938) zijn ziel aan de duivel hebben verkocht om de beste bluesmuzikant te kunnen worden. Het resultaat was het in 1936 ontstane *Crossroad Blues*, het nummer dat ook door Eric Clapton en Cream werd opgenomen – en wie weet ook de vroege dood van bluestroubadour Robert Johnson, die op zijn 27e stierf.

Delta Blues Museum

1 Blues Alley, tel. 662 627 68 20, www.deltabluesmuseum.com, mrt.-okt. ma.-za. 9-17, nov.-feb. ma.-za. 10-17 uur, volwassene $ 10, 6-12 jaar $ 8

In het vroegere spoorwegstation van Clarksdale zit het **Delta Blues Museum**, dat de geschiedenis van de blues met muziek en veel aandenkens in beeld brengt. Ook de muzikanten komen aan bod, zoals Muddy Waters en W.C. Handy, een componist en kornettist uit Alabama die hier lange tijd woonde.

Informatie

Coahoma County Tourism: 326 Blues Alley, tel. 662 627 6149, www.visitclarksdale.com.

Accommodatie

Rustiek – **Shack-Up Inn:** 1 Commissary Cir., bij de US 49, zo'n 2,5 km/1,5 mijl ten zuiden van de Crossroads, tel. 662 624 8329, www.shackupinn.com. De gastenlijst van dit populaire hotel is imposant; gammele hutjes of nog eenvoudiger kamers in een oude katoenschuur. Hutten en kamers vanaf $ 75.

Eten en drinken

Barbecuelegende – **Abe's BBQ:** 616 State St., tel., 662 624 9947, www.abesbbq.com, ma.-za. 10-20.30, zo. 11-14 uur. Hier worden al negentig jaar spareribs gebarbecued en dik belegde broodjes warm vlees opgediend. Spareribs $ 15.

Espresso en bistro – **Yazoo Pass:** 207 Yazoo Ave., tel. 662 627 8686, www.yazoopass.com, ma.-za. 7-21 uur. Goede koffie, lekkere broodjes, salades en soepen, 's avonds vis of steak. Gerecht $ 8-36.

Winkelen

Muziek en aandenkens – **Cat Head:** 252 Delta Ave., tel. 662 624 5992, www.cathead.biz, ma.-za. 10-17 uur. Cat Head is een paradijs voor bluesvrienden, die hier zeldzame muziekopnamen, dvd's, boeken, posters en T-shirts kunnen kopen. In de winkel worden soms ook liveoptredens georganiseerd.

Uitgaan

Blues – **Ground Zero Blues Club:** 387 Delta Ave., tel. 662 621 9009, www.groundzerobluesclub.com, ma.-di. 11-14, wo.-do. 11-23, vr.-za. 11-2 uur. Authentieke bluesclub waar Morgan Freeman mede-eigenaar is. Barmenu met goede hamburgers, broodjes enzovoort. Livemuziek wo.-za. 's avonds.

Evenementen

Juke Joint Festival: half apr. gehouden festival in het teken van de cultuur van de zuidelijke staten met blues, eetkraampjes, bezichtigingen, sport; mede georganiseerd door Cat Head (zie Winkelen links), tel. 662 624 5992, www.jukejointfestival.com.

Vervoer

Bus: Greyhound, 1604 N State St., tel. 662 627 7893, www.greyhound.com.

Oxford ▶ 3, G 4

De stichters van **Oxford**, 80 km/50 mijl ten oosten in de beboste uitlopers van het glooiende **Holly Springs National Forest**, waren met deze naam vooruitgelopen op de toewijzing van de universiteit van Mississippi. In 1848 opende 'Ole Miss' met tachtig studenten haar deuren, nu telt de instelling 730 docenten en zo'n 24.000 studenten, minstens evenveel als de overige inwoners van de stad.

Het **Blues Archive** in de Farley Hall, gelegen op de levendige campus, bezit een van de grootste collecties bluesopnamen, historische bluesliteratuur en muziekmemorabila ter wereld.

In de zalen van het **Barnard Observatory** is al geruime tijd het gerenommeerde **Center for the Study of Southern Culture** gehuisvest. Dit onderzoekscentrum documenteert met tal van lezingen, seminars en andere evenementen de tradities, muziek en literatuur van de culturele entiteit die bijna een zelfstandig land was geweest.

De wereldberoemde schrijver en Nobelprijswinnaar William Faulkner (1897-1961) groeide op in Oxford. De succesvolle thrillerauteur John Grisham voltooide zijn studie rechten aan de universiteit van Oxford. En ook de American football-speler Michael Oher, wiens leven werd verfilmd in *The Blind Side*, is afgestudeerd aan de 'Ole Miss'.

Zuidoostelijke literatuur – vertellers van mythen

Ruim zeventig jaar geleden begon de literaire wedergeboorte van de zuidoostelijke Verenigde Staten. Het agrarische en vrome zuidoosten, bijeengehouden door een geschiedenis van trots en nederlagen en een krachtige mythologie, kwam vertraagd in aanraking met de moderne maatschappelijke ontwikkelingen elders.

In korte tijd lieten de zuidoostelijke schrijvers hun nostalgische kortzichtigheid varen. Het werd duidelijk dat de Yankees niet voor alle problemen verantwoordelijk konden worden gehouden. Het zuidoosten kon, met de blik ferm vooruit, beter beslagen ten ijs komen in het debat over de culturele identiteit. Het intellectuele centrum van de literatuur lag eerst in Nashville, bij de zogenoemde Southern Agrarians, een groep kunstenaars als John Crow Ransom, Allen Tate (*The fathers*) en Robert Penn Warren (*All the king's men*). Door hen werd in 1930 het manifest *I'll take my stand* geschreven. Hierin verdedigden ze de naar hun mening zachtere en liefdevollere levenswijze waartoe een landelijke omgeving inspireerde.

Waarom kwamen het literaire genie William Faulkner en een groot aantal voortreffelijke schrijvers als Eudora Welty, Thomas Wolfe, Robert Penn Warren, Allen Tate, Ellen Glasgow en Katherine Anne Porter juist uit het zuidoosten, het economische en politieke zorgenkindje van Amerika? De 19e-eeuwse Amerikaanse literatuur had Herman Melville, Nathaniel Hawthorne en Walt Whitman voortgebracht, die niets met het zuidoosten hadden. Zelfs de zuiderling Mark Twain had zijn meesterwerk *The adventures of Huckleberry Finn* liever in Connecticut geschreven. Daar in het zuiden had je alleen de woestijn van de schone kunsten, de 'Sahara of the bozart', zoals de criticus Henry Louis Mencken (1880-1956) het omschreef in een in 1917 in de New York Evening Mail verschenen essay. Maar er gebeurde iets wat niemand had verwacht: uit de gewoonte om op de veranda voor het huis te zitten en elkaar verhalen te vertellen, ontstond literair talent.

Het zuidoosten van de VS had in de Burgeroorlog op eigen grondgebied een militaire nederlaag geleden. Samen met de naoorlogse jaren was dit een aanleiding om het gedachtegoed en de waarden weer te geven waarvoor de Geconfedereerde soldaten hadden gevochten. De weerstand tegen het verlies van het oude waardensysteem en de wens van veel schrijvers zich uit dit traditionele keurslijf te bevrijden schiepen een spanningsveld dat de artistieke creativiteit aanzwengelde.

Van alle opmerkelijke schrijvers is William Faulkner (1897-1962) wel het opmerkelijkst. In zijn derde roman, *Sartoris* (1929), situeerde hij verhalen in een fictief gebied, Yoknapatawpha County. 'Ik ontdekte dat mijn postzegelgrote stukje geboortegrond een verhaal waard was en dat deze voedingsbodem onuitputtelijk was. Die opende voor mij een goudmijn aan personages, zo schiep ik mijn eigen wereld,' verklaarde Faulkner in een interview. De fictieve Sartoris, romantische avonturiers *(De familie Sartoris)*, belichamen de traditionele, zuidelijke levenswijze. De Compsons en de Sutpens worden geteisterd door de oude zuidelijke schuldgevoelens in *The Sound and the Fury* (1929), *Het geluid en de drift)* en *Absalom, Absalom!* (1936). De Snopesclan plant zich voort als onkruid en verovert als immorele parvenu's het verzwakte zuidoosten (*The hamlet*, *The town*, *The mansion*). *'The past is never dead. It's not even past.'* (Het verleden is niet dood. Het is nog niet eens voorbij) – deze vaak aangehaalde

William Faulkners schrijfmachine in zijn werkkamer in Rowan Oak

passage uit de roman *Requiem for a nun* (1950, *Requiem voor een non)* benadrukt Faulkners opvatting dat 'tijd iets ongrijpbaars is'.

Faulkner woonde van 1930 tot aan zijn dood in de villa Rowan Oak in Oxford. Het in 1840 in een sobere *Greek revival*-stijl gebouwde huis oogt nog net als toen, met de zwarte Underwood-schrijfmachine op een kleine tafel en een tekst uit *A fable* aangebracht op het behang in zijn werkkamer. Rowan Oak is tegenwoordig eigendom van de universiteit. De schrijver stond zelf ook ingeschreven aan de 'Ole Miss', die de kleine stad Oxford allure geeft. Maar Faulkner was een slechte student en liet hier, net als op de middelbare school, hopeloos verstek gaan. Met zijn bovengemiddelde zelfvertrouwen maakte hij het instituut zelfs belachelijk.

Oxford had heel wat te stellen met zijn inwoner William Faulkner. Hij noemde zichzelf zonder gêne een genie, gedroeg zich onbeschoft en ongeduldig. De alcoholische excessen waar hij zich regelmatig aan overgaf, werden zorgvuldig voorbereid en zonder berouw doorleefd en leken daardoor nog vreemder. Maar het ergste was nog dat de Oxfordenaren het sterke vermoeden hadden dat Faulkner over hen schreef.

In 1949 kwamen de filmmakers van MGM Studios naar het stadje om *Intruder in the dust* op te nemen, gebaseerd op Faulkners roman uit 1948. In datzelfde jaar kreeg Faulkner de Nobelprijs voor de Literatuur. Toen zwakte de vijandigheid enigszins af. Een deel van het Nobelprijsgeld stopte hij in een stichting voor opkomende, getalenteerde auteurs en een organisatie die het zwarte kinderen gemakkelijker maakte om onderwijs te volgen. Tegenwoordig beleeft Oxford ieder jaar in augustus met de organisatie van het Faulknercongres een ware Faulknermanie. Geleerden en fans uit de hele wereld komen massaal naar het stadje. Bij zijn graf op St. Peter's Cemetery worden bloemen gelegd. Er wordt gegrasduind in de boekhandel Square Books en stilgestaan bij Faulkners woorden op de toegangspoort van de universiteit: *I believe that man will not merely endure, he will prevail* (de mens zal niet alleen overleven, hij zal zegevieren).

Rowan Oak ► 3, G 4

Zie ook Thema blz. 390, Old Taylor Rd., tel. 662 234 3284, www.rowanoak.com, juni-juli ma.-za. 10-18, zo. 13-18, aug.-mei ma.-za. 10-16, zo. 13-16 uur, $ 5

Op het centrale Courthouse Square begroet het beeld van de in 1949 met de Nobelprijs voor de Literatuur bekroonde **William Faulkner** de voorbijgangers met de pijp in de hand. Yoknapatawpha County uit zijn romans was gebaseerd op zijn woonplaats Oxford. Hier ontstonden werken als *Sanctuary*, *Light in August* en *Absalom, Absalom!* **Rowan Oak**, het ten zuiden van de universiteitsstad gelegen woonhuis van de in 1962 gestorven auteur, ziet eruit alsof de bewoner alleen even de deur uit is. Aan de muur van zijn werkkamer hangt de tekst van *A fable*, waarvoor hij in 1954 de Pulitzerprijs ontving.

Informatie

Oxford Visitors Center: 1013 Jackson Ave. East, tel. 662 234 4680, www.visitoxfordms.com, dag. 9-17.30 uur. Hier zijn onder meer stadsplattegronden met commentaar ter verkenning van Oxford verkrijgbaar.

Accommodatie

Retrochic – **Graduate Oxford:** 400 N Lamar Ave., tel. 662 234 3031, www.graduateoxford.com. Chic hotel met honderd kamers in een moderne retrostijl en met gratis wifi. 2 pk vanaf $ 150.

Gerestaureerde villa – **The 5 Twelve:** 512 Van Buren Ave., tel. 662 234 8043, www.the5twelve.com. B&B met vijf kamers in een oude particuliere villa met modern comfort. Vanaf $ 140 (met uitgebreid ontbijt).

Eten en drinken

Innovatieve Southern cuisine – **City Grocery:** 152 Courthouse Sq., tel. 662 232 8080, www.citygroceryonline.com, lunch en diner. Uit de keuken van dit restaurant komen zuidelijke gerechten, maar ook pekingeend en goede steaks. Gerecht $ 10-32.

Ontspannen – **Boureé:** 110 Courthouse Sq., tel. 662 234 1968, ma.-do. 11-22, vr.-za. 11-22.30 uur. In deze eetgelegenheid voelt iedereen zich thuis; bistrokeuken met veel creoolse bereidingen. Gerecht $ 9-34.

Zuidelijke keuken – **Ajax Diner:** 118 Courthouse Sq., tel. 662 232 8880, www.ajaxdiner.net, ma.-za. 11.30-22 uur. Deze ouderwetse *diner* biedt gerechten als gebakken kip, meerval en zelfgedraaide gehaktballen. Gerecht $ 9-30.

Winkelen

Boeken – **Square Books:** 160 Courthouse Sq., tel. 662 236 2262, www.squarebooks.com. Een van de beste boekhandels van het zuidoosten in het hart van de literaire scene rond William Faulkner.

Uitgaan

Livemuziek – **Proud Larry's:** 21 S Lamar St., tel. 662 236 0050, www.proudlarrys.com. In de beste muziekclub van de stad kan, voordat de artiesten opkomen, een bord pasta of pizza worden besteld.

Actief

Wandelen – **Oxford Depot Trail:** deze route is onderdeel van het groeiende netwerk van paden door de universiteitsstad – slenter, wandel of fiets bijna 2 km over het voormalige traject van de Mississippi Central Railroad van Molly Barr tot Oxford Depot.

Evenementen

Oxford Double Decker Arts Festival: eind apr. Festival met muziek van rock tot klassiek op diverse podia en meer dan honderd stands met beeldende kunst (www.doubledeckerfestival.com).

Faulkner and Yoknapatawpha Conference: juli. Het Faulknerfestival in Oxford biedt onder andere lezingen, voordrachten uit literair werk en theater, www.outreach.olemiss.edu/events/faulkner.

Vervoer

Vervoer in de stad: met de twaalf buslijnen van de Oxford University Transit wordt heel Oxford bediend; een enkele rit kost $ 1, www.oxfordms.net.

Tupelo en omgeving

▶ 3, H 5

In de bedrijvige stad Tupelo (ongeveer 38.000 inwoners), ruim 80 km/50 mijl ten oosten van Oxford, ligt de districtsrechtbank, maar de plaats is vooral bekend als het geboorteoord van Elvis Presley. De Toyotafabriek in Blue Springs is een belangrijke werkgever. Tupelo werd halverwege de 19e eeuw gesticht in voormalig gebied van de Chickasaw-indianen. De **Natchez Trace Parkway** (zie blz. 383), de autoroute van Natchez naar Nashville, voert ook langs Tupelo.

Tupelo National Battlefield

Main St., www.nps.gov/tupe, bezoekers-centrum dag. 8-17 uur

Het **Tupelo National Battlefield** vlak bij het stadscentrum herinnert aan de laatste grote slag in de Burgeroorlog op het grondgebied van Mississippi. In de zomer van 1864 sloeg generaal Sherman met zijn Unietroepen de aanval van generaal Nathan Forrest op de bevoorradingslijnen af. Daarna zou Shermans leger oprukken naar Chattanooga, Atlanta en de Atlantische kust en werd het territorium van de zuidelijke staten opgesplitst.

Chickasaw Village

Natchez Parkway MP 261,8, www.nps.gov/nate, bezoekerscentrum dag. 8-17 uur

Het **Chickasaw Village**, een gereconstrueerd indianendorp aan de Natchez Trace Parkway (MP 261,8), telde ooit honderden inwoners, de strijdbare nazaten van de Mississippi-indianen, met wie Hernando de Soto in 1540 al minder prettig kennis maakte. Franse soldaten dolven bij een poging om de Chickasaw te verdrijven ook het onderspit. Pas in 1832 gaven de indianen de driehonderd jaar lang voortslepende strijd om hun land op en werden door het Amerikaanse leger naar het huidige Oklahoma gedeporteerd. Het Visitor Center van de Parkway ten noorden van Tupelo (zie rechts) illustreert tot in de details cultuur en dagelijks leven van de oorspronkelijke bewoners en witte kolonisten en biedt daarnaast ook informatie over het oude indianenpad van de Natchez Trace.

Elvis Presley Birthplace Center and Museum

306 Elvis Presley Dr., tel. 662 841 1245, www.elvispresleybirthplace.com, ma.-za. 9-17, zo. 13-17 uur, Thanksgiving Day en Kerstmis gesl., combinatiekaartje huis, kapel en museum volwassene $ 18, 7-12 jaar $ 8

In een klein huisje in Tupelo werd op 8 januari 1935 Aaron Elvis Presley geboren. De familie van de later wereldberoemde zanger trok al snel weer verder, maar het huis is met een kapel en een informatiecentrum uitgebreid tot het **Elvis Presley Birthplace, Center and Museum**, jaarlijks bezocht door duizenden fans op Elvisbedevaart.

Pharr Mounds ▶ 3, J 4

Natchez Trace Parkway, MP 286,7, tel. 662 680 4025, www.nps.gov/nr/travel/ mounds/pha.htm, zonsopkomst-zonsondergang, gratis

48 km/30 mijl ten noordoosten van Tupelo liggen de **Pharr Mounds**, een belangrijke archeologische vindplaats in de zuidoostelijke VS. De kunstmatige heuvels, resten van palissaden en urn- en sleufgraven stammen van de 1e eeuw n.Chr. tot ongeveer 1000.

Informatie

Convention & Visitors Bureau: 399 E Main St., tel. 662 841 6521, www.tupelo.net.
Natchez Trace Parkway Visitor Center: MP 266, 2680 Natchez Trace Parkway, Tupelo, tel. 662 680 4027, www.nps.gov/natr.

Accommodatie

Centraal – **La Quinta Inn:** 1013 N Gloster St., tel. 662 847 8000, laquintatupeloms.com. Goed uitgeruste kamers met gratis internet, koelkast en magnetron. 2 pk vanaf $ 95.
Camping – **Tombigbee State Park:** 234 Cabin Dr., tel. 662 842 7669, www.stateparks.com/tombigbee_lee.html. 23 tent- en camperplaatsen op een bebost terrein even ten oosten van Tupelo. Overnachting $ 15-45.

Alabama

Dieper dan hier in het 'Heart of Dixie' kan het Diepe Zuiden nauwelijks zijn. Hier werd de Confederatie geboren en is de verjaardag van Jefferson Davis nog altijd een feestdag. Katoen wordt in de voormalige plantagestaat echter nog maar weinig verbouwd. Tegenwoordig groeien op de velden vooral sojabonen. Een heel andere kant van Alabama wordt getoond in Huntsville, waar raketten worden gebouwd en getest.

Een reis door Alabama biedt talloze verrassingen, want deze staat in het Diepe Zuiden is voor velen een witte vlek op de toeristische landkaart. Van het heuvelige of zelfs bergachtige noorden tot het subtropische zuiden aan de kust van de Golf van Mexico is het bijna 500 km/300 mijl. Ten oosten van Birmingham, de vroegere staalstad, liggen de uitlopers van het Cumberland Plateau en de Appalachen, met stuwmeren, kloven en watervallen. Bij Tuskegee, verder naar het zuiden, begint de Black Belt, een brede gordel van zwarte, vruchtbare aarde. Daar lagen tot de Burgeroorlog de eindeloze plantages van de katoenbaronnen, zwoegden slaven op de velden en werd het kapitaal verdiend dat werd aangewend voor de vele fraaie landhuizen die er te bewonderen zijn. Het is geen verrassing dat ook de zwarte burgerrechtenbeweging zijn wortels had in steden in deze regio, zoals Montgomery en Selma. Blijvende successen kwamen vaak pas na langdurige conflicten die een groot aantal slachtoffers eisten. Indrukwekkende gedenktekens en musea documenteren de verschillende etappes van de burgerrechtenstrijd.

Al meer dan duizend jaar geleden bewerkten indianen het vruchtbare land langs de rivieroevers. Bij Moundville, ten zuiden van Tuscaloosa, getuigen een twintigtal aarden heuvels, waarop ooit woningen en religieuze gebouwen stonden, van een van de belangrijkste nederzettingen in het zuidoosten van de VS.

Birmingham ▶ 3, L 6

De ondanks zijn licht dalende inwonertal nog altijd grootste stad van Alabama – met ruim 210.000 inwoners, met de omliggende gemeenten zijn dat er bijna 1,2 miljoen – wordt geroemd vanwege de kwaliteit van leven. Moderne werkomstandigheden in technologische en dienstverlenende bedrijven, een rijk cultureel aanbod en een opgefrist stadsbeeld met veel groen hebben Birmingham tot een van de populairste steden in de zuidoostelijke Verenigde Staten gemaakt. Ooit was de stad een centrum van ijzer- en staalproductie – hij is niet voor niets vernoemd naar de Engelse industriemetropool – maar tegenwoordig is Birmingham een plaats van handel en dienstverlening, met alom bekende ziekenhuizen en onderzoeksinstellingen.

De smog, die het klimaat van Birmingham vroeger verduisterde, is opgetrokken en ook de achtergestelde positie van de zwarte bevolking, die de politieke sfeer in de jaren 50 en 60 vergiftigde, is in veel sectoren van de samenleving aanzienlijk verbeterd.

Birmingham Civil Rights Institute

Zie Tip blz. 395.

Sloss Blast Furnace

1st Ave. N 20/32nd St., tel. 205 254 2025, www.slossfurnaces.com, di.-za. 10-16, zo. 12-16 uur, gratis

De laatste, in 1971 gesloten hoogoven, **Sloss Blast Furnace**, kan nu als museum worden bezichtigd. Dit industriële monument met de enige bewaarde hoogoven van de zuidoostelijke staten van de VS wordt soms gebruikt voor evenementen. Birmingham heeft de voormalige fabriek voorzien van een groot bezoekerscentrum en het complex verbonden met het stadscentrum door een rij parken.

Red Mountain en Vulcanusbeeld

1701 Valley View Dr., tel. 205 933 1409, www.visitvulcan.com, park dag. 7-22 uur, museum dag. 10-18, uitkijkplatform dag. 10-22 uur, volwassene $ 6, 5-12 jaar $ 4

Op de top van de Red Mountain, ten zuiden van de binnenstad, staat een ander symbool van het verdwenen tijdperk. Het bijna 17 m hoge en 60 ton zware gietijzeren beeld van **Vulcanus**, de Romeinse vuurgod, baarde als bijdrage aan de Wereldtentoonstelling van 1904 in St. Louis veel opzien. Het museum belicht de geschiedenis van de stad en het 'hoogste gietijzeren beeld ter wereld'.

McWane Science Center

200 19th St. N, tel. 205 714 8300, www.mcwane.org, ma.-vr. 9-18, za. 10-18, zo. 12-18 uur, volwassene $ 13, 2-12 jaar $ 9

In het McWane Science Center, een wetenschapsmuseum met interactieve displays over natuur en techniek, wordt de geologie van Birmingham verduidelijkt aan de hand van een doorsnede van de met ertsaders doorspekte berg. Het museum toont ook fossielen, ertsen, mineralen en rotsen uit de laatste 500 miljoen jaar van de geschiedenis van de aarde. In het IMAX Dome Theatre zijn documentaires op groot scherm te zien.

Tip

BIRMINGHAM CIVIL RIGHTS INSTITUTE

Een bronzen Martin Luther King kijkt met een bijbel in zijn hand naar de 16th Street Baptist Church. Dit standbeeld in het Kelly Ingram Park herinnert aan de strijd om de burgerrechten voor zwarte Amerikanen in de jaren 50 en 60. De over de hele wereld uitgezonden televisiebeelden van politiehonden die tegen demonstranten en zwarte schoolkinderen werden opgehitst, en van strijders voor de burgerrechten die vanwege de geactiveerde waterkanonnen op straat uiteenstoven, zijn hier opgenomen. *4 little girls*, een documentaire van Spike Lee, verbeeldt de demonstraties in Birmingham in 1963 en de bomaanslag van Ku Klux Klanleden op de baptistenkerk in 16th Street, waarbij op 15 september vier meisjes de dood vonden. In het **Birmingham Civil Rights Institute** wordt de geschiedenis van de stad en zijn zwarte bewoners van de stichting in 1871 tot de dag van vandaag naverteld. De tijd van de rassenscheiding komt hier tot leven. Beeldmateriaal en documenten, televisie- en radio-opnames en talrijke objecten, zoals een tramwagon met naar huidskleur ingedeelde zitplaatsen, geven een indrukwekkend beeld van de strijd om gelijke burgerrechten en menselijke waardigheid voor de zwarte bevolking en leggen getuigenis af van de offers en verworvenheden (520 16th St. N/6th Ave., tel. 866 328 9696, www.bcri.org, di.-za. 10-17, zo. 13-17 uur, volwassene $ 15, 4-12 jaar $ 5).

Informatie

Greater Birmingham Convention & Visitors Bureau: 2200 9th Ave. N, tel. 205 458 8000, www.birminghamal.org, ma.-vr. 8.30-17 uur.

Accommodatie

Klassieker – **The Tutwiler:** 2021 Park Place, tel. 205 322 2100, www.thetutwilerhotel.com. Dit bij zakenreizigers populaire hotel, dat tot de Hiltongroep behoort, heeft enkele jaren geleden zijn honderdjarig bestaan gevierd. 2 pk vanaf $ 150.

Vriendelijke service – **Courtyard Birmingham Homewood:** 500 Shades Creek Pkwy., tel. 205 879 0400, www.marriott.com. Modern hotel tegenover een winkelcentrum, ten zuiden van de dierentuin; snel internet, fitnessruimte en zwembad. 2 pk vanaf $ 120.

Eten en drinken

Met een Frans accent – **Highlands:** 2011 11th Ave., tel. 205 939 1400, www.highlandsbarandgrill.com, di.-za. 17.30-22, bar di.-vr. vanaf 16, za. vanaf 17 uur. Creatieve zuidelijke keuken met een landelijk Frans accent. Hoofdgerecht vanaf $ 30.

Voor fijnproevers – **Satterfield's Restaurant:** 3161 Cahaba Heights Rd, tel. 205 969 9690, www.satterfieldsrestaurant.com. Verfijnde gerechten uit de zuidelijke en de internationale keuken; goede cocktails en wijnkaart. Hoofdgerecht $ 28-42.

Actief

Joggen, fietsen – **Oak Mountain S.P.:** 200 Terrace Dr., Pelham, tel. 205 620 2520, www.alapark.com/oakmountain. In het aantrekkelijke Oak Mountain State Park, ruim 30 km/20 mijl ten zuiden van het stadscentrum, is zo'n 80 km/50 mijl aan paden voor wandelaars, fietsers en ruiters uitgezet.

Vervoer

Trein: Amtrak, 1819 Moris Ave., tel. 800 872 7245, www.amtrak.com. De 'Crescent' rijdt tussen New York, Washington D.C., Atlanta en New Orleans.

Bus: Greyhound, 1801 Morris Ave., tel. 205 252 7190, www.greyhound.com.

Het noorden van Alabama

Anniston ▶ 3, M 5

Wie van Birmingham onderweg is naar Atlanta, komt langs Anniston. Na de door het Zuiden verloren Burgeroorlog ontstonden hier textielfabrieken en ijzergieterijen. Met hulp van architecten uit het Noorden werden moderne fabriekscomplexen en woonwijken gebouwd. De oudste gebouwen in Anniston stammen daarom van rond 1870. Honderd jaar later werd hier gestreden om gelijke rechten voor de zwarte bevolking.

Museum of Natural History

800 Museum Dr., tel. 256 237 6766, www.annistonmuseum.org, ma.-za. 10-17, zo. 13-17 uur, 's winters ma. gesl., volwassene $ 6, 4-17 jaar $ 5

Annistons **natuurhistorisch museum** met een collectie van zeshonderd opgezette vogels en een Afrikahal is een bezoek waard.

Noccalula Falls ▶ 3, M 5

1500 Noccalula Rd., Gadsden, tel. 256 549 4663, dag. ca. 9-17 uur, volwassene $ 6, 4-12 jaar $ 4

Bezienswaardig zijn ook de 50 km/30 mijl noordelijk, bij **Gadsden**, in een gelijknamig park met azalea's en rododendrons gelegen **Noccalula Falls**, genoemd naar de dochter van een Cherokee-opperhoofd, die zich uit liefdesverdriet van de 30 m hoge waterval omlaag zou hebben gestort.

DeSoto State Park ▶ 3, M 4

DeSoto State Park, 13883 County Road 89, 11 km/7 mijl ten zuiden van Ft. Payne en de I-59, tel. 205 845 0051, www.www.alapark.com/desoto-state-park

Nog eens ruim 70 km/45 mijl ten noorden van Gadsden ligt het DeSoto State Park, langs de Little River. De bossen, rivieren, bergen en kloven laten zich het best op een van de wandeltrails verkennen. Van de vijftien watervallen in het park zijn in het bijzonder de **DeSoto Falls** imposant. De westelijke arm van de Little River stroomt over een dam en stort in een door rotsen omringd bassin.

De ongeveer 27 km/17 mijl lange **Little River Canyon** in het noordoosten van Alabama wordt geroemd als indrukwekkendste ravijn ten oosten van de Rocky Mountains. Een smalle, bochtige weg biedt een prachtig uitzicht op de beboste rotsspleet.

Accommodatie, eten

Rustiek – **DeSoto State Park Lodge:** 265 County Road 951, Fort Payne, in DeSoto State Park, tel. 256 845 5380, www.alapark.com/desoto-state-parks-historic-lodge. Onderkomen uit de jaren 30, gemoderniseerd en uitgebreid (blokhut met 2 pk vanaf $ 160), met een restaurant (hoofdgerecht vanaf $ 13) en een kampeerterrein (camperplaats $ 36).

Huntsville ▶ 3, L 4

Tijdens een verkenningstocht in het jaar 1805 beviel dit plekje grond aan de zuidrand van het Cumberland Plateau een zekere John Hunt uit Oost-Tennessee zo goed dat hij er bleef, een blokhut bouwde, bomen rooide en een veld begon te bewerken. Anderen volgden zijn voorbeeld en al in 1811 werd de gemeente Huntsville officieel gesticht. Het **Twickenham Historic District**, dat wel iets weg heeft van een openluchtmuseum met huizen uit de eerste helft van de 19e eeuw, geeft een beeld van de welstand van de witte kolonisten in die tijd.

Na afloop van de Burgeroorlog verzonk het stadje Huntsville in een lange slaap, tot het na de Tweede Wereldoorlog tot leven werd gewekt door Wernher von Braun. Op het militaire terrein van het **Redstone Arsenal** zouden ruim honderd Duitse wetenschappers, die enkele maanden daarvoor nog aan Hitlers 'Wunderwaffen' hadden gewerkt, hun kennis in dienst van de Verenigde Staten stellen. De V2-raketten (technische naam: A-4) en de plannen voor intercontinentale raketten leidden uiteindelijk tot de gigantische draagraket Saturnus V, die de Apollocapsules en hun bemanningen naar de maan brachten.

De hoogtijdagen van de bemande ruimtevluchten zijn voorbij, maar Huntsville is met zijn ruim 190.000 inwoners uitgegroeid tot de metropool van Noord-Alabama, met *high-ways* die uit alle windstreken naar de stad lopen en wolkenkrabbers in het centrum.

Tip

RUSSELL CAVE

Ongeveer negenduizend jaar geleden zochten de eerste mensen beschutting tegen regen en kou in de **Russell Cave** (▶ 3, M 3), een grot in het noordoosten van het huidige Alabama. Verkoold hout afkomstig van kampvuren, botten van verorberde dieren, pijlpunten en aardewerkscherven bewijzen dat zich hier tot zo'n 350 jaar geleden geregeld indianen van verschillende cultuurniveaus ophielden. Een klein, goed geleid museum toont handwerktuigen en wapens van de indiaanse bewoners en belicht hun leefomstandigheden en het gebruik van de *atlatl* (speerwerper); ook worden er demonstraties gegeven in het gebruik van vuursteen (13 km/8 mijl ten westen van Bridgeport aan de CR 98, tel. 256 495 2672, www.nps.gov/ruca, dagelijks 8-16.30 uur, gratis).

U.S. Space and Rocket Center ▶ 3, L 4

1 Tranquility Base, tel. 800 637 7223, www.rocketcenter.com, dag. 9-17 uur, volwassene $ 25, 5-12 jaar $ 17, filmprogramma iets extra

In de bloeiperiode van het ruimtevaartprogramma vanaf 1950 waren er duizenden wetenschappers werkzaam in het tot George

Actief

OP DE LICKSKILLET TRAIL IN LAKE GUNTERSVILLE STATE PARK

Informatie

Begin: campingwinkel aan de Aubrey Carr Scenic Drive in het Lake Guntersville S.P.
Lengte: 8 km/5 mijl **Duur:** circa 3 uur
Moeilijkheidsgraad: licht tot matig
Parkinfo: Lake Guntersville State Park, tel. 256 571 5440, www.alapark.com/lakeguntersville, dag. 7 uur tot zonsondergang. Lake Guntersville Chamber, tel. 256 582 3612, www.lakeguntersville.org.

Heenreis: rijd vanaf Guntersville over landweg AL 227 in noordoostelijke richting tot de ingang van het park, en dan nog eens 3 km/2 mijl verder over dezelfde weg. Dan over een korte binnenweg (300 m) naar links. Aan het eind daarvan weer naar links en nog 1,5 km/1 mijl doorrijden. Dan nogmaals naar links op de Aubrey Carr Scenic Drive. Al snel volgt aan je linkerhand de campingwinkel met zijn parkeerterrein.

De **Lickskillet Trail**, die na een tijd dezelfde route volgt als de **Meredith Trail** en later ook die van de **Seales Trail**, loopt rond de Bailey Ridge-heuvelrij en voert ook langs de oever van de **Town Creek** en Lake Guntersville. 's Zomers wordt de trail omzoomd door wilde bloemen en geregeld zijn er tussen de bomen herten te zien.

Vanaf het parkeerterrein voert de route eerst zo'n 150 m naar het oosten, over de Aubrey Carr Scenic Drive, tot het gemarkeerde beginpunt van de **Lickskillet Trail**. Het pad (dat oranje is aangegeven) begint direct te stijgen; naar de Bailey Ridge moet ruim 180 m hoogteverschil worden overwonnen. Na 3 km/2 mijl bergop en bergaf komt het pad uit op de **Meredith Trail** (rood aangegeven); nu blijf je min of meer op gelijke hoogte. In het noorden is aan de overkant de **Stubblefield Mountain** te onderscheiden. Rechts ligt de smalle kreek **Hurricane Branch**, die overgaat in de arm van de Town Creek.
U loopt nu verder over de **Seales Trail** (blauw aangegeven), parallel aan de oever van de **Town Creek** en **Lake Guntersville**, waarbij er van mooie uitzichten op het door bossen omgeven meer valt te genieten. In de herfst verkleuren de bladeren van de esdoorns en eikenbomen in talloze rood-, geel- en bruintinten. Het smalle pad ligt ongeveer 15 m boven de oever van het meer. Op sommige plekken biedt een gespannen touw wat meer zekerheid. Bij een dennenbosje loont een korte omweg naar rechts op een met gras begroeid, klein schiereiland in het meer. Dit is een fijne plek om een picknick of een kleine rustpauze te houden. Niet lang daarna wordt de Campground Road bereikt. Volg deze weg een paar honderd meter naar rechts tot je weer bij het **parkeerterrein** bent aangekomen.

C. Marshall Space Flight Center omgedoopte ruimtevaartcentrum. In het **U.S. Space and Rocket Center** zijn de prestaties van de ruimtevaart te zien. Zo kun je een Space Lab ('ruimtelaboratorium') betreden of gewichtloosheid of versterkte zwaartekracht ervaren. Ook zie je er een 120 m lange Saturnus V-raket en een space-shuttle op ware grootte, iets wat verder alleen op Cape Canaveral in Florida mogelijk is.

Informatie

Huntsville/Madison County Convention & Visitors Bureau: 500 Church St., tel. 256 551 2370, www.huntsville.org.

Accommodatie

Goede ligging – **Courtyard by Marriott:** 4804 University Dr., tel. 256 837 1400, www.marriott.com. Verzorgd complex met fitnessruimte en zwembad, niet ver van het U.S. Space and Rocket Center gelegen. 2 pk vanaf $ 120.

Eten en drinken

Stevige kost – **Greenbrier:** 27028 Old Hwy. 20, Madison, een paar kilometer ten westen van Huntsville, tel. 256 351 1800, www.oldgreenbrier.com, dag. 10-20.30 uur. Typische zuidelijke keuken, kip, diverse gerechten met meerval en gefrituurde of gegrilde spareribs. Hoofdgerecht $ 9-17.

Decatur ▶ 3, K 4

Uit de pakweg vier huizen die na afloop van de Burgeroorlog van Decatur waren overgebleven, ontstond uiteindelijk weer een keurig stadje van ruim 55.000 inwoners. De interessantste stadswijk, met victoriaanse huizen tussen de Tennessee River en Lee Street, kan goed te voet worden bezichtigd. Ook in Decatur droegen de stuwdammen in de Tennessee River eraan bij dat grote industriële ondernemingen als 3M, General Electric en de staalproducent Nucor, aangetrokken door de voordelige energieprijzen, zich in de stad vestigden en bijdroegen aan de plaatselijke economie.

Decatur, dat om zijn ligging aan de rivier ook wel River City wordt genoemd, ligt aan het oostelijke eind van het **Wheeler Reservoir**, midden in het heuvelige merengebied van Noord-Alabama, waar uitgestrekte katoenvelden en bossen elkaar afwisselen.

Informatie

Decatur Convention & Visitors Bureau: 719 6th Ave. SE, tel. 256 350 2028, www.decaturcvb.org.

Wheeler National Wildlife Refuge ▶ 3, L 4

3121 Visitor Center Road, tel. 256 350 6639, www.fws.gov/refuge/wheeler, okt.-feb. dag. 9-17, mrt.-sept. di.-za. 9-16 uur, gratis
De in het **Wheeler Lake** opgestuwde Tennessee River heeft zich in enkele decennia ontwikkeld tot een favoriete rustplaats voor trekvogels. Duizenden eenden en Canadese ganzen verruilen in de winter het ijzige klimaat van het noorden voor de mildere temperaturen van Noord-Alabama. Observatietorens, wandelpaden naar de bossen aan de oever en loopbruggen door het moeras bieden de kans om de vogels in het circa 140 km^2 grote wildreservaat **Wheeler National Wildlife Refuge** van dichtbij te zien. Afgezien van tientallen soorten zoogdieren en reptielen hebben natuuronderzoekers in de moerassen, bossen en wateren alleen al 285 verschillende zangvogels geteld.

Florence ▶ 3, J 4

Deze ooit door Italiaanse immigranten Florence gedoopte postkoetshalte heeft meer te bieden dan gerestaureerde huizen uit de eerste helft van de 19e eeuw, zoals de indiaanse cultusheuvel Indian Mound.

Rond de met bijna 40.000 inwoners grootste stad van de Muscle Shoalsregio, waar de Tennessee River in waterkrachtcentrales elektriciteit opwekt en schepen in de Wilsonschutsluis een hoogteverschil van meer dan 30 m overwinnen, heeft zich een hele reeks industriebedrijven gevestigd.

De machtige **Wheeler Dam** werd tussen 1933 en 1936 door de Tennessee Valley Authority aangelegd om de woeste rivier in te tomen. Zeven waterkrachtturbines produceren hier jaarlijks 1,5 miljard kWh aan stroom.

Indian Mound and Museum

1028 S Court St., tel. 256 760 6427, www.visitflorenceal.com, di.-za. 10-16 uur, $ 2
De belangrijkste bezienswaardigheid van Florence is deze indiaanse cultusheuvel uit de tijd van de Mississippi-cultuur, van ongeveer duizend jaar oud. Uit de opgravingen, die in het **Indian Mound and Museum** worden toegelicht, blijkt dat er al 10.000 jaar geleden mensen in de regio woonden.

W.C. Handy Museum

620 W College St., tel. 256 760 6434, www.florenceal.com, di.-za. 10-16 uur, $ 2
W.C. Handy, een van de vaders van de blues, werd geboren op 16 november 1873 in een houten hutje in Florence. Dat is al geruime tijd ingericht als het **W.C. Handy Museum**, met muziekinstrumenten en wetenswaardigheden over het leven van de zwarte muzikant en componist.

Frank Lloyd Wright Rosenbaum House Museum

601 Riverview Dr., tel. 256 718 5050, www.wrightinalabama.com, rondleiding di.-za. 10-16, zo. 13-16 uur, volwassene $ 10, met korting $ 5
Sinds een paar jaar kan ook het **Frank Lloyd Wright Rosenbaum House Museum** worden bezichtigd. Dit zorgvuldig gerestaureerde, stijlvolle woonhuis werd in de jaren 40 door de architect gebouwd in de voor hem kenmerkende stijl, met verschillende bouwlagen en dakniveaus.

Informatie

Florence/Lauderdale Tourism: 200 Jim Spain Dr., tel. 256 740 4141, www.visitflorenceal.com.

Accommodatie

... in Rogersville, ongeveer 32 km/20 mijl ten oosten van Florence:
Midden in de natuur – **Joe Wheeler State Park Lodge:** 4401 McLean Dr., tel. 256 247 5461, www.alapark.com/Joe-Wheeler-State-Park-Lodge. Aan het meer gelegen, rustieke lodge met 75 kamers plus nette cabins en tent- en camperplaatsen. Kamer vanaf $ 78.

Eten en drinken

Weids uitzicht – **360 Grille:** 10 Hightower Place, tel. 256 246 3660. Hier krijg je goede Amerikaanse seizoensgebonden gerechten

en steaks, en het draaiende restaurant in de toren van het Marriotthotel biedt ook nog een weids uitzicht. Hoofdgerecht $ 16-26.
Sinds 1918 – **Trowbridge's Ice Cream and Sandwich Bar:** 316 N Court St., tel. 256 764 1503. Sandwiches, bijvoorbeeld met ei en olijven, salades en lekkere milkshakes. Gerecht vanaf $ 6.

Evenementen

First Fridays: mrt.-dec. 1e vrijdag van de maand. Tientallen kraampjes met kunst en kunstnijverheid in het stadscentrum, www.firstfridaysflorence.com.
W.C. Handy Music Festival: in de tweede helft van juli. Uitstekende blues, tel. 256 766 7642, www.wchandymusicfestival.org.

Cullman ▸ 3, L 5

Het ruim 15.000 inwoners tellende stadje Cullman ligt 80 km/50 mijl ten noorden van Birmingham en wordt omringd door vruchtbaar boerenland en de heuvelige, beboste uitlopers van de Appalachen. De economie van de stad is nog altijd gebaseerd op productieve landbouwbedrijven in de omgeving. Kolonel Johann Cullmann was uit Duitsland gevlucht wegens deelname aan de revolutionaire beweging in Beieren en deelname aan plannen om de Russische tsaar te vermoorden. In 1873 stichtte hij hier met kolonisten uit Duitsland een agrarische nederzetting. Met een advertentie in de krant ('Grond, 20 ha of meer, $ 4 tot $ 6 per ha, land- en bosbouw, ijzer, steenkool, een gezond klimaat, geen malaria, geen moerassen, geen sprinkhanen, geen orkanen of sneeuwstormen!') wist hij zo'n 20 duizend Duitsers naar Cullman te halen.

De twee wereldoorlogen, waarin Duitsland de vijand van de VS was, maakten het gebruik van de Duitse taal en Duitse tradities in Cullman impopulair. De nakomelingen van de immigranten vieren desondanks ter herinnering aan de Duitse kolonie in Noord-Alabama elk jaar begin oktober een Oktoberfest (zie Evenementen).

Cullman County Museum

211 2nd Ave. NE, tel. 256 739 1258, www.cullmancountymuseum.com, ma.-vr. 9-16, zo. 13.30-16.30 uur, volwassene $ 5, tot 11 jaar $ 3
In het **Cullman County Museum** geven documenten, foto's en meubilair uit woonhuizen en winkels een beeld van het leven in Cullman rond 1900 en van de geschiedenis van de Duitse kolonisten.

Ave Maria Grotto

1600 St. Bernard Dr. SE, tel. 256 734 4110, www.avemariagrotto.com, apr.-sept. 9-18, okt.-mrt. 9-17 uur, volwassene $ 8, 6-12 jaar $ 5
De benedictijnenabdij, die de spirituele zorg in Cullman op zich had genomen, sloot bij gebrek aan novicen in 1979 zijn deuren. Het levenswerk van broeder Joseph, een miniatuurversie van Jeruzalem met in totaal 120 kerken, kloosters en andere gebouwen, kan in en rond de **Ave Maria Grotto** worden bezichtigd.

Informatie

Cullman Area Chamber of Commerce: 301 2nd Ave., tel. 256 734 0454, www.cullmanchamber.org, ma.-vr. 8-17 uur.

Evenementen

Oktoberfest: begin okt. Duitse cultuur en tradities samengevat in het jaarlijkse Oktoberfest met bier uit het vat en hoempapamuziek. 1240 Country Rd., tel. 256 739 1258, www.cullmanoktoberfest.com.

Tuscaloosa en omgeving ▸ 3, K 6

De naam van deze stad met bijna 100.000 inwoners, 80 km/50 mijl ten zuidwesten van Birmingham, betekent in de taal van de Choctaw 'Zwarte Krijger' en herinnert aan de naam van een Creeknederzetting op dezelfde plaats, die in 1814 door de Amerikaanse cavalerie met de grond werd gelijkgemaakt. Zo'n twintig jaar, van 1826 tot 1846, was Tuscaloosa de hoofdstad van de jonge staat

Alabama, maar toen kregen de rijke planters uit Montgomery het voor het zeggen (zie blz. 405).

Tuscaloosa presenteert zich tegenwoordig als een moderne regionale hoofdstad met een interessant cultureel aanbod en een respectabel aantal bedrijven. Aan de **University of Alabama** staan ruim 35.000 studenten ingeschreven.

Behalve de fabricage van chemische producten, papier, autobanden, asfalt en kabels is ook de auto-industrie belangrijk.

Historische architectuur

De sfeer van een stadje in het Oude Zuiden heeft Tuscaloosa alleen nog in de omgeving van de universiteit en in enkele historische buurten weten te bewaren. In bijvoorbeeld het Gorgas Manly Historic District en het Druid City Historic District staan talloze gebouwen uit de tijd van de grote plantages. De muren en de resten van zuilen van het in 1923 afgebrande Capitool zijn nog te zien in het Capitol Park aan de westkant van de centrale Broad Street.

Het uit 1863 stammende **Jemison-Van de Graaff Mansion**, een zorgvuldig gerestaureerd gebouw in Italiaanse stijl met speelse rondbogen op de veranda, is een kijkje waard (1305 Greensboro Ave.).

Het in 1835 in *Greek revival*-stijl ontworpen en met stijlmeubilair ingerichte **Battle-Friedman House** wordt omringd door een uitgestrekte tuin (1010 Greensboro Ave., tel. 205 758 6138, www.historictuscaloosa.org, di.-za. 11.30-12.30 uur, $ 5).

Gorgas House

Universiteitscampus, 810 Capstone Dr., tel. 205 348 5906, www.gorgashouse.ua.edu, ma.-vr. 9-12, 13-16.30 uur, $ 2

Het in baksteen en met witte zuilen opgetrokken **Gorgas House** uit 1829 is het oudste gebouw op de campus van de universiteit. Het huis is genoemd naar William Gorgas, een arts en rector van de universiteit, die tijdens de graafwerkzaamheden voor de aanleg van het Panamakanaal met succes een gelekoortsepidemie bestreed.

Mercedes Benz International Visitor Center

11 Mercedes Dr., tel. 205 507 2252, www.mbusi.com, museum ma.-vr. 8.30-16 uur, rondleiding na aanmelding ma. en wo. 9-12.45 uur, $ 5

In de voorstad Vance biedt Mercedes-Benz in een moderne fabriek werk voor zo'n 4000 medewerkers. Hier rollen terreinwagens in de M-, GL- en R-klasse van de band. Een bijbehorend museum belicht de geschiedenis en de ontwikkeling van het automerk en een rondleiding door de montagehallen geeft een beeld van de moderne productietechnieken.

Musea

Old Tavern

500 28th Ave., tel. 205 752 1998, www.historictuscaloosa.org, bezichtiging di.-za. 10.30-11.30 uur, gratis

In de **Old Tavern** uit 1827, een herberg en tegenwoordig een museum, kwamen ooit de leden van het parlement van Alabama bij elkaar om hun debatten onder het genot van een glaasje voort te zetten.

Tuscaloosa Museum of Art

1400 Jack Warner Pkwy., tel. 205 562 5280, www.tuscaloosamoa.org, di.-za. 10-18, zo. 13-18 uur, bijdrage gewenst

Het **Tuscaloosa Museum of Art** toont in het Anchorage Building en op een bedrijventerrein aan de stadsrand de Westervelt Collection, een hoogstaande verzameling Amerikaanse schilderijen (in 2011 zijn enkele bekende werken verkocht).

Sarah Moody Gallery of Art

103 Garland Hall, tel. 205 348 1891, www.art.ua.edu/gallery/smga, ma.-vr. 9-16.30, do. ook 17-20 uur

De **Sarah Moody Gallery of Art** (SMGA) herbergt de eigen kunstverzameling van de University of Alabama. Naast de permanente collectie van het museum zijn in de zeer lichte expositieruimten ook wisseltentoonstellingen van voornamelijk hedendaagse kunstenaars te zien.

Children's Hands-on Museum

2213 University Blvd., tel. 205 349 4235, www.chomonline.org, ma.-za. 9-16.30 uur, 1-64 jaar $ 9

Het **Children's Hands-On Museum** richt zich op kleine en grote kinderen. Die kunnen hun hart ophalen aan natuurwetenschappelijke experimenten in een nagebouwde televisiestudio of in een oude winkel.

Paul W. Bryant Museum

300 Paul W. Bryant Dr., tel. 205 348 4668, www.bryantmuseum.com, dag. 9-16 uur, volwassene $ 2, 6-17 jaar $ 1

In het **Paul W. Bryant Museum** van de University of Alabama herleven de gloriedagen van het American footballteam Crimson Tide onder de legendarische, in 1983 gestorven coach 'Bear' Bryant, bij wiens begrafenisstoet van Tuscaloosa naar het 90 km verderop gelegen Birmingham 500 duizend treurende fans langs de kant van de weg stonden. Nog altijd is het team, waarvan de thuiswedstrijden door tienduizenden toeschouwers worden bijgewoond, een van de beste ploegen van de Amerikaanse College Leagues.

Moundville Archaeological Park ▶ 3, K 7

634 Mound State Pkwy., tel. 205 371 2234, www.moundville.ua.edu, museum dag. 9-17, park dag. tot zonsondergang, volwassene $ 8, 5-17 jaar $ 6

Westelijk van het 2400 inwoners tellende plaatsje Moundville, 24 km/15 mijl ten zuiden van Tuscaloosa, beschermt het 150 ha grote **Moundville Archaeological Park** de resten van een tussen 1000 en 1500 n.Chr. bewoonde indiaanse nederzetting uit de tijd van de Mississippi-cultuur met rond de drieduizend inwoners. Moundville was het centrum van een reeks nederzettingen met in totaal meer dan 10.000 bewoners langs de **Black Warrior River**.

Van de 28 in grootte variërende aarden heuvels zijn er twintig bewaard gebleven. Ze hadden vermoedelijk een ceremoniële

Op de aarden heuvels van Moundville stonden ooit indiaanse cultusgebouwen

functie of dienden als fundament voor woongebouwen. De grootste heuvel beslaat een oppervlak van 1 ha, is bijna 18 m hoog en kan over een trap beklommen worden. Van de hier gedane rijke vondsten is een deel te zien in het bijbehorende, kleine Jones Archaeological Museum, zoals kunstig aardewerk, bijlen, vuurstenen messen en pijlpunten, landbouwhakken en naalden uit been, maar ook sieraden uit koper en halfdedelsteen. Een nagebouwd dorp illustreert het dagelijks leven van de indianen acht eeuwen geleden.

Informatie

Tuscaloosa Tourism & Sports Commission: 1900 Jack Warner Pkwy., tel. 206 391 9200, www.visittuscaloosa.com.

Accommodatie

Bij de universiteit – **Courtyard by Marriott:** 4115 Courtney Dr., tel. 205 750 8384, www.marriott.com. Een smaakvol ketenhotel met zwembad en restaurant nabij de universiteit en de Mercedesfabriek. 2 pk vanaf $ 130.
Goed en goedkoop – **La Quinta Inn:** 4122 Mc Farland Blvd. E, tel. 205 349 3270, www.lq.com. Net motel met extra's als wifi en zwembad. 2 pk vanaf $ 60.

Eten en drinken

Spareribs – **Dreamland Bar-B-Que:** 5535 15th Ave. E, tel. 205 758 8135, www.dreamlandbbq.com, ma.-za. 10-21, zo. vanaf 11 uur. Al meer dan een halve eeuw de lekkerste spareribs. Gerecht $ 9-22.
Sportbar – **Baumhower's Victory Grille:** 500 Harper Lee Dr., tel. 205 409 9922, www.baumhowers.com. Fantrefpunt van universiteitsfootballteam Crimson Tide; onder andere kippenvleugels en hamburgers. Gerecht $ 7-25.

Evenementen

Kentuck Festival of the Arts: half okt. Grote beurs met kunstnijverheid (van traditioneel tot avant-garde) in Northport, op de noordelijke oever van de Black Warrior River. The Kentuck Art Center, 503 Main Ave., Northport, tel. 205 758 1257, www.kentuck.org.

Vervoer

Trein: Amtrak, 2105 Greensboro Ave., www.amtrak.com. De 'Crescent' stopt op weg van Atlanta naar New Orleans ook in Tuscaloosa.
Bus: Greyhound, 3301 Greensboro Ave., tel. 205 758 6651, www.greyhound.com.

Zuid-Alabama

Selma ▶ 3, K/L 7

Het op de steile oever van de Alabama River gelegen Selma (ongeveer 19.000 inwoners), een belangrijke overslagplaats voor landbouwproducten uit de regio, was al in 1820 een handelscentrum voor katoen.

In de Burgeroorlog werden in de zwaar versterkte plaats wapens, munitie, schepen en andere goederen voor het zuidelijke leger gemaakt. In 1865 belaagde de Uniegeneraal James Wilson met zijn troepen in de Slag van Selma het Geconfedereerde leger van Nathan Forrest.

Sturdivant Hall

713 Mabry St., tel. 334 872 5626, www.sturdivanthall.com, di.-za. 10-16 uur, volwassene $ 5, kind $ 2

De eigenaars van de grote plantages lieten het zeer breed hangen, zoals nog te zien is in de uit 1853 daterende neoclassicistische **Sturdivant Hall** met zes Korinthische zuilen als gevelversiering.

Water Avenue Historic District

In het **Water Avenue Historic District** tussen Franklin Street en Lauderdale Street zijn nog meer woonhuizen, openbare gebouwen en kerken uit de tijd van voor de Burgeroorlog te bezichtigen.

National Voting Rights Museum and Institute

6 US Hwy. 80 E., tel. 334 418 0800, www.nvrmi.com, ma.-do. 10-16 uur, vr.-zo. op afspraak, volwassene $ 6,50, scholier $ 4,50

Precies honderd jaar na afloop van de Burgeroorlog was Selma opnieuw het toneel van grote conflicten. Wekenlang marcheerden demonstranten van de Brown Chapel African Methodist Church naar het gerechtsgebouw van Dallas County om te protesteren tegen het feit dat de zwarte bevolking grotendeels uitgesloten was van deelname aan de verkiezingen. Massa-arrestaties haalden in het hele land de voorpagina's van de kranten.

Het hoogtepunt van de rellen, toen de demonstranten op 7 maart 1965 op de Edmund Pettus Bridge door met traangas en wapenstokken bewapende agenten werden opgewacht, werd door miljoenen toeschouwers op televisie gevolgd. Duizenden sympathisanten reisden verontwaardigd af naar Selma om zich bij het protest aan te sluiten, president Johnson stelde de nationale garde van Alabama onder federaal bevel. Een vijfdaagse mars van ongeveer 25.000 burgers van Selma naar Montgomery vormde de opmaat voor de wettelijke afschaffing van de belemmeringen voor zwarten om te stemmen. In het **National Voting Rights Museum and Institute** worden belangrijke fases in de strijd om gelijke stemrechten aanschouwelijk gedocumenteerd.

Cahawba ► 3 K 8

9518 Cahaba Rd., 14,5 km/9 mijl ten zuiden van Selma, tel. 334 872 8058, www.cahawba.com, dag. 9-17 uur

Bij de samenvloeiing van de Cahaba River en Alabama River, 14,5 km/9 mijl ten zuiden van Selma, staan een paar ruïnes en wegwijzers die herinneren aan de stad **Cahawba**, de eerste hoofdstad van Alabama. Verwoestende overstromingen en uiteindelijk de Burgeroorlog bezegelden het lot van deze ooit bloeiende nederzetting.

Informatie

Selma Welcome Center: 14 Broad St., tel. 334 874 4864, www.selmaalabama.com/index.php.

Selma to Montgomery National Historic Trail: Lowndes County Interpretive Center, 7002 US Hwy. 80, Hayneville (32 km/20 mijl ten westen van Montgomery), tel. 334 877 1983, www.nps.gov/semo, ma.-za. 9-16.30 uur.

Eten en drinken

Retro – **Tally-Ho:** 509 Magnum Ave., tel. 334 872 1390, www.tallyhoselma.com, ma.-do. 17-21, vr.-za. 17-22 uur. Gerechten uit de jaren 40, toen dit restaurant in een blokhut werd geopend. Specialiteiten: courgettebrood en chocoladecheesecake. Gerecht $ 15-29.

Evenementen

Battle of Selma Re-Enactment: eind apr. Als soldaten verklede burgers bestrijden elkaar tijdens een nagespeelde slag uit de Burgeroorlog, waarbij tegenwoordig de 'Grijzen' de aanstormende cavalerie van de 'Blauwen' weten af te slaan.

Alabama Tale Tellin' Festival: begin okt. Verhalenfestival met wedstrijden, spookgeschiedenissen, historische thema's, legendes en folklore, tel. 334 878 2787, www.alabama.travel/upcoming-events/alabama-tale-tellin-festival-2.

Vervoer

Bus: Greyhound Station, 434 Broad St., tel. 800 231 2222, www.greyhound.com.

Montgomery ► 3, L 7

De hoofdstad van Alabama aan de oever van de Alabama River is met zijn ruim 200.000 inwoners en een snel veranderende skyline van kantoortorens een van de metropolen van de zuidoostelijke staten. Maar hier worden ook nog altijd landbouwproducten uit de vruchtbare Black Belt overgeslagen. De rundvee- en gevogeltemarkten van Montgomery behoren tot de grootste van dit deel van de VS. Nadat de plaats in 1819 als samenvoeging van de rivaliserende nederzettingen East Alabama en New Philadelphia was gesticht en de naam had gekregen van een generaal uit de Onafhankelijkheidsoorlog, Richard Montgomery, won hij snel aan populariteit en werd een agrarisch centrum voor het omringende gebied.

State Capitol en First White House of the Confederacy

State Capitol: Capitol Hill, tel. 334 242 3935, ma.-vr. 8-17 uur; First White House: 644 Washington Ave., tel. 334 242 1861, www.firstwhitehouse.org, ma.-vr. 8.30-16.30, za. 9-16 uur, gratis

In 1846 was het belang van Montgomery voor de katoenhandel zo groot geworden dat de regeringszetel van Tuscaloosa hierheen werd verplaatst. Het parlement van Alabama was een van de eerste die zich in 1861 afscheidden van de Unie. In februari 1861 legde de net gekozen president van de Geconfedereerde Staten van Amerika op de trap van het **State Capitol** van Montgomery de ambtseed af. Een bronzen ster in de grond en een beeld van Jefferson Davis voor het regeringsgebouw herinneren hieraan. Vier maanden diende de stad als regeringszetel van de Confederatie, tot Richmond in Virginia die status kreeg. In die periode na zijn beëdiging als president van de zuidelijke staten woonde Jefferson Davis in het nabije **First White House of the Confederacy**.

Old Alabama Town

301 Columbus St., tel. 334 240 4500, www.oldalabamatown.com, ma.-za. 9-16 uur, volwassene $ 10, 5-17 jaar $ 5

Old Alabama Town is het **museumdorp** niet ver van het centrum van Montgomery, waar een twintigtal huizen, de praktijkwoning van een arts en winkels uit de 19e eeuw opnieuw zijn opgetrokken. Enkele ervan zijn met 19e-eeuwse meubels ingericht en geven een authentieke indruk van de leef- en arbeidsomstandigheden van eenvoudige en welgestelde burgers.

Civil Rights Memorial

400 Washington Ave., tel. 334 956 8439, www.splcenter.org/civil-rights-memorial, ma.-vr. 9-16.30, za. 10-16 uur, $ 2, tot 17 jaar gratis

In de jaren 50 en 60 werd Montgomery het toneel van verbitterde conflicten naar aanleiding van de burgerrechtenkwestie. De arrestatie van Rosa Parks, die weigerde om een voor witten gereserveerde zitplaats in een bus af te staan, leidde in 1955 tot een anderhalf jaar durende boycot van het openbaar vervoer. Een van de leiders van het protest was een jonge dominee van de Dexter Avenue Baptist Church, Martin Luther King Jr. Tien jaar later marcheerden 25 duizend strijders voor de burgerrechten 87 km van Selma naar Montgomery en legden hun eisen voor aan gouverneur George C. Wallace, die met een segregationistisch programma de verkiezingen had gewonnen. Het **Civil Rights Memorial** gedenkt de strijd met de namen van veertig personen die hun inzet voor de burgerrechten met hun leven moesten bekopen.

Rosa Parks Museum

252 Montgomery St., tel. 334 241 8615, https://www.troy.edu/rosaparks/visit.html, ma.-vr. 9-17, za. 9-15 uur, volwassene $ 7,50, met korting $ 5,50

De zwarte voorvechtster voor burgerrechten Rosa Parks (1913-2005) gaf in 1955 met de weigering haar zitplaats in de bus aan een witte af te staan een belangrijke impuls aan de burgerrechtenbeweging in de VS. Het Rosa Parks Museum op het terrein van de Troy State University kon in 2000 door de krasse mevrouw Parks zelf nog geopend worden. Het is gewijd aan haar persoonlijke geschiedenis en de strijd voor de burgerrechten.

Informatie

Montgomery Visitor Center: 300 Water St., tel. 334 261 1100, www.visitingmontgomery.com.

Selma to Montgomery National Historic Trail: blz. 405.

Accommodatie

Modern en centraal – **Embassy Suites:** 300 Tallapoosa St., tel. 334 269 5055, www.embassy-suites.com. Gerieflijk, modern onderkomen in het centrum, wifi, koffiezetapparaat op de kamer. 2 pk vanaf $ 135.

Fijn ontbijt – **Red Bluff Cottage:** 551 Clay St., tel. 334 264 0056, www.redbluffcottage.com. In het centrum gelegen bed and breakfast met vier kamers en een mooie veranda. 2 pk vanaf $ 110.

Eten en drinken

Amerikaans – **Central:** 129 Coosa St., tel. 334 517 1155, www.central129coosa.com, ma.-vr. 11-14 en ma.-do. 17-22, vr.-za. 17-23 uur. Amerikaanse keuken met internationale invloeden in een degelijke ambiance. Hoofdgerecht $ 28-38.
Home style cooking – **Martin's Restaurant:** 1796 Carter Hill Rd., tel. 334 265 1767, www.martinsrestaurant.org, ma.-vr. 11-19.30, zo. 11-14.30 uur. Al sinds de jaren 30 serveert Martin's zuidelijke, huiselijke kost, de laatste tijd in het moderne winkelcentrum Country Club. Lage prijzen en grote porties kip, karbonade, gebakken okra en zoeteaardappelschotel. Hoofdgerecht $ 9-19.
Heerlijk – **Urban Cookhouse:** 7712 Eastchase Pkwy., tel. 334 239 7801, www.urbancookhouse.com, dag. 10-21 uur. De ingrediënten van de broodjes, soepen en grotere gerechten komen in de eerste plaats van regionale producenten. Gerecht $ 9-25.

Uitgaan

Volop Shakespeare – **Alabama Shakespeare Festival:** diverse uitvoeringen van Shakespearestukken en ander theater; 's zomers opvoeringen door reizende gezelschappen en workshops, 1st Festival Dr., tel. 334 271 5353, www.asf.net.

Vervoer

Bus: Greyhound, 950 W South Blvd., tel. 334 286 0658, www.greyhound.com.

Tuskegee ▶ 3, M 7

Het bijna 9000 inwoners tellende, overzichtelijke stadje Tuskegee aan de oostelijke rand van de Black Belt, een gordel zwarte, vruchtbare grond, is niet bekend om de mooie 19e-eeuwse planterswoningen, maar om het wereldberoemde Tuskegee Institute.

Tuskegee Institute National Historic Site

1200 W Montgomery Rd., tel. 334 727 3200, www.nps.gov/tuin, dag. 9-16.30 uur

Booker T. Washington, de oprichter van het Tuskegee Institute, werd in 1856 als slaaf geboren op de Burroughs Farm in Zuidwest-Virginia, waar hij volgens een inventarislijst een waarde van $ 400 vertegenwoordigde. Na afloop van de Burgeroorlog en zijn bevrijding ging hij naar school. Na een hard bevochten opleiding als leraar aan het Hampton Normal and Agricultural Institute in Virginia stichtte hij in 1881 in Tuskegee een school voor zwarte kinderen. Van meet af aan werden hier drie principes gehanteerd: alleen zwarte leraren aanstellen, in de eerste plaats beroepsopleidingen aanbieden en de nadruk leggen op karaktervorming. De resultaten baarden in het hele land opzien en bezorgden de school veel steun, ook van industriëlen en filantropen.

Radicale spreekbuizen van de zwarte bevolking, zoals W.E.B. DuBois, bekritiseerden het naar hun mening te veel op integratie gerichte principe van de beroepsopleiding, omdat de ondergeschikte rol van zwarten daardoor zou worden bevestigd. In 1927, lang na Washingtons dood, werd de school een college, en rond 1985 een universiteit. De historische gebouwen uit de beginjaren zijn als de **Tuskegee Institute National Historic Site** opengesteld voor het publiek.

George Washington Carver Museum

Ingang Universiteit van Tuskegee aan Montgomery Rd., tel. 334 727 3200, ma.-za. 9-16.30 uur, gratis

Op de moderne campus ligt ook het bij de National Historic Site horende George Washington Carver Museum, gewijd aan de zwarte botanicus (1861-1943) die 47 jaar lang de landbouwkundige afdeling van het Tuskegee Institute leidde. De uit Carvers onderzoekingen resulterende praktische aanbevelingen hielpen duizenden kleine boeren in hun strijd om het bestaan. Zijn ideeën over de teelt en verwerking van zoete aardappels en pinda's gaven Carver ook buiten de regio bekendheid. Aan hem worden driehonderd recepten voor de toepassing en het gebruik van pinda's toegeschreven.

In de omgeving

Horseshoe Bend National Military Park

11288 Horseshoe Bend Rd./SR 49, Daviston, tel. 256 234 7111, www.nps.gov/hobe, dag. 8-17 uur, gratis

Zo'n 65 km/40 mijl ten noorden van Tuskegee, niet ver van het huidige **Dadeville**, belegerde op 27 maart 1814 de generaal en latere president Andrew Jackson met drieduizend soldaten en zeshonderd Cherokeehulptroepen de overblijfselen van de ooit machtige Creekfederatie. De vernietigende nederlaag – van de duizend Creekkrijgers overleefden er tweehonderd – leidde tot verdragen op basis waarvan de witten 100.000 km^2 grond in het tot dan toe indiaanse Alabama konden overnemen. In het **Horseshoe Bend National Military Park** geeft een museum een beeld van de strijd en het leven van de Creek. Op een 5 km/3 mijl lange wandeling kun je het parkterrein verkennen.

Mobile ►3, J 10

'Mobile – the South's Best Deal' luidt de reclameslogan van de Kamer van Koophandel van Mobile bij zijn pogingen om investeerders warm te laten lopen voor het zuiden van Alabama. De in 1702 gestichte stad, met inclusief de buitenwijken zo'n 195.000 inwoners, behoort met zijn bedrijvige haven, scheepswerven en dokken en de grote aardgas- en olievoorraden in Mobile Bay tot de echte metropolen aan het Amerikaanse deel van de Golf van Mexico.

Fort Condé

150 S Royal St., tel. 251 802 3092, www.colonialmobile.com, dag. 10-17 uur, volwassene $ 8, kind $ 5

In het jaar 1735 bouwden de Fransen het Fort Louis de la Louisiane. Na een verwoesting werd het herbouwd. Tegenwoordig is het fort op kleinere schaal gereconstrueerd en kan het onder de naam **Fort Condé** weer gedeeltelijk worden bezichtigd.

Mobile Carnival Museum (en Mardi Gras)

355 Government St., tel. 251 432 3324, www.mobilecarnivalmuseum.com, ma., wo., vr.-za. 9-16 uur, volwassene $ 5, tot 12 jaar $ 2

Uit de Franse koloniale tijd stamt een traditie die men nog altijd graag levend houdt. Het Franse carnaval, Mardi Gras, wordt in Mobile al langer gevierd dan in het 240 km verder naar het westen gelegen New Orleans. In de weken voor Aswoensdag, de dag waarop ook aan Golfkust van Alabama alles voorbij is, heerst prins Felix en organiseren de carnavalsverenigingen gekostumeerde bals en optochten (zie Thema blz. 60).

Het **Mobile Carnival Museum** geeft een beeld van de geschiedenis van het carnaval in de stad vanaf 1921, met een praalwagen, kostuums en kronen van carnavalsprinsen.

Oakleigh Historic Complex

300 Oakley Pl., tel. 251 432 1281, www.historicoakleigh.com, ma.-di., do.-za. 10-16 uur, diverse rondleiding vanaf $ 10

De historische wijken van Mobile stammen vrijwel zonder uitzondering uit de 19e eeuw. De oudere gebouwen zijn, afgezien van **Fort Condé**, in verval geraakt of aan brand ten prooi gevallen. Interessant is het Oakleigh Historic Complex met het **Deasy Cottage**, een voor de middenklasse kenmerkend huis, en het **Oakleigh Period House Museum** in een uit 1833 stammende villa in *Greek revival*-stijl.

Richards DAR House

256 N Joachim St., tel. 251 208 7320, www.richardsdarhouse.com, ma., wo.-vr. 11-15.30, za. 10-16, zo. 13-16 uur, volwassene $ 10, 5-11 jaar $ 5

De speelse smeedijzeren balkonbalustrades maken het **Richards D**(aughters of the) **A**(merican) **R**(evolution) **House** een populair doel van bezichtigingen. Het huis wordt beheerd door de Daughters of the American Revolution (DAR), de grootste patriottische vrouwenorganisatie in de VS. Met zijn inrichting van stijlmeubels is het een geliefde locatie voor feesten en partijen.

USS Alabama Battleship Memorial Park

2703 Battleship Pkwy., tel. 251 433 2703, www.ussalabama.com, dag. 8-17, apr.-sept. 8-18 uur, volwassene $ 15, 6-11 jaar $ 6

Sinds 1965 ligt het slagschip USS Alabama, dat in de Tweede Wereldoorlog bij verschillende operaties op de Grote Oceaan werd ingezet, met andere oorlogsschepen en vliegtuigen permanent afgemeerd in een zeer populair, patriottisch opgezet militair gedenkpark. Met dit park worden de Alabamese soldaten geëerd die van de Eerste Wereldoorlog tot en met de oorlog in Afghanistan werden ingezet.

Gulf Coast Exploreum

65 Government St., tel. 251 208 6893, www.exploreum.com, 's zomers ma.-za. 10-17, zo. 12-17, anders di.-do. 9-16, vr.-za. 9-17, zo. 12-17 uur, volwassene $ 16, 7-12 jaar $ 13,50, 13-17 jaar $ 15

Zo'n 150 interactieve objecten in het Gulf Coast Exploreum tonen geïnteresseerden van elke leeftijd hoe je met verhelderende experimenten natuurwetten op de proef kunt stellen. Op een enorm bioscoopscherm zijn IMAX-films over natuurwetenschappelijke onderwerpen te zien.

Bellingrath Gardens and Home

12401 Bellingrath Rd., Theodore, tel. 251 973 2217, www.bellingrath.org, tuin dag. 8-17, huis 9-17 uur, tuin, huis volwassene $ 21, 5-12 jaar $ 13

In Theodore, voorbij de zuidgrens van Mobile, liet Walter Bellingrath met zijn bij Coca-Cola verdiende geld in 1917 een landgoed aanleggen, dat te bezichtigen is als het **Bellingrath Gardens and Home**. Er hoort een subtropische bloementuin van 26 ha bij met een bloemenpracht van 250 duizend azalea's, 2000 rozenstruiken, camelia's, lelies en tal van andere planten.

Informatie

Visit Mobile Visitor Center: 111 S Royal St., tel. 251 208 7304, www.mobile.org, ma.-za. 9-16.30, zo. 13-16.30 uur.

Accommodatie

Romantisch hotel – **Malaga Inn:** 359 Church St., tel. 251 438 4701, www.malagainn.com. Boetiekhotel met veertig kamers in twee in 1862 gebouwde villa's in het historische centrum. Zwembad, gratis internet en parkeren. 2 pk vanaf $ 120.

Luxe en traditie – **The Battlehouse Renaissance Mobile Hotel & Spa:** 26 N Royal St., tel. 251 338 2000, www.marriott.de. Achter een bakstenen gebouw uit 1853 gaat een modern hotel met wellnessruimte in zenstijl schuil. 2 pk vanaf $ 180.

Eten en drinken

Visrestaurant – **King Neptune's Seafood Restaurant:** 1137 Gulf Shores Pkwy., Gulf Shores, tel. 251 968 5464, www.kingneptuneseafoodrestaurant.com. Geliefd restaurant aan de kust voor zeebanket in talloze variaties. Hoofdgerecht $ 18-48.

Uitgaan

Art-decogebouw – **Saenger Theatre:** 6 S Joachim St., tel. 251 208 5600, www.mobilesaenger.com. Dit in 1927 in art-decostijl gebouwde evenementencentrum stond destijds bekend als 'Alabama's Greatest Showplace'.

Actief

Watersport – **Gulf State Park:** 20115 SR 135, Gulf Shores, tel. 251 948 7275, www.alapark.com/gulfstate. Het Gulf State Park ligt 80 km/50 mijl van Mobile aan de Golf van Mexico. Je kunt hier joggen, zwemmen, golfen, vissen en relaxen op een 4 km/2,5 mijl lang wit strand met fijn zand.

Evenementen

Mardi Gras: eind febr./begin mrt. Carnaval met optochten tot de di. voor Aswoensdag.

Zegening van de garnalenvloot: begin mei. Bayou la Batre, 40 km/25 mijl ten zuiden van Mobile, www.fleetblessing.org.

Vervoer

Bus: Greyhound, 2545 Government Blvd., tel. 251 478 6089, www.greyhound.com.

Nashville
Little Rock
Memphis
Chatta-nooga
Atlantische Oceaan
Golf van Mexico

Hoofdstuk 5

Tennessee en Arkansas

'Tennessee' klinkt goed. Dit is het land van de country-and-western en met Memphis en Elvis Presley ook de geboortegrond van de rock-'n-roll. Bovendien is het een van de belangrijkste locaties van de internationale bluesscene. De muziekindustrie, met zijn studio's, producenten, radio- en televisiestations, is vooral geconcentreerd rond de hoofdstad Nashville en draagt met een jaaromzet van enkele honderden miljoenen dollars flink bij aan de economie van de staat.

De naar een nederzetting van Cherokee-indianen vernoemde staat Tennessee voert drie sterren in zijn vlag: een voor het oosten met het beboste middelgebergte van de Appalachen en de steden Knoxville en Chattanooga, een voor het zacht glooiende midden met de hoofdstad Nashville, en een voor het westen van de staat met Memphis en de Mississippi.

De respectievelijk ten oosten en ten westen van de Mississippi gelegen staten Tennessee en Arkansas zijn met een gezamenlijke oppervlakte van zo'n 246.000 km^2 ongeveer even groot als Groot-Brittannië, maar met in totaal slechts 9,7 miljoen inwoners is het gebied zeer dun bevolkt. Een reis door het landelijke Arkansas (spreek uit: Arkunsoh) leidt door het dicht beboste middelgebergte van het Ozark Plateau en de Ouachita Mountains langs schitterende rivierdalen en meren. Helemaal in het westen proef je in plaatsen als Fort Smith en Texarkana, aan de grens met Oklahoma en Texas, de sfeer van het Wilde Westen met zijn sfeervolle rodeo's, veemarkten en het oliegebied met boortorens. In Hope, Hot Springs en de hoofdstad Little Rock loop je in de voetsporen van de 42e president van de VS, Bill Clinton, die opgroeide in deze staat.

Buffalo National River in het noorden van Arkansas

In een oogopslag: Tennessee en Arkansas

Hoogtepunten

Nashville: de Music City aan de Cumberland River is niet alleen de hoofdstad van Tennessee, maar ook van de country-and-western (zie blz. 414).

Chattanooga: dicht bij de stad aan de Tennessee River met zijn beroemde aquarium ligt het driestatenpunt van Alabama, Georgia en Tennessee. In de Burgeroorlog werden er veldslagen uitgevochten; in de jaren 30 van de 20e eeuw schreef de Tennessee Valley Authority hier geschiedenis (zie blz. 435).

Memphis: in deze stad aan de 'Amerikaanse Nijl' werd de rock-'n-roll geboren en is de blues thuis. Elvisfans gaan op bedevaart naar zijn villa Graceland (zie blz. 442).

Hot Springs: de Bathhouse Row met badhuizen van een eeuw oud uit de gouden tijd van het kuren wordt nu beschermd als National Park (zie blz. 465).

Fraaie routes

Van Nashville naar Lynchburg: begeleid door countrymuziek uit de hoofdstad van de muziek rijd je zo'n 120 km/75 mijl zuidwaarts naar de wereldberoemde whiskeystokerij van een zekere Jack Daniels in Lynchburg (zie blz. 421).

Door de Ozarks naar het dal van de Arkansas River: de weg gaat van Arkansas' hoofdstad Little Rock door een bebost middelgebergte naar plaatsen van historisch belang (zie blz. 459).

Tips

Country Music Hall of Fame, Nashville: hier kom je alle legendes uit de countrymuziek tegen, van Jimmy Rodgers tot Garth Brooks (zie blz. 415).

Knoxville: het geheime Manhattan Project, de bouw van de eerste atoombom, is hier verwezenlijkt en wordt in het American Museum of Science and Energy gedocumenteerd (zie blz. 431).

Fort Smith: anderhalve eeuw geleden lag hier de grens van het kolonistengebied en begon het terrein van indianen en outlaws. Het oude gerechtsgebouw herinnert aan de koloniale tijd (zie blz. 463).

Actief

Hiken op de Black Mountain Loop van de Cumberland Trail: een schitterende rondwandeling door de beboste bergen van het Cumberland Plateau rond de Black Mountain (zie blz. 426).

Wandelen van de Cades Cove naar de Abrams Falls: het pad voert van het brede dal van de Cades Cove naar de grootste waterval van het Great Smoky Mountains National Park (zie blz. 434).

Raften over de stroomversnellingen van de Ocoee River: per rubberboot door het woest schuimende water (zie blz. 441).

Arenden kijken aan Reelfoot Lake: 's Winters verblijven er tweehonderd Amerikaanse zeearenden bij het meer (zie blz. 451).

Kanoën op de Buffalo River: gemoedelijke of avontuurlijke kanotochten, afhankelijk van wat je wilt (zie blz. 462).

Nashville en omgeving

De hoofdstad van Tennessee telt ruim 660.000 inwoners en ligt vrijwel in het midden van de staat. Nashville staat in de wereld bekend als de hoofdstad van de country-and-western en heeft dan ook talloze podia en clubs. Naast de muziekindustrie is de overheid de belangrijkste werkgever. Bovendien is Nashville een belangrijk centrum voor gezondheidszorg, onderwijs en wetenschap.

Downtown Nashville ▶3, K 1/2

Kaart: blz. 416

In 1780 was Centraal-Tennessee nog overwegend bewoond door Chickasaw. Toen vestigden zich enkele witte pioniers aan het deel van de oever van de Cumberland River dat bij de pelsjagers bekendstond als French Lick. Zij bouwden blokhutten, die zij ter verdediging tegen de indianen omringden met een hoge palissadenwand, en noemden het complex Fort Nashborough.

Fort Nashborough werd later Nashville genoemd en ontwikkelde zich in een hoog tempo. De vruchtbare bodem in het ommeland werd al snel in cultuur gebracht.

Bij de pelshandel als belangrijkste bron van inkomsten kwam de handel in katoen, tabak en vee, gestimuleerd door de ligging aan de bevaarbare Cumberland River en het indianen- en handelspad Natchez Trace. Grondspeculanten, boeren en planters, onder wie de latere president Andrew Jackson, voelden zich aangetrokken tot het algehele gevoel van verandering in de stad, kochten land en vestigden zich er als plantagebezitters.

Pas in 1843, nadat diverse plaatsen als voorlopige regeringszetel hadden gediend en de bewoners van het noordoosten in 1784 zelfs een eigen staat hadden uitgeroepen, werd de opkomende metropool Nashville uitgeroepen tot hoofdstad van Tennessee.

Tennessee State Museum 1

Bicentennial Capitol Mall State Park, 600 James Robertson Pkwy., tel. 615 741 2692, www.tnmuseum.org, di.-za. 10-17, zo. 13-17 uur, permanente collectie gratis

De bezienswaardige expositie documenteert het leven van de inwoners van Tennessee in de afgelopen 15.000 jaar, van de eerste nomaden, indiaanse bewoners, witte pioniers en de Burgeroorlog tot heden.

State Capitol 2

Legislature Plaza/600 Charlotte Ave., tel. 615 741 0830, rondleiding ma.-vr. 9-16 uur, gratis

Vanaf het **State Capitol**, gebouwd in *Greek revival*-stijl op de hoogste heuvel van Nashville, heb je een weids uitzicht over de stad. Direct eronder ligt het **Bicentennial Capitol Mall State Park**, in 1996 aangelegd bij het tweehonderdjarig bestaan van Tennessee, met een amfitheater, een gedenkteken voor de Tweede Wereldoorlog en een klokkenspel.

Johnny Cash Museum 3

119 3rd Ave. S, tel. 615 256 1777, www.johnnycashmuseum.com, dag. 9-18 uur, volwassene $ 20, 6-15 jaar $ 16

Ter ere van in 2003 gestorven 'Man in Black' werd in 2013 het **Johnny Cash Museum** geopend. Het museum biedt veel informatie over de wereldcarrière van de musicus en een zeldzaam inkijkje in zijn privéleven aan de hand van zijn kleding, muziekinstrumen-

Downtown Nashville is het kloppende hart van de country-and-westernmuziek

ten, brieven en de handgeschreven tekst van zijn laatste song, die Cash enkele dagen voor zijn dood schreef.

Broadway en Ryman Auditorium 4

Aan **Broadway**, in elk geval aan het stuk tussen Union Station en de Cumberland River, rijgen de muziekcafés en -clubs zich aaneen. Uit vele openstaande deuren van de Honky Tonk Highway en de zijstraat Hatch Show Print klinkt livemuziek, die wordt beconcurreerd door talrijke straatmuzikanten die proberen hun talent onder de aandacht te brengen. Pal ten zuiden hiervan programmeert het al in 1892 opgetrokken markante bakstenen gebouw van het **Ryman Auditorium** interessante concerten, waarmee het veel bezoekers naar zijn uitstekend gerenoveerde concertzaal lokt. Van 1943 tot 1974 was deze zaal de thuisbasis van de Grand Ole Opry (116 5th Ave N).

Country Music Hall of Fame 5

222 5th Ave. S, tel. 615 416 2001, www.countrymusichalloffame.org, dag. 9-17 uur, volwassene $ 26, 6-12 jaar $ 16

Veel muziekcafés en 'erezalen' voor de countrymuziek, met name de voor miljoenen opgeknapte en in 2001 heropende **Country Music Hall of Fame** aan 5th Avenue en exposities over individuele vertolkers, studio's van platenbonzen, radiostations en televisiezenders trekken veel bezoekers naar de Music City. De Country Music Hall of Fame belicht de diverse stijlen binnen het genre en stelt items van levende en reeds verbleekte sterren tentoon, zoals gitaren en kostuums van Hank Williams, Tanja Tucker en Dave Dudley, de hoed van hitparadekoning Garth Brooks en een zadel van Tex Ritter. Je kunt hier **Music Row Tours** 1 boeken, met een bezoek aan de RCA Victor Studio B (zie blz. 420), waar tussen 1957 en 1977 Roy Orbison, Dolly Parton, Elvis Presley, Hank Snow en vele anderen hun hits opnamen.

Music City Walk of Fame Park 6

Recht tegenover de Hall of Fame worden geslaagde countrymuzikanten herdacht in het **Music City Walk of Fame Park**, net als filmsterren op de Hollywood Boulevard in Los Angeles, met een ster op de trottoirs rond het park. Hier geëerde sterren zijn onder

andere Roy Orbison, Emmylou Harris, Barbara Mandrell, Jimi Hendrix, Kris Kristofferson, Dolly Parton, de Rascal Flatts, Kid Rock, Jack White en Loretta Lynn.

Frist Center for the Visual Arts 7

919 Broadway, tel. 615 244 3340, www.fristartmuseum.org, ma.-wo., za. 10-17.30, do., vr 10-21, zo. 13-17.30 uur, volwassene $ 12, tot 18 jaar gratis

In het **Frist Center for the Visual Arts** wordt in het art-decogebouw van het voormalige hoofdpostkantoor op een kleine 3000 m^2 tentoonstellingsruimte in steeds wisselende exposities regionale en internationale kunst uit verschillende tijdperken getoond.

Parthenon 8

Centennial Park, 2500 West End Dr., tel. 615 862 8431, www.parthenon.org, di.-za. 9-16.30, zo. 12.30-16.30 uur, volwassene $ 6, 4-17 jaar $ 4

Diverse universitaire instituten verleenden de stad aan de Cumberland River de bijnaam Athene van het Zuiden. Kennelijk was dat voldoende aanleiding om in 1897, bij het honderdjarig bestaan van Tennessee, een replica op ware grootte van het **Parthenon** van Athene neer te zetten. Het 13 m hoge beeld van de godin Athena Parthenos beschermt tegenwoordig het kunstmuseum van Nashville, dat een interessante collectie Amerikaanse kunst herbergt. De Griekse

Nashville

Bezienswaardig

1 Tennessee State Museum
2 State Capitol
3 Johnny Cash Museum
4 Ryman Auditorium
5 Country Music Hall of Fame
6 Music City Walk of Fame Park
7 Frist Center for the Visual Arts
8 Parthenon
9 Adventure Science Center
10 Music Row
11 Grand Ole Opry
12 The Hermitage

Accommodatie

1 The Hermitage
2 Gaylord Opryland Resort & Convention Center
3 The Big Bungalow B&B
4 Comfort Inn Downtown

Eten en drinken

1 The Farm House
2 Germantown Café
3 Loveless Café
4 Arnold's Country Kitchen

Winkelen

1 Nashville Cowboy
2 Gruhn Guitars
3 Ernest Tubb Record Shops
4 Grimey's New and Preloved Music
5 Opry Mills
6 Fatherland District

Uitgaan

1 Wildhorse Saloon
2 Tootsie's Orchid Lounge
3 Douglas Corner Café
4 Exit/In
5 Bluebird Café

Actief

1 Music Row Tours
2 Centennial Park
3 J. Percy Priest Reservoir
4 Hermitage Golf Course

---

tempel staat in het **Centennial Park**, pal naast de campus van de gerenommeerde **Vanderbilt University**.

Adventure Science Center 9

800 Fort Negley Blvd., tel. 615 862 5160, www.adventuresci.com, dag. 10-17 uur, volwassene $ 16, kind $ 12

Het **Adventure Science Center**, een uitstekend wetenschapsmuseum aan de zuidrand van de binnenstadsring, spreekt kinderen en jongeren aan met vele natuurwetenschappelijke proefjes. Zo is er een simulator van verminderde zwaartekracht, waarin sprongen zoals op de maan mogelijk zijn. Driedimensionale opstellingen voeren je mee naar de 'Monsters van de Diepzee'.

Music Row 10

16th and 17th Ave. S

Music Row, om precies te zijn 16th and 17th Avenues South, is eigenlijk geen spectaculaire straat. Maar wie op de naamplaatjes op de huizen let, valt om van verbazing. De muziekstudio's, platenlabels, muziektijdschriften, agentschappen en videoproductiebedrijven zijn haast niet te tellen. Hier ligt ook de **RCA Victor Studio B**, waarin vele beroemde musici songs hebben opgenomen. De studio is alleen te bezichtigen in het kader van een door de Music Halll of Fame georganiseerde rondleiding (30 Music Sq. W, blz. 420).

Music Valley

Music Valley, in een bocht van de rivier aan de noordoostrand van de stad, is helemaal geen vallei. Het is de plaats van enkele muziekclubs, countryshowboat 'General Jackson' vaart hier af voor een muzikale rondvaart op de Cumberland River en hier is het gigantische **Gaylord Opryland Resort & Convention Center** 2 met drieduizend kamers, tropische landschappen in kassen en verschillende podia, een attractie op zich.

Grand Ole Opry 11

2804 Opryland Dr., tel. 615 871 6779, www.opry.com

In de radioshow **Grand Ole Opry** treden sinds 1927 de sterren van de countrywereld op. In de jaren 70 werd het huidige grote concertgebouw met 4400 zitplaatsen aan de noordoostrand van de stad betrokken. Op vrijdagavond geven de countrysterren een show, op zaterdag zelfs twee keer en 's zomers ook nog op dinsdag. De concerten

Still going strong – country-and-western

Wie door het zuidoosten van de VS rijdt en de autoradio aanzet, hoort vaak een countryzender. In Tennessee zijn vier van de vijf radiostations volledig gewijd aan country. Nashville is het paradijs waar talloze muzikanten wonen en de platenlabels, productiebedrijven en studio's zijn gevestigd. Country-and-western is hier big business.

De wortels en aftakkingen van de country-and-western zijn niet gemakkelijk thuis te brengen. De ballades van de *coal miner* uit de mijnbouwgebieden van Kentucky en West Virginia, de liederen van de *truck driver*, de *train-* en *hobosongs* en de gezongen *cowboy poetry* vertellen niet alleen van ik-hou-van-jou-en-blijf-je-trouw, maar ook van werk, sociale opstand en armoede.

Hillbilly, de muziek van de armen uit de Appalachen, werd al in de jaren 20 van de 20e eeuw commercieel ten uitvoer gebracht, maar het begrip countrymuziek raakte pas in de jaren 50 in zwang. Een niet onbelangrijk aandeel aan de popularisering had de verspreiding door de radio, vooral door de muzikale uitzendingen uit de Grand Ole Opry in Nashville. De shows zijn al zo'n 85 jaar op de radio te beluisteren. Aanvankelijk produceerde de zender WSM zijn programma onder de noemer Barn Dance vanuit een schuur. Tot 1974 was het Ryman Auditorium in het centrum van Nashville het podium van de zondagse country-and-westernshow; daarna trok het circus naar de Music Valley, naar een groot nieuw concertgebouw aan de noordrand van de stad. Wie mag optreden in de GOO, heeft het gemaakt in de countrymuziek of wordt als veelbelovend beschouwd.

Diverse andere podia in de stad bieden muzikanten eveneens mogelijkheden om op te treden, zoals het gerestaureerde Ryman Auditorium. Wie nog niet over een goedbetaald platencontract beschikt, heeft de kans op te treden op een showboot of in een van de vele clubs. Voor anderen rest 's avonds de hoek van de straat als podium en vormen de passanten het publiek.

Toen de producties uit de Music City in de jaren 70 verwerden tot steriele, uitwisselbare hitparadesounds, ontstonden er buiten de geroutineerde muziekmetropool nieuwe trends en bands. De *outlaws* Willie Nelson en Waylon Jennings, later Steve Earl, Dwight Yoakam, Townes Van Zandt en Lyle Lovett, namen impulsen uit andere muzikale stromingen over en vermengden op originele wijze elementen uit de blues, texmex, rock, calypso en zelfs reggae met de traditionele countryritmes. Na een crisis in de jaren 80 zet de muziekindustrie van Nashville nu jaarlijks ruim $ 500 miljoen om en bezoeken zo'n 10 miljoen countryliefhebbers per jaar de stad. Naast nieuwe bands, zangers en zangeressen als Tim McGraw, de Sons of the Desert, Wynonna, Shania Twain, Alan Jackson, Keith Urban, Taylor Swift, Carrie Underwood, de Rascal Flatts en Beast of Burden worden nog altijd veel nummers van Johnny Cash, Loretta Lynn, Dolly Parton, Kris Kristofferson, Little Jimmy Dickens en andere countryklassiekers gespeeld.

zijn vaak al weken van tevoren uitverkocht. De oudste radioshow van de VS wordt nog steeds uitgezonden, onderbroken door reclameboodschappen die in de pauze op het podium worden voorgelezen.

The Hermitage 12

4580 Rachel's Lane, Goodlettsville, tel. 615 889 2941, www.thehermitage.com, okt.-half mrt. dag. 9-16, half mrt.-okt. 8.30-17 uur, volwassene $ 20, 6-12 jaar $ 10, 13-17 jaar $ 15

The Hermitage, de Kluizenaarshut, noemde Andrew Jackson de plantage een paar kilometer ter oosten van de stad waar hij van 1804 tot zijn dood in 1845 woonde. In de loop der jaren liet hij de 'hut' verbouwen tot een deftige villa in *Greek revival*-stijl met portico's van zware witte zuilen. Het herenhuis, het familiegraf, de villa van zijn neef, Tulip Grove Mansion en de Old Hermitage Church, de plantagekapel, zijn op het terrein te bezichtigen, naast enkele graven van de honderdveertig Afrikaanse slaven die op de plantage van de Jacksons tewerkgesteld waren.

Informatie

Nashville Visitor Center: 150 4th Ave. N, Suite G 250, TN 37219, tel. 615 259 4730, www.visitmusiccity.com, ma.-do. 8-17, vr. 8-16 uur; 4th Ave N/Commerce St., tel. 615 259 4730, ma.-vr. 8-17 uur.

Accommodatie

Grand hôtel – **The Hermitage 1:** 231 6th Ave. N, tel. 615 244 3121, www.thehermitagehotel.com. Luxehotel met een representatieve lobby, 122 ruime kamers en suites en perfecte service, in het centrum van de stad, met goede restaurants. 2 pk vanaf $ 350.

Luxueus resort – **Gaylord Opryland Resort & Convention Center 2:** 2800 Opryland Dr., tel. 615 889 1000, www.gaylordopryland.com. Gigantisch hotel in victoriaanse stijl, niet ver van het Grand Old Opry House, met tuin- en zwembadcomplex onder een glazen koepel. 2 pk vanaf $ 200.

Gastvrije herberg – **The Big Bungalow B&B 3:** 618 Fatherland St., tel. 615 256 8375, www.thebigbungalow.com. Bijzonder smaakvolle B&B met drie kamers in de vriendelijke wijk Edgefield. De eigenaars houden van country-and-western. 2 pk vanaf $ 155.

Goede ligging, goede prijs – **Comfort Inn Downtown 4:** 1501 Demonbreun St., tel. 615 255 9977, www.choicehotels.com. Keurig hotel met 147 kamers. Bescheiden ontbijt, weekblad en lokaal telefoneren gratis. 2 pk vanaf $ 156.

Eten en drinken

Trendy – **The Farm House 1:** 210 Almond St., tel. 615 522 0688, www.thefarmhousetn.com, ma.-za. 17-22, di.-vr. 11-14, zo. 10-14 uur. Heerlijke, creatieve keuken die vakkundig de Italiaanse en zuidelijke tradities verenigt. Hoofdgerecht vanaf $ 28.

Modern – **Germantown Café 2:** 1200 5th Ave., tel. 615 242 3226, www.germantowncafe.com, lunch ma.-vr. 11-15, diner dag. vanaf 17, brunch za.-zo. 10-15 uur. Moderne kunst aan de muur en innovatieve keuken in een ontspannen wijk. Gerecht $ 12-27.

Home of the bisquits – **Loveless Café 3:** 8400 Hwy. 100, 24 km/15 mijl ten zuidwesten van de stad, tel. 615 646 9700, www.lovelesscafe.com, dag. 7-21 uur. Carol Fay Ellison en haar zelfgebakken koekjes zijn een fenomeen in het hele land en hebben het zelfs tot een *nationwide* televisieprogramma geschopt. Haar stevige ontbijt vult zelfs de buik van een houthakker! Ontbijtspecials vanaf $ 11.

Southern style – **Arnold's Country Kitchen 4:** 605 8th Ave. S, tel. 615 256 4455, www.arnoldscountrykitchen.com, ma.-vr. alleen 's middags. Opperbeste sfeer, klassieke *Meat and Three*-diner met enorme porties. Hoofdgerecht vanaf $ 7,50.

Winkelen

Westernmode – **Nashville Cowboy 1:** 132 2nd Ave. N, tel. 615 259 8922, www.twofreeboots.com. Het complete assortiment voor een country-and-westernoutfit.

Gitaren – **Gruhn Guitars 2:** 2120 8th Ave. S, tel. 615 256 2033, www.gruhn.com. De ultieme gitaarwinkel.

Cd's en vinyl – **Ernest Tubb Record Shops 3:** 417 Broadway, tel. 615 255 7503,

www.etrecordshop.com. Alle nieuwe countryhits en golden oldies. **Grimey's New and Preloved Music** 4: 1604 8th Ave. S, tel. 615 254 4801, www.grimeys.com. Wie geen country zoekt, zal het hier toch vinden, op plaat en op cd.
Outlet mall – **Opry Mills** 5: 2802 Opryland Dr., www.oprymills.com. De grote *mall* vlak bij het Grand Old Opry House is helemaal hersteld van de overstroming van 2010.
Sierlijk – **Fatherland District** 6: hoek 1100 Fatherland/Pavilion East, www.fatherland district.com/shoppes-on-fatherland. Ruim twintig kleine winkels, waaronder vele met kunstnijverheid en leuke accessoires.

Uitgaan

Concerten – **Ryman Auditorium** 4: 116 5th Ave. N, tel. 615 889 3060, www.ryman.com, dag. 9-16 uur. Meesterlijk gerestaureerde concertzaal in het centrum. Rondleidingen en concerten van verschillende genres.
Muziek- en danscafé – **Wildhorse Saloon** 1: 120 2nd Ave. N, tel. 615 902 8200, www.wildhorsesaloon.com. Vanouds een bekend adres voor muziek en dans.
Country op zijn best – **Tootsie's Orchid Lounge** 2: 422 Broadway, tel. 615 726 0463, www.tootsies.net. Geweldige 'honkytonk' in het hart van de countrymuziek.
Livemuziek – **Douglas Corner Café** 3: 2106 A 8th Ave. S, tel. 615 298 1688, www.douglascorner.com. Bands spelen live van country tot blues.
Rock en pop – **Exit/In** 4: 2208 Elliston Pl., tel. 615 321 3340, www.exitin.com. Rock- en popconcerten, ook van bekende bands en zangers.
Clubscene – **Bluebird Café** 5: 4104 Hillsboro Pike, tel. 615 383 1461, www.bluebird cafe.com. Kleine interessante club. Show met jonge talenten, die met elk drie nummers na elkaar optreden.

Actief

Stadsbezichtiging – **Rondritten per trolleybus** naar de belangrijkste bezienswaardigheden, met hop-on-hop-offmogelijkheid. Vertrek 2nd/Broadway, reserveren in de hotels of bij Gray Line, www.grayline.com (volwassene vanaf $ 21, 5-11 jaar vanaf $ 9). **Music Row Tours** 1: 30 Music Sq. W, tel. 615 416 2001, dag. 10.30-14.30 uur. Bekijk de Music Row met de RCA Victor Studio B, excursie met Hall of Fame en Studio B volwassene $ 18, tot 17 jaar $ 17.
Joggen – **Centennial Park** 2: (zie ook Parthenon 8 blz. 416, www.parthenon.org) West End Ave., de voortzetting van Broadway naar het zuidwesten, is een van de populairste hardlooproutes in de stad.
Zwemmen – **J. Percy Priest Reservoir** 3: zo'n 18 km/11 mijl ten oosten van Nashville. In en om dit stuwmeer kun je zwemmen, joggen en een bootje huren.
Golfen – **Hermitage Golf Course** 4: 3939 Old Hickory Blvd. in Old Hickory, tel. 615 847 4001, www.hermitagegolf.com.

Evenementen

Tin Pan South: begin april. Groot songwritersfestival, ook voor nieuwe talenten, www.tinpansouth.com.
International Country Music Fan Fair: 2e weekend in juni. Het grootste countryfestival aan de oever van de Cumberland River, tel. 615 244 2840, www.cmaworld.com.
Music City July 4th: 4 juli. Riverfront Park, Groot feest op Independence Day.

Vervoer

Vliegtuig: Nashville International Airport (BNA), tel. 615 275 1675, www.flynashville.com. Op de luchthaven, zo'n 20 km/12 mijl van het centrum, vliegen diverse Amerikaanse maatschappijen. Pendelbus van of naar het centrum $ 12-25, taxi vanaf $ 25.
Bus: Greyhound, 709 5th Ave. S, tel. 615 255 3556, www.greyhound.com. Verschillende verbindingen in alle windrichtingen.

Vervoer in de stad

Bussen van de Metropolitan Transit Authority rijden op 48 routes door de stad, ook naar de luchthaven, kaartje $ 1,70, weekpas $ 16, www.nashvillemta.org.
Gratis trolleybussen van het Music City Circuit pendelen tussen The Gulch en Riverfront Station en langs de Bicentennial Mall

en stoppen bij de Music Hall of Fame, het Ryman Auditorium en zestig andere haltes.

Ten noorden van Nashville ▸ 3, H/J 1

Land between the Lakes

www.landbetweenthelakes.us, The Homeplace en Nature Station mrt.-nov. wo.-zo. 10-17, apr.-okt. dag. 10-17 uur, volwassene $ 5, 5-12 jaar $ 3

Ten noorden van het stadje **Dover**, aan de grens met Kentucky, ligt tussen de Cumberland River in het oosten en de Tennessee River in het westen, die hier, door dammen gestuwd, **Lake Barkley** en **Kentucky Lake** heten, een gebied van bijna 70.000 ha groot, dat het 'Land between the Lakes' wordt genoemd. De Tennessee Valley Authority, verantwoordelijk voor de waterstand en de energiewinning uit waterkracht, heeft de traditionele exploitatie van deze bossen overgenomen en er een recreatiegebied en natuurreservaat van gemaakt (zie Thema blz. 429). Een boerderij uit 1850, **The Homeplace**, met pioniersblokhutten, wordt op de ouderwetse manier geleid, een hier grazende kudde bizons herinnert aan de tijd voordat de witte pioniers binnendrongen. Het **Nature Station** aan de Mulberry Road informeert over de ecologische samenhang in het natuurpark.

Fort Donelson National Battlefield

US 79, tel. 931 232 5706, www.nps.gov/fodo, dag. 8-16.30 uur, gratis

Het **Fort Donelson National Battlefield**, direct ten zuiden van het natuurreservaat documenteert met monumenten en informatieborden de eerste belangrijke overwinning van de Unie op de Confederatie in februari 1862.

Informatie

Golden Pond Visitor Center: 238 Visitor Center Dr.Golden Pond, Kentucky 42211, tel. 800 525 7077, www.lbl.org, dag. 9-17 uur.

Van Nashville naar Lynchburg

Murfreesboro ▸ 3, L 2

In Murfreesboro, een stad met ongeveer 130.000 inwoners zo'n 48 km/30 mijl ten zuidoosten van Nashville, markeert een 8 m hoge obelisk aan de **Old Lascassas Pike** het geografische midden van Tennessee. Zeven jaar lang, tot 1826, was dit de hoofdstad van de staat, tot Nashville bij een stemming in het parlement met slechts één stem voorsprong de voorkeur kreeg.

Cannonsburg Village

312 S Front St., tel. 615 890 0355, www.cannonsburgvillage.com, mei-nov. di.-za. vanaf 9 uur met wisselende sluitingstijden, zo. 13-16 uur, gratis

In het openluchtmuseum **Cannonsburg Village** kun je de bloeitijd van Murfreesboro navoelen en blokhutten, een smidse, de *general store*, een piepklein schooltje, het kerkje en een molen bezichtigen. Informatie in de Honey Creek Inn.

Discovery Center

502 SE Broad St., tel. 615 890 2300, www.explorethedc.org, ma.-za. 10-17, zo. 13-17 uur, $ 8 per persoon

Het moderne, prachtig ingerichte **Discovery Center** richt zich op een jong publiek dat geïnteresseerd is in natuurwetenschappelijke experimenten en op andere creatieve uitdagingen.

Stones River National Battlefield

Visitor Center: 3501 Old Nashville Highway, www.nps.gov/stri, dag. 9-17 uur

Een door wandelaars, hardlopers en fietsers gewaardeerd pad van ruim 7 km/4 mijl voert naar het **Stones River National Battlefield**. Van 31 december 1862 tot 2 januari 1863 werd hier een bloedige slag in de Burgeroorlog uitgevochten, waardoor de troepen van de Unie verder in het zuidoosten van Tennessee konden oprukken. Een rondrit per auto of een 7 km/4 mijl lang wandelpad vanaf het bezoekerscentrum door het natuurlandschap volgt de diverse stadia van de strijd.

Informatie

Rutherford County Convention & Visitors Bureau: 3050 Medical Center Pkwy., Murfreesboro, tel. 615 893 6565, www.readyset rutherford.com.

Shelbyville ▶ 3, L 2

Na een rit van 40 km/25 mijl door een zacht glooiend landschap bereik je **Shelbyville**. Wie zich interesseert voor de beroemde gangenpaarden van het type Tennessee Walker, zit hier goed. Het stadje met ruim 20.000 inwoners en vele maneges en trainingsfaciliteiten in de nabije omgeving is het centrum van de fok van dit paardenras.

Informatie

Shelbyville/Bedford County Chamber of Commerce: 100 B. Cannon Blvd., tel. 931 684 3482, www.shelbyvilletn.com, ma.-vr. 8-16 uur.

Evenementen

Tennessee Walking Horses Celebration: begin sept. Tienduizenden mensen komen samen om de demonstraties met paarden te bewonderen (www.twhnc.com).

Manchester ▶ 3, L 3

Old Stone Fort State Archaeological Park

732 Stone Fort Dr., Manchester, tel. 931 723 5073, www.tnstateparks.com/parks/about/old-stone-fort, museum dag. 8-16.30 uur, gratis

De 140 tot 180 cm hoge en rond 1500 m lange steenwallen van het **Old Stone Fort State Archaeological Park** aan de westrand van het plaatsje Manchester op een hoogte boven de Duck River hebben al sinds de komst van de eerste witte kolonisten tot speculaties geleid. Omdat er geen graven en ook geen potscherven of huishoudelijk afval zijn gevonden, nemen archeologen aan dat het 1500 tot 2000 jaar geleden gebouwde complex uitsluitend een ceremoniële functie had voor de woudindianen.

Tullahoma ▶ 3, L 3

Na een autorit van 20 minuten zuidwaarts over de SR 55 bereik je het stadje Tullahoma. Het is vooral bekend onder whiskeykenners, die de hier geproduceerde sterkedrank van goede kwaliteit waarderen.

Beechcraft Heritage Museum

570 Old Shelbyville Hwy., tel. 931 455 1974, www.beechcraftheritagemuseum.org, mrt.-nov. di.-za. 8.30-16.30 uur, volwassene $ 10, 12-17 jaar $ 5

Met oude vliegtuigen, foto's en schilderijen belicht het **Beechcraft Heritage Museum** de historie van lokale vliegtuigreparateurs.

George Dickel Distillery Tour

1950 Cascade Hollow Rd., tel. 931 857 4110, www.dickel.com, ma.-za. 9-16.30, zo. 11.30-17 uur, jan.-feb. di. gesl., gratis rondleiding, proeverij $ 12

De **George Dickel Distillery Tour** leer je alles over de geheimen van de distilleerderij, die al vanaf 1870 Tennessee whiskey maakt en deze – heel apart – na het distilleren en voor het filteren laat afkoelen met bronwater.

Lynchburg ▶ 3, L 3

Het stadje Lynchburg zelf is zeker ook de moeite waard. De oude *drugstore*, de Sheriff's Office met twee van tralies voorziene cellen en het gerechtshof uit 1884 rond het plein in het centrum van de stad wekken de indruk dat de tijd hier heeft stilgestaan.

Jack Daniel's Distillery

182 Lynchburg Hwy./SR 55, tel. 931 759 6357, www.jackdaniels.com/thedistillery, gratis rondleiding, dag. 9-16.30 uur

Na nog eens 20 km/13 mijl over de SR 55 bereik je **Lynchburg**, de plaats waar **Jack Da-**

Jack Daniel's Destillery produceert sterkedrank in een drooggelegde regio

niel's wordt geproduceerd, een van de beroemdste merken whiskey ter wereld. Oprichter van het bedrijf was een zekere Jasper Newton Daniel, maar iedereen noemde hem Mister Jack. Ook na zijn voortijdige dood in 1911 – hij overleed aan een infectie in zijn been, nadat hij naar verluidt in een vlaag van woede tegen zijn geldkist had geschopt – waakt zijn geest nog altijd over Lynchburg. De in 1866 door hem gestichte distilleerderij, inmiddels opgenomen in het National Register of Historic Places, produceert zijn Tennessee Sour Mash Sippin' Whiskey van het merk Jack Daniel's No. 7 in een vierkante fles met een zwart etiket (Black Jack) nog altijd op dezelfde wijze als destijds, namelijk veredeld door een houtskoolfilter.

Wie denkt dat Tennessee whiskey hetzelfde is als bourbon, wordt tijdens de gratis rondleiding door de stokerij snel uit de droom geholpen. Gratis is ook de proeverij van Jack Daniel's Yellow Label na de rondleiding – citroenlimonade, want Moore County, waarin Lynchburg ligt, is een drooggelegde regio, waar spiritualia geheel verboden zijn.

Informatie

Lynchburg Visitors Center: 216 12th St., tel. 434-847-1811, www.discoverlynchburg.org, dag. 9-17 uur.

Eten en drinken

Traditioneel eethuisje – **Miss Mary Bobo's Boarding House:** 295 Main St./Town Sq., tel. 931 759 7394, alleen 's middags. Traditionele en landelijke keuken van de zuidoostelijke staten. Minstens veertien dagen van tevoren reserveren. Gerecht ongeveer $ 20.

Het oosten van Tennessee

De zacht golvende hoogvlakte van het Cumberland Plateau eindigt in het oosten van Tennessee. In het nu volgende brede dal tot de bergkam van de Appalachen zoekt de eigenzinnige Tennessee River zich van het noordoosten een weg naar Chattanooga. Totdat de rivier in de jaren 30 getemd werd, stond de regio bekend als achtergebleven.

Eind 18e eeuw vormden de Appalachen nog wel de officiële westgrens van het gebied van de witte kolonisten, maar de drang van de witte pioniers om naar het indianenland aan de andere kant van de bergen te trekken nam gestaag toe. Al in 1768 vestigden zich de eerste kolonisten aan de Watauga River in het noordoosten van het destijds door North Carolina geclaimde gebied. Schots-Ierse kolonisten uit de Carolina's, van oorsprong Duitse immigranten uit Pennsylvania en Engelsen uit Virginia lieten zich verleiden door de verhalen over het vruchtbare land aan de voet van de bergen.

Na afloop van de Onafhankelijkheidsoorlog tegen de Britse koloniale macht nam de landhonger nog toe. In 1796 stichtte het Congres in Washington ten langen leste de nieuwe staat Tennessee.

Het mocht de daar wonende Cherokee niet baten dat zij begin 19e eeuw hun tradities en godsdienst opgaven en een 'indianenrepubliek' naar het voorbeeld van de Verenigde Staten stichtten. In 1828 werd hun laatste stuk land in beslag genomen, in 1830 werd besloten de gehele stam naar Oklahoma te verbannen.

Cumberland Gap en omgeving ▸2, C 2

Al in 1750 zocht een expeditie onder leiding van Thomas Walker een weg naar het westen door de regio rond **Kingsport**, tegenwoordig een stad met grote bedrijfswoonwijken in een fraaie omgeving aan de grens met Virginia. Niet lang daarna stuitte men op de gezochte laagte *(gap)* in de Appalachen, die al eeuwenlang werd gebruikt door wilde dieren en indianen. Zo'n 25 jaar later bakende Daniel Boone dit pad af en markeerde het traject, waardoor al in 1800 driekwart van alle naar Kentucky trekkende pioniers de directe weg over de **Cumberland Gap** konden nemen.

Cumberland Gap National Historical Park

Tel. 606 248 2817, www.nps.gov/cuga, Visitor Center, dag. 8-17, half nov.-half mrt. 9-16 uur

Het **Cumberland Gap National Historical Park** beschermt een dicht bebost, 75 km^2 groot deel van het gebergte in het grensgebied van Virginia, Kentucky en Tennessee. In het Visitor Center zijn handgereedschappen en wapens van de eerste kolonisten tentoongesteld en informeert een expositie over het belang van het pad voor de trek naar de westelijke territoria.

Van de Pinnacle Overlook, die op even rijden van het bezoekerscentrum ligt, ontvouwt zich een prachtig panorama op het door beboste hellingen omzoomde Lake Aldred, dat door de Susquehanna River wordt gevoed.

Ongeveer 80 km/50 mijl aan gemarkeerde paden is uitsluitend bestemd voor wandelaars. De ongeveer 24 km/15 mijl lange Ridge Trail over de kam belooft steeds nieuwe vergezichten op de dalen.

Mountain People: witte kolonisten in de bergen

In 1802 werd in White Oaks, het huidige Gatlinburg, het eerste witte kind ten westen van de Appalachen geboren. Het gebergte gold tot eind 18e eeuw nog als inofficiële grens tussen koloniaal gebied en het land van de indianen. Maar de expansiedrift van de kolonisten was groter dan alle afspraken met de oorspronkelijke bewoners.

Voor de verdere kolonisatie van het Westen, over de Mississippi naar de Grote Oceaan, trokken de witte pioniers over de bergen om zich aanvankelijk tussen de Appalachen en het Cumberland Plateau te vestigen. De kolonisten moesten het land kopen van grondspeculanten voor wie snel verdiend geld het belangrijkste was. Veel landverhuizers kwamen uit de koloniën en latere oostelijke staten, slechts weinigen 'vers van de boot', uit Europa dus.

Die pioniers begonnen bossen te ontginnen tot weiden en akkers. Ze velden de bomen met zaag en bijl of brachten zulke wonden op de stammen aan dat ze na een paar jaar afstierven en konden worden afgebrand. Reeds halverwege de 19e eeuw werden de weinige vruchtbare stukken in de dalen schaars en moest de volgende generatie genoegen nemen met slechtere grond.

Veel steile hellingen waren alleen geschikt als weidegrond voor geiten, schapen en runderen, niet voor het verbouwen van graan. Grafstenen op kleine kerkhoven van baptisten en methodisten getuigen nog altijd van de geringe levensverwachting en de hoge kindersterfte. In de Cades Cove en andere dalen en open plekken in de Smoky Mountains konden de mensen hun honger niet meer stillen met de opbrengsten van de al snel uitgeputte bodem. Bijna ieder tweede gezin moest huis en hof verlaten om verder westelijk opnieuw zijn geluk te beproeven.

De kolonisten leefden in nauwe verbondenheid met hun land. De stammen van de zojuist gevelde populieren leverden ideale balken voor blokhutten. Zandsteen en goed te vormen kalksteen dienden als bouwmateriaal voor haarden en schoorstenen, een simpel papje van modder en leem was geschikt als mortel. Vrijwel alle meubels en gebruiksvoorwerpen werden door het gezin zelf gemaakt.

Veel vrije tijd om een eigen cultuur te ontwikkelen hadden de hardwerkende mensen niet. Neigingen tot artistieke uitdrukkingsvormen moesten verenigd worden met een praktisch nut. De vrouwen toonden hun gevoel voor vormen en kleuren bij het quilten, het maken van dekens uit restjes stof. Mannen hadden er plezier in 's winters de huishoudelijke voorwerpen te versieren met houtsnijwerk. Kerkelijke feesten en gemeenschapswerk boden de welkome gelegenheid om te musiceren, te zingen en te dansen – *'to tune up the fiddle an raise up the bow'.*

Actief

HIKEN OP DE BLACK MOUNTAIN LOOP VAN DE CUMBERLAND TRAIL

Informatie

Begin: parkeerterrein Black Mountain (rechts)
Lengte: 2,5 km (een kleine 2 mijl)
Duur: circa 90 min.
Moeilijkheidsgraad: matig
Info: www.cumberlandtrail.org

Heenreis: verlaat de I-40 bij exit 329. Volg daarna de borden met Cumberland Trail State Park. Rijd nu over Battown Rd., die later Black Mountain Rd. heet, verder richting State Park, tot je het parkeerterrein Black Mountain bereikt.

Van de **Cumberland Gap** loopt een wandelpad over de kam van de breukkant van het Cumberland Plateau tot het zuidelijke Chattanooga. Deze **Cumberland Trail**, een gezamenlijk project van particuliere initiatieven en wandelclubs, verbindt bestaande State Parks en prachtige bossen. Volgens de initiatiefnemers moet de trail ooit een lengte van circa 400 km krijgen. Inmiddels zijn grote delen gereedgemaakt, waaronder de **Black Mountain Loop**, een traject met mooie uitkijkpunten rond de top van de **Black Mountain** in het segment van het langeafstandspad ten zuiden van de I-40, Grassy Cove.

Vanaf het parkeerterrein loop je ruim 200 m over een geasfalteerd pad schuin terug tot het **Spring House** ('bronhuis'). Hier zijn nog de fundamenten van twee eerdere woonhuizen te zien. Niet ver van het Spring House staan overzichtspanelen van de Cumberland Trail en de Black Mountain Loop. De Black Mountain is vanwege zijn uitdagende rotsen geliefd bij sportklimmers en daagt hen uit tot zware inspanningen.

Rechts van het bronhuisje lopen enkele treden naarboven en daarna gaat een ongeveer 300 m lange bocht linksom naar de **Black Mountain Southern Overlook**. Wie niet goed ter been is, vindt hier al een uitkijkpunt met een mooi uitzicht op het **Cumberland Plateau** en het dal van de Tennessee River. Bij helder weer kun je zelfs de contouren van de **Smoky Mountains** ver in het oosten onderscheiden.

Het wandelpad gaat naar links en na nog eens 300 m ben je weer bij een trap, die afdaalt naar de eigenlijke Cumberland Trail.
Als je echter rechts aanhoudt, kom je na ruim 600 m bij de **Black Mountain Northern Overlook**, die uitzicht biedt op het **Crab Orcharddal** in de diepte. 's Winters is het beter te zien, als de takken kort zijn. Nog 800 m over de trail door een klein bos met Amerikaanse okkernoot- en sassafrasbomen en struiken *kalmia* (laurierroos), die in het voorjaar van donkerroze tot wit bloeit, en je bent na ongeveer 1,5 uur terug bij het beginpunt.

Het noordoosten

Johnson City en omgeving ► 2, F 1

Dit regionale knooppunt met bijna 67.000 inwoners is de handelsplaats van dit in recessie geraakte deel van Noordoost-Tennessee, met tabaksbouw en zuivelindustrie. Korte tijd, namelijk van 1790 tot 1792, was het de hoofdstad van het Southwest Territory ten zuiden van de Ohio River.

Rocky Mount

200 Hyder Hill Rd., Piney Flats, 6,5 km/4 mijl ten zuiden van het centrum, bij de US 11 E, tel. 423 538 7396, www.rockymountmuseum.com, begin mrt.-half dec. di.-za. 11-17 uur, volwassene $ 8, 5-17 jaar $ 5

In de zomermaanden verlevendigen in historische kostuums geklede acteurs de als museum ingerichte blokhut van Rocky Mount. De hut was van 1790 tot 1792 de regeringszetel van de gouverneur van het territorium, voordat hij verhuisde naar het zuidelijker Knoxville.

Jonesborough ► 2, F 2

www.jonesboroughtn.org, tel. 423 753 1010

In Jonesborough, circa 13 km/8 mijl ten westen van Johnson City, probeerden kolonisten zich in 1784 onafhankelijk van North Carolina te maken en riepen de State of Franklin uit. Na korte tijd maakte het Congres in Washington de ontstane situatie met een pennenstreek ongedaan. Pas in 1796 stelde het de staat Tennessee in, evenwel met een sterke vertegenwoordiging van de veteranen uit Jonesborough. Het **historische district** van het stadje is interessant vanwege de paar oude huizen uit de eerste helft van de 18e eeuw.

Birthplace of Country Music Museum ► 2, F 1

520 Birthplace of Country Music Way, Bristol, VA 24201, tel. 423 573 1927, www.birthplaceofcountrymusic.org. di.-za. 10-18, zo. 13-17 uur, volwassene $ 14, 6-17 jaar $ 12

Voor countryfans is een uitstapje naar het direct aan de grens met Virginia gelegen Bristol een aanrader. In het in 2015 geopende **Birthplace of Country Music Museum** ontmoeten muzikaal erfgoed en de moderne tijd elkaar. Het levendige museum staat onder toezicht van het Smithsonian Institution.

Informatie

Convention & Visitors Bureau: 603 E Market St., tel. 423 461 8000, www.johnsoncitytnchamber.com, ma.-vr. 9-17 uur.

David Crockett Birthplace State Park ► 2, F 2

Hwy. 11/1245 Davy Crockett Park Rd., tel. 423 257 2167, www.tnstateparks.com/parks/about/david-crockett, park 8 uur tot zonsondergang, museum ma.-vr. 8-12 en 13-16.30, za.-zo. 10-16.30 uur, gratis

In het plaatsje Limestone is de hut waarin David Crockett in 1786 werd geboren gereconstrueerd. Een tentoonstelling in het bezoekerscentrum van Limestone herinnert aan de avonturier, jager, grappenmaker, politicus en volksheld, aan wiens spannende leven in 1836 een bloedig einde kwam in het oosten van Texas bij de **Slag om de Alamo** tegen het Mexicaanse leger.

Knoxville ▶ 2, D 2

Het levendige Knoxville, een stad met een kleine 180.000 inwoners, was in 1982 gastheer van de Wereldtentoonstelling (Expo). Het levendige karakter dankt de stad aan de aanwezigheid van de **University of Tennessee**, die met 30 duizend studenten tot de grootste universiteiten van de staat hoort. Verder is hier het hoofdkantoor gevestigd van de Tennessee Valley Authority, de grootste werkgever van het hele dal van de Tennessee River. In de 18e eeuw heette het hier nog James White's Fort, naar een generaal uit de Onafhankelijkheidsoorlog. In 1792 verhuisde de regering van het Southwest Territory, het Amerikaanse gebied ten zuiden van de Ohio River, naar dit fort. De stad werd vervolgens vernoemd naar Henry Knox, de toenmalige Amerikaanse minister van Oorlog.

Governor William Blount Mansion

200 W Hill Ave., tel. 865 525 2375, www.blountmansion.org, mrt.-dec. di.-vr. 9.30-17, za. 10-14 uur, volwassene $ 7, 6-17 jaar $ 5

De nagebouwde woning van de eerste gouverneur van Tennessee, het **Governor William Blount Mansion**, is ingericht met stijlmeubelen en is te bezichtigen.

Musea

Kunstliefhebbers kunnen hun hart ophalen aan de vele kunstmusea, zoals de **Ewing Gallery** op het terrein van de universiteit (1717 Volunteer Blvd., tel. 865 974 3200), het **Emporium Center for Arts & Culture** (100 Gay St., tel. 865 523 7543) en de **University Downtown Gallery** (106 S Gay St., tel. 865 673 0802).

Knoxville Museum of Art

1050 World's Fair Park Dr., tel. 865 525 6101, www.knoxart.org, di.-za. 10-17, zo. 13-17 uur, gratis

Het moderne **Knoxville Museum of Art** toont behalve interessante wisselende exposities een voortreffelijke verzameling hedendaagse Amerikaanse kunst.

Women's Basketball Hall of Fame

700 Hall of Fame Dr., tel. 865 633 9000, www.wbhof.com, begin sept.-apr. di.-vr. 11-17, za. 10-17, mei-begin sept. ma.-za. 10-17 uur, volwassene $ 7,95, 6-15 jaar $ 5,95

Wie een warme belangstelling voor basketbal heeft, is wellicht aangenaam verrast in Knoxville de **Women's Basketball Hall of Fame** aan te treffen. Hier krijg je werkelijk alle informatie over basketballen voor vrouwen en worden opvallend goede Amerikaanse basketbalspeelsters, zoals Pat Summitt en Ceal Barry, in het zonnetje gezet.

Informatie

Visitor Center: 301 S Gay St., TN 37902, tel. 865 523 7263, www.knoxville.org, ma.-vr. 8.30-17, za. 9-17, zo. 12-16 uur.

Accomodatie

Nostalgische pracht – **Marble Hill Inn B&B:** 125 E Glenwood Ave., tel. 865 851 1966. Nostalgische entourage. Met zembad en een geweldig ontbijt. 2 pk vanaf $ 145.

Modern en met zwembad – **Marriott Knoxville:** 500 Hill Ave., tel. 865 637 1234, www.marriott.com. Dit moderne hotel recht tegenover de Women's Basketball Hall of Fame heeft 's zomers een buitenbad. Andere voorzieningen zijn wifi en een klein fitnessruimte. 2 pk vanaf $ 110.

Appartementen – **Mainstay Suites:** 144 Merchants Dr., tel. 865 247 0222, www.choicehotels.com. Eenvoudig hotel met keurige appartementen die zijn voorzien van een minikeuken. 2 pk met ontbijt vanaf $ 110.

Eten en drinken

Vegetarisch – **Tomato Head:** 12 Market Sq., tel. 865 637 4067, www.thetomatohead.com. Op de kaart staan smakelijke pizza's, sandwiches en salades, ook met kaas. Voor niet-vegetariërs zijn er ook enkele gerechten met vlees. Gerecht vanaf $ 7.

Tennessee Valley Authority

Zes keer had senator Norris met zijn wetsvoorstel al zijn neus gestoten in het Congres, maar de zevende keer had hij succes. President Roosevelt steunde zijn plan om de onberekenbare Tennessee River in te dammen en daarmee de regio ten westen van de Appalachen vooruit te helpen.

Op 18 mei 1933 ondertekende president Franklin Delano Roosevelt een wet die voorzag in de oprichting van het staatsbedrijf Tennessee Valley Authority (TVA). De situatie in het verzorgingsgebied van de Tennessee was begin jaren 30 betreurenswaardig: grote gebieden geplaagd door malaria, een grotendeels onbevaarbare rivier door wandelende zandbanken, een uitgeputte bodem, bedreiging door erosie, telkens opnieuw overstromingen, gebreken bij kinderen door ondervoeding, een ontoereikend schoolsysteem, roofbouw op de ooit eindeloze bossen en slechts 3 % van de huishoudens beschikte over elektriciteit.

De TVA moest de bevaarbaarheid, bescherming tegen overstromingen, productie van betaalbare elektriciteit en de landbouw bevorderen. Binnen een paar jaar lag er in een gebied van bijna 125.000 km^2 een systeem van stuwdammen, elektriciteitscentrales en servicestations. Een paar duizend arbeiders werden door de TVA opgeleid voor de bouw van stuwdammen. De speciaal daarvoor neergezette woonwijken werden later overgedragen aan de gemeenten. Een bijna 3 m diepe vaargeul van Knoxville tot aan de monding van de Tennessee in de Ohio River bij Paducah liet vrachtvaart toe van New Orleans tot aan de uitlopers van de Appalachen en maakte de regio aantrekkelijker voor handel en nijverheid. De tijdens de Tweede Wereldoorlog door de TVA gebouwde waterkrachtcentrales voorzagen de met hoog energieverbruik werkende aluminiumindustrie van elektriciteit voor de bouw van vliegtuigonderdelen. De fosfaatmestfabrieken in Muscle Shoals werden uitgebreid tot productielijn voor militaire doeleinden. Ook het Manhattan Project bij Knoxville, dat in 1945 tot de vervaardiging van de eerste atoombommen leidde, profiteerde van de enorme hoeveelheden energie die de TVA leverde. Van 1940 tot 1946 werd de capaciteit van de elektriciteitscentrales verhoogd van bijna 1 miljoen naar ruim 2,5 miljoen kWh. De TVA levert nu aan ruim 3 miljoen verbruikers, er is een centrum voor de ontwikkeling van meststoffen en er zijn recreatieve voorzieningen rond vele stuwmeren.

De TVA, nu de grootste Amerikaanse energieproducent, kreeg vanaf het begin zware kritiek te verduren. Conservatieve politici vreesden een 'invoering van het communisme'. Boeren, van wie het land door stuwmeren was overstroomd, wisten zich vaak niet te schikken in de relocatie en schadeloosstelling. Erger verging het de pachters, die geen compensatiebetalingen voor grondbezit kregen. De milieubeweging stelde in de jaren 60 de aanleg van stuwdammen, de dagbouw en luchtvervuiling door de slecht gefilterde verbrandingsgassen aan de kaak. Inmiddels neemt het noodlijdende staatsenergiebedrijf zelfs overtollige energie van particuliere aanbieders van zonne- en windenergie in zijn net op. In zijn tachtigjarige bestaan heeft de TVA ertoe bijgedragen dat een arme, gedupeerde landstreek in een economisch welvarende regio veranderde.

Barbecueklassieker – **Calhoun's:** 625 Turkey Cove Ln., tel. 865 288 1600, www.calhouns.com. Volgens de lokale bevolking hebben ze hier de beste gegrilde spareribs van de wijk Turkey Creek. Gerecht $ 9-29.

Uitgaan

Kroeg – **Barley's Taproom:** 200 E Jackson Ave., tel. 865 521 0092, www.barleysknoxville.com. Tientallen bieren van de tap, een mooie gelegenheid om te biljarten, te darten enzovoort zorgen voor een geweldige sfeer.

Vervoer

Streekvervoer: Trolley Lines: de gratis rode trolleybussen pendelen over 3 lijnen tussen verschillende bezienswaardigheden in het

Tip

MUSEUM OF APPALACHIA

Het Museum of Appalachia (▶ 2, D 2) bij **Clinton** is een van de mooiste museumdorpen van de VS. Tegen de veertig gebouwen uit de bergen van Oost-Tennessee – woonhuizen, schuren, blokhutten en verschillende agrarische gebouwen – zijn ingericht met tafels, stoelen, kasten en werktuigen uit de pionierstijd. Het arrangement van huizen, stallen en schuren, het schooltje, de smederij en de kleine kapel ziet eruit alsof de bewoners net de deur uit zijn om even water te halen bij de put. Een bijenkorf, een stal voor pluimvee en een paar ossen, koeien, varkens, geiten en schapen zorgen ervoor dat de gedachte aan een onbewoond museumdorp niet eens bij je opkomt.

De hier bijeengebrachte blokhutten van kleine boerderijen en de foto's van hun vroegere bewoners getuigen van een leven vol ontberingen in een schitterende, maar niet erg vrijgevige natuur. *Mountain music and a good time* – de muzikanten van de Museum of Appalachia Band spelen op banjo, bas, gitaar en mondharmonica op een podium van het uitgestrekte terrein van het museumdorp, dat jaarlijks tienduizenden bezoekers uit alle delen van de VS trekt. Van 9 uur tot het aanbreken van de duisternis geven medewerkers en vrijwilligers een levendige indruk van de muzikale tradities van de streek: bluegrass, mountain music en religieuze muziek.

Daarnaast worden ambachtelijke technieken gedemonstreerd, zoals het verwerken van suikerriet, het koken van melasse, schapen scheren, wol spinnen en het zieden van huishoudzeep. Houtsnijders maken kleine kunstwerkjes van grove stukken hout. Diverse koks verzorgen de inwendige mens met de stevige en smakelijke gerechten van het *good old southern cooking*. Zo nu en dan worden er bovendien discussies georganiseerd met schrijvers, die dan ook uit hun werk voorlezen. Tot de vele prominenten die zich deze geweldige bijeenkomsten nooit lieten ontgaan, behoorde tot zijn dood in 1992 ook Alex Haley, wiens tot televisieserie verwerkte roman *Roots* over de geschiedenis van de Afro-Amerikanen wereldwijd miljoenen mensen ontroerde (noordelijk van Norris, tel. 865 494 7680, www.museumofappalachia.org, dag. 9-18/19 uur, volwassene $ 18, 5-12 jaar $ 6, 13-17 jaar $ 10).

centrum van de stad. De anders gekleurde bussen van de Knoxville Area Transit (www.katbus.com) kosten $ 1,50 per rit.

Omgeving van Knoxville

De indrukwekkende stuwdam bij Norris, ongeveer 20 km/12 mijl ten noorden van Knoxville, was een van de eerste projecten van de Tennessee Valley Authority (TVA), die in 1933 aan de gigantische klus begon om de Tennessee River te reguleren (zie blz. 429). De **Norris Dam** draagt de naam van de toenmalige senator George W. Norris uit Nebraska, medeoprichter van de TVA.

Oak Ridge ▶ 2, D 2

Bijna 33 km/ruim 20 mijl ten westen van Knoxville werd in 1943 op aandringen van de Amerikaanse regering in enkele maanden de atoomfabriek van **Oak Ridge** uit de grond gestampt. De angst dat Duitsers met succes aan een atoombom zouden werken, leidde tot het uiterst geheime **Manhattan Project**.

In de afgelegen gebieden achter de Appalachen, voorzien van energie door de waterkrachtcentrale in de Tennessee River, produceerde een gasdifffusiefabriek al snel verrijkt uranium 235. Een grafiet-kernreactor verrijkte het uranium door elektromagnetische splitsing. Tegelijk werd in Hanford, Washington, gewerkt aan een plutoniumfabriek en in Los Alamos, New Mexico, aan de fabriek voor de constructie van atoombommen. Op 6 augustus 1945 om 9.15 uur liet een bommenwerper van de US Air Force de eerste atoombom uit de productie van Oak Ridge los boven Hiroshima, Japan. Drie dagen later verwoestten de Amerikanen ook Nagasaki. In beide steden vielen meer dan 300 duizend doden. Tot nu toe is dit de enige keer geweest dat de atoombom in een oorlog is gebruikt.

Tijdens de geheime werkzaamheden telde de stad zo'n 75.000 inwoners, maar na de oorlog halveerde dat aantal. De diffusiefabriek is nog te zien vanaf een uitkijkpunt aan de SR 58 ten zuiden van Oak Ridge; de reactor is – inmiddels buiten werking – opengesteld voor bezichtiging.

American Museum of Science and Energy

300 S Tulane Ave., tel. 865 576 3200, www.amse.org. ma.-za. 9-17, zo. 13-16 uur, volwassene $ 5, met korting $ 3

In het **American Museum of Science and Energy** wordt niet alleen de geschiedenis van het Manhattan Project exact uit de doeken gedaan. Een van de exposities is algemener van aard en richt zich op de technologie rond de energiewinning, mogelijkheden om energie te besparen en alternatieve bronnen van energie.

Eten en drinken

Heerlijke ijs – **Razzleberry's Ice Cream Lab & Kitchen:** 201 Jackson Sq., tel. 865 481 0300, ma.-do. 11-20, vr. 11-21, za. 8-21 uur. Wonderlijk restaurantje met ijssoorten die zowel lekker als ongewoon zijn. Zo kun je kiezen voor aardbei-watermeloen, wat misschien nog gaat, maar wat te denken van de 'Superman'-smaak?

Naar de Great Smoky Mountains

Met Sevierville, Pigeon Forge, Gatlinburg en Townsend liggen er vier toeristische plaatsen aan de US 441, die van Knoxville naar het **Great Smoky Mountains National Park** (zie blz. 207, www.nps.gov/grsm) voert.

Sevierville ▶ 2, E 2

De toeristische infrastructuur in Sevierville is ingesteld op stromen bezoekers. De ketenhotels, fastfoodzaken en restaurants, de attracties – van de kinderboerderij Exotic Petting Zoo tot het vliegtuigmuseum – en de enorme winkelcentra willen alle meeprofiteren van de koopkracht van de vele bezoekers aan het nabije nationaal park.

Forbidden Caverns

455 Blowing Cave Rd./US 441, tel. 865 453 5972, www.forbiddencavern.com, apr.-nov. ma.-za. 10-18 uur, volwassene $ 16, 5-12 jaar $ 10

In de **Forbidden Caverns** word je meegevoerd naar de onderwereld van druipsteengrotten, met rotswanden die overdekt zijn met onyx, met watervallen en een ondergronds riviertje.

Informatie

Sevierville Convention & Visitors Bureau: 110 Gary Wade Blvd., tel. 865 453 6411, www.visitsevierville.com, ma.-vr. 8.30-17.30 uur.

Pigeon Forge ▶ 2, E 2

Van afgelegen bergromantiek is in **Pigeon Forge** niet veel meer te bespeuren. Je vindt er het ene motel naast het andere. En zo is het ook met winkelcentra (natuurlijk altijd met speciale aanbiedingen), ketenrestaurants en allerlei familieattracties die bezoekers ook buiten het nationaal park hopen te vermaken.

Dollywood

1020 Dollywood Ln., tel. 865 365 5996, www.dollywood.com, mrt.-eind jan., wisselende openingstijden, volwassene $ 80, 4-9 jaar $ 67, parkeren vanaf $ 15

Pigeon Forge is de stad van **Dollywood**, dé superattractie op de westhelling van de Appalachen. Het themapark van de eeuwig jeugdige countryzangeres Dolly Parton verbindt een fantasiewereld in Hollywoodstijl, die net als in elk ander pretpark ter wereld is uitgerust met achtbanen en waterglijbanen, op slimme wijze met folklore, allerlei vormen van kunstnijverheid en vanzelfsprekend countrymuziek

Dolly Parton's Dixie Stampede Dinner & Show, een vrolijk-artistieke show in westernstijl met eten, waarin op speelse wijze de noordelijke tegen de zuidelijke staten aantreden en ze op het eind allemaal samenkomen onder de Stars & Stripes, is een andere attractie van de zangeres (zie onder 'Eten en drinken').

Informatie

Pigeon Forge Welcome Center: 1950 Pkwy., tel. 865 453 8574, www.mypigeonforge.com.

Accommodatie

Eenvoudig en voordelig – **Best Western Plaza Inn:** 3755 Pkwy., tel. 865 453 5538, www.bwplazainn.com. Eenvoudige kamers. Aan de hoofdstraat, maar met drie zwembaden, wifi en koelkast. 2 pk vanaf $ 90.

Eten en drinken

Eten met show – **Dolly Parton's Stampede:** 3848 Pkwy., tel. 865 453 4400, www.dpstampede.com. Show van zo'n twee uur met een wel heel eenvoudig 'menu'; de show begint om 15.30, 18 en 20.30 uur; diner volwassene vanaf $ 50, kind vanaf $ 25.

Southern cuisine – **Mama's Farmhouse:** 208 Pickel St., tel. 865 908 4646, www.mamasfarmhouse.com, dag. 8-22 uur. Een eindje van de doorgaande weg worden hier traditionele gerechten uit de zuidelijke staten op tafel gezet. Maiskolven, kip, steak of gehaktbal. Gerecht $ 9-23.

Winkelen

Outlet en mall – **Pigeon Forge Factory Outlet Mall:** 2850 Parkway, www.pigeonforgefactoryoutlet.com. Fabrieksverkoop van allerlei merkartikelen. **Shops of Pigeon Forge:** 161 E Wears Valley Rd., www.mypigeonforge.com/things-to-do/shopping. Diverse winkels en restaurants.

Uitgaan

Pigeon Forge is deels *dry*, dat wil zeggen dat er wel alcohol wordt geschonken, maar niet in winkels wordt verkocht; in Gatlinburg geldt die beperking niet.

Gatlinburg ▶ 2, E 2

Gatlinburg grenst direct aan het Great Smoky Mountains National Park. In 1802 werd in White Oak Flats, dat later werd omgedoopt tot Gatlinburg, het eerste kind van witte kolonisten ten westen van de Appalachen geboren. Halverwege de 19e eeuw – enkele families woonden er toen al voor de derde generatie – werden de vruchtbare delen van het dal schaars en moesten zowel de volgende generatie als nieuwe landverhuizers uitwijken naar hogere gebieden met slechtere grond of verder naar het westen trekken.

Met de stichting van het Great Smoky Mountains National Park in 1934 veranderde het rustige Gatlinburg als uitvalsbasis voor parkbezoekers van gezicht: er kwamen tientallen restaurants, hotels en attracties bij en er ontstonden 's zomers geregeld files.

Een moderne kabelbaan, de **Ober Gatlinburg Tramway** (geen tram! www.ober gatlinburg.com), brengt je naar een pretpark met een winterse ski-arena; de concurrerende **Gatlinburg Sky Lift** (www.gatlinburg skylift.com), een stoeltjeslift, brengt je naar de top van de **Crockett Mountain**.

Met *Rocky Top* gaat Gatlinburg trouwens prat op een van de officiële volksliederen van Tennessee. Het componisten- en entertainmentduo Boudleaux en Felice Bryant schreef dit liedje, dat het verlies van het vrije, ongecompliceerde bergleven betreurt, in 1967 voor een optreden in Gatlinburg.

Informatie

Gatlinburg Welcome Center: 1011 Banner Rd., tel. 865 436 0519, www.gatlinburg.com.

Accommodatie

Aan de rivier – **Baymont by Wyndham Gatlinburg on the River:** 293 Parkway, tel. 865 325 9751, www.wyndhamhotels.com. Geen luxehotel, maar wel modern en comfortabel, met balkon boven de Little Pigeon River. Kamer met ontbijt vanaf $ 125.

Landelijk – **Buckhorn Inn:** 2140 Tudor Mountain Rd., tel. 865 436 4668, www.buck orninn.com. Smaakvol hotel waarin al sinds 1938 gasten worden ontvangen; goed restaurant, fitnessruimte. 2 pk vanaf $ 125.

Eten en drinken

De beste forel van de stad – **Smoky Mountain Trout House:** 410 N Pkwy., tel. 865 436 5416. Forellen uit eigen kweek, op een tiental verschillende manieren bereid. De gerechten worden geserveerd in een speelse vissersambiance. Gerecht $ 14-22.

Ideaal voor de koffiepauze – **Wild Plum Tearoom:** 555 Buckhorn Rd., op het terrein van de Great Smoky Arts & Crafts Community, tel. 865 436 3808, www.wildplumtearoom.com. Aangename kleine lunchgelegenheid, ook met koffie, gebak en lekkere desserts. Gerecht vanaf $ 9.

Uitgaan

Vers van de tap – **Smoky Mountain Brewery:** 1004 Pkwy., tel. 865 436 4200, www.smoky-mtn-brewery.com. Bieren uit de eigen microbrouwerij en barfood. Kleine gerechten vanaf $ 9.

Populaire bar – **Mellow Mushroom:** 903 Pkwy., Suite 103, tel. 865 277 0600, www.mellowmushroom.com/store/gatlinburg. Bier, sterkedrank, cocktails en pizza's.

Livemuziek en dansen – **Hogg's Upstairs Taverne:** 745 Parkway, Suite 10, tel. 865 436 8515, www.hoggsupstairstaverne.com. Bier van de tap, sportuitzendingen en dansen van 12-1 uur.

Actief

Paardrijden – **Smoky Mountain Riding Stables:** Hwy. 321, E Pkwy., 6,5 km/4 mijl ten oosten van Gatlinburg, tel. 865 436 5634, www.smokymountainridingstables.com. Ervaren aanbieder van ritten te paard in de bergen van het nationaal park, ook voor kinderen vanaf 5 jaar. Ruitertocht $ 26,50 per 45 min. (zie ook kader Actief blz. 434).

Wildwatervaren – **Rafting in the Smokies:** tussen Dudley Creek Bypass en de US 441, aan de E Pkwy./US 321 N, tel. 800 776 7238, www.raftinginthesmokies.com. De Pigeon River en de Nantahala River aan de westzijde van de Smoky Mountains behoren tot de favoriete rivieren van de betere aanbieders van outdooractivieiten. Ook voor beginners is de tocht over de stroomversnellingen geen probleem in deze stabiele rubberboten. $ 30-42 per tocht; tevens kanoverhuur, tokkelen (aan een kabelbaan omlaagsuizen) en andere activiteiten.

Actief

WANDELEN VAN DE CADES COVE NAAR DE ABRAMS FALLS

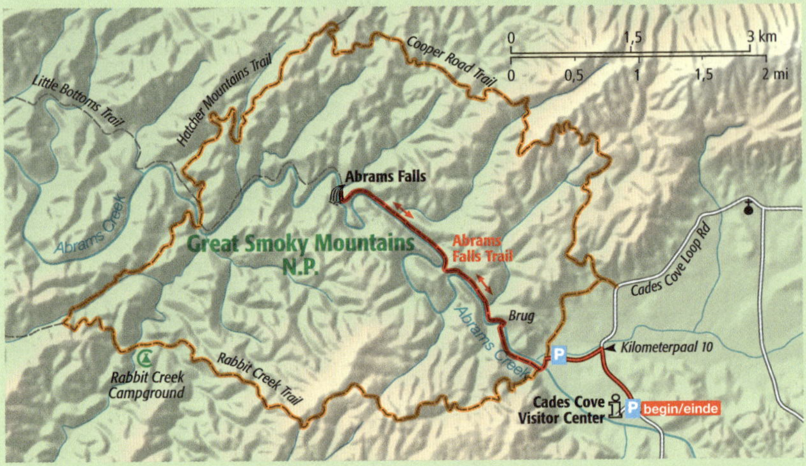

Informatie

Begin: Cades Cove Visitor Center, circa 16 km/10 mijl ten zuiden van Townsend

Duur: circa 3,5 uur

Belangrijk: paardrijden in de Cades Cove en het aangrenzende nationaal park is te boeken bij de Cades Cove Riding Stables; daar zijn ook fietsen te huur en beginnen wildobservatietochten met gids (10018 Campground Dr., Townsend, tel. 865 448 9009, www.cadescovestables.com, ruitertocht met gids vanaf 13 jaar $ 35, kinderen van 2-12 jaar $ 25). Wandelroutes als vouwblad of in een boek zijn verkrijgbaar in het Cades Cove Visitor Center, www.nps.gov/grsm, 's zomers dag. 9-19 uur, park gratis.

Wie in het brede dal van de Cades Cove vroeg vertrekt, verzamelt de meeste indrukken. Zo is 's morgens vroeg de kans om wild tegen te komen het grootst. Van mei tot september zijn op woensdag en zaterdag tot 10 uur auto's geheel verboden op de Cades Cove Loop Rd.

De tocht begint bij het **Visitor Center** in de Cades Cove. Eerst volg je de **Cades Cove Loop Road** een paar honderd meter naar het noorden tot kilometerpaal 10. Hier ga je naar links. Vanaf nu volg je de borden. Wie zijn auto op de parkeerplaats zet, heeft nu nog 8 km/5 mijl te gaan. Het is eigenlijk onmogelijk om te verdwalen.

Het pad loopt vrijwel geheel parallel aan de **Abrams Creek** in zijn in de rotsen uitgesleten beekbedding. Aanvankelijk gaat het pad naar links, naar een brug over de Creek, daarna naar rechts langs de klaterende bergbeek. Goede schoenen zijn belangrijk, het pad is glad en kronkelt omhoog en omlaag. Het totale hoogteverschil bedraagt 120 m. Bijna 7 m schuimen en bruisen de cascaden van de **Abrams Falls** over de rotsen. Het is de grootste waterval in het **Great Smoky Mountains National Park**. Na een rustpauze, waarbij velen verkoeling voor hun voeten zoeken in de poel onder de waterval, loop je dezelfde route terug. In het zomerse hoogseizoen trekt het pad zo'n duizend wandelaars per dag.

Townsend ▶ 2, D 2

Een paar kilometer van de US 441 ligt het stadje Townsend, dat een geheel ander karakter heeft dan bijvoorbeeld Gatlinburg. Je vindt hier geen grote hotels of gourmetrestaurants en ook amusementsparken met achtbanen zul je hier tevergeefs zoeken. De plaats promoot zich als 'vriendelijke kant van de Smokies', met kleine winkels aan zijn Main Street en campings en blokhutten om te overnachten.

Tuckaleechee Caverns

825 Cavern Road, aan de SR 72/US 321, tel. 865 448 2274, www.tuckaleecheecaverns.com, half mrt.-half nov. dag. 10-17/18 uur, volwassene $ 18, 5-11 jaar $ 8

Met de Tuckaleechee Caverns, een druipsteengrot 5 km/3 mijl ten zuiden van de stad, ligt de grootste attractie naast de bergen en bossen van de Smoky Mountains onder de grond.

Informatie

Smoky Mountain Visitors Center: 7906 E Lamar Alexander Pkwy., Townsend, tel. 800 525 6834, www.smokymountains.org, dag. 9-17 uur.

Accommodatie

Camping – **Imagination Mountain Camp-Resort:** 4946 Hooper Hwy., Cosby, tel. 423 487 5534, www.imaginationmountaincamping.com. Goed onderhouden camping aan de rand van het Smoky Mountains National Park met plaatsen voor tenten en campers, ook enkele blokhutten. Staanplaats $ 33-72.

Lazy Daze Campground: 8429 SR 73, tel. 865 448 6061, www.lazydazecampground.com. Tent- en camperplaatsen op bebost terrein, ook enkele rustieke houten huisjes. Staanplaats 's zomers vanaf $ 45.

Eten en drinken

Goede sfeer – **Carriage House:** 8310 TN 73, tel. 865 448 2263. Salades, vis- en vleesgerechten en van alles rijkelijk veel in een aangename sfeer. $ 8-19.

Chattanooga ▶ 2, B 3

Kaart: blz. 439

In de taal van de Cherokee, die nog tot tweehonderd jaar geleden het gebied in en om de zuidelijke uitlopers van de Appalachen bewoonden, betekent **Chattanooga** 'oprijzende rotsberg'. De markante, 678 m hoge bult die zich in het zuiden van de stad onmiskenbaar verheft, heet tegenwoordig **Lookout Mountain**. Chattanooga, vroeger een belangrijke industriestad, maar tegenwoordig ook een toeristische bestemming met bijna 170.000 inwoners, ligt in een bocht van de Tennessee River in het zuidoosten van de gelijknamige staat.

De stad wordt aan drie zijden omgeven door beboste uitlopers van de Appalachen. Afgezien van het tot toeristische attractie omgetoverde centraal station was het centrum lange tijd niet echt interessant. Met name met de bouw van het Tennessee Aquarium en het naastgelegen Ross's Landing Park and Plaza aan de oever van de rivier hebben de inspanningen van het stadsbestuur om de binnenstad aantrekkelijker te maken resultaat gehad. Een gratis elektrische shuttle tussen het voormalige spoorwegstation en het aquarium vervoert bezoekers door de stad. Het River Park, een 30 km lange groene gordel met wandelpaden, speelveldjes en steigers, strekt zich langs de rivier door de hele stad uit. Enkele buitenwijken van Chattanooga liggen al in Georgia, de grens met Alabama is nog geen 32 km/20 mijl ver.

Geschiedenis

In 1863 was Chattanooga in korte tijd het toneel van twee bittere veldslagen in de Burgeroorlog. Van 18 tot 20 september raakten de legers van de noordelijke en de zuidelijke staten slaags bij de Chickamauga Creek. De van beide kanten slecht gecoördineerde strijd eindigde in een overwinning van de Confederatie. Twee maanden later, nadat generaal Grant het bevel over de troepen van de Unie had overgenomen, veroverden zijn eenheden de Lookout Mountain met zware verliezen, waarmee ze de controle over de stad in handen kregen. Begin mei 1864 verzamelde Uniegeneraal William Tecumseh Sherman zijn leger van ruim honderdduizend man bij Chattanooga, om daarmee door de zuidelijke staten op te trekken en Atlanta en Savannah te veroveren.

Centrum

Tennessee Aquarium 1

1st Broad St., Ross Landing Park & Plaza, tel. 423 265 0695, www.tnaqua.org, dag. 10-18 uur, volwassene $ 30, 3-12 jaar $ 19

De staal- en glasconstructie van het **Tennessee Aquarium**, dat pal aan de rivier naast het Ross Landing Park staat, is een bijzondere bezienswaardigheid. Het aquarium is gewijd

Het Tennessee Aquarium in Chattanooga toont de wereld van de zee- en rivierbewoners

aan de grote riviersystemen in de wereld. Zo wordt de weg van een waterdruppel van regen in de Smoky Mountains, een 'logeerpartij' in de Tennessee River en de Mississippi tot in de Golf van Mexico gevolgd.

Het elf verdiepingen hoge gebouw is vol fantastische landschappen, die bevolkt worden door duizenden vissen, vogels, reptielen, amfibieën en zoogdieren. In een 3D-IMAX-theater zijn op een gigantisch doek spectaculaire natuurfilms te zien.

Creative Discovery Museum 2

321 Chestnut St., tel. 423 756 2738, www.cdmfun.org, 10 uur tot eind van de middag, wisselende sluitingstijden, $ 15 per persoon

Niet ver van het aquarium biedt het **Creative Discovery Museum** in een opvallend glazen paviljoen kinderen en jongeren de mogelijkheid hun natuurwetenschappelijke ontdekkingsdrang de vrije loop te laten. De jonge bezoekers kunnen een (virtueel) schip besturen of naar onder het zand liggende dinosaurusbotten graven.

Hunter Museum of American Art 3

10 Buff View, tel. 423 267 0968, www.huntermuseum.org, ma.-di., do.-za. 10-17, wo., zo. 12-17 uur, volwassene $ 15, kind gratis

Het aan de steile oever van de Tennessee River gelegen **Hunter Museum of American Art** toont een fraaie collectie Amerikaanse beeldende kunst uit de 19e en de 20e eeuw, van bijvoorbeeld Winslow Homer, Andrew Wyeth, Thomas Sully en Hart Benton, en organiseert wisselende exposities.

Spoorwegstation 4

1400 Market St., tel. 423 266 5000, www.choochoo.com

Glen Millers hit uit de jaren 40 *Chattanooga Choo-Choo* bezorgde het toenmalige **spoorwegstation** onvergetelijke roem. Het ruim een eeuw oude gebouw dient allang niet meer als station, maar is nu een hotel dat draait om het thema van het tsjoeketsjoekeliedje en er ook naar is genoemd. Nostalgische Pullmannwagons en een expositie van modeltreinen herinneren aan de gouden dagen van de Amerikaanse spoorwegen.

International Towing and Recovery Museum 5

3315 Broad St., tel. 423 267 3132, www.internationaltowingmuseum.org, 's zomers ma.-za. 9-17, zo. 11-17, 's winters ma.-za. 10-16.30, zo. 11-17 uur, volwassene $ 10, 6-14 jaar $ 6

Aan de zuidkant van het spoorwegstation herinnert een buitengewone verzameling aan het industriële verleden van Chattanooga. Het **International Towing and Recovery Museum** laat takelwagens zien, prachtig gerestaureerde exemplaren, die glimmen en glanzen zoals ze er in actieve dienst, toen ze nog gestrande auto's van de weg moesten halen, zeker nooit hebben kunnen uitzien.

Lookout Mountain

Lookout Mountain Incline Railway 6

St. Elmo Ave., bij de SR 585, tel. 423 821 4224, www.ridetheincline.com, eind mei-begin sept. dag. 8.30-21.30, sept.-apr. 10-18 uur, rondrit volwassene $ 15, 3-12 jaar $ 7

De wagons van de **Lookout Mountain Incline Railway** worden aan dikke staalkabels de Lookout Mountain op getrokken. Bij de top overwint het kabelspoor een stijging van 72,7 %! Dappere bezoekers worden behalve met een adrenalinestroom beloond met een weids uitzicht over Chattanooga en de Tennessee River.

Rock City Gardens 7

1400 Platten Rd., GA, tel. 706 820 2531, www.seerockcity.com, jan.-15 apr. 8.30-17, 16 apr.-24 mei 8.30-18, 25 mei-3 sept. 8.30-20, 4 sept.-3 nov. 8.30-18, 16 nov.-31 dec. 8.30-16 uur, volwassene $ 20, 3-12 jaar $ 12

De **Rock City Gardens**, een park dat al in het naburige Georgia ligt, is een van de attracties van Chattanooga op de Lookout Mountain. Tussen de enorme rotsblokken kun je door kloven, spleten, tunnels en grotten lopen en kruipen en genieten van onverwachte doorkijkjes op het dal van de Tennessee River. Langs een ondergronds pad zijn in zijgrotten sprookjestaferelen aangebracht die vooral kinderen zullen aanspreken.

Battles of Chattanooga Museum 8

1110 E Brow Rd., tel. 423 821 2812, www.battlesforchattanooga.com, eind mei-begin sept. dag. 9-18, sept.-apr. 10-17 uur, volwassene $ 10, 5-12 jaar $ 7

Oorlogstaferelen uit de Burgeroorlog zijn op de Lookout Mountain, vlak bij de ingang van Point Park, in klein formaat te zien in het **Battles of Chattanooga Museum** (voorheen Confederama geheten). Duizenden miniatuursoldaatjes illustreren in een nagebouwd landschap het verloop van de strijd, ondersteund door kanongebulder, mondingsvuur en de muziek van kleine militaire kapellen.

Ruby Falls 9

1720 S Scenic Hwy., tel. 423 821 2544, www.rubyfalls.com, dag. 8-20 uur, volwassene $ 20, 3-12 jaar $ 12

Ook de **Ruby Falls** behoren tot de attracties boven op het Lookout Mountainmassief. Als hoogtepunt van een tocht door een druipsteengrot stort een kleurig aangelichte waterval op de muziek van *Also sprach Zarathustra* van Richard Strauss van 45 m hoogte in een stenen bassin.

In de omgeving

Chickamauga and Chattanooga National Military Park 10

Chickamauga Battlefield, 3370 LaFayette Rd., Fort Oglethorpe, 18 km/11 mijl ten zuiden van Chattanooga, www.nps.gov/chch, $ 7

Het **Chickamauga and Chattanooga National Military Park** ligt in het zich zuidelijk uitstrekkende Georgia. Het herinnert aan de twee veldslagen van 1863, waarbij in enkele dagen aan beide zijden vele duizenden soldaten omkwamen. Na de tweede slag viel het spoorwegknooppunt Chattanooga definitief in handen van de Unie, waardoor deze aan de opmars naar Georgia kon beginnen.

Cherokee National Forest

95 km/60 mijl ten oosten van Chattanooga, www.fs.usda.gov/cherokee

Het is een lonende onderneming om nog een eind door te rijden naar het Cherokee National Forest. Dit meer dan 2200 km^2 grote bosgebied in Oost-Tennessee grenst in het noorden en zuiden aan het Great Smoky Mountains National Park. Liefhebbers van een actieve vakantie kunnen er wandelen en paardrijden, de bergbeken zitten vol forel en op de meren, de woeste bergstromen en de Ocoee River is watersport toegestaan en populair (zie Actief blz. 441). Wie met een camper of tent onderweg is, vindt in dit bosgebied mooie campings.

Informatie

Chattanooga Area Convention & Visitors Bureau: 736 Market St., TN 37402, tel. 423

Chattanooga

Bezienswaardig

1 Tennessee Aquarium
2 Creative Discovery Museum
3 Hunter Museum of American Art
4 Spoorwegstation
5 International Towing and Recovery Museum
6 Lookout Mountain Incline Railway
7 Rock City Gardens
8 Battles of Chattanooga Museum
9 Ruby Falls
10 Chattanooga National Military Park

Accommodatie

1 Mayor's Mansion Inn
2 Motel 6 Chattanooga
3 Battlefield Campground & RV Park

Eten en drinken

1 Public House
2 Boathouse Rotisserie & Raw Bar
3 Rembrandt's Coffee House

Winkelen

1 Warehouse Row

Uitgaan

1 Tremont Tavern
2 JJ' Bohemia

Actief

1 Hiwassee Outfitters
2 Flight Park and Training Center

756 8687, www.chattanoogafun.com, ma.-vr. 8-17 uur.

Accommodatie

Voornaam – **Mayor's Mansion Inn** 1 **:** 801 Vine St., tel. 423 265 5000, www.mayorsmansioninn.com. Deze ruime stadsvilla uit het eind van de 19e eeuw biedt onderdak aan een bed and breakfast met moderne faciliteiten. 2 pk $ 150-240.

Voor spoorwegliefhebbers – **Chattanooga Choo-Choo** 4 **:** 1400 Market St., tel. 423 266 5000, www.choochoo.com. Dit moderne themahotel is gevestigd in het vroegere station van Chattanooga en enkele bijgebouwen, maar je kunt ook overnachten in een historische Pullmannwagon. 2 pk vanaf $ 140.

Goedkoop en centraal – **Motel 6 Chattanooga Downtown 2:** 2440 Williams St., tel. 423 265 7300, www.motel6.com. Keurig, centraal gelegen motel. De ochtendkoffie in de lobby is inclusief. 2 pk $ 60-100.

Camping – **Battlefield Campground & RV Park 3:** 199 KOA Blvd., Ringgold, GA, tel. 706 937 4166, www.koa.com. Camping met goede voorzieningen en tevens enkele blokhutten. Direct ten zuiden van de grens met Georgia. Staanplaats camper vanaf $ 38.

Eten en drinken

Ontspannen – **Public House 1:** 1110 Market St., tel. 423 266 3366, www.publichouse chattanooga.com, ma.-za. 11-14.30 en ma.-do. 17-21, vr.-za. 17-22 uur. Zorgvuldig bereide Amerikaanse gerechten zonder tierelantijnen in een voormalig pakhuis. Groente en vlees komen uit de regio, de vis komt uit Boston. Gerecht vanaf $ 15.

Eten met uitzicht – **Boathouse Rotisserie & Raw Bar 2:** 1459 Riverside Dr., tel. 423 622 0122, www.boathousechattanooga.com. Fantastisch uitzicht vanaf het terras op het water bij oesters, gegrilde garnalen of ribeye. Gerecht $ 10-28.

Koffie op het terras – **Rembrandt's Coffee House 3:** 204 High St., tel. 423 265 5033, www.facebook.com/RembrandtsCoffee House. Met een mooi terras; smakelijk gebak bij de koffie. Vanaf $ 3-7.

Winkelen

Winkelen in een voormalig pakhuis – **Warehouse Row 1:** 1110 Market St., tel. 423 267 1127, www.warehouserow.com. In decoratief verbouwde pakhuizen in het centrum worden vele merkproducten tegen gereduceerde prijzen verkocht.

Uitgaan

Kroeg met livemuziek – **Tremont Tavern 1:** 1203 Hixson Pike, ten noorden van de Tennessee River, tel. 423 266 1996, www.tremonttavern.com. De relaxte sfeer, de kleine menukaart met goede hamburgers en het uitgebreide bierassortiment trekken een vaste clientèle. Geregeld muziekoptredens en thema-avonden.

Livemuziek – **JJ' Bohemia 2:** 231 E Martin Luther King Jr. Blvd., tel. 423 266 1400, www.jjsbohemia.com. Lokale groepen en studentenbands laten in dit café in de universiteitswijk horen wat ze in hun mars hebben.

Actief

Kajakken en raften – **Hiwassee Outfitters 1:** 155 Ellis Creek Rd., Reliance, TN 37369, tel. 423 338 8115, www.hiwasseeout fitters.com. Verhuur van rubbervlotten en kajaks voor een pittig tochtje op de Hiwassee River. Vanaf $ 20 per persoon.

Parapente – **Flight Park and Training Center 2:** 7201 Scenic Hwy., Rising Fawn, GA, tel. 706 398 3541, www.hanglide.com. Dit centrum op de bijzonder veelzijdige Lookout Mountain organiseert cursussen parapente; bovendien worden er tandemvluchten aangeboden. Tandemvlucht $ 200.

Evenementen

Riverbend Festival: half juni. Dit negendaagse muziek- en cultuurfestival pal aan de Tennessee River kent een traditie van meer dan dertig jaar. Het publiek wordt elk jaar vermaakt door zo'n honderd artiesten en bands op vijf podia (www.riverbendfestival.com).

Vervoer

Vliegtuig: Airport Lowell Field verbindt Chattanooga met Atlanta, Chicago en andere nationale luchthavens in de VS. Informatie op www.chattairport.com.

Bus: 960 Airport Rd., tel. 423 892 1277, www.greyhound.com. Het Greyhoundbusstation ligt niet ver van het vliegveld, in het oosten van de stad.

Vervoer in de stad

Er rijden gratis **elektrische shuttlebussen** met haltes tussen het Choo-Choo Hotel en het Riverfront Park en aan de overkant van de Tennessee River in de wijk North Shore.

Actief

RAFTEN OVER DE STROOMVERSNELLINGEN VAN DE OCOEE RIVER

Informatie

Begin: Ocoee River Basin Adventure Center, Old Highway 64 W Ducktown, in het uiterste zuidoosten van Tennessee, bijna 6,5 km/ 4 mijl van de grens met Georgia en North Carolina
Duur: circa 3 uur, 1,5 uur op het water
Belangrijk: er zijn verschillende organisatoren die op de Ocoee begeleide wildwatervaarten aanbieden die ook geschikt zijn voor beginners. Aan te raden zijn onder andere Outdoor Adventure Rafting, www.ocoee.com, en Ocoee Rafting, waar ze al ruim veertig jaar ervaring hebben, www.ocoeerafting.com; kosten voor een tocht $ 35-90 per persoon. Voor details over tochten en cursussen in het zomerseizoen, ook voor bepaalde maanden of dagen, zie de websites.

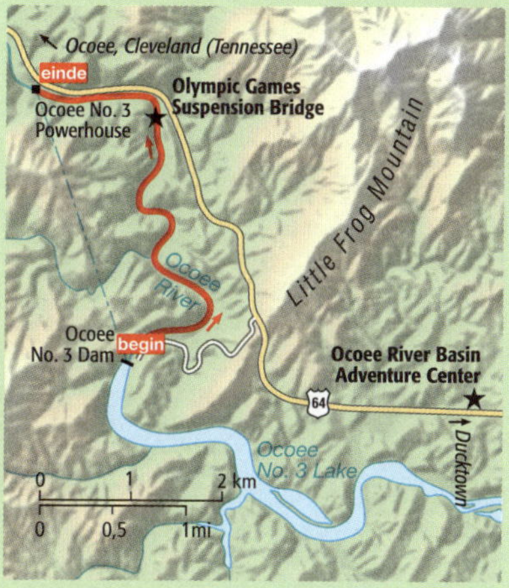

Zodra de **Toccoa River** de grens tussen Georgia en Tennessee passeert, verandert zijn naam en heet hij **Ocoee River**. In de stroomversnellingen van klasse III en klasse IV streden kajakvaarders bij de Olympische Spelen van 1996 om het goud. Tegenwoordig razen er rubberboten door de schuimende vloed.
De tocht begint met een transfer per bus van het **Ocoee River Basin Adventure Center** naar de rivier. Op het dak liggen zes stabiele rubbervlotten. Met zijn voor een deel zeer uitdagende stroomversnellingen behoort de Ocoee tot de geliefdste stukken wildwater in de hele VS, niet in de laatste plaats vanwege het woestromantische landschap links en rechts van het water. Aan de oever ontvang je de laatste instructies. Helm en zwemvest zijn verplicht. Geschoolde gidsen stralen een demonstratieve kalmte uit en gaan op de achterkant zitten. Ook voor beginners is dit een perfecte trip, zo wordt verzekerd.
De tocht begint, de snelheid van het vlot neemt vlug toe. Razende vaart in de stroomversnellingen **Humongous**, **Let's Make a Deal** en **Slam Dunk**, het gevoel te vallen. Schuim en water overal, de gids doet of er niets aan de hand is. Volgens de folder is de trip opwindend, maar niet inspannend. Opwindend klopt beslist en aan het eind heerst een groot gevoel van voldoening het toch maar gehaald te hebben! De douche die je mag nemen voor het omkleden is verrukkelijk.

Het westen van Tennessee

Het alluviale gebied van de Mississippi strekt zich uit van de oever tot ver oostwaarts. Sojabonen- en groenteakkers en vooral eindeloze katoenvelden omzomen de wegen. De witte balletjes aan de verhoute struiken hangen te wachten op de plukmachines. De bijna 2 km brede rivier, die de westgrens van Tennessee vormt, bepaalt hier het leven.

Memphis ▸ 3, F 3

Kaart: blz. 444

Geschiedenis

Het begon niet met de blues, maar met de verdrijving van de Chuccalissa-indianen van de steile oevers van de Mississippi. Daarna kregen de kolonisten, grondspeculanten en planters als de latere Amerikaanse president Andrew Jackson ruim baan. In 1818 stichtten zij Memphis als overslaghaven en rustplaats voor de kapiteins van de raderstoomboten op hun weg stroomopwaarts. Al spoedig strekten zich langs de rivier en in het binnenland tientallen kilometers katoenplantages uit. Aan het begin van de jaren 60 van de 19e eeuw woonden er in het westen van Tennessee meer zwarte slaven dan witte kolonisten. Memphis gold naast Savannah in Georgia een tijdlang als belangrijkste overslagplaats voor katoen ter wereld en de makelaars aan de Cotton Row, *factors* genaamd, behoorden tot de rijkste burgers van de stad.

Waar katoen werd verbouwd, was de slavenhandel niet ver. Zo beroemde Memphis zich erop een van de grootste slavenmarkten van de Verenigde Staten te hebben. Na de verloren Burgeroorlog om de afschaffing van de slavernij kon de val niet dieper zijn. De instorting van de plantage-economie werd gevolgd door een gelekoortsepidemie. Van de ongeveer zesduizend witten die in 1878 nog in de stad woonden, overleefden er slechts tweeduizend. Een stadsbestuur was er niet meer. Tot 1893 viel Memphis onder staatsgezag. Ternauwernood was de bevolking bijgekomen en de economie weer gestabiliseerd, of de volgende ramp diende zich aan, in de gedaante van kleine kevertjes. De katoensnuitkever *(boll weevil)*, die de groei van de katoenvezels belemmert, was vanaf het begin van de 20e eeuw ongemerkt vanuit Mexico opgerukt en leidde aan het begin van de jaren 20 tot catastrofaal slechte oogsten op de katoenvelden.

Inmiddels is het normale leven teruggekeerd in Memphis. De stad met zijn ruim 650.000 inwoners, met wolkenkrabbers, een modern congrescentrum en een internationale luchthaven, is een kruispunt van verschillende snelwegen en het commerciële centrum van het benedendal van de Mississippi. Concerns als de hotelketen Holiday Inn en de transportonderneming Federal Express hebben hun hoofdkantoor in de stad. FedEx heeft het luchtknooppunt zelfs tot de drukste vrachtluchthaven van de wereld gemaakt. De verfilmingen van de romans *The firm* en *The client* van John Grisham brachten wereldwijd beelden van Memphis op het witte doek.

Downtown

Cotton Museum 1

65 Union Ave., hoek van S Front St., tel. 901 531 7826, www.memphiscottonmuseum.org, ma.-za. 10-17, zo. 12-17 uur, volwassene $ 10, 6-12 jaar $ 8

Nog altijd wordt de katoen van de velden in Tennessee, Arkansas en Mississippi verhandeld in Memphis. De voormalige handelszaal in de historische katoenbeurs, het Cotton Exchange Building, maakt inmiddels deel uit van het **Cotton Museum**.

Center for Southern Folklore 2

Peabody Pl., 119 S Main St., Folklore Store: 123 S Main St., ma.-vr. 11-18, za. 14-23, zo. 14-20 uur, tel. 901 525 3655, www.southernfolklore.com, een donatie wordt op prijs gesteld

De stad aan de Mississippi wordt beschouwd als de bakermat van de blues. Als 'verloskundige' bij deze bevalling verkreeg de in 1873 in Florence, Alabama, geboren trompettist W.C. Handy met zijn in 1909 geschreven *Memphis Blues* en kort daarop met de *Beale Street Blues* nationale beroemdheid. De buurt om Beale Street was een zwarte woonwijk met huizen, winkels, restaurants en muziekclubs. In de clubs en *music halls* als het Orpheum Theater waren ragtime, marching bands, blues en jazz te horen. Behalve W.C. Handy, die later naar New York verhuisde, lieten tientallen zich inspireren door deze sfeer: B.B. King, Jimmy Lunceford en Muddy Waters, maar ook witte musici als Jerry Lee Lewis en de King of Rock-'n-Roll, Elvis Presley.

Het **Center for Southern Folklore** in Main Street biedt excursies door de wijk aan, organiseert elk jaar eind augustus het meerdaagse Memphis Music and Heritage Festival en verkoopt cd's, platen, boeken en originele souvenirs.

Main Street en Beale Street

Net als **Beale Street** presenteren ook **Main Street** en zijn **zijstraten** zich na een uitgebreide opknapbeurt als wandelpromenade en winkelstraat. Met een gezellige tram, de **Main Street Trolley**, kun je in een gemoedelijk tempo een lus door de binnenstad maken. Na grondige restauratie is Beale Street tegenwoordig voor bewoners en toeristen een nostalgische amusementsstraat met winkels, ijssalons, restaurants en muziekcafés,

De legendarische 'Street of the Blues': Beale Street in Memphis

waarin net als vroeger uitstekende blues ten gehore wordt gebracht

Schwab's Dry Goods Store 3

163 Beale St., tel. 901 523 9782, www.a-schwab.com

Schwab's Dry Goods Store, een kleding- en manufacturenwinkel die sinds 1876 adverteert met de tekst: 'If we don't have it, you don't need it', bestaat nog altijd, hoewel het assortiment inmiddels meer is afgestemd op een toeristische clientèle.

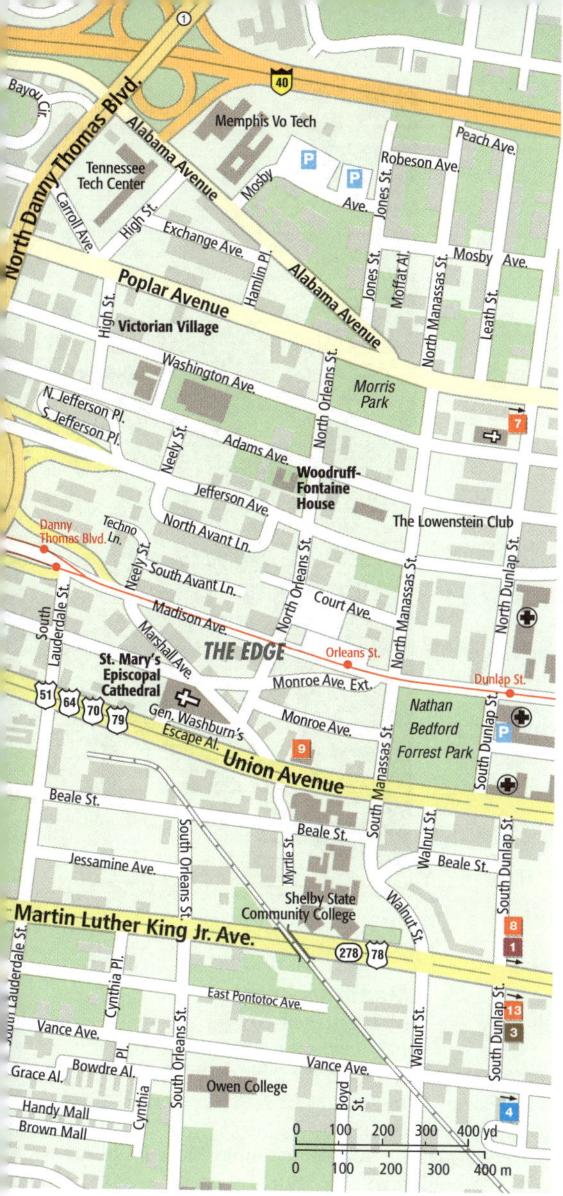

Memphis

5 Mud Island
6 Slave Haven Underground Railroad Museum
7 Brooks Museum of Art
8 Pink Palace Museum
9 Sun Studio
10 National Civil Rights Museum
11 Blues Hall of Fame
12 Stax Museum of American Soul
13 Graceland

Accommodatie

1 The Peabody
2 Talbot Heirs Guesthouse
3 The Guest House at Graceland
4 Comfort Inn Downtown

Eten en drinken

1 Tsunami
2 Automatic Slim's Tonga Club
3 McEwen's on Monroe
4 The Rendezvous Restaurant
5 Blues City Café

Winkelen

1 South Main Street Art District

Uitgaan

1 B.B. King's Blues Club
2 Alfred's on Beale
3 Rum Boogie Café
4 Young Avenue Deli

Actief

1 Meeman-Shelby Forest State Park

Bezienswaardig

1 Cotton Museum
2 Center for Southern Folklore
3 Schwab's Dry Goods Store
4 W.C. Handy Memphis Home & Museum

W.C. Handy Memphis Home & Museum 4

352 Beale St., tel. 901 527 3427, www.wchandy memphis.org, juni-aug. di.-za. 10-17, sept.-mei di.-za. 11-16 uur, volwassene $ 6, kind $ 4

In zijn als museum ingerichte woonhuis in Beale Street componeerde de blueslegende **W.C. Handy** ongeveer een eeuw geleden de *Memphis Blues* en de *St. Louis Blues*.

Mud Island 5

Tel. 901 567 7241, www.mudisland.com, wo.-zo. 10-17, laatste toegang 16 uur, volwassene $ 10, 5-11 jaar $ 8

Wie zich in de zomer met de monorail van Memphis naar **Mud Island** laat overzetten, kan op het eiland in de Mississippi rondwandelen in een model van de benedenloop van het wijdvertakte riviersysteem. Het **Mississippi River Museum** voert bezoekers door de eeuwenoude bewoningsgeschiedenis langs de grote rivier. Tradities en legendes van de indianen, van de ontdekkingsreizigers en avonturiers, van de kolonisten en rivierkapiteins worden in verschillende exposities belicht en tot leven gebracht door optredens van acteurs in historische kostuums.

Ten noorden en ten oosten van het centrum

Slave Haven Underground Railroad Museum 6

826 N 2nd St., tel. 901 527 3427, www.slave havenundergroundrailroadmuseum.org, juni-aug. ma.-za. 10-17, sept.-mei 10-16 uur, volwassene $ 12, 4-17 jaar $ 11

De tentoonstelling in het **Slave Haven Undergrond Railroad Museum**, een eindje ten noorden van het stadscentrum, herinnert aan de begintijd van de strijd om gelijke burgerrechten.

Het huis van een Duitse immigrant was halverwege de 19e eeuw een station op de **Underground Railroad**, een netwerk van geheime schuilplaatsen waar behulpzame lieden gevluchte slaven hielpen ontsnappen naar het noorden van de Verenigde Staten en Canada.

Memphis Brooks Museum of Art 7

1934 Poplar Ave., tel. 901 544 6200, www. brooksmuseum.org, wo. 10-20, do.-vr. 10-16, za. 10-17, zo. 11-17 uur, volwassene $ 7, 7-17 jaar $ 3

Het **Memphis Brooks Museum of Art** dateert al uit 1916. De ongeveer achtduizend tentoongestelde objecten omvatten de gehele bandbreedte van de beeldende kunst. In het bijzonder kunstenaars uit de Italiaanse renaissance, het Franse impressionisme en de Amerikaanse schilderkunst van de 19e eeuw tot de moderne tijd zijn goed vertegenwoordigd.

Nostalgische tram in Memphis

Pink Palace Museum 8

3050 Central Ave., tel. 901 636 2362, www.memphismuseums.org, ma.-za. 9-17, zo. 12-17 uur, volwassene $ 12,75, 3-12 jaar $ 9

Een museum van een wat andere aard is het **Pink Palace Museum** met een van de grootste verzamelingen objecten betreffende de natuurlijke historie en cultuurgeschiedenis van het zuiden ven de Verenigde Staten. Het is gehuisvest in het in 1926 uit roze marmer opgetrokken paleis van grootkruidenier Clarence Saunders.

De oprichter van de in de zuidelijke staten alomtegenwoordige supermarktketen Piggly Wiggly verloor zijn vermogen al voor de voltooiing van het gebouw en moest het afstaan aan de stad.

Memphis Pyramid

1 Bass Pro Dr.

Iets verder naar het noorden aan de Mississippi onderstreept op niet te missen wijze een 32 verdiepingen hoge, opvallende constructie van staal en glas, de **Memphis Pyramid**, de Egyptische naam van de stad. Dit voormalige sportstadion, waar ook uiteenlopende evenementen plaatsvonden, biedt tegenwoordig onderdak aan een gigantisch warenhuis met artikelen voor de jacht en hobbyvisserij. Ook is er een thematisch

Gouden platen tot vlak onder het plafond in Graceland, het Elvis Presley Museum in Memphis

ingericht hotel gevestigd. Het uitzicht vanaf het aan alle kanten door glas omringde uitkijkplatform over de rivier en de stad is fantastisch.

Sun Studio 9

706 Union Ave., tel. 800 441 6249, www.sunstudio.com, dag. 10-18, rondleiding elk uur 10.30-18 uur, volwassene $ 14, 5-11 jaar gratis

In de kleine **Sun Studio** hebben talloze grootheden die naam hebben gemaakt in sterk uiteenlopende muziekgenres hun platen opgenomen. Tot de beroemdsten behoren Elvis Presley, Roy Orbison, Johnny Cash en Jerry Lee Lewis.

Ten zuiden van het centrum

De moord op Martin Luther King op 4 april 1968 in het Lorraine Hotel in de Mulberry Street schokte niet alleen Memphis, maar lokte onlusten in de hele VS uit. King was vlak daarvoor in Memphis aangekomen om steun te betuigen aan een staking van zwarte vuilnismannen. Net als na de aanslag op John F. Kennedy in Dallas werd er één enkele dader gearresteerd, en net als bij de moord op de president willen de geruchten over een complot en het aandeel daarin van overheidsinstanties niet verstommen.

National Civil Rights Museum 10

450 Mulberry St., tel. 901 521 9699, www.civil rightsmuseum.org, juni-aug. ma., wo.-zo. 9-18, sept.-mei tot 17 uur, volwassene $ 16, 5-17 jaar $ 13

Het Lorraine Hotel in het zuiden van het centrum is tegenwoordig ingericht als **National Civil Rights Museum** met een indrukwekkende expositie over de zwarte strijd om gelijke burgerrechten.

Blues Hall of Fame 11

421 S Main St., tel. 901 527 2583, www.blues.org, ma.-za. 10-17, zo. 13-17 uur, volwassene $ 10, tot 12 jaar gratis

In de 'Hall of Fame' van de blues worden elk jaar nieuwe artiesten opgenomen. Je ziet er onder meer gitaren, optreedkleding, grammofoonplaten en muziekvideo's van vele blueslegendes.

Stax Museum of American Soul Music 12

926 E McLemore Ave., tel. 901 261 6338, www.staxmuseum.com, di.-zo. 10-17 uur, volwassene $ 13, 9-12 jaar $ 10

Het **Stax Museum of American Soul Music** vulde een lacune in deze stad, die zich voornamelijk toelegt op blues en rock-'n-roll. De Cadillac van Isaac Hayes, de Fendergitaren van Ike Turner en het fluwelen jack van Otis Redding behoren tot de vele aandenkens. Foto's en geluidsopnamen belichten de betekenis van de soulmuziek.

Graceland 13

3734 Elvis Presley Blvd., tel. 901 332 3322, www.graceland.com, mrt.-okt. ma.-za. 9-17, zo. 9-16, nov.-feb. dag. 9-16 uur, diverse rondleidingen, vanaf $ 40

'I'm going to Graceland – in Memphis, Tennessee – poor boys and pilgrims with families – and we are going to Graceland,' zong Paul Simon in 1986 over de dagelijkse stoet van wel drieduizend fans die ook nu nog, meer dan veertig jaar na de dood van Elvis Presley in 1977, **Graceland** bezoeken, zijn voormalige woonhuis en graf aan de zuidrand van de stad. Eerbiedig bewonderen ze de prachtige toneelkostuums, de kamer met de vergulde vleugel en de opzichtige biljartkamer, het wagenpark en de privévliegtuigen, waarna ze zich in de verschillende souvenirwinkels overladen met aandenkens, van Elvis-theelepeltjes tot Elvis-in-Concertpoppen. De ster van Elvis Presley begon in de jaren 50 in de Sun Studio van Sam Phillipps te rijzen met liedjes die elementen uit rhythm-and-blues, gospel en country bevatten en al snel landelijk bekend werden als 'rockabilly'. De hit *Heartbreak Hotel* betekende in 1956 de doorbraak van de King of Rock-'n-Roll met zijn legendarische heupbewegingen.

Chucalissa Indian Village en C.H. Nash Museum

1987 Indian Village Dr., bij het Fuller State Park, tel. 901 785 3160, www.memphis.edu/chuca lissa, museum di.-za. 9-17, zo. 13-17 uur, volwassene $ 6, 4-11 jaar $ 4

Het **Chuccalissa Indian Village** aan de zuidrand van Memphis is een openluchtmuseum waarin een indiaans dorp in de traditie van de Mississippicultuur van rond 1500 is gereconstrueerd. Bij het complex behoren een ceremoniële heuvel en grasgedekte hutten van hout en leem. Het bijbehorende, met veel verstand van zaken geleide **C.H. Nash Museum** presenteert indiaanse gereedschappen, aardewerk en wapens uit elf millennia.

Informatie

Memphis Visitors Center: 47 Union Ave., tel. 901 543 5333, www.memphistravel.com, ma.-vr. 8.30-17 uur.

Memphis/Shelby County Visitor Center: 12036 Arlington Trail, tel. 910 543 5333.

Memphis Visitor Center: 3205 Elvis Presley Blvd., tel. 901 543 5333.

Accommodatie

Stijlvol, met eendenparade – **The Peabody 1**: 149 Union Ave., tel. 901 529 4000, www.peabodymemphis.com. De dagelijkse eendenparade door de lobby is minstens zo bekend als de luxe van dit hotel. 464 kamers en suites. 2 pk vanaf $ 250.

Met complete keuken – **Talbot Heirs Guesthouse** 2: 99 S 2nd St., tel. 901 527 9772, www.talbotheirs.com. Comfortabele, gezellige appartementen midden in Memphis. 2 pk vanaf $ 170.

Vlak bij de King – **The Guest House at Graceland** 3: 3600 Elvis Presley Blvd., tel. 901 443 3000, https://guesthousegraceland.com. Luxueuze kamers en suites in het chique Graceland-Hotel. 2 pk $ 150.

Centraal – **Comfort Inn Downtown** 4: 100 North Front Street, tel. 901 526 0583, www.choicehotels.com. Degelijk ketenhotel op een centrale locatie niet ver van de I-40. Veel kamers kijken uit op de rivier; gratis internet. 2 pk met ontbijt vanaf $ 135.

Eten en drinken

Veel vis – **Tsunami** 1: 928 Cooper St., tel. 901 274 2556, www.tsunamimemphis.com. Vis en ander zeebanket worden hier op uitstekende wijze bereid, met Aziatische invloeden. In de wijk Cooper-Young. Gerecht $ 20-40.

Bezielde mix – **Automatic Slim's Tonga Club** 2: 83 S 2nd St., tel. 901 525 7948, www.automaticslimsmemphis.com, ma.-vr. 11-22, za.-zo. 9-22, brunch 9-15 uur. Geslaagde combinatie van de zuidoostelijke en zuidwestelijke keuken. Hoofdgerecht vanaf $ 16.

Fantasievol – **McEwen's on Monroe** 3: 122 Monroe Ave., tel. 901 527 7085, www.mcewensmemphis.com, ma.-vr. lunch, ma.-za. diner, zo. gesl. Uitstekende moderne southern cuisine met mondiale invloeden. Hoofdgerecht vanaf $ 11.

Legendarische spareribs – **The Rendezvous Restaurant** 4: 52 S 2nd St., tel. 901 523 2746, www.hogsfly.com, di.-do. 16.30-22.30, vr. 11-23, za. 11.30-23 uur. Pittige varkensribbetjes, boven houtskool gegrild. Spareribs vanaf $ 11.

Diner – **Blues City Café** 5: 138 Beale St., tel. 901 526 3637, www.bluescitycafe.com, dag. 11 uur tot 's avonds laat. *Diner* met spareribs, steaks, *catfish* (meerval) en zelfgemaakte *tamales*, een indiaans maisgerecht. Je eet hier onder begeleiding van livemuziek. Gerecht $ 10-34.

Winkelen

Hippe wijk om rond te slenteren – **South Main Street Art District** 1: bij het zuidelijke eindpunt van de tram, niet ver van het Civil Rights Museum, ligt een wijk met trendy boetieks, galeries en cafeetjes, waar je heerlijk etalages kunt kijken.

Souvenirs – **Center for Southern Folklore** 2: 119 S Main St., tel. 901 525 3655, www.southernfolklore.com, zie blz. 443.

Uitgaan

Een van de beste muziekclubs – **B.B. King's Blues Club** 1: 143 Beale St., tel. 901 524 5464, www.bbkingsclub.com. Blues van prima bands.

Dansen tot je erbij neervalt – **Alfred's on Beale** 2: 197 Beale St., tel. 901 525 3711, www.alfredsonbeale.com. Elke avond tot diep in de nacht rockconcerten en disco.

Blues bij het eten – **Rum Boogie Café** 3: 182 Beale St., tel. 901 528 0150, www.rumboogie.com. Aan het plafond hangen meer dan honderdvijftig gitaren; daaronder genieten de gasten van *catfish* (meerval) en andere cajunspecialiteiten. Uitstekende liveblues.

Goede livemuziek – **Young Avenue Deli** 4: 2119 Young Ave., tel. 901 278 0034, www.youngavenuedeli.com. Het eten is bovengemiddeld, maar nog beter zijn de rock-, pop- en countrybands die hier geregeld optreden. De keus aan bier laat niets te wensen over. Deze muziekdeli ligt in de trendy wijk Cooper-Young.

Actief

Fietsen, wandelen en varen – **Meeman-Shelby Forest State Park** 1: 910 Riddick Rd., Millington (30 km ten noorden van Memphis), tel. 901 876 5215, www.tnstateparks.com/parks/about/meeman-shelby. Je vindt volop ruimte in het meer dan 5000 ha omvattender State Park. Behalve de parkwegen vind je hier nog een 8 km/5 mijl lang fietspad en ruim 30 km/19 mijl aan wandelpaden door bossen, velden en langs de Mississippi ten noorden van Memphis. Gratis boothelling, kampeerterrein en verhuur van blokhutten.

Actief

ARENDSPOTTEN AAN REELFOOT LAKE

Informatie

Begin: bij het State Park Visitor Center (zie onder) start in jan. en feb. de Eagle Tour dag. om 10 uur, za. en zo. bovendien om 13.30 uur
Lengte: circa 15 km/9 mijl met de bus, 800 m te voet
Duur: State Park Tour 2 uur (excursies met privégids tot 5 uur)
Belangrijk: Reelfoot Lake State Park, 2595 SR 21 E, Tiptonville, 160 km/100 mijl ten noordoosten van Memphis, aanmelden voor een State Park Tour, tel. 731 253 9652, www.tnstateparks.com/parks/about/reelfoot-lake, tarief $ 10. Informatie over alle excursies en de flora en fauna van het meer is verkrijgbaar in het Visitor Center.

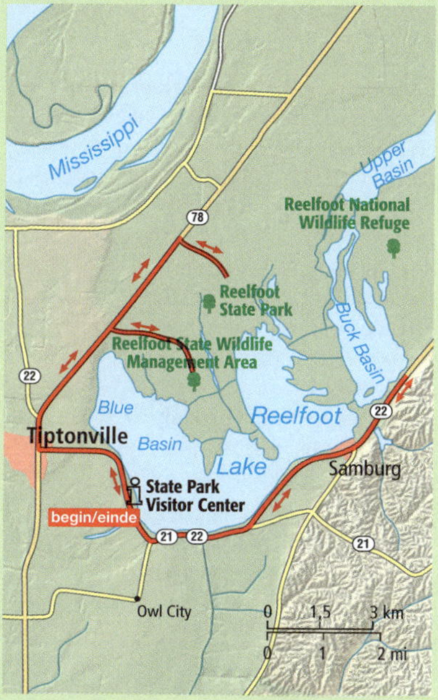

De rangers van het State Park weten waar ze de Amerikaanse zeearenden *(bald eagles)* kunnen vinden. Maar eigenlijk zijn de majestueuze vogels uit het wapen van de VS ook vaak zonder hulp aan de hemel te onderscheiden. Het zijn er heel veel, ongeveer tweehonderd, en ze verzamelen zich met name in januari en februari in een van hun grootste winterse toevluchtsoorden in het noordwesten van Tennessee, bijna aan de grens met Kentucky.
Maar wie dichter bij de grote vogels wil komen en ze graag op vis zou zien jagen, kan beter de hulp van een expert inschakelen. Stipt om 10 uur gaat de excursie van start. Een bus van het State Park neemt de met verrekijkers en fototoestellen uitgeruste schare mee. Officieel heet de twee uur durende excursie **Bald Eagle and Waterfowl Tours**, want het water van **Reelfoot Lake** is in de winter een rendez-vous voor duizenden watervogels op hun jaarlijkse trek naar het zuiden. Vooral veel verschillende soorten eenden voelen zich kennelijk op hun gemak in de vele baaien van dit grillig gevormde meer. Tenminste, na afloop van het jachtseizoen, dat meestal van begin december tot eind januari plaatsvindt.
De bus stopt, het zwijgende gezelschap stapt uit om zich te vergapen aan een nest Amerikaanse zeearenden in de kroon van een moerascipres die uit het gladde water aan de kant

oprijst. Bij de volgende stop zitten er verscheidene arenden boven in de takken van de kale bomen naar het meer te turen. Plotseling duikt er een met een elegante boog omlaag, grijpt met zijn klauwen een vis die zich te dicht aan het oppervlak heeft gewaagd en gaat die in een andere boom zitten oppeuzelen.
De excursies van de paar particuliere gidsen die officiële tochten in het beschermde natuurgebied rond Reelfoot Lake mogen aanbieden, beginnen veel vroeger, vaak al voor het ontbijt. Dan is de kans om veel sierlijke Amerikaanse zeearenden bij het vissen te zien het grootst.

Stadstochten – **Center for Southern Folklore** 2 **:** zie blz. 443.

Evenementen

Elvis Presley Birthday Celebration: begin jan. Fans afkomstig uit alle delen van de wereld vieren een paar dagen lang de verjaardag van de King (8 januari) met concerten, bijeenkomsten, een ceremonie en het aansnijden van een gigantische verjaardagstaart, www.graceland.com.
Beale Street Music Festival: begin mei. Straatfestival met 'total music' op vier podia en met zestig bands, www.thebealestreetmusicfestival.com.
Memphis in May Festival: naast het Beale Street Music Festival diverse dagen in begin mei. Wereldkampioenschap Barbecue Cooking, concerten van het symfonieorkest, kunstexposities, jazz- en bluesconcerten in het Tom Lee Park, www.memphisinmay.org.
Elvis Week: half aug. Concerten en evenementen rond de sterfdag van de King op 16 augustus, met onder andere bowlen, look-alike- en sing-alikewedstrijden, www.graceland.com.
Memphis Music and Heritage Festival: eind aug./begin sept. Groot festival georganiseerd door het Center for Southern Folklore (zie blz. 443)

Vervoer

Vliegtuig: Memphis International Airport, tel. 901 922 8000, www.flymemphis.com. Diverse nationale en internationale verbindingen, maar geen directe vluchten uit Europa. Een taxi naar Downtown kost zo'n $ 30.
Trein: Amtrak, 545 S Main St., tel. 800 872 7245, www.amtrak.com.
Bus: Greyhound, 3033 Airways Blvd., tel. 901 395 8770, www.greyhound.com.

Omgeving van Memphis

Noordelijk van de stad

▶ 3, G 2

Alex Haley State Historic Site and Museum ▶ 3, G 2

535 Haley Ave., Henning, tel. 731 738 2240, www.alexhaleymuseum.org, di.-za. 10-15.30 uur (laatste rondleiding), volwassene $ 10, 5-17 jaar $ 8

In **Henning**, ongeveer 72 km/45 mijl ten noorden van Memphis, herinnert het als **Alex Haley Museum & Interpretive Center** ingerichte huis van de in 1992 gestorven auteur Alex Haley aan zijn leven en werk, waartoe een biografie over Malcolm X en de met groot succes als televisieserie verfilmde roman *Roots* behoren. Haley ligt begraven in de voortuin van zijn huis.

David Crockett Cabin Historical Site ▶ 3, H 2

219 N Trenton St., Old Hwy. 45 W, Rutherford

In 1820 trok David (Davy) Crockett vanuit het oosten naar het Wilde Westen van Tennessee, naar het gebied tussen het huidige **Dyersburg** en **Paris**, ruim 160 km/100 mijl ten noorden van Henning. De nagebouwde blokhut van de avonturier is 6,5 km verplaatst en nu te bezichtigen in de buurt van **Rutherford**. Voorwerpen van de inrichting uit de pionierstijd getuigen van het harde leven van de kolonisten. Crocketts moeder Rebecca werd nabij de **David Crockett Cabin Historical Site** begraven.

In 1821 begon Crocketts politieke carrière met zijn verkiezing in de wetgevende vergadering van Tennessee. Van 1827 tot 1833 zat hij als afgevaardigde in het Congres in Washington D.C.

Davy Crockett werkte al tijdens zijn leven met succes aan de legende van een eerlijke, opgeruimde *country boy* die recht op zijn doel afgaat. Zijn drang naar avontuur en zijn politieke overtuiging dat de VS zich ten koste van Mexico naar het westen moest uitbreiden, leidden hem naar de gevechten om de onafhankelijkheid van Texas. Zijn 'martelaarsdood' in de Alamo (San Antonio, Texas) op 6 maart 1836 in de strijd tegen een Mexicaanse overmacht leverde nieuwe stof voor eindeloze verhalen in de media van zijn en onze dagen en gaven hem definitief een plaats in het walhalla van de Amerikaanse heldenverering.

Oostelijk van de stad

Brownsville ▶ 3, G 2/3

Een korte omweg op de route van Memphis naar Jackson (TN) leidt door uitgestrekte katoen- en sojavelden naar het stadje **Brownsville** en het nog veel kleinere **Nutbush**, waar zangeres Tina Turner werd geboren en dat zij onsterfelijk maakte met haar hit *Nutbush City Limits*. Zij wordt hier geëerd in het **Tina Turner Museum** (Brownsville, 121 Sunny Hill Cove, www.westtnheritage.com, apr.-sept. ma.-za. 9-18, zo. 10-17, okt.-mrt. ma.-za. 9-17, zo. 13-17 uur, gratis, rondleiding volwassene $ 7,50, 7-17 jaar $ 5).

Mind Field, een bijna 15 m hoge compositie van staal, die volgens kunstenaar Billy Trip pas over zo'n 25 jaar af is, staat in de buurt van het stadscentrum.

Jackson ▶ 3, H 2

In het bijna 70.000 inwoners tellende **Jackson**, ruim 140 km/90 mijl ten noordoosten van Memphis, vertelt het **Casey Jones Village** met het bijbehorende spoorwegmuseum de geschiedenis van deze stad als een voormalig knooppunt voor goederen- en personenverkeer (www.jacksontn.com). Ook wordt hier de herinnering aan de dappere machinist Casey Jones (1863-1900) levend gehouden. Bij een botsing van twee treinen voorkwam hij een ramp, maar kwam zelf om het leven (Casey Jones Ln., kruising I-40/US 45, tel. 731 668 1222, www.caseyjones.com, ma.-za. 9-16.30, zo. 13-17 uur, volwassene $ 6,50, 6-12 jaar $ 4,50).

Pinson Mounds State Archaeological Park ▶ 3, H 3

460 Ozier Rd., Pinson, nabij de US 45, tel. 731 988 5614, www.tnstateparks.com/parks/about/pinson-mounds, park dag. 8 uur tot zonsondergang, museum beperktere openingstijden, gratis

Ongeveer 32 km/20 mijl ten zuidoosten van Pinson bouwden **boslandindianen** tussen 100 en 500 n.Chr. aan een van hun belangrijkste ceremoniële constructies. Een tiental grafheuvels, waarvan de grootste meer dan 20 m hoog is, en een 300 m lange aarden wal zijn nog altijd goed herkenbaar. Het bijbehorende museum van het **Pinson Mounds State Archaeological Park** heeft de buitengewoon rijke vondsten goed aanschouwelijk gemaakt en licht veel toe over de cultuur van deze indianen en hun verworvenheden lang voordat de Europeanen het continent veroverden.

Shiloh National Military Park ▶ 3, J 3

1055 Pittsburgh Landing Rd., Shiloh, tel. 731 689 5696, www.nps.gov/shil, dag. 8 uur tot zonsondergang, gratis

Bij Shiloh, dicht bij de Tennessee River en de grens met de staat Mississippi, vochten de legers van de noordelijke en de zuidelijke staten op 6 en 7 april 1862 een van de bloedigste veldslagen van de Burgeroorlog uit: er kwamen bijna 24 duizend soldaten om. In het bezoekerscentrum van het **Shiloh National Military Park** kom je van alles te weten over deze slag, waarvan beide kampen de overwinning opeisten.

Arkansas

In Arkansas ontmoeten de zuidoostelijke staten het Amerikaanse Westen. De Quapaw-indianen die hier vroeger woonden, noemden zich ook wel 'Arkansas', Volk van de Zuidenwind. De hoofdstad van deze dunbevolkte staat heet Little Rock. De gouverneur van Arkansas Bill Clinton werd in 1992 gekozen tot 42e president van de VS.

Little Rock ▶ 3, C 3

Kaart: blz. 456

De hoofdstad van Arkansas, **Little Rock**, ligt bijna in het geografische midden van deze staat. Het twintigtal inwoners uit het stichtingsjaar 1814, die hun nederzetting aan de rotsige oever van de Arkansas River bouwden, is inmiddels uitgegroeid tot ruim 190.000. De stad, die de laatste jaren voor Amerikanen steeds aantrekkelijker is geworden om te wonen, heeft zijn historische hart in het **Quapaw Quarter**. De bijnaam City of Roses is te danken aan de vele rozen die de openbare gebouwen sieren.

Downtown

Old State House 1

300 Markham St./Center St., tel. 501 324 9685, www.oldstatehouse.com, ma.-za. 9-17, zo. 13-17 uur, gratis

In het **Old State House** uit 1842 vergaderden tot 1911 de beide kamers van het parlement. Tegenwoordig is in dit indrukwekkende gebouw in *Greek revival*-stijl een historisch museum ondergebracht. Bill Clinton, toenmalig gouverneur van Arkansas, vierde er in 1991 zijn overwinning na zijn eerste succesvolle strijd om het presidentschap.

Riverfront Park 2 en River Market District

Het **Riverfront Park** met een amfitheater, terrassen, uitgestrekte grasvelden en paviljoens is bij de inwoners van de hoofdstad zeer geliefd als recreatieterrein. Het wordt over een lengte van 2,7 km doorsneden door de Arkansas River Trail. Aantrekkelijk is ook de naastgelegen wijk **River Market District**, met restaurants, cafés, winkels, galeries en een markthal, in een vroeger onaantrekkelijke pakhuisbuurt. In het park aan de overkant,

op de noordoever van de Arkansas River, ligt de rots waaraan Little Rock zijn naam te danken heeft.

Historic Arkansas Museum 3

200 E 3rd St., tel. 501 324 9351, www.historicarkansas.org, ma.-za. 9-17, zo. 13-17 uur

Het **Historic Arkansas Museum** neemt de bezoeker in vijf gereconstrueerde huizen en exposities van boerengereedschappen en dagelijkse gebruiksvoorwerpen mee naar de tijd van voor de Burgeroorlog.

Museum of Discovery 4

500 President Clinton Ave. Suite 150, tel. 501 396 7050, www.museumofdiscovery.org, di.-za. 9-17, zo. 13-17 uur, volwassene $ 10, tot 12 jaar $ 8

Het **Museum of Discovery** biedt een speelse introductie in de natuurwetenschappen. Interactieve displays tonen wetenswaardigheden over het leven van de indiaanse bevolking vóór de Europese veroveringen. Bovendien is er aandacht voor thema's uit de biologie, zoals het leven van de kever, en actuele kwesties, zoals virtuele realiteit.

Buiten het centrum

William J. Clinton Presidential Library and Museum 5

1200 President Clinton Ave., tel. 501 374 4242, www.clintonlibrary.gov, ma.-za. 9-17, zo. 13-17 uur, volwassene $ 10, 6-17 jaar $ 6

In een gewaagde glasconstructie boven de rivier geeft het **William J. Clinton Presidential Library and Museum** informatie over politiek, economie en cultuur in de ambtstijd van de 42e Amerikaanse president, die eerder als gouverneur van Arkansas in Little Rock resideerde. Een nagebouwd Oval Office en de vergaderzaal van het kabinet, de grote verzameling informatieve documenten,

Spectaculaire architectuur: William J. Clinton Presidential Library and Museum

Little Rock

Bezienswaardig

1 Old State House
2 Riverfront Park
3 Historic Arkansas Museum
4 Museum of Discovery
5 William J. Clinton Presidential Library and Museum
6 State Capitol
7 Little Rock Central High School

Accommodatie

1 The Capital Hotel
2 Burgundy Hotel

Eten en drinken

1 Faded Rose
2 Flying Fish

Winkelen

1 River Market District/ Farmers Market

Uitgaan

1 Ernie Biggs
2 Stickyz Rock 'n' Roll Chicken Shack

Actief

1 Arkansas River Trail
2 Pinnacle Mountain State Park

de uitgebreide exposities over binnenlandse veiligheid, economie en andere thema's en gebeurtenissen maken van je bezoek een belevenis. De grote museumwinkel verkoopt veel achtergrondmateriaal.

State Capitol 6

W Capitol Ave./Woodlane St., tel. 501 682 5080, www.sos.arkansas.gov/state-capitol/state-capitol-tour-information, ma.-vr. 7-17, za.-zo. 10-15, rondleiding ma.-vr. 9-15 uur, gratis

Het **State Capitol**, zetel van de regering van Arkansas, kan bij een rondleiding bezichtigd worden. Het is rond 1900 opgetrokken uit wit marmer en graniet, naar het voorbeeld in Washington D.C., in neoclassicistische stijl en met een 70 m hoge koepel.

Little Rock Central High School 7

Visitor Center, 2120 Daisy Bates Dr., tel. 501 374 1957, www.nps.gov/chsc/index.htm, dag. 9-16.30 uur, gratis

De **Little Rock Central High School**, enkele stratenblokken ten zuidwesten van het Capitool, heeft inmiddels de status van een nationaal monument. Het Visitor Center in het vroegere Mobiltankstation tegenover de school is gewijd aan de dramatische gebeurtenissen in september 1957, toen een witte meute negen zwarte scholieren de toegang tot de 'witte' highschool wilde ontzeggen (zie Thema blz. 458).

Informatie

Little Rock Visitor Information Center: 615 E Capitol Ave., in de Curran Hall uit 1842, tel. 501 371 0075, www.littlerock.com, ma.-vr. 9-17, zo. 9-13 uur.

Accommodatie

Nostalgische sfeer – **The Capital Hotel 1:** 111 W Markham St., tel. 501 374 7474, www.capitalhotel.com. Elegant, traditioneel hotel in een gebouw uit de 19e eeuw. Met het uitstekende restaurant Ashley's. 2 pk vanaf $ 200.

Centraal – **Burgundy Hotel 2:** 1501 Merrill Dr., tel. 501 224 8051, www.theburgundyhotel.com. De bezienswaardigheden van de stad liggen in de buurt, de kamers zijn ruim opgezet en je hebt er ook nog het prima restaurant Table 28. 2 pk vanaf $ 120.

Eten en drinken

Creools en goed – **Faded Rose 1:** 1619 Rebsamen Park Rd., tel. 501 663 9734, www.thefadedrose.com, zo.-do. 11-22, vr.-za. tot 23 uur. Steak en vis met een creools accent. Gerecht $ 8-38.

Bij de Clintons aan tafel – **Forty two:** in het Clinton Presidential Center **5**, 1200 President Clinton Ave., tel. 501 537 0042, www.dineatfortytwo.com, ma.-za. 11-14 en do.-za. 17-22 uur heerlijke, kleine lunchgerechten. Het restaurant heeft een goede reputatie en ligt prachtig aan de rivier. Koffiebar vanaf 9 uur. Gerecht $ 9-30.

Veel lekkere meerval – **Flying Fish 2:** 511 President Clinton Ave., in het River Market District, tel. 501 375 3474, www.flyingfishinthe.net, zo.-do. 11-22, vr.-za. tot 23 uur. Meerval vanaf $ 13.

Winkelen

Markt aan de rivier – Het **River Market District 1** heeft ongeveer 25 winkels; in mei-sept. wordt er op di. en za. van 7-15 uur een Farmers Market met verse regionale producten gehouden (www.rivermarket.info).

Uitgaan

Pianoduel – **Ernie Biggs 1:** 307 President Clinton Ave, tel. 501 372 4782, www.erniebiggs.com, dag. 20-2 uur. Goede drankjes en een fijne sfeer, met daarbij duellerende piano's in 'Chicago Style' om mee te zingen.

Rock-'n-Roll – **Stickyz Rock 'n' Roll Chicken Shack 2:** 107 S Commerce St., tel. 501 372 7707, www.stickyz.com. De naam van de zaak zegt het al, ten minste wat muzikale smaak betreft.

Actief

Golf – **Golfen** is zonder clublidmaatschap mogelijk op een aantal banen in en nabij de stad. Informatie: www.golfadvisor.com/destinations/8-little-rock-ar.

Little Rock: paratroepers voor burgerrechten

Op de kruising van 14th en Park Street stond het leger klaar. Uit voorzorg had het benzinestation de deuren voortijdig gesloten. Honderden soldaten en leden van de nationale garde vormden een haag, waardoor negen zwarte scholieren naar de Central High School in Little Rock konden komen.

Little Rock, 1957

De televisie- en bioscoopjournaalbeelden van de zwarte tieners tussen de joelende en fluitende menigte baarden in 1957 opzien in de hele wereld. Het gevecht om ongehinderde toegang tot de lange tijd alleen aan witten voorbehouden scholen, kreeg in de VS na de Tweede Wereldoorlog duidelijk een andere intensiteit. Zwarte soldaten, die op alle fronten hadden moeten vechten tegen racistische nazi's, zagen zich in eigen land geconfronteerd met massale discriminatie. De burgerrechtenbeweging NAACP (National Association for the Advancement of Colored People) begon met steun van kerkelijke instellingen een campagne om een eind te maken aan onderscheid naar huidskleur in het openbare leven.

Een uitspraak van het Federale Hooggerechtshof bestempelde in 1954 de weigering van een basisschool in Topeka, Kansas, om een zwart meisje als leerling in te schrijven als ongrondwettig. Een golf van verontwaardiging ging door het conservatieve establishment in het Zuiden. De Ku Klux Klan trok de aandacht met brandende kruisen en aanslagen. Zogeheten *Citizen Councils* tegen 'rassenvermenging' haalden een ledenaantal van een kwart miljoen en kregen de steun van prominente politici. Na een klacht tegen het ministerie van Onderwijs van Arkansas besloot men enkele zwarte scholieren tot de alleen door witten bezochte school toe te laten. Maar de gouverneur mobiliseerde de nationale garde en versperde de zwarte jongeren de toegang.

De Republikeinse president Dwight D. Eisenhower zag zich gedwongen op te treden. Hij stuurde eenheden van de 101st Airborne Division naar Arkansas, stelde de nationale garde van de deelstaat onder federaal gezag en dwong de toegang af van de negen naar huis gestuurde zwarte jongens en meisjes tot de Central High School.

In 1997 kwamen de Little Rock Nine ter gelegenheid van de veertigste verjaardag van hun bevochten schoolbezoek voor het eerst weer bij elkaar in Little Rock. Hoewel zwarte Amerikanen en andere minderheden nog altijd slechtere opleidingskansen hebben, was de gevaarlijke en moedige inzet van deze jongeren een belangrijke stap naar de opheffing van de rassenscheiding op openbare scholen. Tegenwoordig staat Little Rock High goed bekend, in nationale lijstjes eindigt de school vaak in de voorste regionen. Het tankstation tegenover de school is verbouwd tot bezoekerscentrum en documenteert de historische gebeurtenissen. Bij het inauguratiefeest voor president Obama in december 2008 waren de voormalige scholieren uitgenodigd als eregast.

Wandelen, joggen, fietsen – **Arkansas River Trail 1:** 40 km/24 mijl langs beide zijden van de rivier (www.arkansasrivertrail.org). **Pinnacle Mountain State Park 2**, 27 km/17 mijl ten westen van Litte Rock biedt 60 km aan wandelpaden, 11901 Pinnacle Valley Rd., Roland, tel. 501 868 5806, www.arkansasstateparks.com/pinnaclemountain.

Evenementen

Riverfest Arts and Music Festival: eind mei/begin juni (Memorial Day Weekend). Theater, muziek, beeldende kunst en kraampjes met etenswaren in het Julius Breckling Riverfront Park, www.riverfestarkansas.com.
Arkansas State Fair and Livestock Show: tien dagen in okt. De jaarmarkt van Arkansas biedt een gevarieerd programma met concerten, een rodeo, veedrijven en veemarkt, exposities, kunstnijverheid en eetkraampjes. State Fairgrounds en Barton Coliseum, tel. 501 372 8341, www.arkansasstatefair.com.

Vervoer

Vliegtuig: het Bill and Hillary Clinton National Airport ligt ten oosten van het centrum. Verbindingen met de grote steden in de VS (tel. 501 372 3439, www.clintonairport.com).
Trein: Amtrak, Union Station Square, 1400 W Markham St., tel. 800 872 7245, www.amtrak.com. De *Texas Eagle* tussen Chicago en Dallas stopt in Little Rock. Het in 1921 gebouwde station is een beschermd monument.
Bus: Greyhound, 118 E Washington Ave., tel. 501 372 3007, www.greyhound.com.
Metro Streetcar: rondrit over twee lijnen met diverse haltes in Downtown, https://rrmetro.org, volwassene $ 2, kind $ 0,50.

Door de Ozarks naar de Arkansas River

Riddle's Elephant and Wildlife Sanctuary

233 Pumpkin Center Cir, Quitman, tel. 501 589 3291, www.elephantsanctuary.org, 1e za. van de maand 11-15 uur, $ 5, tot 2 jaar gratis

Wie na **Little Rock** op de SR 25 onderweg is naar de Ozark Mountains en tussen de plaatsen Guy en Quitman plotseling luid getrompetter hoort, moet niet gek opkijken. Het particuliere **Riddle's Elephant and Wildlife Sanctuary** – uitsluitend gefinancierd met giften – geeft net zo veel olifanten een thuis als het kan onderhouden. Heidi en Scott Riddle kopen ze van dierentuinen en wildparken die geen plaats meer voor de dieren hebben.

Ozark Mountains ▶ 3, C/D 3

In het middelgebergte Ozark Mountains, ook wel Ozarks of Ozark Plateau genoemd, speelde de plantage-economie van het zuidoosten geen rol. Van oudsher leefden de kolonisten in de vruchtbare dalen van de landbouw. Velen waren ooit uit de Appalachen naar het oosten van Arkansas gekomen, omdat de grond daar hen niet meer kon voeden.

De uitlopers van de tot 800 m hoge Ozarks strekken zich uit tot in de naburige staten Missouri in het noorden en Oklahoma in het westen. Het gebergte van kalk- en zandsteen was ooit de bodem van een zee, die zo'n 300 miljoen jaar geleden door krachten in de aarde omhoog werd gedrukt. Inmiddels hebben rivieren diepe sporen door het plateau getrokken. Grotten waarin nog sporen van indiaanse bewoning bewaard bleven, zijn niet zeldzaam langs de oevers. Aan weerszijden van de bochtige landwegen staan dichte loofbossen met eiken, esdoorns en berken.

Ozark Folk Center ▶ 3, D 2

1032 Park Ave., Mountain View, tel. 870 269 3851, www.ozarkfolkcenter.com. apr.-nov. di.-za. 10-17 uur, concerten en evenementen 19-21 uur

In het ruim opgezette **Ozark Folk Center** bij **Mountain View** worden de oude cultuur en levenswijze van de geïsoleerd levende kolonisten van dit middelgebergte in ere gehouden. Lokale ambachtslieden tonen bezoekers in de zomermaanden in 25 over de heuvels verspreide ateliers hoe tafelkleden, stoelen en muziekinstrumenten worden vervaardigd. In de kruidentuin groeien naast ingrediënten voor smakelijke gerechten ook geneeskrachtige kruiden, waarvan de werking tegenwoordig bijna in de vergetelheid is geraakt. Concerten met hakkebord, zaag, mondorgel, banjo, gitaar en viool trekken een enthousiast, duizendkoppig publiek naar het amfitheater in de bergen.

Blanchard Springs Caverns ▶ 3, D 2

Aanmelden: 1001 E Main St., Mountain View, tel. 870 757 2211, www.blanchardsprings.org, rondleiding $ 10-75, 6-15 jaar vanaf $ 5

In het noorden van de Ozarks stroomt een ondergrondse rivier door de grotten van de **Blanchard Springs Caverns**, die later als Sylamore Creek aan de oppervlakte komt. Rangers van de US Forest Service geven rondleidingen van 1 à 5 uur via diverse routes door de gangen en kalksteengrotten. Op de Wild Cave Tour ga je ruim 3 km/2 mijl door de grotten van het gemarkeerde pad af.

Accommodatie

Camping – **Blanchard Springs Recreational Use Area:** van Mountain View 19 km/12 mijl noordwaarts over de SR 14, dan rechts afslaan en borden Blanchard Springs Caverns volgen, www.blancharsprings.org/blanchard-springs-campgrounds. Picknicktafels, wandelpaden, een imposante bron en een klein meer waarin de forellen goed bijten. $ 10 per persoon per nacht.

Buffalo National River ▶ 3, C 2

Door de beboste bergen van het **Ozark National Forest** ben je snel in het kleine **Harrison**. Het stadje dat zich afficheert als 'kruispunt van de Ozarks' is het uitgangspunt voor een tocht over de **Buffalo National River** (zie Actief, blz. 462). Circa 240 km/150 mijl kronkelt de niet door gekanaliseerde oevers en dammen ingeperkte Buffalo River door het dicht beboste middelgebergte van het Ozark Plateau en de Boston Mountains in het noordwesten van Arkansas. Daarna mondt hij uit in de White River, een zijrivier van de machtige Mississippi. In 1972 werd de benedenloop over een lengte van circa 220 km/135 mijl samen met de aangrenzende oeverlandschappen als eerste rivier in de Verenigde Staten uitgeroepen tot 'National River' en daarmee tot beschermd natuurgebied. Desondanks mag hij bevaren worden door kano's, kajaks en rafts, zij het met maximaal vierhonderd tegelijk.

Informatie

Tyler Bend Visitor Center: 17,5 km/11 mijl noordelijk aan de US 65, tel. 870 439 2502, www.nps.gov/buff, dag. 8.30-16.30 uur; het riviergebied is altijd toegankelijk.

Eureka Springs ▶ 3, B 1

Door een landschap met appelbomen en kuddes vee rijd je vervolgens naar **Eureka Springs** in het noorden van de Ozark Mountains. De regio rond dit propere plaatsje, dat in de zomer beduidend meer vakantiegangers dan zijn 2100 inwoners telt, noemt zich ook wel Little Switzerland of America. De bochtige straten in het stadje met victoriaanse baksteengebouwen langs de hoofdstraat zijn ongebruikelijk voor de VS, waar de straten bijna overal kaarsrecht zijn aangelegd. Kleine steenwallen, die dwars op de bergen staan, vormen terrassen om bodemerosie tegen te gaan. Kunstenaars en ambachtslieden voelen zich al jaren aangetrokken tot dit rustige dorp. Naar schatting zijn er in het zomerseizoen wel zeshonderd van hen. Ateliers en galeries verkopen schilderijen, houtsnijwerk, glassculpturen, quilts en met de hand gemaakte meubels.

Bible Museum

935 Passion Play Rd., aan de oostrand van Eureka Springs, tel. 479 253 8559, ma.-za. 9-17 uur

Het **Bible Museum**, dat een onderdeel vormt van het passiespelcomplex, bezit een verzameling van ruim zesduizend bijbels in zo'n zeshonderd talen en dialecten. Tot de bijzonderste objecten behoren een originele eerste druk van de King James Bible uit 1611, de eerste bijbel in de taal van de Cherokee en een blad uit een Gutenbergbijbel.

Kalkstructuren in de grotten van de Blanchard Springs Caverns

Informatie

Chamber of Commerce: 516 Village Circle Dr., aan US Hwy. 62 E, tel. 479 253 8737, www.eurekaspringschamber.com.

Accommodatie

Een idylle in victoriaanse stijl – **Heartstone Inn & Cottages:** 35 Kings Hwy., tel. 479 253 8916, www.heartstoneinn.com. Gezellige bed and breakfast in een historisch gebouw. Het ontbijt is voortreffelijk. 2 pk vanaf $ 140.

Grand Old Lady of the Ozarks – **1886 Crescent Hotel & Spa:** 75 Prospect Ave., tel. 877 342 9766, www.crescent-hotel.com. Representatief historisch hotel met 72 kamers en een wellnessafdeling. 2 pk vanaf $ 130.

Eten en drinken

Steaks en nog veel meer – **Gaskin Cabin Steakhouse:** 2883 Hwy. 23 N, tel. 479 253 5466, www.gaskinscabin.com. Uitstekende steaks, maar ook garnalen of kip in een rustieke blokhut. Gerecht vanaf $ 31.

Regionale keuken – **Myrtie Mae's:** 207 W Van Buren St., tel. 479 253 9768, www.myrtiemaes.com. Ruime keus aan sandwiches, ook klassieke kipgerechten en nog veel meer. Dat alles in een Best Western Hotel. Kip vanaf $ 10, sandwich vanaf $ 5.

Evenementen

The Great Passion Play: mei-okt. Sinds 1968 wordt in een groot openluchttheater 5 km (3 mijl) ten oosten van Eureka Springs het passiespel over de laatste dagen, de dood en de opstanding van Christus opgevoerd. De meeste van de 170 acteurs komen uit Eureka Springs en omgeving (US 62, tel. 479 253 9200, www.greatpassionplay.com, volwassene $ 27, 4-11 jaar $ 13, 12-16 jaar $ 17).

Pea Ridge National Military Park ▶ 3, A 1

Vlak achter het stuwmeer Beaver Lake in het dal van de **White River**, vanwaar je een fantastisch uitzicht op Missouri hebt, ligt het **Pea Ridge National Military Park**. Dit herdenkingspark is gewijd aan de slag in de Burgeroorlog in maart 1862 waarbij de Unie de

Actief

KANOËN OP DE BUFFALO RIVER

Informatie

Begin: Buffalo Outdoor Center in Ponca, kruising Hwy.s 43 en 74
Duur: 4-6 uur
Belangrijk: goed kaartmateriaal, ook voor langere tochten, is te verkrijgen via www.nps.gov/buff; voor meer informatie zoek op 'canoe rentals'; kanohuur vanaf $ 63 per dag.

Ga van start bij het **Buffalo Outdoor Center** in **Ponca**, een van de 22 plaatsen langs de rivier waar boten te water kunnen worden gelaten. De korte instructie waarbij de onderlinge communicatie tijdens de kanovaart wordt geoefend, stelt evenzeer gerust als de informatie dat de stroomversnellingen enkel als categorie I en II zijn geclassificeerd en ook geschikt zijn voor beginners.

Het wordt een rustige tocht. De rivier bepaalt de snelheid van de zes kano's, die als groep afvaren. Alle deelnemers moeten een zwemvest aantrekken. De **Buffalo River** baant zich een weg langs steile kalksteenklippen. De grotten in de loodrechte wanden dienden een paar duizend jaar geleden als schuilplaats en woning voor de indianen. Het water is glashelder en stroomt gestaag door. Breeduit gegroeide eiken bieden met hun groene parasol van loof bescherming tegen de zon.

Het uitzicht op de spectaculaire, soms wel 160 m hoge, recht oprijzende rotswanden is ronduit overweldigend. 's Zomers komt bij de aanblik van elanden, herten, schildpadden en andere wilde dieren nog de kleurenpracht van de talrijke wilde bloemen. Na vijf uur gemoedelijk varen kom je uit bij **Kyles Landing**, waar de kanoverhuurder al klaarstaat met de shuttlebus.

Ook in **Ozark**, **Carver**, **Tyler Bend** en **Buffalo Point** zijn kano's te huur. Picknickplaatsen, winkels met proviand, kampeerterreinen en enkele berglodges garanderen een aangenaam verblijf.

macht over Missouri kreeg. Een 10 km/6 mijl lange rondwandeling leidt langs graven, monumenten en gedenkplaten. Meer informatie is verkrijgbaar in het Visitor Center, het vertrekpunt van de rondwandeling (zie hierna)

Informatie

Visitor Center: 16 km/10 mijl noordoostelijk aan de US 62, tel. 479 451 8122, www.nps.gov/peri, park dag. 6 uur-zonsondergang, Visitor Center dag. 8.30-16.30 uur.

Bentonville ▶ 3, A 1

In **Bentonville**, in het verlaten noordwesten van Arkansas, ligt verrassend genoeg het hoofdkantoor van Walmart, een van de grootste handelsondernemingen van de VS. Het bedrijf, dat in 1962 werd gesticht door Sam Walton, heeft wereldwijd meer dan 2,3 miljoen medewerkers, die samen per jaar ongeveer $ 500 miljard omzetten. De discounter staat al jaren ter discussie, niet alleen om zijn lage prijzen, maar ook vanwege zijn personeelsbeleid en politieke stellingname ten gunste van conservatieve stromingen.

Crystal Bridges Museum

600 Museum Way, Arkansas 72712, tel. 479 418 5700, www.crystalbridges.org, ma. 11-18, wo.-vr. 11-21, za.-zo. 10-18 uur, entreeprijs alleen bij speciale exposities

Het **Crystal Bridges Museum**, een goed ingericht en door de gerenommeerde architect Moshe Safdie perfect op het omringende parklandschap afgestemd gebouw, is gewijd aan Amerikaanse kunst. Het museum is een initiatief van Walmarterfgename Alice Walton en wordt grotendeels gefinancierd door de Walton Family Foundation.

Naar Fort Smith ▶ 3, A 3

De rit naar het zuiden leidt door de wildrijke bergbossen van het **Ozark National Forest** en volgt enige tijd de bovenloop van de White River, langs weiden die zich uitstrekken tot aan de kronkelende bedding van het riviertje.

Fort Smith werd in 1817 gesticht aan de Arkansas River. De huidige vestigingsplaats van tal van bedrijven telt bijna 90.000 inwoners, beschikt over aardgasvoorraden in het 32 km zuidelijk gelegen Mansfield en heeft een bewogen verleden.

Fort Smith

301 Parker Ave., tel. 479 783 3961, www.nps.gov/fosm, dag. 9-17 uur, $ 10

Het als *hell on the border* bekendstaande steunpunt diende zeven jaar lang als vooruitgeschoven post om gewapende schermutselingen tussen de witten en de uit het oosten verdreven indianenstammen te beslechten. Daarna werd het fort een controlepost voor de in de jaren 30 van de 19e eeuw doorgevoerde deportatie van indianen naar de westkant van de Mississippi. Na afloop van de Burgeroorlog kwam er in 1871 eindelijk een federale rechtbank. In 1875 arriveerde met rechter Parker een man die 21 jaar lang met honderden *deputy marshalls* – van wie er meer dan honderd tijdens de dienst werden neergeschoten – zou proberen het westelijk gelegen Indian Territory te zuiveren van desperado's en voortvluchtige wetsovertreders en *law en order* naar de latere staat Oklahoma te brengen. Judge Parker behandelde meer dan 13.000 zaken, 9000 aangeklaagden werden schuldig bevonden en hij sprak 160 keer de doodstraf uit, waarvan er 79 werden voltrokken. Liefhebbers van westerns zullen hierbij denken aan klassieke films als *Hang 'em high*, waarin Clint Eastwood als *marshall* Cooper namens rechter Fenton in Fort Grant strijdt tegen lynch-justitie en voor *law and order*, en *True Grit*, in 1969 met John Wayne en in 2010 met Jeff Bridges als *marshall* Cogburn, die een koppig meisje helpt om vanuit Fort Smith op de moordenaars van haar vader te jagen. De resten van het fort met zijn historische gebouwen, rechtszaal en galg zijn als historisch monument beschermd.

Musea en historische architectuur

Als aanvulling op een bezoek aan het historisch monument geeft het **Fort Smith**

Museum of History een goed overzicht van de ontwikkeling van het fort en de stad (320 Rogers Ave., tel. 479 783 7841, www.fortsmithmuseum.com).

In **Miss Laura's Visitor Center**, rond 1900 een van de bekendste bordelen aan de westgrens, word je vertrouwd gemaakt met totaal andere aspecten van de beschaving (2 N B St., tel. 479 783 8888, www.fortsmith.org, ma.-za. 9-16, zo. 13-16.30 uur, volwassene $ 7, 6-15 jaar $ 2).

In het **Belle Grove Historic District**, even naar het zuidoosten, zijn talrijke gebouwen in verschillende architectonische stijlen uit de laatste 130 jaar bewaard gebleven.

Momenteel is men bezig met de voorbereidingen voor een **US Marshals Museum**, waarvan de opening voor 2019 gepland staat. Aan de rand van de historische wijk van Fort Smith zal dit museum het wildwestverleden van deze stad belichten (100 Garrison Ave., www.usmarshalsmuseum.org, tel. 479 709 3766).

Informatie

Fort Smith Convention & Visitors Bureau: 2 N B St., AR 72901, tel. 479 783 8888, www.fortsmith.org, ma.-za. 9-16, zo. 13-16.30 uur.

Accommodatie

Rustige herberg – **Beland Manor B&B:** 1320 S Albert Pike, tel. 479 782 3300, www.fort-smith.net. Bed and breakfast met zeven kamers in een rustige omgeving. Prima ontbijt en tevens internet. 2 pk vanaf $ 109.

Eten en drinken

Latijns-Amerikaans – **Rolando's Nuevo Latino Restaurante:** 223 Garrison Ave., tel. 479 573 0404, www.rolandosrestaurante.com, ma.-do. 11-21.30, vr.-za. 11-22, zo. 11-20 uur. Lekkere specialiteiten uit Zuid- en Midden-Amerika. Gerecht $ 11-26.

Country style – **Calico County Restaurant:** 2401 56th St., Suite 116, tel. 479 452 3299, www.calicocounty.net, ma.-do. 6.30-21, vr.-za. 6.30-22, zo. 7-21 uur. Smakelijke gerechten in een nostalgisch ingericht restaurant. Gerecht $ 8-18.

In het dal van de Arkansas River ▸ 3, B 3

Ten zuiden van de Ozark Mountains opent zich het brede dal van de **Arkansas River**. De hellingen en velden rond Altus zijn beplant met wijndruiven.

Altus

In het dal van de Arkansas River kun je bij **Altus** een verrassing beleven: nazaten van wijnboeren die in de 19e eeuw uit Duitsland kwamen, schenken hier voortreffelijke wijnen (Post Vineyards & Winery, 1700 St. Mary's Mountain Rd., tel. 479 468 2741, www.postfamilie.com. ma.-za. 9.30-18, zo. 10.30-17 uur). Ook in het café van de Zwitserse Wiederkehr Wine Cellars kun je bij de 'Alpengoulash' en de 'Matterhorn Schnitzel' verbazingwekkend goede wijnen drinken (zie hierna)

Turner Bend

Bij **Turner Bend**, 20 km/13 mijl ten noorden van de Wiederkehr Wine Cellars, schieten wildwaterliefhebbers op hun vlotten over de stroomversnellingen van de Mulberry River naar de zuidelijke Ozarks. Rond de Bee Rock zwermen miljoenen wilde bijen, die zich te goed doen aan de bloeiende klaver op de bergweiden. Na twee uur rijden door het dal van de Arkansas River ben je na een afstand van 200 km/125 mijl terug in Little Rock, het uitgangspunt van deze rondreis.

Eten en drinken

Zwitserse specialiteiten – **Wiederkehr's Weinkeller Restaurant:** 3324 Swiss Family Dr., Wiederkehr Village, tel. 479 468 9463, www.wiederkehrwines.com, ma.-za. 11-15 en 17-21, zo. 11-21 uur, rondleiding ma.-za. 9-16.30, zo. 12-16.30 uur. Gerecht $ 11-30.

Hot Springs ▸ 3, B 4

Kaart: blz. 466

De heilzame krachten van de in totaal 47 warme, bacterievrije bronnen waren al duizenden jaren bekend bij de lokale indianen. Later werd **Hot Springs** buitenplaats en kuuroord voor rijke planters. De badhuizen aan Central Avenue, waarvan de meeste ruim een eeuw geleden in victoriaanse of *Spanish revival*-stijl zijn gebouwd, vallen al lang onder monumentenzorg. Ooit zochten uiteenlopende vakantiegangers, zoals gangsterkoning Al Capone en president Harry S. Truman, er verlichting voor hun kwalen.

Het harmonieuze landschap, diverse golfbanen, een renbaan en niet in de laatste plaats de comfortabele hotels, B&B's en elegante restaurants dragen absoluut bij tot de groeiende aantrekkingskracht van deze regio. Maar misschien heeft ook Bill Clinton daarin een rol gespeeld. Ten slotte is de 42e president van de VS, die het land van 1993 tot 2001 bestuurde, zoals de vele folders, affiches en herinneringsborden niet ophouden onder de aandacht te brengen, opgegroeid in Hot Springs en daar ook naar school gegaan.

Hot Springs National Park

Visitor Center in het Fordyce Bathhouse, Bathhouse Row, 369 Central Ave., tel. 501 620 6715, www.nps.gov/hosp, dag. 9-17 uur, gratis

Het gebied rond de bronnen hoort samen met de badhuisweg Bathhouse Row tot het **Hot Springs National Park**, een tamelijk onoverzichtelijk geheel midden in de bebouwde kom.

In enkele hotels en ook in badhuizen als het Buckstaff en het Quapaw kun je nog altijd een kuur volgen of een bad ter ontspanning nemen. Achter het fraaie **Maurice Bathhouse** 1 (369 Central Ave.) borrelt het thermale water, dat een genezende werking zou hebben bij reumatische klachten, al duizenden jaren uit de grond op. Bij enkele speciaal daarvoor aangebrachte kranen mag je zoveel water tappen en drinken als je wilt.

Mountain Valley Water Spring Company 2

150 Central Ave., tel. 501 246 8017, www.mountainvalleyspring.com, ma.-za. 9-18, zo. 12-16 uur, gratis

Ook het bezoekerscentrum van de **Mountain Valley Water Spring Company**, die water uit eigen bron bottelt en op de markt brengt, is ondergebracht aan de Bathhouse Row, in een gerestaureerd gebouw uit 1910, waar je een expositie over de geschiedenis van het beroemde water kunt bekijken.

Fine Arts Center of Hot Springs 3

626 Central Ave., tel. 501 624 0489, www.hotsprings.org/pages/ar, ma.-za. 10-17 uur, gratis

Na vele jaren van economische malaise lijkt het nu weer bergopwaarts te gaan met Hot Springs. Vele kunstenaars en ambachtslieden, zoals fotografen, schilders, goud- en zilversmeden en pottenbakkers, die hier zijn neergestreken, laten hun werk zien in het **Fine Arts Center of Hot Springs** of exposeren in de talloze galeries die de stad rijk is.

Mountain Observation Tower 4

401 Hot Springs Mountain Dr., tel. 501 881 4020, https://hotspringstower.com, dag. 9-17/18 uur, volwassene $ 8, 5-11 jaar $ 5

Van de 66 m hoge **Mountain Observation Tower** heb je het beste uitzicht op deze stad van bijna 37.000 inwoners en de omringende bossen en meren.

Informatie

Visit Hot Springs: 134 Convention Blvd., tel. 501 321 2277, www.hotsprings.org.

Accommodatie

Grand hotel – **Arlington Resort Hotel & Spa** 1**:** 239 Central Ave., tel. 501 623 7771, www.arlingtonhotel.com. De grande dame van de kuurhotels uit 1875 met vijfhonderd kamers aan het eind van de historische Bathhouse Row. Badinrichtingen, balzalen, restaurants. 2 pk of suite vanaf $ 180.

Centraal en modern – **Embassy Suites** 2**:** 400 Convention Blvd., tel. 501 624 9200, www.embassysuites3.hilton.com. Goed geleid ketenhotel met 246 ruime kamers, vlak bij het Convention Center. Zwembad, goed ontbijt, bistro, elke middag gratis happy hour met een drankje en hapje. 2 pk vanaf $ 170.

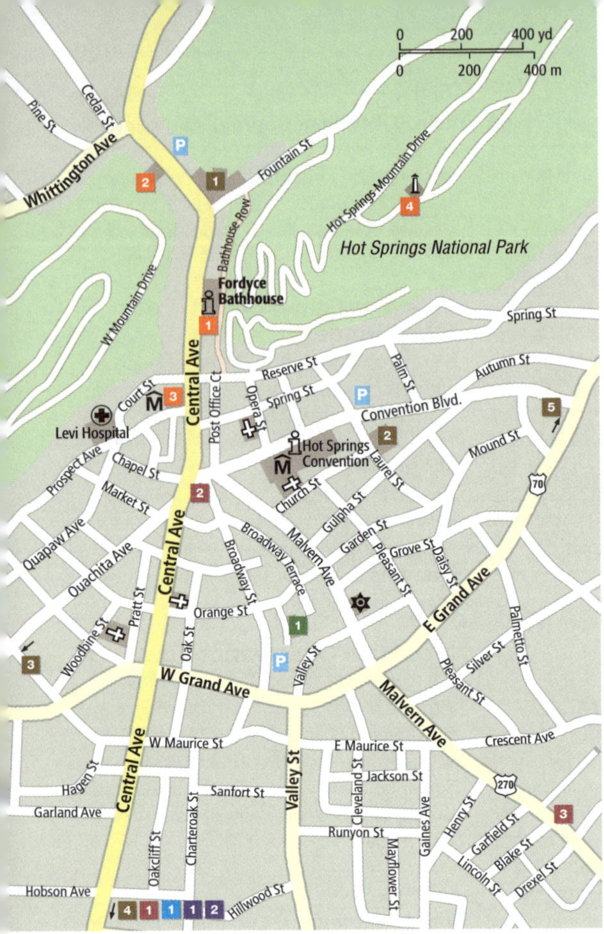

Hot Springs

Bezienswaardig

1 Maurice Bathhouse
2 Mountain Valley Water Spring Company
3 Fine Arts Center
4 Mountain Observation Tower

Accommodatie

1 Arlington Resort Hotel
2 Embassy Suites
3 Wake Zone
4 Willow Beach Motel
5 KOA Hot Springs

Eten en drinken

1 Luna Bella
2 Brick House Grill
3 Cafe 1217

Winkelen

1 Farmers & Artisans Market

Uitgaan

1 The Big Chill

Actief

1 Family Fishing Service
2 Belle of Hot Springs

Luxe op het water – **Wake Zone 3**: 1649 N Crystal Springs Rd., Royal, tel. 501 991 3600, www.houseboatingarkansas.com. Enkele luxueuze woonboten op Lake Ouachita. De met alle faciliteiten ingerichte boten, waarin ruimte is voor acht tot twaalf personen, liggen in de Crystal Springs Resort & Marina. Vanaf $ 4100 per week met vele extra's.

Aan het meer – **Willow Beach Motel 4**: 260 Lake Hamilton Dr., tel. 501 525 1362, www.willowbeachmotel.com. Aan Lake Hamilton. 18 kamers, wifi. 2 pk vanaf $ 55.

Camping – **KOA Hot Springs 5**: 838 Mc Clendon Rd., tel. 501 624 5912, www.hotspringskoa.com. Goed ingerichte camping voor camper en tent, 3 km van het centrum. Met zwembad, winkel, wifi, kabel-tv. Staanplaatsen met aansluitingen voor stroom en water. Shuttlebus naar attracties in de omgeving. Ook enkele blokhutten. Staanplaats tent vanaf $ 33, camper vanaf $ 41.

Eten en drinken

Italiaans – **Luna Bella 1**: 104 Grand Isle Way, tel. 501 520 5862, www.lunabellahotsprings.com, ma., wo.do. 17-21, vr.-za. 17-22 uur. Hier kun je rekenen op uitstekende martini's, zelfgemaakte pasta en heerlijk seafood. Gerecht $ 13-30.

Goede ligging – **Brick House Grill 2: **801 Central Ave., tel. 501 321 2926, www.thebrickhousegrill.net, ma.-za. vanaf 11 uur. Bar en drie eetzalen in het bakstenen gebouwencomplex Spencer's Corner in het centrum. Vriendelijke sfeer en uitstekende steaks. Gerecht $ 13-29.

Californische keuken – **Cafe 1217 3:** 1217 Malvern Ave., tel. 501 318 1094, www.cafe1217.net, ma.-vr. 11-20, za. 11-16 uur, zo. gesl. Levendig lunchrestaurant annex koffiehuis met vers bereide salades, pastaschotels en andere kleine gerechten en uitstekende koffie. Gerecht vanaf $ 11.

Winkelen

Hot Springs Farmers & Artisans Market 1: 121 Orange St., tel. 501 262 8049, www.hotspringsfarmersmarket.com. Straatmarkt met verse lokale landbouwproducten en kunstnijverheid.

Uitgaan

Muziek en poolen – **The Big Chill 1:** 910 Higdon Ferry Rd., tel. 501 624 5185, www.thebigchillhotsprings.com. Ma.-za. livemuziek tot 2 uur 's nachts, zo. karaoke. Daarbij een poolbiljart, drankjes en hapjes.

Actief

Op baars vissen – **Family Fishing Service 1:** 210 Aberina St. C8, tel. 501 844 5418, www.familyfishingtrips.com. Boottocht van 4 à 5 uur op Lake Hamilton met uitrusting, aas en drinkwater ($ 400 voor 4 personen). De gevangen vis wordt schoongemaakt en verpakt om mee te nemen.

Rondvaart – **Belle of Hot Springs 2:** steiger: 5200 Central Ave., tel. 501 525 4438, www.belleriverboat.com. In het zomerseizoen tuft de boot bijna 2 uur lang over Lake Hamilton. Lunch- of dinercruise; boottocht volwassene $ 25, kind $ 15.

Evenementen

Arkansas Derby: apr. Hoogtepunt van het paardensportseizoen is de Arkansas Derby op de renbaan van Oakland Lawn, waarbij de driejarigen om een prijzengeld van $ 1 miljoen om het ovaal rennen. Er is ook een Gaming Area beschikbaar met black jack, poker en fruitautomaten. 2705 Central Ave., www.oaklawn.com.

Hot Springs Documentary Film Festival: okt. Bekend festival met uitstekende Amerikaanse en internationale documentaires. Documentary Film Institute, 659 Ouachita Ave., tel. 501 538 0452, www.hsdfi.org.

Vervoer

Bus: Greyhound Station, 100 Broadway Terrace, tel. 501 623 5574, www.greyhound.com.

De Ouachita Mountains en het zuiden

Het beboste, tot 800 m hoge middelgebergte ten zuiden van het dal van de Arkansas River strekt zich in westelijke richting uit tot over de grens met Oklahoma. Een panoramaweg met twee rijbanen, de **Talimena Scenic Drive**, slingert door het groene, heuvelige landschap. Helemaal in het zuidoosten grenst de middelgebergteketen aan het Hot Springs National Park met zijn geneeskrachtige warme bronnen.

Texarkana ▶ 3, A 6

De grens tussen Texas en Arkansas loopt dwars door het 68.000 inwoners tellende Texarkana. De naam van de stad is niet alleen afgeleid van TEXas en ARKansas, de laatste drie letters herinneren ook aan de slechts 50 km zuidelijker gelegen staat LouisiANA. De jaarlijkse Four States Fair and Rodeo in september, waar van oudsher ook veel deelnemers uit het net zo dichtbij gelegen, in het noordwesten aangrenzende Oklahoma op afkomen, onderstreept het karakter van deze wildweststad. Texarkana ontstond aan het eind van de 19e eeuw op het kruispunt van de oost-westspoorlijn Texas and Pacific Railroad en de in noord-zuidrichting lopende Cairo and Fulton Railroad.

Leuk en soms lucratief: zoeken naar diamanten in het Crater of Diamonds State Park

Ace of Clubs House Museum

Chamber of Commerce: 819 State Line Ave., tel. 903 792 7191, www.texarkana.org; museum: 420 Pine St., Texas, tel. 903 793 4831, di.-za. 10-17, zo. 13-17 uur, www.facebook.com/Aceof ClubsHouse

Het **Ace of Clubs House Museum** uit 1885 is het bestbewaarde gebouw uit de stichtingstijd van de stad. Vanuit de lucht lijkt de omtrek van het huis op de klaveraas – de heer des huizes had destijds een vermogen gewonnen bij het pokeren. De eclectische villa met victoriaanse, Italiaanse, Spaanse en oriëntaalse stijlelementen en historisch meubilair is te bezichtigen.

Evenementen

Four State Fair & Rodeo: veemarkt, concerten, exposities en een grote rodeo, 3700 E 50th St., tel. 870 773 2941, www.fourstates fair.com.

Hope ▶ 3, B 6

In Hope, een stadje van 10.000 inwoners op 90 km/55 mijl ten zuidwesten van Hot Springs, dat lange tijd uitsluitend bekend was vanwege zijn smakelijke watermeloenen, werd op 19 augustus 1946 William Jefferson (Bill) Clinton geboren. Een **Clinton Trail** leidt van het bezoekerscentrum naar zijn bescheiden geboorte- en tweede huis en naar de Brookwood Elementary School in Spruce Street, waar de latere eerste man van het land de tafels van 1 tot 10 leerde.

Maar in de tweede week van augustus gaat het van donderdag tot zondag nu eens niet om de voormalige president. In het Fair Park van Hope draait alles dan om grote, sappige watermeloenen (www.hopemelon fest.com). Eetwedstrijden, pit-verspugen, hoefijzerwerpen, 5000 m hardlopen, een tennistoernooi, square dance te paard, oude rijtuigen, *fiddle*-wedstrijden en shows met bekende countrysterren trekken duizenden deelnemers uit Zuid-Arkansas naar het kleine stadje. 'I still believe in a place called Hope' is de bewust dubbelzinnige boodschap van de voormalige president, waarmee hij zowel op zijn geboorteplaats als op principiële hoop op vooruitgang in de politiek en het dagelijks leven zinspeelt. Ja, dat overschaduwt elke reclamekreet voor watermeloenen.

Informatie

Hope Hempstead County Chamber of Commerce: 101 W 2nd St., P.O. 250, tel.

870 777 3640, www.facebook.com/hopeark chamberofcommerce.

Accommodatie

Modern – **Best Western of Hope:** 1800 Holiday Drive, tel. 870 777 9222, www.book.best western.com. Comfortabel, 72 kamers, wifi, zwembad. 2 pk met ontbijt vanaf $ 78.

Eten en drinken

Vers is troef – **Dannie's Cafe:** 475 Hempstead CR 54, 8 km/5 mijl ten zuidoosten van Hope, tel. 870 777 8870, www.danniescafe.com. Persoonlijke bediening, alles wordt vers bereid. Zeer goede keuken in een rustieke ambiance. Gerecht $ 8-38.

Goede steaks – **IronWood Grill:** 4312 Morris Ln., tel. 903 223 4644, www.ironwoodgrill.com, ma.-do. 11-21, vr.-za. 11-22 uur. Lekkere gerechten van de grill, ook spareribs en kip, met salades. Fijn terras. Steak $ 12-25.

Arkansas Post ▶ 3, E 5

Arkansas Post, een voormalige Franse handelspost en Spaans militair steunpunt aan de Arkanas River ten zuidoosten van Little Rock, 19 km/12 mijl ten noordoosten van **Dumas**, was van 1819 tot 1821 bestuurszetel van het Amerikaanse Arkansas Territory.

Arkansas Post National Memorial

SR 169, 11 km/7 mijl ten zuiden van Gillet, tel. 870 548 2207, www.nps.gov/arpo/index.htm, dag. 8-17 uur, gratis

Een replica van een deel van het Spaanse fort en de expositie in het bezoekerscentrum van het **Arkansas Post National Memorial** vertellen de geschiedenis van het versterkte steunpunt, dat niet zo lang geleden nog een vooruitgeschoven post van Europese koloniale mogendheden en de jonge VS was.

Rohwer ▶ 3, E 5

Zo'n 40 km/25 mijl ten zuiden van Arkansas Post herinneren een begraafplaats van de kampbewoners, enkele bouwvallige loodsen, een fabrieksschoorsteen en twee monumenten aan dit **Japanese American Relocation Center**. In 1942, in de hysterie die was ontstaan na de Japanse aanval op Pearl Harbour, liet de Amerikaanse regering in het verlaten zuidoosten van Arkansas één van een aantal interneringskampen voor Amerikanen van Japanse afkomst (zogeheten *nisei*) neerzetten. De mannen en vrouwen werden thuis of op het werk opgepakt en met hun kinderen gedeporteerd naar de snel ingerichte kampen, officieel om eventuele aanslagen op deze bevolkingsgroep te voorkomen. In het kamp van Rohwer woonden tot november 1944 meer dan achtduizend geïnterneerden, van wie de meesten uit Californië kwamen (afslag naar het Memorial Cemetery van de SR1 tussen Rohwer en Duce).

Tip

CRATER OF DIAMONDS STATE PARK

In het Crater of Diamonds State Park, een kleine 90 km/55 mijl ten zuidwesten van Hot Springs, mag iedereen op het terrein van een stilgelegde diamantmijn tegen een gering bedrag naar diamanten zoeken en de opbrengst zelf houden. Dagelijks worden kleine diamantsplinters – in 1975 vestigde iemand een record met een ruwe diamant van meer dan 16 karaat – en halfedelstenen, zoals opaal en amethist, gevonden. Sinds 1972 zijn er meer dan 25 duizend vooral kleine vondsten geregistreerd; in juni 2015 werd nog een diamant van 8,52 karaat gevonden (209 State Park Road, Murfreesboro, tel. 870 285 3113, www.craterofdiamondsstatepark.com, volwassene $ 10, 6-12 jaar $ 6, diverse werktuigen zijn te huur vanaf $ 4).

Culinair lexicon

In het restaurant

Ik wil een tafel reserveren.	*I would like to book a table.*
Wacht tot je naar een tafel wordt gebracht, a.u.b.	*Please wait to be seated.*
voor één prijs eet je zoveel je wilt	*'all you can eat'*
De menukaart, a.u.b.	*The menu, please.*
wijnkaart	*wine list*
De rekening, a.u.b.	*The check, please.*
ontbijt	*breakfast*
lunch	*lunch*
avondeten	*dinner*
voorgerecht	*appetizer/starter*
soep	*soup*
hoofdgerecht	*emtree*
nagerecht	*dessert*
bijgerechten	*side dishes*
dagschotel	*dish of the day*
couvert	*cover*
mes	*knife*
vork	*fork*
lepel	*spoon*
glas	*glass*
fles	*bottle*
zout/peper	*salt/pepper*
suiker/zoetstof	*sugar/sweetener*
ober/serveerster	*waiter/waitress*
fooi	*tip*
Waar is het toilet, alstublieft?	*Where are the restrooms, please?*

Ontbijt

bacon	spek
boiled egg	hardgekookt ei
cereals	bijv. cornflakes
cooked breakfast	warm Engels ontbijt
fried eggs (sunny side up/over easy)	gebakken eieren (hele dooier/aan beide zijden gebakken)
scrambled eggs	roereieren
jam	jam
marmalade	marmelade

Bereiding

baked	uit de oven
broiled/grilled	gegrild
deep fried	gefrituurd (meestal gepaneerd)
fried	gebakken (vaak gepaneerd)
hot	scherp, pittig
rare/medium rare	rood/rosé
steamed	gestoomd
stuffed	gevuld
well done	doorbakken

Vis en zeevruchten

bass	baars
clam chowder	gebonden soep van venusschelpen
catfish	meerval
cod	kabeljauw
crab	krab
flounder	bot
haddock	schelvis
halibut	heilbot
gambas	garnalen
lobster	kreeft
mussels	mosselen
oysters	oesters
prawns	grote garnalen
salmon	zalm
scallop	jakobsschelp
shellfish	schaaldieren
shrimps	kleine garnalen
sole	zeetong
swordfish	zwaardvis
trout	forel
tuna	tonijn

Vlees en gevogelte

beef	rundvlees
chicken	kip
drumstick	kippenpootje
duck	eend
ground beef	rundergehakt
ham	ham
meatloaf	gehaktbrood

pork chop	varkenskarbonade
prime rib	sappig stuk rundvlees
rabbit	konijn
roast goose	gebraden gans
sausage	worstje
spare ribs	spareribs
turkey	kalkoen
veal	kalfsvlees
venison	hert, ree
wild boar	wildzwijn

Groente en bijgerechten

beans	bonen
cabbage	kool
carrot	wortel
cauliflower	bloemkool
cucumber	komkommer
eggplant	aubergine
French fries	frietjes
garlic	knoflook
lentils	linzen
lettuce	sla
mushrooms	champignons
peppers	paprika
peas	doperwten
potato	aardappel
sweet potato	zoete aardappel
hash browns	gebakken aardappels
squash/pumpkin	pompoen
sweet corn	mais
onion	ui
pickle	tafelzuur/augurk

Fruit

apple	appel
apricot	abrikoos
blueberry	bosbes
cherry	kers
fig	vijg
grape	druif
lemon	citroen
melon	honingmeloen
orange	sinaasappel
peach	perzik
pear	peer
pineapple	ananas
plum	pruim
raspberry	framboos
rhubarb	rabarber
strawberry	aardbei

Kaas

cheddar	pittige kaas
cottage cheese	hüttenkäse
goat's cheese	geitenkaas
curd	kwark

Desserts en gebak

brownie	chocoladegebakje
cinnamon roll	kaneelbroodje
French toast	wentelteefje
maple sirup	esdoornsiroop
muffin	cakeje
pancake	pannenkoek
pastries	gebak
sundae	ijscoupe
waffle	wafel
whipped cream	slagroom

Dranken

beer	bier
(on tap/draught)	(uit het vat/van de tap)
brandy	cognac
coffee	koffie
(decaffeinated/decaf)	(decafé)
icecube	ijsblokje
iced tea	gekoelde thee
juice	vruchtensap
lemonade	limonade
light beer	alcoholarm bier
liquor	sterkedrank
milk	melk
mineral water	mineraalwater
red/white wine	rode/witte wijn
root beer	donkere limonade
soda water	bruisend water
sparkling wine	mousserende wijn

Woordenlijst

Algemeen

goedemorgen	good morning
goedemiddag	good afternoon
goedenavond	good evening
tot ziens	good bye
pardon	excuse me
hallo	hello
niets te danken/	you're welcome/
alstublieft	please
dank je	thank you
ja/nee	yes/no
Wat zegt u?	Excuse me?
Wanneer?	When?
Hoe?	How?

Onderweg

halte	stop
bus	bus
auto	car
uitrit/afslag	exit
benzinestation	gas station
benzine	gas
rechts	right
links	left
rechtdoor	straight ahead/ straight on
inlichtingen	information
telefoon	telephone
postkantoor	post office
treinstation	railroad/train station
luchthaven	airport
stadsplattegrond	city map
alle richtingen	all directions
eenrichtingsverkeer	one-way street
ingang	entrance
geopend	open
gesloten	closed
kerk	church
museum	museum
strand	beach
brug	bridge
plein	place/square
vierbaansweg	highway/interstate
snelweg	expressway
eenbaansweg	single track lane

Tijd

3 uur ('s ochtends)	3 a.m.
15 uur	3 p.m.
uur	hour
dag/week	day/week
maand/jaar	month/year
vandaag	today
gisteren	yesterday
morgen	tomorrow
's ochtends	in the morning
's middags	in the afternoon
's avonds	in the evening
vroeg	early
laat	late
maandag	Monday
dinsdag	Tuesday
woensdag	Wednesday
donderdag	Thursday
vrijdag	Friday
zaterdag	Saturday
zondag	Sunday
officiële feestdag	public holiday
winter	winter
lente	spring
zomer	summer
herfst	fall

Noodgevallen

Help!	Help!
politie	police
dokter	doctor
tandarts	dentist
apotheek	pharmacy
ziekenhuis	hospital
ongeluk	accident
pijn	pain
autopech	breakdown
ziekenauto	ambulance
noodgeval	emergency

Overnachten

hotel	hotel
pension	guesthouse
eenpersoonskamer	single room
tweepersoonskamer	double room

met twee bedden	with two beds
met/zonder bad	with/without bathroom
met eigen toilet	ensuite
toilet	bathroom
douche	shower
met ontbijt	with breakfast
halfpension	half board
volpension	American plan (AP)
bagage	luggage/baggage
rekening	bill

Winkelen

winkel	shop
markt	market
creditcard	credit card
geld	money
geldautomaat	ATM
bakkerij	bakery
levensmiddelen	groceries
duur	expensive
goedkoop	cheap
maat	size
betalen	to pay

Getallen

1	one	17	seventeen
2	two	18	eighteen
3	three	19	nineteen
4	four	20	twenty
5	five	21	twenty-one
6	six	30	thirty
7	seven	40	fourty
8	eight	50	fifty
9	nine	60	sixty
10	ten	70	seventy
11	eleven	80	eighty
12	twelve	90	ninety
13	thirteen	100	one hundred
14	fourteen	150	one hundred and fifty
15	fifteen		
16	sixteen	1000	a thousand

Belangrijke zinnen

Algemeen

Kun je iets langzamer spreken?	*Could you please speak more slowly?*
Ik begrijp het niet.	*I do not understand.*
Ik spreek geen Engels.	*I do not speak English.*
Ik heet …	*My name is …*
Hoe heet jij/u?	*What's your name?*
Hoe gaat het?	*How are you?*
Dank u, goed.	*Thanks, fine.*
Ik kom uit …	*I'm from…*
Hoe laat is het?	*What's the time?*
Tot gauw (later).	*See you soon (later).*

Onderweg

Hoe kom ik in/naar …?	*How do I get to …?*
Pardon, waar is …	*Excuse me, where is …?*
Kun je alstublieft aanwijzen waar … is?	*Could you please show me …?*

Noodgevallen

Wil je mij alstublieft helpen?	*Could you please help me?*
Ik heb een dokter nodig.	*I need a doctor.*
Hier doet het pijn.	*I feel pain right here.*

Overnachten

Heb je een kamer vrij?	*Do you have any vacancies?*
Hoeveel kost een kamer per nacht?	*How much is a room per night?*
Ik heb een kamer gereserveerd.	*I have booked a room.*

Winkelen

Wat kost …?	*How much is …?*
Ik heb … nodig.	*I need …*
Wanneer opent/sluit …?	*When does … open/close …?*

Register

Register

Register

Colofon

Hulp gevraagd!
De informatie in deze reisgids is aan verandering onderhevig. Het kan dus wel eens gebeuren dat je ter plaatse een andere situatie aantreft dan de auteur. Is de tekst niet meer helemaal correct, laat ons dat dan even weten: anwbmedia@anwb.nl of
Uitgeverij ANWB, Postbus 93200, 2509 BA Den Haag

Omslagfoto's: voorzijde omslag: Drayton Hall, Charleston, South Carolina (age fotostock/LOOK-foto); achterzijde omslag en rug: Pier in Noord-Florida (iStock/Reitmeyer)

Fotoverantwoording: Getty Images, München: blz. 273 (AFP). Glow Images, München: blz. 118 (imagebroker); 64 (The Print Collector/Heritage Images); 134, 403 (Superstock). Huber-Images, Garmisch-Partenkirchen: blz. 60 (Bertsch); 262 (Kremer); 140 (Lawrence); 111, 235 (Richard). iStockphoto, Calgary (Canada): blz. 226 (Britten); 173 (burwellphotography); 160 (Heap); 220 (Hulton Archive); 33 (Lane); 218 (Mainiero); 178 (May); 112 (rabbit75_ist); 327 (Reitmeyer); 107 r.b., 145 (Tang); 184/185 (Tangney); 23 (Tobey). laif, Köln: blz. 371 (Aurora/Davey); 27 (Aurora/Farlow); 107 o. (Aurora/Harvey); 133 (Aurora/Heinemann); 356 (Aurora/McBride); 309 (Aurora/Shafer); 86 o., 200, 436/437 (Aurora/Shull); 79 (Aurora/Zimmerman); 17, 58, 83 b., 83 o., 148/149, 156, 330, 332, 345, 391, 418, 461 (Heeb); 69, 77, 255, 291, 293, 446/447 (hemis.fr/Frilet); 387 (Hoa-Qui/Sadia); 188 (Knop); 9, 353, 443 (LeFigaro Magazine/Martin); 169 (Le Tourneur); 37 (Polaris); 423 (REA/Gleizes); 225 (Redux/Bickford); 267 (Redux/Lesser); 350/351, 454/455 (Redux/Peterson); 468 (Redux/Villafuerte); 38 (Redux/Widmer); 30 (Sampers); 90, 125 (UPI). Look, Hamburg: blz. 50, 71, 97, 103 b., 206/207, 210/211, 247, 250, 284, 300/301 (age fotostock); 44/45, 103 o. (Fleisher); 315, 379 (Frei); 73 b., 73 o. (Limberger); 117 (Roetting). Mauritius Images, Mittenwald: blz. 195, 239, 337 (age); 73 m. (Alamy); 425 (Alamy/Barrett); 107 l.b. (Alamy/Beaver); 374/375 (Alamy/Bobroff); 204 (Alamy/Franklin); 175 (Alamy/Galopin); 385 (Alamy/Lyons); 359 (Alamy/Mehoves); 128 (Alamy/National Geographic Creative); 40/41 (Alamy/RosaIreneBetancourt1); 62 (Alamy/Scalia); 458 (Alamy/The Protected Art Archive); 48 (Alamy/Wiskerke); 415, 448 (CuboImages); 165 (Delimont); 29 (Flirt); 429 (Imagebroker/West); 363, 410 (West); 187 (STOCK4B); 67 (United Archives); 86 b. (Zwerger-Schoner). Axel Pinck, Hamburg: blz. 11, 137, 275, 286, 297.

Citaten: blz. 22 Tennessee Williams, *Kat op een heet zinken dak*, Nieuwe toneelbibliotheek, 2012; blz. 110 William Faulkner, *Absalom, Absalom!*, Uitgeverij Atlas Contact, 2013

Productie: Uitgeverij ANWB
Coördinatie: Els Andriesse
Tekst: Axel Pinck
Vertaling: Johan de Bakker, Hester Colijn, Annette Förster, Michiel Gussen, Ron de Heer en Marten van de Kraats (de Redactie, Amsterdam)
Herziening: Albert Witteveen, Amsterdam
Eindredactie: Karen van Lente, Apeldoorn
Opmaak: Hubert Bredt, Amsterdam (binnenwerk); Atelier van Wageningen, Amsterdam (omslag)
Grafisch concept: Groschwitz, Hamburg
Ontwerp omslag: Yu Zhao Design, Den Haag
Cartografie: © DuMont Reisekartografie, Fürstenfeldbruck

Derde, herziene druk.
ISBN: 978 90 18 04463 3

www.anwb.nl